公司法
600问

李建伟 著

600 Q&A
ON COMPANY LAW

下 册

第六篇 董事会的组成与运行

01 分篇一 定位与职权

001 谁是现代公司的治理中心？ / 837
002 公众公司是一种怎样的商业组织？ / 839
003 董事会中心主义为何在公众公司靠谱？ / 843
004 何谓两种意义上的中心主义？ / 846
005 董事会中心主义模式确立了吗？ / 849
006 董事会中心主义的最佳立法模式？ / 855
007 国家出资公司的治理中心是董事会吗？ / 860
008 为何说封闭公司不存在中心主义？（上） / 863
009 为何说封闭公司不存在中心主义？（下） / 866
010 如何选择单层制、双层制？ / 868
011 组织机构设置有几十种选择吗？ / 870
012 哪些人能够进入审计委员会？ / 874
013 审计委员会的职权与监事会一样的吗？ / 876
014 董事会是公司的执行机关吗？ / 878

015　董事会的法定职权有哪些？　/ 880
016　董事会的意定职权有哪些？　/ 883
017　对董事会职权的意定限制为何不得对抗善意相对人？（上）
　　　/ 886
018　对董事会职权的意定限制为何不得对抗善意相对人？（下）
　　　/ 888
019　董事会可以限制、扩张股东权利吗？　/ 890

02 分篇二　组成

020　多大规模的董事会是合适的？　/ 893
021　成员为什么要多元化？　/ 895
022　什么是圆桌会议机制？　/ 897
023　什么是执行董事？　/ 900
024　非执行董事还有角色分类吗？　/ 902
025　什么是实质董事、事实董事、影子董事？　/ 905
026　董事如何产生？　/ 908
027　董事长、副董事长如何产生？　/ 909
028　董事会为何下设专门委员会？　/ 912
029　审计委员会为何重要？　/ 914
030　何为薪酬委员会？　/ 918
031　何为提名委员会？　/ 921
032　何为执行委员会？　/ 924
033　何为ESG委员会？　/ 926

03 分篇三 开会

- 034 董事会是如何开会的？ /929
- 035 多久召开一次会议？ /931
- 036 会议通知包括哪些事项？ /933
- 037 谁是适格召集人、主持人？ /935
- 038 谁享有提案权？ /938
- 039 董事可以委托他人参会吗？ /940
- 040 如何计算定足数？ /944
- 041 关联董事须回避表决吗？ /947
- 042 有哪些列席人？ /949

04 分篇四 董事的立场

- 043 如何理解董事的立场分化？ /952
- 044 如何当好多数派董事？ /954
- 045 狭义少数派董事是孤勇者吗？ /956
- 046 做一名"墙头草"董事，也需要技术？ /958
- 047 职工董事对谁负责？ /960
- 048 上市公司独立董事（一）：如何界定？ /964
- 049 上市公司独立董事（二）：任职、履职有何特殊性？ /968
- 050 上市公司独立董事（三）：职责、职权与履职要求有何特殊性？ /970
- 051 上市公司独立董事（四）：参与董事会专门委员会的特则有哪些？ /973

052　上市公司独立董事(五)：履职保障有哪些？　/976

053　上市公司独立董事(六)：履职监管有哪些？　/978

05 分篇五　决议作出

054　董事可以投弃权票吗？　/982

055　多数决是怎样计算的？　/984

056　董事长可以再投一票吗？　/987

057　如何投票、计票、唱票与公布投票结果？　/989

058　董事长的领导力(一)：如何掌控会场？　/991

059　董事长的领导力(二)：如何精准分清敌友、骑墙派？
　　　/994

060　董事的表决可以被追责吗？　/996

061　会议记录为何重要？　/998

062　一名董事履职如何作决定？　/1001

第七篇　监督机构与内控、风控、合规机制

01 分篇一　监督机构的选择

001　单层制、双层制的由来　/1007

002　如何选择监督机构？（上）／1010

003　如何选择监督机构？（下）／1013

02 分篇二　监事会、审计委员会的组成与职权

004　董事、高管能进入监事会吗？／1016

005　监事会有职无权吗？／1019

006　再反思：监事会是如何失灵的？／1022

007　监事如何违信？／1024

008　董事长、总经理能进入审计委员会吗？（上）／1027

009　董事长、总经理能进入审计委员会吗？（下）／1030

010　审计委员会如何准用监事会规则？（上）／1031

011　审计委员会如何准用监事会规则？（下）／1034

03 分篇三　内控机构、风控机构、合规机构

012　何谓公司的内控制度？／1038

013　国有公司内控机制建设要点是什么？／1041

014　何谓公司的风控制度？／1043

015　金融类公司风控机制建设的要点是什么？／1046

016　什么是企业合规？／1048

017　央企的合规组织机构如何建立？／1050

018　什么是市场化、法治化、国际化营商环境？／1053

019　如何构建亲、清的政商关系？／1055

04 分篇四　国家出资公司组织机构的特殊性

- 020　有何特殊规范？　/ 1058
- 021　如何理解党的领导作用？　/ 1061
- 022　什么是"三重一大"决策机制？　/ 1063
- 023　如何理解党委会与董事会的关系？　/ 1066
- 024　职工民主管理如何展开（一）：职代会？　/ 1068
- 025　职工民主管理如何展开（二）：工会？　/ 1070
- 026　职工民主管理如何展开（三）：职工董监事？　/ 1071
- 027　履行出资人职责的机构与国有独资公司董事会的分权制（一）：如何分权？　/ 1074
- 028　履行出资人职责的机构与国有独资公司董事会的分权制（二）：困境何在？　/ 1076
- 029　国有独资公司的董事为何不实行选举制？（上）　/ 1078
- 030　国有独资公司的董事为何不实行选举制？（下）　/ 1080
- 031　国有参股公司如何参照适用国家出资公司的相关规定？　/ 1082

05 分篇五　企业家精神与企业家犯罪

- 032　何谓企业家？　/ 1085
- 033　公司法如何弘扬企业家精神？　/ 1088
- 034　什么是企业家犯罪？　/ 1090
- 035　民企、国企的企业家犯罪有何区别？（上）　/ 1094
- 036　民企、国企的企业家犯罪有何区别？（下）　/ 1095

037 营商环境与企业家犯罪：如何追求两类企业的实质平等？
　　／1097

038 法治化营商环境，为何要反对"远洋捕捞"？　／1100

039 民营企业家涉刑，如何自救？　／1102

第八篇　股东博弈：股东压制与少数股东抗争

01 分篇一　股权集中与股东压制

001 一个理论背景：股权结构决定公司治理吗？　／1109

002 股东压制（一）：常见情形有哪些？　／1111

003 股东压制（二）：公司法如何提供救济？　／1114

004 公司控制权（一）：何谓控制权收益？　／1116

005 公司控制权（二）：正当行使的边界何在？　／1117

006 双控人认定（一）：认定标准？　／1119

007 双控人认定（二）：实控人有哪些特殊类型？　／1122

008 股东间代理成本的抑制（一）：规制双控人行权的总体架构是什么？　／1126

009 股东间代理成本的抑制（二）：规制双控人行权的章定规则有哪些？　／1129

010 股东间代理成本的抑制（三）：赋权少数股东救济的法定规则有哪些？　／1131

011 股东间代理成本的抑制（四）：赋权少数股东救济的章定规

则有哪些？/1134

02 分篇二 规制控制权滥用（一）：一般条款与股东信义义务

012 如何解读公司法的一般条款？/1136
013 禁止股权滥用（一）：如何理解禁止私权滥用一般规则？/1139
014 禁止股权滥用（二）：如何认定股权滥用行为？/1142
015 禁止股权滥用（三）：少数股东也会滥用吗？/1145
016 禁止股权滥用（四）：股权滥用导致公司决议无效吗？/1148
017 禁止股权滥用（五）：司法裁判支持股权滥用的决议无效吗？/1149
018 禁止股权滥用（六）：股权滥用还会导致哪些法律后果？/1151
019 股东的信义义务（一）：股东负有信义义务吗？/1153
020 股东的信义义务（二）：控股股东承担违信责任吗？/1155

03 分篇三 规制控制权滥用（二）：抑制非公允关联交易

021 何谓股东关联交易？/1158
022 关联交易，天然之恶？/1160
023 关联股东须回避表决吗？/1162
024 非公允关联交易的公司救济之路径？/1165

04 分篇四 赋权股东救济（一）：知情权

- 025 如何理解股东知情权是一个权利体系？ / 1168
- 026 客体范围是什么？ / 1171
- 027 查阅包括"摘抄"吗？ / 1174
- 028 原股东能否行使查阅权？ / 1176
- 029 股东如何委托第三人查账？ / 1178
- 030 公司如何抗辩股东的查阅权？ / 1180
- 031 无账本可查的，股东如何应对？ / 1183
- 032 股东如何行使质询权？ / 1185
- 033 如何理解消极知情权？ / 1187
- 034 公司章程如何规定股东知情权？ / 1189

05 分篇五 赋权股东救济（二）：分红权

- 035 何谓分红？ / 1193
- 036 何谓具体股利分配之诉？ / 1196
- 037 如何理解股利分配政策中的股东压制？ / 1198
- 038 何谓抽象股利分配之诉？ / 1200
- 039 违法分红行为，无效吗？ / 1203

06 分篇六 赋权股东救济（三）：股权回购请求权

040 何谓异议股东评估权？ / 1206
041 控股股东滥权，将引发有限公司股东回购请求权？ / 1209
042 简易合并，将引发股东回购请求权？ / 1211
043 公司如何回购？ / 1213

07 分篇七 赋权股东救济（四）：司法解散公司、强制清算请求权

044 少数股东能决定公司解散吗？ / 1217
045 司法解散仅适用于公司僵局吗？ / 1220
046 如何理解"不能退出，才能解散"？ / 1223
047 法院如何裁判公司解散？ / 1225

08 分篇八 公司控制权争夺

048 公司控制权争夺战（一）：股东争什么？ / 1229
049 公司控制权争夺战（二）：股东怎么争？ / 1232
050 公司控制权争夺战（三）：股东与职业经理人是利益共同体？ / 1235
051 公司控制权争夺战（四）：股东与职业经理人的利益冲突？ / 1238

052 公司控制权争夺战（五）：公司法如何管控股东与职业经理人之争？ /1240

053 控制权争夺白热化：抢夺公章等于控制公司？（一） /1242

054 控制权争夺白热化：抢夺公章等于控制公司？（二） /1246

055 控制权争夺白热化：抢夺公章等于控制公司？（三） /1248

056 控制权争夺白热化：抢夺公章等于控制公司？（四） /1251

第九篇　董监高的任职、信义义务

01 分篇一　法定代表人

001 公司是如何对外表意的？ /1257

002 法定代表、职务代理有何区别？ /1261

003 如何理解法定代表人的唯一性、法定性？ /1263

004 代表权限清单？ /1266

005 在公司内部有什么权力？ /1269

006 职权可以转授给他人吗？ /1272

007 职位何以成为公司控制权之匙？ /1274

008 越权代表是如何发生的？ /1277

009 表见代表是如何构成与识别的？ /1279

010 哪些人能够担任法定代表人？ /1283

011 选任、离任程序是怎样设计的？ /1286

012 如何离任？ /1288

013 可以缺位吗？ /1291

014　表里如一：离任后，公司如何办理变更登记？
　　　　／1293
015　涤除登记如何可能？　／1296
016　如何防范制度异化？　／1300
017　任职的法律风险（一）：有哪些？　／1304
018　任职的法律风险（二）：如何应对？　／1306

02 分篇二　董事长、总经理

019　董事长（一）：一个主持人？　／1309
020　董事长（二）：法定职权有哪些？　／1312
021　董事长（三）：意定职权有哪些？　／1315
022　董事长（四）：被转授权的边界在哪里？　／1317
023　总经理（一）：经理、总经理是一回事吗？　／1320
024　总经理（二）：总经理、总裁与 CEO 是一回事？　／1322
025　总经理（三）：是必设的吗？　／1324
026　总经理（四）：公司治理的关注——职权有哪些？　／1327
027　总经理（五）：民商事审判的关注——职务代理权的范围？
　　　　／1329
028　总经理（六）：命令如何下达与执行？　／1333
029　董事长与总经理（一）：民企篇，谁是老大？　／1335
030　董事长与总经理（二）：国企篇，谁是老大？　／1338
031　董事长与总经理（三）：分任还是兼任？　／1341
032　法律逻辑（一）：有限公司的董事长如何产生？　／1345
033　法律逻辑（二）：股份公司的董事长如何产生？　／1347
034　法律逻辑（三）：总经理如何产生？　／1349

035 政治与商业逻辑(一):董事长、总经理的人选是如何确定的? /1352

036 政治与商业逻辑(二):董事长、总经理产生与人选确定的关系? /1356

037 其他高管(一):副董事长、副总经理,设还是不设? /1359

038 其他高管(二):认定采"实质重于形式"? /1362

03 分篇三 董事任职

039 董事任职资格(一):何谓消极任职资格? /1365

040 董事任职资格(二):出现消极任职资格的,如何处理? /1368

041 董事任职资格(三):不法任职的,如何防范与追责? /1371

042 董事任职资格(四):需要设置章定积极任职资格吗? /1373

043 董事任职(一):如何选任与到任? /1375

044 董事任职(二):与公司是委托合同关系吗? /1377

045 董事任职(三):与公司存在劳动合同关系吗? /1380

046 董事任职(四):任期如何确定? /1382

047 董事离职(一):可被无因解职吗? /1385

048 董事离职(二):可随时辞职吗? /1388

049 董事离职(三):辞职何时生效? /1390

050 董事离职(四):需要变更、涤除备案与登记吗? /1393

04

分篇四　董监高的信义义务

051　信义义务（一）:何谓董事的信义义务？　/1397

052　信义义务（二）:董事对谁负有信义义务？　/1401

053　忠实义务（一）:何谓忠实义务？　/1405

054　忠实义务（二）:禁止董事的自我交易吗？　/1408

055　忠实义务（三）:董事可以篡夺公司商业机会吗？　/1412

056　忠实义务（四）:董事可以从事竞争业务吗？　/1415

057　勤勉义务（一）:何谓勤勉义务？　/1418

058　勤勉义务（二）:公司法如何界定勤勉义务？　/1420

059　勤勉义务（三）:经营判断规则引入了吗？　/1424

060　勤勉义务（四）:董事能否决定公司对外担保、投资？　/1426

061　勤勉义务（五）:董事能否决定公司对外财务资助？　/1428

062　勤勉义务（六）:董事能否决定公司对外捐赠？　/1430

063　勤勉义务（七）:董事负责督促股东出资吗？　/1432

064　勤勉义务（八）:董事能否除名、除权瑕疵出资股东？　/1436

065　勤勉义务（九）:股东抽逃出资,董事缘何担责？　/1438

066　勤勉义务（十）:公司非法分红,董事缘何担责？　/1441

067　勤勉义务（十一）:公司非法减资,董事缘何担责？　/1444

068　勤勉义务（十二）:董事担当清算义务人？　/1447

069　勤勉义务（十三）:董事担当清算人？　/1451

070　勤勉义务（十四）:公司治理领域,董事还有哪些勤勉义务？　/1453

05 分篇五　董监高的违信责任及其追究

071　违信责任(一):如何定义？　/1457

072　违信责任(二):何谓归入权？　/1459

073　违信责任(三):可被减免吗？　/1461

074　违信责任(四):何谓董事责任保险？　/1464

075　违信责任(五):公司如何提诉？　/1467

076　股东代表诉讼(一):解决什么问题？　/1470

077　股东代表诉讼(二):需要有双重、多重设置吗？　/1473

078　股东代表诉讼(三):当事人如何安排？　/1475

079　股东代表诉讼(四):仅限于给付之诉吗？　/1478

080　股东代表诉讼(五):前置程序如何进行？　/1480

081　股东代表诉讼(六):诉讼结构如何安排？　/1482

082　股东诉请董事赔偿(一):实体法依据是什么？　/1484

083　股东诉请董事赔偿(二):直接诉讼程序如何进行？　/1488

084　公司债权人诉请董事赔偿(一):如何解读第191条？（上）　/1490

085　公司债权人诉请董事赔偿(二):如何理解第191条的延伸？（下）　/1493

086　公司债权人诉请董事赔偿(三):诉讼程序如何进行？　/1496

第十篇　公司债权人的公司法保护

01 分篇一　公司法保护债权人的定位

001　公司法保护债权人的逻辑是什么？　/1503

002　公司法保护债权人的规则有哪些？　/1506

003　债权人介入公司治理：提起决议瑕疵之诉？（上）　/1509

004　债权人介入公司治理：提起决议瑕疵之诉？（下）　/1511

02 分篇二　公司对外担保

005　公司对外担保行为为何特殊？　/1514

006　公司法规制公司对外担保行为的价值取向是什么？　/1517

007　公司法如何分类规制公司对外担保行为——非关联担保与关联担保的议决程序分野？　/1519

008　第15条的立法意旨：议决权还是代表权、职务代理权限制？（上）　/1523

009　第15条的立法意旨：议决权还是代表权、职务代理权限制？（下）　/1526

010　公司对外担保议决可以豁免吗？（上）　/1528

011　公司对外担保议决可以豁免吗？（下）　/1531

012　公司对外担保合同效力的决定点：债权人善恶意及如何区分？（一）　/1533

013　公司对外担保合同效力的决定点：债权人善恶意及如何区分？（二）　/1534

014　公司对外担保合同效力的决定点：债权人善恶意及如何区分？（三）　/1539

015　公司对外担保的责任塑造：债权人善恶意区分之价值何在？　/1541

016　公司承担责任后，可以追究经办人的责任吗？　/1544

017　公司对外担保的特殊情形（一）：一人公司能否为其股东提供担保？　/1546

018　公司对外担保的特殊情形（二）：上市公司有何特殊性？　/1548

019　公司对外担保的特殊情形（三）：分公司特殊性何在？　/1551

03 分篇三　对外投资、债务加入与对外财务资助

020　对外投资如何适用《公司法》第15条？（上）　/1555

021　对外投资如何适用《公司法》第15条？（下）　/1558

022　债务加入如何准用《公司法》第15条？　/1561

023　对外财务资助如何适用特殊议决程序？（一）　/1563

024　对外财务资助如何适用特殊议决程序？（二）　/1565

025　对外财务资助如何适用特殊议决程序？（三）　/1568

026　中国版本的次级债实践：股东向公司贷款受怎样的规制？　/1571

04 分篇四 股东、董监高对公司债权人的责任一览

- 027 如何理解股东与债权人之间的代理成本？ /1574
- 028 如何降低债务代理成本？ /1576
- 029 股东对公司债权人负有信义义务吗？ /1578
- 030 股东对公司债权人承担违信责任吗？（上） /1580
- 031 股东对公司债权人承担违信责任吗？（下） /1582
- 032 董事对公司债权人负有信义义务吗？ /1585
- 033 董监高对公司债权人承担违信责任吗？（上） /1587
- 034 董监高对公司债权人承担违信责任吗？（下） /1589

05 分篇五 公司人格否认

- 035 如何理解公司人格否认的前提是公司人格独立？ /1593
- 036 如何理解公司人格否认是对股东有限责任的个案否定？ /1596
- 037 我国如何引入公司人格否认规则？ /1598
- 038 公司人格否认的适用情形（一）：人格混同？ /1601
- 039 公司人格否认的适用情形（二）：过度支配与控制？ /1602
- 040 公司人格否认的适用情形（三）：资本显著不足之存废？ /1604
- 041 一人公司股东如何证明未发生财产混同？（上） /1607
- 042 一人公司股东如何证明未发生财产混同？（下） /1609

043 何谓纵向人格否认？ ／1611
044 何谓横向人格否认？ ／1614
045 需要反向人格否认吗？ ／1616

后记 ／1620

06
第六篇

董事会的组成与运行

근대문학의 발아

分篇一
定位与职权

现代公司治理制度，大致循董事会中心主义模式而设计。中国特色现代企业制度也是以董事会为中心而设计企业治理机制的。在这一点上，可谓不谋而合。董事会中心主义模式在公司法典中如何表述？如何落实？如何践行？是一门大学问，需要融合法律逻辑与商业思维。

本分篇共设 19 问，围绕董事会在公司治理中的核心地位、公司组织机构设计、董事会职权而展开。除了第 8~9 问之外，如无明确指出，均以公众公司为论述对象。

001 谁是现代公司的治理中心？

一、确立公司治理中心的重要性

公司治理中心的确立对现代企业制度的完善具有重要意义和深远影响。首先，公司治理中心的确立有助于明确公司内部组织机构的权责分配，保障各机构成员"权责利一致"。其次，公司治理中心的确立是平衡公司内部多元化利益的基础条件，现代企业的发展不仅要关注股东利益，还要兼顾债权人、职工等其他相关者的权益。再次，公司治理中心的确立能增强企业的灵活性，避免权力倾轧导致的管理混乱和内部冲突，提高决策效率，使公司能够更迅速地应对外部市场变化及内部管理挑战。最后，从长远来看，公司治理中心的确立是公司得以持续、稳定发展的基础，能够确保公司在激烈的市场竞争中保持优势。

二、公司治理中心的争议

公司治理中心的竞争一般在股东会和董事会这两个法人机关之间展开，本质上是针对公司治理模式的学术理论之争。毕竟，各国公司法文本大多并不明确规定公司究竟应当采用何种治理模式。

支持股东会中心主义者认为，公司目标应当是最大化股东利益。作为剩余控制权与剩余索取权的拥有者，股东理应担任最终决策者，而董事职权为股东所授，自然应当为股东服务。与之相对，支持董事会中心主义者主张，公司利益不仅包括股东利益，还包括债权人、职工以及其他相关者利益，唯有作为独立组织机关的董事会能够综合平衡各方利益。在所有权与经营权"两权分离"的背景下，经营权才是公司治理的中心，而经营权的拥有者就是董事会。

关于治理模式的判断，一般认为应以重大经营管理事项的最终决定权为最基本的标准——若股东会对董事会决策的事项拥有最终决定权，则必然为股东会中心主义；若董事会可对重大事项完全独立地作出决策且无须股东会批准，则满足董事会中心主义的基本要求。依照委托代理理论，可进一步以剩余控制权的归属为标准判断公司治理中心，倘若董事会拥有法定职权并在其余组织机构的法定权限范围外行使剩余的经营控制权，则可认定为公司治理中心。典型者如美国《标准商事公司法》，其规定除法律或公司章程规定由股东会享有的权力外，公司的一切权力由董事会行使。也就是说，在最为彻底的董事会中心主义下，董事会作为公司治理中心，股东会仅拥有法定事项范围内的决策权，董事会拥有剩余控制权且其权力行使不受股东会干涉。

三、最低限度的共识

尽管立法模式存在差异，但关于现代大中型公众公司的董事会职权配置，各国公司法还是有基本共性的，概括起来主要有二：

一则，公司章程不得对董事法定职权作出限制，这是确立董事会具有独立法人机关之法律地位的当然前提。通过严格划定法定的、不得由公司章程变更的职权范围，可避免控股股东损害公司内部结构的稳定性及少数股东、其他相关者的利益。

二则，董事会职权是广泛的，包括业务执行权、对经理职务执行的监督权及部分经营决策权。相较而言，单层制下董事会的职权范围广于双层制：一是董事会下属的审计委员会在单层制下享有独立的监督权,取代原有另设的监事会;二是单层制下的董事会规模相对较大,经营管理权限也相对更为广泛,能够有效避免权力进一步下沉至经理层。

四、结论

无论是股东会中心主义,还是董事会中心主义,其实都是围绕董事会职权来展开的。总体而言,董事会无论是否作为公司治理中心,都必须明确其与股东会之间并非领导与被领导的垂直关系,而是地位平等的组织机构(或曰平行的委托与代理关系),与监事会等其他法人机关间各司其职、各负其责,互相监督与制衡。如无法律规定,股东会不得行使董事会的法定职权;反之亦然。若股东或股东会认为董事会决议不当,可以由股东提起诉讼,要求法院确认该决议无效、不成立或可撤销,也可以追究董事的赔偿责任,还可以通过股东会决议解任董事,但不能以股东会决议直接否定董事会决议的效力。

002　公众公司是一种怎样的商业组织?

欲充分理解现代公司的董事会中心主义模式,需要深刻理解公众公司是一种什么样的商业组织形式。

一、现代商业组织体系下的公司企业

(一)商业组织

人类文明不断演化的过程中,各个民族的商业发展均以商个人形式为原点——现今市场结构中,流动摊贩、个体工商户、农村承包经营户以及数以亿计的个体网商等都是商个人的存在形态。

在商个人的基础上,商业世界的复杂性随着发展不断加深,人们又累积创制出多元化的商业组织形式。典型者有:(1)业主制企业,如个人独资企业。(2)合伙企业。现代社会逐渐演化出普通合伙企业、特殊的普通合伙企业、有限合伙企业等亚类型,合伙企业家族日渐发达。(3)公司企业,包括无限公司、两合公司、股份两合公司、有限公司、股份公司等。各法域均主要以后两者为主,我国则仅仅包括后两者。

以上三类企业被称为现代企业制度的"细胞",也即公认的典型的现代商业组织形式。

除此之外,还有一些非典型的商业组织形式作为现代企业类型的必要补充,如各类合作社(其在德国相对发达,我国也存在农民专业合作社)、供销社(中国)、股份合作制企业(中国)、有限责任企业(美国)等。事实上,各国独特的非典型商业组织,均具有相当的地域性、民族性或者历史传承性。

有人问,国有企业、集体所有制企业、民营企业、外资企业乃至曾经大规模存在的乡镇企业不也是商业组织形式吗?答案是否定的。前述企业类型是基于企业所有制形式及不同资本来源所作的主要针对公司企业的再分类,并非商业组织形式的规范化、普适性分类。其所构成的概念体系,很大程度上是用于描述我国企业存在的现实状态并服务于特殊时期的特殊规制目的,在其他法域并不具有共通性。

商个人连同商业组织,组成了现代商法上的商事主体。

从存在数量来看,公司企业在上述商事主体体系甚至商业组织体系中,未必占有优势。比如,我国个体工商户的数量远高于公司企业。但从资源能力、雇员人数、资本力量、所占GDP比例、上缴税收、盈利能力等指标来看,公司企业都是压倒性的"遥遥领先",其他商事主体联合起来亦难以望其项背。在此意义上,说现代商事主体是指现代企业,而现代企业是指公司企业,也是无可厚非的。

(二)公司企业的再分类

1. 公司的公众性

那么,与其他任何一种商事组织形式相比,公司企业具有什么根本特征呢?

要比较准确地回答这一问题,还需要对公司企业进行进一步的分类。按照我国的公司企业立法现状,首先公司企业应二分为有限公司与股份公司,其次有限公司分为一人公司、普通有限公司(股东有两人及其以上),股份公司可分为发起设立股份公司与募集设立股份公司,其中募集设立股份公司又可依据设立方式分为定向募集设立股份公司和公开募集设立股份公司,而公开募集设立股份公司就是上市公司。

我国关于有限公司与股份公司的概念体系承继自大陆法系,英美法系则采用另外两个概念——封闭公司与公众公司,顾名思义,二者的主要区别在于股份的募集方式是否具有公众性。如果基于一种复杂的概念体系对比证成的话,可以大致认为英美法系的概念分类体系更具有优势。鉴于本书并非学术性著作,故省去这一证成过程,仅保留结论。

如果将我国的两类公司与英美法的封闭公司、公众公司的概念相衔接,可描述为:股份公司可以分为公众性股份公司与封闭性股份公司,前者大致包括上市公司(仅限于深沪两市以及北交所的精选层公司)与非上市公众公司(比如在新三板上市的公司),后者主要指向发起设立股份公司、部分定向募集设立股份公司;有限公司则均为封闭公司。

综上,我国的公司企业可以分为封闭公司(有限公司、发起设立股份公司、部分的定向募集设立股份公司)与公众公司(上市公司、非上市公众公司)。

2.公司的规模

正如已故著名法学大家江平教授敏锐指出的,企业规模也是现代公司企业的重要分类标准,据此可以分为大型企业、中型企业、小型企业和微型企业。有人问,企业规模的分类有标准吗?应按照雇员数量、股东人数、注册资本、资产规模、销售额还是盈利额呢?标准自然是存在的,工信部下设有中小企业局,我国还出台了《中小企业促进法》等规范性文件,如无一套分类标准,以上政府部门设置及立法文件出台岂不是无稽之谈?《公司法》有数个条文涉及公司规模问题,比如第75条规定,"规模较小或者股东人数较少的有限责任公司,可以不设董事会,设一名董事"。那么,公司法上的规模较小是什么含义呢?

《公司法》第68条第1款规定:

有限责任公司董事会成员为三人以上,其成员中可以有公司职工代表。职工人数三百人以上的有限责任公司,除依法设监事会并有公司职工代表的外,其董事会成员中应当有公司职工代表。董事会中的职工代表由公司职工通过职工代表大会、职工大会或者其他形式民主选举产生。

可见,职工人数、股东人数都是重要的考量因素,对于该问题的具体论述请参见本篇分篇五的最后一问"一名董事履职如何作决定?"。

(三)公众公司

综合以上的分类标准,公司法上最具核心价值的分类为:大中型公众公司(简称公众公司)、中小微型封闭公司(简称封闭公司),以及介于二者之间的过渡态公司。其中,前两者最具有研究的指向价值,尤其是对于公司治理的研究而言。原因在于,这两类公司的治理特征鲜明,治理问题突出、集中且具有代表性,过渡态公司的治理问题皆可从二者间得到回应。本问主要针对公众公司,其后会专门针对封闭公司进行论述。

从数量上看,任何国家的公众公司都无法与封闭公司相提并论,后者的数量遥遥领先,在我国的 5000 多万家公司企业中,封闭公司的占比大致接近 99%。但在经济资源能力上,公众公司又拥有碾压性优势,并引领着国家经济的发展格局。所以,从公司治理制度的形塑功能来看,对公众公司所做的研究与探索,似乎在影响力维度上更具价值。

二、努力理解公众公司是一种什么商业组织

理解现代企业制度的关键,是确定公众公司究竟是何种商业组织。放眼全世界,无论是在欧洲交易所、纽交所(纽约)、纳斯达克、东交所(东京)、新交所(新加坡)等上市的数万家公司,还是我国的 5000 多家上市公司,均具有极大的共性,其基本特征可以简要概括如下:

1. 主体多元的利益结构。众所周知,公众公司具有多元化的利益相关者群体,包括股东、管理层、员工、债权人等紧密层利益相关者,以及企业所在社区、政府等松散层利益相关者。现代公司法认可前述主体在公司这一组织平台上所具有的或多或少的相关利益,而非仅仅承认股东这一类主体的单独利益。

2. 多层分解的组织权力及分权制衡的组织机构。与主体多元的利益结构相匹配,公众公司的权力不像个人独资企业、合伙企业、封闭公司那样集中于投资人身上,而是被多层分解为多项权力——决策权、执行权、监督权等。与此相适应,这些权力被股东会、董事会、监事会、总经理等不同的法人机关分享,呈现出分权为主、交叉为辅的复杂权力运作系统。

3. 财产权的分离结构。公众公司存在实实在在的"两权分离"——股东所有权(指向剩余索取权)与管理层经营权的分野现象。

4. 程式化的法人机关运行。公司意思表示的主要形式是决议,决议的意思表示形成实行多数决规则,而多数决的正当性离不开正当程序的支撑。于是,股东会、董事会、监事会、董事会专门委员会等形成公司决议必须遵循合法合规的程序,涵盖会议召集、通知、提案、召开、表决、形成决议、形成会议记录等所有环节。

5. 集中管理。关于公众公司以董事会为中心的公司治理模式,一个极有说服力的解释是,让众多股东不断聚集在一起为公众公司作出决策是不现实的,特别是当他们在企业中所拥有的利益可以自由交易时。这无疑解释了为什么公众公司不被

希望遵守合伙法的缺省规则,即让全部股东都来管理公司。

有鉴于主体多元的利益结构与集中管理的必然选择,现代公司法转而严格规制股东对公众公司的不当控制。毕竟,股东所享有的有限责任这一巨大法益将公司经营的巨大风险抛给了公司债权人,所以股东付出的真正对价就是放弃公司的经营权,将其交由独立存在、为公司整体利益负责的董事会。这就是公众公司"两权分离"的真实背景所在。

相较而言,无论是在纸面上的立法中还是在生活上的法运行现实中,公众公司都是真正享有独立人格、独立财产与独立责任的法人组织,相应的股东也真正享有有限责任的法律待遇。与此相比,这一待遇在个人独资企业、合伙企业中不被立法承认;封闭公司在立法上享有这一待遇,但在法运行现实中并不能获得真正落实,时常面临法人人格被否认的危机。

必须承认,我国公众公司的现有实践中,"两权分离"亦未被完美遵循。以美国公众公司为代表,其往往不存在双控人,所以也就不存在股东深入参与公司经营管理的背景,"两权分离"是一种自然的选择。但是我国的上市公司基本上都有双控人,其在享有有限责任的同时对公司拥有绝对的控制力,这就是公司法始终将双控人规范行权作为首要的公司治理任务的本因。

003　董事会中心主义为何在公众公司靠谱?

一、股东会中心主义与股东中心主义

股东会中心主义与股东中心主义是两个完全不同的概念,但也具有某种逻辑关联性。股东会中心主义指向公司运营中的权力在股东会、董事会、监事会、总经理等法人机关之间的配置模式以及以谁为中心的问题。股东中心主义则是重在探讨在股东、员工、债权人、管理层等多元化利益相关者之间,要不要恪守股东唯一、股东至上的利益准则。简言之,前者关注的是公司权力的中心,是公司权力配置机制,后者关注的是公司利益的中心,是公司利益实现机制。

二者之间的逻辑关联性在于:作为权力配置机制的股东会中心主义,必然在绝对意义上更有利于股东中心主义的实现;作为利益实现机制的股东中心主义,极端

时往往会走向股东会中心主义。

当然,股东会中心主义与股东中心主义并非形影不离、完全匹配,董事会中心主义同样可以遵循股东至上的利益准则。事实上,美国公众公司即践行着此种选择。可见,纵使认可股东中心主义,股东会中心主义亦不见得是最佳的选择,更何况股东至上已经在现代社会受到不间断的质疑与冲击。

二、股东会中心主义为什么不可取

首先,公众公司的权力配置无法实现股东会中心主义,这实际上在上问所揭示的"努力理解公众公司是一种什么商业组织"中已经进行了明确。可以说,公众公司权力配置的"两权分离"结构,已经宣告了股东会中心主义的不可能、不可行。

其次,股东会中心主义必然会导向极端的股东中心主义,这由扎根于人性深处的趋利避害的本能所决定。股东会成为公司运行的权力中心时,公司作为法人的独立意志处于相对更大的风险之下,极容易沦为股东实现自身目的或利益的工具。在我国"一股独大"现象较为严重的情况下,股东会甚至可能成为控股股东牟利的工具。如此,少数股东利益、债权人、职工等相关者利益,环境资源等公共利益均处于相对危险的境地,股东为了自身短期利益而舍弃公司长期利益的行为选择并不罕见。

可以说,无论从可行性还是应然性角度,绝对的股东会中心主义以及其导向的极端的股东利益至上,都与现代化市场所追求的可持续发展目标难以相容。

三、董事会中心主义为什么可取

在公众公司利益多元、权力分解与财产权分离三位一体的结构下,需要一个法人机关来代表多元化利益主体的异质化利益,在此意义上,这一法人机关非董事会莫属。一则,董事会的组成人数必然为复数,至少三人,公众公司的董事会规模甚至以两位数为常态。二则,董事会的组成来源复杂,所代表的利益多元化,既有各类股东的代表董事(股东董事),也有职工群体的代表董事(职工董事),还有利益相对超脱的外部董事、独立董事等,有些国家、地区的公司法甚至设有代表债权人利益的董事。三则,董事职能异质,互为牵制、互为补充,有执行董事与非执行董事之分,后者又包括职工董事、外部董事、非独立非执行董事(通常由多数股东委派)、独立非执行董事(独立董事)等。四则,董事各司其职、合作共赢,有董事长、副董事长、董事之分,后者又有兼任专业委员会委员、不兼任专业委员会委员之分。五则,从董事会成员自带的资源禀赋具有极大的多元性,包括政府资源、NGO 资源、资本资源、法律资源、学术资源等,有利于决策的民主与科学。由此可见,唯有兼收并蓄的董事会方能担当代表多元化利益主体不同利益的重任。

公众公司具有庞大的员工规模、多层级的组织结构、巨型的产业规模,往往跨国经营。操纵运行如此"庞然大物",必然需要多种类的专业化能力的支撑,所以能够承担这一经营管理重任的只能是具有企业家精神、现代企业经营管理才能的企业家、职业经理人阶层,而非具有"乌合之众"属性的股东(投资人)。

四、总经理中心主义为什么不可取

这是一个好问题。理论界与实务界都有人主张,既然总经理在公司日常运营中如此重要,也是事实上的日常经营管理权拥有者,公司法应当承认总经理才是公司权力配置的中心。这一声音不可忽视,特别是我国企业有着长期的"厂长(经理)负责制"传统,总经理中心主义存在着一种惯性的吸引力。

需要指出的是,以总经理为首的高级管理人群体(管理层)是公司日常经营管理者,但这并不代表其应该且能够成为公司治理的权力中心。可通过简要比较董事会与总经理的不同,得出总经理不能成为公司治理权力中心的结论。

1. 决策机制之别。董事会践行圆桌机制,强调民主、科学的群体决策(peer group decision-making);总经理与副总经理、事业部总监(中层管理干部)、下级经理、员工之间是科层制的层级关系,实行命令与被命令、下达指令与执行指令的机制,这表明总经理进行决定是一人独断的。事实上,董事会中心主义被需要的解释之一就是群体大多会作出优于个体的决策,对于公众公司而言尤其如此。

2. 利益代表之别。如前所述,董事会成员的多元化组成保证其能够代表各方利益相关者的利益,但是一个乾纲独断的总经理不具备此种功能。

3. 决策的民主性、科学性之别。董事会成员自带的多种资源背景可以保证其决策的民主性、科学性,相较之下,形单影只的总经理在此方面总归黯然失色。当然,也必须承认总经理具有决策效率上的优势,这也是其负责日常经营管理必然的要求。

4. 委员会制与首长负责制。董事会事实上集合了决策、执行与监督的多种功能,谋全局、定战略、作决策、做监督、控风险、掌合规,这些功能只能由适用委员会制的董事会实现,而不能由适用首长负责制的总经理实现,后者更适合执行而非决策。

五、监事会中心主义的说法不存在

一方面,监事会不是任一公司必设的法人机关,全部实行单层制的美国公司以及我国选择单层制的公司即不设立之;另一方面,双层制下的监事会,除了有独特传统的德国公司治理模式之外,都仅仅享有监督权。以人为鉴,监督机关难以充当公司运营的权力中心。

六、总结

综上,既然公司法人机关是多元的,且有必要在公司运营中明确中心,那么在股东会、监事会、总经理都不适合充当这一中心的情况下,董事会也就舍我其谁了。

004　何谓两种意义上的中心主义?

一、纸面上的法与生活上的法

各位读者如对公司权力配置的文献有一定阅读量的话,会发现不同的作者对公司到底实行的是董事会中心主义还是股东会中心主义,表述各有不同。然而,这是否意味着不同作者对此问题的判断迥异呢?应该说,对于这一问题确实存在一定的观点分歧,但读者也应当善于识别以下立论上的差异:看讨论的是境外公司法还是中国公司法;如是后者,再看讨论的是中国公司法的应然性规则还是实然性规则;如是后者,进一步看讨论的是我国纸面上的公司法(law on paper)还是生活上的公司法(law in life/law in practice)。前者是对于应然性规则的理论探讨,接下来将集中于对实然性规则的讨论,主要观点如下:

1. 对于纸面上的公司法,确实存在两种解读。但无论将立法规定解释为董事会中心主义还是股东会中心主义,生活上的公司法都践行着董事会中心主义。

2. 就纸面上的公司法的新旧对比来看,我国立法已经朝着董事会中心主义迈出了重要的步伐。

本问着重讨论第一个观点,后一个观点则留待下一问讨论。

二、从纸面上的股东会中心主义到生活中的董事会中心主义：必然逻辑

如果认为我国既有立法规定了股东会中心主义的权力配置模式，那么到了法的实现环节，为何演化以及如何演化成了董事会中心主义呢？对此有四种经典的理论解释。

(一)解释一：剩余控制权理论

第一个理论解释是剩余控制权理论。新制度经济学认为，对于公司组织体而言，谁享有剩余控制权(residual control)，谁才是公司的权力中心。所谓剩余控制权，是指《公司法》、公司章程规定的法人机关各自享有的职权以外的权力。囿于人类认知的有限性，立法不完全性(incompleteness of legislations)与契约不完全性(incompleteness of contracts)必然存在，尽管《公司法》、公司章程已经很用心地规定了股东会、董事会等法人机关各自的职权，但仍然无法穷尽列举出所有的公司职权。例如，《公司法》第 59 条、第 67 条、第 78 条分别列举出股东会、董事会、监事会的职权清单，然而纵使加上公司章程的补充规定，仍然无法涵盖公司实际运营中的所有权力。而未予列举出的职权，就属于剩余控制权。

如果剩余控制权的存在不可避免，那么其归属是接下来要回答的问题——为何剩余控制权归属于董事会而不是股东会呢？

一是有些公司法直接规定董事会享有剩余控制权，比如，美国《标准商事公司法》。全国人大常委会法工委 2021 年年底公布的《公司法(修订草案)》"公开征求意见稿"第 62 条第 1 款规定：

有限责任公司设董事会。董事会是公司的执行机构，行使本法和公司章程规定属于股东会职权之外的职权。

二是公司章程的加持。尽管一份有价值的公司章程往往会不吝笔墨在《公司法》规定的基础上继续延伸，但往往仍保留一条这样的规定："本公司章程的解释权归公司董事会。"公司章程解释权的授予，会变相让公司董事会享有剩余控制权。

三是即便不由《公司法》、公司章程出面规定剩余控制权的归属，其事实上也会归于董事会而不是股东会。道理很简单，这两个法人机关谁召开会议的频次高、谁拥有日常工作机构，谁就会在事实上享有剩余控制权。以此观之，答案不言

而喻。

当然,目前该问题仍未有定论。还有一种理解认为,既然现行公司法并未规定剩余控制权归属于董事会,且对股东会、董事会、监事会等法人机关的职权采清单列举模式,加之股东会、董事会、监事会都享有公司章程规定的其他职权,那么考虑到公司章程乃是由股东制定、股东会修订的,可以认为剩余控制权仍然属于股东会。这一观点也不无道理,进一步的讨论,后文还有机会予以展开。

(二)解释二:真实权力理论

第二个理论解释是真实权力理论,即合法职权(formal authority)与真实职权(real authority)的分配与运行。

举例。董事长有权决定公司年会的举办地(合法职权),委托办公室主任小王去考察大理、三亚,要二择一。小王个人喜欢大理,于是经一番考察后汇报大理举办有十利、三亚举办有五弊,最后董事长根据小王的报告(真实职权)决定在大理举办年会。提问:谁才是年会举办地的决定者?

如果仔细考查《公司法》第59条、第67条关于股东会、董事会的若干项职权的递进关系,不难发现,二者之间本质上就是合法职权与真实职权的关系:股东会经正式透明渠道(《公司法》、公司章程、正式委任契约等)授权而享有合法职权,但真正行使这一权力的却是董事会。

形成这一格局的原因是,真实世界中作出商业决定依赖信息取得,而取得必要且正确的信息费时费力,某项事务的具体负责人(代理人,比如部门负责人)可以获得这些信息,委托人(比如董事长)却难以获得这些信息,此时委托人可以将合法职权授予代理人,由后者作出决定。此成本,对于委托人而言为失控效应(loss of control effect),对于代理人而言则为激励效应(initiative effect)。两种效应哪个更大,取决于二者偏好(preference)相同的程度:若偏好差异大,则失控在所难免、激励效果不彰,委托人会收回合法职权;反之,则倾向于放权。商业组织的组织机构设计之核心,在于合理地在组织内部协调合法职权与真实职权的安放。

(三)解释三:权力下沉理论

第三个理论解释是权力下沉理论。这实际上是前述合法职权、真实职权之间实践关系的一种表达——合法职权经由转授权等渠道,交由拥有真实职权者去行使。以我国公司实践中盛行的转授权为例,为什么那么多的公司将股东会的部分职权转授于董事会,甚至进一步转授于董事长、总经理个人行使,以及将董事会的职权授权给董事长、总经理个人行使?答案在于实势使然。拥有合法职权的股东会在公众公司往往一年召开一次会议,在客观上是无法通过及时决策的方式有效行使全部职权的,所以势必要将职权委托给召开频次更高且具有日常办公机构的董事会,甚至委托给每天朝九晚五上班的董事长、总经理个人行使。

(四)解释四:橡皮图章理论

第四个解释理论是橡皮图章理论,也是上述合法职权、真实职权的另一种中国式表达。公司实践中,董事会是一个"夹层"组织,处于总经理(办公会议)与股东会之间,比如,就公司利润分配方案及其决议而言,三者的实际工作流程是:总经理举行办公会议拿出利润分配方案(董事会提案),再交付经董事会讨论形成方案(股东会提案),最后提交股东会投票通过形成决议案。此处的提问是:假设一家公司过去30年来,董事会关于利润分配的提案都毫无例外地获得了股东会决议的通过,那么,到底谁才是公司利润分配事项的决定者呢?这一提问的答案可能见仁见智,但股东会的"橡皮图章说"不胫而走。

005　董事会中心主义模式确立了吗?

一、立法背景

一般认为,在2023年修订之前,我国公司法是形式上(纸面上)的股东会中心主义、事实上的董事会中心主义,但2023年的重大修订使得公司法走向形式/事实上的董事会中心主义模式。就2023年《公司法》而言,公司治理场域内最重大的变革就是纸面上的公司法由股东会中心主义向董事会中心主义转型。

2023年修订工作启动之时,立法机关即确定了公司治理采董事会中心主义模式的立法新目标。立足于2018年《公司法》的规定现状,著者利用参与立法咨询、论证工作的机会,建言要实现这一立法转变,要在两个层面上走出四步棋:

在第一层面,即纵向的法人机关职权分配上。要走三步棋:

1. 大幅削减股东会的法定职权。

2. 大力扩展董事会的法定职权,其中理想的立法模式是剩余控制权立法模式+分散的职权授予(比如授权资本制下董事会发行股份的决策权)。

3. 放弃经理的法定职权模式,删除经理的法定职权规定。

在第二层面,即横向的法人机关职权分配上。要加持一个制度也即引入单层制——不设与董事会平行的监事会,董事会下设审计委员会取代监事会,履行监督职能,强化董事会的监督权力。

那么,这一立法修订的擘画,最后实现得如何呢?

二、股东会法定职权的有节制削减

对照旧《公司法》第 37 条第 1 款与新《公司法》第 59 条第 1 款,2023 年修订时删除了股东会的两项职权,也即旧《公司法》中的"(一)决定公司的经营方针和投资计划""(五)审议批准公司的年度财务预算方案、决算方案"。当然,这仅实现了有节制的削减。

三、董事会职权得到强化与扩展

(一)职权的集中规定

对照旧《公司法》第 46 条与新《公司法》第 67 条第 1 款,2023 年修订时也相应删除了董事会的一项职权,也即与前引旧《公司法》第 37 条第 1 款的股东会职权"(五)审议批准公司的年度财务预算方案、决算方案"相对应,董事会的职权"(四)制订公司的年度财务预算方案、决算方案"也遭删除,其余未见变化。

但要指出,在新《公司法》删除此前股东会所享有的"决定公司的经营方针和投资计划"的职权的同时,继续保留董事会的"决定公司的经营计划和投资方案"职权,这意味着董事会掌握了更大的战略决策权。

(二)职权的分散规定

新《公司法》在第 67 条之外,对董事会在若干具体制度上的职权亦多有扩张性规定。举其要者:

第 106 条规定:

董事会应当授权代表,于公司成立大会结束后三十日内向公司登记机关申请设立登记。

第 62 条第 2 款规定:

定期会议应当按照公司章程的规定按时召开。代表十分之一以上表决权的股东、三分之一以上的董事或者监事会提议召开临时会议的,应当召开临时会议。

第 113 条第 4 项规定：

股东会应当每年召开一次年会。有下列情形之一的，应当在两个月内召开临时股东会会议：

（四）董事会认为必要时；

第 63 条规定：

股东会会议由董事会召集，董事长主持；……

第 114 条规定：

股东会会议由董事会召集，董事长主持；……

第 115 条第 2 款规定：

单独或者合计持有公司百分之一以上股份的股东，可以在股东会会议召开十日前提出临时提案并书面提交董事会。临时提案应当有明确议题和具体决议事项。董事会应当在收到提案后二日内通知其他股东，并将该临时提案提交股东会审议；但临时提案违反法律、行政法规或者公司章程的规定，或者不属于股东会职权范围的除外。公司不得提高提出临时提案股东的持股比例。

第 219 条规定：

公司与其持股百分之九十以上的公司合并，被合并的公司不需经股东会决议，但应当通知其他股东，其他股东有权请求公司按照合理的价格收购其股权或者股份。

公司合并支付的价款不超过本公司净资产百分之十的，可以不经股东会决议；但是，公司章程另有规定的除外。

公司依照前两款规定合并不经股东会决议的，应当经董事会决议。

第 51 条规定：

有限责任公司成立后，董事会应当对股东的出资情况进行核查，发现股东未按期足额缴纳公司章程规定的出资的，应当由公司向该股东发出书面催缴书，催缴出资。

未及时履行前款规定的义务，给公司造成损失的，负有责任的董事应当承担赔偿责任。

第 52 条规定：

股东未按照公司章程规定的出资日期缴纳出资，公司依照前条第一款规定发出书面催缴书催缴出资的，可以载明缴纳出资的宽限期；宽限期自公司发出催缴书之日起,不得少于六十日。宽限期届满,股东仍未履行出资义务的,公司经董事会决议可以向该股东发出失权通知,通知应当以书面形式发出。自通知发出之日起,该股东丧失其未缴纳出资的股权。

依照前款规定丧失的股权应当依法转让,或者相应减少注册资本并注销该股权;六个月内未转让或者注销的,由公司其他股东按照其出资比例足额缴纳相应出资。

股东对失权有异议的,应当自接到失权通知之日起三十日内,向人民法院提起诉讼。

(三)职权的选择性规定

此外,新《公司法》还有一些条款规定了既可以交由股东会决议还可以交由董事会决议的事项,具体由哪一个法人机关议决,则取决于公司章程进一步的选择。如选择董事会,则意味着董事会职权的章定强化。举其要者:

第15条规定:

公司向其他企业投资或者为他人提供担保,按照公司章程的规定,由董事会或者股东会决议;公司章程对投资或者担保的总额及单项投资或者担保的数额有限额规定的,不得超过规定的限额。

公司为公司股东或者实际控制人提供担保的,应当经股东会决议。

前款规定的股东或者受前款规定的实际控制人支配的股东,不得参加前款规定事项的表决。该项表决由出席会议的其他股东所持表决权的过半数通过。

第182条第1款规定:

董事、监事、高级管理人员,直接或者间接与本公司订立合同或者进行交易,应当就与订立合同或者进行交易有关的事项向董事会或者股东会报告,并按照公司章程的规定经董事会或者股东会决议通过。

第183条规定:

董事、监事、高级管理人员,不得利用职务便利为自己或者他人谋取属于公司的商业机会。但是,有下列情形之一的除外:

(一)向董事会或者股东会报告,并按照公司章程的规定经董事会或者股东会决议通过;

(二)根据法律、行政法规或者公司章程的规定,公司不能利用该商业机会。

第 184 条规定：

董事、监事、高级管理人员未向董事会或者股东会报告，并按照公司章程的规定经董事会或者股东会决议通过，不得自营或者为他人经营与其任职公司同类的业务。

第 215 条第 1 款规定：

公司聘用、解聘承办公司审计业务的会计师事务所，按照公司章程的规定，由股东会、董事会或者监事会决定。

(四)转授权的规定

一是概括性转授权规定，新《公司法》第 67 条第 2 款第 10 项规定，董事会享有"公司章程规定或者股东会授予的其他职权"。

二是具体的转授权规定，包括：

第 59 条第 2 款规定：

股东会可以授权董事会对发行公司债券作出决议。

第 202 条第 1 款规定：

股份有限公司经股东会决议，或者经公司章程、股东会授权由董事会决议，可以发行可转换为股票的公司债券，并规定具体的转换办法。上市公司发行可转换为股票的公司债券，应当经国务院证券监督管理机构注册。

第 152 条第 1 款规定：

公司章程或者股东会可以授权董事会在三年内决定发行不超过已发行股份百分之五十的股份。但以非货币财产作价出资的应当经股东会决议。

第 163 条第 2 款规定：

为公司利益，经股东会决议，或者董事会按照公司章程或者股东会的授权作出决议，公司可以为他人取得本公司或者其母公司的股份提供财务资助，但财务资助的累计总额不得超过已发行股本总额的百分之十。董事会作出决议应当经全体董事的三分之二以上通过。

第 172 条规定：

国有独资公司不设股东会，由履行出资人职责的机构行使股东会职权。履行出资人职责的机构可以授权公司董事会行使股东会的部分职权，但公司章程的制定和修改，公司的合并、分立、解散、申请破产，增加或者减少注册资本，分配利润，应当由履行出资人职责的机构决定。

四、总经理法定职权的取消

长久以来,我国公司法一直实行总经理职权法定主义。旧《公司法》第 49 条规定总经理享有七项法定职权(法定)、董事会授予的其他职权(转授权),以及公司章程规定的经理职权(章定)。2023 年修订时将这一条款删除,由此,新《公司法》转换为总经理职权意定模式。新《公司法》第 74 条、第 126 条分别规定:有限公司可以设经理、股份公司必设经理,但均由董事会决定聘任或者解聘;经理对董事会负责,根据公司章程的规定或者董事会的授权行使职权。

总经理以及总经理提名的其他高管都是由董事会聘任或者解聘的,且总经理对董事会负责,这就明确了以总经理为首的高管层属于董事会下属的辅助执行机关。所以,总经理的职权完全由公司章程规定以及董事会授权,是董事会中心主义的必要配套措施;否则,法定的总经理职权会侵蚀董事会的职权范围。

五、单层制的引入与企业选择导向

第 69 条规定:

有限责任公司可以按照公司章程的规定在董事会中设置由董事组成的审计委员会,行使本法规定的监事会的职权,不设监事会或者监事。公司董事会成员中的职工代表可以成为审计委员会成员。

第 83 条规定:

规模较小或者股东人数较少的有限责任公司,可以不设监事会,设一名监事,行使本法规定的监事会的职权;经全体股东一致同意,也可以不设监事。

第 121 条第 1 款规定:

股份有限公司可以按照公司章程的规定在董事会中设置由董事组成的审计委员会,行使本法规定的监事会的职权,不设监事会或者监事。

第 176 条规定:

国有独资公司在董事会中设置由董事组成的审计委员会行使本法规定的监事会职权的,不设监事会或者监事。

六、初步的结论

综上,现行公司法确立了董事会中心主义模式了吗?对此问题的回答,仍是见仁见智,但至少有一个共识:相较旧《公司法》,新《公司法》中的董事会职权得到了较大程度的强化与扩展。

006 董事会中心主义的最佳立法模式?

一、疑问

或有读者质疑,上问洋洋洒洒,几乎列举殆尽了现行公司法关于董事会职权的所有规定,足见董事会职权的空前强化,但为何没有肯定性地得出现行公司法已经确立董事会中心主义模式的结论呢?这是因为,截至目前,现行公司法尚未确立董事会中心主义的标准(或曰典型)立法模式——董事会剩余控制权立法模式。

二、如何确立董事会中心主义模式

(一)域外经验

前文数次指出,董事会中心主义的典型立法应明确董事会享有股东会法定职权之外的剩余控制权。除了前引美国《标准商事公司法》之外,我国台湾地区"公司法"第202条也规定,"公司业务之执行,除本法或章程规定应由股东会决议之事项外,均应由董事会决议行之",这些规定都采取了剩余控制权立法模式。与列举董事会职权的权力清单模式相比,其将股东会职权限定在范围有限的列举清单之内,而除此之外的经营管理权皆归董事会,后者享有更大范围的职权是显而易见的。

(二)我国传统的立法模式

从1993年《公司法》到2018年《公司法》,我国立法一直采用四个条文,分别集中规定股东会、董事会、经理与监事会的法定职权清单,其间虽有对清单的略微调整,但是立法格局始终未曾改变。此外,《公司法》的其他条文中还有关于四个法人机关法定职权的零星规定,以作补充。

到2023年《公司法》,唯一的变化就是将经理的职权由法定改为意定,股东会、董事会、监事会的职权法定且仍采列举式的权力清单模式,既有的立法传统得到了坚持。

(三)一个遗憾

前文已提及修订2023年《公司法》的一个"花絮"是:2021年年底,全国人大常

委会法工委面向全社会公布的《公司法(修订草案)》"公开征求意见稿"已采剩余控制权立法模式,其第62条第1款曾规定:

董事会是公司的执行机构,行使本法和公司章程规定属于股东会职权之外的职权。

但在公开征求意见过程中接收到不少反对或不理解的声音,因此二审稿第67条旋即恢复了此前的列举权力清单模式,一直到正式法律文本公布。这使得董事会中心主义模式的实现效果大打折扣。

有鉴于此,还不足以肯定地说现行公司法已经确立了董事会中心主义模式。董事会中心主义的核心是处理好股东会与董事会的职权关系,并将公司经营管理决策权的配置偏向董事会,但由于前两步尚未完全落实,董事会中心主义模式的确立尚需进一步的努力。

三、正反两方面的几个制度细节

(一)趋向董事会中心主义的几个细节

一是新《公司法》删除了旧《公司法》第46条"董事会对股东会负责"的表述,突出了董事会作为执行机关的独立地位,符合分权制衡的现代公司法精神。关于董事会为何无须对股东会负责,本书关于股东会的篇章里有相当详细的分析,此处不赘。

二是删除了股东会"审议批准公司的年度财务预算方案、决算方案"的职权,删除了董事会"制订公司的年度财务预算方案、决算方案"的职权。就此,年度财务预算方案、决算方案的决议过程不再列示于公司治理机关的法定权力清单上。如本篇第4问中所论,公众公司的治理实践在事实上是董事会中心主义,也即未予规定的职权基于权力下沉理论大都归属于董事会,除非股东在公司章程中明确将其收归股东会所有。可以说,对股东法定职权的列示越少,默认归属于董事会的职权越多,立法越趋于董事会中心主义模式。

三是删除了此前股东会"决定公司的经营方针和投资计划"的职权,继续保留了董事会"决定公司的经营计划和投资方案"的职权,这意味着立法者明确了董事会应当掌握更大的战略决策权。

四是在董事会的职权兜底条款新增"或者股东会授予的其他职权"(第67条第2款第10项),鼓励股东会对董事会授予更多的职权,在一消一张之间,董事会的职权确实得到了很大程度的强化。

(二)尚需进一步改进的两个细节

先来原汁原味地审读现行公司法上的股东会职权清单。

第59条第1款、第2款规定:

股东会行使下列职权:

(一)选举和更换董事、监事,决定有关董事、监事的报酬事项;

(二)审议批准董事会的报告;

(三)审议批准监事会的报告;

(四)审议批准公司的利润分配方案和弥补亏损方案;

(五)对公司增加或者减少注册资本作出决议;

(六)对发行公司债券作出决议;

(七)对公司合并、分立、解散、清算或者变更公司形式作出决议;

(八)修改公司章程;

(九)公司章程规定的其他职权。

股东会可以授权董事会对发行公司债券作出决议。

对此规定,需要讨论两个问题。

1. 股东会的职权尚有削减空间

美国《标准商事公司法》第七章、我国台湾地区"公司法"第三节对股东会的详细规定,均未专条明确列示其所享有的职权范围,而是采取了分散的规定方式。相较而言,我国现行公司法不仅专条规定了股东会法定职权,且清单略显冗长,这直接导致人们普遍产生了我国公司法仍在纸面上采纳股东会中心主义的印象。前文指出,尽管我国将股东会的法定职权削减了两项,但其核心职权仍旧未得到根本的触动,就纸面上的职权而言,股东会的法定职权依然明显地大于董事会的法定职权(请读者对比2023年《公司法》第59条、第67条规定)。

进一步的讨论是,目前股东会的八项法定职权,还存在进一步削减的空间吗?答案是肯定的,比如第四项职权"审议批准公司的利润分配方案和弥补亏损方案",即在域外诸多国家、地区的公司法上属于董事会的常见职权。

2. 股东会的职权转授给董事会的疑惑待解

股东会的职权转授给董事会,与股东会授权董事会是两个并不完全相同的概念。前者是指《公司法》第59条第1款规定的股东会前八项职权中的部分职权可以转授给董事会,后者主要是指第67条第2款第10项规定的董事会享有"公司章程规定或者股东会授予的其他职权"中股东会授权的情形,二者之间会有交叉,但并不等同。股东会可以采取股东会决议方式转授权董事会,也可以采取章程规定等方式转授权董事会;相对地,股东会授权董事会的事项则不局限于其可转授权的法定职权范围。

股东会的八项法定职权中究竟有哪些职权可以转授给董事会？第59条第2款规定"股东会可以授权董事会对发行公司债券作出决议"。对此的解读,不争的一面是:第59条第1款规定的股东会第六项职权也即"对发行公司债券作出决议"可以转授给董事会。但引发巨大争议的是,除了该项职权以外的其他诸项职权是否可以转授给董事会？对此存在两种截然不同的立法解释。

一种观点认为,既然法律明确规定了股东会的八项法定职权中唯有第六项职权可以转授给董事会,那么依照文义解释,其他职权自然不可以再转授给董事会行使。

另一种观点认为,按照法不禁止皆可为的私法原理,第59条第2款固然特别明确了第六项职权可以转授权,但并未禁止其他职权的转授权,故而应当交由公司股东会完全自治。

其实,以上两种观点各有相当的理据,但是争论尚显粗糙——有必要对其余七项职权一一检视,缩减争论的范围并进行有针对性的讨论。具体来讲:

(1)依据权力的性质,第(一)(二)(三)项职权不能转授权。这是因为一旦将这些职权转授给董事会,就会形成自己选举/更换自己并决定自己的报酬事项、自己审议批准自己的报告以及被监督者批准监督者报告的现象,于情于理大悖。还有,对于第一项职权,按照关联交易的回避规则,也不可能允许董事自己选举/更换自己以及决定自己的报酬事项。

(2)对于第(四)项职权"(四)审议批准公司的利润分配方案和弥补亏损方案",一般认为,该项职权是可以转授给董事会的。一个有力的例证是,在很多国家、地区的公司法上,该项职权不属于股东会的法定职权范畴,而属于董事会的法定职权范畴。

(3)真正的争论集中在第(五)(六)(八)项职权涉及的公司增资、公司减资、公司合并、公司分立、公司解散/清算、变更公司形式以及修改公司章程等七个事项。以上七个事项在股东会表决时也需要采用绝对多数决(第66条、第116条),可谓公司重大事项。

对此等重大事项可否转授权给董事会的判断,需要慎重对待,相关讨论应该区分应然与实然两个层面,此处暂不详述学术讨论中应然层面的最优观点,仅明确实然层面的结论。简单地说,依照立法者本意,第(五)(六)(八)项职权涉及的七个重大事项的职权,不宜转授给董事会①;但这一结论尚需进一步斟酌,尤其是在我国公司法实践中,将以上七个重大事项的决议权部分或者全部转授给董事会的情形,并不鲜见。

四、再一次的总结与审慎结论

纵向比较新旧《公司法》文本,可以发现:

一是虽然股东会的职权有所削减,但尚未触动股东会传统上享有的核心权力清单。

二是虽然董事会的职权清单在很大程度上得到强化,但由于未采用剩余控制权立法模式,这一强化空间的上限是被限定的。

三是经理的职权在立法上实现了由法定模式到意定模式的转化,但在未来相当长一段时期的实务中,基于制度惯性与路径依赖,总经理传统的法定职权在实务中可能依然以另一种方式呈现。

四是对国有独资公司、上市公司强制推行单层制,其他类型的公司采单层制、双层制竞争模式,究竟采何种治理结构,由公司自主选择。单层制模式下监督职权由董事会兼享,这无疑是对董事会职权的极大扩张,是董事会中心主义的重要体现。除此之外,在国家出资公司(以下简称国有公司)中,董事会治理中心的地位在行政规章、政策性文件中得到进一步的强调。由此可见,董事会中心主义在不同种类的公司中均得到了不同程度的强化。

有鉴于此,我们认为现行公司法确立了"中国版本的董事会中心主义模式",构成了中国特色现代企业制度的重要组成部分。

---

① 通过体系解释,这一对立法者本意的认识有一个有力辅证。2023年《公司法》第172条规定:"国有独资公司不设股东会,由履行出资人职责的机构行使股东会职权。履行出资人职责的机构可以授权公司董事会行使股东会的部分职权,但公司章程的制定和修改,公司的合并、分立、解散、申请破产,增加或者减少注册资本,分配利润,应当由履行出资人职责的机构决定。"

007　国家出资公司的治理中心是董事会吗？

一、国有企业特殊法制

（一）国企法制

所谓国有企业，对应民营企业、外资企业，是以企业所有制性质为标准进行的分类。从法律意义上来说，国有企业这一概念，是关于国家出资设立的企业的最宽泛概念，在外延上包括国家出资企业与国家出资公司。前者是指依据《全民所有制工业企业法》设立的全民所有制企业，如中国烟草总公司；后者是指依据现行公司法设立的国有独资公司与国有资本控股公司（以下简称国有控股公司），如中国石油天然气集团有限公司与中国石油天然气股份有限公司。

独具中国特色的国有企业法制，不仅包括《公司法》第七章"国家出资公司组织机构的特别规定"这样的专门规范，也包括全国人大常委会颁布的《全民所有制工业企业法》《企业国有资产法》等专门法律，以及更为庞大的法规、规章规范群——国务院及其组成部门如国资委、财政部、工信部等以及地方设区市级以上人大、设区市级以上地方政府发布的行政法规、行政规章、地方性法规、地方规章等，还包括中国共产党颁布的以坚持与强化党在国有企业中的领导地位为核心的系列党内法规。所有这些关于国有企业的规范群，在普通公司法制之外生成了适用于我国国有企业的一整套法律法规体系，可称之为国有企业特殊法制，这是为了解决国有企业的特殊问题而制定的。

以下，仅就国家出资公司组织机构的特殊性展开介绍。

（二）国家出资公司组织机构的新老交替

国有公司有所谓的"老三会"——党委会、职工代表大会和工会，其是传统国企治理中发挥重要作用的领导部门。自从国企进行公司改制后，"老三会"的行政领导作用逐步向"新三会"也即股东会、董事会、监事会转移，但是"老三会"并未完全退出历史舞台，呈现出与"新三会"并存的局面。

二、国家出资公司治理改革的目标：确立董事会中心主义

(一)《公司法》的基本规定

董事会中心主义之下的普通公司法制是否也适用于国家出资公司？答案是肯定的。中国特色现代企业制度框架下的董事会中心主义，首要解决的是董事会与股东会的分权问题，在国家出资公司则演化为董事会与国资委等机构的分权问题，而且国家出资公司另有党委会与董事会的分权问题有待审思。

首先，国资委等机构作为履行出资人职责的机构，虽然不是法律意义上的国家出资公司的股东，但是可经国务院或者地方人民政府的授权，履行出资人（股东）的职责，享有公司股东会的权力（《公司法》第169条），或可在法律适用的层面上拟制其为股东。

其次，在国有独资公司中，国资委等机构行使相当于普通公司股东会的全部权力，那么普通公司中股东会与董事会的分权关系，在国有独资公司便是国资委等机构与公司董事会的关系。

再次，在国有控股公司中，国资委等机构或者其他国有大股东持有公司的多数股权，参与公司股东会并行使控股股东的权利，普通公司中股东会与董事会的分权关系在国有控股公司中照样适用，并不具有特殊性。

最后，在国家出资公司的组织机构里，最大的特殊性便是董事会与党委会的分权问题。依照《公司法》第170条的规定，国家出资公司中中国共产党的组织，按照《中国共产党章程》的规定发挥领导作用，研究讨论公司重大经营管理事项，支持公司的组织机构依法行使职权。国家出资公司对党委会与董事会关系的妥当处理，建立在对该条中"党的组织领导作用"的正确理解之上。例如，依照党内法规的规定，国家出资公司的"三重一大"即重大决策、重大人事任命、重要资金的使用或项目的落地等事项，需要公司党委会（党组）讨论后再交付董事会、股东会决议。简要来说，在分权要求下，国家出资公司党委会（党组）成员与董事会成员不可完全重合，公司治理应当以董事会为中心、以党委会为核心，后者领导作用的发挥需要建立在充分尊重董事会独立地位与独立行权的基础上。这也是在国家出资公司中贯彻董事会中心主义的基本要求。

(二)党内法规的规定

针对坚定不移地推进以董事会为治理中心的国家出资公司治理结构的建设，党

内法规的政策立场是一贯的。虽然相关规范性文件浩如烟海,但其就国资委与国有公司董事会的关系、国家出资公司党委会(党组)与董事会的关系等重大问题均坚持董事会中心主义的统一立场。

三、国有独资公司的国资委与公司董事会的关系细节

(一)关于转授权

《公司法》第172条规定：

国有独资公司不设股东会,由履行出资人职责的机构行使股东会职权。履行出资人职责的机构可以授权公司董事会行使股东会的部分职权,但公司章程的制定和修改,公司的合并、分立、解散、申请破产、增加或者减少注册资本、分配利润,应当由履行出资人职责的机构决定。

据此,普通公司的股东会职权在国有独资公司由国资委等机构行使,其可以授权公司董事会行使部分职权,具体到第59条规定的八项法定职权,正如前文已经分析的,除了第(一)(二)(三)(五)(六)(八)项职权之外,其余皆可转授权于董事会。

(二)关于董事兼任经理

《公司法》第174条第2款规定,"经履行出资人职责的机构同意,董事会成员可以兼任经理"。这一规定的背后,实际上是关于国资委等机构与董事会之间分权的特别规定。按照公司法一般原理,既然经理由董事会选聘,那么如经理由董事会成员兼任,也属于经理选聘的一种特殊情形,由董事会决定便可。但该款偏偏规定要经国资委等机构的同意,是对董事会的变相削权。

从正面理解,这一规定的逻辑或许在于,许久以来包括国有独资公司在内的国企的董事会与管理层重合性严重,甚至有"两个牌子,一班人马"的局面,于理于法皆悖。在实行董事会中心主义并强调国有独资公司外部董事、职工董事占据董事会成员绝对多数的背景下,进一步规定董事会成员兼任经理这一重要管理职位的决定权不在董事会,有利于减少董事会与管理层的重合性、强化二者的独立性,保障董事会充分发挥对管理层的监督职能。积极来看,该规则设计的核心或许在于进一步防止内部人控制。

从反面理解,这一规定实际上与董事会中心主义相悖,有强化国资委对国有独资公司控制的强烈政策用意。

008 为何说封闭公司不存在中心主义？（上）

一、封闭公司素描

封闭公司这一企业群体的整体特点可以大致概括为：

1. 组织形式多数是有限公司，也可以是发起设立的股份公司，乃至定向募集设立的股份公司，且包含绝大多数的一人公司。

2. 股东人数较少。据有关统计数据，我国现实存在的有限公司绝大多数股东人数少于 5 人，发起设立的股份公司的股东人数也是有限的。

3. 资产规模较小。此处的资产可以是公司的注册资本，也可以是总资产、销售额、盈利能力等多种财务指标。

4. 从数量上看是绝对的主流存在。封闭公司与合伙企业、个人独资企业等一起组成《中小企业促进法》的调整对象。

这里需交代中国公司企业存在的一个现实状态，那就是很多国企采国有独资公司、法人一人公司的组织形式。这意味着这类国企的股东人数很少，但从资产规模看，却往往是巨型企业。例如，由国资委独自履行出资人职责的 98 家央企中，中石油、中石化、中粮等世界五百强企业赫然在列。这就形成了一个悖论：这类国企具有显著的封闭性，但又是世界级的巨型企业，且是很多公众公司的母公司，控制着我国国民经济的命脉。这就对前述公众公司、封闭公司的分类提出了极大的挑战。应该说，这一现象的确存在，也正是中国特色现代企业制度的"特色"之所在，而对此只能从国家出资公司的特殊性来作出法律解读。相关内容，详见本书关于国家出资公司的特殊课目。

二、封闭公司管理、治理的合伙化

（一）股东会的形式化

封闭公司的管理与合伙企业的相似之处，首先表现在强烈的股东控制：几乎所有的股东都参与公司管理，股东自动地兼任董事、经理或其他重要管理职务，就像合伙人一样把自己看作业主，以绝对的所有权人身份管理公司。如果全体或绝大多数股东(经常如此)都是董事,那么作为公众公司治理理论产生之源的股东与管理层之间的代理问题,在封闭公司中就并不存在。因为当委托人与代理人是同一群人(或几乎如此)的时候,二者之间自然并无代理问题。

与此同时,由于股东往往兼任董事、高管,因此难以分清其在进行公司经营决策时的身份角色。在公司治理实践中,由于股东会有更多的形式要求,股东们倾向于在任何时候都将他们的行为当作董事行为,股东会则完全形式化了。严谨地说,代理问题在封闭公司中时常转化为多数股东(经营性股东)与少数股东之间的代理成本问题。此时,前者为委托人,而后者则是受托人,公司经营管理权被控制在多数股东手中,他们才是真正享有公司经营管理权的"内部人"。

(二)程序上的非规范化

由于股东人数较少,加之彼此间存在亲密的人身关系,或者个别股东掌握绝对的控制权,封闭公司的治理行为通常以不合法定程式(fail to follow statutory formalities)的方式作出。绝大多数的公司事务以非正式的私下方式解决,置法律的正式安排(statutory nicety)于不顾。例如,股东会会议与董事会会议一起召开,不进行会议记录或者不召开会议却作出决议等。这些行为方式不符合现代公司法的正当程序要求,往往使得包括少数股东、公司债权人在内的弱势群体利益受到损害。

(三)股东压制是主要的代理问题

由于封闭公司的多数股东亲自或者通过自己的亲信参与公司经营管理,控制着公司的运营,再加上公司自身的封闭性所致的对股东人身信任关系的依赖,封闭公司的股东间更容易发生争执并进一步演化为压制,最终一方被排挤出公司或形成公司僵局。

前述的争执,是指股东在公司内部发生意见分歧与利益争斗且最终无法达成一致。争执可能是对公司经营思路的分歧所致,更常见的是多数股东滥用控制权排挤少数股东或者掠夺少数股东所致。争执到最后,要么少数股东被排挤出公司,要么少数股东忍受压制而继续留在公司,要么形成公司僵局。

前述的压制,泛指股东间一切不公平的交易(unfair dealings),多发生在股东之间股权比例相对悬殊的封闭公司之中。对于多数股东而言,是指其从不公平交易中攫取到法律以外的利益;对于少数股东而言,是指不公平交易的发生使其基于在公司中的地位而固有的期待(inherent expectation)落空,并遭受不应有的负担或者粗鲁、错误的对待(burdensome, harsh, or wrongful conduct)。少数股东受到压制或者成为压制的牺牲品(the victim of oppression)，是封闭公司常见的公司治理问题。

对于股东压制，英美封闭公司法上有三个重要词汇：freeze-outs、squeeze-outs、oppression。三者的词义稍有差异，但都用来形容控股股东限制/排除/剥夺少数股东参与治理、从公司获取投资收益的手段/策略。Freeze-outs，译为排挤出局、逼迫出局、挤出，其描述以下具体情形：控股股东剥夺少数股东对公司的管理权与收益权，并以此迫使后者以不公平的低价出售股权给自己。Squeeze-outs，译为挤出、榨出、挤压，其描述以下具体情形：控股股东利用控制权之便，在新股增资发行时不按持股比例认购，从而稀释少数股东股权。Oppression 则属于一般性概念，用来统称控股股东对少数股东的压制、压迫、压榨、排挤出局、逼迫出局等行为。

前述的公司僵局(corporate deadlock)，指公司的运行机制完全失灵，公司无法对任何事项作出任何决议，公司治理陷入瘫痪的状态，多发生在股东的股权比例相对均衡的封闭公司之中。公司僵局的典型表现形式是当公司只有两个股东或者所有股东分成两派时，任何一个(派)股东都不能实际控制公司，如果两个(派)股东的股权比例相等，比如各占 50%，则形成公司僵局的概率更大。例如，A、B、C、D 四个股东每人持有 25% 的股权，A、B 结为一致行动人，C、D 结为一致行动人，双方势不两立，则公司无法作出任何决议，公司僵局由此形成。公司僵局的持续对公司本身、所有股东与其他利益相关者都不利。

(四)少数股东退出难

相对而言，多数股东的股权总是容易出售，且可获得溢价，因为买受人可以获得公司控制权。而少数股东的股权既不容易出售，又很难卖出公平的价钱，即使该公司有着不错的盈利水平。倘若少数股东正在遭受欺压，这一信息的外泄还会进一步增加股转的难度。所以，少数股权的转让市场在事实上并不存在，有价无市；即使存在，也不过是买方市场(at best a buyer's market)。买方通常限于公司与其他股东，虽然理论上其余第三人也可以购买，但这在现实中并不常见。封闭公司的少数股东退出公司艰难，成为一个普遍的治理难题。为此，公司法为封闭公司的股东退出设计了多渠道的路径。

009　为何说封闭公司不存在中心主义？（下）

（书接上问）

三、非常规公司治理制度安排大行其道

由于封闭公司的治理问题一般指向少数股东与多数股东之间的代理成本问题，公司治理应当以保护作为被代理人的少数股东的利益为核心。此外，还涉及固有的对债权人利益的保护问题。对此，公司法在公司治理一般规则的基础上，另为封闭公司制定了特别规则（statutes applicable only to specially defined close corporations）以解决其特殊的代理问题。各国公司法的基本经验是：

1.通过股东协议实现最大限度的公司自治。封闭公司可以采用更灵活的股东协议，或称控制权协议的方式实现自治。经全体股东一致同意，股东协议可以作为公司章程、公司细则的条款，也可以单独以书面形式存在。股东协议的实质，是承认所有的有关封闭公司治理的股东自治意思都是合法的。据此，股东完全可以按照自己的意愿治理封闭公司，进而从根源上减少治理难题，避免股东间的争执、压制与公司僵局的形成。

近年来的公司尤其是有限公司的实践中，以一致行动人协议为代表的形形色色的股东协议大行其道，其作为对公司重大事务的决策形式，大有取代公司治理的正式制度安排即决议之势。对于全体股东合意形成的股东协议，司法机关不仅普遍认可其效力，且认为其约款如与此前的公司章程规定不一致，视同公司章程的解释文本。

2.灵活的组织机构设置。比如，对于有限公司的监督机构，公司法允许作出以下四种选择：设置监事会、设置一名监事、设置董事会下设的审计委员会、不专设任何机构。又如，经理在有限公司也不是必设机构。

3.要求经营性股东承担信义义务。直接管理公司的股东，可被称为经营性股东，应承担与董事、经理相同的信义义务与违信责任。现行公司法引入了实质董事规则，其规定的信义义务主体范围自然得以扩张至封闭公司的经营性股东，甚至涵盖实际执行了公司事务的任一股东（《公司法》第180条第3款），且义务对象不仅指

向公司,还可能指向其他股东及公司债权人(《公司法》第191条)。后期将有数问对该论点予以详细论述。

4. 对争执、压制和僵局的特殊救济,包括事先的预防措施和事后的司法救济。事先预防争执、压制和僵局发生的最典型措施,就是前述股东协议中的买/卖协议(buy/sell agreement)、买断协议(buyout agreement)。股东间出现严重分歧时,公司、其他股东可以直接依据协议以公平价格购买少数股东的股份。事前达成协议的好处是能够有效防止排挤,因为在此情形下,排挤行为往往是没有意义的;而一旦争执、压制或者僵局出现,各方只需执行协议即可。此所谓"先小人,后君子",成本相对较低。如不存在事先协议而事后又不能达成协议,对争执、压制和僵局问题的解决只能转而依靠事后的救济手段,法院可以采取的措施包括:撤销、变更公司设立章程或者细则;任命或者更换任何董事或者经理;任命托管人、清算人或者临时董事;命令支付股利;命令对少数股东的损害予以赔偿;同意异议股东评估权的行使;强制解散公司;少数股东请求司法解散公司;等等。

四、未实现"两权分离"的封闭公司中股东会、董事会运行的实际合一

归根结底,伯利与米恩斯所描述的企业所有权与经营管理权的"两权分离"在封闭公司身上并未获得实现,其股东会与董事会乃至管理层的运行几乎合一。在此背景下,探讨股东会中心主义、董事会中心主义之分野对封闭公司几无意义。封闭公司可能不设股东会、董事会、监事会等集体制法人机关,仅有一名股东、一名董事、一名监事等独任制法人机关,甚至仅有一名股东、一名即可,因为封闭公司的监事、经理都不是必设的。

基于以上,本书关于公司治理部分的所有问题,原则上都不以封闭公司为假设对象,除非有特别的内容指向。后文如涉及一人公司(包括有限公司、股份公司)、规模较小或者股东人数较少的公司(包括有限公司、股份公司)的相应治理问题,会作特别说明。

五、结论

封闭公司的股东会、董事会高度合一,实质上由股东直接管理,故而针对其讨论股东会中心主义、董事会中心主义之分野是无谓的。

010　如何选择单层制、双层制?

一、各类公司组织机构的共性与差异

依照《民法典》《公司法》等规定,公司一般设有股东会、董事会、监事会等组织机构,分别担当权力机构、执行机构、监督机构的角色。总的来说,公司之间的组织机构设计相差并不大。当然,为满足不同类型公司的需求,立法者亦做了少量差异化的设计,主要体现在以下几个方面:

1. 从有限公司、股份公司的对比来看,《公司法》并不要求前者必设经理(总经理),后者则必设。但实际上,实务中该项差异不大,因为很少有公司不设经理。

2. 从公司规模大小来看,《公司法》规定规模较小或者股东人数较少的有限公司,可以不设董事会、监事会,仅设一名董事、一名监事行使董事会、监事会职权,甚至经过全体股东一致同意,一名监事也可以免设。除此之外,一人公司和国有独资公司也不设股东会,前者由一名股东行使股东会职权,后者由履行出资人职责的机构行使股东会职权。这样一来,封闭公司(包括一人公司)与公众公司之间的组织机构的对比主要是集体制机关与独任制机关之别,具体如表6-1-1所示。

表6-1-1　公众公司、封闭公司组织机构对比

	权力机关	执行机关	辅助执行机关	监督机关
公众公司集体制机关	股东会	董事会	经理	监事会/审计委员会
封闭公司独任制机关	一名股东	一名董事	经理/不设	一名监事/不设

3. 真正值得重视的区别在于公司监督机构设置的差异化选择。据此,可将公司组织机构分为单层制与双层制:股东会之下仅设董事会,由董事会或者其下设的审计委员会兼任监督机关的,就是单层制;股东会下设董事会与监事会,后者专职履行监督职责的,就是双层制。简言之,设置监事会(或一名监事,下同)与否,成为单层制、双层制的简单识别标准。

在2023年修订《公司法》之前,我国所有的公司均依法实行双层制。但是,过去30多年来,监事会(一至两名监事,下同)的履职情况并不理想,所以修法过程中出

现了废止监事会的有力声音。最后,立法者采取了更具有包容性的可选择机制,允许公司根据自身情况在单层制、双层制之间"量体裁衣"。

二、单层制、双层制的多种选择

(一)有限公司的四种选择

按照《公司法》第69条、第76条、第83条等规定,有限公司的监督机构设置有四种选择:设置董事会下设的审计委员会;设置监事会(成员三名以上);设置一名监事(规模较小或者股东人数较少的有限公司);不单独设置监督机构(规模较小或者股东人数较少的有限公司,经全体股东一致同意)。

(二)股份公司的三种选择

按照《公司法》第121条、第130条、第133条等规定,股份公司的监督机构设置有三种选择:设置董事会下设的审计委员会;设置监事会(成员三名以上);设置一名监事(规模较小或者股东人数较少的股份公司)。

(三)国家出资公司的单层制转向

国家出资公司包括国有独资公司与国有资本控股公司,其在组织形式上既可以是有限公司也可以是股份公司,因此,其监督机构的设置也自然可以有多种选择。但是,根据国务院国有资产监督管理委员会于2024年8月发布的《关于印发〈中央企业公司章程指引〉的通知》(国资发改革〔2024〕54号)规定,其中的《中央企业公司章程指引(国有独资公司)》第32条规定:"公司不设监事会、监事,由董事会审计与风险委员会、内部审计等机构行使相关职权。"《中央企业公司章程指引(国有资本控股公司)》第44条规定,"公司不设监事会、监事,由董事会审计与风险委员会、内部审计等机构行使相关职权"。

一言以蔽之,公司法层面上允许国有公司有多种选择,但在政策层面上,其主管机关即履行出资人职责的机构已经作出了唯一选择:舍监事会(监事),设审计委员会。

实际上,早在2017年,国务院办公厅就在《关于进一步完善国有企业法人治理结构的指导意见》中指出,国企董事会应当设立审计委员会等专门委员会,其中审计委员会应由外部董事组成。查询现有的98家央企官方网站可以发现,多数企业在组织机构中都设置了审计委员会(或称审计与风险管理委员会),且均不设监事会。

(四)上市公司的单层制转向

与国家出资公司异曲同工的还有上市公司。2024年7月1日也即新《公司法》

施行当日，国务院《关于实施〈中华人民共和国公司法〉注册资本登记管理制度的规定》第 12 条明确规定："上市公司依照公司法和国务院规定，在公司章程中规定在董事会中设置审计委员会，并载明审计委员会的组成、职权等事项。"明眼人一看便知，该规定意在赋权主管机关为上市公司"选择"单层制，2024 年年底证监会出台的《关于新〈公司法〉配套制度规则实施相关过渡期安排》这一规章文件果然如此。

需要进一步指出，对于国企、央企控股的上市公司，无论是依据上述国资委的规定还是依据此处证监会的规定，其都必须选择单层制而舍弃双层制。

011　组织机构设置有几十种选择吗？

一、中日公司法的殊途同归

2005 年日本修改公司法典，最引人注目的举措就是将有限公司并入股份公司，同时根据公司规模大小以及公众性程度，将股份公司进一步分类。其中，对于股份公司尤其是小规模封闭股份公司，提供了 20 多种组织机构设置的可选择模式。这意味着修改后的日本公司法几乎在任何一个制度点上，为各类公司提供了可选择的空间。这自然是受到欢迎的，也是市场经济法则下践行私法自治、股东自治、公司自治的最佳体现。

这一幕在我国 2023 年《公司法》的修订过程中也上演了，而且其比日本公司法典提供了更多的制度选择空间。中日公司法这一殊途同归的立法现象，可能意味着，只要实行市场经济，各国公司法所面临的主要问题就会是一样的，还可能意味着，中国公司法的市场化改革决心之大是前所未有的。

二、有限公司的数十种选择

前文指出，尽管并非一一对应，但有限公司几乎是封闭公司的代名词。根据《公司法》第三章第二节关于有限公司组织机构的规定，从权力机构、执行机构、辅助执行机构、监督机构四个变量来看，有限公司组织机构的最繁模式莫过于股东会、董事会、总经理、监事会/审计委员会一应俱全，至简模式莫过于一名股东、一名董事四两拨千斤，而介于二者之间的还有数十种选择。

1.关于权力机构,有股东会、一名股东(一人公司,以及类似的国有独资公司)之别。

2.关于执行机构,有董事会与一名董事(规模较小或者股东人数较少的有限公司)之别。

3.关于辅助执行机构,总经理不是必设的。如不设总经理,自然也就不设副总经理等其他高管职位。

4.关于监督机构,有监事会、一名监事、审计委员会、不予设立四种选择。

根据以上,如运用严谨的数列技术,可以列出数十种之多的组织机构设计,此处简列如下:

(1)股东会;董事会;总经理;监事会

(2)股东会;董事会;总经理;审计委员会

(3)股东会;董事会;总经理;一名监事

(4)股东会;董事会;总经理

(5)股东会;董事会;监事会

(6)股东会;董事会;审计委员会

(7)股东会;董事会;一名监事

(8)股东会;董事会

(9)股东会;一名董事;总经理;监事会

(10)股东会;一名董事;总经理;一名监事

(11)股东会;一名董事;总经理

(12)股东会;一名董事;一名监事

(13)股东会;一名董事

(14)股东会;一名董事兼总经理;监事会

(15)股东会;一名董事兼总经理;一名监事

(16)股东会;一名董事兼总经理

(17)一名股东;董事会;总经理;监事会

(18)一名股东;董事会;总经理;审计委员会

(19)一名股东;董事会;总经理;一名监事

(20)一名股东;董事会;总经理

(21)一名股东;董事会;一名监事

（22）一名股东；董事会

（23）一名股东；一名董事；总经理；一名监事

……

（NN）一名股东、一名董事。

三、股份公司的十几种选择

前文指出,公众公司肯定是股份公司,但反过来,绝大多数股份公司其实也是股东人数较少且具有封闭性的公司。如果说有限公司必然具有封闭性,仅在规模上具有差异,那么与有限公司相比,股份公司彼此间的异质化更为明显。在此意义上,股份公司的组织机构设计需要更大的制度选择空间。但是,由于股份公司被《公司法》假定为大型公众公司,所以《公司法》针对其组织机构设计作出了更多的强制性规范,这使得股份公司的组织机构在整体上比有限公司的选择空间要更狭窄。

尽管如此,现行公司法还是为股份公司的组织机构设计留出了充分的选择空间。根据《公司法》第五章第二节及其以下关于股份公司组织机构的规定,从权力机构、执行机构、辅助执行机构、监督机构四个变量来看,股份公司组织机构的最繁模式与有限公司并无差别,也即股东会、董事会、总经理、监事会/审计委员会,至简模式则是一名股东、一名董事、总经理、一名监事,介于二者之间还有多种选择。择要说明之:

1. 关于权力机构,有股东会、一名股东(一人公司,以及类似的国有独资公司)之别；

2. 关于执行机构,有董事会与一名董事(规模较小或者股东人数较少的股份公司)之别；

3. 关于辅助执行机构,总经理是必设的；

4. 关于监督机构,有监事会、一名监事、审计委员会三种选择。

根据以上,此处我们详列11种模式如下:

（1）股东会；董事会；总经理；监事会

（2）股东会；董事会；总经理；审计委员会

（3）股东会；董事会；总经理；一名监事

（4）股东会；一名董事；总经理；监事会

（5）股东会；一名董事；总经理；一名监事

(6)股东会;一名董事兼总经理;监事会

(7)股东会;一名董事兼总经理;一名监事

(8)一名股东;董事会;总经理;监事会

(9)一名股东;董事会;总经理;审计委员会

(10)一名股东;董事会;总经理;一名监事

(11)一名股东;一名董事;总经理;一名监事

四、关于国有独资公司、上市公司的特别说明

(一)国有独资公司

关于国有独资公司,需要说明四点:

1. 关于权力机构,严格来说国有独资公司并没有法律意义上的股东,更没有股东会,只有国资委等履行出资人职责的机构行使股东会职权。

2. 关于执行机构,国有独资公司必设董事会,不会仅设一名董事。

3. 关于辅助执行机构,国有独资公司必设总经理,且经国资委同意,可以由董事会成员兼任。

4. 关于监督机构,国资委印发的《中央企业公司章程指引》明确规定只设立审计委员会,舍弃监事会。

根据以上,国有独资公司的组织机构设计只有一种选择:

国资委;董事会;总经理;审计委员会

(二)上市公司

上市公司是股份公司,但作为典型的公众公司,其组织机构设计并无多大的选择空间,这是因为:

1. 关于权力机构,上市公司股东人数众多且不具有特定性,所以必设股东会。

2. 关于执行机构,上市公司必设董事会,不允许仅设一名董事。

3. 关于辅助执行机构,总经理当然必设,可以由董事会成员兼任。

4. 关于监督机构,根据国务院《关于实施〈中华人民共和国公司法〉注册资本登记管理制度的规定》第12条、证监会《关于新〈公司法〉配套制度规则实施相关过渡期安排》等规定,上市公司仅设立审计委员会,不设监事会或者监事。

根据以上,上市公司的组织机构设计只有一种选择:股东会、董事会、总经理、审计委员会。

012　哪些人能够进入审计委员会?

一、《公司法》的基本规定

《公司法》关于审计委员会的组成,规定得较为简陋。

关于有限公司,《公司法》第69条规定:

有限责任公司可以按照公司章程的规定在董事会中设置由董事组成的审计委员会,行使本法规定的监事会的职权,不设监事会或者监事。公司董事会成员中的职工代表可以成为审计委员会成员。

关于股份公司,《公司法》第121条第1款、第2款规定:

股份有限公司可以按照公司章程的规定在董事会中设置由董事组成的审计委员会,行使本法规定的监事会的职权,不设监事会或者监事。

审计委员会成员为三名以上,过半数成员不得在公司担任除董事以外的其他职务,且不得与公司存在任何可能影响其独立客观判断的关系。公司董事会成员中的职工代表可以成为审计委员会成员。

对比之下,后者的规定更为翔实,下文据此规定详入探讨。

二、审计委员会的成员组成及其比例

1.唯有董事能进入。审计委员会是董事会的下设机构,所以只能由董事组成。董事以外的人员不得进入审计委员会。

2.规模大小。审计委员会规模的底线是三人,与董事会规模的底线一样,上限则以董事会规模为准。实际上,审计委员会规模不可能等同于董事会,因为很难想象董事会全体成员全部进入审计委员会的情形,审计委员会仅能由部分董事会成员组成。

3.哪些董事能够进入审计委员会? 理论上,任何一位董事都可以进入审计委员会,因为《公司法》仅仅规制了类别董事的进入比例。

为了从实操的角度说明这个问题,需要按照职能对董事会成员进行分类:

(1)执行董事,也即兼任了公司高管职务的董事,如董事长、副董事长、总经理兼

董事、副总经理兼董事、财务总监兼董事、董秘兼董事等。

（2）非执行董事，包括非独立非执行董事（大股东委派但不担任高管职务的董事）、独立非执行董事（独董）、外部董事、职工董事等。

据此，对于执行董事、非独立非执行董事而言，其人数合计不得超过审计委员会成员的半数，这就是"过半数成员不得在公司担任除董事以外的其他职务，且不得与公司存在任何可能影响其独立客观判断的关系"的含义；对于独立非执行董事、外部董事、职工董事而言，其可以占据剩余的审计委员会席位，也即超过半数席位。

举例。假设某公司董事会有九席，分别是董事长 a1、副董事长 a2、总经理兼董事 a3、大股东委派的非独立执行董事 b1，以及职工董事 b2、独董 b3、独董 b4、独董 b5、外部董事 b6。那么，a1、a2、a3、b1 为第一组，b2、b3、b4、b5、b6 为第二组。如审计委员会为三人，则第一组最多只能占一席，如审计委员会为五人，则第一组最多占两席，以此类推。

对于上市公司，其审计委员会有更加严格的规定。证监会《独立董事管理办法》第 5 条第 2 款规定："上市公司应当在董事会中设置审计委员会。审计委员会成员应当为不在上市公司担任高级管理人员的董事，其中独立董事应当过半数，并由独立董事中会计专业人士担任召集人。"据此，上例中唯独 a3 不能进入审计委员会。

4. 强烈推荐职工董事进入。《公司法》第 121 条第 2 款的最后一句"公司董事会成员中的职工代表可以成为审计委员会成员"，是关于职工董事进入审计委员会的推荐语，是一种倡导性规范。毕竟，职工董事进入审计委员会的多重优势，不言而喻。

三、启示：哪些公司适合设置审计委员会

以上分析延伸出一个实操性问题：哪些公司适合设置审计委员会？暂抛去其他因素，单就公司董事会规模这一关联因素而言，唯有较大规模的董事会才适合设置审计委员会。这是因为若董事会规模偏小，很可能不具备足额的适格人员出任审计委员会，若是不得已而使得全体董事兼任审计委员会成员，必然与审计委员会所担负的监督职能相违背。

所以，各类型公司在组织机构设计上切不可削足适履，务必量体裁衣。公众公司设置审计委员会，封闭公司设置监事会或者一名监事，当为较佳选择。

013　审计委员会的职权与监事会一样的吗?

一、非上市公司审计委员会的职权

在立法技术上,《公司法》没有单独规定审计委员会的职权、议事方式、表决程序等,上述内容可以直接适用《公司法》有关监事会的规定。具体而言,《公司法》第69条、第121条第1款、第176条都明确指出,有限公司、股份公司、国有独资公司可以设立审计委员会,行使《公司法》规定的监事会的职权。此外,《公司法》第121条第3~5款规定:审计委员会作出决议应当经全体成员的过半数通过,表决采取一人一票的方式,该规定与监事会并无不同;除《公司法》有规定的外,审计委员会的议事方式和表决程序,可以由公司章程进一步规定。

二、上市公司审计委员会的特别职权

除了行使《公司法》规定的监事会职权外,《公司法》第137条还规定了上市公司审计委员会的特别职权:

上市公司在董事会中设置审计委员会的,董事会对下列事项作出决议前应当经审计委员会全体成员过半数通过:

(一)聘用、解聘承办公司审计业务的会计师事务所;

(二)聘任、解聘财务负责人;

(三)披露财务会计报告;

(四)国务院证券监督管理机构规定的其他事项。

据此,虽然以上涉及公司审计、财务等方面的事项的最终决议权仍在董事会,但是审计委员会决议是董事会决议的前置程序。这就意味着如果某项议案在审计委员会未获通过,则不能交付董事会决议。由上观之,上市公司的审计委员会在涉及审计、财务等方面的事项上是享有实际职权的。这也是我国司法实务中,一旦上市公司实施了虚假披露,那么在司法机关衡量上市公司、实际控制人、上市公司董监高等责任人对投资者所负损害赔偿责任的不同连带比例时,出任审计委员会的董事相较于其他同侪承担更大责任的重要依据。

当然，非上市公司也可以在公司章程中比照《公司法》第 137 条规定本公司审计委员会的特定职权，可视为审计委员会的章定职权。

三、审计委员会行使监事会职权可能遇到的难题

审计委员会行使监事会的职权，或曰在设立审计委员会的公司里，审计委员会行使《公司法》规定的监事会职权，这是《公司法》的基本规定。但是，细究公司治理的实际运行，可能事情并没有那么简单，还存在一些尚需认真推敲的细节。

比如，按照《公司法》第 189 条的规定，股东代位诉讼前置程序的设计机理是董事会与监事会的"互为监督"——针对董事、高管侵害公司利益而公司不起诉的情况，原告股东可以请求监事会起诉，如遭拒绝，其可以提起代位诉讼；针对监事侵害公司利益而公司不起诉的情况，原告股东可以请求董事会起诉，如遭拒绝，其可以提起代位诉讼。如果将此处的监事替换为审计委员会，在语词表述上似乎也并不难，但实际上监事能否以及如何替换为审计委员会委员（部分董事），还存在诸多有待商量之处。

举例。某股份公司有九名董事，其中执行董事（兼任高管）为甲、乙、丙、丁，其余为职工董事、独立董事 A、B、C、D、E，审计委员会由甲、乙、A、B、C 五人组成。假设小股东张三指控甲、乙、丙、丁四人中的任何一人、二人、三人或四人侵害公司利益，要求公司提起诉讼，请问：此处的前置程序中，张三请求的公司机关是董事会还是审计委员会？如果张三指控 A、B、C、D、E 五人中的任何一人、二人、三人、四人或五人侵害公司利益，要求公司提起诉讼，请问：此处的前置程序中，张三请求的公司机关是董事会还是审计委员会？如果张三指控的对象是甲、C 二人，请问：此处的前置程序中，张三请求的公司机关是董事会还是审计委员会？

可能达成的共识是：如被告为非审计委员会委员，则前置程序中股东请求的公司机关应为审计委员会；如被告为审计委员会委员，则前置程序中股东请求的公司机关应为董事会。然而，如被告既有审计委员会委员又有非审计委员会委员，应当如何处理呢？例如，是否请求成员齐备的董事会较为妥当，以及如请求的公司机关为董事会，作出决议时被告应否回避等诸多问题还需要进一步斟酌。

四、董事会与审计委员会的关系

有人问，既然审计委员会设在董事会之下，且其成员全部由（部分）董事担任，那

么可否将审计委员会视为董事会的下级机关,比如强调董事会领导审计委员会、审计委员会对董事会负责。应当指出,这些说法是完全错误的。由上文关于审计委员会的职权的讨论可以看出,审计委员会作为监督机关,独立行使法定、章定职权,审计委员会与董事会之间不存在的领导与被领导或是上下级之类的关系。实际上,只要充分了解现代公司组织机构所秉持的分权制衡的制度理念,上述误解是完全可以消除的。

014 董事会是公司的执行机关吗?

本分篇在前诸问专注于董事会中心主义及其相关话题的讨论,接下来回归董事会法律制度本身。

一、各国的基本情况

董事会是不是公司的执行机关,需要区分单层制与双层制来讨论。德国公司法实行股东会—监事会—董事会—经理的组织机构模式,一般被视为双层制的代表;美国公司法实行股东会—董事会(内设各专门委员会)—经理的组织机构模式,一般被视为单层制的代表;日本公司法实行股东会—董事会+监事会—经理的组织机构模式,一般也被认为是双层制。上述诸模式如图 6-1-1 所示。

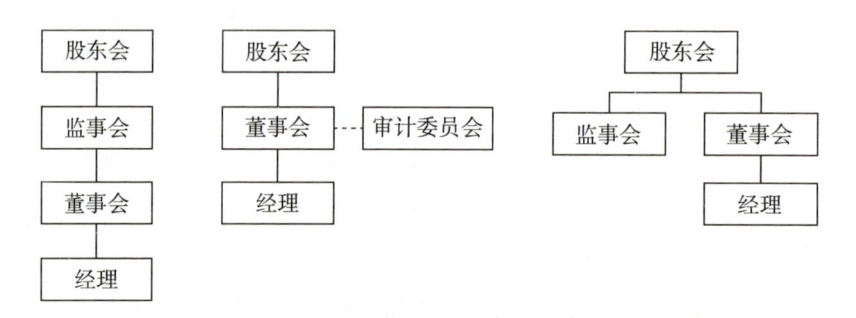

图 6-1-1 德、美、日三法域实行的组织机构模式

我国现行公司法兼采单层制、双层制,允许公司自由选择,但是国有独资公司、上市公司事实上只能采单层制。需要指出的是,无论我国公司法选择采用何种组织机构模式,都不影响此处对董事会是否属于执行机关的讨论。

二、《民法典》《公司法》关于执行机构的立法定位

(一)《民法典》的规定

我国实行"民商合一"的立法模式。《民法典》第 76 条第 2 款规定"营利法人包括有限责任公司、股份有限公司和其他企业法人等",第 80 条第 1 款规定"营利法人应当设权力机构",第 81 条第 1 款规定"营利法人应当设执行机构",第 82 条规定"营利法人设监事会或者监事等监督机构"。上述《民法典》关于营利法人的规定也应当适用于公司。据此,公司作为营利法人,必设权力机构、执行机构,任设监督机构。一般认为,股东会(一名股东)是公司的权力机构,董事会(一名董事)是公司的执行机构,监事会(一名监事、审计委员会)是公司的监督机构。

(二)《公司法》的规定

关于公司的权力机构,《公司法》第 58 条、第 111 条明确规定"股东会是公司的权力机构",学理上也是这样认定的。

关于公司的执行机构、监督机构,《公司法》第 67 条、第 69 条、第 76 条、第 121 条等分别规定了董事会、监事会/审计委员会的法定职权,但并未明确其为执行机构、监督机构。在学理上,从上述各机构法定的职权内容看,将董事会、监事会/审计委员会定位为执行机构、监督机构应无疑义。至于经理,从《公司法》第 74 条、第 126 条规定的意定职权看,学理上将其定位为辅助执行机构也无疑义。

三、实际的情形:董事会不仅仅是执行机构

董事会固然是公司的执行机构,但又不仅仅是执行机构。无论是就纸面上的法律规范还是现实生活中的运行状态而言,董事会都是公司组织机构的中心,身兼多种职能(职权),可谓复合型的法人机关。

1. 执行职能。这一职能依据的是《民法典》《公司法》的规定,在实际运行中亦是如此,但其执行机构的职权多数由其辅助机关总经理具体行使。

2. 决策职能。比如,董事会享有公司经营计划、投资方案的决定权,享有公司债券发行的决定权,在股份公司中享有授权资本制下股份发行的决定权等。实际上,董事会是公司重大战略管理、日常经营管理的实际决策者。

3. 监督职能。一方面,多数较大规模公司的董事会中都设有职工董事,上市公司董事会有 1/3 以上的独立董事成员,国有独资公司董事会过半数成员为外部董

事,这些董事依法履行对执行董事、高管的监督职能。另一方面,在单层制公司,也即选择不设监事会、监事的公司中,其董事会下设均由董事组成的审计委员会,负责行使监事会的职权。在此意义上,董事会身兼监督职能,行使监督权力。

综上,一言以蔽之,董事会是多位一体的、多种职能复合的法人机关,可谓公司治理中心。当然,如前文所论,此结论是就公众公司而言的,不适用于封闭公司。

015 董事会的法定职权有哪些?

一、董事会职权的列举模式

在逐项介绍董事会的全部职权之前,仍要再次明确一个已经多次重复的问题。判断《公司法》采股东会中心主义还是董事会中心主义,或者判断股东会与董事会之中何者堪称"中心"的标准,并非两个法人机关中谁掌握了更多、更大的职权,而是谁掌握了公司的剩余控制权,即需要关注那些没有明确规定归属的职权,在默认的情况下应该由谁来行使。那么,在《公司法》第59条列举股东会职权、第67条列举董事会职权的情况下,不在列举范围内的职权应归属于股东会还是董事会呢?

前文提及,2021年《公司法(修订草案)》"公开征求意见稿"第62条第1款曾经规定"董事会是公司的执行机构,行使本法和公司章程规定属于股东会职权之外的职权",将剩余控制权归于董事会。但该规定最终没有被现行公司法保留,维持了原有的列举董事会职权清单的模式,也即第67条第2款规定的十项职权,包括前九项的法定职权及第十项的意定职权。本问先逐项解读前者,下一问将对意定职权展开讨论,并回应前文所提及的疑问,即公司章程的制定、修改权归属于股东会是否意味着现行公司法仍采股东会中心主义的立法模式。

二、董事会的法定职权清单

1. 召集股东会会议,并向股东会报告工作

一般而言,股东会的定期会议与临时会议的召集人均为董事会,若董事会怠于履行召集会议的职务,将可能构成董事勤勉义务的违反。在股东会会议上,董事会应当向股东报告公司的经营情况、财务状况和重要决策等,这与《公司法》第59条第

1款第2项的股东会"审议批准董事会的报告"的职权相衔接。

2. 执行股东会的决议

董事会作为执行机关,负责执行作为权力机关(意思机关)的股东会通过的决议,确保公司按照股东的意愿运营。这是《民法典》《公司法》将董事会定位于公司执行机关的应有之义,乃其职责所系。但需注意,这不表明董事会是股东会的下级机构,二者之间不存在负责与被负责的关系。

3. 决定公司的经营计划和投资方案

董事会享有公司的战略决策权,包括对重大经营事项与投资事项的决策权,主要体现为董事会有权制订公司的长期、短期经营计划,包括业务拓展、市场营销、产品研发等方面的策略,以及具有对公司重大投资项目的审批权。这是董事会享有经营管理决策权的重要依托之一,该项职权具有双重价值:一是与《民法典》第81条第2款的规定保持一致,即营利法人的执行机构"决定法人的经营计划和投资方案"。二是实质性扩张了董事会职权。董事会中心主义建立在股东会、董事会职权此消彼长的基础上,新公司法取消了股东会原来享有的此项职权,该事项的决定权自然归属于董事会。

4. 制订公司的利润分配方案和弥补亏损方案

董事会负责制订公司的利润分配方案,决定如何将利润分配给股东,以及在公司出现亏损时制定弥补亏损的方案。需注意的是,董事会仅负责制订方案以报股东会批准,实质决定权仍在股东会。对该项职权,有两种立法评价:一是这属于典型的公司经营管理事项,依多数国家或地区的公司法的经验,应赋权董事会而非股东会;二是无论是从法理还是现实需求出发,该项职权都可以转授给董事会。

5. 制订公司增加或者减少注册资本以及发行公司债券的方案

公司增加或减少注册资本以及发行公司债券的,董事会需要制订相应的方案并提交股东会审批。增减资、发行公司债券是涉及公司股本结构及资产结构的重大事项,其决定权理当归属于股东会,董事会仅负责制订方案以报股东会批准。但是,董事会通过另外两个路径得以分享此项重大职权:一是依据《公司法》第59条第2款及第202条第1款的规定,可以由公司章程或股东会授权董事会行使公司债券发行决定权;二是依据《公司法》第152条、第153条的规定,在授权资本制下,可以由公司章程或股东会授权董事会决定发行新股。

6.制订公司合并、分立、解散或者变更公司形式的方案

对于公司合并、分立、解散、变更组织形式四个重大事项,董事会需要制订相关的方案以提交股东会审议。董事会仅负责制订方案,最终决定权仍在股东会手中,且主流观点认为,股东会的该项决定权不得转授给董事会。

7.决定公司内部管理机构的设置

这是董事会享有经营管理决策权的重要依托之一。董事会有权决定公司内部的组织架构,包括设立各个部门、确定职责分工等,以确保公司的高效运营。

8.决定聘任或者解聘公司经理及其报酬事项,并根据经理的提名决定聘任或者解聘公司副经理、财务负责人及其报酬事项

人事权是董事会享有经营管理决策权的重要依托之一。《公司法》第265条第1项定义的"高级管理人员"还包括上市公司董秘及公司章程规定的其他人员。相较之下,《公司法》第67条第2款第8项规定得并不周延,理应通过扩张解释将上市公司董秘及公司章程规定的其他高管都纳入董事会人事权的覆盖范围之内,该等职务的聘任、解聘及报酬事项都应由董事会决定。唯一不同的是,上市公司董秘的提名人可能是董事长而非总经理。

9.制定公司的基本管理制度

董事会需要制定公司的各项基本管理制度,包括人事制度、财务制度、内部控制制度等,以抽象制度规范公司的运营和管理。基本管理制度的制定权也是董事会享有经营管理决策权的重要依托之一。

需要注意,旧《公司法》第49条规定的总经理的职权包含"制定公司的具体规章",这与本项规定的董事会职权在文义上似乎相近,但实际上有所区别,实务中"基本管理制度"与"具体规章"之别清晰可见。而且,2023年修法时删除了经理的所有法定职权,应认为包括旧法规定的原属总经理的"制定公司的具体规章"以及原属于董事会的"制定公司的基本管理制度"在内的所有职权,在新公司法下均已归属于董事会了。当然,董事会可再依《公司法》第74条第2款将"制定公司的具体规章"的职权授予经理行使。

三、董事会法定职权的重要性

根据《公司法》第75条的规定,有限公司可以自行选择不设董事会,设一名董事,行使法定的董事会职权。而无论设董事会还是一名董事,只要其存在,即天然地

享有上述法定职权,公司章程及股东会决议都不能任意改变和剥夺,倒是可以有所增益。此为董事会职权法定的实质内核。

016 董事会的意定职权有哪些?

除上述法定职权之外,董事会的职权也可以来自公司的意定,包括公司章程规定的其他职权,以及股东会授予的其他职权(《公司法》第 67 条第 2 款第 10 项)。

一、公司章程规定的董事会职权

依据不同来源,公司章程规定的董事会职权,可以分为三类。

1. 将《公司法》既定的股东会、董事会的分权事项进一步明确归属于董事会。典型者如《公司法》第 15 条第 1 款规定,公司向其他企业投资或者为非公司股东、实际控制人的他人提供担保的,应通过公司章程选择由股东会或者董事会作出决议。如公司章程选择由董事会决议,则属于公司章程在《公司法》规定的基础上进一步明确规定董事会职权的范例。

2. 将剩余控制权划归董事会。比如,旧《公司法》曾经规定董事会负责"制订公司的年度财务预算方案、决算方案",股东会负责"审议批准公司的年度财务预算方案、决算方案",但是新公司法将以上两项职权的规定统统删除了。此时,公司应如何制作年度财务预算方案、决算方案呢?这实际上归属于剩余控制权范畴,如公司章程规定由董事会制作,那么该项剩余控制权就划归董事会,如公司章程未予规定,该项剩余控制权仍在事实上由董事会享有。

3. 将《公司法》规定的股东会的某些法定职权转授给董事会。比如,《公司法》第 152 条第 1 款规定:

公司章程或者股东会可以授权董事会在三年内决定发行不超过已发行股份百分之五十的股份。但以非货币财产作价出资的,应当经股东会决议。

二、股东会授予的董事会职权

股东会授予董事会其他职权,乃是《公司法》的新增规定。其属于股东会的个别授权,应当以股东会决议的形式作出。前述《公司法》第 152 条第 1 款亦可作为该情形下的适例。

问题是,股东会可以将哪些职权授予董事会?一般理解为,股东会可将自己的职权转授给董事会,且依照《公司法》第 59 条第 1 款的规定,股东会既享有法定职权(前八项)又享有章定职权(第九项),二者均可以转授权给董事会。关于股东会的哪些法定职权可以转授给董事会,第 6 问已经讨论过,此处着重探讨的是股东会的章定职权。依照前文关于股东会的法定职权是否可予转授的基本法理,应当认为,股东会的章定职权原则上都可以经由股东会决议转授给董事会,除非该项职权依其性质不得转授(类似于《公司法》第 59 条第 1 款第 1~3 项规定)。

前文提出过一个观点,既然现行公司法未规定剩余控制权归属于董事会,且对股东会、董事会、监事会等法人机关的职权均采清单列举模式,加之股东会、董事会、监事会都享有公司章程规定的其他职权,那么考虑到公司章程乃是股东制定、股东会修订的,或许可以认为股东会享有公司的剩余控制权,进而得出《公司法》采股东会中心主义的结论。然而,事实上,股东会真正享有的是对法定职权外公司权力的再分配权,与剩余控制权并不完全画等号,该观点仍旧有待商榷。首先,应当明确的是,囿于人类的有限理性,此种职权的再次分配行为仍旧是不周延的。法定职权之外存在章定职权,而章定职权之外的公司权力才是真正的剩余控制权,其非为股东会所有。其次,纵使部分认可该观点,股东会也有必要将其享有的或明或暗的剩余控制权转授给董事会,如此方符合立法者为公众公司设计的最佳治理模式,即在坚持股东会职权法定且并无根本性削弱的前提下最大限度吸收董事会中心主义的立法态度。与此同时,可以借此引入更多元的权力分配渠道,遵循"充分发挥市场在资源配置中的决定性作用"这一法治思想。

三、三处说明

第一,最宽泛的共识是,股东会的部分法定职权与绝大部分章定职权,都可以经由股东会决议转授给董事会行使。最狭窄的共识则是,《公司法》第 59 条所列的股东会职权清单,除该条第 2 款提及的"对发行公司债券作出决议"得转授权外,其余职权一概不得转授给董事会。相较之下,后一种认识值得商榷,因为该认识会使《公司法》第 67 条第 2 款第 10 项关于董事会享有"股东会授予的其他职权"的增订便毫无意义。

第二,董事会意定职权的两个来源通道,也即"公司章程规定或者股东会授予"

之间,有何不同呢？应该说,如前文所揭示的,本质上二者是相同的,也即都是股东意思自治的结果;形式上的不同在于,前者作为"公司宪章"显然更为稳定,其修改尚需法定的程序并经过绝对多数决,不可朝令夕改,而后者显然更加灵活通便,毕竟股东会作出一份普通决议比制定、修改公司章程要便利得多。

第三,公司章程规定和股东会授予的董事会意定职权,都是可以附条件、附期限的,一旦所附条件发生或者授权期限终止,该项职权自然消灭。与此同时,既然是意定职权,股东也可以通过修改公司章程或者股东会决议的方式随时将意定授予董事会的权力收回。

四、董事会的法定职权和意定职权之别

董事会的法定职权和意定职权之别,主要体现在以下方面:

1. 职权的来源:董事会的法定职权是由《公司法》等法律文本明确规定的,是董事会必须履行的职责;董事会的意定职权则是由公司章程规定或者股东会授予的,源自公司股东的意思自治。

2. 职权的范围:法定职权通常是一些基本的职权,如召集股东会会议、执行股东会决议等;意定职权的范围更加宽泛,可以根据公司的实际情况或情势发展的暂时需要而定,如决定公司的年度财务预算方案、决算方案等。

3. 职权的对抗效力:对于董事会的法定职权,由于其效力源自《公司法》等法律文本的明文规定,推定为人人皆知,所以具有对抗第三人的效力;但对于董事会的意定职权,其效力源自公司章程、股东会决议等非公示文件,股东可以根据自己的意愿随时对董事会进行扩权、限权,所以为保护交易安全,《公司法》第67条第3款规定,"公司章程对董事会职权的限制不得对抗善意相对人",形同第11条第2款的规定,"公司章程或者股东会对法定代表人职权的限制,不得对抗善意相对人"。

4. 职权的行使:董事会行使法定职权时,必须按照法律法规和公司章程的规定进行;董事会行使意定职权时,则具有更大的灵活性,董事会可以根据公司的实际情况和需要进行自主决策,但也要遵循公司章程的规定。

017　对董事会职权的意定限制为何不得对抗善意相对人？（上）

一、《公司法》规定的解读之一：内部效力

《公司法》第 67 条第 2 款详细列举了董事会的九项法定职权，在第十项明确授权公司可以通过公司章程及股东会决议扩张董事会职权。这可谓关于董事会职权的积极性规定，或曰"立法做加法"。但是实践中还有一个反方向的做法是，公司章程对董事会职权设有限制，也即"公司章程做减法"。那么，该类限制具有怎样的法律效力？这在实务中是一个重要问题，也极具争议。

对这一问题进行回应，需要从组织法与行为法（交易法）的两个视角进行考察。前者涉及董事会职权限制在公司内部的效力，后者则主要关注公司章程限制董事会职权对外部交易行为的影响。

从组织法视角来说，公司章程对董事会职权的限制属于公司的意思表示，原则上在公司内部具有效力，也即董事会不得行使公司章程所限制的职权，否则作出的相应决议将因违反公司章程而归于可撤销（《公司法》第 26 条）。

二、《公司法》规定的解读之二：外部效力

（一）一般规定

公司章程对董事会的职权限制是否具有外部效力，也即可否对抗第三人，需要从行为法视角来考察。针对有限公司，《公司法》第 67 条第 3 款新增规定：

> 公司章程对董事会职权的限制不得对抗善意相对人。

《公司法》第 120 条明确该款规定同时适用于股份公司。第 67 条第 3 款作为 2023 年修法的新增条款，意在强化董事会职权法定原则，明确公司章程限制并不具有外部效力。该款规定的法理基础在于，公司登记事项并不包括公司章程（第 32 条），故公司章程对董事会职权的限制难以由外部第三人获知，且外部第三人也并不负有额外的审查义务。由于公司章程对董事会职权的限制并不具有公信力，所以就保护交易安全的法律价值来说，这种限制自然不得对抗善意相对人。该款规定与第

11条第2款规定的公司章程或股东会对法定代表人的职权限制不得对抗善意相对人的法理基础是一致的。

由此,依据第67条第3款的规定,董事会超越公司章程规定的权限作出决议,法定代表人或者公司授权的其他负责人根据该决议对外签订合同的,即便事后该董事会决议因为违反公司章程而被撤销,该合同仍然对公司发生效力,善意相对人可以请求公司履行合同义务或承担违约责任。此时可以回顾《公司法》第28条第2款的相应规定,也即董事会决议被法院撤销的,"公司根据该决议与善意相对人形成的民事法律关系不受影响"。

进一步要交代的是,公司对外履行合同或者承担合同责任后,如有损失,自然可以向有故意、重大过失的董事、高管追偿(《民法典》第1191条);董事、高管有故意、重大过失的,有损失的公司债权人也可以直接追究其赔偿责任(《公司法》第191条)。

(二)不适用《公司法》第67条第3款的两类情形

1. 法律对董事会职权作出的法定限制

《公司法》《证券法》等法律文本规定的对董事会职权的限制,不属于《公司法》第67条第3款所说的"公司章程对董事会职权的限制",而属于法定限制,自然应当具有对抗效力。根据《民法典合同编通则司法解释》第20~22条的规定,在法律限制与公司章程限制的对比下,相对人的审查义务与善意推定规则均不相同。法律规定的对董事会的职权限制,不存在"对董事会职权的限制不得对抗善意相对人"的适用空间。因为法律一旦颁布,就默认所有人知悉其规定,第三人在此情形下并无主张善意的空间。

例1。《公司法》第15条第2款规定,公司为公司股东或者实际控制人提供担保的,应当经股东会决议。据该规定,公司为其股东、实际控制人的债务提供担保的,债权人在签署担保合同时,负有审查股东会决议的义务,董事会打破法定职权限制作出的决议,不得作为公司对外签署担保合同的公司意思表示的依据,所以相对人无法主张善意信赖。

2. 公司章程在法律限制的基础上作出更进一步的限制性规定

需要进一步思考的问题是,如法律明确规定公司章程有权在部分事项上对董事会职权予以限制,外部第三人是否因此被苛以对公司章程的审查义务,而使得原本的善意推定原则失效?这一问题的答案是肯定的。

例2。《公司法》第15条第1款规定:公司向非股东、实际控制人的其他企业投资或者为他人提供担保,按照公司章程的规定,由董事会或者股东会决议;公司章程对投资或者担保的总额及单项投资或者担保的数额有限额规定的,不得超过规定的限额。据此,《公司法》在该款中明示,公司章程有对董事会职权进行限制的权力,同时赋予第三人对公司章程的审查义务。此时,在法律的明示下,外部第三人不得主张其不知且不应知公司章程对董事职权的限制,也即公司章程通过法律规定具有了公信力,进而得以对抗外部第三人。

018 对董事会职权的意定限制为何不得对抗善意相对人?(下)

(书接上问)

三、难点:公司章程如何限制董事会职权

前文指出,公司章程扩张或者限制董事会职权,均属公司的意思自治。问题是,意思自治显然不是任意而为的,其效力也要恪守法律行为的效力边界。尤其是对于"公司章程做减法"而言,公司章程如何限制董事会职权,或曰限制董事会的哪些职权,需要接受司法的效力审查。

一般认为,《公司法》对组织机构职权的规定属于强制性规定,尤其是在董事会中心主义的立法模式下,公司章程如实质性剥夺董事会的法定职权,则与公司立法精神背道而驰,应持否定态度。故而,公司章程不得实质性剥夺《公司法》第67条所规定的董事会法定职权,如有合理性限制,可以予以接受。但是,也有不同的意见,如坚守股东会中心主义模式的学者认为,董事会的职权本质上源自股东授权,由股东制定、修改的公司章程可以随意对董事会的职权予以限制。如此一来,就会衍生出两个有争议性的问题。

(一)公司章程不可以限制董事会的哪些职权?对此有三种观点:
1. 对于董事会的任何法定职权,公司章程都可以进行限制;
2. 对于董事会的任何法定职权,公司章程都不可以进行限制;
3. 公司章程仅能对法律未予明确的剩余董事会权力进行限制。
由于第67条第3款仅仅涉及董事会职权限制对外部交易行为的效力影响,所

以此处仅就《公司法》第 67 条第 2 款规定的涉及外部交易行为效力的董事会个别职权进行讨论：

1. 关于第 1 项、第 3 项、第 7 项、第 9 项职权。召集股东会会议并向股东会报告工作、决定公司的经营计划和投资方案、决定公司内部管理机构的设置、制定公司的基本管理制度，不具有外部性，不予讨论。

2. 关于第 4~6 项职权。制订公司的利润分配方案和弥补亏损方案，制订公司增加或者减少注册资本以及发行公司债券的方案，制订公司合并、分立、解散或者变更公司形式的方案，并非最终决议，仅是股东会作出决议的前置程序，也不具有外部性，不予讨论。

3. 关于第 2 项、第 8 项职权。执行股东会的决议，决定聘任或者解聘公司经理及其报酬事项，并根据经理的提名决定聘任或者解聘公司副经理、财务负责人及其报酬事项，具有外部性，需要讨论。对这两项董事会的职权，依法理可以由公司章程作出限制，且该限制不得对抗善意第三人，但实践中的情形是：

（1）关于第 2 项职权执行股东会决议。股东会作出公司分立、合并、增减资、发行债券等决议后，董事会负责执行期间，势必产生外部性。如公司章程对董事会的决议执行作出特殊限制，不可对抗善意第三人。

（2）关于第 8 项职权聘任、解聘高管层及决定其报酬事项。该项职权具有外部性（将在公司与高管层之间建立委托合同关系），但不同于第 2 项职权的是，部分高管层很可能知晓公司章程的限权性规定，难以构成善意第三人，自然不受到相应保护。

（二）公司章程可以限制董事会部分职权的，合理边界何在？

基本共识是，如可以对董事会的部分法定职权进行限制，也须限于一定的范围之内，因为合理限制不是实质性剥夺，否则这种限制将逸出《公司法》第 67 条第 3 款的调整范围。至于何谓"合理限制"，交由法院进行个案裁量，其标准尚待司法实践进一步的发展与总结。

四、反对解释：可以对抗恶意第三人

所谓恶意第三人，就是知道或者应当知道交易相对方的公司章程对董事会职权作出限制性规定的第三人。此类人员，在实践中有以下几类：

1. 有机会知道交易相对方的公司章程规定甚至参与公司章程修改的人。比如，

与公司进行对赌交易、让与担保交易等的外部投资人、债权人,不仅知晓交易相对方的公司章程,还有可能作为股东、名义股东参与了公司章程修改。在著者仲裁的某对赌协议案中,投资人与目标公司的所有股东对赌,同时要求目标公司对股东回购股权的债务提供担保。但是,目标公司的公司章程赫然规定,"为公平起见,为规范公司治理,本公司不为任何股东的债务提供担保"。本案的申请人是外部投资者、担保债权人,同时也是公司股东,在其接受目标公司担保的行为中,其显然属于恶意第三人——作为持有公司大额股份的股东,其怎会有不知晓公司章程规定的可能?

2. 查阅了交易相对方的公司章程的人。比如,依照《公司法》第15条,接受交易相对方所提供的担保的债权人(商业银行等),往往要求交易相对方提供公司章程以便查阅,此时该债权人当然地被推定为知晓交易相对方的公司章程规定的人。

3. 其他被认定为知道或者应当知道交易相对方的公司章程的人。比如,在有证据证明债权人在交易之前主动在公司登记机关调取交易相对方的公司章程,或者通过其他可信渠道获得交易相对方的公司章程等情况下。

五、扩张解释:股东会决议、董事会决议、董事会制定的基本规章文件或者其他规范性文件限制董事会职权的对抗效力

实践中,一些公司通过股东会决议、董事会决议、董事会制定的基本规章文件或者其他规范性文件限制董事会职权,随之而来的问题是,有关的限制性规定可否对抗善意第三人?按照举重以明轻的原则,既然具有一定公示性(登记机关备案)、具有最高效力("公司宪章")的公司章程对董事会职权的限制尚不可以对抗善意第三人,那么这些规定自然更不得对抗善意第三人。

019 董事会可以限制、扩张股东权利吗?

一、一个新问题

在公司治理实践中,有的公司的董事会通过决议等方式限制全部或者部分股东的权利行使,甚至施加公司内部的处罚;反之,也有公司的董事会通过决议等方式扩张股东权利、扩张股东会职权。倘若限制或扩张个别股东权利,势必会引发相关股

东之间以及股东与董事会之间的矛盾。此时,需要首先解决的问题是,董事会究竟有无这样的职权?

二、董事会是否可以限制股东权利

确立董事会为公司治理的中心,会直面一系列的挑战,上述问题就颇具代表性。例如,董事会是否可以通过决议决定瑕疵出资股东不得行使表决权,股东会会议迟到的股东不得与会,股东在股东会会议上不得早退?又如,董事会是否可以规定股东会会议迟到的股东罚款200元?这涉及公司组织可否对组织成员施以罚款的问题。对于董事会是否享有此项职权,《公司法》及司法解释均未提及,倘若公司章程也没有相关规定,董事会决议设置上述限制的有效性确实值得思考。

可以确认的是,如公司董事之间、封闭公司的股东之间约定迟到者罚款,则该约定属于组织成员、管理层同僚之间订立的契约,自然毋庸置疑,但是管理层对公司组织成员施加罚款的行为与契约行为在性质上存在根本性的差异。一般认为,股东参与股东会是股东的权利而非义务,股东不当行为对其表决权的影响亦是股东群体的内部事项,董事会自然无权以决议方式对股东权利是否行使、能否行使、如何行使施加限制。若公司章程设置股东行权的若干限制,将股东群体内部的契约规则上升为组织规范意义上的"社团罚",董事会作为公司章程规定的执行者,实际上不存障碍。然而,若董事会自行以决议限制股东权利,则是另一个问题,这可能并不符合组织法的基本原则。

三、董事会是否可以扩张股东权利

反过来说,董事会可以扩张股东权利吗?例如,董事会是否可以通过决议决定未参与股东会且未通信表决的股东可以事后补投票?扩张股东权利看似对某些股东有利,但却极大可能引发股东间的利益纷争。纵使董事会扩权决议对所有股东都有利,然而在法律、公司章程无规定的前提下,董事会作为执行机构通过决议方式扩张股东权利的正当性又何在?

此种扩权决议缺乏法理支撑,倘若认可其效力,还会引发实际的公司治理风险。董事会的成员除职工董事外,原则上都由股东会选任,虽然累积投票制能有效提高少数股东提名董事的当选可能性,但是多数董事仍为控股股东提名。若该等多数派董事借由董事会决议甚至普通决议便可扩张股东权利,会更加剧控股股东与少数股东间的差距,对少数股东造成更多的侵害,故而董事会不得采用决议方式自行扩张股东权利。

四、实践经验的初步总结：可以通过公司章程达到限制、扩张股东权利及股东会权力的目的

若公司有必要进一步限制、扩张股东权利、股东会权力,其最佳做法便是在合法的空间内通过公司章程的方式达到目的。《公司法》第46条第1款第8项及第95条第13项均明确公司章程可以规定"股东会认为需要规定的其他事项"。这一兜底条款是对公司章程制定中任意记载事项的概括授权规定。据此,公司章程可以自由记载《公司法》没有列举的股东会的权力内容,如明确公司按照季度召开股东会、分配利润等。

总结而言,虽董事会为公司治理的中心,但其与股东会、监事会等之间是平行关系,各司其职、各负其责,互相监督与制衡,不可互相僭越职权。如无法律规定,股东会不得行使董事会的法定职权,反之亦然。董事会、股东会、监事会的职权由《公司法》、公司章程形塑,法人机关之间不宜相互限制、扩张彼此的权力。特别提醒,在控股股东与少数股东之间的利益博弈面前,董事会最好恪守中立、独立的立场,不要成为一方滥用权利乃至压制另一方的工具。

分篇二

组成

常言道,制度规则确立后,人就是第一位的。对于处于现代公司治理中心的董事会而言,其组成人员为何,某种意义上可谓决定了董事会制度的成败。

本分篇共设14问,围绕以专门委员会为核心的董事会构成、规模、运行机制以及董事会成员的类型、特征、产生方式等问题而展开。

020　多大规模的董事会是合适的?

一、董事会人数的限制

1993~2018年间,公司法一直规定有限公司董事会人数为3~13人,股份公司董事会人数为5~19人。现行公司法均仅限制两类公司董事会人数为3人以上。

董事会规模在各国公司法上主要有三种立法例:一是绝大多数国家的公司法不对董事会规模设上下限,董事会规模属于公司自治事项,法律不予干预;二是英国、日本等国家的公司法仅设董事会规模的下限也即3人,"三人成会"乃是董事会作为集体制法人机关的应有之义;三是法国在《商法典》中仅设董事会规模的上限。对比之下,我国曾经对董事会规模的上、下限均作限制的立法模式独一无二,这可能是国企改制背景下防止领导层过于冗余的制度延续,然而在现代公司法下,该模式不当干预了公司自治。

在旧《公司法》设立董事会规模上限的时期,存在一些尴尬的情形,如交通银行、碧桂园等大型公司上市时,都曾经存在超过19人的董事会。那么,这些董事会组成是否合法?应否认定为无效?倘若认定为无效,那么是超过19人的部分董事当选无效还是全体董事当选无效？这些问题或曰烦恼均是源于立法不恰当地规定董事会规模上限所引起的，现行公司法已经回归世界通行的立法模式，不再为公司董事会人数设置上限。

二、董事会的规模多大合适

这个问题很重要，其答案是根据公司具体情况决定。就上市公司来说，我国500多家上市公司的董事会人数大多集中在7~13人，中位数接近9人，最常见的董事会人数是9人或11人。就封闭公司而言，3~7人最为常见。

事实上，难以制作出一个相对科学合理的董事会规模设计模型，考虑到董事会规模大小取决于股权结构复杂程度、是否设立审计委员会、历史传承与路径依赖、股东支付管理层薪酬意愿等诸多因素。一般来讲，董事会规模与公司经营规模、公司业务复杂程度、公司治理所需的董事自身资源与禀赋等因素存在正相关关系。

三、董事会人数可以是偶数吗

既然董事会人数为3人以上，自然既可以是5、7、9、11等奇数，也可以是4、6、8、10等偶数。一种担忧是如果董事会人数为偶数，比如8人，那么在董事会表决的赞成票与反对票比例为4∶4时，会不会出现表决僵局？这种担忧其实源于对董事会表决多数决的误解。依照《公司法》的规定，董事会决议的通过需要"全体董事的过半数"赞成。所以，一旦出现上述4∶4的情形，也就意味着该项议案未获得通过，并不存在人们想象中的表决僵局问题。

所以，尽管多数公司的董事会人数确实是奇数，但据不完全统计，也有一成多的各类公司董事会人数是偶数。但事实上，考虑到董事任职的长期性与任职期间的变动可能，公司不必刻意追求奇数的董事会人数。倘若公司选举了奇数董事任职，任职期间不幸有奇数董事身亡、丧失行为能力或者出现某种消极任职资格情形，那么董事会人数转眼之间可能又变成了偶数。所谓计划赶不上变化，此之谓也。

仅仅需要说明的是，无论董事会人数是偶数还是奇数，董事会决议的多数决均是由全体董事的过半数通过，这就意味着无论董事会由9名董事还是8名董事组成，一份议案都需至少5名董事的赞成票才能获得通过。

021　成员为什么要多元化？

一、异质化的董事会值得推崇

所谓董事会异质化,是指一家公司董事会成员的专业背景、性别、代表的利益群体乃至国籍、文化背景等具有差异性。前文指出,董事会中心主义相比股东会中心主义、总经理中心主义更为可取,其主要的优势就在于董事会决策的民主、科学与理性,这又与董事会成员的异质化程度高度相关。

虽然《公司法》并未对董事的差异化来源作出规定,但市场经验共识认为若董事具有不同的背景、经验和洞见,将有助于其集体作出更好的决策以推动公司的业务创新与价值增长。近年来,流行的ESG指标在公司治理领域中也格外强调董事会成员的多元化,证监会《上市公司治理准则》第25条也明确指出,鼓励董事会成员的多元化,这包括性别(着重指向提升女性董事的任职比例)、年龄、专业背景、国籍及文化等多个方面的多元化。

二、董事会成员的多元化

1. 代表利益的多元化

董事会成员的异质化首先指向其所代表利益的异质性。现代公司的利益相关者不仅包括股东,还包括员工、债权人等群体,不同的董事可能背负着代表不同群体利益的职责。例如,股东会选任的董事代表股东利益,而他们所代表的股东群体又可进一步分为多数股东、少数股东等,职工大会选任的职工董事代表职工利益,独立董事则应主要考虑少数股东的利益,此外也有代表债权人、消费者利益的董事等。

2. 职权及职位多元化

在公司治理理论上,可以依据选任模式、职权及职位对董事群体进行不同类型的划分。在职权划分上,可分为执行董事、非执行董事,独立非执行董事、非独立非执行董事。在职位划分上,可分为董事长、副董事长、常务副董事长等,除董事长仅能由一人担任外,公司章程均可规定若干相同的其余职位。

3.专业知识与专业背景的多元化

大部分董事会成员或多或少都具有一定的商业、会计和法律等相关背景,但董事会作出公司决策需要多领域的专业能力、多元化的知识背景,尤其是具备针对本公司所经营行业的专业知识。董事会成员唯有勠力同心、集思广益、各尽所能,才能更好地面对复杂化的风险与机遇。例如,在建造工程开发公司中,需要有土木专业背景的董事参与其中;在新能源开发公司中,则需要有新能源专业背景的董事。

4.资源禀赋与文化背景的多元化

不同来源的董事能为公司带来不同层面、不同渠道的资源,如政商资源、科技资源、法商资源、国际化资源、智库资源、公关资源等。重要的还有,董事会成员的多元文化背景及根植于其中的独特思维也能互相碰撞,为公司运营带来新的视角与新的想法。

5.性别的多元化

性别的多元化在公司执行、合规及信息披露上最简单明了地体现出董事会异质化。人们已经普遍认识到董事会成员中有恰当比例的女性董事是企业治理良好的信号,其能更好地处理与利益相关方的关系,有助于增强企业韧性、强化企业应急治理水平。此外,女性董事的加入着重强化了公司规避风险的能力,这并不意味着否定男性董事的风险规避能力,仅意味着董事会中不同性别的成员能通过不同角度认识决策背后的风险,越多元的组成越能形成多元化的意见以供集体综合考虑。《2023年中国上市公司女性董事专题报告》载明,过去10年间上市公司女性董事比例持续增长,从10年前的10.22%增长至2023年的17.91%,但是女性董事整体占比仍然偏低,没有女性董事的上市公司仍有1108家,占比21.92%。整体而言,女性董事比例还有较大的提升空间。

6.年龄的多元化

年龄一定程度上代表着董事个人的阅历、经验和视野。年龄较大的董事能为董事会提供更多的经验以作参考。董事会中的青年力量亦具有重要作用,其能为董事会决策提供更为多元融合的视角,如更能理解当代消费者的消费心理。董事的选任指标与公司的目标客户群体定位应有一定的关联度,这样方能准确理解目标市场的需求,并为公司的发展注入鲜活力量。

7.国籍的多元化

跨国公司的董事会中常有外籍董事,这是其开展国际化业务的重要支撑。比如,京东公司现任董事会中便有外籍女性担任独立董事。

三、多元化董事会成员的本质

总体而言,无论如何划分,董事会成员本质上均为董事,不过是不同董事在性别、年龄、专业背景、国籍及文化以及选任模式、职权及职位等有所区别。董事会成员的多元化是为了让各有所长的董事能根据自身背景条件提供不同的决策建议,若只是将董事会多元化视为美化、修饰公司治理外观的"灵丹妙药",董事之间在实际上并无思想碰撞,那么董事会将仍旧无法发挥集体力量,囿于董事各自的有限理性之中,难以更好地推进公司及股东利益的增长。故而,除却《公司法》对董事消极资格的规定,公司章程可以额外增加董事积极资格的要求,其可以作为保证本公司董事会多元化组成的依据。当然不可避免的是,多元化的董事构成可能同时带来诸多意见摩擦乃至分歧,其所带来的决策困难可能会降低决议程序的效率,但正是因为经过如此审慎的评估与衡量、沟通与协调,董事们才能真正落实勤勉义务,董事会决策的民主、科学与理性方能得到保障。

022　什么是圆桌会议机制?

一、我国董事会运作现状描述:画得很像了

董事会制度作为舶来品,自 1993 年《公司法》引入现代公司治理以来,在整体建设上取得了长足的进步,各类规则不断推陈出新。但毋庸讳言,我国董事会制度在部分方面只是形式上学得比较像,但实质与运行机制还没有真正建立。部分公司,无论规模大小,都在不同程度上呈现出董事会的职能只停留在纸面上的情况。体现在国企董事会上,其运行的真正问题在于形式化、"过家家";体现在民营企业董事会上,其运行的真正问题在于"一言堂""聚义厅"。

究其原因,可以列举很多:国企的独特权力结构及事实上的党委/行政首长负责制,与现代公司法分权制衡的设计之间,存在着不可调和的矛盾与冲突;同质化的董事会大行其道,其缺乏存在的制度价值,但异质化的董事会尚未得到普遍确立;既有的商业传统中断,但现代化的商业文明尚未建立,如立法上建立了职业经理人对公

司的信义义务体系,但部分董事缺乏"为公司的最大利益"的内心信念认同与自觉行为准则,未明确到底为任职的公司利益最大化负责还是为委派、提名其任职的背后股东利益最大化负责;董事违反信义义务的,其违信责任尤其是民事赔偿责任与执业声誉惩戒机制难以落实,董事怠于履职、不履职、违法履职有恃无恐;等等。

以上原因的列举不无道理,但均局限于某个侧面。究其根源,本质上仍在于异质化董事会制度尚未落实,董事会运行的根本机制——圆桌会议机制没有能够确立且被践行。

二、董事会的圆桌会议机制

圆桌会议的形式及其机制据说来自英国亚瑟王。5世纪,英国国王亚瑟在与他的骑士们共商国是时,众人围坐在一张圆形桌子的周围,骑士和君主之间不排位次。圆桌会议由此得名。时至今日,圆桌会议已成为平等对话、意见开放的代名词,也是各国公司董事会公认的一种重要的协商和讨论形式,人们通常把圆桌会议作为团队学习与深度会谈的一种组织机制,与会者不分等级围圆桌而坐,每个人都以平等的身份参加会议。

作为人类文明发展过程中的一种新型会议范式,圆桌会议机制蕴含着许多现代性的制度意义。

1.角色对等规则。角色对等是指与会成员发言权的平等、表决权的平等和决策权的平等。圆桌会议的扁平化特征表明与会成员之间废除了等级制,在会议进行过程中,自始至终以一种平等的地位来参与会议的各项议程。

2.议事不议人规则。即使是人事会议,也要预先发给与会者客观实际的调查材料,由此便于根据真实需求与客观条件提名相对适合的人选,将会议重点由"议人"转变为"议事"。圆桌会议应当避免针对个人的讨论,尤其应避免将会议重点放在议论个人的缺点上。

3.非人数优势规则。圆桌会议不能轻易按照少数服从多数的原则裁决,因为真理可能掌握在少数人手中。圆桌会议应重在辨明每个可能方案的利弊,参会者应尽可能做到以理服人,也即重结果,更重结果形成之过程。

4.非决定规则。并不是每一个圆桌会议都要作出决议,圆桌会议是否成功的判断不依赖于决议作出的情况。圆桌会议的存在本即容纳激烈的论争,复杂的议题可以留待下次会议继续讨论作出决议,并不抹杀本次会议的存在价值。

圆桌会议机制良性运作的重点在于做好信息处理、有效反馈和全息沟通。

1. 信息处理。信息处理是现代认知学的重要内容，在各种情况下对未知情形的预测力、制订计划的想象力等很大程度上反映了信息处理的能力，并进一步导向了明智抑或愚蠢的行动的实施。圆桌会议的信息处理主要包括分析和联合两种方法。分析是对与会成员提供的信息进行逐个解析，比较它们之间的异同，择取最富有建设性的信息；联合则是将许多个别信息聚集在一起，让其相互对比、碰撞以实现优化，它是方法。做好信息处理需要注意以下几点：寻找充满创造性的观点；预测有前景的短期结果和长期结果；根据重要因素，对各种预测的可能结果进行评估；权衡各方面因素，系统地判断所应采取的行动。

2. 有效反馈。针对行为心理和认知习惯的研究表明，行为的改进取决于不断的反馈。为了激发与会成员个体行动的积极性并提高会议推进的有效性，圆桌会议机制运行的重要组成部分即是及时有效的反馈过程。与会成员针对同一问题的思考必然存在意见不一的情形，会议进程中表达自己的观点并从其他董事处得到反馈，往往是董事避免失去独立思考能力和客观判断能力的有效途径。

3. 全息沟通。所谓沟通，是人与人之间思想和信息进行交换与传播的过程。在一定意义上，没有沟通，就没有会议。对于学习型领导班子而言，圆桌会议机制的核心就在于全息沟通。其作用是全过程的：一是辅助董事独立进行思考。公司经营必然涉及干什么、怎么干、何时干等待决策问题，与会成员通过沟通获取大量的信息，方能进行充分有效的独立思考，否则基于不全面信息作出的判断必然具有片面性；二是促使董事会会议协调有效地举行。与会成员的职务相互依存、思考彼此独立，依存性越大、思维差异越大，对协调的需求越高，而协调唯有通过充分的沟通才能实现，否则与会成员彼此之间将存在隔阂，对整个会议效果造成负面影响。

总之，圆桌会议机制的实质不取决于会议桌的形状，而是根源于会议组织形式的内涵。董事会应当本着发扬民主平等、信息沟通、知识共享、充分交流、科学决策的精神开好圆桌会议，做好公司决议。

三、思路与出路

建立一个异质化的董事会是器物层面的制度建设需求，而践行圆桌会议机制则是制度背后基本机制层面的建设需求。为此，在董事会场域内实现我国公司治理的现代化改革要坚持：

1.培育现代商业文明,培养一支现代化、职业化、专业化的职业经理人队伍。应当从思想层面更新职业经理人群体的履职观念、法律信念,同时推动全社会对现代商业文明与现代公司治理理念的接纳。这样能够形成鼓励创新、勇于挑战、关注商事的社会氛围,对已有董事会勤勉履职形成公众舆论层面的监督,更为未来合格的董事会成员的培育奠定良好的基础。

2.保障企业家在企业中的应有地位。所谓"企业是企业家的企业",意指董监高作为公司管理层在股东面前具有独立、中立、专业、职业的地位,其为公司利益负责,是唯一有权力判定公司利益究竟为何的主体。这要求公司治理应当回归真正的董事会中心主义,据此配置公司的权力结构,建构公司管理层权力、义务、责任相一致的规范体系。

023 什么是执行董事?

一、两种执行董事

在各国公司法上,执行董事的含义基本一致。我国旧有立法存在着对概念共识的背离,新《公司法》则正本清源、回归共识。可以说,执行董事在我国新旧《公司法》上存在着两种截然不同的含义。

1.不设董事会的执行董事

从1993年《公司法》到2018年《公司法》均规定,股东人数较少或者规模较小的有限公司可以不设董事会,仅设一名执行董事,且可兼任经理。换言之,不设董事会的公司仅设一名董事的,该董事不论兼任经理与否,都被称作"执行董事"。

2.新《公司法》上的执行董事

新《公司法》的变化在于:(1)第75条保留了规模较小或者股东人数较少的有限公司可以仅设一名董事的规定,第128条将其扩张适用至规模较小或者股东人数较少的股份公司;(2)将"执行董事"的表述改为"一名董事",不论其兼任经理与否。

依照新《公司法》第10条第1款的规定,所谓执行董事,是指"代表公司执行公司事务的董事"。这就意味着,设立董事会的,可能存在不止一名的执行董事;不设董事会而仅设一名董事的,该董事未必是执行董事,是否属于执行董事关键要看该董事是否"代表公司执行公司事务"。此处需要着重强调的是,该董事不再如原先的《公司法》那样能独享"执行董事"之名。即使该名董事仍具有此称谓,也是因为其职能符合新《公司法》中执行董事的概念所指向的内涵。

那么,为何新旧《公司法》有以上的称谓变化?

二、正本清源:何谓执行董事

(一)通说概念

执行董事起源于英美法,后逐渐为其他国家、地区所接受。在董事会中,董事会成员依照职能可以分为执行董事与非执行董事。所谓执行董事(executive director),是指在公司中负责业务执行的董事。具言之,执行董事在公司具有双重身份,其既作为董事,担负董事的职责,也作为高管,负责公司的业务执行。执行董事又可以根据其所执行的公司业务进一步分为两类:一是专职执行董事;二是兼职执行董事。前者指专门执行董事会业务工作的董事,后者指那些主要从事公司经营业务的董事,如兼任公司总经理、副总经理、财务负责人、上市公司董秘等高管职位,又被称为管理董事或经理董事。当然,高管的范围还可通过公司章程进一步扩大。但是,兼任高管以外其他职务的董事并不属于执行董事。

董事会成员中执行董事以外的其他董事,就被称为非执行董事(non-executive director),也即不代表公司执行公司业务的董事。非执行董事又分为两种:一是独立董事(independent director),其准确的全称是独立非执行董事(independent non-executive director);二是非独立非执行董事(non-independent non-executive director),典型代表是职工董事(employee director)等。

划分执行董事和非执行董事的意义在于明确不同董事在公司治理中的职责,以及与其职责相对应的法律责任。执行董事通常直接参与公司日常经营管理,负责公司具体事务的执行,承担更高程度的勤勉义务和注意义务;非执行董事则主要担任监督和建议的角色,其承担的信义义务相对较少。以发行人的证券虚假陈述案为例,由于执行董事和非执行董事在公司决策和信息披露中扮演的角色不同,其承担责任的比例也会有所差异。一般而言,直接参与财务造假的执行董事将承担更重的法律责任,没有直接参与但知情的非执行董事也将承担相当的责任,而既未参与也不知情的独立董事通常承担较轻的责任。

(二)我国法上的执行董事

我国公司治理实践中的执行董事也分为两种:一是专职执行董事,典型者如董事长、副董事长。董事长负责主持股东会会议、召集与主持董事会会议、检查董事会决议实施情况,副董事长负责协助董事长履职,二者均可谓专职执行董事。二是兼职执行董事,也即兼任高管的董事。非执行董事可以细分为四种:一是独立董事;二是职工董事;三是大股东(在上市公司是指持股5%以上的股东)委派、推选的非独立非执行董事;四是外部董事(主要存在于国有独资公司)。

举例。某公司董事会由9人组成,董事A是董事长,董事B是副董事长,董事C兼任总经理,董事D是公司第一大股东推选的非执行董事,董事E是职工大会选举的职工董事,董事F、G、H是独立董事,董事I是外部董事。在该例中,董事A、B、C属于执行董事,其余属于非执行董事。

执行董事在我国公司法上具有特殊地位,比如,《公司法》第10条第1款规定,公司的法定代表人只能由执行董事或者经理担任。

三、结论

公司法作为舶来品,其重要的名词概念原则上应与域外公司法保持一致。在2023年之前,不设董事会的一名董事专享"执行董事"之名,这种概念上的分歧造成了与域外公司法理论沟通的困难。2023年《公司法》正本清源,执行董事回归本来含义,可谓"实至名归"。从此,在我国公司法语境下,执行董事是一个外延广泛的复数概念,而非指向单一的单数概念。

那么,在不设董事会而仅设一名董事的公司中,该董事是否为执行董事呢?这一问题的答案几乎是肯定的,原因有二:第一,绝大多数情况下,该董事会兼任经理等高管职务;第二,即便不兼任高管职务,考虑到只有一名董事,该董事必须专门执行董事会业务工作,可谓专职执行董事。

024 非执行董事还有角色分类吗?

一、非执行董事的多面孔

由若干名成员组成的董事会,可以从多个角度对成员进行分类。

如前所述,如果按照职能分类,董事会成员可以分为执行董事与非执行董事,二者又可以作进一步的分类。

如果按照代表的利益群体分类,董事会成员可以分为股东代表董事、职工代表董事、独立董事、消费者代表董事、债权人代表董事等。

如果按照职务分类,董事会成员可以分为董事长、副董事长、董事等。

那么,各类董事的人数比例在董事会中有无特别的要求呢？这就涉及董事会成员的构成问题。

二、职工董事的设置

1. 普通公司

对于有限公司,《公司法》第68条规定:有限公司的董事会成员中可以有公司职工代表;但在职工人数300人以上的有限公司中,除依法设监事会并有公司职工代表外,其董事会成员中应当有职工代表。据此,以职工人数300人为标准,职工人数低于300人的为中小型有限公司,其设立职工董事不是强制性的;职工人数300人以上的为大型有限公司,其设立职工董事也不是强制性的,但在未设职工监事的情况下,其必须设立职工董事,即此类公司可以同时设立职工董事、职工监事,但底线是必设其一。

需要指出的是,《公司法》并未对董事会设立职工董事的比例提出要求,所以常见的就是设立一名职工董事。

职工董事具有特殊的法律地位,《公司法》第69条特别提及,职工董事可以成为审计委员会成员。

上述规定,也适用于股份公司。

2. 国有独资公司

依照《公司法》第173条第2款规定,国有独资公司的董事会成员中应当有公司职工代表,也即职工董事是必设的,但没有要求比例。实践中,国有独资公司的董事会成员中通常只有一名职工董事。目前流行的是由公司党委专职副书记兼任职工董事,但不进入公司管理层,所以其不属于执行董事。

三、外部董事的设置

《公司法》设立外部董事的要求,仅针对国有独资公司。《公司法》第173条第2款规定,国有独资公司的董事会成员中,应当过半数为外部董事。比如,无论董事会人数是8人还是9人，外部董事的人数底线均为5人。

外部董事在国有独资公司董事会成员中过半数的规则设计，是多年来国企治理改革的一项重要成果，具有重大的法治价值。回到20世纪90年代初，大量传统国企(全民所有制工业企业)改制为国有独资公司的初期，其董事会与管理层几乎是重合的，所谓"一套班子、两个牌子"，形成了自己监督自己、自己任命自己、自己给自己确定薪酬的不良局面。这样的董事会自然意义不大，也不符合现代公司治理的实质精神。其后的30多年来，国企治理改革一直围绕组建独立的董事会、塑造董事会中心主义的方向发展。时至今日，国企董事会在构成上已经焕然一新，不仅外部董事的数量过半，而且必设职工董事。如此一来，执行董事在董事会成员中的比例就被挤压至较低，董事会的独立性得以保障。假设某国有独资公司的董事会中有9人，那么外部董事至少有5人，再加上至少有1名职工董事，则执行董事最多占据3席。

实务中，国资委等履行出资人职责的机构负责对下属国有独资公司的董事会遴选、委派、考核外部董事，大部分外部董事是专职的，也有少部分外部董事由企业管理专家、律师、学者、退休国企干部等充任。

四、独立董事的设置

《公司法》设立独立董事的要求，仅针对上市公司。《公司法》第136条第1款规定，"上市公司设独立董事，具体管理办法由国务院证券监督管理机构规定"。依照证监会《独立董事管理办法》规定，独立董事是指不在上市公司担任除董事外的其他职务，并与其所受聘的上市公司及其主要股东、实际控制人不存在直接或者间接利害关系，或者其他可能影响其进行独立客观判断关系的董事。上市公司独立董事占董事会成员的比例不得低于1/3，且至少包括一名会计专业人士。上市公司应当在董事会中设置审计委员会。审计委员会成员应当为不在上市公司担任高管的董事，其中独立董事应当过半数，并由独立董事中会计专业人士担任召集人。上市公司可以根据需要在董事会中设置提名、薪酬与考核、战略等专门委员会。提名委员会、薪酬与考核委员会中独立董事应当过半数并担任召集人。

此外，独立董事原则上最多在三家境内上市公司担任独立董事，并应当确保有足够的时间和精力有效地履行独立董事的职责。

五、董事会秘书是董事会成员吗

《公司法》设立董事会秘书的要求,仅针对上市公司。《公司法》第 138 条规定,上市公司设董事会秘书,负责公司股东会和董事会会议的筹备、文件保管以及公司股东资料的管理,办理信息披露事务等事宜。第 265 条第 1 项规定,上市公司董事会秘书为公司高管。据此,董事会秘书是上市公司的高管,但未必是董事会成员,除非其当选为董事,或者由董事会成员兼任。

六、其他董事的设置

在域外一些国家、地区,某些公司的董事会成员中还有消费者代表董事、债权人代表董事等,其在履行董事职能时,对公司利益的判定应着重考量对消费者权益、债权人权益的维护。

025　什么是实质董事、事实董事、影子董事?

一、三个概念

1. 实质董事

实质董事是与形式董事相对的概念。一般所称的形式董事,是指满足法律规定的资格、程序以及完成公示登记的董事,也即符合法律要求的公司董事。《公司法》第 59 条等明确规定了董事的合法、正当选任程序。此种仅认可正式董事身份的立法范式,就是董事的形式主义模式,也是我国一贯遵循的立法模式。

相应地,实质董事是指没有通过法律规定的正当选任程序担任董事职务,但却在公司内部实际上行使董事职权的人。实质董事是一个学理概念,更契合公司治理实践的真实运行状态,但必然缺乏明确性。

实质董事可以进一步分为事实董事和影子董事两类,现行公司法虽然没有直接适用事实董事(de facto director)和影子董事(shadow director)的概念,但在实质上对二者分别进行了规制。

2. 事实董事

《公司法》第 180 条第 3 款规定:

公司的控股股东、实际控制人不担任公司董事但实际执行公司事务的,适用前两款规定。

据此,不担任公司董事但实际执行公司事务的公司的双控人就是事实董事,其应当对公司承担与形式董事相一致的信义义务。这是一个典型的对事实董事进行规制的条款。

该款将事实董事的主体限定为"公司的控股股东、实际控制人"。应当承认的是,对股东会或公司行为具有支配力的双控人,的确在事实上行使董事权力、执行公司事务,构成事实董事。双控人的主体范围可以覆盖事实董事的绝大多数情形。然而,极少数虽不享有控制权、不属于双控人,但仍旧实际履行董事职责的人,暂时并不在该款的规制范围之内。

同时,双控人仅在实际行使董事职权时受到该款规制,具体指向公司经营的决策权和管理权,也即《公司法》第67条第2款所规定的职权,对其具体论述见分篇一。也就是说,双控人实际执行的公司事务未处于董事职权的范围内时,如组织实施董事会决议、主持生产经营工作,就不应该承担形式董事所应承担的忠实义务和勤勉义务。但是,若其行为落入高管的实际职权的范围内,则其同样应当参照《公司法》对高管的规定对公司负担相应义务,这是对《公司法》第180条第3款合理的、有限的类推解释。

3. 影子董事

影子董事既不具有形式董事的身份,也不直接参与公司事项的决策执行,但公司董事执行公司业务时习惯性遵循其指示或者命令。《公司法》第192条规定:

公司的控股股东、实际控制人指示董事、高级管理人员从事损害公司或者股东利益的行为的,与该董事、高级管理人员承担连带责任。

该条被视为有关影子董事的条文。

影子董事的主体也被限定为"公司的控股股东、实际控制人"。如事实董事一般,双控人具有的是对股东会或者公司行为的支配力,确实存在事实上支配董事行为,构成影子董事的可能。双控人的主体范围可以覆盖影子董事的绝大多数情形。但是,极少数并不对股东会或者公司具有支配能力,但可以实质影响董事会行为决策的主体,并不在《公司法》第192条的规制范围内。

除了公司董事,高管也可能受到他人的操控,故而,该条除了对影子董事作出了规制外,还对影子高管作出了规制。虽然立法者在第192条对二者进行了统一的规定,但在具体认定责任承担时,对影子高管的信义义务要求更高,其责任认定往往采取更为严格的标准。这是因为,高管的信义义务区别于董事的信义义务,公司经理在具有一般过失时即可被追责,董事仅在具有重大过失时具有可追责性。现代公司事实上是高管层负责管理,高管能够比董事接触到更多、更广泛的信息,获得更多的薪酬,具有更多的工作时间;董事则多为兼职,工作时间总体较少,接触到的信息较少,更多承担的是监督和管理的职责。

不同于事实董事,影子董事或影子高管对董事或高管行为的支配,并不限定在对公司日常经营管理的决策层面,还包括具体行为。对于董事而言,指示的主要形式是对某个议案投赞成或反对票的要求;对于高管而言,指示的主要形式是对财务、业务等事项提出具体要求。这种指示行为必须满足"损害公司或者股东利益"的要件,且与损害结果之间必须存在因果关系。

影子董事的指示行为实施单次即可,无须重复为之,不需要形成对董事会的持续性影响。而且,影子董事的指示行为也无须影响绝大多数董事,仅指示单一董事从事特定行为即可。这不同于域外法的影子董事制度,无须证明影子董事对全体董事(或至少是董事会的大多数成员)的控制。

二、事实董事与影子董事的区别

一般认为,事实董事与影子董事的差异在于置身台前还是幕后,但二者之间的边界实则趋于模糊。影子董事虽然不以董事身份行事,但也不必完全置身幕后,大可光明正大地指挥董事行事。所以,二者之间的核心区别在于,影子董事借其他董事之手施加影响,事实董事则自行实施实质意义上的董事行为。

值得注意的是,对于《公司法》第180条第3款和第192条限于"公司的控股股东、实际控制人"的立法表述而言,虽然我国立法与实践并未承认"法人董事"概念,但如果法人作为双控人存在滥权行为,也可以以实质董事/高管的身份承担相应责任。当然,如果滥权人通过多重持股关系行使董事职权或者操控董事行为,也属于适格的担责主体,应当进行穿透式认定。

三、总结

立法过程中存在实质董事制度与赋予双控人信义义务两种路径的争议。在两权分离背景下,股东通过经营权的让渡获得有限责任的保护,法人主体性的强化与董事会中心主义的确立是必然的结果。赋予双控人信义义务的路径打破了这种应然状态。为保证股东权责一致,明确董事会作为公司治理核心的实质地位,对双控人施加信义义务需要慎之又慎。因此,现行公司法通过第180条第3款与第192条构成了实质董事与实质高管的规范体系。

当然,从某种意义上来说,主体限定后的事实董事和影子董事的规则并没有扩充责任承担主体,只是明确了双控人的担责情形。重点在于,双控人对公司具有控制力并不必然承担责任,只有在事实上行使董事职权或对其行为进行不当操控时,才落入相应条款的规制范围。

026　董事如何产生?

一般认为,董事通过股东会选举产生。但细究起来,董事的产生方式其实是多元的,有诸多细节值得关注。

一、股东会选举产生的董事

依照《公司法》第59条第1款的规定,股东会的职权之一就是选举董事。但是,股东会并不负责选举所有的董事,其仅选举股东代表董事,包括上市公司的独立董事。

股东会选举董事,可以采用直接投票制,也可以采用累积投票制,后一机制有利于少数股东的代表进入董事会,促进董事会成员的多元化,也即董事会异质化。

二、职工大会等民主形式选举产生的董事

依照《公司法》第68条第1款规定,董事会中的职工代表由公司职工通过职工代表大会、职工大会或者其他形式民主选举产生。职工董事,顾名思义,就应当由职工选举产生。但是大型公司的职工人数庞大,采取直接民主形式可能成本过高、难以落实,所以首选职工代表大会。如果一公司职工人数有限,比如仅十几名的,就可通过职工大会进行选举。如果职工代表会、职工大会这两种途径都行不通,就可以采取其他形式民主选举,比如工会选举等。

三、委派、任命的董事

对于一人公司而言,由于其没有设立股东会,所以应由一人股东决定董事人选。实践中,一人公司的董事,就是由一人股东直接任命或者委派。

《公司法》第 173 条第 3 款规定,国有独资公司的"董事会成员由履行出资人职责的机构委派;但是,董事会成员中的职工代表由公司职工代表大会选举产生"。这说明国有独资公司的职工董事与其他公司的职工董事的产生方式并无二致,而职工董事以外的董事则由国资委等履行出资人职责的机构直接委派。该委派制的机理与上述一人公司股东委派、任命一人公司董事是相同的道理,因为国有独资公司不设股东会,由履行出资人职责的机构全面行使股东会职权。实践中,国资委往往为国有独资公司直接委派除职工董事以外的包括外部董事在内的其他所有董事。

四、上市公司独立董事产生方式的特别规定

关于提名,《独立董事管理办法》第 9 条规定:

上市公司董事会、单独或者合计持有上市公司已发行股份百分之一以上的股东可以提出独立董事候选人,并经股东会选举决定。

依法设立的投资者保护机构可以公开请求股东委托其代为行使提名独立董事的权利。

第一款规定的提名人不得提名与其存在利害关系的人员或者有其他可能影响独立履职情形的关系密切人员作为独立董事候选人。

关于选举,第 12 条又规定:

上市公司股东会选举两名以上独立董事的,应当实行累积投票制。鼓励上市公司实行差额选举,具体实施细则由公司章程规定。

中小股东表决情况应当单独计票并披露。

027　董事长、副董事长如何产生?

一、设置

《公司法》第 68 条、第 122 条、第 173 条规定,包括国有独资公司在内的所有公

司凡设董事会的,均设董事长一人,可以设副董事长。这透露出四个信息:

1. 董事会必设董事长;

2. 董事长为一人;

3. 副董事长不是必设的;

4. 副董事长可以设不止一人,比如国务院国资委《中央企业公司章程指引》规定国有公司可以设立1~3名副董事长。

董事长,在香港特别行政区又称董事局主席,也有内地公司学习香港特别行政区的做法称董事长为董事局主席的,这无可厚非。但是,进一步沿袭香港特别行政区的做法设立两个及以上的"董事局联席主席",似乎就没有法律依据了。

二、产生

(一)股份公司的规定

《公司法》第122条第1款规定:

董事会设董事长一人,可以设副董事长。董事长和副董事长由董事会以全体董事的过半数选举产生。

这一规定属于强制性规定,不允许公司章程另设选举方案。

问题是,公司董事会以董事长为召集人、主持人,但在新一届董事会产生而尚未选举出董事长、副董事长时,应由谁来召集、主持呢?事实上,该问题是一个纯粹的假想产物,实务中解决之并不困难。一般情况下,董事会产生后,对于谁来当董事长,董事会成员是有默契的。当然,如果缺乏默契、确有争议,由董事会成员临时推举任意一人便是。

(二)有限公司的规定

《公司法》第68条第2款规定:

董事会设董事长一人,可以设副董事长。董事长、副董事长的产生办法由公司章程规定。

这是有限公司极大区别于股份公司之处。董事长、副董事长的产生办法授权公司通过公司章程作出规定,显示了立法留给有限公司更大的自治空间。

那么,有限公司的公司章程应如何规定董事长的产生机制呢?实务中有多种办法,比如规定股东会选举产生、董事会选举产生(同股份公司),指定由某人担任(前提是该人当选了董事),或者规定由具有某个特质的董事担任(如得票最多的董事、任职最长的董事、年龄最长的董事等)。至于副董事长,也有诸多的产生办法,比如有的公司章程规定由董事长指定某董事担任,也并无不可。

如果有限公司的公司章程规定董事长由董事会选举产生,则本届董事会首次会议的召集人、主持人确定规则,如同上文的股份公司。

(三)国有独资公司的规定

《公司法》第173条规定:

国有独资公司的董事会依照本法规定行使职权。

国有独资公司的董事会成员中,应当过半数为外部董事,并应当有公司职工代表。

董事会成员由履行出资人职责的机构委派;但是,董事会成员中的职工代表由公司职工代表大会选举产生。

董事会设董事长一人,可以设副董事长。董事长、副董事长由履行出资人职责的机构从董事会成员中指定。

国资委指定某位董事为董事长,即为任命制,这是由国有独资公司独特的产权结构决定的,与一人公司股东任命董事如出一辙。

三、董事长、副董事长的职权

依照《公司法》第83条、第122条等规定,董事长享有的职权包括:(1)主持股东会会议;(2)召集和主持董事会会议;(3)检查董事会决议的实施情况。前两者是仪式性工作,后者是实质性职权。

至于副董事长,其职责有二:(1)协助董事长工作;(2)董事长不能履行职务或者不履行职务的,由副董事长履行职务。此处隐藏的问题是:如果副董事长为一人,上述职责履行并无疑义;如果副董事长为二人及以上,按照分工分别协助董事长进行某些工作也无问题,但在董事长不能履行职务或者不履行职务时,多个副董事长应该如何履行董事长职务,存在歧见。有观点认为,应该由副董事长们集体决策。问题在于,如果副董事长为三人及其以上,还可以实行少数服从多数的组织原则,但如果副董事长为二人且意见不合的,应当如何处理?此时确实容易形成僵局。公司实务尤其国有公司实务中,多个副董事长是有任职排名的,或者设有常务副董事长,在此可以理解为按照副董事长排名顺序履职。比如,董事长不履行职务或者不能履行职务的,由常务副董事长召集、主持董事会会议,常务副董事长也不履行职务或者不能履行职务的,由排名第一的副董事长履职,以此类推。

028 董事会为何下设专门委员会?

一、《公司法》的规定

《公司法》有多个条文对各类公司设置董事会审计委员会进行了规定,第121条第6款还进一步明确,股份公司可以按照公司章程的规定在董事会中设置其他委员会。根据2025年《上市公司章程指引》第137条的规定,上市公司董事会设置战略、提名、薪酬与考核等其他专门委员会,该规定亦可为其他非上市股份公司参考。实务中,公司在董事会中除了设立审计委员会,以及常见的战略委员会、提名委员会、薪酬与考核委员会之外,还可以根据自身发展需要,进一步设置诉讼、执行、ESG等其他专门委员会。

二、越来越多的专门委员会

作为公司治理中心的董事会,为何流行设立多个专门委员会?这涉及专门委员会设立的初衷——由具备相关专业知识和经验的部分董事组成专门委员会,为董事会决策提供专业的建议和意见,帮助董事会作出更科学、明智的决策;通过将一些具体的事务交由专门委员会处理,减轻董事会整体的工作负担,提高决策执行的效率。总体上,专门委员会有助于完善公司治理结构,提高公司治理水平。

通过在董事会下设置各类专门委员会的形式来实现上市公司治理的规范化,是市场经济国家近几十年针对公众公司的治理智慧的突出体现。以上市公司为例,其董事会较之一般公司往往规模较大乃至巨大,以9~13人居多,甚至能达到数十人的规模,如中国交通银行上市初期有董事22人。一方面,平均十几名董事看似不多,实则人际关系已足够复杂,董事往往来源广泛,即便在十余名董事之间协调召开会议也颇具难度。有计划的上市公司在前一年度的第三季度便开始布局下一年度的董事会会议时间,但目前更多的上市公司董事会的召集因为难以协调召开会议的时间而呈现出相当的随意性。另一方面,若全部的公司事务均依赖董事会全体进行决策,部分专业性议题需要靡费时间以向不熟悉此项业务的董事进行释明,所耗费的时间成本、协商成本可谓巨大。由此，董事会开始设置不同的专门委员会来解决如上问题，每个专门委员会仅由数名董事组成，分散董事会部分职能能够在提高效率的同时实现决策的专门化、专业化。

实务中，设立专门委员会的董事会规模一般较大，因为每个专门委员会的最低人数为 3 人，只有足够多的董事会成员才可能分出具有专业组别的人士组成不同的专门委员会。所以中小型公司或者大型公司的董事会规模较小的，并不适合设立多个专门委员会，否则就会出现董事会与专门委员会人事基本重合的局面。

在我国，董事会专门委员会主要存在于上市公司和一些大型国有集团公司。早在《公司法》提出要求之前，证监会就通过《上市公司治理准则》《上市公司章程指引》等规范性文件要求上市公司董事会设立专门委员会，迄今已有 20 多年的实践。至于一些大型国有集团公司乃至部分民营公司设立专门委员会，则属于积极探索的公司自治行为。整体上，我国公司董事会设立专门委员会的实践经验并不是非常丰富，委员会会议欠缺规范性和统一性，仍处于摸索阶段。接下来的数问将一一介绍审计委员会、薪酬委员会、提名委员会、执行委员会、ESG 委员会等必设或者常见的专门委员会，本问先简要介绍几个并不常见的专门委员会。

三、诉讼委员会

诉讼委员会对于部分公司具有重要意义，因为这些公司的主营业务具有特殊性，自身供应链、资金链和消费端等多重环节时常可能存在差池，经常处于大量的各类诉讼、仲裁等纠纷压力之下。尤其是，数个公司聚合而成的集团动辄可能涉及的年均案件规模达到数万件，对集团公司核心即董事会的应诉能力和案件管理能力提出了很高要求。比如，一些大型的建工类公司、地产开发类公司多年来一直如此，近年来情况尤甚，信贷公司、商业银行、资管类公司等也不遑多让。在这一背景下，部分集团公司选择在董事会中设立诉讼委员会来指导整个公司集团的诉讼案件管理、诉讼纠纷解决及非诉案件处理事宜。

与此同时，《公司法》第 189 条详细规定了股东代表诉讼、股东双重代表诉讼及其前置程序规则，赋权有限公司股东、股份公司连续 180 日以上单独或者合计持有公司 1% 以上股份的股东均可以书面请求监事会向法院起诉损害公司利益的董事、高管，以及书面请求董事会向法院起诉损害公司利益的监事、他人等。为了积极应对此类诉讼，减少公司损失，部分公司也会专门设置诉讼委员会，由诉讼委员会决定是否由公司起诉以避免股东发起下一步的代表诉讼。诉讼委员会对诉与不诉的判断是基于商业价值的衡量,其成员具有相对独立的地位,能够保证所作决策的理性、民主,同时有效解决全体会议情况下涉事或关联董事、监事的回避难题,极大地提高会议的效率。

四、战略委员会

战略委员会是部分公司出于自身定位和发展需要所设的,往往面向全社会甚至全球聘请具有丰富社会资源、高超战略眼光、洞悉行业发展趋势的各界人士,为公司的长期发展规划提供咨询建议。其常见的主要职责权限包括:对公司的长期发展规划、经营目标、发展方针进行研究并提出建议;对公司的经营战略包括但不限于产品战略、市场战略、营销战略、研发战略、人才战略进行研究并提出建议;对公司章程规定须经董事会批准的重大投资、融资方案进行研究并提出建议;对公司章程规定须经董事会批准的重大资本运作、资产经营项目进行研究并提出建议;对其他影响公司发展的重大事项进行研究并提出建议;对重大投资决策的实施情况进行事后检查与评估并提出建议。

029　审计委员会为何重要?

一、《公司法》的规定

《公司法》关于董事会专门委员会的规定,集中于审计委员会之上,可谓"集万千宠爱于一身",其重要性不言而喻。

第69条规定:

有限责任公司可以按照公司章程的规定在董事会中设置由董事组成的审计委员会,行使本法规定的监事会的职权,不设监事会或者监事。公司董事会成员中的职工代表可以成为审计委员会成员。

第121条第1款规定:

股份有限公司可以按照公司章程的规定在董事会中设置由董事组成的审计委员会,行使本法规定的监事会的职权,不设监事会或者监事。

第 121 条第 6 款规定：

公司可以按照公司章程的规定在董事会中设置其他委员会。

《公司法》第 136 条第 2 款规定：

上市公司的公司章程除载明本法第九十五条规定的事项外，还应当依照法律、行政法规的规定载明董事会专门委员会的组成、职权以及董事、监事、高级管理人员薪酬考核机制等事项。

第 137 规定：

上市公司在董事会中设置审计委员会的，董事会对下列事项作出决议前应当经审计委员会全体成员过半数通过：

（一）聘用、解聘承办公司审计业务的会计师事务所；

（二）聘任、解聘财务负责人；

（三）披露财务会计报告；

（四）国务院证券监督管理机构规定的其他事项。

第 176 条规定：

国有独资公司在董事会中设置由董事组成的审计委员会行使本法规定的监事会职权的，不设监事会或者监事。

二、人员组成

现行公司法对审计委员会的组成有所规定，但就审计委员会成员的选任予以留白，还有很大的讨论空间。

由于审计委员会必须由董事充任，所以每一届董事会组成后，才会有审计委员会的组建。那么，是由董事会选举产生审计委员会，还是由股东会在董事会成员中选举、决定产生审计委员会？如果由董事会选举产生，谁来提名审计委员会成员名单？被提名人同时也是董事要不要回避表决？如果由股东会选举、决定产生，那么采取的方式是选举还是决定也存在区别。如为选举，则实行"一人一选"的投票规则，无论是实行直接投票制还是累积投票制；如为决定，则是对一份审计委员会成员名单进行统一投票。而在方式确定后又应由谁来提名该份名单？可见，审计委员会所面临的实务问题不可谓不繁多。

《公司法》有意留白，很大程度上是出于"法律不规定屑小之事"的考虑，留给公司较大的自治空间。实务中，审计委员会名单都是能够且有兴趣参与公司治理的各方力量协商的结果,董事长在其间举要折冲,起到关键性作用。依照《公司法》第121条,审计委员会的过半数成员不得在公司中担任除董事以外的其他职务,且不得与公司存在任何可能影响其独立客观判断的关系。一家公司的董事会成员中能够有资格进入审计委员会的并不多,应该不存在过于激烈的竞争;即便有同质化的两名以上董事竞争一个席位,各方力量也应该有智慧协调解决之。所以实务中,多由董事长在各个董事会成员间居中协调,最终形成一份审计委员会成员名单,交由董事会表决通过之。当然,以上流程是就一般经验法则而言的,为避免纠纷产生,实践中最好由公司章程规定之。

三、基本职权

在任何一家公司设立的董事会专门委员会中,审计委员会都是重中之重。多版本的《上市公司治理准则》均明确规定,审计委员会为上市公司董事会的必设机构,并对其职权予以详细列举。2023年《公司法》第137条对上市公司审计委员会的职权作了特别规定,然而,对其造成最大影响的还是2023年修法中单层制公司治理结构的引入。在2023年修法之前,上市公司的董事会审计委员会与监事会是并设的,而单层制下,如果公司仅在董事会中设立审计委员会且不再设立监事会,那么,审计委员会还应当履行《公司法》规定的监事会的职权。

具言之,现行公司法上我国单层制架构下的公司董事会审计委员会分为两类:

1. 单层制架构下的上市公司。其董事会审计委员会不仅履行《公司法》第137条规定的特殊职权,还兼而行使监事会的法定职权。

2. 单层制架构下的非上市公司。依照国务院国资委《中央企业公司章程指引》的规定,国有独资公司、国有资本控股公司的董事会审计委员会应取代监事会,行使《公司法》规定的监事会的职权。除了依据政策性法规必须选择单层制的特殊类型公司外,其他公司可以自由选择设立董事会审计委员会(单层制),或者设立监事会、监事(双层制)。如选择前者而不再设立监事会、监事,则由审计委员会行使《公司法》规定的监事会职权;如选择后者,设立审计委员会属于自治行为,可由公司自主确定其职权范围。

《公司法》第137条规定,上市公司审计委员会享有四项特殊职权:

1. 聘用、解聘承办公司审计业务的会计师事务所。根据《公司法》第215条,聘用、解聘承办公司审计业务的会计师事务所的组织机构,应由公司章程在股东会、董事会或者监事会之间进行决定,但第137条作为规制上市公司的特殊规范,旨在通过将权力配置给审计委员会以确保审计工作的独立性,防止会计师事务所受到公司管理层的不当影响。

2. 聘任、解聘财务负责人。公司的财务负责人(通常是首席财务官)在财务管理和报告方面往往发挥着极为重要的作用,赋予上市公司审计委员会聘任和解聘财务负责人的权力,能够有效确保公司财务管理工作受到应有的监督。

3. 披露财务会计报告。该项权力将审计委员会推到防止上市公司虚假陈述的关键位置,审计委员会应当对公司所披露的财务会计报告的真实、准确、完整和及时承担相应的责任,防止虚假陈述的发生以保护投资者的利益。各项财务数据的披露应当先经审计委员会审议,否则不能上呈董事会讨论,更遑论正式披露。所以,一旦出现虚假陈述,兼任审计委员会成员的董事自然就可能要承担比其他董事更重的法律责任。

4. 国务院证券监督管理机构规定的其他事项。根据《独立董事管理办法》第26条第1款及《上市公司治理准则》第39条的规定,审计委员会还应当另外负有监督及评估公司的内部控制、披露内部控制评价报告、因会计准则变更以外的原因作出会计政策、会计估计变更或者重大会计差错更正等职责。

虽然以上职权仅是上市公司审计委员会的特别职权,并不强制适用于非上市公司,但后者可以见贤思齐,由公司章程规定之。同时,根据《公司法》第137条的规定,董事会对前述四类事项作出决议之前应当经审计委员会全体成员过半数通过。如审计委员会未通过,则相应事项不得提交董事会,否则,针对相应事项的董事会决议即应当因缺乏前置决议而不产生相应的法律效力。

需要思考的是,上市公司审计委员会行使上述特殊职权作出的决议是否可被董事会推翻?法律对此并无明确的规定。类比来看,当审计委员会作为唯一的监督机构,与监事会行使相同职权时,其在法定监督职权范围内作出的决议应当与董事会决议具有同等效力。尽管审计委员会作为董事会下设委员会有义务向董事会汇报情况,董事会也无权推翻其职权范围内的决议,否则将导致其法定职权无法履行,监督行为的独立性和有效性会受到十分严重的阻碍。故而,学理上来说,出于对审计委员会履职的保障,对上市公司中行使特殊职权的审计委员会的决议亦应当采取同样的效力认定,董事会仅能够审查而无权推翻。

四、履职考验刚刚开始

无论是上市公司的审计委员会还是非上市公司的审计委员会,其职责都首先集中于审计、财务和会计监察上。上市公司审计委员会的上述特殊职权决定了这一点,自然毋庸置疑,即便是单层制非上市公司中行使监事会职责的审计委员会,其职权也覆盖了检查公司财务的监督职责。当然,监事会的监督职责并不限于审计、财务和会计等财务领域,还涉及对公司业务的监督,如此一来,单层制下审计委员会更要从财务与业务两方面全面负担起监督职责。

问题是,审计委员会行使传统监事会的职权可能会出现多种情况。以代表诉讼为例,根据《公司法》第189条,董事、高管执行职务违反法律、行政法规或者公司章程的规定,给公司造成损失的,有限公司的股东、股份公司连续180日以上单独或者合计持有公司1%以上股份的股东,可以书面请求监事会向法院提起诉讼,但如果公司仅设立审计委员会,股东对董事、高管提起代表诉讼的前置请求程序如何实施便成了一个问题。将董事区分为审计委员会成员和非审计委员会成员或许是一种解决之道:非审计委员会成员违法执行职务且给公司造成损失的,由适格股东向审计委员会提出前置请求程序;审计委员会成员违法执行职务且给公司造成损失的,由股东直接向董事会提出前置请求程序,且审计委员会成员在董事会决议时应回避。

另外,根据《公司法》第63条、第114条等规定,在董事会拒不履行召集股东会会议的前提下,审计委员会能否以及如何顺利替代监事会召集股东会,也将成为一个实践层面上的问题。可见,董事会下设机构与独立监督机关的双重身份,导致审计委员会履行原本的监事会职责仍有诸多有待化解的实践障碍,只能留待后续公司治理实务中不断研究尝试,从而总结经验、凝结智慧。

030 何为薪酬委员会?

一、人员组成

美国等部分法域流行在上市公司董事会中设置专门的薪酬委员会,近年来,其在我国上市公司治理实践中也越来越受到欢迎。实践中,如果说审计委员会是首要的,那么次要的就是薪酬委员会(或曰薪酬与考核委员会)。

如果让担任高管职务的内部董事担任薪酬委员会成员,无异于要求其自己给自己设定薪酬并加以考核,存在极大的道德风险,显然不合理。因此,薪酬委员会对独立性的要求比审计委员会更高,一般由3~5名外部董事,最好是独立董事组成。对薪酬委员会成员的主要能力要求是有丰富的财务、经济知识或者人力资源管理经验,薪酬委员会主席则一般由一名知识丰富、经验充分的股权激励专家担任。

二、法律职责

(一)基本职责

薪酬委员会的基本职责包括制定公司的整体薪酬政策及指导原则、批准公司所有的薪酬发放办法、制订合理的股权激励计划、监督董事和管理层的薪酬政策执行、为董事和管理层制定解聘补偿政策、负责管理层的年度业绩考核等。

在理论层面,薪酬委员会需要向管理层提供最优激励合约,同时避免过度支付报酬,在激励履职与节约成本之间找到平衡,以保证最大化股东整体利益。近年来,域外上市公司薪酬委员会的主要改革举措大都由机构投资者推动,主要指向包括将总经理等高级管理人员从该委员会中排除,以避免决策过程中的利益冲突。

证监会《上市公司治理准则》第42条规定,上市公司董事会薪酬与考核委员会的主要职责包括:(1)研究董事与高级管理人员考核的标准,进行考核并提出建议;(2)研究和审查董事、高级管理人员的薪酬政策与方案。第56条又规定,董事和高管的绩效评价由董事会或者其下设的薪酬与考核委员会负责组织,上市公司可以委托第三方开展绩效评价。独立董事、监事的履职评价采取自我评价、相互评价等方式进行。

(二)特别职责:股权激励计划的决策与监督

上市公司的股权激励计划总是牵动人心。这一计划的决策、制订、实施、监督,都离不开薪酬委员会。

薪酬委员会对股权激励计划的决策和监督一般通过两种方式进行:一种是外包,即将股权激励计划的设计与管理全部外包给专业的薪酬机构或金融机构;另一种是内控,即薪酬委员会自己建立股权激励管理系统,委派专人进行内部控制。

如选择内控方式,薪酬委员会在股权激励中的职责主要包括:制订股权激励实施计划,起草需经股东会审批的股权激励计划的相关文件,包括实施股权激励计划的主要原则、目的、指导思想、政策、每年的股权赠予量、时间安排表等;出现突发性事件时,对股权激励计划进行解释并作出重新安排;执行股东会的相关决议,处理实施股权激励工作中出现的各种问题。

三、常见合规问题

(一)常见问题

薪酬委员会的职责并不繁重,但由于涉及董事、高管等管理层的个人核心利益,所以非常敏感,也容易被挑错。薪酬委员会的合规问题,需要进行特别讨论。根据实践经验,一般存在下列问题:

1. 审议董事薪酬的行为不规范,包括未审议董事薪酬、关联董事未回避审议薪酬议案等。

2. 薪酬委员会会议记录留存不完善。根据《上市公司治理准则》第32条的规定,董事会会议记录应当真实、准确、完整,并对其妥善保管,薪酬委员会会议记录亦应遵循此规定。

3. 薪酬委员会召集不合规。这主要体现为部分上市公司的薪酬委员会的召集人为非独立董事。

4. 还有其他问题,如违反公司章程或公司内部议事规则,不按照规定召集薪酬委员会开会,或薪酬委员会对高管履职的考核评价存在不客观情况等。

(二)需要强调薪酬委员会的独立性吗?

薪酬委员会的工作既敏感又重要,如有不当,会极大伤害管理层的积极性,如有偏袒,又会遭受股东的指责。本质而言,薪酬委员会的职责在于解决管理层与股东之间的代理问题,管理层通过控制上市公司实现自我利益的重要渠道之一即是薪酬设定,比如,有的公司管理层通过控制董事会、薪酬委员会为自己设置高额的薪酬,且不受上市公司经营业绩的影响。所以,保障薪酬委员会的独立性是制度建设的重中之重。

但在我国,上市公司中多有双控人,代理问题集中于双控人与少数股东之间,管理层则大多受控股股东的约束,其利用薪酬设定攫取上市公司资产的能力受限,因此,薪酬委员会的独立性在我国的重要性低于域外。有实证研究表明,持股比例较高的股东任职于薪酬委员会有助于限制其余管理层成员的收入规模,且利用股权性工具作为报酬的比例相对较高。该现象主要归因于当授予管理层更高比例的股权性报酬,能够实现激励相容的效果,激励管理层最大化上市公司的市值、提升上市公司的股价,这无疑是极大有利于控股股东利益的。总体来看,薪酬委员会的设立及其独立性对我国上市公司治理实践的积极影响尚不具有必要性和明确性。因此,截至目前,我国监管机构暂未强制要求上市公司设置薪酬委员会或明确其独立性的强制性标准。

031 何为提名委员会?

一、提名权是公司人事控制权之矢

在讨论提名委员会之前,首先需要讨论一下提名权的概念。有读者搞不清楚提名权与提案权的关系,在此申明,提案权是提名权的上位概念,包括但不限于提名权。

仅以股东为例,依照《公司法》第115条第2款的规定,单独或者合计持有股份公司1%以上股份的股东,可以在股东会会议召开10日前提出临时提案并书面提交董事会,临时提案应当有明确议题和具体决议事项。据此,如果适格股东对于属股东会职权范围内的所有事项能够提出具体议题与具体决议事项,就可以成为提案,而股东享有的该项权利就是提案权;相应地,如逢公司董事会、监事会改选,股东单就董事、监事人选提出提案的权利,就是提名权。依照《公司法》第59条的规定,股东会的决议权显然不限于选举和更换董事、监事,还包括诸多其余事项,比如公司分立、合并、增资、减资等,而针对这些非人事的事项提出的提案权,就不能叫作提名权。

如不局限于股东提名权,则《公司法》上对董事、监事(审计委员会成员)、高管的提名,都属于提名权的范畴。

那么,仅就董事、监事之选举、委派以及高管之聘任这些人事事项而言,提名权与最终的董事、监事当选及高管获聘是什么关系呢?对此,可以用两句话描述:

1. 被提名是董事、监事当选及高管获聘的前提条件。显然,纵使某人再能干、再受众人欢迎,如没有人提名其为董事、监事、高管候选人,其也绝不可能当选、获聘。

2.某人被提名为董事、监事、高管候选人后,也未必能够当选、获聘。在等额选举、聘任考核的情形下,候选人有可能因为赞成票达不到多数决要求而不能获得通过;在差额选举、竞争聘任的情形下,自然会有人落榜、落聘。

既然如此,作为先决条件,人们首要关注的还是能够获得提名。以董事的提名权为例,基于董事会的中心地位,谁掌控了董事多数席位的提名权,谁就(基本上)掌控了董事会多数席位,也就将获得公司的控制权。以阿里巴巴上市过程中的董事提名权之争为例:

2014年,在阿里巴巴谋求上市之前,由于以马云为首的创始人团队("湖畔合伙人")并不拥有控股权(此前的软银、雅虎等大股东让马云团队掌握控制权,并不代表上市后的股东还延续如此),所以上市之后如何继续控制公司,成为马云团队的首要课题。最终形成的方案的大致内容如下:

(1)马云团队享有5名董事候选人提名权,超过公司章程规定的董事会规模(9名)的半数;剩余名额由第一大股东软银(34.4%)与董事会提名委员会提名,第二大股东雅虎放弃提名。

(2)马云团队与软银、雅虎订立一致行动人协议,对于马云团队的提名,软银、雅虎无条件支持,对于软银与董事会提名委员会的提名,雅虎与马云团队无条件支持。

据此,马云团队获得董事会多数席位的控制权。

二、人员组成

提名委员会的成员组成,同审计委员会、薪酬委员会一样,也被强调独立性,以防控股股东、总经理施加不当影响(比如直接由控股股东通过提名委员会内定名单)。同时,基于人力资源的专业性考量,提名委员会成员的专业性也被强调,提名委员会应积极关注董事、高管的遴选和审核,组建出高效、尽职、专业的管理团队。

实务中,提名委员会主要由独立董事组成,以便隔绝执行董事的利益冲突给提名过程带来的负面影响,如美国纽交所要求上市公司的提名委员会全部由独立董事组成,纳斯达克亦要求独立董事占据提名委员会成员的半数以上。英国、加拿大、澳大利亚等国家采取中小公司豁免建立提名委员会,大型公司需"遵守或解释"(comply or explain)的制度设计。比较有代表性的是英国法,其公司治理准则要求上市公司建立提名委员会,否则应当进行公告解释,大型上市公司对该规则的遵守比例较高,富时指数350组成公司超过九成的都设立了提名委员会。

虽然我国并未强制性要求上市公司董事会设立提名委员会，但实践中上市公司基本上均会设立提名委员会，且其中独立董事占据多数并由其担任召集人。

三、主要职责及履职障碍

(一)主要职责

提名委员会主要负责提名董事、高管的候选人，并向股东会、董事会提出建议。证监会《上市公司治理准则》第41条规定，提名委员会的主要职责包括：(1)研究董事、高管的选择标准和程序并提出建议；(2)遴选合格的董事人选和高管人选；(3)对董事人选和高级管理人员人选进行审核并提出建议。

可见，提名委员会职责中的最主要内容就是审查董事、高管的候选人资格，但不包括监事(审计委员会委员)的候选人资格。实务中，提名委员会的职权其实主要集中在总经理一职的候选人的考察、遴选与提名上。

结合实操案例，如提名委员会不当履职，可能被责令改正。比如，深圳证监局在对深市主板某上市公司进行现场检查时，发现该公司聘任总经理、董事会秘书、副总经理、财务总监等高管的议案均未提交该公司设立的董事会提名委员会审议，上述情形不符合《上市公司治理准则》第41条的相关规定，于是深圳证监局对该公司采取责令改正的监管措施。

(二)履职障碍

近期一次对美国上市公司提名委员会成员的访谈研究显示，即使在制度上已经隔绝管理层对提名决策的影响，但超过一半的受访独立董事仍然认为总经理对提名过程和结果存在重大影响。该项研究指出，由于提名委员会成员主要通过咨询管理层了解公司需求，因而其获取的信息对当前管理层是较为友好的。该问题是提名委员会制度的必然缺陷，普遍存在于各法域，概莫能外。然而，就我国而言，有着更为严重的本土化问题。

考虑到上市公司实际控制人对董事、管理层人选的较强影响力，提名委员会的成员最好全部由独立董事出任，且尽最大努力克服和消除实际控制人对提名过程的影响。然而，我国上市公司治理实务中，大量存在提名委员会成员独立性不强、股东意志渗透、实际控制人控制痕迹明显、独立董事形式上独立但实质并不独立等问题。实际上，部分上市公司的董事会都是实际控制人意志与利益的代言人，更遑论专门委员会。在国有控股上市公司，相关机构的干预色彩则更为浓厚。实践中主要的体现即为,独立董事本应通过薪酬委员会研究制定执行董事、高管的薪酬政策和方案,但实际情况恰好相反,独立董事不仅不能决定执行董事、高管的薪酬政策和方案,其自身的津贴标准也实际掌握在后者手中。

解决上述问题的前置性课题,依然是公司董事会及其专门委员会的独立性问题。这一课题自然不局限于提名委员会,其解决过程任重道远、道阻且长。

032　何为执行委员会?

一、功能定位

执行委员会,顾名思义,就是负责执行董事会具体事务的专门委员会。其作为董事会的下设委员会,负责在董事会闭会期间代表董事会行使职权。

执行委员会通常由一部分执行董事、一部分非执行董事组成,具体职责和权力由董事会授予。董事会作为公司的决策机构,负责制定公司的战略、政策、重大决策,并负有监督职能,比如检查管理层实施董事会决议的情况。执行委员会作为董事会常设的执行机构,主要负责具体实施董事会决议,并在董事会闭会期间代表董事会处理公司的日常事务。执行委员会可以提高董事会的决策执行效率,减少董事会会议的召开次数,同时可以增强董事会对公司的控制和监督能力。在一些公司中,执行委员会还可以承担一些特定的职责,如审批重大投资项目、制定公司的薪酬政策等。

二、人员组成

与审计、薪酬、提名等委员会一般或者必须全部由独立董事组成不同,执行委员会虽也会有独立董事的加入,但并无人数比例要求,而且董事长、总经理或部分公司设置的首席运营官都会加入执行委员会,部分掌握公司日常运营管理权力的其他高管也有可能加入之。这是符合执行委员会的根本职能定位的,核心管理层的加入有助于及时、高效地探讨公司重大事务,提高决议执行效率。同时,执行委员会一般不会将少数股东代表董事、职工董事、外部董事、本身担任职务重要性不足的董事等列入组成人选。

可以说,执行委员会中,执行董事、非董事的高管通常占优势比例,非执行董事(独立董事、外部董事等)可作为搭配。执行董事、非董事的高管在公司中参与公司日常经营管理并担任核心管理层职务,通常对公司的业务和运营有深入的了解,能够对公司的运营和决策产生重要的影响力。当然,不同公司的董事会执行委员会成员构成可能会有所不同,具体情况因公司的规模、行业、组织架构等因素而有所差异。在一些公司中,执行委员会成员可能还包括外部专家或顾问,以便提供专业的意见和建议。

三、主要职责

根据相关行政规章、软法规范以及实务经验法则,执行委员会的主要职责包括:

1. 贯彻落实董事会确定的经营方针和战略,组织实施具体任务,确保董事会相关决议有效执行。根据公司发展战略和内外部环境的变化,研究并提出公司发展战略调整建议,为董事会决策提供参考。

2. 对需提交董事会审议的重大决策事项进行研究并提出建议,包括但不限于重大投资、融资、并购、重组等事项。

3. 负责公司日常经营决策与运营管理,包括但不限于生产经营计划拟定、内部管理机构设置、基本管理制度批准等。

4. 对公司重大事项提出方案,如增加或减少注册资本、分立、合并、终止和清算等,并提交董事会审议。

5. 监督公司运营情况,及时发现和解决问题,确保公司运营合法、合规、高效。与董事会保持密切沟通,定期向董事会报告工作进展情况,接受董事会的监督和指导。

6. 根据公司实际情况和董事会要求,承担其他特定的职责和任务。需要注意的是,不同公司的董事会执行委员会职责可能会有所差异,具体职责范围应根据公司的实际情况和董事会的授权来确定。

033 何为ESG委员会？

一、一个新兴的专业委员会

ESG是责任投资领域的专有名词，分别对应环境（environmental）、社会（social）和公司治理（governance），是衡量上市公司是否具备足够社会责任感的重要标准，最早由联合国环境规划署在2004年提出，其后ESG资产管理规模以每年25%的速度增长，目前全球范围内各大证券交易所也已在ESG方面布局。

ESG委员会则是全世界范围内刚刚兴起的一类董事会专门委员会，发展势头非常迅猛。在境外上市的我国公司基本上都设立了ESG委员会，越来越多的深沪两市上市的公司也设立了ESG委员会，还有一些未上市的国有公司企业也设立之，可谓方兴未艾。

ESG概念本身从公司社会责任衍生而来，相应地，ESG委员会就是环境社会责任与治理委员会，倡导应由企业自身践行一种多方面多元化的社会责任理念。其要求公司通过每年向社会公布ESG报告的形式，向社会披露公司自身的治理水平与环境治理等社会责任的承担情况。《公司法》第20条要求公司从事经营活动，应当充分考虑职工、消费者等利益相关者的利益以及生态环境保护等社会公共利益，承担社会责任，并鼓励公司及时公布社会责任报告，被视为我国公司法的"ESG条款"。

二、设立模式

ESG委员会的设立模式一般分为两种：一种是董事会直接内设ESG委员会，与审计委员会、薪酬委员会、执行委员会等属于平级机构，另一种是将ESG委员会设立在董事会直接设立的委员会之下，作为二级委员会机构实现其职能，属于间接设立。根据证监会对上市公司治理架构的规定，审计委员会是必须设立的，其余专门委员会的设立可根据公司自身情况决定，一些大型公司设有战略委员会，其主要职责是研究公司的长远发展战略，可以为ESG委员会的设立奠定基础。上市公司可以根据所处行业、董事会的组织架构以及公司规模的大小确定ESG委员会的设置方式，无论是作为董事会直接设立的委员会，抑或间接设立于以战略委员会为例的机构之下，均是可行的公司治理架构设计。对于非上市公司而言，其可以建立类似于 ESG 委员会的功能机制，虽无 ESG 之名，但行 ESG 之实。董事会可以设立专门的程序性评估机制，于日常经营活动之中践行 ESG 理念，评估公司决策对环境以及社会的影响，这种自觉践行公司社会责任的行为不仅有助于提升公司治理水平，还能够提升公司知名度。

三、人员组成

ESG 委员会的组成一般高度类似于执行委员会，多由董事长、总经理及独立董事构成。甚至可以大胆假设，倘若某公司的 ESG 委员会设置完善，那么 ESG 委员会可直接替代执行委员会，由 ESG 委员会行使其职权。

实践中，如何将 ESG 理念与公司治理理论相结合，从而革新公司的内部组织机构并开创公司治理新模式，是个值得深思的问题。从最新的公司实践来看，ESG 委员会已有后来居上之势。有人观察到，目前很多公司董事会的成员构成尚不能适应 ESG 委员会日益提升的位格，并进一步建议在新公司法施行的背景下职工董事及具有环境保护、资源开发等知识与经验的外部董事引入 ESG 委员会。其出发点在于，职工董事通常担任工会职务且了解公司具体工作的开展情况和 ESG 风险，外部董事则可以保证 ESG 委员会决策的专业性和客观性，均有利于 ESG 委员会的有效履职。

四、基本职权

在我国，越来越多的上市公司、国有企业设立 ESG 委员会，重视企业 ESG 报告发布，这是公司治理走向规范化、走向良法善治的积极举措。特别是对于涉及部分特殊行业的企业，如高能耗、高污染企业，设立 ESG 委员会意义重大。

在具体落实层面，ESG 委员会的最主要任务是根据公司发展的不同阶段，针对环境保护、资源节约、社会责任履行等方面制定企业 ESG 战略，明确企业的 ESG 工作目标，保证企业的经营符合 ESG 发展理念，将 ESG 理念全面融入公司的生产经营之中。

ESG 委员会的主要履职方式是长期保持与投资者，利益相关人如债权人、公司雇员以及其他同行的沟通交流，全面获取所需信息。进一步而言，从维护相关利益与生态环境保护等社会公共利益的视角出发,准确判断其对公司利益(长期利益)的影响,对董事会决议提出建议。同时,从风险管理和合规方面入手,对企业的经营风险与环境风险进行全面识别,建立完整的风险管控体系,将ESG理念充分落实到公司日常运营中。最后,ESG委员会通过发布企业的ESG报告,披露企业在环境、社会责任、公司治理等要素下取得的成果,通过外部良善形象的塑造反向作用于公司高质量发展的推动。

五、实践意义尚待观察

从公司实践看,ESG委员会的设立能够有效提高董事会决策、管理的效率和质量。董事会会议每年召开的次数有限,对公司具体事项的决策很难快速作出,ESG委员会设置后,通过将ESG理念与公司治理模式相结合,能够很好地弥补董事会职能的缺陷。一方面,ESG委员会能够发挥专门委员会的基本功能,提高决策效率,保证决策实施;另一方面,ESG委员会可以发挥其独有的优势,将ESG理论落实到每个商业决策之中,通过平衡各相关方利益、衡量社会责任承担效益的思路,促进公司的可持续发展与长远利益提升。

同时,ESG委员会的建立保证了董事会ESG事项管理的独立性和常态化。由于公司经营战略和日常决策的讨论大多由以总经理(首席执行官)为代表的管理层主导,ESG委员会可以为管理层提供更多有效信息并予以日常监督,保障公司运营行为总体符合ESG理念。

除此之外,董事会下属的各专门委员会多以独立董事为核心构建,独立董事会受到独立性的制约,并不参与公司日常管理,却依旧承担着监督制衡大股东以及公司管理层、保护少数股东以及投资者权益的重要职责。ESG委员会还可以为独立董事提供更多关于公司经营的"一手信息",便于以独立董事为主要成员的其余专门委员会充分发挥各自职能,监督内部人不当行为,维护少数股东及其他相关者利益,促使董事会作出合理决策。

分篇三

开会

公司治理的规范性较多体现为程式化,程式化的核心是股东会、董事会、监事会/审计委决议程序的程式化,尤以董事会的程式化是中心。这不仅因为董事会会议决议内容的重要性,更在于其频率远大于股东会等。所以,董事会会议流程绝不是一场流水席,而是一场严格意义上的"法律秀"。

本分篇共设9问,围绕董事会会议频次、通知、召集人、提案权等前期准备与定足数、出席、回避、列席人等召开事宜而展开。

034 董事会是如何开会的?

一、先议后决:董事会会议与股东会会议的区别

与股东会会议相比,董事会会议无论在形式还是内容上都存在较大差异。一般而言,股东会会议较少涉及对具体问题的讨论,尤其是在股东人数众多的上市公司中,会议大多直接切入正题——投票表决。通常情形下,股东会会议主持人直接宣布本次会议的议题并说明所有议题材料已提前发给股东,随后会议将按照既定顺序依次对各个议题投票表决。这是因为股东群体人数众多且股东没有义务必须参加会议,所以往往只有核心股东与会,这使得股东会会议上很难展开全体的、全面的讨论。即使有股东发言、质询的环节,一般也仅在主持人宣布表决、等待票决的间隙进行。一旦票决结果作出,发言、质询环节也就随即结束。

与股东会不同,董事会作为决策、执行机关必须遵循民主集中制原则。交付董事会会议议程的事项,须通过董事的讨论、辩论、质询等程序进行充分的意见交流,才会得到较为科学、理性、民主的决策结果。董事会会议召开前,董事会秘书或者相

关负责人应当进行周密的筹备工作,提前确定好董事会会议议程,并将相关议题的背景资料提前分发给各位董事,以便其有充足的时间进行研究和准备;董事会会议召开时,董事长作为会议的主持人,应当负责控制会议进程,确保会议高效、有序地进行。

举例。某公司董事会会议讨论引入第三方人力资源系统的议案的,相关会议议程可能包括:(1)由提供系统的第三方公司对其方案进行介绍和展示,说明系统的价格和优势;(2)提议引入第三方人力资源系统的董事介绍引入系统的预期效果及成本效益,阐述公司为何需要投入巨资购买该系统,购买该系统之后对公司运营发展有什么好处;(3)其他董事针对第三方汇报人员进行提问,发表各自的意见和质疑,进行充分的讨论;(4)在现场对原方案进行部分修正,或在一致认为方案不够成熟时,经过完善再交下一次董事会会议表决;(5)全体董事对方案进行表决。

二、董事会会议的灵魂:讨论、争执、磋商与决策

讨论不仅是信息交换的过程,更是达成共识和优化决策的重要途径。在讨论过程中,每位董事应基于自身的专业知识和经验,对议题提出自己的见解和建议,通过广泛的交流,集思广益,共同寻找最佳的决议方案。

仍以引入第三方人力资源系统为例,董事会会议可能会围绕引入系统的必要性和紧迫性、系统成本和预期效果进行集中讨论,也可能会涉及不同方案的优劣对比。某些董事可能会认为初期方案过于昂贵,且系统的预期收益前景不明,建议先以较低成本引入规模较小的系统,待验证效果后,再决定是否对系统予以升级。讨论过程中,董事们可能会发现原方案的不足之处,进而不断地修正完善,董事会成员的意见也会从分歧逐渐走向一致,最终表决时就可以期待获得全票通过的理想结果。

总之,只有经过董事会的充分讨论才能形成科学的决策,而科学的决策正是来自讨论过程中对信息不对称的消除和对利弊优劣的全面考量。

从讨论的内容看,董事不仅须具备经营管理的专业知识,充分了解公司的运营状况,同时还应具备独立思考和理性决策的能力,否则根本无法有效参与讨论。"专业"与"审慎"从能力与态度两个方面对董事履职提出了基本要求。例如,在讨论引入第三方人力资源系统时,董事会成员需要对人力资源管理有基本的了解,能够认识到其在公司运营过程中所起的作用,同时掌握公司的基本财务状况,唯有如此才能够对引入系统进行初步的成本效益分析,并在讨论中提出有价值的见解。

在深入讨论之后,如大家仍一致认为方案尚不成熟,则会议记录应详细记载董事的反对理由及修改意见,由主管的负责人在会议后根据记载意见对方案进行修改和完善,并提交下一次董事会会议讨论。一旦方案被认为已经成熟,就将正式进入投票环节,在投票结束后,无论通过与否,都无法再对结果予以更改。

综上,董事会开会和股东会不同,后者无须讨论,过程简洁高效,前者则以讨论为核心,过程复杂、耗时长。民主集中制原则的要求下,董事会会议应当通过广泛的讨论和意见交换,对议案进行反复的修改和完善,最终在最大可能上形成科学合理的决议。

035 多久召开一次会议?

一、会议频次决定职能、绩效

董事会作为公司治理的中心,承载着多重功能。它不仅是公司的执行机构,确保公司日常经营的高效运转,也是公司的决策机构,负责公司战略方向的确定和重大事项的决策,此外还承担了监督职能,以公司管理层行为为对象,确保公司运营的合规性和透明度。董事会行使职权的主要方式就是召开董事会会议,经过充分讨论和协商以形成各项决议,董事会职权的正常行使,对公司稳定经营和长远发展具有举足轻重的意义。因此,董事会会议的召开频次,不仅反映了董事会的工作效率和决策速度,更直接关系到董事会在公司治理中发挥的实际作用和效能。

二、《公司法》规定的董事会会议类型

《公司法》较为详细地规范了股份公司的董事会会议,将其分为定期会议和临时会议两种。定期会议是按照公司章程规定的时间和频次例行召开的董事会会议,又称为例行会议。临时会议则是根据特定情况的需要,由特定主体临时提议召开的董事会会议。根据《公司法》第123条第1款的规定,股份公司每年至少召开两次定期会议,临时会议的召开则是频率不定的,视公司的需求而定。

《公司法》未直接规定有限公司董事会的会议类型和召开频次,应当理解为授权公司章程自行规定,为有限公司提供更大的自治空间。

定期会议的特点在于具有固定的召开时间和频次。如董事会长期不召开会议，就无法进行正常的经营决策，进而可能损害公司及其股东的利益，甚至形成公司治理僵局。相反，如公司定期召开董事会会议，则能够督促董事积极履行职责，进而有助于增强公司内部的沟通和协调，促进公司的稳健发展和持续繁荣。《公司法》要求股份公司每年度至少召开两次董事会会议，且未对定期会议的次数上限作出规定。因此，公司可以根据自身的经营情况和需求，在公司章程中对定期会议的次数和会期作出具体规定。当然，即便公司章程明确规定了定期会议的会期，也并不意味着召开会议前无须通知参会人员。根据《公司法》的相关规定，每次定期会议召开前，会议召集人都需要提前10日通知全体董事和监事，否则可能会导致董事会决议存在召集程序瑕疵，进而存在决议被撤销的可能。

与定期会议相比，临时会议具有更强的针对性和灵活性。公司在日常经营中，可能会出现一些紧急状况，对公司具有重大影响且需要董事会紧急应对，比如董事长失联、公司生产出现重大安全事故等。此时，代表1/10以上表决权的股东、1/3以上的董事或者监事会（以及不设监事会的监事，下同）等，均可以提议召开临时会议。董事长在接到以上提议后，应当在10日内召集、主持临时会议。董事长不及时召集、主持的，属于违反勤勉义务的行为，应当承担相应的责任。至于会议的通知方式和通知时限，不受定期会议规则的限制，允许公司章程作出灵活的规定。

三、董事会会议的频次如何确定

在实践中，无论是有限公司还是股份公司，每年仅召开两次董事会会议应该是无法满足公司经营管理的复杂需求的。以上市公司为例，每年度召开董事会会议的次数一般不少于六次，因为上市公司的年度报告、中期报告以及季度报告等信息披露文件都需要经过董事会会议的审议。当公司面临特殊情况，比如需要对外担保、对外投资、对外捐赠、对外财务资助等时，根据《公司法》的相关规定，其需要召开董事会会议。有研究表明，上市公司信息披露质量与董事会会议召开频次呈正相关，因此保持召开适当次数的董事会会议对于上市公司而言至关重要。

当然，董事会会议召开并非单纯追求次数。通常而言，只有一些情况特殊的公司，比如处于快速发展阶段或者经营面临挑战的公司，需要更频繁地召开董事会，以应对市场变化，又如管理类、投资类的公司由于所经营业务与市场的高度关联性，同样对高频次董事会会议有所需求。除此之外，一般情况下，公司应当根据其经营管理的需求,合理确定董事会会议的召开频次,如有公司章程规定每月第一周的周一召开定期会议,以确保公司的健康、稳定发展。

036　会议通知包括哪些事项?

一、会议通知是重要的会议程序之一

与股东会会议一样,召集董事会会议需要事先发出会议通知,借此确保所有董事及时获知会议相关信息,并做好参会准备,为会议有序、高效地进行做好预备性工作。会议通知属于召开董事会会议的重要程序性事项,若违反法律、行政法规或者公司章程的相关规定发出会议通知,即使会议顺利召开并形成决议,也可能导致决议效力出现瑕疵。

《公司法》第 123 条规定,在股份公司中,定期会议应当在会议召开 10 日前通知全体董事和监事,临时会议的通知方式和通知时限更为灵活,可以不按照公司章程规定的一般通知方式通知全体董事和监事,也可以不受法定的 10 日通知时限的限制,由董事会在召开会议前自行确定。

针对有限公司,《公司法》没有对其会议通知作出具体规定,此处法律留白应当理解为授权有限公司通过公司章程、股东会决议或者董事会决议自行规定或安排。

二、会议通知时限

《公司法》明确规定了股份公司召开定期会议的通知时限为 10 日,而股份公司召开临时会议、有限公司召开董事会会议的通知时限,均由公司自行规定。实务中,公司可以通过公司章程或董事会会议规则等其他规范性文件规定之。通知时限应以保障董事参会为要。考虑到有限公司董事会的规模有限,且董事通常在公司履职,提前通知期限无须过长,大多有限公司的公司章程规定在会议召开 3 日前通知董事即可。此外,在《公司法》第 24 条规定可以采用电子通信方式开会的背景下,提前通知董事参会的时间可以更加灵活,无须为异地董事预留在途时间。

三、会议通知方式

《公司法》也没有明确规定董事会会议的通知方式。一般而言,定期会议的通知

应当更加规范,通常采取书面通知的方式,临时会议的通知则可以灵活多样,既可以采取书面方式,也可以采取电子邮件、微信、短信、电话、口头等方式。但无论采何种方式,都必须确保相应通知能够准确、及时地传达给董事。

至于召开临时会议,从公司规范治理的角度而言,书面通知方式是更为谨慎和妥当的优先选择。例如,某上市公司章程规定:"召开董事会定期会议和临时会议的,董事会办公室应当分别提前十日和五日将盖有董事会办公室印章的书面会议通知,通过直接送达、传真、电子邮件或者其他方式,提交全体董事和监事以及经理、董事会秘书。非直接送达的,还应当通过电话进行确认并作相应记录。情况紧急,需要尽快召开董事会临时会议的,可以随时通过电话或者其他口头方式发出会议通知,但召集人应当在会议上作出说明。"

四、会议通知内容

《公司法》也没有明确规定董事会会议通知的内容,公司亦应当在公司章程或董事会会议规则等文件中予以明确。一般认为,董事会会议通知的内容和股东会会议通知并无二致,应当包括会议时间、会议地点和议题等关键信息。其中,会议时间应该明确具体,会议地点应该清晰准确、方便董事查找。例如,会议通知可写明,"2024年5月26日下午2时在公司第×会议室召开第×届第×次董事会会议"。但会议结束时间无法事先确定,对于简单的议题,会议可能召开几十分钟就结束了,对于某些重要议题,会议可能会持续召开数小时乃至更长时间。故而,一般不要求在会议通知中提前写明会议结束时间。

关于会议通知的会议议题,即将要讨论和决策的事项,需要尽量明确化。因为董事需要提前了解议题,以便作出充分准备。但由于董事会一般讨论的是关系到公司经营发展的重大事项,所以出于保护公司商业秘密的考虑,议题的具体内容不必在通知中注明。

实务中,董事会会议通知的具体内容可参照 2025 年证监会《上市公司章程指引》的相关规定。该指引第 119 条规定,董事会会议通知包括以下内容:会议日期和地点;会议期限;事由及议题;发出通知的日期。实践中,绝大部分上市公司的公司章程也如此规定。此外,已失效但仍具参考意义的《上海证券交易所上市公司董事会议事示范规则》第 9 条对董事会会议通知的内容有更详细的规定:

书面会议通知应当至少包括以下内容:

（一）会议的时间、地点；
（二）会议的召开方式；
（三）拟审议的事项（会议提案）；
（四）会议召集人和主持人、临时会议的提议人及其书面提议；
（五）董事表决所必需的会议材料；
（六）董事应当亲自出席或者委托其他董事代为出席会议的要求；
（七）联系人和联系方式。

口头会议通知至少应包括上述第（一）、（二）项内容，以及情况紧急需要尽快召开董事会临时会议的说明。

五、会议通知程序的豁免

会议通知的要义在于维护董事参会的权利，如果董事主动放弃对他的事先会议通知，当然也是可以的。实务中，公司召开临时会议往往较为急迫，所以面对《公司法》、公司章程所作的提前通知规定，召集人会在会前征求与会董事的意见，询问是否自愿豁免召集人的提前通知程序。一般情况下，全体与会者会作出肯定性回应并记载在董事会会议记录中，会议可以继续召开，此谓会议通知程序的豁免。这一豁免背后的法理在于，会议通知的目的本是保障董事知晓会议的时间、地点与议程，如未获通知的董事实际出席了会议，可视为其放弃了对会议通知是否适当的异议权，除非他出席会议就是为了反对会议的召开或者阻止某项决议的达成。所以，如有部分董事对召集人的豁免通知征求意见给予否定性回应，那么董事会会议应该中止，否则即便决议通过，其也将具有程序瑕疵，存在事后被法院撤销的风险。

037　谁是适格召集人、主持人？

一、召集人、主持人的重要性

公司法人机关会议的第一道程序就是发出会议通知，发出会议通知者乃是会议的发动者，也即召集人。董事会会议召开前需先明确召集人，由其负责会议的通知和各项筹备工作的安排；一旦会议能够如期举办，则需要确定会议的主持人，其负责启动会议议程、程序推进并主持闭幕,以确保会议高效、有序地进行。

如果召集人、主持人出现不适格的情形,此后会议决议将会存在程序瑕疵,可能被法院撤销。

二、适格人选及双重替代机制

与股东会会议的召集人和主持人分别为董事会和董事长不同,董事会会议的召集人和主持人原则上为同一人。

对于有限公司,《公司法》第72条规定:

董事会会议由董事长召集和主持;董事长不能履行职务或者不履行职务的,由副董事长召集和主持;副董事长不能履行职务或者不履行职务的,由过半数的董事共同推举一名董事召集和主持。

对于股份公司,第122条第2款规定:

董事长召集和主持董事会会议,检查董事会决议的实施情况。副董事长协助董事长工作,董事长不能履行职务或者不履行职务的,由副董事长履行职务;副董事长不能履行职务或者不履行职务的,由过半数的董事共同推举一名董事履行职务。

可见,两类公司负责召集、主持董事会会议的均是董事长。但在公司治理异常的情况下,《公司法》又进一步规定了双重替代机制:如董事长不能履行职务或者不履行职务,由副董事长召集和主持会议,此乃第一重替代机制;如副董事长也不能履行职务或者不履行职务,则由过半数董事共同推举一名董事召集和主持会议,此乃第二重替代机制。

三、双重替代机制的三个细节

(一)如何界定触发双重替代机制的"不能履行职务或者不履行职务"

一般认为,这既包括客观上不能履行职务的情形,也包括主观上不愿意履行职务的情形。如果董事长在深圳出差,而会议在北京举行,董事长可以根据《公司法》第24条的规定,通过电子通信方式履行召集、主持会议的职责,照常召开董事会会议和表决,或者委托副董事长代为召集、主持,除非公司章程另有规定,所以这并不属于董事长不能履行职务的范畴。但是,如董事会会议需要紧急举行,但董事长正在国际航班上,无法克服客观上的阻碍,此时,双重替代机制即可启动。另外,如董事长仅是主观上不愿意召开董事会会议,此时,双重替代机制也可以启动。

需要澄清的是,因董事长"不能履行职务或者不履行职务"而启动双重替代机制的,与董事长委托副董事长召集、主持董事会会议是两回事。前者的召集、主持权来自董事长的委托,而后者的权利来自法律规定。此处,副董事长应当在董事会会议中说明自己受董事长委托的背景及具体情况。还需提醒的是,董事长可以委托副董事长处理特定事项或召集、主持某次会议,但不能通过概括授权的方式将全部职权委托给副董事长或者任意他人行使,否则将违反董事长只能经法定程序选任的《公司法》强制性规定,亦将违反对公司所负的勤勉义务,委托行为当属无效。

(二)第一重替代机制中的多个副董事长关系

某些公司可能有数个副董事长,在董事长不能履行职务或者不履行职务时,应该如何确定召集、主持董事会会议的副董事长人选?由于《公司法》未予明确规定,建议此类公司通过公司章程或者董事会会议规则予以明确。例如,可以按照排名顺序,或者遵循少数服从多数内部推举的原则,抑或其他在先约定的方式,详细内容可参见本篇第 25 问的相应介绍。

(三)第二重替代机制中"过半数"的理解

在董事长、副董事长都无法履职的情况下,根据第二重替代机制,应由过半数的董事推举一位董事召集、主持会议。问题在于,"过半数"系指全体董事会成员过半数还是其他董事过半数?《公司法》对此未予明确。鉴于《公司法》第 73 条、第 124 条也使用"过半数"作为董事会出席定足数和董事会决议通过的比例,二者可作相同解释,也即:一般情形下,指全体董事的过半数;若有关联董事依法回避的情形,则指无关联董事的全体过半数。否则,即使其他董事过半数推举召集、主持会议的董事,在董事长和所有副董事长都反对的情况下,董事会也很可能难以达到出席定足数;即使达到定足数,决议也很可能难以获得全体董事过半数通过。

四、召集人、主持人不适格的法律后果

根据《公司法》第 26 条第 1 款规定,"公司股东会、董事会的会议召集程序、表决方式违反法律、行政法规或者公司章程,……可以请求人民法院撤销"。由此,若召集人、主持人的选定未遵循上述法律规定或公司章程约定,在董事长能够履行且愿意履行职务的情况下,副董事长擅自召集、主持董事会会议,即属于程序违法,通过的决议依法可被撤销。进一步而言,如果适格召集人、主持人在召集、主持会议过程中违反法律规定或公司章程约定,如未按照法定程序通知董事会成员,那么即使会

议得以召开并形成了决议,该决议同样会因召集程序违法而可被撤销。

038　谁享有提案权?

一、被《公司法》忽略的细节

前文对股东会的议案及提案权作了详细介绍,实际上,董事会作为合议制的法人决策机关也是通过集体讨论、形成决议的方式运行的,自然存在提案的重要环节设计。在此架构下,谁拥有提案权格外关键,因为提案权决定了哪些议题能够成为董事会的审议事项。这些议题有机会由此成为议案,如议案经董事会表决通过,则得以转化为具有法律效力的董事会决议,对公司经营管理产生实质性的影响。更为重要的是,由于股东会的提案基本上由董事会决定,所以董事会在向股东会提交正式提案前必然需要经过提案的提出、讨论和决议程序,最终形成提交给股东会的提案(议案)。从这个角度来看,董事会的提案往往就是下一步股东会的提案(议案),董事会提案权在公司治理中的重要性不言而喻。

然而,《公司法》对董事会的提案制度未置一词,这大概是出于"法律不规定屑小之事"的立法习惯,或者是有意将其交由公司自治。但正因为《公司法》的立法空白,实务中很多公司反而不知道该如何操作,所以本问内容颇具实务价值。

二、谁享有董事会的提案权

参考《上市公司章程指引》《上海证券交易所上市公司自律监管指引第1号——规范运作》等规范性文件中的相应规定以及诸多公司章程积累下来的实务经验,暂作如下讨论。

1.董事。作为董事会成员,董事原则上均享有提案权。董事的提案权不仅是其参与公司经营管理的基本依托,也是其履行对公司所负信义义务的实际体现。通过提案,董事可将自己对公司经营的意见与建议传达给同侪,进而递交董事会审议,推动公司决策的科学化、民主化。同时,董事也有义务对公司发展中存在的问题提出有效的解决方案,并在公司利益受损时迅速采取行动维护其合法权益。例如,当董事发现某位股东未按期缴纳出资时,其有义务及时向董事会提出议案,推动董事会作出催缴或者催告失权的决议。前者的决议通过后,公司应向股东发出书面催缴书,要求股东补缴出资;后者的决议通过后,公司将除名某个(些)股东或者收回某个(些)股东的相应股权。若董事会规模较大且有必要,公司可以通过公司章程、董事会议事规则对董事的提案权作出限制性规定,比如规定人数上应至少有1/4的董事或者两名及以上董事联名提出提案等。需要强调的是,上市公司中独立董事有必要被赋予提案权,这是保障其履职的重要手段之一。

2. 监事会(或者一名监事,下同)。监事会是否享有提案权取决于公司章程的具体规定,《公司法》仅明确监事可以列席董事会会议,未提及对其提案权的安排。一般来说,监事会作为公司的监督机构,有权对公司的董事、高管的经营行为以及公司的财务状况进行监督。若公司章程允许监事会向董事会提出提案,可以增加董事会的信息来源,提供更多的决策参考,提升公司的决策质量;监事会如能通过行使提案权的方式履行监督职责,也有助于改善监事会制度失灵的现状,实现公司的合规运营和稳健发展。

3. 不担任董事的高管。首先,经理是否享有提案权?《公司法》规定经理可以列席董事会会议,且可以向董事会提名副经理、财务负责人及其报酬事项,后者可以理解为对经理提案权的规定。问题是,《公司法》未明确总经理在其他事项上是否享有提案权,也未规定其他高管是否享有提案权。因此,高管的提案权亦有赖于公司章程的进一步规定。其次,如有必要,经理及其之外的其他高管就其负责的事项也应当被赋予提案权,也即公司章程应当对提案权的权利主体和提案范围均予以合理扩张。具体来说,赋予高管尤其是经理提案权,对公司治理具有必要性。经理作为公司的日常经营管理者,最有机会全面、完整地了解公司的运作和业务情况,通过向董事会提案,经理可以及时反映公司内部存在的问题,为董事会提供全面、准确的信息,从而有助于董事会更好地制定战略决策。公司实务中,多数提案都来自执行董事,如兼任总经理、副总经理的董事也往往对董事会具有更大的谏言权。

三、谁有权决定将提案列入董事会议案

适格主体提出提案后,接下来的问题就是谁有权决定是否将提案列入董事会议案。对此,《公司法》也没有规定。依照法理和公司实务经验,一般情形下应由会议召集人也即董事长决定。实践中,有的上市公司在公司章程中明确规定由董事会秘书提前对提案进行形式审查,不符合公司自治性规范要求的,应退回提案人补充

完善。

最后强调,如同前文关于股东会的提案审查讨论一样,提交给董事会的提案也要符合三个基本要求:有明确议题和具体决议事项;所列事项属于董事会职权范围内;内容符合法律、行政法规与公司章程。

039　董事可以委托他人参会吗?

一、出席会议属于可委托事项

董事可以委托他人参加董事会吗?董事会作为法人的核心机关,其决策和运作直接关系到公司整体的治理、运营和发展。然而,现实中多数董事为兼职,且董事会会议又较为频繁,出于各种原因无法亲自出席董事会会议的情况时有发生。故而,董事能否委托他人参加会议并代表其行使表决权,是一个常见的公司治理问题。

从民法原理看,《民法典》第161条第2款规定:

依照法律规定、当事人约定或者民事法律行为的性质,应当由本人亲自实施的民事法律行为,不得代理。

据此,在无法定或约定的情形下,凡不具有人身性的法律行为皆可以委托为之。董事出席董事会会议并行使投票权并不具有人身性,自然可以委托他人代为执行。这种安排既符合民法原理,也能够提高董事会的运作效率。但是,如果法律或公司章程中有特别规定,要求审议某些特定事项时,必须由董事本人出席并投票,则仍需严格按照规定执行,不得进行委托。

从公司法的规定看,《公司法》第125条第1款针对股份公司规定:

董事会会议,应当由董事本人出席;董事因故不能出席,可以书面委托其他董事代为出席,委托书应当载明授权范围。

可见,股份公司的董事原则上应出席会议,如确有原因无法出席,作为例外,允许无法出席的董事委托其他董事代为出席。

最后的疑问是,有限公司的董事能否准用上款的规定,答案是肯定的。《公司法》未规定有限公司相应事项的原因有三:一是有限公司董事会规模较小,且股东多兼任董事,所以客观上其董事委托他人参加会议的需求较低;二是《公司法》关于有限公司治理的规范较少,立法留白能够提供给有限公司较大的自治空间;三是出于"法律不规定屑小之事"的立法习惯,纵使这在成文法中未予详细规定,并不意味着《公司法》反对这样做。当然,如有限公司董事委托其他董事代为出席董事会会议,也要接受类似于《公司法》第125条等相应规范的规制。

二、委托三个细节

1. "因故"

"因故"二字,一是从频次上,表明董事不可动辄委托他人出席董事会会议,毕竟本人出席会议乃是董事履行勤勉义务的直接体现,过多缺席董事会必然是不妥当的,也是违反信义义务的体现。例如,《独立董事管理办法》第20条第2款规定,独立董事连续两次未能亲自出席董事会会议,也不委托其他独立董事代为出席的,董事会应当在该事实发生之日起30日内提议召开股东会解除该独立董事职务。毕竟,董事出席董事会会议与股东出席股东会会议的含义完全不同,后者是一种纯粹的权利,前者是权力更是职责。二是表明就单次会议而言,委托他人出席董事会会议的前提是有充分且正当的理由,如无正当理由不出席会议,可能涉及董事勤勉义务的违反。

2. 受托人仅限于本公司的董事

首先,保密的要求。董事会的决策通常涉及公司核心事务和商业秘密,若允许非董事人员参与,可能会增加信息泄露的风险,使公司遭受不可估量的损失。例如,如果百事可乐的董事不能出席会议,其委托可口可乐的董事代理参会,显然是不合适的。

其次,决策职责的要求。董事参加董事会会议既是其享有的权力,也是其肩负的义务。只有本公司的董事才具备参加公司董事会会议的权利,同时也负有审议相关议题并发表意见的义务。限制代理人的身份为本公司董事,能够确保代理人足够了解公司内部信息且具备充分的决策能力,进而保障决策的质量。因此,外部人员即使再专业,也难以替代董事的角色。

受托人除了应具有本公司董事身份外,在针对上市公司的规范性文件中还存在其他限制性规定。如《上海证券交易所上市公司自律监管指引第1号——规范运作》第3.3.2条规定了四项其他的限制,供上市公司和非上市公司在制定公司章程或董事会议事规则时参考:

（1）"在审议关联交易事项时，非关联董事不得委托关联董事代为出席会议"，关联董事在审议相关议案时本身存在利益冲突，需要回避表决，自然不应再作为其他董事的受托人参加讨论和投票。

在学理上，如董事 B 需要回避表决时，董事 A 能否再委托董事 B 投票？存在两种不同观点：一种观点认为，董事 B 自己没有表决权，但他至少具有董事身份，可以代理他人投票；另一种观点认为，既然董事 B 需要回避表决，最好的做法是让他完全不参与相关事项的讨论和表决，自然不能再作为代理人投票。应该认为，出于对表决回避的严谨考虑，后一种观点可能更为妥当。

（2）"独立董事不得委托非独立董事代为出席"，独立董事的独立性和专业性是公司治理的重要保障，也是独立董事制度存在的根基，如允许非独立董事代替独立董事出席，将有较大风险架空独立董事的监督和制衡作用。此外，《独立董事管理办法》第 20 条第 1 款也明确独立董事在因故不能出席会议时，仅能"书面委托其他独立董事代为出席"。

（3）"董事不得作出或者接受无表决意向的委托、全权委托或者授权范围不明确的委托"，这是下文要提到的第三个要点的内容。

（4）"一名董事不得在一次董事会会议上接受超过两名董事的委托代为出席会议"，这并不是身份限制，而是委托数量的限制。后一问将提到，召开董事会会议的定足数不仅包括实际出席会议的人数，还包括代理出席会议的人数。但这样一来，极端情况下，可能会出现仅有 1~2 名董事出席即可合法召开会议且作出有效决议的情况，从而使董事会虚置。有鉴于此，公司章程有必要借鉴规范性文件的规定对董事的代理出席与表决作出合理限制。

3. 出具授权委托书

董事代理出席的，委托人应当出具书面的授权委托书，并载明授权范围。授权范围必须明确具体，如董事 A 在授权委托书中应明确指示董事 B 在某一项议题上投赞成票、反对票或弃权票，或者授权董事 B 自行决定是否投赞成票，以避免董事 B 的投票违背董事 A 的意志，进而影响决议的效力。

书面授权委托书中应清晰界定授权事项和权限范围。涉及表决事项的，委托人应当在授权委托书中明确针对每项议题所发表的赞成、反对或者弃权的意见，或授权代理人见机行事，自行决定如何投票，或要求代理人在正式表决前请示授权人的意见，再行投票。明确授权事项和权限的目的在于：一方面，防止授权不明导致的决议效力瑕疵,避免造成公司决策效率低下;另一方面,在决议损害公司利益时,准确追究相关责任人的法律责任。依据《上海证券交易所上市公司自律监管指引第1号——规范运作》第3.3.2条第3款的规定,"董事对表决事项的责任,不因委托其他董事出席而免除"。

举例。若董事A委托董事B对某项决议投赞成票,董事B自己投了反对票,而代理董事A投了赞成票,之后证明决议违反法律导致公司蒙受损失,此时仅董事A需要承担责任,董事B则无须担责。

董事的受托人参会必须持有书面授权委托书,且该授权委托书应在会议之前交给公司。实务中,书面授权委托书通常交给董事会会议的召集人、主持人(董事长),旨在确保公司能够及时且充分了解被代理人的身份和授权事项,同时也有助于确保代理人在会议中的行为符合授权人的真实意愿。根据委托代理基本原理,只有代理人在授权范围内行使代理权,代理行为才能对被代理人发生效力;否则相关行为属于无权代理,将处于效力待定的状态。对于多人参与且实行多数决的决议而言,一旦出现某些成员的无权代理行为,决议效力瑕疵的复杂性将非比寻常。所以公司应尽力避免出现此种情形,会前查验授权委托书的意义,正在于此。一旦受托人的投票超出授权范围,公司应拒绝其相应的投票或者直接作为废票处理。此外,如果董事既未出席董事会会议,亦未书面委托其他董事出席的,视为放弃在该次会议上的投票权。

三、比较

虽然董事和股东皆可适用委托制度委托他人出席会议、投票,但二者存在重大差别:

1.受托人有身份要求不同。股东的受托人是指本人以外的任何人,自然人、法人与非法人组织皆可,有完全行为能力即可。至于具有股东身份与否,在所不问。实践中,常有股东委托律师参加股东会会议并投票。董事委托的受托人则必须是本公司的其他董事。

2.委托的条件不同。股东委托代理人无须任何条件,但凭自己的意愿即可;但是董事委托代理人是有条件的,限于因故不能出席者。这是因为董事出席董事会会议不仅是权力而且是职责,涉及对公司所负有的勤勉义务,但股东出席股东会会议且投票则是纯粹的权利。

040　如何计算定足数？

一、定足数

针对两类公司,《公司法》第73条第2款、第124条第1款明确规定：

董事会会议应当有过半数的董事出席方可举行。董事会作出决议,应当经全体董事的过半数通过。

这是关于董事会会议出席董事的定足数与多数决的基本规定,且两类公司的规则完全一致。此处仅就定足数展开讨论。

与股东会不同的是,如果公司章程没有特别规定,股东会的多数决都采用股份多数决,但董事会都采用人头多数决。这就决定了董事会会议的定足数与多数决都以人头论,采用"一名董事一人一票"的规则。

董事会在召开会议时必须达到法定的定足数,否则将导致决议不成立(《公司法》第27条),这是实现多数决规则的前提和基础。定足数是指召开会议时必须达到的出席会议的最低人数,也即《公司法》规定的"董事会会议应当有过半数的董事出席方可举行"。

二、"董事"的含义

前述的"董事"是指全体董事还是另有含义,需要区分两种情形分别而论。

1.正常情况下,定足数计算的分母是"全体董事",是指召开董事会会议现时的整个董事会的全体成员,而不仅指出席会议的董事。

假设A公司第五届董事会成员有10名,但在召开第五届第五次会议的时候,刚刚过世1名或者辞职1名,那么此处的全体董事为9名。9名全体董事的过半数指向5名,也即至少5名董事出席会议,才算达到了定足数的要求。同理,假设B公司第五届董事会成员有9名,但在召开第五届第六次会议的时候,刚刚过世一名或者辞职一名,那么此处的全体董事就是8名。8名全体董事的过半数也指向5名,也即需要至少5名董事出席会议,才算达到了定足数的要求。

2.如有关联董事回避的,定足数计算的分母是"无关联关系全体董事"。

依照《公司法》第139条、第185条等规定,董事与董事会会议决议事项所涉及的企业或者个人有关联关系的,该董事应当及时向董事会书面报告。有关联关系的董事不得对该项决议行使表决权,也不得代理其他董事行使表决权。该董事会会议由过半数的无关联董事出席即可举行。

假设A公司的董事会有9名董事,有2名或者3名董事与某议决事项存在关联关系,则分别对应的其余的7名或者6名董事作为分母,至少都需要有4名董事出席,方可符合过半数的定足数要求。

三、"出席"的含义

1. 包括代理出席

此处的"出席",并不要求董事亲自出现在会议现场,而是既包括线上出席、线下出席,也包括他人代理出席。比如,9名董事中,虽然仅有4名董事甲、乙、丙、丁出席,但由于董事长丁还接受了另一董事戊的书面授权委托,所以此时出席会议的董事人数仍然以5名计。当然,如上一问所阐释,如果不对董事接受其他董事委托的数量进行限制的话,极端情况下可能只有一个董事长丁出席董事会会议,由于其已获得甲、乙、丙、戊等另外四名董事的授权,也可以合法召开董事会会议的情形。如此,将会使得董事会的圆桌会议机制荡然无存。所以,借鉴前引《上海证券交易所上市公司自律监管指引第1号——规范运作》第3.3.2条限制性规定,"一名董事不得在一次董事会会议上接受超过两名董事的委托代为出席会议",这一委托数量的限制是仍然非常必要的。

如果一个出席董事手中最多持有2名其他董事的授权委托,9名董事组成的董事会的定足数为5名,则现场出席会议的董事人数至少应该不低于2名,此种董事会会议是合法的。具言之,2名现场出席会议的董事,至多可以代表其他4名董事,加上其本人,则出席会议的董事人数达到了6名,符合定足数的要求;如3名现场出席会议的董事,至多可以代表其他6名董事,加上其本人,则出席会议的董事人数最多可以达到9名,等同于全体董事与会。

2. 全程出席

此处的"出席"包括董事会会议召开之初与决议之时,均要求出席董事达到定足数。这意味着如董事中途退席,可能会影响董事会决议的合法性甚至成立。对于董事故意不出席会议或者中途退场的情形,多数国家、地区的公司法将其视为反对控制权斗争的一种策略,并不认为有何不当。纵使将此类情形视为董事违反信义义务而主张追究其责任,也必须承认中途退场的行为存在影响董事会决议的合法性甚至成立的可能,有力地阻碍了决议事项的推进,是少数股东与相应董事可以采取的对抗策略。这与前文所介绍的股东中途退场股东会会议有所不同。

四、两类定足数:过半数与2/3以上

1. 过半数

前引《公司法》第73条第2款、第124条第1款规定的两类公司的"董事会会议应当有过半数的董事出席方可举行",属于《公司法》对于董事会定足数的一般规定。如公司章程有更高比例的规定,从之。

2. 2/3以上

针对股份公司,《公司法》第162条第1款、第2款规定:

公司不得收购本公司股份。但是,有下列情形之一的除外:

……

(三)将股份用于员工持股计划或者股权激励;

……

(五)将股份用于转换公司发行的可转换为股票的公司债券;

……

(六)上市公司为维护公司价值及股东权益所必需

……

……公司因前款第三项、第五项、第六项规定的情形收购本公司股份的,可以按照公司章程或者股东会的授权,经三分之二以上董事出席的董事会会议决议。

这是关于董事会定足数的特别规定。

《公司法》第153条规定:

公司章程或者股东会授权董事会决定发行新股的,董事会决议应当经全体董事三分之二以上通过。

这是关于授权资本制下的董事会绝对多数决的规定,但可以推演出此时的董事会定足数也应为全体董事的2/3以上,毕竟定足数不能比多数决的要求更低。

除了以上两处法定的特别规定外,如公司章程另有关于其他情形下的董事会定足数需要达到2/3以上甚至更高比例的规定,从之。

五、一处特殊处理

依照《公司法》第139条、第185条等规定,如果董事会成员大面积地存在关联关系,导致出席董事会会议的无关联董事人数不足三人,则应将相应事项提交公司股东会审议。

举例。假设A公司的董事会有9名董事,其中7名董事与某次会议议项存在关联关系,或者虽然只有5名董事与某次会议议项存在关联关系,但剩余的其他4名董事仅有2名与会的,就触发了前述规则的适用条件,董事会应该主动将相应事项上提到股东会议决。

041　关联董事须回避表决吗?

一、关联董事的定义

关联董事是指与公司及其主要股东、实际控制人存在亲属、持股、任职、重大业务往来等利害关系的董事。这些关系可能会影响董事的独立性和客观性,使其难以作出公正的决策。

借鉴有关规范性文件关于上市公司的规定,一般来说,以下情况可能被视为利害关系:

1. 亲属关系:如董事与公司主要股东、实际控制人或其他关键人员有近亲属关系,如夫妻、父母子女、兄弟姐妹、祖父母/外祖父母、孙子女/外孙子女等。对于上市公司,还应扩大到更大范围的亲属关系,如表(堂)兄弟姐妹,以及一定范围的姻亲关系,如儿媳、女婿、亲家等。如公司章程进一步扩大,从之。

2. 持股关系:董事直接或间接持有公司的股份,可能会影响其对公司事务的独立、中立立场。

3. 任职关系:董事在公司的关联企业或与公司有业务往来的其他组织中担任职务。

4. 重大业务往来关系:董事与公司存在重大的业务合作或交易关系,可能导致利益冲突。

5. 其他关系：其他可能影响董事独立判断的关系，如与公司主要股东、实际控制人有密切的个人关系或经济利益往来等。

二、关联董事如何回避

在判断董事是否存在利害关系时，需要综合考虑各种因素，并依据相关法律法规和公司章程的规定进行认定。在一般情况下，关联董事可以出席董事会会议，但对涉及利害关系的事项不得参与讨论或者表决，应当尽量予以回避，以确保董事会的决策过程公正、独立。

三、关联董事回避表决的配套规则

1. 披露利益冲突。关联董事应在董事会会议上或相关文件（如董事会决议、关联交易公告等）中，充分披露其与拟决议事项的利害关系，包括性质、范围和可能产生的影响，以便提高决策的透明度，让其他董事和股东了解情况并作出明智的判断。《公司法》第182～184条分别针对关联交易、利用公司商业机会、开展竞争业务情形下董事的报告义务予以明确，即董事应当将相关事项向董事会或者股东会报告，并进一步规定了需经股东会或董事会决议的批准机制。

2. 寻求独立意见。关联董事可以主动寻求独立的专业意见，如聘请独立顾问、律师或专家，对拟决议事项进行评估和提供建议。独立意见可以帮助董事会更好地了解相关问题并提供客观的分析与观点，最大限度地减少关联董事的主观影响。

3. 建立内控监督机制。公司应当建立行之有效的监督机制，如设立主要由独立董事构成的独立的审计委员会、提名委员会或薪酬委员会等，对董事会的决策进行监督和评估，尤其是对涉及利害关系的决策予以特别关注和审查，确保其公正性和独立性。

4. 遵循相关法律法规和公司章程。关联董事应严格遵守相关法律法规，尤其是证券交易所等自律管理组织颁行的规范性文件的规定，以及公司内部的关联交易管理制度，按照规定的程序和要求进行决策。相应地，公司应在公司章程中记载关联交易政策和审批流程，明确关联董事的回避原则和决策程序，进行特色化和针对性的规定。

5. 上提股东会审议。《公司法》第185条规定，董事会对董事关联交易、利用公司商业机会、开展竞争业务的相关事项进行决议时，采关联董事表决权回避制度，即与关联方有任何利害关系的董事在董事会对该事项进行表决时应当予以回避,董事会会议所作决议须经无关联董事的过半数通过;若出席董事会会议的无关联董事人数不足三人的,应将该事项提交上市公司股东会审议。

042　有哪些列席人?

一、监事列席

(一)《公司法》规定

《公司法》第 79 条第 1 款、第 131 条第 1 款规定,监事可以列席两类公司的董事会会议,并对董事会决议事项提出质询或者建议。据此,监事"可以"而不是"应当"列席董事会会议。如公司设立监事会,此处的监事可以理解为监事会全体或者部分成员,如不设监事会而仅设一名监事,自然应由该监事列席会议。

上述规定主要源自监事基本的监督职责,如其不列席董事会会议,则无法及时监督并发现董事会决议过程中出现的违反法律或者公司章程的实体或程序问题。对董事会的决议程序予以全程监督,是监事履职尽责的基本体现。

(二)监事列席董事会会议的作用

监事会通过列席董事会会议,可以对公司大额资金运作、重要项目推进等涉及企业和股东利益的重大决策事项进行面对面的监督,并借此机会提出质询或者建议。同时,监事也可以通过列席董事会会议对公司决策的执行情况进行监督:一方面,发现管理层的权力不作为问题,推进董事、高管群体为公司利益勤勉履职;另一方面,监督董事、高管是否存在损害公司和股东利益的违信行为,是否存在利用职权谋取私利即权力滥用问题,保障管理层忠实义务的遵循。

在股权结构较为复杂的公司中,一般来说,由控股股东及其代表充任董事会成员,由少数股东及其代表充任监事会成员。若作为少数股东利益代表的监事及时列席董事会会议,则能够对维护少数股东权益、制约控股股东滥权起到良好的监督作用,可谓少数股东积极投身公司治理的重要途径。

(三)监事列席董事会会议的具体操作

具体实践中,董事会会议的召集人,需及时提前地通知监事会成员列席,而监事会成员在收到会议通知后应认真研究会议议程和相关资料。在董事会会议过程中，应就会议程序进行监督；在董事会决议形成后，应认真阅读董事会决议并对董事会决议事项提出质询或者建议；在董事会会议结束后，应监督董事会决议的执行情况，确保决议得到有效执行。

那么，监事会成员列席董事会会议时，其能否以列席者身份就董事会决议事项发表意见呢？答案是肯定的。根据《公司法》第79条第1款的规定，监事可以列席董事会会议，并对董事会决议事项提出质询或者建议。这意味着监事会成员在列席董事会会议时，有权对董事会决议的事项提出自己的看法、疑问或建议。虽然监事会成员没有表决权，但他们的意见对董事会决策具有一定的参考价值，董事会应当予以足够的重视。

二、经理列席

（一）《公司法》的规定

《公司法》第74条第2款、第126条第2款分别规定，经理列席两类公司的董事会会议。据此，经理是"应当"而不是"可以"列席董事会会议，与前文的监事列席有所不同。此处的经理，是指总经理，当然实务中如总经理委托副总经理等高管代为列席，也并无不可。

倘若总经理兼任董事，其有无列席之必要须作讨论。此处应该理解为，如总经理兼任董事，其在董事会会议上兼有两个身份：作为董事，出席董事会会议；作为总经理，列席董事会会议。二者并行不悖。

（二）经理列席董事会会议的作用

经理，尤其是不兼任董事的经理列席董事会会议是一种"必需品"。考察《公司法》第67条规定的董事会职权不难发现，董事会议决的绝大多数事项，乃是出自以总经理为首的管理班子制订的方案。故而，如果总经理不出席会议，很多议程实际上是无法深入讨论的，出席会议的总经理负有介绍方案（议案）的形成背景、内容、考量因素以及战略意图等内容的职责，同时应随时回答董事、列席会议的监事的问询。可以说，如总经理不列席，则董事会会议很可能建立在一种"假装讨论"的幻象上。

（三）经理列席董事会会议的具体操作

具体操作中，如总经理兼任董事，则董事会会议的召集人通知全体董事开会时，自然也同时通知总经理列席会议的必要信息；如总经理不兼任董事，则召集人有必要及时提前通知其准备列席会议,并要求其按照会议议程做好相应的与会准备。如果总经理因故不能列席会议,则应该及时向召集人说明情况,并可以也有必要委托副总经理等其他高管代为列席,被委托者也应当按照会议议程做好相应的与会准备。

那么,总经理仅列席董事会会议的情况下,能否就董事会决议事项发表意见呢?虽然《公司法》没有作出规定,但从公司法原理、组织行为学机理及实务经验来说,提出建议性意见是应该被允许的。虽然此时的总经理没有出席权、表决权,但其意见对于董事会决策而言仍具有不可忽视的参考价值。

三、与列席股东会会议的区别

《公司法》第187条规定,两类公司的"股东会要求董事、监事、高级管理人员列席会议的,董事、监事、高级管理人员应当列席并接受股东的质询"。这表明:

1. 列席股东会会议的人群包括董监高,与列席董事会会议的人群相比,范围更大。

2. 董监高列席股东会会议并非法定职责,而是应股东会要求。

3. 董监高列席股东会会议,负有接受股东质询的法定职责。

分篇四

董事的立场

作为企业家、职业经理人、现代公司管理执牛耳者,现代公司法对董事的任职、履职寄望甚高甚重。一名董事的履职,首先是董事会上的决策参与,其次才是执行具体事务。当然,这是对于执行董事的履职描述,对于独立董事等非执行董事而言,参与董事会决策乃是其几乎唯一的履职行为。参与董事会决策,乃是独立公司经营管理的重大情事,自然要求各个董事有立场、有态度、有决策力。

本分篇共设 11 问,围绕董事立场分化的现象与相应的行为模式展开,真实生动地描绘了各派、各类董事在履职过程中互相配合、互相牵制,为公司整体利益考虑但又各有私心的商业实践图景,并针对具有特殊立场的职工董事与独立董事进行最为详细的阐释。

043 如何理解董事的立场分化?

一、董事立场分化的原因

诸多公司的董事会中存在董事之间立场分化的情形,董事们分别代表着不同股东的利益,这些股东在公司中持股比例不一。除此之外,有的公司董事会中可能还存在职工董事、独立董事或者外部董事的不同类别,这些董事所代表的利益和股东群体的利益可能又有所差异。原则上,所有董事均应对公司负责,可能会对某一事项持相同立场,认为某项决策对公司有利而均表示支持,或认为某项决策不利于公司利益,便可能一致反对。

然而,更常见的情况是,针对同一问题,每位董事因自己的经验、学识和判断力不同而对公司利益的认知不尽相同,进而作出完全不同的选择。更重要的是,他们的真实立场可能会受到背后所代表的人的影响,基于不同群体利益的分野,出现不同的看法。针对同一议案,有的人可能会明确表示支持,有些人可能会明确表示反对,还有些人可能选择做"墙头草",根据形势选择站队——当支持派势头强大时,他们跟风支持;当反对派势头强大时,他们跟风反对。

二、不同利益代表的董事立场分析

再次举例,当董事会准备作出一个引入第三方人力资源管理系统的决议时,代表控股股东的董事可能会从公司长远发展角度考虑,认为花大价钱引入高效系统是必要的,有助于提升公司整体竞争力,故而表示支持;代表某少数股东的董事可能会基于短期分红的考虑,担心引入新系统投入大量资金,将影响公司分红水平,因此表示反对;独立董事作为公司的外部监督者,通常更加关注决策的合规性和公正性,会仔细审查系统的对价是否合理、是否可能涉及关联交易,从而作出判断;职工董事可能更多地从职工利益的角度出发,考虑引入系统对职工权益的影响,他们可能会担心系统会过度侵犯员工隐私和增加工作负担,进而产生抵触情绪,也可能因为系统能够改善绩效管理和提升工作效率,而采取支持态度;此外,还可能有代表其他少数股东的董事或者外部董事,对是否引入系统持观望态度,哪方意见占多数,就支持哪一方,这就是典型的"墙头草"董事。以上就是董事立场的分化。

在一个充满矛盾、派系林立的董事会中,董事之间发生激烈冲突并不罕见。由于不同成员之间必然存在立场分歧,董事会的气氛一定是不平和的,对某些问题的看法也都各怀心思。例如,对第一个议案,董事 A、B、C、D 是支持派,而董事 E、F、G、H 是反对派;对第二个议案,董事 A、B、G、H 是支持派,而董事 C、D、E、F 是反对派。常言道,没有永远的朋友,只有永远的利益。此言未必尽善,但不同利益的驱使确实会导向不同的行动选择。

三、应对立场分化的策略与方法

董事会中的立场分化问题,需要以勇气和智慧来应对。首先,必须坚持"公司利益本位"的价值取向,维护和促进公司利益才是首要的。在董事会中,无论是董事长、副董事长,还是任一普通董事,都必须站在公司利益的立场上思考问题。这意味着不能只考虑背后股东的利益或者只依照个人的私心,只有当所有董事都以公司利益为重时,董事会才能团结一致,共同为组织体的发展贡献力量。其次,当面对不同的意见和立场时,勇气是智慧的基础,而智慧需要勇气来引领。在董事会中,不同董事之间意见和立场的差异是不可避免的,此时需要有人挺身而出,破除仅考虑一己私利的风气而为公司利益大声呼吁,团结大多数董事共同为公司利益行事。最后,处理复杂的利益博弈依赖智慧与经验。唯有站在公司利益的立场上,才能看清博弈的基本面,分析清楚各种利益诉求之间的关系和冲突点,并找到问题的解决办法。这既需要丰富的经验,也需要敏锐的洞察力和高超的沟通技巧。

总之,良善的公司治理需要每个董事具有勇气与智慧,以公司的整体利益为基本的行为准则。唯此才能基于共同的目标和方向团结一致,求同存异,以有限理性作出最佳决策。这不仅是公司法的基本要求,也是新时代企业家应负的道德义务。如果未曾树立起公司利益的旗帜,没有坚守正确的法律正义观,公司治理必然是一地鸡毛。

044　如何当好多数派董事?

一、董事派别的形成

董事会是三人以上组成的集体制法人机关,实行一人一票的表决规则,不会如股东会一般基于持股多寡而拥有差异化的决策影响力。董事的来源多元化,至少包括股东代表董事、职工代表董事等。依照《公司法》第180条第2款的规定,董事应为公司最大利益也即股东整体长期的最大利益行使职权,但实际上,各个董事背后所代表的利益多不相同。

由于所代表的利益主体不同,董事会成员也分化为不同的利益小团体。其中,一般情形下董事会成员的过半数组成多数派董事,能在董事会中拥有较大的话语权,如实控人/控股股东委派或者提名的董事、执行董事群体(内部人控制)等。对应地,其余的董事则为少数派董事,其因所代表的利益差异化,又能进一步分为更小的群体或者单个董事(不结盟),如少数股东支持选任的董事、职工董事、独立董事等。如此,少数派董事通常是一盘散沙,难以集结在一起与多数派董事抗衡,纵使集结起来,也会因数量上的寡不敌众而无法与多数派董事抗衡。

二、多数派董事的重要性

法律经济学分析指出,相较股东会,董事会作为公司治理的中心,因其利益相关性强、信息对称,更能有效率地达成目标。这也是董事会中心主义被广为认同的主要原因。利害与共、信息对称以及有效率的决策,便是多数派董事主导经营决策的正当情形。试想一下,若公司9名董事中有6名以上董事集结成多数派董事,那么董事会决议的形成和实施的效率都会得到极大提升,无须再经过漫长的争辩与表决,也不必担心议案不通过而影响已经谈妥的事项或后续的进程。

多数情况下,多数派董事的背后是控股股东/实际控制人,在控制权收益的激励下,多数派董事的领导力、控制力与公司治理的效果和管理绩效的增减之间呈现正相关关系。

实证研究表明,在股权较为集中的公司里,由于存在控股股东/实际控制人实际参与公司经营管理的事实,董事会中多数派董事的重要性反而并不突出。但在股权较为分散的公司里,多数派董事对公司治理效率与管理绩效的影响力与重要性明显提升。因为股权越分散、多个利益主体间利益越不一致,董事之间的沟通与协调就越重要,此时能够形成多数派董事是一件幸事。

三、多数派董事的特殊职责与立场

相对而言,公司里多数派董事的工作环境与工作氛围必然轻松且快乐。董事会是公司经营决策的中心,在人头决的规则下,多数派董事形成的一致意见决定了公司经营的方向。若多数派董事充满智慧,公司发展的上限自会提高;若多数派董事无能无德,公司发展得每况愈下也在意料之中。因此,多数派董事更应当朝乾夕惕。《公司法》规定的董事所负之忠实义务,很大程度上是针对多数派董事所设,在未施行回避的情形下,少数派董事纵使想要影响经营决策而行违反信义义务之事,也难以达成目的。

组织体的领导者必须具有横向沟通的雅量与度量,主动团结而非孤立少数派董事,凝聚最大范围之力量为公司最大利益而共同努力,方为正道。实际上,在诸多情形下,多数派董事仍然需要努力争取少数派董事的支持。假设某公司董事会共有9名董事,多数派董事占5名,遇到需2/3以上同意的特别事项时,少数派董事的认同与支持便成为不可或缺的选项。况且,"三十年河东,三十年河西",今日的多数派可能是明日的少数派,反之亦然。如果"一朝权在手,便把令来行",不仅要承担违反信义义务的损害赔偿责任,董事职位亦将朝不保夕。

总之,欲戴王冠,必承其重。为公司利益最大化而励精图治,与少数派董事和平共商公司决策大计,是多数派董事应有的职责与态度。站得越高,责任越重,增长智慧以创造财富,善于倾听、接纳不同声音,精于沟通、平衡与协调,方能胜任领导者的工作,带领公司走得更远。

045　狭义少数派董事是孤勇者吗?

一、狭义少数派董事的基本画像

前问指出,与多数派董事对应的其他董事会成员,就是少数派董事,区分标准即为二者立场的分化。但这样定义的少数派董事仍然是一个笼统的概念,可谓广义上的少数派董事。更进一步地,少数派董事按照投票立场及行为价值取向,可以细分为更小的群体甚至单个董事(不结盟董事)。其中,投票立场及行为价值取向始终站在多数派董事对立面的董事,为狭义的少数派董事。在极端情形下,狭义少数派董事"对人不对事",总是站在多数派董事的对立面;其余董事则在多数派董事与狭义少数派董事的夹缝里求生存,其投票立场及行为价值取向"对事不对人",一会儿赞同多数派董事,一会儿赞同少数派董事,有时候又特立独行,这一类少数派董事可谓之为"墙头草董事"。

由此可见,广义少数派董事通常是一盘散沙,其投票立场及行为价值取向并不总是一致,所以难以集结在一起有组织地与多数派董事抗衡,纵使集结起来也因寡不敌众而无法与多数派董事分庭抗礼。

狭义少数派董事的投票立场及行为价值取向为何总是站在多数派董事的对立面?这可能不是意气行事。在真实的商事战场中,利益才是唯一重要的,回归理性逻辑,还是双方背后代表的利益异质化使狭义少数派董事站在了多数派董事的对立面。

二、狭义少数派董事的重要性

《公司法》第 73 条第 2 款、第 124 条第 1 款规定,董事会会议应当有过半数的董事出席方可举行,董事会作出决议应当经全体董事的过半数通过也即简单多数通过,如《公司法》有其他规定或者公司章程另行规定了更高多数决要求,从其规定。比如,《公司法》第 162 条规定,将股份用于员工持股计划或者股权激励、将股份用于转换公司发行的可转换为股票的公司债券或上市公司为维护公司价值及股东权益所必需而收购本公司股份的,需经 2/3 以上董事出席的董事会会议决议通过;又如,《公司法》第 153 条规定,授权资本制下发行新股的,董事会决议应当经全体董事 2/3 以上通过。

在简单多数通过的决议事项上,多数派董事可以决定决议的结果,少数派董事纵使有异议或将票数集中一起,也难以阻止决议的形成。但在绝对多数通过的决议事项上,如果多数派董事席位不足 2/3,多数派董事就无法直接决定决议结果,少数派董事成为关键。此时,多数派董事会尽力去取得少数派董事的认可。如多数派董事与少数派董事人数差距不大(如 9 人制董事会中,多数派董事与少数派董事的比例为 5∶4),则多数派董事要争取与部分少数派董事结盟。总之,不同派别的董事之间进行利益博弈,乃是董事会的日常。

现实生活的复杂性则远不止如此,多数派董事并非铁板一块,少数派董事亦不总是一盘散沙。多数派董事有时候会分为两个或更多系列,例如大股东、二股东分别支持当选的董事,大多数情况下自然结盟,但二者彼此之间也存在利益不一致的情况,此时狭义少数派董事就成为了各方势力争夺的重点。

三、狭义少数派董事的心理建设

由于狭义少数派董事多数情形下(甚至总是)站在董事会优势成员群体的对立面,可以想象其在多数时候是孤独且无助的,尤其是在人数处于绝对劣势的情形下,其所要承担的压力非常之大。

一方面,狭义少数派董事背负着由少数股东或职工所赋予的责任与期待,理应为他们的利益付出努力。同时,不同于少数派股东可以不参与股东会会议或随时"用脚投票""此处不留爷""挥手自兹去",少数派董事必须与其他同事抬头不见低头见,仍要不断地参加董事会会议,压力如影随形。另一方面,董事之间首先是同事,有同僚之谊、同侪之情。若董事会四分五裂、分崩离析,狭义少数派董事感受到的将是尴尬、渎视。总之,若要成为董事会会议室里的少数派,需要有强大的内心与冷静的头脑,不忘初心、筚路蓝缕。

但是,无论是出于公司治理理论"分权制衡"之本义,还是出于董事会决策所需民主、科学、理性之组织程序保障,抑或是出于组织行为学所强调的组织体内部不可或缺的自我监督职能(少数派监督多数派),狭义少数派董事的坚守在诸多情形下都是难能可贵的,在原则上应该予以肯定。这狭义少数派董事为了捍卫公司的最大利益而坚守,是一种管理者的行为范式,能够体现出企业家的高贵品格,足以令人敬佩,可谓之为孤勇者。

046 做一名"墙头草"董事,也需要技术?

一、"墙头草"董事是怎么产生的

假设一家公众公司的董事会共有9人,其经典的内部组成很可能是这样的:3~4人来自控股股东的多数派,1~2人来自与控股股东既有合作也有斗争的少数派,另有3人是由控股股东提名的独立董事,1人是由控股股东安排的职工董事。

当然,在某些时段也可能有一些特殊的非典型安排:部分独立董事、职工董事并不是由控股股东提名的,甚至原推举股东已退出公司,只是由于董事会尚未改选,还保留着董事席位;个别董事因为机缘巧合进入公司,背后无帮无派,既不是狭义少数派董事也不是多数派董事;还有个别董事,是排名较为靠后的少数股东的代表,在多个大股东的夹缝里求生存。以上几类董事,通常是董事会里的中立派,或曰骑墙派——在不同会议的不同议案上态度反复摇摆,"对事不对人"是其在董事会履职的信条,没有"人"的层面上的预设立场,仅有"事"的层面上对具体议案的态度,在某种意义上是董事会"少数派中的少数派"。

二、"墙头草"董事也有利用的价值

"墙头草"董事这一称呼,并不带有贬义色彩,仅仅是对其投票立场及行为价值取向进行的客观描述,是相对于多数派董事、狭义少数派董事的投票立场及行为价

值取向而言的。再次强调,按照《公司法》第 180 条第 2 款的规定,所有董事应然的行为价值取向只有一个——忠实于公司利益,为公司利益的最大化而尽责。本问以及前两问分别讨论的"墙头草"董事以及多数派董事、狭义少数派董事的所谓投票立场及行为价值取向,仅是就董事会运行中的商业逻辑而言的——尽管《公司法》要求董事行权只能基于公司利益的最大化,但由于董事会成员异质化的基本事实与公司利益本身的模糊性、复杂性,不同董事生成实际投票立场及行为价值取向时无法避免对其背后所代表利益方的利益进行考量。上述投票立场及行为价值取向在应然上是否合法、应否纠正,是另外的具有重要法律价值的话题,但此处仅仅讨论实然上公司实践的困境。应当明确,所谓的多数派董事、狭义少数派董事、"墙头草"董事都是对董事会成员存在形态的客观描述,概念本身没有任何褒贬之意。

回到商业世界的真实逻辑,"墙头草"董事也有其独特的利用价值,不能等闲视之,尤其是在董事会决议形成的过程中,"墙头草"董事的一票可能发挥出非常关键的作用。对于普通决议而言,多数派董事无须借助其他派别的董事的票数,但在绝对多数决的特别决议场合下,狭义少数派董事的赞成票可遇不可求,此时"墙头草"董事的一票便成为了关键,可谓"兵家必争之地"。如狭义少数派董事争取到"墙头草"董事的帮助,就可以阻止多数派董事(背后是双控人)的重大决策行为;如多数派董事争取到"墙头草"董事的帮助,就可以顺利推进预设的决策。而且在公司董事会陷入多数派董事与狭义少数派董事尖锐对立的局面时,两派会故意唱反调,几乎没有协商的余地。此时"墙头草"董事作为中间派反而能够左右公司的重大决策,在董事会中占据核心地位。"墙头草"董事的利用价值,就在于此。

三、"墙头草"董事的价值坚守

担当"墙头草"董事的角色时,其必须认识到自身地位的独立性和自身价值的重要性,不应待价而沽并趁机追求自己的私利,反而应当更慎重地行使投票权。"墙头草"董事有权利选择站在多数派或狭义少数派中的任何一方,这恰恰成就了其判断的独立性。相较于其他董事受到背后所代表的利益群体的掣肘,"墙头草"董事可以依靠自己独立的价值判断进行表决,真正以公司利益为履职之根本准则,不受其他利益群体的干扰。因此,"墙头草"董事的一言一行都至关重要,应当成为保证董事会天平平衡的关键砝码。

子曰:"政者,正也。"为政者应当秉持公正,在道义上、法律上行事于方圆之间,为正直之人,做正义之事。其实,无论是狭义少数派董事、多数派董事还是"墙头草"董事,都有其存在之独特价值,都应该恪守公司利益的投票立场及行为价值取向。唯有如此,各方利益相关者才能协力做好一家公司,在保障基本分配公平的基础上提升公司价值,将蛋糕做大才是各方应当勤力同心追求的目标。

047　职工董事对谁负责?

一、职工董事的设置

(一)强化职工参与、践行民主管理是中国特色现代企业制度的重要特征

《公司法》第1条开宗明义地规定:

为了规范公司的组织和行为,保护公司、股东、职工和债权人的合法权益,完善中国特色现代企业制度,弘扬企业家精神,维护社会经济秩序,促进社会主义市场经济的发展,根据宪法,制定本法。

本条将职工利益保护列为《公司法》的立法目的之一。此外,第16条规定:

公司应当保护职工的合法权益,依法与职工签订劳动合同,参加社会保险,加强劳动保护,实现安全生产。

公司应当采用多种形式,加强公司职工的职业教育和岗位培训,提高职工素质。

第17条规定:

公司职工依照《中华人民共和国工会法》组织工会,开展工会活动,维护职工合法权益。公司应当为本公司工会提供必要的活动条件。公司工会代表职工就职工的劳动报酬、工作时间、休息休假、劳动安全卫生和保险福利等事项依法与公司签订集体合同。

公司依照宪法和有关法律的规定,建立健全以职工代表大会为基本形式的民主管理制度,通过职工代表大会或者其他形式,实行民主管理。

公司研究决定改制、解散、申请破产以及经营方面的重大问题、制定重要的规章制度时,应当听取公司工会的意见,并通过职工代表大会或者其他形式听取职工的意见和建议。

第20条第1款规定:

公司从事经营活动,应当充分考虑公司职工、消费者等利益相关者的利益以及生态环境保护等社会公共利益,承担社会责任。

以上规定,为职工参与公司治理提供了坚实的法律基础和有效的制度保障。在践行社会主义市场经济的要求下,中国特色现代企业制度的建立必须强化作为其显著特色之一的职工利益保护。这一方面要求建立健全以职工代表大会为基本形式的民主管理制度,另一方面则强调职工对公司治理与公司管理的合理参与,拟通过组织法的制度设计保证权益的有效维护。

(二)职工董事的分类设置

依《公司法》第 68 条第 1 款、第 120 条第 2 款规定:普通的有限公司、股份公司的董事会成员中可以有公司职工代表;其中,除依法设监事会并有公司职工代表外,职工人数 300 人以上的公司的董事会成员中应当有公司职工代表。对上述规定可理解为:对于职工人数少于 300 人的普通公司,《公司法》虽未予以强制性要求,但提倡、鼓励其设置职工董事;对于职工人数 300 人以上的规模较大的普通公司,职工监事、职工董事必设其一,但也鼓励、提倡均设置之。

对于普通的有限公司、股份公司,《公司法》第 69 条和第 121 条第 1 款、第 2 款还规定,其按照公司章程的规定在董事会中设置由董事组成的审计委员会的,董事会成员中的职工代表可以成为审计委员会成员,也即提倡与鼓励职工董事参与审计委员会。

对于国有独资公司,《公司法》第 173 条第 2 款规定,其董事会成员中应当有公司职工代表。此外,虽然《公司法》对国有资本控股公司没有特别要求,但实务中凡设有董事会的国有资本控股公司,一般都设置职工董事席位。

对于以上所有类型的公司,《公司法》都没有对职工董事的人员数量作出规定,可以理解为至少有 1 人。

(三)职工董事的重要性

《公司法》依据不同的公司类别或强制或提倡、鼓励设置职工董事,均旨在为职工参与公司治理提供合理合法的途径,是社会主义制度下"工人当家作主"的制度优越性的重要体现。

从世界范围来看,德国的公司治理实践中职工参与度相对较高。对于为人熟知的博世集团、宝马公司、大众公司、奔驰公司、拜耳公司等赫赫有名的大型德国企业,观察作为其公司治理中心的监事会的人员构成可以发现,股东代表监事与职工代表监事接近于1∶1的比例。如监事会席位有11个的话,一般的设定是6个来自股东,5个来自职工。我国对职工董事尚无明确的人数要求,常见的是仅有1人,且目前在国有独资公司中多由专职党委副书记担任。

值得着重强调的是,职工董事在董事会中绝非一个点缀、一个花瓶,理当发挥为职工利益行事的应有作用。在普通公司中,职工董事应当理直气壮地维护职工的利益,更遑论在本身即肩负更大社会责任的国有公司中。职工董事身兼职工与董事的双重身份,无论出任该职务者是一线职工,还是中高层管理者如工会主席、团委书记,抑或是最近流行的公司党委会(党组)主管党务的专职副书记,既然其具有董事之身份,便应当在履职过程中以公司利益为本位,同时坚定地捍卫职工的利益。至于此两种利益当如何协调,下文将予以具体阐释。

二、职工董事的产生机制

职工董事区别于其他董事的特殊性,不仅在于身份,更在于产生途径的不同。依照《公司法》第59条第1款和第68条第1款的规定,职工董事通过民主选举产生,包括但不限于职工代表大会、职工大会、工会等,而其他董事由股东会选举产生。所以,职工董事的产生机制与其他董事是不一样的,这也决定了其代表利益的异质性,更进一步地导向其所负有的维护职工利益的特殊职责。

三、职工董事如何面对利益冲突

(一)职工董事的特殊职责

一方面,职工董事的董事身份,决定了其"执行职务应当为公司的最大利益尽到管理者通常应有的合理注意"(《公司法》第180条第2款),也即以公司利益为履职准则;另一方面,职工董事的特殊产生机制决定了其必须坚定维护职工利益,站在职工的立场上考虑问题。这自然地引出了职工董事应当如何协调两种不同利益的问题。

首先,公司利益和职工利益是辩证统一的。股东整体长期利益的增加意味着公司价值的提升,公司具有更多的资源为职工提供基本保障与额外福利,二者从根本上来说并不冲突。也就是说,董事决策以公司(股东整体)利益为准则在绝大多数情形下当然有利于职工利益。然而,公司利益也存在与职工利益发生冲突的可能,此时职工董事或将陷入两难的境地。这不可避免地引出了一个在形式上、逻辑上必然存在的问题：如果公司利益和职工利益产生冲突，那么职工董事该何去何从呢？举个例子，当公司经营状况不佳时，如果职工要求提高待遇，而股东要求分红，职工董事在决策时自然应予反对。但倘若股东要求将资金用于新的商业项目，也即出于公司利益（股东整体长期利益），这种情况该如何协调呢？对此，职工董事不应当回避而必须直面，其作出的选择仍应是坚决捍卫职工的利益，这也是职工董事以特殊身份存在于董事会之中的职责所在。但值得注意的是，职工董事对职工利益的判断亦不能短视，倘若公司在生死存亡之际急需资金投入经营，职工群体图一时之利则可能导致公司破产、自身失去工作，得不偿失。此时，虽然职工短期利益与公司利益相冲突，但长期利益却是统一的，职工董事进行决议时应当审慎考量。

理论上予以拓展，职工董事的产生机制及其担负的特殊职能，也可以用来解释为什么董事会并非对股东会负责。在 2023 年修订《公司法》之前，该法规定董事会职权的第 46 条曾经有"董事会对股东会负责"的表述，但这一表述在 2023 年《公司法》中予以删除。前文已经指出，董事会不应当被视为股东会的下属机构或者是执行机构，所以旧有立法表述实属不妥。当职工利益与股东利益不统一时，职工董事应当以职工利益为履职准则，此论据可以更深层次地证明"董事会对股东会负责"的表述失当。

（二）一个悖论的解释

值得思考的是，既然"董事会对股东会负责"的表述是不正确的，那么《公司法》第 125 条第 2 款为什么还规定董事会的决议不得"违反法律、行政法规或者公司章程、股东会决议"呢？如果说董事会决议不能违背法律、行政法规、公司章程是比较容易理解的，但不能违背股东会决议颇费思量。

假设某份股东会决议伤害职工利益但维护股东利益，那么职工董事应该如何面对这份决议呢？如前所述，不管董事会的其他成员如何处置，站在职工董事的立场上，这个方案伤害了职工的利益便是不妥当的，选择维护职工利益无论道德上还是法律上无疑都是正确的。但这样一来，如职工董事在落实股东会决议的董事会决议中投反对票、弃权票，似又违反了股东会决议。此为《公司法》第 125 条第 2 款造就的悖论。对此，我们认为，维护职工权益是职工董事的职责所系，职工董事秉持代表职工利益的原则和理念，纵使其反对执行有损职工利益的股东会决议，也不应当引发董事的损害赔偿责任。

这个悖论再次证明了前述观点：董事会不应当被视为股东会的下属机构或者执

行机构,"董事会应当对股东会负责"已经在理论上被彻底否定。《公司法》第 125 条第 2 款规定的"董事会决议不能违背股东会的决议"的表述,有必要予以进一步的限缩解释,这样才能得到正确的解读。至少,董事会中有一类成员即职工董事不承担此种义务。

048　上市公司独立董事(一):如何界定?

一、上市公司中特定的法律概念

目前,我国法律仅强制要求上市公司设置独立董事,其他公司自愿设置的,从其意愿。严格来说,作为法律上的概念,只有上市公司中才有独立董事的称谓,本书所探讨的独立董事亦仅仅是就上市公司而言的。至于非上市公司(比如,非上市公众公司、进入上市辅导期的股份公司)设立的所谓的"独立董事",仅为某一公司治理结构中的特定概念,不具有法律上的意义,也不受《公司法》等法律法规中关于独立董事规定的约束。

上市公司的独立董事,与前三问的多数派董事、狭义少数派董事、"墙头草"董事并非并列的概念。根据职能及产生方式的不同,董事会成员可以被划分为股东代表董事、职工董事与独立董事等,其中独立董事的简称为"独董",全称为"独立非执行董事",顾名思义,独立董事应当具备独立性与非执行性两个特质。

二、独立董事的独立性

(一)身份、利益上的独立性

《独立董事管理办法》第 2 条规定:

独立董事是指不在上市公司担任除董事外的其他职务,并与其所受聘的上市公司及其主要股东、实际控制人不存在直接或者间接利害关系,或者其他可能影响其进行独立客观判断关系的董事。

独立董事应当独立履行职责,不受上市公司及其主要股东、实际控制人等单位或者个人的影响。

此处的主要股东,是指持有上市公司 5% 以上股份,或者持有股份不足 5% 但对上市公司有重大影响的股东。

更为细致的规定可以参照《独立董事管理办法》第6条。为保证独立董事的独立性,下列人员不得担任独立董事:

1. 在上市公司或者其附属企业任职的人员及其配偶、父母、子女、主要社会关系。

2. 直接或者间接持有上市公司已发行股份1%以上或者是上市公司前十名股东中的自然人股东及其配偶、父母、子女。

3. 在直接或者间接持有上市公司已发行股份5%以上的股东或者在上市公司前五名股东任职的人员及其配偶、父母、子女。

4. 在上市公司控股股东、实际控制人的附属企业任职的人员及其配偶、父母、子女。

5. 与上市公司及其控股股东、实际控制人或者其各自的附属企业有重大业务往来的人员,或者在有重大业务往来的单位及其控股股东、实际控制人任职的人员。

6. 为上市公司及其控股股东、实际控制人或者其各自附属企业提供财务、法律、咨询、保荐等服务的人员,包括但不限于提供服务的中介机构的项目组全体人员、各级复核人员、在报告上签字的人员、合伙人、董事、高级管理人员及主要负责人。

7. 最近12个月内曾经具有第一项至第六项所列举情形的人员。

8. 法律、行政法规、中国证监会规定、证券交易所业务规则和公司章程规定的不具备独立性的其他人员。

其中,上述第4~6类的上市公司控股股东、实际控制人的附属企业,不包括与上市公司受同一国有资产管理机构控制且按照相关规定未与上市公司构成关联关系的企业。上述的"附属企业",是指受相关主体直接或者间接控制的企业。上述的"主要社会关系",是指兄弟姐妹、兄弟姐妹的配偶、配偶的父母、配偶的兄弟姐妹、子女的配偶、子女配偶的父母等。

根据以上规定,独董的独立性主要指向其利益、身份上独立于公司的双控人与管理层。同时,由于人的身份、利益关系具有相当的变化性,故为保持其连贯的独立性,独立董事应当每年对独立性情况进行自查,并将自查情况提交董事会。董事会应当每年对在任独立董事的独立性情况进行评估并出具专项意见,与年度报告同时披露。

(二)提名环节保证独立性

《独立董事管理办法》第9条规定:

上市公司董事会、单独或者合计持有上市公司已发行股份百分之一以上的股东可以提出独立董事候选人，并经股东会选举决定。

依法设立的投资者保护机构可以公开请求股东委托其代为行使提名独立董事的权利。

第一款规定的提名人不得提名与其存在利害关系的人员或者有其他可能影响独立履职情形的关系密切人员作为独立董事候选人。

第10条规定：

独立董事的提名人在提名前应当征得被提名人的同意。提名人应当充分了解被提名人职业、学历、职称、详细的工作经历、全部兼职、有无重大失信等不良记录等情况，并对其符合独立性和担任独立董事的其他条件发表意见。被提名人应当就其符合独立性和担任独立董事的其他条件作出公开声明。

第11条规定：

上市公司在董事会中设置提名委员会的，提名委员会应当对被提名人任职资格进行审查，并形成明确的审查意见。

上市公司应当在选举独立董事的股东会召开前，按照本办法第十条以及前款的规定披露相关内容，并将所有独立董事候选人的有关材料报送证券交易所，相关报送材料应当真实、准确、完整。

证券交易所依照规定对独立董事候选人的有关材料进行审查，审慎判断独立董事候选人是否符合任职资格并有权提出异议。证券交易所提出异议的，上市公司不得提交股东会选举。

需要指出，一般来讲，独立董事与控股股东、董事长等管理层之间可能存在其他社会关系，比如，同学关系、战友关系、同乡关系、同行关系，甚至萍水相逢的一见如故等机缘，可谓朋友关系。不然，如与公司的任何管理者都不存在任何社会关系的话，又怎么可能有被提名的契机呢？一个高校教授、知名商业律师、行业知名专家等进入一家上市公司成为独立董事，背后一定与公司存在某种程度的牵连关系，只不过这种牵连关系不得影响独立董事的身份、利益的独立性以及今后履职的独立性。

(三)选举环节保证独立性

关于选举程序及机制，《独立董事管理办法》第12条规定：上市公司股东会选举两名以上独立董事的，应当实行累积投票制，同时鼓励上市公司实行差额选举，具体实施细则由公司章程规定；中小股东表决情况应当单独计票并披露。此处的"中小股东",是指单独或者合计持有上市公司股份未达到5%,且不担任上市公司董事、监事和高级管理人员的股东。

三、非执行性

(一)非执行性的两种含义

1. 非执行董事的非执行性

执行董事与非执行董事是一组相对立的概念,是对董事会成员按照其担负职能所做的周延分类,两个概念的外延相加一定等于董事会全体成员。

依照《公司法》第10条第1款的规定,执行董事就是指代表公司执行公司事务的董事,执行董事以外的其他董事会成员即为非执行董事。以我国的上市公司为例,一般而言,董事长、副董事长、兼任董事的高管(总经理、副总经理、财务总监、董秘等)为执行董事,独立董事、职工董事、非执行非独立董事等为非执行董事。至于国有独资公司的外部董事,也属于非执行董事。

2. 独立董事的非执行性

非执行董事的本意,是指该董事除了担任董事职务外,不得担任公司的高管职务。但是独立董事要具备的非执行性,要求更高——前引《独立董事管理办法》第2条第1款的规定是"不在上市公司担任除董事外的其他职务",也即除了担任董事职务外,不得再担任公司的任何其他职务。此处的"其他职务"不仅限于高管职务,还包括职级较低的中层职务,可谓要求更为严格。那么,独立董事兼任董事会审计委员会等专门委员会委员职务的,算不算作公司其他职务呢?答案是否定的,因为后者仍旧未曾脱离董事之身份。

(二)鼓励独立董事兼任专门委员会委员

《独立董事管理办法》第5条规定:

上市公司独立董事占董事会成员的比例不得低于三分之一,且至少包括一名会计专业人士。

上市公司应当在董事会中设置审计委员会。审计委员会成员应当为不在上市公司担任高级管理人员的董事,其中独立董事应当过半数,并由独立董事中会计专业人士担任召集人。

上市公司可以根据需要在董事会中设置提名、薪酬与考核、战略等专门委员会。提名委员会、薪酬与考核委员会中独立董事应当过半数并担任召集人。

049 上市公司独立董事（二）：任职、履职有何特殊性？

一、独立董事被寄予厚望

21世纪初，我国在上市公司中强制引入独立董事制度的初衷，就是寄望其从根本上改变原来董事会与高管层"两个牌子，一班人马"的局面，改善控股股东过于强势控制董事会多数席位的局面，发挥"鲶鱼效应"，有助于提升上市公司治理水平，更好地维护上市公司利益和广大中小投资者的合法权益。

这一制度背景决定了独立董事作为董事会成员，一方面应当承担任何董事均负有的对公司及全体股东的信义义务，另一方面应当履行不同于其他董事的特殊职责。证监会《独立董事管理办法》第3条对此作出了最为精确的描述：

独立董事对上市公司及全体股东负有忠实与勤勉义务，应当按照法律、行政法规、中国证券监督管理委员会（以下简称中国证监会）规定、证券交易所业务规则和公司章程的规定，认真履行职责，在董事会中发挥参与决策、监督制衡、专业咨询作用，维护上市公司整体利益，保护中小股东合法权益。

然而，独立董事能否担负起上述"参与决策、监督制衡、专业咨询"的重要职责？对于过去20多年的实践效果，各界认识不尽一致，展望未来，众人期待也莫衷一是。对一项重大的尤其是作为舶来品的制度之成效予以评估，应该有更多耐心，独立董事制度尚待更长时间的实践检验不好匆匆妄下断语。下文以及下问我们仅就《独立董事管理办法》关于独立董事的任职、履职、履职保障与履职监管等几个方面的相关规定，给予客观的制度性介绍。

二、积极的任职资格

《公司法》仅仅将所有董监高任职的消极资格规定于第178条，也即一旦出现规定中的情形，对有关人员的选举、委派、聘任行为无效或者应当解除有关人员的职务，但是并未单独规定董监高的积极资格。就此，可以理解为，《公司法》授权各个公司通过公司章程对董监高任职的积极资格予以个性化规定。但是，对于独立董事这一特殊的董事类型，法律还是规定了任职的积极资格，以确保其能够有效担负起法定职责。

《独立董事管理办法》第 7 条规定：

担任独立董事应当符合下列条件：

（一）根据法律、行政法规和其他有关规定，具备担任上市公司董事的资格；

（二）符合本办法第六条规定的独立性要求；

（三）具备上市公司运作的基本知识，熟悉相关法律法规和规则；

（四）具有五年以上履行独立董事职责所必需的法律、会计或者经济等工作经验；

（五）具有良好的个人品德，不存在重大失信等不良记录；

（六）法律、行政法规、中国证监会规定、证券交易所业务规则和公司章程规定的其他条件。

为保证及扩大独董制度所需人力资源的有效来源，《独立董事管理办法》第 16 条规定，中国上市公司协会负责上市公司独立董事信息库建设和管理工作，上市公司可以从独立董事信息库选聘独立董事。

三、任职特则

（一）职数、任期的限制

《独立董事管理办法》第 8 条规定：

独立董事原则上最多在三家境内上市公司担任独立董事，并应当确保有足够的时间和精力有效地履行独立董事的职责。

第 13 条规定：

独立董事每届任期与上市公司其他董事任期相同，任期届满，可以连选连任，但是连续任职不得超过六年。

（二）解职、停职与辞职

1. 解职

《独立董事管理办法》第 14 条规定：

独立董事任期届满前，上市公司可以依照法定程序解除其职务。提前解除独立董事职务的，上市公司应当及时披露具体理由和依据。独立董事有异议的，上市公司应当及时予以披露。

独立董事不符合本办法第七条第一项或者第二项规定的，应当立即停止履职并辞去职务。未提出辞职的,董事会知悉或者应当知悉该事实发生后应当立即按规定解除其职务。

独立董事因触及前款规定情形提出辞职或者被解除职务导致董事会或者其专门委员会中独立董事所占的比例不符合本办法或者公司章程的规定,或者独立董事中欠缺会计专业人士的,上市公司应当自前述事实发生之日起六十日内完成补选。

2. 辞职

《独立董事管理办法》第15条规定:

独立董事在任期届满前可以提出辞职。独立董事辞职应当向董事会提交书面辞职报告,对任何与其辞职有关或者其认为有必要引起上市公司股东和债权人注意的情况进行说明。上市公司应当对独立董事辞职的原因及关注事项予以披露。

独立董事辞职将导致董事会或者其专门委员会中独立董事所占的比例不符合本办法或者公司章程的规定,或者独立董事中欠缺会计专业人士的,拟辞职的独立董事应当继续履行职责至新任独立董事产生之日。上市公司应当自独立董事提出辞职之日起六十日内完成补选。

050 上市公司独立董事(三):职责、职权与履职要求有何特殊性?

一、特殊职责

上引证监会《独立董事管理办法》第3条概括性地规定了独立董事的特殊职责,而该办法第17条进一步详细列明:

独立董事履行下列职责:

(一)参与董事会决策并对所议事项发表明确意见;

(二)对本办法第二十三条、第二十六条、第二十七条和第二十八条所列上市公司与其控股股东、实际控制人、董事、高级管理人员之间的潜在重大利益冲突事项进行监督,促使董事会决策符合上市公司整体利益,保护中小股东合法权益;

(三)对上市公司经营发展提供专业、客观的建议,促进提升董事会决策水平;

(四)法律、行政法规、中国证监会规定和公司章程规定的其他职责。

二、特殊职权

为了保障独立董事上述职责的实现,《独立董事管理办法》第18条进一步规定了其所享有的特殊职权：

独立董事行使下列特别职权：

(一)独立聘请中介机构,对上市公司具体事项进行审计、咨询或者核查；

(二)向董事会提议召开临时股东大会；

(三)提议召开董事会会议；

(四)依法公开向股东征集股东权利；

(五)对可能损害上市公司或者中小股东权益的事项发表独立意见；

(六)法律、行政法规、中国证监会规定和公司章程规定的其他职权。

独立董事行使前款第一项至第三项所列职权的,应当经全体独立董事过半数同意。

独立董事行使第一款所列职权的,上市公司应当及时披露。上述职权不能正常行使的,上市公司应当披露具体情况和理由。

第23条规定：

下列事项应当经上市公司全体独立董事过半数同意后,提交董事会审议：

(一)应当披露的关联交易；

(二)上市公司及相关方变更或者豁免承诺的方案；

(三)被收购上市公司董事会针对收购所作出的决策及采取的措施；

(四)法律、行政法规、中国证监会规定和公司章程规定的其他事项。

三、独立董事履职要求

独立董事属于非执行董事,且处于兼职状态,其在决策信息的获取上处于天然的劣势地位。为保障独立董事能够尽最大可能完成上述职责,证监会《独立董事管理办法》可谓煞费苦心,规定了一系列的履职要求。独立董事必须照此履职,才算是尽职尽责地履行了对公司的勤勉义务。对此择要介绍如下：

(一)信息获取与工作时间

《独立董事管理办法》第19条规定：

董事会会议召开前,独立董事可以与董事会秘书进行沟通,就拟审议事项进行询问、要求补充材料、提出意见建议等。董事会及相关人员应当对独立董事提出的问题、要求和意见认真研究,及时向独立董事反馈议案修改等落实情况。

第30条第1款规定:

独立董事每年在上市公司的现场工作时间应当不少于十五日。

除按规定出席股东会、董事会及其专门委员会、独立董事专门会议外,独立董事可以通过定期获取上市公司运营情况等资料、听取管理层汇报、与内部审计机构负责人和承办上市公司审计业务的会计师事务所等中介机构沟通、实地考察、与中小股东沟通等多种方式履行职责。

第32条规定:

上市公司应当健全独立董事与中小股东的沟通机制,独立董事可以就投资者提出的问题及时向上市公司核实。

(二)亲自出席会议

《独立董事管理办法》第20条规定:

独立董事应当亲自出席董事会会议。因故不能亲自出席会议的,独立董事应当事先审阅会议材料,形成明确的意见,并书面委托其他独立董事代为出席。

独立董事连续两次未能亲自出席董事会会议,也不委托其他独立董事代为出席的,董事会应当在该事实发生之日起三十日内提议召开股东会解除该独立董事职务。

(三)投票立场

《独立董事管理办法》第21条规定:

独立董事对董事会议案投反对票或者弃权票的,应当说明具体理由及依据、议案所涉事项的合法合规性、可能存在的风险以及对上市公司和中小股东权益的影响等。上市公司在披露董事会决议时,应当同时披露独立董事的异议意见,并在董事会决议和会议记录中载明。

第22条规定:

独立董事应当持续关注本办法第二十三条、第二十六条、第二十七条和第二十八条所列事项相关的董事会决议执行情况,发现存在违反法律、行政法规、中国证监会规定、证券交易所业务规则和公司章程规定,或者违反股东会和董事会决议等情形的,应当及时向董事会报告,并可以要求上市公司作出书面说明。涉及披露事项的,上市公司应当及时披露。

上市公司未按前述规定作出说明或者及时披露的,独立董事可以向证监会和证券交易所报告。

(四)年度述职报告

《独立董事管理办法》第 33 条规定：

独立董事应当向上市公司年度股东会提交年度述职报告,对其履行职责的情况进行说明。年度述职报告应当包括下列内容：

(一)出席董事会次数、方式及投票情况,出席股东会次数；

(二)参与董事会专门委员会、独立董事专门会议工作情况；

(三)对本办法第二十三条、第二十六条、第二十七条、第二十八条所列事项进行审议和行使本办法第十八条第一款所列独立董事特别职权的情况；

(四)与内部审计机构及承办上市公司审计业务的会计师事务所就公司财务、业务状况进行沟通的重大事项、方式及结果等情况；

(五)与中小股东的沟通交流情况；

(六)在上市公司现场工作的时间、内容等情况；

(七)履行职责的其他情况。

独立董事年度述职报告最迟应当在上市公司发出年度股东会通知时披露。

(五)持续学习

《独立董事管理办法》第 34 条规定：

独立董事应当持续加强证券法律法规及规则的学习,不断提高履职能力。中国证监会、证券交易所、中国上市公司协会可以提供相关培训服务。

目前,上市公司独立董事每年度均需依照中国上市公司协会、证券交易所等机构的要求完成一定时限的学习；上市公司有违规行为的,地方证监局还可以要求列入强制学习名单的该公司董事会成员学习指定的课程并通过学习内容测评。

051　上市公司独立董事（四）：参与董事会专门委员会的特则有哪些?

本书前文已经就现代公司董事会下设的各个专门委员会作了具体介绍,其内容尽管以上市公司为主,但并不局限于上市公司,毕竟在实务中,有不少的非上市公司董事会也设立了数量不等的专门委员会。但是,无论是独立董事制度建设,还是董事会专门委员会制度建设,上市公司不仅是被法律所强制性要求的,而且在横向比较中,其设立与运行也是最为规范的。所以,本问亦仅就上市公司中独立董事参与董事会专门委员会的制度建设作简要介绍。

一、基本的参会机制

《独立董事管理办法》第 24 条规定:

上市公司应当定期或者不定期召开全部由独立董事参加的会议(以下简称独立董事专门会议)。本办法第十八条第一款第一项至第三项、第二十三条所列事项,应当经独立董事专门会议审议。

独立董事专门会议可以根据需要研究讨论上市公司其他事项。

独立董事专门会议应当由过半数独立董事共同推举一名独立董事召集和主持;召集人不履职或者不能履职时,两名及以上独立董事可以自行召集并推举一名代表主持。

上市公司应当为独立董事专门会议的召开提供便利和支持。

第 25 条规定:

独立董事在上市公司董事会专门委员会中应当依照法律、行政法规、中国证监会规定、证券交易所业务规则和公司章程履行职责。独立董事应当亲自出席专门委员会会议,因故不能亲自出席会议的,应当事先审阅会议材料,形成明确的意见,并书面委托其他独立董事代为出席。独立董事履职中关注到专门委员会职责范围内的上市公司重大事项,可以依照程序及时提请专门委员会进行讨论和审议。

上市公司应当按照本办法规定在公司章程中对专门委员会的组成、职责等作出规定,并制定专门委员会工作规程,明确专门委员会的人员构成、任期、职责范围、议事规则、档案保存等相关事项。国务院有关主管部门对专门委员会的召集人另有规定的,从其规定。

二、三大专门委员会的特则

(一)审计委员会

《独立董事管理办法》第 26 条规定:

上市公司董事会审计委员会负责审核公司财务信息及其披露、监督及评估内外部审计工作和内部控制,下列事项应当经审计委员会全体成员过半数同意后,提交董事会审议：

（一）披露财务会计报告及定期报告中的财务信息、内部控制评价报告；

（二）聘用或者解聘承办上市公司审计业务的会计师事务所；

（三）聘任或者解聘上市公司财务负责人；

（四）因会计准则变更以外的原因作出会计政策、会计估计变更或者重大会计差错更正；

（五）法律、行政法规、中国证监会规定和公司章程规定的其他事项。

审计委员会应当行使《公司法》规定的监事会的职权。

审计委员会每季度至少召开一次会议，两名及以上成员提议，或者召集人认为有必要时，可以召开临时会议。审计委员会会议须有三分之二以上成员出席方可举行。

（二）提名委员会、薪酬与考核委员会

关于提名委员会，《独立董事管理办法》第27条规定：

上市公司董事会提名委员会负责拟定董事、高级管理人员的选择标准和程序，对董事、高级管理人员人选及其任职资格进行遴选、审核，并就下列事项向董事会提出建议：

（一）提名或者任免董事；

（二）聘任或者解聘高级管理人员；

（三）法律、行政法规、中国证监会规定和公司章程规定的其他事项。

董事会对提名委员会的建议未采纳或者未完全采纳的，应当在董事会决议中记载提名委员会的意见及未采纳的具体理由，并进行披露。

关于薪酬与考核委员会，第28条规定：

上市公司董事会薪酬与考核委员会负责制定董事、高级管理人员的考核标准并进行考核，制定、审查董事、高级管理人员的薪酬政策与方案，并就下列事项向董事会提出建议：

（一）董事、高级管理人员的薪酬；

（二）制定或者变更股权激励计划、员工持股计划，激励对象获授权益、行使权益条件成就；

（三）董事、高级管理人员在拟分拆所属子公司安排持股计划；

（四）法律、行政法规、中国证监会规定和公司章程规定的其他事项。

董事会对薪酬与考核委员会的建议未采纳或者未完全采纳的,应当在董事会决议中记载薪酬与考核委员会的意见及未采纳的具体理由,并进行披露。

由于上市公司设置提名委员会、薪酬与考核委员会并不是强制性的,所以《独立董事管理办法》第29条规定了替代措施:由独立董事专门会议按照该办法第11条对被提名人任职资格进行审查,就该办法第27条第1款、第28条第1款所列事项向董事会提出建议。

三、会议记录与工作记录

《独立董事管理办法》第31条规定:

上市公司董事会及其专门委员会、独立董事专门会议应当按规定制作会议记录,独立董事的意见应当在会议记录中载明。独立董事应当对会议记录签字确认。

独立董事应当制作工作记录,详细记录履行职责的情况。独立董事履行职责过程中获取的资料、相关会议记录、与上市公司及中介机构工作人员的通讯记录等,构成工作记录的组成部分。对于工作记录中的重要内容,独立董事可以要求董事会秘书等相关人员签字确认,上市公司及相关人员应当予以配合。

独立董事工作记录及上市公司向独立董事提供的资料,应当至少保存十年。

052　上市公司独立董事(五):履职保障有哪些?

一、一个沉痛经验

自21世纪初引入独立董事以来,我们已经建立起一个逾万人的独立董事群体。如果纵向比较,应该承认其对持续改善上市公司治理起到了积极的作用,其功劳不能抹杀。然而,如客观评价独立董事群体整体履职情况及其实践效果,则可能并不理想。总结过去20多年来的实践经验,造成独立董事制度效果不彰的原因有很多,其中各界较为一致的观点是独立董事行权履职缺乏保障。所以,强化独立董事行权履职的制度性保障是下一步的工作重点。为此,《独立董事管理办法》安排第四章对该方面配套制度的空白予以完善。

二、履职保障的主要举措

（一）提供人员支持

《独立董事管理办法》第 35 条规定：

上市公司应当为独立董事履行职责提供必要的工作条件和人员支持，指定董事会办公室、董事会秘书等专门部门和专门人员协助独立董事履行职责。

董事会秘书应当确保独立董事与其他董事、高级管理人员及其他相关人员之间的信息畅通，确保独立董事履行职责时能够获得足够的资源和必要的专业意见。

（二）保障知情权

《独立董事管理办法》第 36 条规定：

上市公司应当保障独立董事享有与其他董事同等的知情权。为保证独立董事有效行使职权，上市公司应当向独立董事定期通报公司运营情况，提供资料，组织或者配合独立董事开展实地考察等工作。

上市公司可以在董事会审议重大复杂事项前，组织独立董事参与研究论证等环节，充分听取独立董事意见，并及时向独立董事反馈意见采纳情况。

第 37 条规定：

上市公司应当及时向独立董事发出董事会会议通知，不迟于法律、行政法规、中国证监会规定或者公司章程规定的董事会会议通知期限提供相关会议资料，并为独立董事提供有效沟通渠道；董事会专门委员会召开会议的，上市公司原则上应当不迟于专门委员会会议召开前三日提供相关资料和信息。上市公司应当保存上述会议资料至少十年。

两名及以上独立董事认为会议材料不完整、论证不充分或者提供不及时的，可以书面向董事会提出延期召开会议或者延期审议该事项，董事会应当予以采纳。

董事会及专门委员会会议以现场召开为原则。在保证全体参会董事能够充分沟通并表达意见的前提下，必要时可以依照程序采用视频、电话或者其他方式召开。

（三）保证必要的配合

《独立董事管理办法》第 38 条规定：

独立董事行使职权的，上市公司董事、高级管理人员等相关人员应当予以配合，不得拒绝、阻碍或者隐瞒相关信息，不得干预其独立行使职权。

独立董事依法行使职权遭遇阻碍的，可以向董事会说明情况，要求董事、高级管理人员等相关人员予以配合,并将受到阻碍的具体情形和解决状况记入工作记录;仍不能消除阻碍的,可以向中国证监会和证券交易所报告。

独立董事履职事项涉及应披露信息的,上市公司应当及时办理披露事宜;上市公司不予披露的,独立董事可以直接申请披露,或者向中国证监会和证券交易所报告。

中国证监会和证券交易所应当畅通独立董事沟通渠道。

(四)费用、保险与津贴

《独立董事管理办法》第39条规定:

上市公司应当承担独立董事聘请专业机构及行使其他职权时所需的费用。

第40条规定:

上市公司可以建立独立董事责任保险制度,降低独立董事正常履行职责可能引致的风险。

第41条规定:

上市公司应当给予独立董事与其承担的职责相适应的津贴。津贴的标准应当由董事会制订方案,股东会审议通过,并在上市公司年度报告中进行披露。

除上述津贴外,独立董事不得从上市公司及其主要股东、实际控制人或者有利害关系的单位和人员取得其他利益。

053　上市公司独立董事(六):履职监管有哪些?

一、履职监管的重要性

无责之权,必被滥用。在赋予独立董事特殊职权、强化其履职保障的同时,也需要加强对独立董事行使权力、履行职责的监管,完善其不履职、不当履职的法律责任。赋权与课责是一个问题的两个方面,唯有实现权责适应,方能发挥独立董事制度的最大功效。对此,《独立董事管理办法》设第五章予以规定。

二、监管者

《独立董事管理办法》第42条规定:

中国证监会依法对上市公司独立董事及相关主体在证券市场的活动进行监督管理。

证券交易所、中国上市公司协会依照法律、行政法规和本办法制定相关自律规则,对上市公司独立董事进行自律管理。

有关自律组织可以对上市公司独立董事履职情况进行评估,促进其不断提高履职效果。

三、监管举措

《独立董事管理办法》第43条规定:

中国证监会、证券交易所可以要求上市公司、独立董事及其他相关主体对独立董事有关事项作出解释、说明或者提供相关资料。上市公司、独立董事及相关主体应当及时回复,并配合中国证监会的检查、调查。

第44条规定:

上市公司、独立董事及相关主体违反本办法规定的,中国证监会可以采取责令改正、监管谈话、出具警示函、责令公开说明、责令定期报告等监管措施。依法应当给予行政处罚的,中国证监会依照有关规定进行处罚。

实务中,对过错董事所施加的行政处罚措施以罚款为主要形式。在过去的20多年里,已经有数百家上市公司的数千人次的董事(包括独立董事)遭受过予以公开谴责、行政罚款等处罚措施。下文以"独立董事受行政处罚第一案"为例,对上市公司独立董事的监管举措作出说明:

2001年9月27日,证监会作出证监罚字〔2001〕19号《关于郑州百文股份有限公司(集团)及有关人员违反证券法规行为的处罚决定》,认定郑州百文股份有限公司(集团)(以下简称百文公司)存在虚假上市、上市后信息披露虚假等违规行为,并认定诸董事负有直接责任,予以谴责并分别罚款10万元,董事长、总经理、财务总监被移送司法机关追究刑事责任。独立董事陆某豪不服处罚,向证监会申请行政复议,证监会经复议后维持原处罚决定;陆某豪对复议决定仍然不服,向北京市第一中级人民法院提起行政诉讼,引发广泛的社会关注。

一审法院在2002年6月20日开庭审理本案,并于同年8月25日作出判决,以"超过法定诉讼期限"为由,驳回起诉。陆某豪不服,提出上诉;同年10月24日北京市高级人民法院二审开庭,后作出判决维持原判。

陆某豪在起诉书中表示,他没有参加审议百文公司上市材料的董事会会议,不是直接责任人,也没有见过百文公司的会计财务年度报表,无从了解其中的虚假问题;虽然他在1995年百文公司董事会换届时应邀成为董事,但与其他公司董事不同,他担任的是"社会董事",即后来的"独立董事",这种董事既不领取公司的任何报酬,也不参与公司的管理。据此,陆某豪认为证监会对其作出的处罚没有事实依据,请求法院撤销处罚决定。证监会代理人在法庭上辩驳说,百文公司违规行为事实清楚,陆某豪作为董事应对百文公司的违规行为承担直接责任;陆某豪自认为没有参加审议上市材料的董事会会议、没有直接实施违规行为等理由不构成免除其直接责任的依据。

四、履职情况及责任的动态平衡认定

《独立董事管理办法》第45条规定:

对独立董事在上市公司中的履职尽责情况及其行政责任,可以结合独立董事履行职责与相关违法违规行为之间的关联程度,兼顾其董事地位和外部身份特点,综合下列方面进行认定:

(一)在信息形成和相关决策过程中所起的作用;

(二)相关事项信息来源和内容、了解信息的途径;

(三)知情程度及知情后的态度;

(四)对相关异常情况的注意程度,为核验信息采取的措施;

(五)参加相关董事会及其专门委员会、独立董事专门会议的情况;

(六)专业背景或者行业背景;

(七)其他与相关违法违规行为关联的方面。

五、免于行政责任

独立董事如有不履职或者履职不当行为,所承担的责任本质上是违反对公司的信义义务所产生的违信责任,其不忠实或不勤勉的行为属于对法定义务的违反。由此,其所承担的包括刑事责任、行政责任与民事责任在内的法律责任,归责原则均采过错责任原则。据此,如独立董事能够证明自身履职没有主观过错,即已经达到法律对其忠实勤勉履职标准的要求,则其在民法上不构成对信义义务的违反,自然不承担民事责任(侵权责任),在行政法上则可以免于行政处罚,在刑法上亦不构成

犯罪。

《独立董事管理办法》第46条规定：

独立董事能够证明其已履行基本职责，且存在下列情形之一的，可以认定其没有主观过错，依照《中华人民共和国行政处罚法》不予行政处罚：

（一）在审议或者签署信息披露文件前，对不属于自身专业领域的相关具体问题，借助会计、法律等专门职业的帮助仍然未能发现问题的；

（二）对违法违规事项提出具体异议，明确记载于董事会、董事会专门委员会或者独立董事专门会议的会议记录中，并在董事会会议中投反对票或者弃权票的；

（三）上市公司或者相关方有意隐瞒，且没有迹象表明独立董事知悉或者能够发现违法违规线索的；

（四）因上市公司拒绝、阻碍独立董事履行职责，导致其无法对相关信息披露文件是否真实、准确、完整作出判断，并及时向中国证监会和证券交易所书面报告的；

（五）能够证明勤勉尽责的其他情形。

在违法违规行为揭露日或者更正日①之前，独立董事发现违法违规行为后及时向上市公司提出异议并监督整改，且向中国证监会和证券交易所书面报告的，可以不予行政处罚。

独立董事提供证据证明其在履职期间能够按照法律、行政法规、部门规章、规范性文件以及公司章程的规定履行职责的，或者在违法违规行为被揭露后及时督促上市公司整改且效果较为明显的，中国证监会可以结合违法违规行为事实和性质、独立董事日常履职情况等综合判断其行政责任。

---

① 此处的"违法违规行为揭露日"，是指违法违规行为在具有全国性影响的报刊、电台、电视台或者监管部门网站、交易场所网站、主要门户网站、行业知名的自媒体等媒体上，首次被公开揭露并为证券市场知悉之日；此处的"违法违规行为更正日"，是指信息披露义务人在证券交易场所网站或者符合证监会规定条件的媒体上自行更正之日。——笔者注

分篇五

决议作出

多数人们对于董事会会议室里的一切并不熟悉,即便国企专任董监事们,也很多时候是处于温室里的一种决策形态。形成对比的是,股权多元化、利益分化的现代公司董事会会议室里,圆桌机制被严格实施,即便不是唇枪舌剑、刀光剑影,其讨论、辩论、投票机制也绝不是请客吃饭,自有其一套严整的议决程序。

本分篇共设9问,围绕董事会决议,从可否弃权、何为多数决、如何计票、何以追责等基础法律问题,到董事长应如何发挥会场领导力的商业实践问题,再到一名董事如何履职的特殊制度问题,全面展开。

054 董事可以投弃权票吗?

一、董事会表决票的设计及选择

关于董事会表决票的设计,《公司法》没有明确的规定。针对此实务问题,理论上一般存在两种不同的观点。

一种观点认为,董事会的投票和股东会的投票相同,包括赞成、反对和弃权三种选项,通常赞成标记为"√",反对标记为"×",弃权标记为"○"。在实际设计表决票时,一般都把赞成选项放在最前面,弃权选项放在中间,反对选项放在最后,这样的布局设计旨在引导董事们尽可能支持提案,从而充分发挥董事会的决策职能。

另一种观点认为,董事仅能在赞成和反对之间选择,不能像股东一样投弃权票,理由在于:股东可以自由决定是否参会及投票,但董事基于信义义务的要求,应当明确表示赞成或者反对,弃权将被视为不尽责的表现。

但实务中，无论是有限公司还是股份公司的董事会决议，都普遍存在赞成、反对与弃权三种投票选项。2025 年《上市公司章程指引》第 125 条第 5 项规定：

董事会会议记录包括以下内容：

(五)每一决议事项的表决方式和结果(表决结果应载明赞成、反对或者弃权的票数)。

可见，上市公司董事会会议投票也包括赞成、反对、弃权三种选择，可为其他公司在实务中予以参照。

尽管弃权貌似未直接表明董事的赞成或反对的立场，但其本质上仍旧是表决者通过投票作出的意思表示，并非一种不负责任的模糊表达。当董事难以对提交表决的议案作出准确判断时，相较随意选择赞成或者反对，弃权可能是一种更真实的认识、一种更认真的投票立场选择，也是一种经过复杂权衡之后的利益考量。此外，既然法律并不禁止董事缺席、离席会议，且将缺席、离席董事不委托他人代理投票的情况视为弃权，那么为何独独不允许出席董事投弃权票呢？如果法律不允许出席董事投弃投票，那么不愿明确表态的董事就只能选择不出席董事会会议，这无疑会削弱董事会的运作效率和决策质量。而且董事对议案进行审慎考量后作出的弃权选择，与逃避履职存在根本性的差别，哪怕同一位董事针对多项议案投出弃权票，也不能简单地认定其行为违反了勤勉义务。

二、弃权票的效果形同反对票

根据《公司法》第 73 条第 2 款、第 124 条第 1 款的规定，两类公司董事会的普通决议都实行简单多数决，也即"经全体董事的过半数通过"。上述规定明确了决议通过的条件，即决议能否获得通过只取决于赞成票的数量，至于其余票无论是弃权票还是反对票在所不问，因为其法律含义是完全一致的。

举例。在由 9 名董事组成的董事会中，任何一项普通决议都需至少 5 张赞成票才能通过，剩余 4 张表决票无论是弃权票还是反对票都无关紧要；如赞成票仅有 4 张，则无论剩余的 5 张表决票是弃权票、反对票还是二者兼有，决议都未获得通过。由此可见，董事投反对票或弃权票在效果上是相同的，都会起到阻碍决议通过的作用。

三、投弃权票能否免责

《公司法》第 125 条第 2 款规定：

董事应当对董事会的决议承担责任。董事会的决议违反法律、行政法规或者公司章程、股东会决议，给公司造成严重损失的，参与决议的董事对公司负赔偿责任；经证明在表决时曾表明异议并记载于会议记录的，该董事可以免除责任。

在此规定下，投反对票的董事显然符合免责条件，但投弃权票的董事是否同样可以免责？大家对该问题的观点莫衷一是。应该认为，既然投弃权票与投反对票一样具有阻止决议通过的作用，那么对此处的"异议"自然应作广义解释。董事表明异议的方式，不仅包括通过投反对票直接表达反对，还应包括通过投弃权票委婉表达反对。因此，只要会议记录上明确记载了投反对票或者弃权票的事实，对应的董事就可免责。

四、董事投弃权票的原因有哪些

已失效的《上海证券交易所上市公司董事会议事示范规则》第 17 条第 3 款列明了两种视为弃权的情形，再次引用以作参照：

董事的表决意向分为同意、反对和弃权。与会董事应当从上述意向中选择其一，未做选择或者同时选择两个以上意向的，会议主持人应当要求有关董事重新选择，拒不选择的，视为弃权；中途离开会场不回而未做选择的，视为弃权。

除此之外，实务中董事投弃权票的常见原因还包括：董事在审慎审查议案后，由于对表决事项缺乏了解，难以作出准确判断，选择弃权；董事不赞成议案，但出于人情考虑，选择弃权而非直接反对，以避免与其他董事会成员发生直接冲突；董事对表决事项漠不关心，会前不看议案，也不与其他董事讨论交流，不负责任地投弃权票，这一情形可能导致其因违反董事勤勉义务而承担责任。

055 多数决是怎样计算的？

一、董事会的多数决

与股东会不同的是，如果两类公司的公司章程没有特别规定，股东会以采用股份多数决为原则,而董事会均采用人头多数决。这决定了董事会的多数决仅仅以人头为计算对象,两类公司董事会投票都采"一名董事一人一票"规则。

董事会通过决议必须达到赞成票的多数决,否则决议将不成立(《公司法》第27条第4项),这是实现多数决规则的前提和基础。与股东会决议类似,董事会决议也分为普通决议和特别决议。

(一)普通决议

根据《公司法》第73条第2款、第124条第1款的规定,两类公司的"董事会作出决议,应当经全体董事的过半数通过"。这是关于董事会普通决议的简单多数决的基本规定,且两类公司的规则是一致的。

上述关于"经全体董事的过半数通过"的法律规范属于底线式规定,如公司章程规定了更高比例的多数决要求,从之,但不得有更低比例的规定。

(二)特别决议

普通决议适用于一般事项,遵循简单多数决规则,也即"经全体董事的过半数通过";反之,特别决议针对特殊事项,需满足更高比例的多数决要求,其具体的适用情形和表决比例由《公司法》、公司章程特别规定。

1. 法定的特别决议

针对股份公司,《公司法》第153条规定:

公司章程或者股东会授权董事会决定发行新股的,董事会决议应当经全体董事三分之二以上通过。

据此,以8名或9名董事组成的董事会为例,其通过特别决议均需要至少6张赞成票。

需要指出,《公司法》第162条第1款、第2款规定:

公司不得收购本公司股份。但是,有下列情形之一的除外:

……

(三)将股份用于员工持股计划或者股权激励;

……

(五)将股份用于转换公司发行的可转换为股票的公司债券;

(六)上市公司为维护公司价值及股东权益所必需。

……公司因前款第三项、第五项、第六项规定的情形收购本公司股份的,可以按照公司章程或者股东会的授权,经三分之二以上董事出席的董事会会议决议。

应当注意,这里所称的"经三分之二以上董事出席",仅为关于定足数的规定,未对多数决提出特别的要求,仍应理解为简单多数决,即"经全体董事的过半数通过"。可见,其与《公司法》第153条规定的"经全体董事三分之二以上通过"(针对多数决的要求)不是一回事。

2. 章定的特别决议

除以上法定情形外,如公司章程还规定了其他特别事项需要经过2/3以上乃至更高比例(比如全体董事一致同意)通过,从之。

二、"全体董事"的含义

此处的"董事"是指全体董事还是另有含义,需要分两种情形讨论。

1. 正常情况下,作为多数决计算的分母的是"全体董事",即召开董事会会议时的董事会全体成员,而不仅指出席会议的董事。

举例。假设A公司第五届董事会由10名董事组成,但在召开第五届第五次会议的时候,刚刚过世一名或者辞职一名,那么此时的全体董事就是9名。9名全体董事的过半数指向5,也即需要至少5张赞成票,才算达到了简单多数决的要求。同理,假设B公司第五届董事会由9名董事组成,但在召开第五届第六次会议的时候,刚刚过世一名或者辞职一名,那么此时的全体董事就是8名。8名全体董事的过半数也指向5,也即需要至少5张赞成票,才算达到了简单多数决的要求。

需要强调,普通决议的简单多数决中,作为分母的是"全体董事",并不指向"出席会议的董事"。以9名董事组成的董事会为例,5名董事出席会议就达到了定足数,若进而认定决议经出席会议的董事的过半数通过,那么只需要3名董事投赞成票,决议即获通过。这样一来,仅占全体董事1/3的少数董事便能掌握董事会的决策权,董事会将无法有效地代表全体董事的意志进行决策,显然不合理也不公正。因此,多数决的"过半数"应与定足数的"过半数"的理解相一致,都以"全体董事"为分母。如9名董事中仅有5名出席(包括代理出席),那这5名董事必须全部投赞成票,否则哪怕是普通决议也无法获得通过。

2. 如关联关系董事回避的,多数决计算的分母是"全体无关联关系董事"。

依照《公司法》第139条、第185条等规定,董事与董事会会议决议事项所涉及的企业或者个人有关联关系的,该董事应当及时向董事会书面报告,有关联关系的董事不得对该项决议行使表决权,也不得代理其他董事行使表决权。关联董事不得参与表决,其表决权亦不计入表决权总数。也即,该董事会会议由过半数的无关联董事出席即可举行,所作决议亦仅须经无关联董事过半数通过。

假设 A 公司的董事会中有 9 名董事,如有 2 名或者 3 名董事与某议决事项存在关联关系,则应以其余 7 名或者 6 名董事为分母,至少都需要有 4 张赞成票,才能符合简单多数决的要求。

三、"通过"的含义

此处的"通过",并不注重有多少董事投了反对票、弃权票,仅仅计算有多少董事投了赞成票,也即仅要求统计赞成票是否超过了全体董事的半数。如前一问所述,反对票抑或弃权票的含义是一样的,二者均没有为议案通过作出贡献,反而起到了阻止作用。在此意义上,投反对票与弃权票的董事是同一战线的,二者均站在了赞成派的对立面。

四、一处特殊处理

依照《公司法》第 139 条、第 185 条等规定,如果董事会成员大面积地存在关联关系,导致出席董事会会议的无关联关系董事人数不足三人的,应将该事项提交公司股东会审议。

假设 A 公司的董事会中有 9 名董事,有 7 名董事与某次会议议项存在关联关系,或者虽然只有 5 名董事与某次会议议项存在关联关系,但剩余的其他 4 名董事仅有 2 名与会,就触发了上述规则的适用条件,董事会应该主动将该事项上提到股东会议决。

056 董事长可以再投一票吗?

一、董事会的人头决

董事会会议的票数是以人头为计算基础的,即"一人一票",这与监事会会议的投票规则相同,但有别于股东会会议的"一股一票"。"一人一票"的规则是为了确保董事在决策过程中享有平等的权利,不受其持股比例或职位高低的影响,从而实现公平和民主的集体决策。

二、董事会投票平局的含义

董事会决议实行一人一票、少数服从多数的规则。那么,假设某公司董事会由 8 名董事组成,某项普通议案出现了 4(赞成)∶4(反对,或者反对加弃权)的投票结果,应该如何处置?

一种观点认为,既然《公司法》规定普通决议需要过半数董事赞成,即获得 5 张赞成票方能认定为通过,那么 4∶4 的表决结果意味着该项议案未获得董事会决议通过。

另一种观点认为,原则上董事会投票实行一人一票、少数服从多数的规则,但有原则就有例外——当出现 4 票赞成、4 票反对的结果时,实际上构成了董事会决议的僵局。为了尽快打破该僵局,董事会会议的主持人(通常是董事长)可以破例行使第二次表决权,具体理由有二:一是行使第二次表决权使得董事会决议能够高效作出,如决议存在其他效力瑕疵,只要不属于决议不成立(决议未获通过即属于决议不成立)的情形,就仍可获得法律救济;二是从公司自治的视角,董事会是公司的经营决策机关,公司章程或者董事会议事规则作出董事长再投一票的自治性安排,属于经营判断范畴,法律无须干涉。

三、合适的答案

必须指出,上述两种观点,唯有第一种观点是正确的。第二种错误观点的出现,一方面是源于社会公众对民主原则理解的不足,另一方面则是源于对《公司法》相关规定的错误解读。

首先,许多人对公司民主的基本知识了解不足,导致对董事会决策的机制设计存在误解。民主的基本原则强调法律面前的平等和公正,所有人无论身份地位都应平等地享有权利和义务。在遵循圆桌会议机制的董事会决策过程中,这一原则自然同样适用。每个董事都应平等地参与决策过程,并享有相同的表决权。董事长作为董事会的一员,不应被赋予表决上的特权。允许董事长再投一票,实质上是对其他董事权利的侵害,违背了民主原则,导致了权利地位的不平等,与董事会作为合议制机关应有的民主精神严重不符。

其次,许多人对公司董事会决议的多数决规则理解有误。《公司法》第 73 条第 3 款、第 124 条第 2 款均明确规定,两类公司中"董事会决议的表决,应当一人一票"。

作为会议召集人、主持人的董事长,仍旧是董事会的一员,理应仅有一票。在出现赞成票和反对票数量相同的情况时,其中实际上已经包含了董事长的一票,董事长并无权利再进行第二次投票。需要注意,上述条款属于强制性规定,不容公司章程另设规则;同时上述条款也是效力性规定,如有违反,董事会决议将存在严重程序瑕疵,应当宣告其不成立。

顺带说一下,在德国公司法以及一些国际组织规则上,某些委员会主席在出现所谓的投票僵局时可以再投一票以打破僵局的前提是,此前的投票该主席并未参与。比如,国际奥委会关涉竞争性选择奥运会举办城市事项的投票规则就是如此设计的,这一规则的合理性在于国际奥委会主席此前并未投票,所以其作为国际奥委会委员实际上并未享有投票特权。

057　如何投票、计票、唱票与公布投票结果？

一、如何投票

1.记名投票。记名投票的必要性主要在于董事通过投票参与决策的行为可能被追责,故而董事会会议记录自然要具体到董事个人的投票情况。

详细来说,董事的记名投票方式与股东会会议上股东的投票方式类似,但背后的原因截然不同。股东会之所以采取记名投票的方式,首先是因为每个股东的表决权与其持股比例紧密相关,按照"一股一票"的原则,持有不同数量的股份的股东,所享有的表决权大小也不同;其次是因为有利于保护少数股东权益,根据《公司法》第161条第1款的规定,异议股东在特定情况下享有股权(股份)回购请求权,即如果股东对相关决议投反对票、弃权票,就有权要求公司回购股权(股份),但股东需要证明自己的投票立场。然而,董事会采用记名投票并无上述考虑,其主要是为了明确每个董事的责任。根据前引第125条第2款的规定,董事会议决议违法违章以及违反股东会决议,给公司造成严重损失的,参与决议的董事要对公司负赔偿责任,但经证明在表决时曾表明异议并记载于会议记录的董事可以免责。由此可见,关于该赔偿责任的追究,自然需要公司事后查阅会议记录才能确定;如公司拒绝追究,少数股东有权查阅董事会决议,要求公司起诉对决议负有责任的董事,公司仍然不起诉的,少数股东有权提起股东代表诉讼。可见,记名投票是确保董事会决策透明和责任明确的重要依托。

2. 书面投票。书面投票几乎是记名投票的标准配套措施。

3. 当场投票。无论在线上会议(电子通讯会议)还是现场会议中,都应该当场付诸投票,而不能事后投票,以避免暗箱操作。

二、如何计票与唱票

工作人员应在现场收集董事投票后,立即开始进行计票。计票之目的在于准确显示每位董事的投票结果。董事会的计票过程相对简单,因为每个董事的投票权相同,即"一人一票"。计票时只需统计每位董事的投票情况。

举例。如董事会有11名董事,发出11张投票,收回后分类统计,结果可能是7票赞成、2票反对、2票弃权。

唱票与计票可以同时进行。唱票的目的在于公开宣布每位董事的投票结果。和股东会相较,董事会的唱票过程较为简单,由于每个董事的投票权相等,唱票时只需按照董事的姓名顺序逐一宣布其投票结果,包括赞成、反对或者弃权。唱票的过程须公开,以确保每一张选票的结果都准确无误,同时也让所有董事及时了解具体的投票情况。

计票、唱票的具体操作一般由会议工作人员负责,如独立董事,列席董事会会议的监事、高管,董事会秘书,其他工作人员等对投票结果不具有利害关系的人士。根据已失效的《上海证券交易所上市公司董事会议事示范规则》第18条第1款的规定,与会董事表决完成后,证券事务代表和董事会办公室有关工作人员应当及时收集董事的表决票,交董事会秘书在一名监事或者独立董事的监督下进行统计。实践中,多数上市公司的公司章程也都作了类似规定,以确保投票过程的透明和公正。

三、如何公布投票结果

投票结果的公布是决议过程的最后一步。公布投票结果不仅仅是对投票情况的通报,也是对整个决议过程合法性和公正性的确认。原则上投票结果的公布必须现场进行,以确保所有参与投票的董事、列席人员第一时间获悉结果,避免事后的暗箱操作。通常情形下,负责公布投票结果的是会议主持人(董事长),其应当客观、准确地宣布结果,即使这一结果可能对其本人不利。在负责计票和唱票的工作人员将结果递交给董事长后,董事长就可以正式宣布,如"以下宣布表决结果:议案一,5 票赞成、2 票反对、4 票弃权,决议通过;议案二,2 票赞成、4 票反对、5 票弃权,决议不通过……"。

已失效的《上海证券交易所上市公司董事会议事示范规则》第18条第2款、第3款规定:

现场召开会议的,会议主持人应当当场宣布统计结果;其他情况下,会议主持人应当要求董事会秘书在规定的表决时限结束后下一工作日之前,通知董事表决结果。

董事在会议主持人宣布表决结果后或者规定的表决时限结束后进行表决的,其表决情况不予统计。

在线上会议(电子通讯会议)的情形下,计票、唱票环节以及投票结果的公布可以采取相对灵活的形式,但必须保证全过程的公正、透明与及时。除此之外,董事的投票行为应有一定的表决时限,原则上应以主持人宣布投票结果为限,实践中董事会可在公司章程或议事规则中另作约定以提前结束表决权行使的时间,保证表决过程的高效与公正。

总之,董事会的投票、计票、唱票和公布投票结果是董事会会议作出决议的重要环节,只有每一个环节都做到透明、公开、公正,才能落实会议正当程序的要求,保障公司实现良好治理。

058　董事长的领导力(一):如何掌控会场?

一、天降大任

董事长在公司治理中的角色,在我国各类公司里并不一致,情况比较复杂。一方面,国有公司与民营公司的治理机制具有极大的差异性,背后的影响因素是党委会(党组)领导作用的发挥;另一方面,董事长在公司中的实际职权,与其是否担任党委书记、法定代表人职务,领取薪酬与否等其他因素息息相关,同时也必然与董事长担当者的个人领导能力密不可分。

尽管如此,不计其数的董事长们也有着基本的共性,这首先体现在其职权的统一性上。按照《公司法》的设计,董事长的职权包括主持股东会会议,召集、主持董事会会议,检查董事会决议的实施情况等。通过以上职权,不难认识到董事长本人对董事会决议作出及实施的重要影响力。在真实的公司治理实践中,董事长作为董事会会议的正牌召集人,对董事会决议的影响力首先作用于董事会议案列入的前端程序之上,其作为召集人及主持人事实上掌握着决定董事会会议的议案列入与议程安排等重要事项的权力。可以认为,董事长本人是希望列入董事会会议议程的诸议案能获得顺利通过的,否则,他可能有权力也有办法不将其列入。

董事长该如何保障议案能够顺利获得董事会表决的通过呢?这不仅仅是一个法律问题,更是一个商业问题。我们的意见是,董事长需要对会议相关事项有全面的认知与精准的谋算,如此方能运筹帷幄。本问的下文以及下一问,将针对这一兼具商业与法律的实务问题展开讨论。

二、董事会的会议类型

就功能而言,董事会会议可以分为务虚会和务实会。务虚会通常是董事们围绕某个议题进行意见交流和沟通,但不需要就某个决议案进行表决,通常只是为了统一认识、交流思想、激发创意,最终可以形成一份会议纪要,或者不形成任何会议文件。通过在务虚会中的深入交流,董事可以充分表达各自的意见,摸清同侪各自的立场,也为未来在务实会中达成一致的决策奠定基础。务实会则是指存在董事会表决议案的会议,属于行使《公司法》第67条中规定的董事会职权的行为。务实会中形成的决议如违反法律、行政法规、公司章程或者股东会决议,给公司造成严重损失的,参与决议的董事需要承担赔偿责任。

三、董事长的关键角色和行为策略

(一)务虚会上

务虚会上,董事长的领导力应主要作用于充分保障及推进民主理念,创造圆桌会议机制下平等、理性的讨论氛围,引导与会者畅所欲言,激发同侪想象力及创造力,同时,应注意集中主题,提高会议效率。为此,一名优秀的董事长作为主持人必须指挥有方,有效率地引领会议程序,在注意自身发言分寸的同时倾心聆听。为尊重不同观点,董事长不宜过早表达自身立场,以避免为会议走向过早定调。

(二)务实会上

作为董事会会议的召集人、主持人,董事长在董事会会议中扮演着关键角色,对会议的召开、讨论的走向与决议的形成均能够施加决定性的影响。然而，在董事会内部存在复杂的利益纠葛和意见分歧的情况下，董事长若想推动议案的通过，必须提前对董事们可能的投票倾向进行准确判断。因为一旦议案遭到否决，至少在当前会议上将无法再次进行讨论，即便想在后续会议上重新提出，也应当有新的理由支撑，或者采取不同的方法和策略。倘若一公司董事会允许随意提出完全重复的议案，将违反公司治理的一般原则，会对该公司运营效率造成一定程度的损害。

作为董事会会议的召集人、主持人，董事长还是确保董事会会议合规的第一责任人，包括会议召集、会议通知、提案形成、会议召开、表决方式等在内的会议全程，必做到依法依规。特别是在董事会存在紧张对抗的背景下，不要遗留程序瑕疵，否则，决议作出后一旦又被司法否定，不仅会直接导致决议的目的无法实现，还会让公司承担巨大的治理成本。

在确保会议程序合规之后，董事长还应运筹帷幄，特别是对法律、公司章程规定需要全体董事绝对多数决(2/3 以上、3/4 以上，乃至全体董事一致同意才能通过)的决议，董事长须掌握每位董事对每一个议案可能的立场，力保议案获得多数支持而通过。

董事长还应该对自己的投票立场在董事会成员中居于何种境地保持清醒的认知。举例来说，若控股股东对某项议案明确表示支持，而董事长却持反对态度，那么董事长须意识到过早暴露自己的立场，很可能加剧和控股股东之间的矛盾，一旦控股股东私下已经争取到其他多数董事的支持，将议案贸然提交会议表决的结果很可能是不理想的。

即便董事长清楚自己的立场与董事会成员多数派一致，也有必要追求决议能够在程序合规的前提下获得全体董事一致同意的理想结果，这有利于团结同侪，保持董事会友好、互信、民主、理性的良好氛围，对董事长个人抑或董事会群体均是百利而无一害的。有句俚语说："重要的事不开会，开会的事不重要。"这并不是说开会表决的事情不重要，而是揭示了与会者在会议表决前往往已经形成共识，表决只是一个形式的现象。

总之，作为董事会会议的主持人、召集人，董事长具有引导议题和协调票决的优势，一旦董事长失去主导权，则可能引发一系列的不良反应，如削弱董事长的权威，使得董事会的内部矛盾形式化、表面化、扩大化，进而给整个公司的稳健发展带来消极影响。

059　董事长的领导力（二）：如何精准分清敌友、骑墙派？

上一问已详细讨论了董事长应如何掌控董事会的会议议程及会议进展等核心问题，本问则聚焦于董事长应如何把控董事会的表决结果。这涉及董事会投票机制的核心问题——董事长如何确保各项议案获得过半数、2/3 乃至更高比例的赞成票支持。

一、预估与评估

董事长在任何一个事项交付表决前，虽然不可能也不可以控制每个董事的投票立场，但确有能力预估每个董事可能的投票倾向。以由 9 名董事组成的董事会为例，如需要过半数支持，则至少需 5 张赞成票，如需 2/3 以上的支持，则至少需要 6 张票赞成。至于剩下的票型，无论是反对还是弃权都无关紧要，关键是确保赞成的票数达标。

这就要求董事长在投票前做好充分的评估，了解每个董事可能的立场，以避免在投票时出现意外情况。在公司治理实践中，董事的立场在投票前一刻发生变化也并不奇怪，甚至有可能出现原本决定投赞成票的董事在最后一刻投了反对票的情况。因此，董事长必须在投票前明察秋毫，分清哪些是坚定的支持者，哪些是反对者，哪些是摇摆不定的"墙头草"。

二、三种投票立场

简单说，既然董事长希望获得议案顺利通过的结果，便只有投赞成票的董事才是友方，投反对票、弃权票的董事都是对立面。那么，缺席者、中途离席者、申请回避表决者的立场应当如何判定呢？看来情况还是很复杂的。

更困难的问题在于，会前、会中如何分别预判各个董事的投票立场呢？实际上，这基本上取决于董事长的领导能力与工作经验，以及对董事会成员群体的利益立场的精准把握。

举例。假设董事长迫切希望某个普通议案能够获得通过，而该议案需要董事会

9名董事中的过半数通过,也即需要6张赞成票。在这9名董事中,因另有2名董事与董事长同一阵营,故而加上董事长本人在内共有3张票是稳妥的。其余6名董事中,有2名董事与董事长一方长期处于对立面,肯定投反对票。那么,余下的4名董事就成为关键。这4名董事的情况分别是:

董事甲虽非董事长阵营,但平时与董事长保持不错的合作关系。会前3天,甲发来短信表示要缺席此次会议,同时发来授权委托书给董事长,全权委托董事长代为投票。委托投票者,同时计入分子分母,这是友方。

董事乙虽非董事长阵营,但平时也与董事长多次合作。会前三天,乙发来短信表示要缺席此次会议,但没有授权任何人投票。缺席者,计入分母而不计入分子,这是敌方。

董事丙在董事会上一向充当中立派(墙头草)。此次丙正常参会,但在会议陷入激烈争吵的时候,起身向董事长请示要上厕所,然后逃会不归。中途离席者,计入分母而不计入分子,这是敌方。

董事丁是独立董事,平时与董事长保持不错的合作关系。此次丁前来参会,但明确表示基于与该议案的关联关系,依公司章程申请回避。回避表决者,如前文分析的,不算作多数决计算中分母的一分子,也不可能成为赞成票(分子)的一分子,故不计入分母或分子,算是中立方。

计算至此,董事长心中应该有个谱了。如果马上付诸投票,在9名全体董事中,全程参会者7名,实际投票者仅6名,赞成票4票,反对票(或者弃权票)2票,4/8,没有超过半数,议案将不被通过。

三、董事长的商业智慧

面对上述情况,董事长应该怎么办呢? 只要不交付表决,此时还有一条退路——董事长表示经过会议讨论,发现该议案还很不成熟,暂不交付表决,同时责成提案人(通常是总经理等高管)认真汲取董事们的建议,等下次董事会会议再提交更完备的方案。如果董事们没有异议,宣布闭会,一场差点发生的尴尬(失败)也就被巧妙地避免了。

有人问,此时此刻,处于对立面的董事为什么不反对缓决、要求立决? 这很可能是基于信息不对称(对方掌握的信息没有董事长多),或者反应不及时,导致机会稍纵即逝。当然,也有处于对立面的董事立马站出来反对缓决、要求立决的情形出现。

此时,事件的发展方向则取决于公司章程、董事会会议规则等有无对董事会暂缓表决程序的明确约定。如有,照章办事;如无,大概率董事长可以利用主持人身份取得相对的控场优势,直接宣布缓决、散会。这样做,既能避免决议不被通过的尴尬,也能避免董事会内部阵营明显分化导致的矛盾形式化、表面化。缺乏智慧和应对能力的董事长,可能会使董事会陷入混乱局面,进而影响公司的正常运作和稳健发展。特别是在信息传播迅速的现代企业中,一旦董事会表决出现问题,消息将很快传遍整个公司,董事会的不安定因素将波及公司运营的方方面面。

综上,董事长的领导能力,在董事会会议的场合下主要体现为区分董事会成员中的敌友、中立者的能力,毕竟投票才是议决的关键。为此,董事长需要深入分析各个董事的立场,尤其是那些摇摆不定的"墙头草"。这些人往往不会坚定地支持任何一方,而只会站在强者的一边。正如有哲人所言,政治嘛,就是要把朋友搞得多多的,把敌人搞得少少的。唯有如此,董事长方能充分发挥自己的领导力,在董事会决策时立于不败之地。

060　董事的表决可以被追责吗?

一、对比:股东表决一般不具有可追责性

在政治场合中,无论是我国的人民代表大会代表,还是国外的议会议员,他们在会议上的表决都是不具备可追责性的。这是为了保障代表或议员能够独立、自由地表达自己的意见。例如,在全国人民代表大会上,代表们有权对政府工作报告、"两高"工作报告、国家领导人选举等议案投赞成票、反对票或弃权票,投票结果当场就会显示出来。无论他们的投票意向如何,都不应因其某项投票行为而被追究法律责任,这是社会主义全过程人民民主的重要要求。

同样,在股东会会议上,参会股东基于自己的切身利益对议案进行表决,即使其反对于公司有利的议案,也并非具有不正当性。他们有权选择投赞成票、反对票和弃权票,而不能因为表决结果受到追责。

问题是,如股东反对对公司(全体股东)有利的议案,是否构成民事权利的滥用?这实质上是另一个层面的问题。《民法典总则编司法解释》第3条第2款规定:

行为人以损害国家利益、社会公共利益、他人合法权益为主要目的行使民事权利的,人民法院应当认定构成滥用民事权利。

因此,权利滥用要求行为人的行为建立在损人利己的动机上,即行为人的主观目的在于损害他人利益,而非为了自己利益去行使权利;如果行为人仅为了捍卫自身利益而不得已有损于群体利益,那么该行为是正当的。例如,某公司召开股东会会议讨论增资议案时,部分少数股东因担心自己的持股比例被稀释而投反对票。此时,即便该增资议案有利于公司的发展壮大,部分少数股东的这种反对行为仍应被认定为其基于自身利益作出的正当选择,不应认定为权利滥用而受到追责。

二、董事表决行为,具有可追责性

董事会会议上,董事的投票情况则有所不同。董事出席董事会会议并参与表决,既是权利,也是义务,可以谓之为职责(职权)。董事在决策过程中负有忠实、勤勉义务。忠实义务关注的是董事行为是否忠于公司利益,其不得为牟取私利而滥权。换言之,董事在参加董事会会议并通过投票决定公司事务时,绝对不能将自身利益与公司利益置于相互冲突的境地(《公司法》第 180 条第 1 款),并进而为个人利益而滥用表决权。勤勉义务是指董事在履行职责时必须为公司的最大利益而尽到一个管理层通常应有的注意义务(《公司法》第 180 条第 2 款),也即具备相同知识、技能的理性人在相同情况下的合理注意,如决策前要进行详尽的调查研究,表决时需要提前了解议案内容并进行充分的讨论研究等。

故而,《公司法》第 125 条第 2 款规定:

董事应当对董事会的决议承担责任。董事会的决议违反法律、行政法规或者公司章程、股东会决议,给公司造成严重损失的,参与决议的董事对公司负赔偿责任;经证明在表决时曾表明异议并记载于会议记录的,该董事可以免除责任。

据此,董事的投票具有可追责性。

举例来说,若公司董事会未经充分调研和风险评估,贸然决定为第三人的某一高风险项目提供大额担保,将使公司蒙受巨大损失。在这种情况下,对该项议案投赞成票的董事构成对勤勉义务的违反,需要对公司的损失承担赔偿责任。

三、谁来承担违法决议的表决责任

根据上述规定,承担违法决议的表决责任的董事,从正面描述,应该具有的特征是:参加了董事会会议;对获得通过的违法决议投了赞成票。

反之,可以免责的情形有:

(1)没有参加董事会会议也未委托其他董事投票的;

(2)中途逃会且也未委托其他董事投票的;

(3)因为存在关联关系依法回避表决的;

(4)经证明在表决时曾表明异议并记载于会议记录的,比如董事本人或者委托的其他董事投了反对票、弃权票且记载于董事会会议记录的。

此外,根据公司实务经验,公司可以通过公司章程规定或者股东会决议,对违反勤勉义务的董事予以免除赔偿责任的优待,以鼓励董事勇于制度创新与技术创新,弘扬企业家精神。但是,董事违反忠实义务的赔偿责任,一般不得在公司章程中作出可予免除的规定;否则,少数股东可以针对其提起决议无效之诉或者公司章程条款无效之诉。

假设A公司董事会有11名成员,A公司在正常经营时,突然召开董事会会议讨论是否走私烟草,对该事项的投票情况如下:投赞成票的6人,投弃权票的1人,投反对票的1人,请假未参加会议的1人,表决前中途离开会场未再返回的1人,依法回避表决的1人,决议最终获得过半数通过。事后该决议付诸实施,给公司造成严重损失,此时是否全部董事都要承担赔偿责任?答案是否定的,仅有投赞成票的6名董事需要承担赔偿责任。

061 会议记录为何重要?

董事会作为公司组织机构的核心,其每一次的会议决策都关乎公司发展与未来走向。为了确保会议程序的合法性和正当性、会议决议的透明性和公正性、事后追责的精确性和适当性,董事会会议记录的良好制作显得尤为重要。

一、董事会会议记录的制作

《公司法》第73条第4款、第124条第3款规定,两类公司的董事会应对所议事项的决定作成会议记录,出席会议的董事应当在会议记录上签名。据此:

1. 关于会议记录的制作主体

在董事会举行会议时,由会议的召集人、主持人(通常是董事长)或者董事会秘书安排专门的工作人员对会议进行记录。会议记录的制作应当由熟悉公司事务的人员进行,以确保记录的准确性和全面性。

2. 关于记录内容

已失效的《上海证券交易所上市公司董事会议事示范规则》第 26 条对此作出的规定仍有参考价值,上市公司董事会会议记录应当包括以下内容:(1)会议届次和召开的时间、地点和方式,如第×届董事会第×次会议、会议召开的日期和地点以及采取的方式是现场会议还是电话会议等。(2)会议通知的发出情况。应记录会议通知的发送方式和时间,以确保所有董事都已被正式通知到会。(3)会议召集人和主持人。(4)董事亲自出席和受托出席的情况。(5)会议审议的提案、每位董事对有关事项的发言要点和主要意见、对提案的表决意向。(6)每项提案的表决方式和表决结果。应记录每项提案的表决方式(如举手表决、记名投票等)及具体的表决结果,包括赞成票、反对票和弃权票的票数。(7)与会的董事认为应当记载的其他事项。在实际操作中,如董事会全体成员对决议持相同意见,包括全体赞成或者全体反对,此时没必要逐一列明每个董事的投票结果;如有个别董事持不同立场(反对、弃权),可以单独列明其表决结果;如董事们的立场迥异(各派势均力敌,有赞成、反对、弃权多种立场),则需要详细列明每个人的投票选项记载于会议记录中。

非上市公司的会议记录不必如此规范详尽,但也应至少包括会议的时间、地点、出席人员、决议事项以及表决结果等内容。当然,从公司规范治理的角度,如条件允许,应尽可能参照上述内容详细规定,以避免事后可能发生的各种法律风险。

3. 关于签名确认

会议记录完成后,所有出席会议的董事均应当签名确认,签名前也可以要求在会议记录中对其在会议上的发言作说明性记载;如董事对记录内容有异议,亦可以在签字时作出书面说明。除了董事之外,通常情况下参会的董事会秘书以及执笔记录的工作人员也应当签名确认。

公司实践中,如有各方立场对立比较激烈,可能会有出席董事不愿签名确认的情况出现。为了避免此情况发生以致会议记录内容在日后存在争议,公司可以通过公司章程规定:董事既不签字确认,又不对其不同意见作出书面说明的,视为同意会议记录的内容。

二、董事会会议记录的保管、置备与查阅

公司应当根据具体情况在公司章程中规定会议记录的保管期限。由于会议记录的主要作用就是方便事后查阅会议的相关情况,所以应当尽可能保留较长的时间。例如,大部分上市公司会在公司章程中规定:董事会会议记录作为公司档案保存,保存期限不少于10年。

关于置备与查阅,在股份公司中,《公司法》第109条规定,公司应当将董事会会议记录置备于本公司。第110条第1款规定,股东有权查阅、复制董事会会议决议,未提及会议记录。在有限公司中,《公司法》第57条第1款规定股东有权查阅、复制董事会会议决议,亦未提及《公司法》会议记录。

三、董事会会议记录的法律价值

董事会会议记录在公司治理运行中有着重要的作用,其不仅是公司内部管理的基本文件,也是董事履职情况的主要证据。规范、翔实的董事会会议记录有助于公司依法治理,降低法律风险。具言之,董事会会议记录的价值包括:

1.通过会议记录上的董事签名,可以确定出席董事会会议的定足数。《公司法》规定董事会会议应当有过半数的董事出席方可举行,否则,董事会会议的召开将存在严重的程序瑕疵,可能导致所作的决议不成立。

2.股东可借助会议记录了解董事的履职情况,比如确定股东代表诉讼的适格被告。通过审查会议记录,股东可以了解董事出席会议的情况、在决策过程中的立场以及最终的表决结果,从而评估他们是否应当对损害公司利益的行为负个人责任。

3.确定董事是否要对董事会决议担责。《公司法》第125条第2款规定:

……董事会的决议违反法律、行政法规或者公司章程、股东会决议,给公司造成严重损失的,参与决议的董事对公司负赔偿责任;经证明在表决时曾表明异议并记载于会议记录的,该董事可以免除责任。

据此,会议记录中明确的董事不参会、中途离席、回避表决以及表决时投反对票、弃权票的,都是免除赔偿责任的情形。

虽然根据体系解释,《公司法》第125条只是针对股份公司的规定,但在法理上也可以适用于有限公司。

举例。当董事面临一个可能违法的董事会决议时,为了避免事后承担责任,其

既可以选择迎难而上,旗帜鲜明地表示反对,也可以选择委婉表达意见后投弃权票,还可以选择知难而退,直接不参加会议,或者在会议进行中找借口离开等。无论董事选择何种方式,都应确保其参会状态以及反对或弃权意见被明确记载于会议记录中,因为这份会议记录在日后可能成为董事免责的关键证据。

值得注意,公司会议记录大多保管在公司手中(具体多由董事会秘书负责保管)。如果异议董事预见到某个决议可能会引发法律纠纷,建议在会议结束时当场要求复印一份会议记录,也可以在矛盾爆发前主动向董事会秘书索要一份会议记录,以防止诉讼时董事会会议记录被"丢失",如此或可确保自己能免于承担责任。

062　一名董事履职如何作决定?

一、一名董事:独任制法人机关

《公司法》第75条、第128条规定了简化版的董事会设置,即有限公司、非上市股份公司都可以仅设一名董事。此前一名董事制度只适用于有限公司,但在一人股份公司引入后,该制度扩张适用至股份公司具有充分的合理性和必要性,可视为有限公司与非上市股份公司制度同质化的又一体现。

"两权分离"仅是大型公众公司的特征,并不符合中小型封闭性公司的情况。由于不同公司的情况相差悬殊,如以统一的标准规范公司治理结构,可能削足适履,滋生僵化。故而,为充分尊重公司自治,减少中小型封闭公司的治理成本,《公司法》提供仅设一名董事的可选择治理结构。

二、什么样的公司可仅设一名董事

《公司法》明确规定,可以设"一名董事"的是"规模较小或者股东人数较少"的有限公司、股份公司。

前述的"规模",可以从注册资本、职工人数、营业额等不同维度予以评价。关于规模的大小有两种判断模式,一是自治决定模式,二是法定区分模式。前者指由投资者自行判断规模大小,然后决定设立一名董事与否;后者指由法律规定公司规模的区分标准。比如,《公司法》第68条第1款规定"职工人数三百人以上的有限责任公司,除依法设监事会并有公司职工代表的外,其董事会成员中应当有公司职工代表",此处的职工人数300人可以视为一个区分公司规模大小的标准。据此,"职工人数三百人以上"的有限公司必设置董事会,且应有职工代表,除非已设监事会且有职工监事。

此处的"股东人数",虽然似乎可以为"规模"所囊括,但却被单独列明为第二个适用标准。"股东人数"指标的特殊之处在于:一方面,股东人数的多寡将直接影响股东间的互动关系及"两权分离"程度,并进而指向公司治理中剩余控制权归属的核心差异;另一方面,实践中不乏股东人数较少但规模很大的公司,此类公司也存在设立董事会的必要性。

需要指出,是否设置董事会的考量因素应当以公司规模为主,股东人数次之。公司规模与股东人数之间并无线性的逻辑关系,比如国有独资公司仅有一名出资人,但规模上多属于大型乃至超大型公司。

规模较小与股东人数较少,是仅设一名董事、不设董事会的两种选择情形,并不是需要同时具备的两个条件。

三、一名董事履职的正确姿势

就职权来说,一名董事与设立董事会的公司中董事会的职权相同,而区别在于,一名董事为独任制法人机关,董事会为集体法人机关。与此相对应,一名董事行权并非通过召开董事会并作出决议,而是一人作出决定。例如,在一人股份公司中,股东张三可以用股东身份任命(而非选举)自己为董事,而后再以董事身份任命(聘任)自己为经理,只是这两个任命过程均需要符合正规程序,且以书面形式作出决定。

另据《公司法》第74条的规定,经理并非有限公司的必设机构,但不排除实践中部分有限公司为求组织健全,仍选择设置经理。根据《公司法》第126条的规定,股份公司中经理则为必设机构。考虑到经理及作为执行机构的一名董事在职权范围上无明显界分,《公司法》第75条、第128条均明确两类公司中作为董事会替代机构的一名董事得兼任公司经理。

对于规模较小或者(以及)股东人数较少的公司而言,极端的情况可能是只有一名股东、一名董事(股东兼任),不设总经理或者该董事兼任总经理、不设监事(有限公司)或者仅设一名监事(股份公司),整个公司组织机构呈现出典型的单一的独任制特性。然而,凡事有一利必有一弊,其利在于组织机构简单、治理成本低、决策效率高,其弊在于公司内部各个组织机构缺少分权制衡,很容易导致公司治理不规范的情形出现。独任制法人机关常难以做到慎独,易于滑向滥用公司独立人格与股东有限责任的深渊,进而损害公司债权人利益。此种情形下,可能迎接该身兼数职的独任者的将是公司人格否认规则的适用,其可能面临与公司债务承担连带责任的风险。

07
第七篇

监督机构与内控、风控、合规机制

分篇一

监督机构的选择

1993~2023年间,我国各类公司均设专门的监督机构,也即监事会或者一名监事,专司监督职责。在此期间,非公司制国有企业也逐渐探索设外派监事制度,司职监督职责。

但是客观地说,在这一期间,监事会发挥的监督效用不彰,各界对此多有省思,在2023年公司法修订中产生了两种意见,一是废止监事会制度,二是保留之,但同时引入审计委员会制度,给予各类公司选择权,也可谓引入监督机构的竞争机制。

本分篇就是介绍这一制度变迁的背景,以及公司在实操上如何选择适合自己的监督机构,仅设3问。

001 单层制、双层制的由来

一、公司的组织机构

(一)定义

公司是一种法人组织体,不具有自然人那样的生理机能,因而公司自身无法表达意思和实施行为,其治理必须仰赖公司组织机构(或称公司法人机关)。公司法人机关的设置服从于公司治理的需求,满足公司治理的这种需求则有三要素:一是公司意思的形成;二是公司意思的实施和执行;三是对公司行为的监督。

在早期企业史上,企业的所有与经营混为一体,股东既是企业的所有者,又是企业的经营者。在这种情况下,公司由股东自己治理,即股东自己往往担任管理者,当然也由他自己负责对企业实施监管。然而,随着公司企业规模的扩张,股东所有权与企业经营权发生分离,股东不再有能力直接经营管理企业,从而导致股东对企业的控制能力减弱或者丧失。依据经济学上的"委托—代理"理论,在这种情况下,股东对企业的经营管理必须通过"委托—代理"机制实施。换言之,股东以"委托人"的身份将企业的业务经营和事务管理委托给他的"代理人"或者"受托人":由董事和经理负责公司的经营管理,由监事负责公司的监督。

因此,公司治理关心的组织问题是,在这种"委托—代理"关系中,委托人与代理人或者受托人之间的关系如何,他们各自的法律地位如何,公司权力如何在他们之间进行分配,各自应当履行的职责是什么。这些就是公司治理规范需要解决的问题。公司治理结构,实际上就是关于委托人与代理人或者受托人之间的权力分配与安排的基本模式;公司组织机构,就是保证公司治理机制有效运行的法组织基础,也即法人机关的设置。

(二)公司监督机构设置的四种模式

学理上,公司组织机构一般包括权力机构、执行机构、监督机构,而在监督机构的构造上,全球立法实践展现出四种典型模式:

模式一:实行单层制的英美,不单设监督机构,由董事会履行监督职责,具体由外部董事组成的审计委员会负责,英国还设有审计员专司财务审计。

模式二:实行双层制的德国,在董事会上设置监事会,负责监督董事会的业务活动,同时享有任命董事并决定其报酬、批准公司重大决策等权力。双层制的"监事会"实际上类似于单层制的董事会,故又译为"监督董事会",其下的"董事会"又译为管理委员会、管理董事会或理事会。

模式三:日本、韩国、我国台湾地区在股东会下设置平行的董事会和集体制的监事会或者独任制的监事。其中,日本公司法还允许公司选择设置"监察委员会"或监事会,负责董事会、经理的业务监督,同时另设对董事、监事汇报工作的会计检查人专司财务监察。

模式四:允许自由选择单层制或双层制的法国,公司可以选择设置或不设置监事会。

自1993年《公司法》颁布以来,我国公司监督机构设置基本类似于模式三,同时在监事会人员组成方面吸纳了德国的职工参与制,在监事会职能方面更贴近日本法规定。但2023年《公司法》修订转向了第四种模式。

二、公司组织机构的单层制

组织机构的单层制,是指公司治理中股东会不单设监督机构,而由董事会履行监督职责。董事会具体由外部董事组成的审计委员会负责,即股东会直接产生董事会,不设专门的监督机构。在管理风格上,单层制凸显董事会中心主义或者管理层中心主义。尽管单层制不设独立的监督机构,但是其董事会内部可能设独立董事或非执行董事或者由独立董事或非执行董事组成各种委员会执行监督之事。典型就是英美公司。

依英国法律,公众公司(public limited company)和私人公司(private limited company)的组织机构相同,都是单层制。公司董事会拥有广泛的管理权限;除某些事项如修改章程、减少资本等由股东会决定外,其他事项几乎都可以依章程规定由董事会决定;除章程另有规定外,董事只能以董事会形式共同行使管理权。与董事居于公司管理中心地位相对应的是,英国判例法发展出有关董事忠实、勤勉等义务的复杂规范。英国2006年《公司法》吸取了判例法的大量规范,规定了细密的董事义务。公司尤其是大型公司、上市公司的董事,其权力的行使面临多重约束。

美国各州都有自己的公司法典和普通法规则,但流行的公司组织机构都是单层制的,无论公众公司还是封闭公司,股东是公司的所有者,由其组成股东会;股东会选举董事,组成董事会。股东会的职权主要是修订章程细则(bylaws)、批准公司重大变更事项(如合并、重组)、批准董事自我交易等;董事会管理公司,作出各种经营决定。董事会享有广泛的、独立于股东会的管理权。当然,董事对公司负担忠实和勤勉注意等一系列信义义务(fiduciary duties)。董事会任免高管,后者负责执行董事会决议。股东和董事均须通过股东会和董事会决议的方式集体行使权力,每个高管都是公司的代理人(高管与公司的关系适用代理法),各自在自己的权限范围内行动和对外代表公司。

三、公司组织机构双层制

组织机构双层制,是指在董事会上设置监事会,负责对董事会的业务活动进行监督,同时享有任命董事并决定其报酬、批准公司重大决策等权力。双层制"监事会"本质更类似于单层制董事会,故又译为"监督董事会",其下的"董事会"又译为管理委员会、管理董事会或理事会。

在德国的有限责任公司(GmbH)中，一名或多名执行董事管理日常事务，概括性的管理权和剩余权力由股东会行使。执行董事经登记后，对外代表公司；有多名执行董事的话，他们是共同代表人。有限公司通常只设常务董事和股东会，但可以选择设立监事会执行股东会的各项职能。公司雇员若超过 500 人，则必须设立监事会。德国股份公司法规定股份公司(AG)必须采取双层制架构。公司组织机构由董事会、监事会和股东会组成；董事会负责管理公司和对外代表公司。

董事会成员为一人以上时，除非公司章程另有规定并登记公示，全体董事集体对外代表公司。董事由监事会任命，任期最长 5 年，可以连任。董事严重违反职责或不称职的，由监事会罢免。监事会职能主要是任免董事、监督董事会和批准财务报表，以及负责章程规定的其他事项。股东会职权是任免监事会成员、任命审计人、批准财务报表、同意董事会和监事会确定的利润分配方案，以及批准章程修改和资本变更等。

002　如何选择监督机构？（上）

问题是，各类公司如何选择设立适合自己司情的监督机构呢？

一、有限公司：四选一

(一)基本规定

《公司法》第 76 条第 1 款规定：

有限责任公司设监事会，本法第六十九条、第八十三条另有规定的除外。

第 69 条规定：

有限责任公司可以按照公司章程的规定在董事会中设置由董事组成的审计委员会，行使本法规定的监事会的职权，不设监事会或者监事。公司董事会成员中的职工代表可以成为审计委员会成员。

第 83 条规定：

规模较小或者股东人数较少的有限责任公司，可以不设监事会，设一名监事，行使本法规定的监事会的职权；经全体股东一致同意，也可以不设监事。

(二)四选一的含义

根据上述规定,数千万有限公司根据自己的司情(主要是指公司规模、股东人数、股权结构、所有制等),可在以下四种方案中选择一种适合自己的:

1. 组建三人以上的监事会;

2. 在董事会下设三人以上的审计委;

3. 规模较小或者股东人数较少的有限公司,设一名监事;

4. 规模较小或者股东人数较少的有限公司,经全体股东同意,不设任何专门监督机构。

二、非上市股份公司:三选一

(一)基本规定

《公司法》第130条第1款规定:

股份有限公司设监事会,本法第一百二十一条第一款、第一百三十三条另有规定的除外。

第121条第1款规定:

股份有限公司可以按照公司章程的规定在董事会中设置由董事组成的审计委员会,行使本法规定的监事会的职权,不设监事会或者监事。

第133条规定:

规模较小或者股东人数较少的股份有限公司,可以不设监事会,设一名监事,行使本法规定的监事会的职权。

(二)三选一的含义

根据上述规定,200多万家非上市股份公司根据自己的司情(主要是指公司规模、股东人数、股权结构、所有制等),可在以下三种方案中选择一种适合自己的:

1. 组建三人以上的监事会;

2. 在董事会下设三人以上的审计委;

3. 规模较小或者股东人数较少的股份公司,设立一名监事。

与上述有限公司不同,立法者预设股份公司规模相对较大,或者股东人数相对较多,因此,即便是一人股份公司,也必须设立监督机构。

三、上市公司择一：审计委员会

（一）相关规定

《公司法》第 137 条规定：

上市公司在董事会中设置审计委员会的，董事会对下列事项作出决议前应当经审计委员会全体成员过半数通过：

（一）聘用、解聘承办公司审计业务的会计师事务所；

（二）聘任、解聘财务负责人；

（三）披露财务会计报告；

（四）国务院证券监督管理机构规定的其他事项。

2024 年 7 月 1 日，国务院《关于实施〈中华人民共和国公司法〉注册资本登记管理制度的规定》，其第 12 条规定：

上市公司依照公司法和国务院规定，在公司章程中规定在董事会中设置审计委员会，并载明审计委员会的组成、职权等事项。

证监会在 2024 年 12 月发布的《关于新〈公司法〉配套制度规则实施相关过渡期安排》之"二、关于上市公司的过渡期安排"提出：

上市公司应当在 2026 年 1 月 1 日前，按照《公司法》《实施规定》及证监会配套制度规则等规定，在公司章程中规定在董事会中设审计委员会，行使《公司法》规定的监事会的职权，不设监事会或者监事。上市公司调整公司内部监督机构设置前，监事会或者监事应当继续遵守证监会原有制度规则中关于监事会或者监事的规定。

（二）上市公司择一的必然逻辑

1.按照多方面的法律法规规定，上市公司的审计委是必设机构，因其需要履行特别职权，且不为其他机构所替代（《公司法》第 137 条），故组建董事会下设的审计委对于上市公司而言，是必要的；

2.选择同时设立监事会、审计委显属叠床架屋，徒增上市公司的治理成本；

3.鉴于上市公司的规模以及股东人数的客观状态，选择仅设一名监事，也是断然不可行的。

基于以上三点，既然只能在审计委、监事会之间择一，且审计委必设，那么选择后者也就顺理成章地成为唯一选择。

003　如何选择监督机构？（下）

（书接上问）

四、央企国有公司择一：审计委员会

（一）相关规定

《公司法》第176条规定：

国有独资公司在董事会中设置由董事组成的审计委员会行使本法规定的监事会职权的，不设监事会或者监事。

早在2017年，国务院办公厅出台《关于进一步完善国有企业法人治理结构的指导意见》，指出国企董事会应当设立审计委员会等专门委员会，其中审计委员会应由外部董事组成。经查询现有纳入国务院国资委名录的98家央企官方网站可以发现，多数企业在组织机构中都设置了审计委员会（或称审计与风险管理委员会），且不设监事会。在《公司法》第176条加持下，国有独资公司未来或普遍不再设监事会、监事，而通过董事会审计委发挥监督职能。

2024年8月，国务院国资委发布《关于印发〈中央企业公司章程指引〉的通知》（国资发改革〔2024〕54号），其中，《中央企业公司章程指引（国有独资公司）》第32条规定：

公司不设监事会、监事，由董事会审计与风险委员会、内部审计等机构行使相关职权。

《中央企业公司章程指引（国有资本控股公司）》第44条规定：

公司不设监事会、监事，由董事会审计与风险委员会、内部审计等机构行使相关职权。

（二）央企国有公司择一的可能逻辑

至此，央企国有公司与上市公司一样，在现行公司法框架下存在多种选择的背景下，也在监管机构（履行出资人职责的机构）的决策下，作出了唯一选择，也即舍弃监事会、选择设立审计委。

虽然上述两指引并不直接适用于地方国资委的国有公司，但基于国务院国资委的权威性与指导作用，地方国有公司应该会作出与央企国有公司一样的制度选择。

事实上,不少省、自治区、直辖市国资委就作出了此种选择。至此,国有独资公司、国有资本控股公司的监督机构将实行董事会下设的审计委员会模式。

为什么国务院国资委在多选题背景下作出了唯一选择？一个可能的解释是:出于对监事会制度长期失灵的反思,国务院国资委通过重新选择监督机制解决这一历史问题。

(三)对于唯一制的质疑

1. 国有独资公司可行

审计委的成员至少三人,且只能来自董事会,而执行董事、非执行非独立董事出任委员受到严格的人数限制,这就意味着设立审计委的公司董事会规模要足够大且董事会成员要以外部董事、独立董事、职工董事为主。

但问题在于,对于国务院、省、市、县(区)四级国资委设立的国有独资公司,如其监督机构仅选择审计委而舍弃监事会(监事),至少在实务上是可行的。原因有二:其一,各级国有独资公司都设有董事会且规模较大;其二,在近年来强化董事会中心主义建设的背景下,国有独资公司董事会已形成以外部董事为主且普遍设立职工董事的构成形态。这一改革成果也得到了《公司法》第173条的及时肯定:

国有独资公司的董事会依照本法规定行使职权。

国有独资公司的董事会成员中,应当过半数为外部董事,并应当有公司职工代表。

董事会成员由履行出资人职责的机构委派;但是,董事会成员中的职工代表由公司职工代表大会选举产生。

董事会设董事长一人,可以设副董事长。董事长、副董事长由履行出资人职责的机构从董事会成员中指定。

据此,无论国有独资公司的董事会规模大小还是其组成人员多少,都足以支撑其组建董事会下设的三人以上的审计委。

2. 国有资本控股公司:冰火两重天

但是,对于国有资本控股公司而言,则不尽然。根据现行公司法关于国有资本控股公司的规定逻辑以及存在形态,国有资本控股公司有以下几类:

(1)各级国资委、财政部门等履行出资人职责的机构直接持有股权的大型国有资本控股公司,包括股份公司、有限公司,其中不乏上市公司(本来就只能选择审计委,如上),其董事会规模一般较大,也设有职工董事、外部董事、独立董事等。

（2）各级国有独资公司直接、间接持股的一、二级大型国有资本控股公司,包括股份公司、有限公司,其中不乏上市公司(本来就只能选择审计委,如上),其董事会规模一般也较大。

（3）各级国有独资公司直接、间接持股的三、四级乃至更多层级的国有资本控股公司,其中绝大多数为有限公司,且为法人一人公司,本身不设董事会、仅设一名董事,或者设有规模较小(如三人制)的董事会。

问题恰恰就在于,董事会规模较小或者仅设一名董事的国有资本控股公司无法组建公司法意义上的审计委。

分篇二

监事会、审计委员会的组成与职权

无论选择设立监事会还是审计委员会,第一要务都是搞清楚其组成规则,进而组建既合法合规又具有实效的组织机构,其次是搞清楚监事会、审计委员会的职权、职责与职能,以充分发挥其实效。

本分篇共设8问,集中回答了审计委员会组成与行权的诸多实操性问题。

004　董事、高管能进入监事会吗?

一、公司法基本规定

(一)有限公司

《公司法》第76条第2、3、4款规定:

监事会成员为三人以上。监事会成员应当包括股东代表和适当比例的公司职工代表,其中职工代表的比例不得低于三分之一,具体比例由公司章程规定。监事会中的职工代表由公司职工通过职工代表大会、职工大会或者其他形式民主选举产生。

监事会设主席一人,由全体监事过半数选举产生。监事会主席召集和主持监事会会议;监事会主席不能履行职务或者不履行职务的,由过半数的监事共同推举一名监事召集和主持监事会会议。

董事、高级管理人员不得兼任监事。

第77条规定:

监事的任期每届为三年。监事任期届满,连选可以连任。

监事任期届满未及时改选,或者监事在任期内辞任导致监事会成员低于法定人数的,在改选出的监事就任前,原监事仍应当依照法律、行政法规和公司章程的规定,履行监事职务。

(二)股份公司

《公司法》第130条第2、3、4、5款规定:

监事会成员为三人以上。监事会成员应当包括股东代表和适当比例的公司职工代表,其中职工代表的比例不得低于三分之一,具体比例由公司章程规定。监事会中的职工代表由公司职工通过职工代表大会、职工大会或者其他形式民主选举产生。

监事会设主席一人,可以设副主席。监事会主席和副主席由全体监事过半数选举产生。监事会主席召集和主持监事会会议;监事会主席不能履行职务或者不履行职务的,由监事会副主席召集和主持监事会会议;监事会副主席不能履行职务或者不履行职务的,由过半数的监事共同推举一名监事召集和主持监事会会议。

董事、高级管理人员不得兼任监事。

本法第七十七条关于有限责任公司监事任期的规定,适用于股份有限公司监事。

由是观之,两类公司的监事会在组成、兼职禁止、主席设置、任期等方面高度一致,唯一不同在于股份公司可以设立监事会副主席。下文一并讲述。

二、监事会的组成

(一)成员

根据上引第76条第2款、第130条第2款,两类公司监事会成员都由两部分人组成:股东代表与职工代表。其中,股东代表由股东会选举产生,职工代表由公司职工通过职工代表大会、职工大会或者其他形式民主选举产生。

关于两类代表的比例,实务中股东代表往往占据多数,职工代表占据少数;关于后者的比例,《公司法》仅规定不得低于1/3,具体比例由公司章程规定。此处应该理解为:公司章程规定的职工代表比例,只能在1/3基础上提升而不能降低。

此外,《公司法》第76条第4款、第130条第4款均规定:

董事、高级管理人员不得兼任监事。

此处的正确理解自然是:本公司的董事、高管不得兼任本公司的监事,因为自己不能监督自己。

(二)监事会的规模

依第76条第2款、第130条第2款,监事会人数下限为3人,这也能从"监事会"中的"会"字之文义一窥究竟。而具体人数设置应视公司类型、规模及业务管理需求确定,《公司法》未设上限。一般而言,监事会人数通常少于董事会,三到五人足矣,规模较大的监事会人数通常也以七人为限。

值得注意的是,监事具体人数可为奇数或偶数,与董事会规则一致,均不受奇偶限制。

(三)主席、副主席

1. 主席

关于监事会主席,根据《公司法》第76条第3款、第130条第3款,两类公司的监事会均设一名主席,主席由全体监事过半数选举产生,可见监事会主席的产生方式是强制规定,类似于股份公司董事长的产生方式(《公司法》第122条);但对于有限公司而言,董事长的产生方式都是章定的(《公司法》第68条第2款)。

2. 副主席

关于监事会副主席,《公司法》未提及有限公司监事会可以设立副主席,但提及股份公司可以设副主席。有人问,有限公司章程可否规定设立副主席?回答是肯定的。实际上,《公司法》之所以特意提及股份公司监事会副主席而未对有限公司作相同要求,主要是基于有限公司监事会规模较小、股份公司监事会规模较大的现实考虑,其本意并非禁止有限公司设立监事会副主席,也不要求股份公司必设监事会副主席。

股份公司监事会副主席与主席的产生方式一致,均由公司法规定。

3. 主席、副主席的关系

监事会主席,也可称为监事长、监事会召集人,其核心职权虽未在《公司法》中明文列举,但一般认定其负责召集和主持监事会会议。在有限公司及股份公司中,若监事会主席不能履职或不履职,为保障监事会正常运转,由过半数监事共同推举一名监事召集和主持监事会会议;若股份公司设置了监事会副主席,则由副主席优先于推举监事来召集和主持监事会会议。这一规定与《公司法》第72条、第114条对两类公司董事长、副董事长关系的规定高度一致。

在公司新设或监事会换届后尚未产生监事会主席时,公司可按前述方式推举一名监事召集和主持监事会会议。

三、监事任期

（一）任期长短

依照前引第 77 条第 1 款规定，"监事的任期每届为三年"，这与第 70 条第 1 款"董事任期由公司章程规定，但每届任期不得超过三年"的表述完全不一样。细言之，二者的区别有二：

1. 监事任期由公司法强制性规定，每届三年，没得商量；但董事任期允许公司章程自治，三年仅是每一届任期的上限，公司章程在三年之内的区间范围内可以自定，如一年、两年不等，均可。

2. 如本书其他章节交代的，"董事任期每届不得超过三年"的制度安排蕴含深意，系为公司实行董事交错任期制提供空间。

（二）连选连任

又依据《公司法》第 77 条第 1 款规定，"监事任期届满，连选可以连任"，此与董事的任期并无二致。

（三）留守监事

《公司法》第 77 条第 2 款又规定，"监事任期届满未及时改选，或者监事在任期内辞任导致监事会成员低于法定人数的，在改选出的监事就任前，原监事仍应当依照法律、行政法规和公司章程的规定，履行监事职务"。此为留守监事，与《公司法》第 70 条第 2 款规定的留守董事制度如出一辙。

005　监事会有职无权吗？

一、职能定位

监事会，是对管理层的经营管理行为及公司财务进行监督的法定专门机构。许多国家、地区公司法都规定监事会作为专门的监督机构，在公司治理中扮演了重要角色。

自 1993 年以来，我国公司治理结构中的监事会长期处于虚置状态，其法定职权的行使往往面临诸多障碍，其逐渐沦为虚设的边缘化机构，甚至被戏称为"阑尾"——这种在人类进化中失去功能的器官。

在监事会制度已然失灵时,是否仍有保留必要?若保留该制度,其人员构成应如何安排?事实上,根据《公司法》规定,监事会作为公司治理分权体系的重要组成,在特定情形下仍能发挥监督制衡作用;正是这种法定职权,使其成为股东间权力博弈的关键场域。

二、监事会职权、行权一览

(一)有限公司

《公司法》第78条规定:

监事会行使下列职权:

(一)检查公司财务;

(二)对董事、高级管理人员执行职务的行为进行监督,对违反法律、行政法规、公司章程或者股东会决议的董事、高级管理人员提出解任的建议;

(三)当董事、高级管理人员的行为损害公司的利益时,要求董事、高级管理人员予以纠正;

(四)提议召开临时股东会会议,在董事会不履行本法规定的召集和主持股东会会议职责时召集和主持股东会会议;

(五)向股东会会议提出提案;

(六)依照本法第一百八十九条的规定,对董事、高级管理人员提起诉讼;

(七)公司章程规定的其他职权。

第79条规定:

监事可以列席董事会会议,并对董事会决议事项提出质询或者建议。

监事会发现公司经营情况异常,可以进行调查;必要时,可以聘请会计师事务所等协助其工作,费用由公司承担。

第80条规定:

监事会可以要求董事、高级管理人员提交执行职务的报告。

董事、高级管理人员应当如实向监事会提供有关情况和资料,不得妨碍监事会或者监事行使职权。

第82条规定:

监事会行使职权所必需的费用,由公司承担。

(二)股份公司

《公司法》第131条规定:

本法第七十八条至第八十条的规定,适用于股份有限公司监事会。

监事会行使职权所必需的费用,由公司承担。

本条规定表明,《公司法》第78~80条、第82条关于有限公司监事会职权及行权的规定,完全一体适用于股份公司。

(三)上市公司监事会的特别职权

《公司法》第137条规定:

上市公司在董事会中设置审计委员会的,董事会对下列事项作出决议前应当经审计委员会全体成员过半数通过:

(一)聘用、解聘承办公司审计业务的会计师事务所;

(二)聘任、解聘财务负责人;

(三)披露财务会计报告;

(四)国务院证券监督管理机构规定的其他事项。

这是关于上市公司审计委的特别职权的规定,由此足见审计委在上市公司财务监督中的重要角色地位。

三、监事会职权及行权保障

(一)职权

可以将上述条文规定的监事会诸职权归纳为以下几方面:

1. 检查公司财务,监督经营情况

首先,监事会可以检查公司财务,这是监事会的首要职责,可见监事会的监督主要是财务监督。其次,发现公司经营情况有异常,监事会可以进行调查,必要时可以聘请会计师事务所等协助其工作。

2. 监督董事会、管理层的经营管理行为

(1)对董事、高管执行职务的行为进行监督,对违法违规以及违反章程、股东会决议的董事、高管提出解任的建议;

(2)当董事、高管的行为损害公司的利益时,要求其纠正;

(3)提议召开临时股东会会议,在董事会不履行召集、主持股东会会议的法定职责时召集、主持股东会会议;

(4) 依照《公司法》第 189 条的规定,对董事、高管提起诉讼;

(5) 要求董事、高管提交执行职务的报告。

3. 参与公司治理

(1) 向股东会会议提出提案;

(2) 列席董事会会议,并对董事会决议事项提出质询或者建议。

(二)行权保障

1. 监事会要求董事、高管提交执行职务报告的,后者负有如实提供有关情况、资料的义务,不得妨碍监事会、监事行权。

2. 监事会行使职权所必需的费用,由公司承担;监事会聘请会计师事务所等协助其工作的,费用也由公司承担。

006 再反思:监事会是如何失灵的?

一、制度设计的反思

学界普遍认为,监事会制度的运行失灵与其制度设计的弊端密切关联,具体表现为:

1. 监事产生机制具有身份依赖,导致其独立性缺失。监事会成员由股东代表及职工代表组成,一方面,按资本多数决规则选举的股东代表通常仅代表多数股东利益;另一方面,因职工代表作为雇员由经理层聘用与管理,其事实上较难发挥对董事、高管的监督作用。

2. 监事会行权具有财务依赖,进而制约其积极行权。监督工作离不开经费支持,但公司财务通常由被监督对象,即董事、高管控制,这导致监事会事实上仰人鼻息,实务中其行权因管理层不配合而障碍重重。

3. 监事缺乏履职的能力。公司法未对监事任职的积极资格提出要求,公司在监事会组成方面具有极大的自治空间。因此,基于重经营、轻监督等因素,公司对监事的选举多流于形式,不注重监督能力的考察及筛选,选任的监事常缺乏履职所需的专业能力和经验,难以胜任监督职责。

4. 监事会职权规范粗疏,行权缺乏强制性制度保障。公司法虽赋权多多,但并未就行使方式、保障措施及行权受阻时的救济路径进行细化规定。实践中,监事会在行权不能时较难寻求司法救济,导致看似广泛的监督职权实质被架空。

5. 缺乏有效的监督考核机制。公司法关于董监高信义义务的规定主要体现为禁止性规范,其以董事、高管的经营行为为蓝本,对怠于履行监督职责的消极行为约束力较弱,若非监督不当引发重大公司治理事故,较难追究监事责任。

6. 监事会的边缘化导致其难获履职所需信息。监事会在立法层面与治理实践中均处于组织机构的末端,在监事会与公司经营权隔离的背景下,监事无法及时获取履职所需的经营信息,难以对董事、高管的不当行为进行监督。

二、监事会行权的三个关键及困境

1. 财务检查权

监事会的财务检查权,涉及财务会计报告以及利润分配、弥补亏损方案等与公司财务相关的一切文件;监事会负有定期实施公司财务检查的法定义务。财务检查权内含知情权、调查权,即要求董事、高管、财务负责人等解释说明并配合调查工作。与股东知情权不同,监事会查阅公司会计账簿、会计凭证系法定职权,公司不得以任何理由拒绝。但正如前所述,监事的身份依附性与财务依赖性,导致其行权时往往遭受被监督对象的制约。此外,监事会的财务检查权难以通过诉讼方式行使,主流的裁判观点认为,监事会的监督权属于公司经营管理范畴,行权时应当采"内部解决"原则而不享有独立诉权。因此,监事会在实践中常常处于虚置状态。而立法者选择设置审计委,亦是为弥补监事会被束之高阁的问题。

2. 监事会参与公司治理

不可否认,在某些特殊关键时刻,监事会亦可能发挥重要作用,这主要体现在提议召开股东会的权利与股东代位诉讼两个方面。

就提议召开股东会的权利而言,监事会可以提议召开临时股东会,以及在董事会不履职时召集并主持股东会会议,这也是股东争夺控制权的常用手段。在股东内部出现矛盾,受股东控制的董事会拒绝召集股东会时,其他股东可通过监事会召开股东会并形成对其有利的决议。当然,监事会提议召开股东会需以监事会决议的形式作出,且需半数以上监事通过;若控制董事会多数席位的股东亦控制监事会多数席位,监事会就召开股东会的提议便无法通过,后续推进无从谈起。

就股东代位诉讼而言,当董事、高管有《公司法》第 188 条关于违信责任的行为时,由适格股东先书面请求监事会起诉,只有监事会拒绝,或收到请求之日起30日内未提起诉讼,抑或是情况紧急、不立即提起诉讼将使公司利益受到难以弥补损害的情形,才能由适格股东提起代位诉讼。在股东控制权争夺中,受股东控制的董事、高管等作出损害公司及其他股东利益的行为时,其他股东则可以通过监事会以公司名义直接诉讼;反之,监事会亦由控制股东控制的,股东代位诉讼则受到前置程序的阻碍,其行权较之以公司名义提起诉讼更为困难。

可见,在股东控制权争夺中,董事会席位更为重要,但监事会席位尤其是监事会主席仍有发挥作用的空间,在控股股东把持董事会多数席位时,少数股东应注意争取监事会席位,在诸如提议召开股东会、股东代位诉讼等事项上获取相应的主动权。

三、提升监事会监督效能的关键举措

监事履职效能的实现程度,与监事会成员的组成息息相关。首先,根据《公司法》第76条第4款、第130条第4款,公司的董事、高管不得兼任监事,这可以区隔监督者及监督对象,保障监事履职的独立性,避免自我监督。

其次,有限公司章程可以规定监事任职的积极资格,如要求监事具备财务、会计或法律等方面的专业背景,此前曾从事与财务检查、财务报表分析、会计查账相关的工作等。

最后,为避免监事会实质被多数股东单方控制,公司章程可规定股东代表监事的选举参照《公司法》第117条采用累积投票制,或将"资本多数决"改为"人头多数决",明确选举监事时股东实行"一人一票"制。

007 监事如何违信?

一、问题的提出

如前所述,公司法关于董监高信义义务的规定主要体现为禁止性规范,其以董事、高管的经营行为为蓝本,对监事怠于履行监督职责的消极行为约束力较弱,若非监督不当引发重大公司治理事故,较难追究监事的法律责任。

因此,现行公司法文本尽管概括性地规定董监高一体对公司承担信义义务,违

反信义义务者承担违信责任,以及公司的归入权,体现在:

第186条规定:

董事、监事、高级管理人员违反本法第一百八十一条至第一百八十四条规定所得的收入应当归公司所有。

第187条规定:

股东会要求董事、监事、高级管理人员列席会议的,董事、监事、高级管理人员应当列席并接受股东的质询。

第188条规定:

董事、监事、高级管理人员执行职务违反法律、行政法规或者公司章程的规定,给公司造成损失的,应当承担赔偿责任。

但是,就具体事项而言,一方面,一体化规定董监高的信义义务与违信责任,另一方面,也注意区隔董事、高管与监事的信义义务、违信责任。详情下文展开。

二、公司法关于监事信义义务、违信责任的具体规定

(一)董监高都可能承担赔偿责任的规定

《公司法》第22条规定:

公司的控股股东、实际控制人、董事、监事、高级管理人员不得利用关联关系损害公司利益。

违反前款规定,给公司造成损失的,应当承担赔偿责任。

第53条规定:

公司成立后,股东不得抽逃出资。

违反前款规定的,股东应当返还抽逃的出资;给公司造成损失的,负有责任的董事、监事、高级管理人员应当与该股东承担连带赔偿责任。

第163条规定:

公司不得为他人取得本公司或者其母公司的股份提供赠与、借款、担保以及其他财务资助,公司实施员工持股计划的除外。

为公司利益,经股东会决议,或者董事会按照公司章程或者股东会的授权作出决议,公司可以为他人取得本公司或者其母公司的股份提供财务资助,但财务资助的累计总额不得超过已发行股本总额的百分之十。董事会作出决议应当经全体董事的三分之二以上通过。

违反前两款规定,给公司造成损失的,负有责任的董事、监事、高级管理人员应当承担赔偿责任。

第211条规定:

公司违反本法规定向股东分配利润的,股东应当将违反规定分配的利润退还公司;给公司造成损失的,股东及负有责任的董事、监事、高级管理人员应当承担赔偿责任。

第226条规定:

违反本法规定减少注册资本的,股东应当退还其收到的资金,减免股东出资的应当恢复原状;给公司造成损失的,股东及负有责任的董事、监事、高级管理人员应当承担赔偿责任。

需要指出,即便上列条文规定董监高都承担赔偿责任,但实际上监事与董事、高管之间存在显著区别,该赔偿责任要么难以落在监事头上,要么监事担责比例也较董事、高管为低。

第一种情形,以《公司法》第22条规定的关联交易为例。实务中,鲜有监事真的能够实施关联交易,原因在于其并不负责公司业务执行,也就缺乏决定其与公司之间交易的权力。

第二种情形,以《公司法》第226条规定的违法减资为例。董事、高管之所以可能"负有责任",是因为其往往参与了违法减资方案的拟定、制订(参见《公司法》第67条第2款第5项),是一种"积极作为"姿态;至于监事,在整个过程中虽负有对违法职务行为的监督义务,其如"负有责任",至多是一种监督不当的不作为违法形态。因此,假设公司的全部董监高都难辞其咎,而具体到各责任人的比例责任划分时,监事的责任比例无疑较董事、高管为低。

(二)排除监事承担赔偿责任的规定

《公司法》第51条规定:

有限责任公司成立后,董事会应当对股东的出资情况进行核查,发现股东未按期足额缴纳公司章程规定的出资的,应当由公司向该股东发出书面催缴书,催缴出资。

未及时履行前款规定的义务,给公司造成损失的,负有责任的董事应当承担赔偿责任。

第191条规定:

董事、高级管理人员执行职务,给他人造成损害的,公司应当承担赔偿责任;董事、高级管理人员存在故意或者重大过失的,也应当承担赔偿责任。

第 192 条规定：

公司的控股股东、实际控制人指示董事、高级管理人员从事损害公司或者股东利益的行为的，与该董事、高级管理人员承担连带责任。

第 232 条第 3 款规定：

清算义务人未及时履行清算义务，给公司或者债权人造成损失的，应当承担赔偿责任。

第 238 条规定：

清算组成员履行清算职责，负有忠实义务和勤勉义务。

清算组成员怠于履行清算职责，给公司造成损失的，应当承担赔偿责任；因故意或者重大过失给债权人造成损失的，应当承担赔偿责任。

最后两条款之所以也罗列于此，是因为担任清算义务人、清算组成员的往往是董事，而非监事。

008　董事长、总经理能进入审计委员会吗？（上）

一、一个概念体系再提示：董事的分类

审计委既然设置在董事会下，顾名思义，审计委成员只能由董事会成员充任，也即审计委委员首先是董事。进一步而言，现行公司法对于充任审计委成员的董事身份有特定要求。故而，要理解哪些董事可以充任审计委委员，以及所占比例如何安排方为合法合规，需先介绍一下董事会成员的分类。

如本书其他章节所述，按照不同标准，董事可以作不同的分类。此处仅以董事职能为主要标准，将董事分为执行董事与非执行董事。

1. 执行董事

执行董事的英文是 director & officer，意即兼任高管的董事，在我国对应的是总经理兼董事、副总经理兼董事、财务总监兼董事、上市公司董秘兼董事等，董事长、副董事长一般也认定为执行董事。

2. 非执行董事

目前，我国非执行董事又可以根据其身份进一步分为四类：

(1)职工董事。全称是董事会中的职工代表,顾名思义,其具有两个身份:一是公司董事,二是公司员工,此处的员工是指公司高管以外的员工。实务中,很多国有公司的专职党委副书记担任职工董事,但组织上也强调该党委副书记不得进管理层班子。

(2)外部董事。实务中,国资委、财政部门作为履行出资人职责的机构,向国有独资公司、非上市的国有资本控股公司委派由其遴选的专家学者、退休企业高管等担任外部董事,外部董事的任职条件同上市公司的独立董事,强调与任职国有公司高管层的非利害关系(独立性)与非执行性(仅担任董事职务)。目前,很多地方的外部董事已经实现了专职化。

(3)独立董事,简称独董,全称独立非执行董事。严格来说,独立董事的概念仅存于上市公司,强调与任职上市公司的高管层、大股东(持股5%以上)的非利害关系(独立性)与非执行性(仅担任董事职务)。

(4)非独立非执行董事。这一概念也主要在上市公司使用,当然非上市公司也有这一概念,是指公司大股东(持股5%以上)委派的(非独立性)、仅担任董事职务(非执行性)的董事。

二、审计委员会的成员

(一)股份公司

《公司法》第121条第2款规定:

审计委员会成员为三名以上,过半数成员不得在公司担任除董事以外的其他职务,且不得与公司存在任何可能影响其独立客观判断的关系。公司董事会成员中的职工代表可以成为审计委员会成员。

要充分理解本条意思,需要借助于上述的董事分类,展言之:

1. 担任审计委委员的,首先是本公司董事。

2. 审计委规模为三人以上,并无上限,奇数、偶数皆无不可。这一规定与《公司法》关于董事会规模的规定一样,但考虑到审计委全部成员来自董事会,因而其人数应该低于董事会。否则,审计委与董事会岂不是变成了一套人马、两个班子?

3. 董事长、董事兼总经理等执行董事能否进入审计委?答案是《公司法》没有禁止,但其所占名额只能在审计委的半数以下,以三人审计委为例,执行董事所占名额至多为一人。

4.非独立非执行董事能否进入审计委？答案是《公司法》没有禁止,但其连同执行董事合在一起所占名额不得超过审计委的半数,以三人审计委为例,非独立非执行董事、执行董事合起来所占名额至多为一人。

上述第2、3点,就是"过半数成员不得在公司担任除董事以外的其他职务,且不得与公司存在任何可能影响其独立客观判断的关系"。

5.职工董事能否进入审计委,回答是不仅可以,而且受强烈推荐,这就是"公司董事会成员中的职工代表可以成为审计委员会成员"的真实含义。之所以法律如此规定,是因为职工董事充任审计委成员,具有很多身份优势:

——其不是执行董事;

——与公司不存在任何可能影响其独立客观判断的关系;

——代表职工监督大股东、管理层,体现民主管理制度的优越性。

假设某股份公司某届董事会有9个董事,具体分配是:

1.董事长甲

2.副董事长乙

3.董事兼总经理丙

4.董事兼财务总监丁

5.非独立非执行董事戊

6.独立(外部)董事A

7.独立(外部)董事B

8.独立(外部)董事C

9.职工董事D

现在要组建3人审计委,首先要肯定以上9名董事,人人皆可出任委员,但具体到构成比例,则:甲乙丙丁戊5人中,至多只能有1人出任;A、B、C、D 4人中,最多可有3人出任,至少要有2人出任。再假设要组建5人审计委,具体到构成比例,则:甲乙丙丁戊5人中,至多只能有2人出任;A、B、C、D 4人中,最多可4人出任,至少要有3人出任。以此类推。

009　董事长、总经理能进入审计委员会吗？（下）

（书接上问）

（二）上市公司的特则

证监会《独立董事管理办法》第5条第1、2款规定：

上市公司独立董事占董事会成员的比例不得低于三分之一，且至少包括一名会计专业人士。

上市公司应当在董事会中设置审计委员会。审计委员会成员应当为不在上市公司担任高级管理人员的董事，其中独立董事应当过半数，并由独立董事中会计专业人士担任召集人。

上市公司审计委的特殊性就在于三句话：

1. "审计委员会成员应当为不在上市公司担任高级管理人员的董事"，据此，上例中的丙、丁皆不得出任审计委委员。

2. 独立董事应当过半数。据此，就上例而言，独立董事应在3人审计委中占据至少2席。

3. 并由独立董事中会计专业人士担任召集人。上市公司的独立董事人数至少3人，其中会计专业人士是必要的，且该人担任审计委主席(召集人)。

（三）有限公司

《公司法》第69条规定：

有限责任公司可以按照公司章程的规定在董事会中设置由董事组成的审计委员会，行使本法规定的监事会的职权，不设监事会或者监事。公司董事会成员中的职工代表可以成为审计委员会成员。

相较股份公司，有限公司审计委的组成要求比较宽松，其组成要求体现了更多的公司自治，其中要求仅有一处:审计委成员必须出自董事会成员。另有一处建议性规定:职工董事可以成为审计委成员。这两处规定，与上问所引《公司法》第121条的规定并无二致。那么，有限公司设审计委的，董事长、总经理兼董事可以进入吗？回答也是肯定的。需要强调，虽然《公司法》对有限公司审计委的组成并无其他强制性规定,但基于审计委需行使监事会职权、主要履行对管理层的监督职能的制度预设,尽管《公司法》不禁止执行董事、非独立非执行董事进入审计委,但如其占据多数席位,将与审计委独立性要求发生冲突,这显然不恰当。

三、监督机构选择的秘籍再总结

如前所述,除了上市公司、国家出资公司之外,普通有限公司可以四选一:监事会;一名监事;审计委;不设监督机构;普通股份公司可以三选一:监事会;一名监事;审计委。究竟如何选择,取决于公司自治,但就技术而言,有无一定的规律?答案是有的,简述如下:

1.基于上述举例的示范可知,股份公司设立审计委的,客观上需要董事会具有一定的规模,否则将难以组成。这对有限公司而言也是如此,即便能够组成,吃相也相当难看。比如,董事会只有三人,很难想象能够组成一个成员不少于三人的审计委。即便是五人的董事会,如要组成不少于三人的审计委,也要有足够的职工董事、外部(独立)董事成员。

2.相较之下,设立监事会相对容易。如前所述,本公司董事、高管不得兼任监事,因而监事是另起炉灶找另外一拨人充任,与董事会的规模没有联系,甚至公司可以选择设一名董事、监事会的组合模式。当然,有一利必生一弊,与审计委相比,设立监事会意味着公司治理成本增加,而审计委成员均来自董事会,不会叠床架屋。

3.当然,最省事的是仅设一名监事,这具有成本低的显著优势。但是,设立一名监事的公司必须符合规模较小或者股东人数较少的特征,不是大型公司所能为也。

010 审计委员会如何准用监事会规则?(上)

一、审计委员会准用监事会的决议规则

(一)有限公司

针对有限公司的监事会,《公司法》第81条规定:

监事会每年度至少召开一次会议,监事可以提议召开临时监事会会议。

监事会的议事方式和表决程序,除本法有规定的外,由公司章程规定。

监事会决议应当经全体监事的过半数通过。

监事会决议的表决,应当一人一票。

监事会应当对所议事项的决定作成会议记录,出席会议的监事应当在会议记录上签名。

(二)股份公司

针对股份公司的监事会,《公司法》第132条规定:

监事会每六个月至少召开一次会议。监事可以提议召开临时监事会会议。

监事会的议事方式和表决程序,除本法有规定的外,由公司章程规定。

监事会决议应当经全体监事的过半数通过。

监事会决议的表决,应当一人一票。

监事会应当对所议事项的决定作成会议记录,出席会议的监事应当在会议记录上签名。

可见,除了监事会会议频次要求不同(有限公司至少一年一次、股份公司至少一年两次),其余的会议召集、表决程序等都一样。

(三)审计委员会的准用

与董事会、监事会一样,审计委也是委员会制,因而其作为委员会作出的意思表示也应采决议制,适用多数决规则,少数服从多数。具言之,其要点包括:

1. 审计委决议应当经全体委员的过半数通过。

2. 审计委决议的表决,应当一人一票。

3. 审计委应对所议事项的决定作成会议记录,出席会议的委员应在会议记录上签名。

4. 除以上基本规则外,公司章程应该详细地规定审计委的议事方式和表决程序,如审计委会议的召集程序、通知规则、提案规则、委员回避规则等。

5. 审计委的决议程序与内容都不得违反法律、行政法规、公司章程;否则,无论是监事会决议还是审计委决议,都可以被股东等利害关系人诉至法院要求确认不成立、无效、可撤销等。

二、审计委委员个人行权与监事行权的区别与联系

《公司法》第69条、第121条等都规定审计委"行使本法规定的监事会的职权",

这可以视为关于审计委准用监事会职权及行权规则的规定，但是该规定终究较为抽象、概括，真要落到实处，尚有很多细节需要推敲。

(一)审计委与监事会之别

《公司法》既有关于监事会职权及其行使的规定，也有监事个人履行职务的规定。这些规定有的适用于审计委委员，也有不适用的，究其原因，在于二者在组织定位与人员构成上均有不同：

1. 监事会终究是独立于董事会、高管层的独立监督机构，而审计委乃是董事会下设的一个专门委员会；然而，审计委虽然下设于董事会，但并非董事会的下属机构，其负有法律法规、公司章程赋予的独立职权。

2. 人员构成也有不同。《公司法》第76条第4款明确规定：

董事、高级管理人员不得兼任监事。

但是，审计委成员显然是本公司的董事也只能是董事出任，甚至也不排斥执行董事(董事兼高管)出任。换言之，监事会制度强调其成员在身份上独立于作为监督对象的董事、高管，但审计委委员偏要强调董事的同僚身份前提，且不排斥兼任董事、高管身份。

不过，监事、审计委委员都以监督执行董事、高管为天职。总之，监事与审计委委员个人在行权规则上既有共同点，也有区别。

(二)微妙的关系

以下分析两法条，以揭示二者的微妙关系。

1.《公司法》第79条

其规定：

监事可以列席董事会会议，并对董事会决议事项提出质询或者建议。

监事会发现公司经营情况异常，可以进行调查；必要时，可以聘请会计师事务所等协助其工作，费用由公司承担。

这一规定如果适用于审计委，应该有以下几点值得注意：

其一，审计委成员不存在"列席董事会会议"之说，因为其本身就是董事会的一分子，其首先是以董事身份参加会议而非列席会议。

其二，审计委委员也具有监督者身份，更直白地说，其是以双重身份(董事同僚、审计委委员)出现在会场的；因而如有必要，其也可以"对董事会决议事项提出质询或者建议"，此时其身份是审计委委员。

其三,如果审计委"发现公司经营情况异常",可否"进行调查;必要时,可以聘请会计师事务所等协助其工作,费用由公司承担"?回答是肯定的。

2.《公司法》第 80 条

其规定:

监事会可以要求董事、高级管理人员提交执行职务的报告。

董事、高级管理人员应当如实向监事会提供有关情况和资料,不得妨碍监事会或者监事行使职权。

这一规定如果适用于审计委,应该有以下几点值得注意:

第一,如审计委要求不兼任董事的高管向其提交执行职务的报告,并无违和感;但基于审计委的董事同僚身份,如果其要求"董事"向其提交执行职务的报告,似乎此处的"董事"要作限制解释,仅仅指向审计委成员之外的其他董事。

第二,同样,第二款如适用于审计委,此处的"董事""高管"也只能指向审计委成员之外的其他董事、不兼任董事的高管以及兼任董事但不出任审计委委员的高管。

上述阐释,仅仅是给读者提供一个观察、分析问题的逻辑范式,限于篇幅,无法就监事会、审计委的方方面面展开比较。基于这一逻辑范式,读者如有兴趣还可以展开分析《公司法》第 76~78 条等规范,会发现思考问题的乐趣多多。

011　审计委员会如何准用监事会规则?(下)

(书接上问)

2025 年 6 月 6 日,中国上市公司协会发布《上市公司审计委员会工作指引》(以下简称《指引》)。作为从自律规则层面落实新《公司法》《上市公司章程指引》的重要配套文件,《指引》推动上市公司监督机制从"二元制"向"单层制"转型进入实操阶段。下文详述之。

三、上市公司监事会谢幕,审计委员会成强制标配

(一)政策之选

早在 2018 年,证监会修订的《上市公司治理准则》第 38 条明确将审计委作为上

市公司的必设机构。证监会2024年发布的《关于新〈公司法〉配套制度规则实施相关过渡期安排》以及2025年《上市公司章程指引》等相关规定，要求上市公司在2026年1月1日前取消监事会并在董事会设置审计委，行使公司法规定的监事会职权。

回到《公司法》第121条，股份公司可以选择设置审计委，"上市公司组织机构的特别规定"一节也未作特别规定，但2024年《国务院关于实施〈中华人民共和国公司法〉注册资本登记管理制度的规定》第12条规定：

上市公司依照公司法和国务院规定，在公司章程中规定在董事会中设置审计委员会，……

证监会《独立董事管理办法》等部门规章、自律监管文件也都规定"应当设置审计委员会"。此次《指引》第3条亦明确"上市公司应当设立审计委员会"。因此，为满足合规要求，审计委成为上市公司的强制标配。

（二）政策转向的动因

1. 推动治理结构优化，提升监督效率。此举被寄望解决传统二元制模式下存在的职责重叠、资源浪费及相互推诿等流弊，使监督链条更清晰、权责集中，由此简化与优化公司的治理结构，提升监督效率，也与国际主流治理模式（单层制）接轨。

2. 强化专业胜任能力，保障监督实质效果。审计委的核心优势在于成员构成的专业性，通常由具备财会、法律背景的非执行董事组成，在专业胜任能力方面比监事会成员更有优势。《指引》在第4条"提醒关注事项"中明确：

……审计委员会成员需要具备监督和审查财务信息、内部控制以及内外部审计工作质量等方面的专业能力，以在监督财务报告质量以及促进提高审计质量等方面充分发挥重要作用。

3. 实现监管重心转移，压实董事会的主体责任。审计委替代监事会，更深层次地体现了监管思路转型：从过去侧重于形式上"合规性"检查，转向更加注重监督的"实质性"效果——将确保公司财务信息真实、完整以及内控有效的最终责任压实到董事会层面，借此可以促使董事会、独董占多数的审计委更勤勉尽责。

（三）未完待续：超越纸面合规，上市公司审计委能否扛起监督大旗

从过去的实践看，上市公司审计委的角色也被诟病为"纸面合规"的产物，《指引》旨在重塑审计委的基因，转向实质性的监督核心。改革思路有三：

1. 全方位监督职能的定位

《指引》创新性重构上市公司审计委的职能定位,不再将其定位于仅是董事会内设的、与监事会平行的专职财务监督机构,而被赋予替代监事会、兼具全面履行监督职责之双重使命的单一监督主体。《指引》第14条规定:

审计委员会的主要职责与职权包括:

(一)审核上市公司的财务信息及其披露;

(二)监督及评估外部审计工作,提议聘请或者更换外部审计机构;

(三)监督及评估内部审计工作,负责内部审计与外部审计的协调;

(四)监督及评估公司内部控制;

(五)行使《公司法》规定的监事会的职权;

(六)负责法律法规、证券交易所自律规则、公司章程规定及董事会授权的其他事项。

这份职权清单可以分为三类:

(1)第五项,将原属于监事会的法定职权(包括但不限于检查公司财务、监督董事高管行为、要求纠正损害公司利益行为、提议召开会议、提出提案、代表公司提起诉讼等)整体划归审计委。

(2)第一、二、三、四项,主要依托《公司法》第137条规定的上市公司审计委职权,且有所细化与扩张。

(3)第六项,兜底性授权规范。

2. 履职的公司治理制度保障

为确保审计委有效履职,《指引》提供了一份"履职说明书",第23条规定:

为保障有效履行职责,审计委员会有权根据法律法规、证券交易所自律规则和公司章程的规定行使下列职权:

(一)检查公司财务;

(二)监督董事、高级管理人员执行职务的行为;

(三)当董事、高级管理人员的行为损害公司的利益时,要求董事、高级管理人员予以纠正;

(四)提议召开临时董事会会议;

(五)提议召开临时股东会会议,并在董事会不履行法律规定的召集和主持股东会会议职责时召集和主持股东会会议;

（六）向股东会会议提出提案；

（七）接受股东请求，向执行公司职务时违反法律、行政法规或者公司章程规定给公司造成损失的审计委员会成员以外的董事、高级管理人员提起诉讼；

（八）法律法规、证券交易所自律规则及公司章程规定的其他职权。

此外，《指引》第9~13条详细规定审计委履职的程序规范，覆盖会议类型、形式（定期、临时）、召集与主持规则（明确召集人、通知要求）、出席要求（成员亲自出席原则）、审议与表决机制（充分讨论、明确表决规则）以及会议记录与档案保存（详细记录、规范存档）等全流程细节，实操性强。

3. 履职的行政资源支持

审计委有效履职，上市公司强有力的行政资源支持必不可少。《指引》第7条明确规定：

上市公司应当为审计委员会提供必要的工作条件和足够的资源支持，配备专门人员或者机构承担审计委员会的工作联络、会议组织、材料准备和档案管理等日常工作。

审计委员会履行职责时，上市公司管理层及相关部门须予以配合。董事、高级管理人员应当如实向审计委员会提供有关情况和资料，不得妨碍审计委员会行使职权，保证审计委员会履职不受干扰。

审计委员会行使职权所必需的费用，由公司承担。

本条从组织保障（人员/机构）、执行保障（管理层配合、信息获取无障碍）、独立性保障（履职不受干扰）和经费保障四个维度，要求上市公司为审计委有效履职提供保障，这些不是可做可不做的"软性要求"，而是必须履行的"刚性义务"。

分篇三

内控机构、风控机构、合规机构

《公司法》第 177 条规定,"国家出资公司应当依法建立健全内部监督管理和风险控制制度,加强内部合规管理"。这就对国家出资公司的内控、风控、企业合规等三项制度建设一并提出了硬性要求。事实上,不独国家出资公司,对于各类民营企业(包括企业集团及中小微企业)而言,加强内控、风控、合规的三项制度建设同样具有重大意义。

目前,以央企、金融类公司、上市公司、地方国有公司为先导,我国各类公司都在苦练内功,强化内控、风控、合规三项制度建设。因此,读者有必要对公司内控、风控、合规三项制度建设的内容及进展稍作了解,它们也是具有中国特色的现代企业制度的重要组成部分。

公司内控、风控、合规三项制度建设的共同制度背景是营商环境,而营商环境的核心是政商关系。二者的建设方向各有侧重:营商环境强调法治化、市场化与国际化,政商关系则以构建"亲""清"政商关系为目标。在此一并介绍。

本分篇共设 8 问,内容上具有综合性与复杂性。

012　何谓公司的内控制度?

一、内控制度

就公司的控制手段而言,根据控制机制作用范围的不同,可以分为公司的外部控制和内部控制。前者主要存在于资本市场,通过兼并、收购、代理权竞争等公司控制权市场活动实现;后者即公司内控,主要指向公司内部主体采取的控制行为。

公司内控制度实践源于美国,最初以保障资产安全与财务控制为核心,后逐渐拓展至更广泛的目标与功能。美国反舞弊财务报告全国委员会下设的发起组织委员会(Committee of Sponsoring Organizations of the Treadway Commission, COSO)发布的《内部控制——整合框架》,被国际社会及各国审计机构视为内控领域权威标准。在COSO框架的全球影响下,我国通过本土化改造逐步建立起公司内控制度体系。

二、我国公司内控规范体系

1996年,中国注册会计师协会制定《独立审计具体准则第9号——内部控制与审计风险》,首次规定将内部控制纳入审计范畴,明确内部控制的内容包括控制环境、会计系统和控制程序。

1999年修订的《会计法》是我国最早以法律形式确立内部控制原则性要求的法律,这体现了内控制度财务审计色彩浓厚。

2008年,财政部等五部委联合发布《企业内部控制基本规范》(以下简称《基本规范》),这是我国目前最重要的内控文件,确立了覆盖五要素(内部环境、风险评估、控制活动、信息与沟通、内部监督)的内控制度框架,并要求大中型公司必须适用。

2010年,为了确保《基本规范》的顺利实施和平稳运行,财政部等五部委又进一步发布了《企业内部控制配套指引》。

此外,财政部发布《小企业内部控制规范(试行)》,国资委针对国企、金融监管部门针对各类金融公司、证监会和证券交易所针对上市公司的内控建设发布系列部门规章和规范性文件,细化了针对不同类型和行业的公司内控要求。

三、公司内控体系理解要点

根据《基本规范》第3条第1款,内部控制是指"由企业董事会、监事会、经理层和全体员工实施的、旨在实现控制目标的过程"。想要深入理解内控内涵并将其融入公司治理,重点理解四个要点。

1. 内控目标

《基本规范》第3条第2款规定:

内部控制的目标是合理保证企业经营管理合法合规、资产安全、财务报告及相关信息真实完整,提高经营效率和效果,促进企业实现发展战略。

理论上一般认为,内控就是要控制包括公司的业务风险和管理者的职务相关风险在内的风险。所谓"提高经营效率和效果"既指向持续经营生存("活下来"),也要求创造价值("活得好")。尤需注意,对于国有企业而言,创造价值不仅指向经营性目标,还应包括承担社会责任、维护公共利益等非经济性目标。

2. 内控形式

就表现形式而言,公司内控往往呈现为规范化的流程。此类流程首先需要符合法律法规的要求,如公司内部各种事项的决策权需符合《公司法》等规范要求。一般而言,此种流程除需包含活动内容、活动方式、活动承担者和活动间的连接方式等基本要素外,也需包含控制点或风险点、控制标准和控制痕迹等特殊要素。实践中,公司通常会围绕此种内控流程设计《内控手册》《内控制度》,以实现内控的制度化、成文化。

3. 内控主体

如前所述,公司内控就是公司内部的规范化业务流程,那么,凡处于经营管理链条上的主体均为内控主体。董事会作为公司治理核心,其内控主体地位自无疑问。在公司科层制的治理模式下,董事会以下的经理层和各个业务节点的员工,也都在内控流程中发挥作用。

《公司法》规定各类公司在监事会、审计委之间选择组建监督机构,因此,《基本规范》的监事会或被审计委取代,不必然是内控主体。另需补充,股东会根据《公司法》享有对公司重大事项的决策权,以及国企党委会享有"三重一大"事项的决策权,亦应纳入内控体系中。

4. 内控五要素

根据《基本规范》,企业内控包括内部环境、风险评估、控制活动、信息与沟通、内部监督五要素。

内部环境是指影响特定政策、程序制定及其执行效率等一系列因素的综合,决定着内部控制的规则与结构,具体涵盖公司治理结构、组织结构、权责分配体系等多个层面。

风险评估是指企业及时识别、系统分析经营活动中与实现内部控制目标相关的风险,合理确定风险应对策略。

控制活动是企业根据风险评估结果,采用相应的控制措施,将风险控制在可承受范围内。

信息与沟通是企业及时、准确地收集、传递与内部控制相关的信息，确保信息在企业内部、企业与外部之间进行有效沟通。

内部监督是企业通过持续监控和独立评价机制，确保内部控制有效运行并及时改进缺陷的管理活动。这五个要素相互配合，共同确保公司内控体系的有效性。

013 国有公司内控机制建设要点是什么？

一、国有公司的内控机制建设

现行公司法的一个重要创新是对国有公司课以合规义务，并要求其建立内控机制。但是，《公司法》仅明示了国有公司的内控机制建设义务，具体的操作要求仍仰赖其他法规、规章和规范性文件。除《基本规范》这一纲领性文件外，国务院国资委还发布了《关于加强中央企业内部控制体系建设与监督工作的实施意见》（以下简称"2019年意见"）。此后，国务院国资委每年均会发布央企内控机制建设文件。[①] 除此之外，国务院国资委发布的其他政策文件中也会涉及内控机制建设要求，如《中央企业董事会工作规则（试行）》《中央企业重大经营风险事件报告工作规则》等。

总体来看，有关国有公司内控机制的政策文件繁杂细密，散落各处，这对内控机制设计者提出了较高要求。去芜存菁，纵览现有规范文件的政策精神和演变历程，现将国有公司内控机制建设的几大核心机制总结如下，以供内控机制设计者参考。

---

① 具体包括：《关于做好2020年中央企业内部控制体系建设与监督工作有关事项的通知》（国资发监督规〔2019〕44号）；《关于做好2021年中央企业内部控制体系建设与监督工作有关事项的通知》（国资厅监督〔2020〕307号）；《关于做好2022年中央企业内部控制体系建设与监督工作有关事项的通知》（国资厅监督〔2021〕299号）；《关于做好2023年中央企业内部控制体系建设与监督工作有关事项的通知》（国资厅监督〔2023〕8号）；《关于做好2024年中央企业内部控制体系建设与监督工作有关事项的通知》（国资厅监督〔2024〕20号）；《关于做好2025年中央企业内部控制体系建设与监督工作有关事项的通知》（国资厅监督〔2025〕25号）。

二、几个要点

(一)公司内控管理机制

《基本规范》将董事会、监事会(审计委)、经理层和全体员工列为内控实施主体。在此基础上,国务院国资委办公厅《关于做好 2022 年中央企业内部控制体系建设与监督工作有关事项的通知》(国资厅监督〔2021〕299 号)明确提出发挥党委会对公司内控的组织领导作用,并被此后历年的内控文件强调。国有公司应当完善党委会对内控工作的领导机制,落实董事会对内控机制的监管责任,发挥内控职能部门统筹协调、组织推动、督促落实、监督评价的作用。

(二)权力规范化行使机制

国有公司内控机制的重心是权力的规范化行使。一方面,需完善公司权责分配机制,健全企业"三重一大"权责清单,清晰界定企业各治理主体的管理责任和监督责任。国有公司应参照《中央企业董事会工作规则(试行)》的规定,明晰董事会的职责权限、议事规则等,推进董事会授权的制度化、规范化。另一方面,应加强对国企管理者个人的权力约束控制,加强重要岗位的授权管理和权力制衡。

根据《关于做好 2025 年中央企业内部控制体系建设与监督工作有关事项的通知》(国资厅监督〔2025〕25 号,以下简称"2025 年通知"),穿透式监管成为国有公司内控机制建设的新动向。有鉴于此,国有公司应当依据"2025 年通知"的要求,加强公司集团穿透式内控机制建设。

(三)风险防范机制

完善国有企业风险防范化解机制需区分处理宏观风险和微观风险。依"2019 年意见",针对宏观外部市场风险,国有公司应当加强经济运行动态、大宗商品价格以及资本市场指标变化监测,优化完善风险监测预警指标体系。针对微观市场风险,国有公司应当在投资并购、改革改制重组等重大经营事项决策前开展专项风险评估,并将风险评估报告作为重大经营事项决策的必备支撑材料。此外,央企应当依据《中央企业重大经营风险事件报告工作规则》规定的健全风险报告机制,在风险发生后及时处置危险。

近年来,国有公司境外经营风险频发,因此,加强海外资产的监督成为内控机制建设的焦点。开展境外业务的国有公司应遵照"2025 年通知"的要求,围绕境外招投标等重要经营风险领域,完善境外内控监督体系。

(四)信息沟通机制

信息与沟通是《基本规范》规定的内控五大要素之一。国有公司应当按照国资委监管信息化建设的工作要求,推动内控体系的信息化建设。在内控机制智能化、穿透化转向的政策背景下,国有公司应当积极探索利用人工智能、大数据等信息化手段,实现经营管理决策和执行的在线监管,提高公司的穿透管控和风险评估能力。

(五)内控监督机制

为保障内控机制的落实,国有公司应当完善内控监督机制,构建多样化的内控监督方式。国务院国资委办公厅《关于做好2022年中央企业内部控制体系建设与监督工作有关事项的通知》(国资厅监督〔2021〕299号)在传统企业自评、集团监督、外部审计监督的基础上,要求吸收纪检监察监督、巡视监督等组织监督手段,形成监督合力。对于央企的内控审计监督而言,国务院国资委《关于深化中央企业内部审计监督工作的实施意见》提供了规范指引。

此外,考虑到内控、风控和合规管理目标协同的现实,应当统筹建立监督评价体系。"2019年意见"指出,应统筹推进内控、风险和合规管理的监督评价工作,将风险、合规管理制度建设及实施情况纳入内控体系监督评价范畴。这为国有公司建立统一的内控监督体系提供了政策遵循。

(六)内控评价机制

为发挥内控监督体系的激励作用,国有公司应当建立与内控评价结果相挂钩的考核机制,并依法依规追究责任。央企应依照《中央企业负责人经营业绩考核办法》,依法将内控实施效果纳入管理人员评价体系。针对涉及违反公司内控机制、给公司造成损失的行为,应按照《中央企业违规经营投资责任追究实施办法(试行)》追究责任,以实现权责匹配。

014 何谓公司的风控制度?

一、风险控制

风险控制(以下简称风控)是企业在面对市场风险、信用风险、操作风险等多种不确定性因素时所采取的系统性识别、评估、监控和应对措施。风险控制的特点是系统性与前瞻性,它不仅仅是应对已发生的风险("治已病"),更强调对未来风险的预测和主动防范("治未病"),以提升企业的抗风险能力,确保企业经营的稳健性和可持续发展。

关于风控和上文所谈内控的关系,理论上存在争议。一般认为,二者共性在于目标均为控制公司风险,区别在于风险管理手段上:内控是风险管理流程中由公司内部主体完成的一部分,而完整的风险管理还包括外部利益主体完成的部分流程,如股东、债权人、政府等参与的企业风险管理流程。在此意义上,可以将内控理解为风控体系的一部分。

从比较法来看,美国 COSO 制定的《企业风险管理——整合框架》规定了公司风控的基本体系,是全球范围内公司风控的权威文件。在我国,国务院国资委 2006 年颁行的《中央企业全面风险管理指引》(本问中称《管理指引》)是我国公司风控建设的纲领性文件。此外,监管机关针对金融公司制定了大量的专门性风控要求。

二、风险控制机制的主要内容

理解公司的风控机制,可以从三个问题入手。

(一)控制哪些风险

根据《管理指引》规定,公司风控机制所控制的一般可分为战略风险、财务风险、市场风险、运营风险、法律风险等。另外,根据能否为企业带来盈利等机会为标准,风险分为纯粹风险(只带来损失一种可能性)和机会风险(带来损失和盈利的可能性并存),如市场竞争中的投资决策或业务拓展。此种口径下,风控机制中风险的范畴比较宽泛。

在关注单一风险控制的基础上,公司风控机制应注重全面风险管理,即从顶层设计的角度出发,建立全面风险管理体系,确保企业实现总体经营目标的同时,又能防范和化解各类潜在风险。

(二)基本流程是什么

从比较法来看,美国 COSO 的《企业风险管理——整合框架》规定,全面风险管理包括目标设定、内部环境、事项识别、风险评估、风险应对、控制活动、监督检查、信息与沟通八个关键环节。在我国,《管理指引》为公司风控详细规定了五个环节。

1. 收集风险管理初始信息。各有关职能部门和业务单位应当广泛且持续不断地收集与自身相关的战略风险、财务风险、市场风险、运营风险及法律风险的初始信息,且需包含历史数据和未来预测。《管理指引》第二章具体列示了公司对各种具体风险所需收集的信息。

2.进行风险评估。风险评估需依次开展风险辨识、风险分析、风险评价三个步骤。风险辨识处理的是企业经营活动中有无风险、有哪些风险;风险分析是对辨识出的风险及其特征进行明确的定义描述,分析风险发生的可能性高低和条件;风险评价则是评估风险对企业实现目标的影响程度、风险的价值等。

3.制定风险管理策略。风险管理策略的制定核心是依据公司的风险偏好、风险承受度以及风险管理有效性标准,针对不同的风险选择合适的管理工具。在风险管理工具箱,公司可以选择风险承担、风险规避、风险转移、风险转换、风险对冲、风险补偿、风险控制等具体策略。

4.提出和实施风险管理解决方案。在风险管理策略确定后,应当依据风险管理策略制订具体的风险管理解决方案。方案一般应包括风险解决的具体目标,所需的组织领导,所涉及的管理及业务流程,所需的条件、手段等资源,风险事件发生前、中、后所采取的具体应对措施以及风险管理工具。值得注意的是,风险管理解决方案的内容与公司内控机制存在重合(《管理指引》第34条),因此,风控机制实施的过程也是内控机制完善优化的过程。

5.风险管理的监督与改进。公司应当采取多样化手段对风控机制的有效性进行检验,以增强风控机制的适应性。《管理指引》第38~41条为公司有关部门和业务单位、风险管理职能部门、内部审计部门和中介机构在风控监督机制中发挥作用提供了具体指引。

(三)如何构建风控体系

根据《管理指引》有关规定,风控体系建设包括四个方面的内容:

1.风险管理组织体系。公司应设置风险管理三道防线:第一道防线为各有关部门和业务单位,第二道防线为风险管理职能部门和董事会下设的风险管理委员会,第三道防线为内部审计部门和董事会下设的审计委。《管理指引》第七章具体规定了处在各防线上的各部门职责及其制衡关系。

2.风险管理内部控制系统。如前所述,内控与风控机制本就存在目标协同性,因此,风险管理中的内控机制很大程度上应依托公司内控机制。《管理指引》未对此提供指引,公司可参照《基本规范》构建风险管理内控系统。

3.风险管理组织文化。建立风险管理组织文化的落脚点是提升员工风险管理素质;通常可以从以下三个方面入手:营造风险管理文化氛围、加强员工法律素质教育、将风险管理与公司薪酬绩效管理制度等各项人事制度相结合。

4.风险管理信息系统。"信息与沟通"不仅是公司内控的核心要素,也是建构公司风控的关键。因此,公司应建立涵盖风控基本流程和内控系统各环节的风险管理信息系统,包括从采集到披露的全流程信息管理系统。

015 金融类公司风控机制建设的要点是什么?

一、金融业风控的重要性

金融秩序的稳定关涉经济社会发展和公共利益,乃是国家经济安全的重中之重。因而,金融业的风控必须走在各类公司的前列,从而成为市场主体风控体系的基础。

2024年4月,国务院发布《关于加强监管防范风险推动资本市场高质量发展的若干意见》(新"国九条"),强调资本市场应"以强监管、防风险、促高质量发展为主线"。在强监管立场下,监管机关较为注重金融公司的风控机制建设。加之金融业对于风险管理较为重视,其风控建设相较其他行业起步更早、发展更快,因而更具有典型性和借鉴意义。

长期以来,我国对金融业采取分业监管的思路,监管机关对不同行业分别制定不同的监管规范,金融公司的风控规范呈现分散化、碎片化的特点。除《基本规范》《企业内部控制配套指引》等通用于所有金融公司的风控规范之外,仍存在针对各行业金融公司的专门规范。下文将结合监管规范对各类金融公司风控机制建设的要点进行简要提示。

二、商业银行

2016年,原中国银监会发布的《银行业金融机构全面风险管理指引》是商业银行风控机制建设的基础文件,该规范全面规定了风险治理架构、风险管理策略、风险偏好和风险限额,风险管理政策和程序,管理信息系统和数据质量控制,内部控制和审计体系五大商业银行风控要素。商业银行在设计风控机制时,应重点把握董事会、监事会和各条业务线等"三道防线"的风险职责。

针对商业银行存在的单一风险,原中国银监会、中国银保监会和现国家金融监管总局先后出台了《商业银行市场风险管理指引》(2004年)、《商业银行信息科技风险管理指引》(2009年)、《商业银行并购贷款风险管理指引》(2015年)、《中国银监会关于进一步加强信用风险管理的通知》(2016年)、《银行保险机构声誉风险管理办法(试行)》(2021年)、《商业银行金融资产风险分类办法》(2023年)、《银行保险机构操作风险管理办法》(2023年)。针对资本充足性和流动性问题,商业银行应严格遵守国家金融监管总局2023年颁行的《商业银行资本管理办法》。

三、保险公司

原中国保监会发布的《保险公司风险管理指引(试行)》(2007年)和《保险公司内部控制基本准则》(2010年)是保险公司风控机制建设的纲领性文件,其中前者的风控机制模式与《中央企业全面风险管理指引》类似,均囊括风险评估、风险控制、风险管理的监督与改进等要素。原中国银保监会2021年发布的《保险公司偿付能力监管规则第12号:偿付能力风险管理要求与评估》将保险机构的风险管理能力与其资本配置挂钩。

针对风险后果更为严重的人身保险,国家金融监管总局出台《人身保险公司监管评级办法》,引导人身保险公司从公司治理、业务经营、资金运用、资产负债管理、偿付能力管理、其他方面六大维度进行风险控制,并遵循根据监管评级结果进行差异化管理的思路。

四、信托公司

近年来,信托行业蓬勃发展,监管机关也增强了对于信托公司风控机制的规范。2025年5月15日,《国家金融监督管理总局关于修改部分规章的决定》第一次修正了《信托公司管理办法》,新规构建了更为严密的风险防控机制,其在第五章"监督管理"中要求信托公司构建以受托履职合规性管理和操作风险为重点的全面风险管理体系,建立治理清晰的风险治理架构,完善净资本和准备金管理机制,确保风险偏好与风险管理能力相匹配。此外,新规还从关联交易管理、信息披露管理等角度对信托公司风控机制建设提出要求,并将定期内外部审计制度纳入风控体系。上述动向值得信托从业者进一步追踪关注。

五、证券公司

证券公司风控机制主要由中国证券业协会提供行为规范。2025年3月,中证协发布的《证券公司全面风险管理规范(修订稿)》(以下简称《管理规范(修订稿)》)和《证券公司市场风险管理指引》成为新时期证券公司风控机制建设的重要指引。《管理规范(修订稿)》明确证券公司的风控机制应包括风险管理组织架构、风险偏好和指标体系、风险管理制度和流程。

根据《管理规范(修订稿)》,证券公司风控机制设计未来应重点完善风险管理架构中各单位的职责和相应的激励约束机制、健全公司风险偏好和指标体系、优化风险管理信息技术系统和数据治理。此外,《管理规范(修订稿)》新增了对子公司、场外业务、表外业务的风险管理,因此,证券公司应依规加强穿透式管理,并注意遵守《证券公司并表管理指引(试行)》(2025年)的具体要求。

016　什么是企业合规?

一、企业合规的原义

(一)问题引出

目前,无论是上市公司、大中型国有企业,还是金融机构以及资源导向的大型企业,基本均会设置董秘办、法务部、知识产权部、合规部等职能部门。这些都可以称为公司广义上的法务合规部门。公司设置这些合规部门的核心目标就是保障企业经营与管理合规。那么,什么是企业合规呢?企业内控、风控与合规之间又是什么关系呢?

实际上,内控、风控与合规三者作为立法概念,与管理概念相互关联。因此,《公司法》第177条规定:

国家出资公司应当依法建立健全内部监督管理和风险控制制度,加强内部合规管理。

以国有企业为例,企业内控、风控是方法、手段,也是目标。具言之,内控主要是消除腐败,风控则主要指向外部的经营风险,合规主要是方法(手段),其本身并非目标。可见,三者是交叉关系:国企经营管理中要力防内外勾结,强化内控与风控;期望合规管理建设达到控制企业内外管理经营风险之目标。

(二)合规概念的提出

企业合规这一概念的本源性解释需回归商法理论体系。从外在控制角度观察,合规是以改善市场主体的行为价值取向为目的预设的一种强制性规则,其基本含义是:企业的所有内外部行为除必须符合法律法规、国际条约和规范性文件的规定外,还要符合商业行为准则、商业惯例、公司章程、内部规章的要求和公序良俗的要求。从社会文化角度观察,合规要求既是一种制度和规范,更是一种企业文化样态。所以,有商法学者将合规要求进行公司法表达的理由归纳为以下几点:(1)完善公司治理的需要;(2)提高公司社会财富创造能力的需要;(3)加强公司诚信建设的需要;(4)遏制公司道德风险的需要;(5)营造宽松营商环境的需要。

简言之,企业合规的含义,无非是指企业经营无论是内部还是外部都要合乎所在国家地区的法律法规,乃至于风俗习惯。对于有外贸需求的企业来说,还需要符合一些国际公约或者海外供应商、经销商所在国的法律法规和其他合规要求。

二、域外立法的规定

在域外立法层面,许多国家、国际组织已有将合规要求上升为法律或规范性文件的实践,其中以经济合作和发展组织(Organization for Economic Co-operation and Development,OECD)和韩国最为典型。OECD 早在 1976 年发布《跨国公司行为准则》,除积极推进企业从事"负责任的商业行为"外,还强调企业要完善全供应链的合规管理。此后又相继于 2009 年、2010 年发布《关于进一步打击在国际商业交易中贿赂外国公职人员的建议》和《最佳实践指南:内控、道德与合规》,并发动成员国共同签署《经济合作和发展组织关于打击国际商业交易中行贿外国公职人员行为的公约》。

2000 年起,韩国政府通过《证券交易法》(现已更名为《资本市场法》)、《金融公司治理结构法》等法律法规,强制在银行、保险、证券公司等金融公司中引进合规监查人制度。2011 年,韩国大幅修订商法,其《商法》"公司法编"第 542 条之十三正式引入合规控制标准和合规支援人制度。此外,德国《证券交易法》第 33 条规定数种带有合规内容的组织义务,并通过具有政府规章性质的《公司治理法典》等文件对企业的合规义务作出要求。

三、中国版本的企业合规概念

国务院国资委《中央企业合规管理办法》第 3 条规定：

本办法所称合规，是指企业经营管理行为和员工履职行为符合国家法律法规、监管规定、行业准则和国际条约、规则，以及公司章程、相关规章制度等要求。

本办法所称合规风险，是指企业及其员工在经营管理过程中因违规行为引发法律责任、造成经济或者声誉损失以及其他负面影响的可能性。

本办法所称合规管理，是指企业以有效防控合规风险为目的，以提升依法合规经营管理水平为导向，以企业经营管理行为和员工履职行为为对象，开展的包括建立合规制度、完善运行机制、培育合规文化、强化监督问责等有组织、有计划的管理活动。

在此对企业合规概念作一个简要总结：

1. 企业合规的主体不仅包括企业自身，还包括所有的内部法人机关、组织结构、员工等。

2. 企业合规的场域指向企业的经营管理行为与员工的履职行为，涵盖企业内外部的所有营业与管理行为。其中，内部包括与员工、管理层、股东等有关的招工、用工、投资、任职、去职等管理行为；外部包括与客户、供应商、债权人、消费者、外部投资者、所在社区等有关的交易行为（经营行为）、非交易行为（社会交往行为）。

3. 企业合规中的"合"，乃行为上模范遵守、践行；内心理念上确信；价值观上认同。

4. 企业合规中的"规"，包括国家法律法规及行业监管规定，也包括行业准则（软法）；国际条约及准则；公司章程等其他公司自治规范，以及公司所在国家、社区的公序良俗。

017　央企的合规组织机构如何建立？

一、唯央企马首是瞻

央企合规工作走在前列，对其他企业合规建设起到引领作用。所以，此处就以国务院国资委发布的《中央企业合规管理办法》（以下简称《办法》）为圭臬，介绍企业合规组织机构的建设经验。

二、组织机构设置及其对应的职责

(一)领导层

1. 党委(党组)

关于央企合规的组织机构设置,政治责任的第一责任主体就是党委(党组)。根据《办法》第 7 条,中央企业党委(党组)发挥把方向、管大局、促落实的领导作用,推动合规要求在本企业得到严格遵循和落实,不断提升依法合规经营管理水平;中央企业应当严格遵守党内法规制度,企业党建工作机构在党委(党组)领导下,按照有关规定履行相应职责,推动相关党内法规制度有效贯彻落实。

2. 董事会

董事会是组织机构(股东会、董事会、监事会/审计委)中的第一责任主体。《办法》第 8 条规定,中央企业董事会发挥定战略、作决策、防风险作用,主要履行以下职责:(1)审议批准合规管理基本制度、体系建设方案和年度报告等;(2)研究决定合规管理重大事项;(3)推动完善合规管理体系并对其有效性进行评价;(4)决定合规管理部门设置及职责。

3. 经理层

《办法》第 9 条规定,中央企业经理层发挥谋经营、抓落实、强管理作用,主要履行以下职责:(1)拟订合规管理体系建设方案,经董事会批准后组织实施;(2)拟订合规管理基本制度,批准年度计划等,组织制定合规管理具体制度;(3)组织应对重大合规风险事件;(4)指导监督各部门和所属单位合规管理工作。

4. 主要负责人

《办法》第 10 条规定,中央企业主要负责人作为推进法治建设第一责任人,应当切实履行依法合规经营管理重要组织者、推动者和实践者的职责,积极推进合规管理各项工作。问题在于,谁是央企的主要负责人?董事长与总经理?抑或是兼任党委(党组)书记的董事长?对这一问题的解释目前仍未有定论,但多数观点认为,兼任党委(党组)书记的董事长是央企的主要负责人。

5. 合规委员会

《办法》第 11 条规定,中央企业设立合规委员会,可以与法治建设领导机构等合署办公,统筹协调合规管理工作,定期召开会议,研究解决重点难点问题。尚需注意,合规委员会是一个综合部门,其成员不仅包括董事长、总经理、总法律顾问,还包括审计负责人、负责财务合规的副总、负责销售管理的人员以及安全负责人等。

(二)执行层

1. 首席合规官

央企应设立首席合规官,即所谓总法律顾问(总法)或首席法律顾问(首法)。《办法》第12条规定,中央企业应当结合实际设立首席合规官,不新增领导岗位和职数,由总法律顾问兼任,对企业主要负责人负责,领导合规管理部门组织开展相关工作,指导所属单位加强合规管理。尚需注意,首席合规官对企业主要负责人负责,这里的"主要负责人"应理解为董事长与总经理。

2. 各业务及职能部门

中央企业业务及职能部门承担合规管理主体责任,据《办法》第13条第1款规定,其主要履行以下职责:(1)建立健全本部门业务合规管理制度和流程,开展合规风险识别评估,编制风险清单和应对预案;(2)定期梳理重点岗位合规风险,将合规要求纳入岗位职责;(3)负责本部门经营管理行为的合规审查;(4)及时报告合规风险,组织或者配合开展应对处置;(5)组织或者配合开展违规问题调查和整改。第13条第2款还规定,中央企业应当在业务及职能部门设置合规管理员,由业务骨干担任,接受合规管理部门业务指导和培训。

3. 合规部门

中央企业合规管理部门牵头负责本企业合规管理工作,据《办法》第14条第1款规定,其主要履行以下职责:(1)组织起草合规管理基本制度、具体制度、年度计划和工作报告等;(2)负责规章制度、经济合同、重大决策合规审查;(3)组织开展合规风险识别、预警和应对处置,根据董事会授权开展合规管理体系有效性评价;(4)受理职责范围内的违规举报,提出分类处置意见,组织或者参与对违规行为的调查;(5)组织或者协助业务及职能部门开展合规培训,受理合规咨询,推进合规管理信息化建设。第14条第2款还规定,中央企业应当配备与经营规模、业务范围、风险水平相适应的专职合规管理人员,加强业务培训,提升专业化水平。

4. 监督部门

《办法》第15条规定,中央企业纪检监察机构和审计、巡视巡察、监督追责等部门依据有关规定,在职权范围内对合规要求落实情况进行监督,对违规行为进行调查,按照规定开展责任追究。

三、一点题外话

金融机构、地方国企可以照葫芦画瓢,大致按照上述规定设置合规部门、负责人岗位,并明确公司领导层及相关职能部门、监督部门的职责。各类金融机构的监管部门、各省级国资委、地方人民政府针对各自监管的金融机构、地方国企的合规工作,已制定、颁布多项规范性文件,明确提出了具体要求,相关单位应一体遵循。

央企合规组织机构的设置对于大型民营企业也有非常大的借鉴意义。事实上,以华为、阿里巴巴等民营上市公司为例,其广义合规管理体系涵盖的职能部门通常包括董秘办、股权事务办(企业管理部)、法律部、合规部、知识产权部及审计办等。

018 什么是市场化、法治化、国际化营商环境?

一、营商环境为何重要

(一)制度本意

上至党和国家领导人,下至村镇干部,近年来言及的一个高频词汇就是营商环境。实际上,营商环境的核心是如何保护投资者,而非其他。如何保护劳动者,在现代法治体系中也很重要,但不是营商环境的制度场域讨论的内容。这并不是说保护劳动者不重要,而是说其并非"营商环境"制度的本意。倡导营造营商环境的本意是保护投资者,也就是保护公司股东。一个国家的经济社会发展,如果连投资者都保护不好,奢谈保护劳动者?企业和企业家在当代社会经济发展中的作用由此可见一斑。一句话,营商环境的核心是保护投资者,在公司法语境中就体现为保护好公司的股东,尤其是广大的中小股东(公众投资者)。

(二)无论怎样强调其重要性,都不过分

营商环境的重要性不言而喻。举例来说,一句"投资不过山海关",对某些地区发展造成负面影响。但是,这种伤害却以另一种巨大的伤害事实发生在前为因。一个国家、地区的经济发展动力无非投资、消费与外贸,其中,投资(主要是指来自外部的投资)对于发展中的经济体而言是第一动力源。因此,失去了外部投资,对于发展中的经济体谋发展而言,是致命伤害。沿海地区经济发展得相对更好,恰与其相对

良好的营商环境呈正相关关系。

不仅地区间的经济发展如此,放眼全世界各个国家之间的竞争何尝又不是如此呢!在世界银行多年关于190多个独立经济体的营商环境排名榜单中,排名越靠前,经济发展活力与质量越好,这足以说明营商环境的重要性。国与国之间竞相吸引外来投资的背后,肯定是营商环境发挥作用——国家的法律、政策、社会文化是否对投资者友好。对投资者友好与否最终会反映在一个公司身上,反映在一个国家的公司法对投资者,尤其是中小投资者的保护的指标、力度上。

二、建设市场化、法治化、国际化营商环境

党中央、国务院一直将市场化、法治化、国际化作为营商环境制度建设的目标与根本指引。那么,什么是市场化、法治化、国际化的营商环境呢?

所谓市场化营商环境,是指遵循市场在资源配置中的决定性作用,为此要减少行政干预,促进公平竞争。具体而言,要推进简政放权,全面实施市场准入负面清单制度,支持企业更好参与市场合作和竞争。市场化营商环境要求各类所有制企业(国有企业、民营企业等)平等参与市场竞争,要求资本、劳动力、技术等按照市场规律流动,破除垄断和壁垒。推进营商环境市场化,能够通过市场竞争提升效率、激发企业创新活力,避免"劣币驱逐良币"。

对于法治化营商环境,首要的是实施好《民法典》《公司法》等相关民商事法律法规,依法平等保护国有、民营、外资等各种所有制企业的产权和自主经营权,完善各类市场主体公平竞争的法治环境。要依法保护企业家合法权益,加强产权和知识产权保护,形成长期稳定发展预期,鼓励创新、宽容失败,营造激励企业家干事创业的浓厚氛围。一句话,法治化营商环境就是以法律为基础,通过规则透明、公正司法等方式保障市场主体的权利及公平竞争。可以说,法治化是保护投资者、建设营商环境的基石。

国际化营商环境,是指要对接国际规则与标准,便利跨境贸易、投资与人才流动,提升全球竞争力。为此,要实施好外商投资法,放宽市场准入,推动贸易和投资便利化;完善公平竞争环境对在中国注册的企业一视同仁。

019　如何构建亲、清的政商关系?

一、什么是政商关系

企业家与政府的关系也即政商关系,是中国企业家必须面对和处理的关系。

所谓政商关系,就是政商双方根据社会需要和社会分工的不同,在履行职能过程中形成的相互联系、相互作用的关系。从全世界来看,政商关系大体分为两种类型:一种是政府主导的,政府干预企业;另一种是企业主导的,企业参与政治。

由于掌握公共权力,政府在政商关系中常处于强势地位。政府干预企业可能是期望通过对企业发展提供政策指导,从而提高政府的财政收入,促进当地经济的发展或者维护社会秩序的稳定。但当缺乏有效监管时,政府或者官员会利用自己手中的公权力,通过迎合或者妨碍企业活动,从事创租活动,来为自己谋取私利。虽然企业常在政商关系中处于弱势地位,但这并不等价于企业会处于被动局面。相反,正是因为企业的这种弱势地位,才促使企业积极地调动资源,积累政治人脉,争取政策支持。此外,对于企业而言,政商关系有时可以作为一种非正式的机制,保护自身利益,这也使得企业积极参与政治。

在我国,政府在政商关系中处于相对强势地位。一方面,政府拥有大量的资源,一项新的政策往往影响行业的发展和企业的兴衰(贷款、土地、上市指标);另一方面,政府部门可以利用行政权威和部门间的权力关系介入企业的经营管理活动。从历史上看,中国商业史也是一部政商博弈史,企业、企业家一方始终在探寻与政治保持合适距离的平衡点。

二、政商关系重塑:亲、清的政商关系

政商关系构成企业外在营商环境的重要部分,对企业的生存和发展以及企业之间的竞争都发挥至关重要的作用。企业的环境包括市场环境和非市场环境,企业必须针对市场环境和非市场环境作出相应反应。企业—政府关系是非市场环境的一个重要方面,企业通过接近政府和发展与政府(官员)的特殊关系以便取得资源、得到保护或免除麻烦。这就是通常所谓的政商关系在中国目前商业中的重要性。

2016年"两会"期间,习总书记在民建、工商联委员联组会上首次用"亲""清"两个字定位新型政商关系,不仅让政商双方有规可依、有度可量,更给党员干部和企业家之间怎样打交道,指明了方向,划出了底线,对新型政商关系进行了详尽的表述。

中共中央、国务院颁布的《关于促进民营经济发展壮大的意见》第25条明确提出:

全面构建亲清政商关系。把构建亲清政商关系落到实处,党政干部和民营企业家要双向建立亲清统一的新型政商关系。各级领导干部要坦荡真诚同民营企业家接触交往,主动作为、靠前服务,依法依规为民营企业和民营企业家解难题、办实事,守住交往底线,防范廉政风险,做到亲而有度、清而有为。民营企业家要积极主动与各级党委和政府及部门沟通交流,讲真话、说实情、建诤言,洁身自好走正道,遵纪守法办企业,光明正大搞经营。

2020年7月21日,习总书记在企业家座谈会上再次指出:

构建亲清政商关系。各级领导干部要光明磊落同企业交往,了解企业家所思所想、所困所惑,涉企政策制定要多听企业家意见和建议,同时要坚决防止权钱交易、商业贿赂等问题损害政商关系和营商环境。要充分发挥市场在资源配置中的决定性作用,更好发挥政府作用。政府是市场规则的制定者,也是市场公平的维护者,要更多提供优质公共服务。要支持企业家心无旁骛、长远打算,以恒心办恒业,扎根中国市场,深耕中国市场。

三、为什么要构建亲、清的政商关系

在新时代的反腐过程中,每查处一个领导干部,背后都会扯出一长串违背政商关系"亲""清"原则的企业家,尤其是民营企业家,无数企业发展因此受到严重的牵累。这一果,其因则在于,在过去一个时期内,一些企业家与政府官员之间形成了利益共同体,企业家可以利用关系谋取经济利益,逃避法律责任,官员也能够从企业家身上获取不法的巨额经济利益,这样的政商关系只有"亲",没有"清"。短期来看,双方各取所需。但长期来看,一旦官员被查处,诸多企业家命运也随之逆转,甚至由于触犯法律而沦为阶下囚。很多企业家一旦涉案,也会牵出萝卜带出泥,导致更多的官员落马。因此,从保护企业家本身和维护政治生态的角度出发,应当构建亲、清政商关系。

要从根本上改变民营企业"既是被需要的,又是被歧视的"尴尬处境,将其从坏

体制"始作俑者"的角色中解放出来。此外,还需深化改革,转变政府职能,加速社会主义民主与法治化建设,整肃吏治,完善监督机制。

四、怎样构建亲、清的政商关系

要构建亲、清的政商关系,党员领导干部要"亲"商,就是要坦荡真诚地同民营企业接触交往,特别是在民营企业遇到困难和问题时更要积极作为、靠前服务,对非公有制经济人士多关注、多谈心、多引导,帮助企业解决实际困难。所谓"清",就是与民营企业家的关系要清白、纯洁,不能有贪心私心,不能以权谋私,不能搞权钱交易。必须掏真心、用真力、出真招服务人民;在"亲"商中斩断私利杂念,清清白白做人、干干净净做事,始终牢记"莫伸手,伸手必被抓"。

民营企业家要"亲"政,守法诚信。守法律、讲诚信是企业家的立身之本,也是企业经营的生命线。民营企业家要在"亲"政中斩断投机的杂念,不寻租、不行贿、不破坏市场规则、不做蝇营狗苟之事,以良心品质和诚信经营铸造企业品牌,以守法清白的企业家形象展示给公众,这样才能赢得市场的认可、客户的认同,企业才能行稳致远,做成百年老店。

分篇四

国家出资公司组织机构的特殊性

公有制是我国经济的基础，国有企业是公有制的主要经济组织形式，国有公司则是国有企业的主流。经过30多年的国企公司改制，传统的全民所有制工业企业虽然仍有，但已经式微。

就公司法的视域而言，与非国有公司相比，国有公司的最大特色在于国有资产管理体制的特殊性，这些主要规定在《企业国有资产法》以及数以千计的国有资产管理法规、规章及规范性文件中，其具体内容不是本书的容量所能讲述的。

《公司法》单设第七章"国家出资公司组织机构的特别规定"，集中规定国家出资公司组织机构。解读这一章规定的核心制度及其实践状态，是本分篇的任务，为此专设12问。本分篇12问的逻辑是：先讲国家出资公司的共同规则（前7问）；再讲国有独资公司的特则（中间4问），最后1问讲述国有参股公司的准用规则。

020　有何特殊规范？

一、国家出资公司的特殊法律适用

《公司法》第168条第1款规定：

国家出资公司的组织机构，适用本章规定；本章没有规定的，适用本法其他规定。

据此，在法律适用上，国家出资公司的组织机构优先适用《公司法》第七章的规定；唯在该章没有规定时，才适用《公司法》其他章节的规定，体现出国家出资公司的特殊性。

有人据此认为,国家出资公司组织机构的规范,就是由两部分构成,一是第七章的特殊规定,二是其他章节针对所有公司的一般规定。这一认识忽略了一个重要环节——其他章节也有若干的针对国家出资公司组织机构个别设计的特别规定,比如关于职工民主管理规定的特别要求等。本分篇拟整合、梳理以上三方面的规定,给读者一个关于国家出资公司组织机构的完整规范体系。

二、第七章规定概览

归纳第七章的特殊规定,又分为国有独资公司与国有资本控股公司共同适用的特殊规范,与国有独资公司单独适用的特殊规范,其中后者所占分量更重。鉴于本书安排了第五、六、七篇关于组织机构(治理结构)的专问,所以此处仅简单分析国家出资公司组织机构的特殊性。

(一)关于国家出资公司组织机构的共同规范

1. 履行出资人职责的机构

如前文指出的,比如国有独资公司等国家出资公司不存在法律意义上的股东(自然人、法人、非法人组织),将由谁来行使股东的权利?经过几十年国企改革实践的摸索,目前制度设计中的权利行使主体是"履行出资人职责的机构"。《公司法》第169条规定:

国家出资公司,由国务院或者地方人民政府分别代表国家依法履行出资人职责,享有出资人权益。国务院或者地方人民政府可以授权国有资产监督管理机构或者其他部门、机构代表本级人民政府对国家出资公司履行出资人职责。

代表本级人民政府履行出资人职责的机构、部门,以下统称为履行出资人职责的机构。

现实生活中,履行出资人职责的机构,在非金融类的国企,主要是各级政府的国资委;金融、文化类国企,主要是各级政府的财政部门;此外,还有一些国有资产运营单位。

2. 党的领导

《公司法》第170条规定:

国家出资公司中中国共产党的组织,按照中国共产党章程的规定发挥领导作用,研究讨论公司重大经营管理事项,支持公司的组织机构依法行使职权。

这是关于国家出资公司中实行中国共产党领导的规定，区别于第18条适用于所有公司的"设立中国共产党的组织，开展党的活动"的规定，国家出资公司的中国共产党领导遵循一个严整的制度体系，需要展开介绍，下一问将予以详细展开。

3. 内控、风控、合规管理

《公司法》第177条规定：

国家出资公司应当依法建立健全内部监督管理和风险控制制度，加强内部合规管理。

关于这一方面的内容，本书安排在第七篇的分篇三中共设8问予以专门介绍，此处不赘述。

（二）关于国有独资公司组织机构的特别规范

这集中体现在第171~176条，内容涵盖：公司章程制定（第171条）、股东会职权的分权（第172条）、董事会的组成（第173条）、总经理的聘任、解聘与兼任（第174条）、高管层兼职限制（第175条）、审计委员会的设置（第176条）等。这些内容分散在本书的相关部分，已有讲述，比如《公司法》第171条规定：

国有独资公司章程由履行出资人职责的机构制定。

国有独资公司章程制定的特殊程序，在本书第二篇分篇二"公司章程"部分已有相应的介绍。再比如关于国有独资公司监督机构的设置，《公司法》第176条规定：

国有独资公司在董事会中设置由董事组成的审计委员会行使本法规定的监事会职权的，不设监事会或者监事。

这一规定本身并没有强行废止监事会（监事）制度，但在后续国资委推行的改革制度中，已经事实上废止了监事会（监事），改为统一实行审计委员会制度。关于这一重大制度转向，本书第七篇予以详细介绍，此处也不赘述。

再比如关于国有独资公司中总经理的聘任、解聘与兼任，以及管理层的兼职限制，《公司法》第174条规定：

国有独资公司的经理由董事会聘任或者解聘。

经履行出资人职责的机构同意，董事会成员可以兼任经理。

第175条规定：

国有独资公司的董事、高级管理人员，未经履行出资人职责的机构同意，不得在其他有限责任公司、股份有限公司或者其他经济组织兼职。

这些规定的展开分析，请参见本书第九篇分篇二的相应专问介绍，此处不再展开。

下文，仅仅针对第 172 条确立的国有独资公司股东会职权的分权制、第 173 条确立的董事事实上委派制，予以重点介绍，请予关注。

三、公司法关于国家出资公司组织机构的其他特别规范

这主要体现在《公司法》第一章第 16~17 条关于职工民主参与管理的规定，以及第三章（第 68~69、76 条）、第五章（第 120~121、130 条）关于职工监事、职工董事、职工审计委员的规定，虽然这些规定适用于所有的公司，但在实施中，其他法律、法规对于国家出资公司还有进一步的要求。

021 如何理解党的领导作用？

一、党的领导

《公司法》第 170 条规定：

国家出资公司中中国共产党的组织，按照中国共产党章程的规定发挥领导作用，研究讨论公司重大经营管理事项，支持公司的组织机构依法行使职权。

第 18 条规定：

在公司中，根据中国共产党章程的规定，设立中国共产党的组织，开展党的活动。公司应当为党组织的活动提供必要条件。

前者仅适用于国家出资公司，后者适用于所有的公司，包括民营公司、外商投资公司、国家资本参股公司等，二者的制度含义及其相应的党建要求并不相同。

当下，无论是经济学、管理学、法学等学科的理论研究，还是创业者、管理者等实务人员都普遍认识到，良好的公司治理是一个公司竞争力的源泉。基于所有制的特殊性，国家出资公司与其他公司相比，承担着奠定执政党经济基础、保障国民经济平稳运行等特殊的社会责任。在国企改革过程中，国家出资公司除朝着建设符合委托代理机制精神的现代公司治理运行机制努力外，还应始终强调其治理制度与运行机制的特殊性，并在此方面渐次形成具有中国特色的国家出资公司制度体系。其中，作为核心制度前提与制度安排的即为坚持党的领导，这是国家出资公司的本质特征和独特优势，也是完善中国特色现代企业制度的根本要求。

二、党的领导作用如何实现

(一)领导作用

为在国企改革中坚持党的领导、加强党的建设,2015年发布的《中共中央、国务院关于深化国有企业改革的指导意见》,要求国企改革需要完善现代企业制度,充分发挥企业党组织的政治核心作用,加强和改进党对国企的领导,将党建工作总体要求纳入国企章程,明确党组织在国企治理结构中的法定地位。因此,党的领导在国家出资公司治理中发挥重要的引领作用,主要是以党组织发挥领导作用的方式实现。随着配套制度的逐步出台,党组织参与国企治理决策的途径和方式已逐渐完善,国家出资公司作为主要的国有企业类型,自然适用这些政策规定。

衔接以上规定,第170条以法律形式实现了执政党政策向法律规范的转化,在立法上确立发挥党对国家出资公司的领导作用,具体体现为:

1. 明确国家出资公司中党的领导;

2. 党的领导的实现途径是通过国家出资公司中的中国共产党的组织,按照《中国共产党章程》进行;

3. 党的领导的具体方式是,研究讨论公司重大经营管理事项,支持公司的组织机构依法行使职权。关于此点,详见下问关于"三重一大"决策机制的介绍。

(二)领导作用的发挥机制

1. 融入党的领导

习总书记曾在全国国有企业党的建设工作会议上强调:

坚持党的领导、加强党的建设,是我国国有企业的光荣传统,是国有企业的"根"和"魂",是我国国有企业的独特优势。

……

中国特色现代国有企业制度,"特"就特在把党的领导融入公司治理各环节,把企业党组织内嵌到公司治理结构之中,明确和落实党组织在公司法人治理结构中的法定地位,做到组织落实、干部到位、职责明确、监督严格。

据此,强调党的领导在公司治理中的重要引领作用,并非在国家出资公司中引入新的领导体制和嵌入新的政治结构,更不是以党的领导取代公司治理结构,而是在立法中明确党组织在公司治理中的领导作用,将党的领导融入国家出资公司治理的始终,促使党组织成为国家出资公司治理体系的有机组成部分。

2.现代企业制度建设的协同推进

国企改革一方面需要落实党的领导作用,另一方面也要坚持完善现代企业制度,支持股东会、董事会、监事会(审计委,下同)、经理层等公司组织机构充分行权履职。一般认为:

第一,国家出资公司党委(党组)对于公司重大经营决策应进行前置讨论而不是后置决定。

第二,前置讨论仅可行使否决权,党委(党组)前置讨论通过的事项仍需回归公司治理结构的法定程序,交由公司的股东会、董事会、监事会、经理层等作出最终决策。

第三,党的领导作用集中体现在上述党委(党组)对于公司组织机构依法行权的支持,而不是替代,更非包办。

唯有如此,方才符合前引第170条规定的"研究讨论公司重大经营管理事项,支持公司的组织机构依法行使职权"之本旨。

总之,要妥善处理好不同治理主体的关系,股东会、董事会、经理层等治理主体要自觉维护党组织权威,根据各自职能分工发挥作用,既要保证股东会、董事会对重大问题的决策权,又要保证党组织的意图在重大决策中得到体现。实践中的真正挑战,是要重点注意厘清党组织、股东会、董事会、经理层的权责边界。

022　什么是"三重一大"决策机制?

一、政策由来

最早明确规定"三重一大"制度的中央文件是2010年6月5日发布的《中共中央办公厅、国务院办公厅关于进一步推进国有企业贯彻落实"三重一大"决策制度的意见》,根据该文件,国企"三重一大"事项,即重大决策、重要人事任免、重大项目安排和大额资金运作事项,应坚持集体决策原则,由国企党委(党组)、董事会、经理层等决策机构集体讨论决定。董事会、未设董事会的经理班子研究"三重一大"事项时,应事先与党委(党组)沟通,听取党委(党组)的意见;进入董事会、未设董事会的经理班子的党委(党组)成员,应贯彻党组织的意见或决定。

2015年通过的《关于在深化国有企业改革中坚持党的领导加强党的建设的若干意见》在深化国企改革的背景下,对贯彻落实"三重一大"决策制度提出了具体要求。包括《关于中央企业在完善公司治理中加强党的领导的意见》等一系列文件皆围绕着"坚持党对国有企业的领导毫不动摇"这一基本原则,形成对"三重一大"制度的加持。"三重一大"制度可以被视为《公司法》第170条关于党的领导作用的落地机制。

二、事项范围

1. 重大决策事项

系指依照公司法、全民所有制工业企业法、企业国有资产法、商业银行法、证券法、保险法以及其他有关法律法规、党内法规的规定,应由股东会、董事会、未设董事会的经理班子、职工代表大会和党委(党组)决定的事项。主要包括企业贯彻执行党和国家的路线方针政策、法律法规和上级重要决定的重大措施,企业发展战略、破产、改制、兼并重组、资产调整、产权转让、对外投资、利益调配、机构调整等方面的重大决策,企业党的建设和安全稳定的重大决策,以及其他重大决策事项。

2. 重要人事任免事项

系指企业直接管理的领导人员以及其他经营管理人员的职务调整事项,主要包括企业中层以上的经营管理人员和下属企业、单位领导班子成员的任免、聘用、解除聘用和后备人选的确定,向控股和参股企业委派股东代表,推荐董事会、监事会成员和经理、财务负责人,以及其他重要人事任免事项。

3. 重大项目安排事项

系指对企业资产规模、资本结构、盈利能力以及生产装备、技术状况等产生重要影响的项目的设立和安排。主要包括年度投资计划,融资、担保项目,期权、期货等金融衍生业务,重要设备和技术引进,采购大宗物资和购买服务,重大工程建设项目,以及其他重大项目安排事项。

4. 大额度资金运作事项

系指超过由企业或者履行国有资产出资人职责的机构所规定的企业领导人员有权调动、使用的资金限额的资金调动和使用事项。主要包括年度预算内的大额度资金调动和使用,超预算的资金调动和使用,对外大额捐赠、赞助,以及其他大额度资金运作事项。

三、决策程序

"三重一大"事项决策的基本程序，主要包括四个方面：

1. 决策前程序

"三重一大"事项提交会议集体决策前应当认真调查研究，经过必要的研究论证程序以充分吸收各方面意见。其中，重大投资和工程建设项目，应当事先充分听取有关专家的意见。重要人事任免，应当事先征求履行公司与国有资产出资人职责机构的纪检监察机构的意见。研究决定企业改制以及经营管理方面的重大问题、涉及职工切身利益的重大事项、制定重要的规章制度，应当听取企业工会的意见，并通过职工代表大会或者其他形式听取职工群众的意见和建议。决策事项应当提前告知所有参与决策人员，并为所有参与决策人员提供相关材料。必要时，可事先听取反馈意见。

2. 集体决策

党委(党组)、董事会、未设董事会的经理班子应当以会议的形式，对职责权限内的"三重一大"事项作出集体决策。不得以个别征求意见等方式作出决策。紧急情况下由个人或少数人临时决定的事项，应在事后及时向党委(党组)、董事会或未设董事会的经理班子报告；临时决定人应当对决策情况负责，党委(党组)、董事会或未设董事会的经理班子应当在事后按程序予以追认。经董事会授权，经理班子也可以决策"三重一大"事项。

3. 决策流程

决策会议符合规定人数方可召开。与会人员要充分讨论并分别发表意见，主要负责人应当最后发表结论性意见。会议决定多个事项时，应逐项研究决定。若存在严重分歧，一般应当推迟作决定。会议决定的事项、过程、参与人及其意见、结论等内容，应当完整、详细记录并存档备查。

4. 事后报告

公司在决策作出后应当及时向履行国有资产出资人职责的机构报告有关决策情况，企业负责人按照分工组织实施，并明确落实部门和责任人。参与决策的个人对集体决策有不同意见，可以保留或者向上级反映，但在未作新的决策前不得擅自变更或者拒绝执行。如遇特殊情况需对决策内容作重大调整，应当重新按规定履行决策程序。

023　如何理解党委会与董事会的关系？

一、问题的提出

《中共中央办公厅、国务院办公厅关于完善中国特色现代企业制度的意见》(2024年9月21日)提出,"企业党的建设全面加强,治理结构更加健全"。长期以来,国家出资公司制度建设的方向有二:一是强调党的领导作用,要发挥党委(党组)的政治核心作用;二是坚定不移地建立健全中国特色现代企业制度,确立董事会在公司治理中的中心地位。这样一来,处理好党委会的核心作用与董事会的中心地位之间的关系,是国家出资公司践行中国特色现代企业制度的第一要义。

二、党委会与董事会职能的协调

(一)双向进入、交叉任职

尽管党中央、国务院关于国企治理与管理体制的顶层制度设计的方向与思路是清晰的,但毋庸讳言,实践中还是存在国家出资公司背后的出资方代表时常代位行使部分董事会职权,党委会、董事会在国企组织形态的深刻变化中不时出现职能交叉的情形。为解决董事会职能行使中党政分离、协调不足等现实困境,近年来"双向进入、交叉任职"的理念被提出,即符合条件的党委(党组)班子成员经法定程序进入董事会、监事会、经理层,董事会、监事会、经理层成员中符合条件的党员依照有关规定和程序进入党委(党组),且党委(党组)书记、董事长一般由一人担任。此种改革措施旨在进一步加强党政工作之间的联系,强化董事会和党委会对公司管理的协同效应。

但在实践中,形式上的"双向进入"并不能实质地化解难题,两部门之间的职责依旧界定不清,盲目的交叉任职似有强化国企决策层的行政色彩,增强内部人控制等问题。同时,国企党委会行使其职能的现状也不容乐观,职权存在被虚置的现象,工作效能存在"一俊遮百丑"的情况。

(二)职能协调方向

1. 明确职能定位。党委会在企业管理中主要承担政治领导和思想引领的职能,是政治总负责者。具言之,党委会负责贯彻执行党的路线方针政策,确保企业的发展方向与国家的战略目标一致,同时还肩负组织领导企业的党建任务、推动企业文化建设、提升企业的凝聚力和战斗力的任务。董事会则主要负责企业的经营管理和战略决策,核心职能包括制定企业的发展战略、审批重大投资项目、监督管理层的执行情况等。

2. 明确职能分工。明确的职能分工是确保两者有效协同的基础,二者之间的治理关系的协调和平衡,关键是通过清单管理、明确各自权责范围和边界。党委会主要关注政治方向和党建工作,同时通过"三重一大"事项的前置讨论来落实党的领导。董事会则聚焦于经营管理和业务决策,建立董事会决策清单,依照清单进行履职,这也是贯彻落实董事会职权的重大改革措施。明确分工,可以避免两机构间的职能重叠和权力冲突,提升企业治理效率。

3. 有效管控分歧。在重大问题决策上产生冲突不仅影响决策效率,还可能有损二者的权威。因此在重大决策提交审议前,党委内部应首先形成基本一致的意见。在此基础上,还可征求董事会成员的意见,确保决策过程兼顾党组织的政治引领作用和董事会的专业判断能力。无法达成一致的意见,原则上可以暂不上会。若必须上会讨论,则由党委书记(董事长),上报出资人党委并由出资人党委协调各方,最终达成共识。

三、引以为鉴的案例:天房发展章程首次表决不通过事件

2017年,天房集团公司控股的上市公司天房发展(600322)在公司章程中加入党建条款。因其属于须经与会股东所持表决权的2/3以上通过的特别议案,而与会股东对此项议案的同意票数比例为62.5012%,距66.67%的法定通过比例相差约4%,天房发展遂于2017年5月5日再次召开股东大会,该议案最终以99.8658%的赞成票获得通过。

2019年3月,据天津市纪委监委披露,天津房地产集团有限公司原党委副书记、总经理熊某宇涉嫌严重违纪违法,正接受纪律审查和监察调查。经查,熊某宇作为党员领导干部,政治意识不强,执行政治纪律和政治规矩不严,存在办公室摆放有迷信色彩的物品,以及离岗离津未书面请假报备等问题;工作责任心不强,管理不到位,对重要问题不敢抓不敢管,有好人主义、守摊求稳思想;工作执行力不强,钻研业务少,对企业基本情况了解不深、掌握不实,在化解集团债务风险方面未能主动作

为。2017年以来,集团相继发生章程修改议案因与股东沟通不畅首次表决未获通过、项目出现工程质量问题等事件,造成不良影响及国有资产严重损失。2019年12月,天津房地产集团有限公司原党委副书记、总经理熊某宇(正局级)因涉嫌受贿罪,被提起公诉。

此外,2019年5月,天房集团党委书记、董事长邱某因涉嫌受贿、贪污、国有公司人员失职罪被提起公诉;2019年7月,天房集团党委常委、副总经理张某政因涉嫌受贿罪被提起公诉;2021年7月,天房集团副总经理张某杰因涉嫌国有公司人员滥用职权罪、受贿罪被提起公诉。

024　职工民主管理如何展开（一）：职代会？

一、民主管理的基本形式

职工代表大会,简称职代会,是由企业的职工代表组成,实现职工在企业行使民主管理权利的非常设机构。

1986年9月颁布的《全民所有制工业企业职工代表大会条例》第3条明确指出,职工代表大会是企业实行民主管理的基本形式。国企的职工既以企业所有者又以企业职工的双重身份参与企业的管理运营,设立职工代表大会的最终目的即保障职工的主人翁地位。

时至今日,《公司法》在规定职工董事、职工监事参与公司治理的同时,依然坚持实行职代会制度。这是由我们国家的性质和工人阶级的历史地位、作用所决定的,具有鲜明的中国特色。《公司法》第17条第2款规定:

公司依照宪法和有关法律的规定,建立健全以职工代表大会为基本形式的民主管理制度,通过职工代表大会或者其他形式,实行民主管理。

职工代表大会作为由职工选举产生的组织机制,相较于职工董、监事及工会,其代表的范围更广,代表性也更强,在维护职工权益、协调职工意见、促进职工参与公司治理等方面无疑发挥着更为根本性、基础性的作用。

二、职工代表大会的职权

《公司法》将职代会定位为基本形式的民主管理制度,但并未进行更为具体化的规定,其制度细节仍依赖相关法律法规。结合有关法律规定来看,包括国家出资公司在内的国企职代会成员由全体职工选举产生,具有广泛的代表性,由此亦决定了职代会的职权范围相当广泛、全面。归纳而言,职代会主要有以下六项职权:

1. 审议建议权。对企业经营方针、长远及年度计划、重要技术改造、职工培训、财务决算等经营方面的重大议题提出意见和建议。企业研究决定改制、解散、申请破产,制定重要的规章制度时,亦应当通过职代会等形式听取职工的意见和建议。

2. 审议通过权。审议工资调整方案、奖金分配方案、奖惩办法、劳动保护方案、集体合同等,审议通过企业合并、分立、改制、解散、破产实施方案中职工的裁减、分流和安置方案。这无疑是职代会最重要的权力。

3. 审议决定权。职工福利基金使用方案、其他有关职工生活福利方面的重大事项亦须经职代会决定通过。

4. 评议监督权。对各级领导干部履职和廉洁自律等方面进行监督并提出意见,对不称职的干部可以建议给予处分,等等。

5. 民主选举权。选举或者罢免职工董事、职工监事,主管机关任命或免除企业领导人时必须充分考虑职代会的意见。

6. 厂务公开情况监督权。根据《企业民主管理规定》第31条,企业应当通过职工代表大会和其他形式,将企业生产经营管理的重大事项、涉及职工自身利益的规章制度以及领导人员廉洁从业情况,按照一定程序向职工公开,并听取职工意见,接受职工监督。

对于国企而言,下列事项皆属公开范围:投资和经营管理中重大决策方案,中长期发展规划;企业生产经营目标和完成情况,企业担保、大额资金使用及大额资产处置,建设项目招标,大宗物资采购,重要规章制度等;职工晋级提薪,工资奖金分配;中层领导、重要岗位人员的选聘和任用,企业领导人员薪酬、职务消费及兼职情况,出国费用支出等廉洁自律执行情况等。

传统上,厂务公开制度是一项重要的民主管理制度,这一制度对于企业经营及职工权益维护都非常重要,落实好这一制度既是职代会的权力,也是应尽的责任。

国企的每一位职工都是各自企业职代会的成员,为保障自身权益、体现主人翁地位,同时促进企业的健康发展,国企职工都应充分参与行使职代会的各项职权,进而将自己纳入公司治理中去。新时期以来,职代会的覆盖面不断扩大,内涵不断丰富,机制趋于完善,群众基础持续深厚,在促进国家出资公司内部和谐、提升公司治理水平、保障长远稳定发展等方面发挥着重要的、不可替代的作用。

025　职工民主管理如何展开（二）：工会？

一、法律定位

工会及其立法最早出现于英国,其组建初衷是对抗雇主的压迫,在性质上属于工人的自治性组织,为维护和争取职工权利而存在。随着历史发展,工会成为劳资之间直接民主的表现形式,凡涉及劳资问题,皆可以通过工会求得解决。随着社会的进步、民主意识的普及,工会在职工参与企业管理上也逐渐发挥出强有力的作用,其不仅能够积极推动职工群体参与公司治理,自身也在公司治理中取得了一定的独立地位。在英、美等国,建立了企业委员会等工会与雇主谈判的交流机制;在德国,强大的工会力量直接促使共决制和共决立法的产生。

在我国国企,工会是职工代表大会的常设性工作机构,称工会委员会,负责职工代表大会的日常工作,依法独立自主地开展活动。工会是公司职工自愿结合组成的群众组织,代表和维护职工利益,并组织职工参加企业民主管理和民主监督,是企业与职工联系的桥梁和纽带,亦是我国企业尤其国有独资公司、国有独资企业职工参与企业治理的重要途径。工会的主要工作任务是会同企业其他部门进行职代会的筹备与职代会闭会期间的日常组织工作,办理职代会交办的事项。工会与职工代表大会两者之间既有分工,又有不可分割的关系,但根本目的都是保护职工的合法权益。

我国对工会组织坚持一元化组建原则,中华全国总工会及其领导下的各级工会才是合法的工会组织,各企业工会也必须报经上一级工会组织批准建立。

二、作为职工参与公司民主管理的形式

根据《公司法》《工会法》及其他相关法律法规的规定,工会的职能与权限可归

纳为如下：

其一，组织和教育职工依照宪法和法律行使民主权利，发挥主人翁作用；

其二，依法维护职工的合法权益；

其三，组织职工参与企业的民主决策、民主管理与民主监督；

其四，通过平等协商和集体合同制度，协调劳动关系，维护职工劳动收益；

其五，组织职工积极参加企业的生产经营活动，完成生产任务；

其六，教育、培训职工等。

基于工会的性质，其存在目的便是维护职工合法权益，除却职代会相关工作的组织开展外，最主要的职责是代表职工就职工的劳动报酬、工作时间等事项依法与公司签订集体合同。在此方面，2005年《公司法》整合条文，首次作出"公司工会代表职工就职工的劳动报酬、工作时间、福利、保险和劳动安全卫生等事项依法与公司签订集体合同"的规定。现行公司法在此基础上，调整并增加了部分规定，最终形成第17条第1款、第3款：

公司职工依照《中华人民共和国工会法》组织工会，开展工会活动，维护职工合法权益。公司应当为本公司工会提供必要的活动条件。公司工会代表职工就职工的劳动报酬、工作时间、休息休假、劳动安全卫生和保险福利等事项依法与公司签订集体合同。

公司研究决定改制、解散、申请破产以及经营方面的重大问题、制定重要的规章制度时，应当听取公司工会的意见，并通过职工代表大会或者其他形式听取职工的意见和建议。

这一规定符合世界各国普遍的做法，对于职工权益保护而言意义重大，同时亦有利于构建更加多元和谐的公司治理机制。

026　职工民主管理如何展开（三）：职工董监事？

一、职工董事的设置

(一)设置的一般规则

2023年《公司法》第1条作为立法目的条款，首次将职工列为公司的重要利益相关者,且位列债权人之前,引人注目;同时,在"总则"一章及以后的各章辅之以配套制度,大大强化了职工对于公司治理与经营管理的参与。其中,职工董事、职工监事制度的调整便是重要内容之一。

具体到职工董事,据《公司法》第68、120条等:无论有限公司还是股份公司,董事会成员为3人以上,可以设置职工董事;如职工人数为300人以上的,除已设置职工监事外,必须设置职工董事。

职工董事由公司职工通过职工代表大会、职工大会或者其他形式民主选举产生。

(二)国有独资公司的必设性

长期以来,公司法仅规定国有独资公司、国有资本控股公司等国家出资公司设置职工董事,以彰显公有制企业在社会主义市场经济中的特殊性。相较于非国有企业,国有企业尤其国有独资公司对于职工董事、职工监事的重视程度更高。

其中,关于国有独资公司的职工董事,据《公司法》第173条,国有独资公司的董事会成员中,应当有公司职工代表。因此,无论董事会及员工人数多少,国有独资公司的职工董事具有必设性,这体现了国有独资公司所有制的独特性,不同于其他所有制形式的非国有公司,国有独资公司必设由职代会选举产生的职工董事。

二、职工监事、审计委委员的设置

(一)职工监事

据《公司法》第76条第2款、第130条第2款等:监事会成员为3人以上,监事会成员应包括股东代表和适当比例的公司职工代表,其中职工代表的比例不得低于1/3,具体比例由公司章程规定;职工监事由公司职工通过职工代表大会、职工大会或者其他形式民主选举产生。

对于国有独资公司,2018年《公司法》第70条第1款规定"国有独资公司监事会成员不得少于五人,其中职工代表的比例不得低于三分之一,具体比例由公司章程规定",现行公司法删除该款,主要是考虑到近年国有企业改革逐步取消监事会,通过引入外部董事、董事会下设审计委员会发挥监督作用,因此不再对国有独资公司的监事会构成作出强行规定。

(二)职工审计委委员

《公司法》第69条规定,有限公司依照公司章程的规定在董事会中设置由董事组成的审计委员会,行使监事会的法定职权,其中"公司董事会成员中的职工代表可以成为审计委员会成员",也即强烈推荐职工董事进入审计委员会。

第 121 条规定,股份公司依照公司章程的规定在董事会中设置由董事组成的审计委员会,行使监事会的法定职权,"审计委员会成员为三名以上,过半数成员不得在公司担任除董事以外的其他职务,且不得与公司存在任何可能影响其独立客观判断的关系。公司董事会成员中的职工代表可以成为审计委员会成员",也即强烈推荐职工董事进入审计委员会。

第 176 条规定,国有独资公司在董事会中设置由董事组成的审计委员会行使本法规定的监事会职权的,不设监事会或者监事。但正如前文已经指出的,按照国务院国资委发布的《中央企业章程指引(国有独资公司)》的规定,职工董事是要进入国有独资公司审计委员会的。

三、职工董监事制度存在的问题

职工董监事在国家出资公司尤其国有独资公司中虽具有必设性,但实践中真正由一线普通职工作为职工代表的情况并不多见,目前盛行的模式是公司党委(党组)专职副书记作为职工代表,媒体称之为"崛起的专职副书记"。可见,在包括国有独资公司在内的国有企业中,高层产生的主要途径为领导推荐。产生这种现象的原因之一,是企业对职工董、监事制度的认识还存在进一步深化的空间。董事会、监事会、审计委员会中的职工代表被期待成为广大职工利益的"守护神",从职工的角度发现问题、提出问题,任重而道远。

当然,就职工监事来说,实践中监事会自身发挥作用相对有限,其便更难起到应有的作用,也导致"监事不监事,监事不能监视"的现象。这直接促成了国有独资公司的组织机构中监督机构由监事会向审计委员会的转型。作为审计委员会委员的职工董事,在有效履行董事职责之外,更被期待在新的阶段能够肩负原有职工监事的相应监督职责,切实为职工群体之利益而行权履职。

027　履行出资人职责的机构与国有独资公司董事会的分权制（一）：如何分权？

一、股东会职权的分权制

（一）法律规定

既然国有独资公司不设股东会，也不存在法律意义上的股东，那么相当于其他公司的股东会职权，应由谁来行使呢？

《公司法》第172条规定：

国有独资公司不设股东会，由履行出资人职责的机构行使股东会职权。履行出资人职责的机构可以授权公司董事会行使股东会的部分职权，但公司章程的制定和修改，公司的合并、分立、解散、申请破产，增加或者减少注册资本，分配利润，应当由履行出资人职责的机构决定。

第173条第1款规定：

国有独资公司的董事会依照本法规定行使职权。

这一规定确立了国有独资公司中履行出资人职责的机构与董事会对于股东会职权的分权制。

（二）履行出资人职责的机构

前文指出，国有独资公司大致遵循"全体人民→国家（人民代表大会）→履行出资人职责的主体（各级政府）→被授权代表本级人民政府履行出资人职责的机构（财政部门、国资委、受权经营国资单位等）→国有独资公司管理层"的委托代理长链条。

关于"履行出资人职责的机构"，可以理解为存在两类主体：一是代表主体；二是受权主体。代表主体，是指国务院以及各级地方政府。代表主体具有天然的代表权，无须任何前置程序便可代表国家成为"履行出资人职责的机构"；受权主体，是指国资委、财政部门以及其他机构，受权主体必须经代表主体的授权，才能成为"履行出资人职责的机构"。以上这些机构被2008年发布的《企业国有资产法》概括称为"履行出资人职责的机构"，现行公司法从之，取代了旧法的"国有资产监督管理机构"。

履行出资人职责的机构，实务中又称"出资人代表机构"。2018年《公司法》第64条规定，国有独资公司的出资人代表机构只有"本级人民政府国有资产监督管理机构"，但"国有资产监督管理机构"按照法律规定仅特指国资委系统，包括国务院、省、市、县四级政府的国资委（局、办），而不包括财政部门等其他部门、机构。由于法律规定与现实情况不符，有必要把"其他部门、机构"一并囊括。相较于旧法履行出资人职责的只能是国有资产监督管理机构，规范引入其他部门、机构旨在适应实践的需要，使《公司法》关于国家出资公司的特别规定有了更大范围的适用空间，避免仅仅因履行出资人职责的主体不是国有资产监督管理机构而不能适用《公司法》第七章的特别规定。

（三）分权制的内容

1.《公司法》第59条规定的股东会法定职权，原则上由国有独资公司的履行出资人职责的机构行使。这一法理很好理解，既然一人公司的一个股东可以行使股东会职权（第60条），那么相应的这些职权在国有独资公司就平移到履行出资人职责的机构。

2. 履行出资人职责的机构"可以授权公司董事会行使股东会的部分职权"。这一规定的基础有二：一是从管理的角度看，不同于一人公司的一个股东的是，各级政府之下"履行出资人职责的机构"所下属的国有独资公司数量可能很多，比如国务院国资委就需要对百家左右的巨型国有独资公司、国有独资企业履行出资人职责，从管理口径的角度可能面临管理强度过大的问题，所以就有了授权国有独资公司董事会行权的需求。二是从《公司法》第67条的规定看，普通公司的董事会本来就可以享有"（十）公司章程规定或者股东会授予的其他职权"，以及第59条第2款本来就规定"股东会可以授权董事会对发行公司债券作出决议"。所以，类似居于股东会地位的"履行出资人职责的机构"授权国有独资公司董事会行使股东会的部分职权，也就顺理成章，符合中国特色现代企业制度的建设方向与要求，即公司治理的董事会中心主义模式。

3. 授权清单受到法定的限制。也即履行出资人职责的机构授权董事会的权力清单不能包含"公司章程的制定和修改，公司的合并、分立、解散、申请破产，增加或者减少注册资本，分配利润"等事项，这些职权应当由履行出资人职责的机构决定。

028　履行出资人职责的机构与国有独资公司董事会的分权制（二）：困境何在？

（书接上问）

二、分权制面临的实践困境

(一)问题本源

过去40多年来的国企改革，有很多明确的问题主线，比如曾存在多年的"婆媳"之争。国企的自主经营权能否得到尊重与守护，是检验国企治理机制与管理体制成败的一条基本标准；与此相对，履行出资人职责的机构则面临着管人、管事、管财产，还是管资本的职能定位之争。在过去的改革实践中，这些问题有些获得了解决或者部分解决，有些一直未获得解决；有些通过讨论获得了思想意识上的统一认识，有些尚未达成共识；有些虽获得了思想认识统一，但尚未找寻到妥适的落地机制；不一而足。在此背景下，国资委等履行出资人职责的机构是否限于仅根据《公司法》的规定行权履职，国有独资公司的董事会是否能得到充分的授权等，两机构之间权限模糊不清与交叉重叠是分权制下难以规避的本源性问题，进而在公司治理实践中引发了一系列的次生问题。

(二)问题表象

1.履行出资人职责的机构干预公司经营。国有独资公司治理结构中，存在履行出资人职责的机构过多干预企业经营的问题。作为国有独资公司的治理核心，董事会的成员几乎均由履行出资人职责的机构委派(任命)，董事长、副董事长的任命权也归国资委；同时，董事会可能被授权行使股东会的部分权力，但这些权力亦可被随时剥夺。在这种情形下，履行出资人职责的机构对国有独资公司的董事会组成完全把控，职权收放自如，董事会的独立性难以保障，自主经营权势必受到影响。

2.外部董事缺乏实质性作用。国有独资公司董事会的过半数成员是外部董事，也由履行出资人职责的机构委派。其相较于国有独资公司可能具备利益的独立性，但是相较于等同大股东的履行出资人职责的机构却并不具有利益的独立性，由此，外部董事行权履职的独立性也就不过是"镜花水月"。此外，外部董事的知情权目前难以得到保障,势必影响其参与公司重大经营决策的有效性,也是亟待解决的一个问题。

3.经理层和董事会职权界限不清。国有独资公司的董事会和经理层的职权范围并不明确:一则董事会和经理层的成员重合度仍然较高,内部治理存在"严格依照程序走形式"的现象;二则如前文所述,总经理等经理层实则为履行出资人职责的机构所指定,并非真由董事会聘任,董事会约束经理层的机制有限;三则受传统国企厂长经理负责制的制度惯性与经营理念影响较深,国有独资公司内部行政色彩依然浓厚,经理层的权力过大,董事会中心主义落实并不到位。

4.董事长个人的非规范职权过大。国有独资公司中董事长个人的职权范围并不清晰,行权过程容易发生异化。在普通公司中,董事长本来只具有召集董事会、主持股东会与董事会等程序性职权(《公司法》第63、72条等),以及检查董事会决议的实施情况等职权,并不享有决策等实质性职权;但因国有独资公司的董事长并不像其他普通公司一样由董事会选举产生,而由国资委指定,加之一般具有党委(党组)书记、法定代表人等兼职身份,其职权往往不是普通公司中的董事长所能比拟的。在这种情形下,董事长为巩固权力,可能选择"对上不对下"的行权策略,董事长与其他董事会成员之间就可能打破平等地位,形成一种命令与被命令、领导与被领导的关系,由此完全异化了董事会的圆桌机制(关于董事会的圆桌机制,详见本书第六篇的专问介绍)。

三、国有独资公司董事会与履行出资人职责的机构的分权协调

上述诸问题的本源,在于履行出资人职责的机构未按照《公司法》的规定单纯履行出资人职责,而产生了职权僭越。遵循现代企业制度的基本精神与《公司法》的基本规定,根据中共中央办公厅、国务院办公厅《关于完善中国特色现代企业制度的意见》的具体要求,仅提出两点建议:

1.履行出资人职责的机构监管国有独资公司董事会的职责,主要是监管董事会的运作,如董事的选任机制、评估机制、责任追究机制和激励机制等,但不插手董事会的经营决策。说到底,履行出资人职责的机构要坚持以管资本为主完善国资监管,其职权核心是实现国资保值增值,应完善国有企业功能界定与分类指引,深化分类授权放权,优化分类监管、分类考核。

2.严格限制通过修改公司章程随意扩权。对于属于董事会权力清单内的事项,

履行出资人职责的机构不拥有最终控制权，应由董事会行使，比如对于国有独资公司下属的子公司领导层的委派等，对于董事会在权力清单内的事项作出的决议，国资委不得随意干预、否决。

029　国有独资公司的董事为何不实行选举制？（上）

一、从选举到委派

（一）普通公司的选举制

在公司治理中，董监事的选任至关重要。公司法关于董监事的选任制度的设计，以及总经理等高管聘任、解聘的规定，建立在股权多元化的预设之上，均实行选举制。

以董事会成员为例，大部分成员由股东会选举产生，无论当选董事是哪一个股东提名的，也无论是哪些股东投了赞成票、反对票抑或弃权票，一经选出，都是受全体股东之托而出任董事，故而被称为股东代表董事；还有少数成员由职代会等职工民主选出，被称为职工代表董事。总之，股权多元化的公司中，董事的选任方式为选举制。

同理，监事会成员也是一样的，监事也由股东会、职代会等选举产生。

至于总经理等高管，无论是有限公司还是股份公司，都是由董事会决定聘任、解聘。董事会决定聘任、解聘的，也实行票决制度，集体决策、共同决定（参见《公司法》第124条、第126条）。

如果公司设董事会，就必设董事长，也可以设副董事长。那么，董事长、副董事长如何产生呢？在股份公司，依照《公司法》第122条第1款，也采选举制：

董事会设董事长一人，可以设副董事长。董事长和副董事长由董事会以全体董事的过半数选举产生。

在有限公司中，董事长、副董事长的产生方式交由公司章程规定（第68条），一般而言，有限公司章程规定的产生方式也是选举制，由董事会选举或者股东会选举。

最后要指出，上述股东会、董事会的选举、票决制，在一人公司只有一个股东、不设董事会的公司只有一个董事的背景下，选举制如何落实呢？《公司法》提供的替代规则就是一个股东、一个董事的决定制。比如第60条规定：

只有一个股东的有限责任公司不设股东会。股东作出前条第一款所列事项的决定时，应当采用书面形式，并由股东签名或者盖章后置备于公司。

对于一名董事，第75条、第128条也有类似的规定。

事实上，单个股东、董事的决定制，本质上仍然是选举制在独任制法人机关适用的变种而已。

(二)国有独资公司的特殊性

国有独资公司没有法律意义上的股东，更不设股东会，其如何选举产生职工代表以外的董监事呢？这需要在符合现代公司治理制度精神的前提下进行制度创新，或曰制度变通。

二、委派制

(一)非职工董事、董事长、副董事长的委派制

《公司法》第173条第2、3、4款规定：

国有独资公司的董事会成员中，应当过半数为外部董事，并应当有公司职工代表。

董事会成员由履行出资人职责的机构委派；但是，董事会成员中的职工代表由公司职工代表大会选举产生。

董事会设董事长一人，可以设副董事长。董事长、副董事长由履行出资人职责的机构从董事会成员中指定。

这一规定透露出的信息量很大，主要有三点：

1. 职工董事，与其他公司一样，也采选举制。具体由公司职代会选举产生；由于国有独资公司必设职代会，也必须由职代会选举产生。

2. 非职工董事的委派制，也即"由履行出资人职责的机构委派"。无论是执行董事还是外部董事，都实行委派制，具体由履行出资人职责的机构委派。

委派制实际上就是任命制，其背后逻辑是，职工董事之外的董事会成员选举，本是股东会的法定职权，但由于国有独资公司既不存在股东会，也不存在法律意义上的股东，所以该项职权依第172条，只能由履行出资人职责的机构行使，也就具体体现为非职工董事的委派制。这既是公司法基本原理在国有独资公司的贯彻，也符合国家作为出资人对国有独资公司行使控制权的现实需要。

3.董事长、副董事长的指定制。既不同于上文的股份公司的董事长、副董事长由董事会选举产生,也不同于有限公司的董事长、副董事长由公司章程规定的方式产生,国有独资公司的董事长、副董事长直接由履行出资人职责的机构从董事会成员(主要是其委派的)中指定产生。指定制实际上也是一种任命制。

当然,重要的国有独资公司的董事长、副董事长等主要负责人的产生机制,实际上还要遵循党的领导,走上级党委的组织程序。

030　国有独资公司的董事为何不实行选举制?（下）

(书接上问)

(二)审计委员会委员的指定制

如《公司法》第176条以及国务院国资委发布的《中央企业章程指引(国有独资公司)》所示,国有独资公司不再设监事会(监事),而在董事会中设置由董事组成的审计委员会,至于哪些董事会成员进入审计委员会,事实上也是由履行出资人职责的机构指定的。

(三)总经理的决定制

在普通公司中,总经理由董事会聘任、解聘,副总经理等其他高管经由总经理提名,也由董事会聘任、解聘,也即董事会通过票选决议产生。这一制度在国有独资公司中也是一样的。对此,《公司法》第174条规定:

国有独资公司的经理由董事会聘任或者解聘。

经履行出资人职责的机构同意,董事会成员可以兼任经理。

意味深长的是本条的后半句,此间的逻辑是:实务中几乎所有的总经理都由董事会成员来兼任;但凡兼任,就需要履行出资人职责的机构同意。履行出资人职责的机构也就事实上掌握了总经理人选的决定权。

综上,可以说,国有独资公司的董事、高管人选都掌控在履行出资人职责的机构之手。这是公司法的制度设计,事实上也是如此运行。

三、事实上的委派制不可滥用

国有独资公司的领导人实行事实上的委派制(以及指定制、决定制,下文一并称委派制),并不违反公司法的规定及公司治理基本原理,但是再往前逾越半步,就变成了谬误。实践中,有些国有公司集团、地方国资委等,不仅在国有独资公司实行上述委派制,还扩展到国有独资公司的下属全资子公司(法人一人公司)、子公司的子公司,以及控股子公司,这就完全违反了公司法关于公司组织机构的基本规定,并成为过度控制与支配的典型,最终被子公司、子公司的子公司的债权人指控为"控股股东滥用法人独立人格与股东有限责任",从而要求揭开法人面纱,追究其对于子公司、子公司的子公司债务承担连带责任。到那个时候,悔之晚矣。

举例。设A市国资委下设B国有独资公司,对于B公司的董事会成员、董事长/副董事长、总经理等领导层,国资委下达任命状,并无违法;但下达副总经理、总会计师等其他高管人选的任命状,已有不当。更进一步,B公司100%控股C公司,90%控股D公司(另外10%股东是另一民企),以及C公司100%控股E公司,如A市国资委直接下达关于C、D、E公司的董事会成员、董事长/副董事长、总经理/副总经理等领导层的任命状,以及B公司董事会直接下达关于E公司的董事会成员、董事长/副董事长、总经理/副总经理等领导层的任命状。各位读者,观感如何呢?事实上,此类事情的发生,是我们真实生活中的一部分。

四、国有独资公司董事会制度的亮点:外部董事

《公司法》第173条第2款规定:

国有独资公司的董事会成员中,应当过半数为外部董事,并应当有公司职工代表。

2004年,国务院国资委发布的《关于国有独资公司董事会建设的指导意见(试行)》规定:

外部董事指由非本公司员工的外部人员担任的董事。外部董事不在公司担任除董事和董事会专门委员会有关职务外的其他职务,不负责执行层的事务。

由此定义外部董事有两个特征:非职工董事,非执行董事。在这两点上外部董事类似于上市公司的独立董事。由于外部董事不在公司任职,与公司没有利益关联,因此其能够促进董事会内部的制衡,防止国企领导人"一言堂"和内部人控制现象,并利用其专业知识和商业经验提升国企内部决策的科学性和有效性。并且,外

部董事在数量上占董事会成员过半数,这极大改变了过去国企董事会与管理层"两个牌子,一班人马"的不合理现象。

031　国有参股公司如何参照适用国家出资公司的相关规定?

一、不断生成的国有参股公司

　　国有参股公司的具体形成途径相对复杂:既有在原国有企业公司制、股份制改革中形成的国家掌握少量股份的公司;也有原国有资本独资公司、控股公司经过混合所有制改革后转变为国有参股公司;还有政策性投资之下为加强地方基础设施建设、完成重点扶持项目等,根据上级要求或地方发展规划,政府作为投资主体持有部分项目股权,形成参股公司;还有国有单位债权人对民营企业持有债券,后经由债转股形成的具有少数国有股权的公司;等等。

　　与此同时,长期以来,国有企业依托国家信用,在整合资本等方面具有很大优势。为盘活存量资产、提高资金资产利用率、拓展业务范畴,国有资本管理方也会将一部分国有资本用于投资其他企业,一般是选择市场前景好、发展潜力足、投资回报高的项目,从而实现国有资产保值增值。在此过程中,也形成了大量的国有参股公司。所以,暂且不论先前的国有参股公司形成类型,未来因国有资本的不断投资,此类国有参股公司的数量还将持续增长。

二、国有参股公司的特殊规制

　　一方面,国有股权在国有参股公司中不占控股地位,所以不适用《公司法》第七章"国家出资公司组织机构的特别规定";另一方面,国有参股公司里面确有国有资产,所以与国家出资公司一样受《企业国有资产法》的调整。就后者而言,对于国有参股公司规制的重点在于国有资产保值增值的要求。

　　为防止国家出资公司以参股投资的名义对参股公司进行对外担保,以明股实债等方式侵害国家利益,有必要对国家出资公司的参股投资行为,抑或国有参股公司的资本流入行为进行妥当管理。与此同时,从过往经验看,国有参股公司普遍存在国有资本话语权小、重投资轻后期管理、委派人员履职不到位等难题。为了解决上述问题,强化国企参股管理,提升国资配置效率,维护国资安全,促进混合所有制经济健康有序发展,《国有企业参股管理暂行办法》提供了一定的解决思路。

(一)严格参股投资管理

1. 禁止以违规形式持有参股企业股权。上述办法第 8 条第 2 款规定,国企不得以股权代持、"名为参股合作、实为借贷融资"的名股实债方式开展参股合作,旨在确保国有企业参股投资行为的真实性和规范性,进一步防范违规行为引发的系统性风险。

2. 明确股东权利义务。上述办法第 10 条要求作为投资主体的国企应当充分利用签订投资协议或参与参股公司章程、议事规则等制度文件的制定,依法合规、科学合理约定各方股东权利义务,保障国有资本在投资过程中并未让渡自身包括分红、人员委派、薪酬激励、审计监督、信息披露、安全生产、特定事项否决权及股权退出等方面的权益。此外,第 8 条第 1 款特别强调"达到一定持股比例的参股投资,原则上应当享有提名董事的权利"。

3. 严格实缴出资方式。上述办法第 12 条规定,国有企业作为参股股东时,不得对其他股东垫资,不得先于其他股东缴纳出资,以非货币性资产作价出资的,需要以公允合理的价格确定国有资产价值。

(二)加强参股股权经营管理

包括参照国有独资公司、国有资本控股公司的管理经验,对于重要的国有参股公司建立企业名单,明确监管部门,探索实施差异化管理;在参股公司经营过程中就重要事项发表意见,做好日常监测管控;严格管制对参股企业的担保行为。

(三)明确退出机制

上述办法第 24~26 条对于国有资本退出参股公司作出较为全面的规定。

首先,在退出标准方面,除战略性持有或培育期的参股股权外,国有企业应当退出长期未分红、亏损、非持续经营的低效无效参股股权,退出与国有企业职责定位严重不符且不具备竞争优势、风险较大、经营状况难以掌握的参股投资。

其次,在退出程序方面,应依法、合规退出,严格执行相关规定履行财务审计、资产评估和产权交易等程序,及时办理产权变更登记,避免国有资产损失。

最后,在退出方式方面,应合理选择股权转让、股权置换、清算注销等方式,清理退出无效参股股权;充分发挥国有资本投资、运营公司作用,积极探索委托管理、集中打包、重组整合等措施,集中处置低效无效参股股权,提高处置效率,加快资产盘活。

(四)规范公司治理

对于国有参股公司的管理,还应从加强构建适格的公司治理模式出发,规范参股公司的"三会"和经理层运行模式,以更严格的要求对章程进行有效补充。在参股公司的日常运行管理方面,需重点关注其关联交易、财务审计和利润分配等关键问题。同时,还要着眼自身股东定位,委派合适人选参与参股公司的治理,委派人员既要服务于参股公司的业务发展,也要服务于参股股东的利益。

分篇五

企业家精神与企业家犯罪

新制度经济学说,现代企业是企业家的企业,企业家永远是一项稀缺资源,对于现代企业的创立、存续与发展至关重要。

为此,要弘扬企业家精神,鼓励技术创新,更要激励制度创新。为此,要打造市场化、法治化、国际化的营商环境,塑造亲、清政商关系,为创业者锻造现代公司法律制度,在全社会营造鼓励冒险、容忍失败的创业氛围。

更为紧要的是,理性对待企业、企业家犯罪,尤其是民营企业家犯罪;旗帜鲜明地反对"远洋捕捞",坚决反对制造"掠财型"民营企业家冤案,保持刑法调整市场经济生活的谦抑性,坚决杜绝用刑事手段干预企业间、企业家民商事纠纷的违法现象。

本分篇共设8问。

032 何谓企业家?

一、词根原义

"企业家"(entrepreneur)一词,从法文的"从事"(entreprendre)一词演变而来,意为从事组织、管理并承担经营风险的人。对企业家的认识可以追溯到18世纪,法国经济学家康蒂永·R将经济中承担风险的行为与企业家联系起来。之后很长一段时间,企业家在经济学研究和理论里,泛指投资设立并经营企业的人。时移境迁,"企业家"一词的语义几经流变。一方面,企业管理中所有权和经营权的分离造成身份错位,当"投资""管理"两种身份不再汇集为一体,企业家的面目也因此变得扑朔迷离起来。另一方面,根据如今大众的一般理解,以及百度网的释义,企业家是"那些按照社会需要和盈利原则,经营生产和流通业务,向社会提供产品或劳动的卓越的企业管理者"。这具有明显的褒扬和敬称色彩,似乎不再仅是一个学理定义。

从"企业家"词语内涵的演变,可以提取到一些模糊的共性概念来讨论,究竟哪些人可以称为企业家。从身份的角度而论,企业家首先必须参与甚至深度参与企业的实际创立、决策、运营中,如果只是出钱投资坐享其成,本质是在利用金融工具进行投机,与"企业"无关。另外,企业家一般持有或曾经持有公司股份,如果不持有任何公司股份,只是受雇于所有者并以相对固定的薪金为报酬,只能称作职业经理人。对于职业经理人来说,他们的报酬是固定的,公司的利润盈亏与自己的收益并不挂钩,也就是说他们并不为公司经营风险负责,这显然不符合过去和当下对企业家为企业营利"敢于冒险,勇于创新"的定义。综合来说,可以将企业家定义为"负责企业核心经营管理的股东"。

二、我国的企业家用语

企业是一个比较宽泛的名称,泛指运用各种生产要素(土地、劳动力、资本、技术和企业家才能等),向市场提供商品或服务,实行自主经营、自负盈亏、独立核算的法人或其他社会经济组织。法律上将企业又细分为三类基本组织形式:独资企业、合伙企业和公司,公司制企业是现代企业中最主要的最典型的组织形式。在《公司法》中提及的各种各样的身份职位里,哪些人可以称作企业家呢?

在我国公司日常管理的架构里,董事会、监事会、经理是三大核心部门。其中《公司法》第67、68条规定了董事会的各项职权、选举办法,不难发现,董事上对股东负责,下向经理传达决策,是公司日常运转的核心。并且,根据《公司法》的规定和实践中的情况,我国完全允许甚至经常出现股东担任董事的情形,这种情况下的公司董事,足以称为"企业家",如人们熟知的董明珠(格力董事)、张勇(阿里巴巴前董事)、李彦宏(百度董事)都是人们公认的"企业家"。但据《公司法》第78条的规定,公司监事的职能集中于监督和纠察,工作内容较为单一,常常不与公司经营方向和未来发展完全挂钩,监事要称作企业家仍然需要结合具体情况具体分析。而《公司法》中所称的"高管",包括经理、副经理、财务负责人、上市公司董秘。在实际的公司运营中,高管中的经理和副经理对于公司事务的管理和执行同样具有较大的权力,在一些情况下,他们也可以称作"企业家"。

此外,根据《公司法》定义,"实际控制人,是指通过投资关系、协议或者其他安排,能够实际支配公司行为的人"(第 265 条第 3 项)。当实际控制人通过投资控股、协议、交易链等方式与公司建立起密切的风险联系关系,并且参与到公司的管理决策中,同样也属于"企业家"的范畴。

三、企业家的本质

"企业家"这个词语听起来遥远又高大上,但如果提起马云、董明珠、任正非等名字,许多人却不陌生。从创办公司开始,到决定公司的经营方向,制定发展策略,努力使公司盈利增值,企业家是与公司休戚与共的"掌舵手",他们具备出众的对市场的敏感度、冒险精神、专业知识广度、承担责任与风险的决心。创业、经营,成为一名企业家从步骤来说,并不是一件很复杂的事情,但想成为一名成功的企业家,则任重而道远。一个优秀的企业家,需要不断提高自己的市场嗅觉、专业管理能力,更要有良好的风险意识和法律思维。

法国经济学家萨伊认为:"企业家是敢于承担风险和责任,开创并领导了一项事业的人。"作为资本、劳动力、资源和技术等生产要素集合的企业,并不是自发组织起来的,需要作为组织者的企业家发挥主观能动性将各种生产要素按一定的结构组织起来。如此,企业方能迸发出强大的生命力,将投入的生产要素切实转换成现实的生产力。因而,企业和企业家具有经营自主权,有权自主决定企业的各种内外事务,在符合法律法规要求的情形下,国家无权随意干涉,这也是私法自治的题中之义。企业家精神一方面是一种赋予现有资源新价值的革新意识,既包括企业家在创造经济价值过程中体现出的创新精神,又涵盖企业家在不确定环境中展开创新活动的冒险精神;另一方面是一种内生性的精神力量,能够内化为企业家积极主动的自我规范,进而成为推动现代企业改革和发展的内生动力,与作为外生性的制度规范所产生的外部强制形成合力,里应外合,共同推进现代企业制度的改革与完善。

企业家是社会的宝贵财富。企业家在社会经济生活中发挥了重要作用,企业家精神是企业家作为一个特殊群体发挥其社会作用所必备的共同特征,是其价值取向、知识体系和素质能力的集中体现。企业家是开拓者,把科学技术、发明引入经济生活全新的领域之中,提升社会物质文化生活水平;企业家是创新者,带领企业不断进行技术创新和管理创新,提高资源配置的效率,为社会生产提供新的动力;企业家是服务者,企业家所有工作的核心都需要围绕客户进行,服务好客户是企业生存的根本,企业生产创造是社会物质文化需求得以满足的核心渠道;企业家是合作者,企业家在重大决策及其实施过程中,整合企业内外部资源,团结一切可以团结的力量,实现企业的跨越式成长,推动社会的进步;企业家是学习者,在激烈的商业竞争环境中,成功的企业家带领整个企业持续学习、全员学习、团队学习和终身学习,从而促进整个社会理念、知识和技术的传播,加速整个社会的进步。

四、企业家精神

《公司法》第1条规定要弘扬企业家精神。习总书记也指出:市场活力来自于人,特别是来自于企业家,来自于企业家精神。弘扬企业家精神,充分发挥企业家的作用、依法保护企业家产权是近年来中共中央办公厅、国务院办公厅反复发文强调的。弘扬企业家精神体现在多个方面:一是要努力创造一个容忍失败的宽容创业环境,如引入董事责任保险制度,沿袭董事决议免责制度等。二是强化董事会中心主义模式。董事会职权在发行资本、催缴出资、企业合规、承担减资与分红责任、启动清算与承担清算工作等领域的扩张,能够突出董事会在公司治理中的中心地位,有利于弘扬企业家精神。三是与董事会职权扩张、董事会中心主义强化相匹配的董监高信义义务体系的强化以及违信责任的完善。

著名经济学家张维迎教授在《重新理解企业家精神》一书中提出:人类经济发展史上的重要变革与创新性进展,都是由企业家推动,而非资本推动。资本固然是催化剂,但仅有催化剂不可能出现实质创新。企业家精神才是主导要素。因此,一个真正的企业家一定不是仅仅受限于给定的手段来满足目标,而是积极创造新条件、制定新目标,在一路磕磕绊绊中寻找未来!因此,真正的企业家一定是具有创新精神、冒险精神的,这种开拓精神在某种程度上是一种天赋。正如美国黑石集团创始人苏世民所说:"你可以通过训练成为一个管理者,也可以通过训练成为一个领导者,但你没办法通过训练成为一个企业家。"

033　公司法如何弘扬企业家精神?

一、"弘扬企业家精神"的内涵

2017年9月,中共中央、国务院发布《关于营造企业家健康成长环境弘扬优秀企业家精神更好发挥企业家作用的意见》,该意见肯定了改革开放以来优秀企业家的重要贡献,为"弘扬企业家精神""营造鼓励创新、宽容失败的文化"提出建设性指导意见。

在立法领域,2023年《公司法》第1条立法宗旨条款增加"完善中国特色现代企业制度,弘扬企业家精神"的表述,将二者从政治表述转变为法律表述,构建了中国特色现代企业的运行目标。公司法的规范构造具有内在统一性,结合规范性文件、公司法具体条款的教义学解释和中国历史上商帮文化的溯源,"鼓励创新""宽容失败""遵纪守法"是"弘扬企业家精神"的内涵支撑。

在司法领域,最高人民法院在2018~2024年发布四组典型案例强调"私有产权应得到有效的法律保护""增强民营企业投资经营的信心""落实公平竞争""为民营企业改革发展营造良好稳定的预期"等。在近年来各级党政规范性文件、司法实践领域,"弘扬企业家精神"的适用早已伏脉千里。

二、"弘扬企业家精神"的公司法规范表达

"弘扬企业家精神"的规范梳理,主要线索即以基本民事法律关系为切入点,基于"权利—义务—责任"的逻辑,系统分析公司法对企业家行为的规范与激励作用。这些规范不仅关系到企业家的权利保护,还涉及对其义务与责任的明确,并配置董事会和管理层的权力,以确保企业家在法律框架内能够最大限度地发挥其创新与冒险精神。

1. 尊重商事自治

最高人民法院2023年9月发布《关于优化法治环境促进民营经济发展壮大的指导意见》,强调保护企业家的合法权益。法律所保护的权利即合法利益,从而使权利人具有抗衡其他人侵犯利益的能力。公司法应尽可能多地向公司提供更多的选择而不是提供绝对的答案,以便企业家通过自治安排,驾驭可能存在的不确定性。在公司法层面,这些手段主要指股东权利和治理结构。在股东权利方面,公司法对有限公司采取任意性规则为主的立场,允许股东通过"公司章程另有规定"和"全体股东另有约定"对股东权利内容进行自由安排。比如,关于监督机构的设置,《公司法》突破了以往必须设置监事会、监事的规定,允许公司在监事会、监事、审计委之间做选择题,有限公司甚至可以选择空白的选项。

2. 企业家的信义义务与责任

《公司法》详加规定董事的义务、责任,涉及相关条文多达40多个,完善了董事

责任规则体系,旨在达成"强化经营管理人员责任""弘扬企业家精神"的立法目的。在"一股独大"普遍存在的背景下,股权相对集中的公司的董事成为双控人的提线木偶十分常见。本质上,双控人、董事都会实质参与公司治理,在公司中可能成为具有冒险和创新精神的企业家,享有不同程度的公司控制权。虽然董事与实际控制人在权力划分、私法责任等方面显著不同,但在追责体系中一体适用,有利于构建一个弘扬企业家精神的责任体系及追责文化。

3. 权责统一下的免责与保障

公司法尽可能地降低企业家所需承担的法律成本,以便企业家"勇于冒险",承担商业投资风险。我国公司法尚未引入商业判断规则,但并不妨碍司法实践中在面对董事涉及违反勤勉义务的案例中援引该规则进行说理,更无法阻止其他诉讼参与人在诉讼中自行引用该规则进行抗辩。商业判断规则在我国司法实践中适用的现状近年来发生革新,部分裁判认为应当谨慎介入对投资决策合理性的判断,尽力避免用司法判断取代商业判断,以免干扰正常的商业交易。通常情况下,管理人的商业判断应予尊重,但投资决策的商业判断存在重大合理性怀疑的情况下,法院可在尊重商业判断的基础上适当介入。比如,《公司法》第191条在扩张董事责任的同时,于第193条配套规定公司董事责任保险制度。董事责任保险的法律机制的设计应当兼顾平衡上述正反面效果,将故意与重大过错引发的损失排除在责任保险之外,以缓解责任保险的负面效应,并将董事责任保险与董事的最低赔偿额度锁定,达致制衡效果。

034　什么是企业家犯罪?

一、企业家犯罪的概念

根据北京师范大学中国企业家犯罪预防研究中心的定义,企业家犯罪是指企业家在企业经营管理过程中,被认定与企业经营管理活动密切相关的,触犯刑法规定的各种犯罪情形。

企业家犯罪概念之提出,与近年来人们关注的营商环境不无关系。企业家犯罪率的高低,是营商环境市场化程度高低的折射;企业家犯罪罪名频次的排序,与营商环境市场化具有因果关系。企业家犯罪的刑事侦办方式与刑事司法政策,是法治化营商环境的重要组成部分。另外,民营企业家犯罪与国企企业家犯罪在一些主要方面存在的并非不显著的差异,也让人们相信这与营商环境的构造具有紧密的联系。

从刑法的视角而论,企业家犯罪所呈现的样态,在一定程度上能够检验刑法对市场经济的适应性及其参与国家治理结构的适配性。比如,从罪名上看,民营企业家犯罪主要体现为职务性犯罪和经营性犯罪。按照犯罪罪名频次,前者主要包括职务侵占罪、挪用资金罪、非国家工作人员受贿罪、贪污罪等,后者主要包括非法吸收公众存款罪、串通投标罪、诈骗罪、合同诈骗罪、集资诈骗罪等。

从经济学视角而论,企业家犯罪表现为通过非法手段(如欺诈、逃税、内幕交易)获取超额经济收益,其本质上是经济性抉择下"成本—收益"博弈失衡的产物,并伴生于市场失灵中的信息不对称与监管滞后,从而导致资源错配与外部性扩散,使得经营主体的不理性行为扩展至对国家营商环境的侵蚀。

从管理学视角而论,企业家犯罪源于公司治理失效的组织行为失范,体现为管理层突破合规边界以达成短期绩效目标。如中式家族式企业"一言堂"易削弱公司内部监督,在权力集中和合规文化缺失的情况下极易诱发腐败与犯罪。

二、企业家犯罪的构成要件

(一)主体要件

主体要件要求企业家职务与犯罪行为的关联性。根据任职企业所有制的不同,企业家可区分为国有企业家与民营企业家,企业家犯罪相应地也分为民营企业家犯罪与国有企业家犯罪,这是带有中国特色的一种宏观分类,其意义在于,显示两类企业家的主要犯罪罪名具有极大的差异(详见下问)。

按照企业家的创业功能及其担负角色的不同,可以分为创业企业家与职业经理人,前者如读者熟悉的任正非(华为)、曹德旺(福耀)、马云(阿里)等,后者如王石(万科)、库克(苹果)等。这一区分主要在民营企业家群体中有意义。

企业家还可以按照企业内部职务划分,依次分类为:(1)法定代表人、董事长、经理、厂长、矿长等正副职企业负责人;(2)实际控制人、控股股东等企业所有者、权益持有人;(3)董事、监事、高管以及财务、技术、销售等部门的核心组成人员;(4)党群负责人员等。犯罪行为的职务关联性主要体现为具备企业管理权限,通常体现为"利用职务便利"。判定是否利用职务便利,直接影响罪与非罪、此罪与彼罪;不同职务犯罪对于"利用职务便利"也采用个别化理解。如主流观点认为,受贿罪中"利用职务便利"体现为国家工作人员利用本人职务上主管、负责、承办某项公共事务的职权,以及利用职务上有隶属、制约关系的其他国家工作人员的职权所形成的便利条件,为他人谋取私利的行为。非国家工作人员受贿罪中"利用职务便利"体现为公司、企业或者其他单位的工作人员利用自己主管、经营或者参与公司、企业某项工作的便利条件。

(二)主观要件

绝大多数企业家犯罪罪名的主观部分均属直接故意,也有个别场合是间接故意,如明知环保设备不达标仍默许生产的行为。在企业家犯罪中,存在主观要件的特殊处理。一是监督过失。如《刑法》第135条重大劳动安全事故罪,直接负责的主管人员和其他责任人员因未履行法定管理职责导致重大事故,承担责任。二是推定过错,虽然刑法尚未明确规定严格责任罪名,但部分罪名因举证责任分配或司法推定的影响,可能产生类似效果,如《刑法》第144条生产有毒食品罪的主观明知推定。三是过错的外显,该问题涉及企业合规制度的缺失是否可以认定为企业管理层过失,区分个人犯罪与企业家犯罪时合规治理情况能否成为有效抗辩等。

(三)客体要件

企业家犯罪涉及企业治理与刑事法规范的适用,客体体现出从单一到复杂的发展趋势,既包括对个人、公司等利益相关者的财产权益,也涉及抽象市场秩序或社会信任关系。企业家犯罪的主要侵害客体在于市场经济秩序与公司财产权,也会对股东与债权人等利益相关者权益产生影响。以下通过常见侵害客体予以阐释。

1.财产法益:财产法益是多数企业家犯罪的核心客体。企业家犯罪常直接侵害企业财产权(职务侵占罪、挪用资金罪)或股东权益(背信损害上市公司利益罪),又如《刑法修正案(十二)》新增的民营企业背信犯罪(为亲友非法牟利罪),明确以"造成重大财产损失"为构成要件。

2.市场秩序法益:非法吸收公众存款罪、操纵证券市场罪等行为破坏金融管理秩序,损害公众对资本市场的信任。

3.公司治理法益:背信类犯罪(非法经营同类营业罪)侵害企业内部委托信任关系,削弱公司治理基础。其理论来源于企业董监高的忠实义务要求,《公司法》第180条构成此类犯罪的违法性前提。

另外,在刑法谦抑性原则下如何平衡市场经济的风险与挑战,涉及刑民交叉中的客体认定难题。比如,如何识别合法经营行为和违法行为的界限?如何平衡个人法益与超个人法益间的冲突?在法秩序统一下,民法作为前置法,其认可的行为不应被刑法评价为犯罪,以避免刑事打击扩大化。

(四)客观行为

企业家犯罪的客观行为往往具有隐蔽性、专业性和跨领域性,在认定时需结合刑法规范、行业特点及技术手段综合判断。根据有关罪名,其客观行为大致可分为:(1)职权滥用型,如挪用资金(《刑法》第272条)、非法经营同类营业(《刑法》第165条)。(2)信息操纵型,如违规披露重要信息(《刑法》第161条)、内幕交易(《刑法》第180条)。(3)资源侵占型,如职务侵占(《刑法》第271条)、背信损害上市公司利益(《刑法》第169条之一)。

三、企业家犯罪成因的技术分析

1. 监管制度的结构性漏洞

一方面,监管制度在区域与区域之间存在差异。改革开放初期,市场经济选择了"发展在先,规范在后"路径,企业原始积累游走于合法与非法地带;近年来的相关研究分析报告表明,监管制度的规范程度以及市场秩序的健全情况与企业家犯罪有密切联系。二线城市、四线城市的企业家犯罪率分别占29.4%与28.8%,一线城市仅占13.7%,这反映出地方政策标准的不同是企业家犯罪的诱因之一。另一方面,监管体系存在双轨制困境。国企、民企面临差异化的监管标准,国企高管犯罪多涉及权力寻租(如受贿罪),民营企业则以突破经营限制为主(如非法经营罪)。这种监管差异导致市场公平竞争机制扭曲,特别是在行政权力对市场经济产生过度控制时,贿赂成为民营企业突破制度壁垒的"通行证"。

2. 竞争压力下的生存博弈

犯罪经济学理论认为,当违法收益超过预期成本(被查概率与惩罚力度的乘积)时,犯罪为理性选择。合规成本与违规收益的倒挂催生"劣币驱逐良币"效应,行业潜规则、监管空白等软条件均会潜移默化,增加企业家犯罪可能。

3. 社会价值观的"软性约束失灵"

功利主义的社会评价体系助长结果导向思维,且在市场商业领域也存在如家庭模式的"差序格局",特殊的信任模式弱化了普遍性规则意识,使道德考量让位于功利计算。

035　民企、国企的企业家犯罪有何区别？（上）

民企、国企的企业家犯罪存在显著差异。这种差异既源于两类企业的所有权性质、治理结构和社会职能的分野，也与我国刑事立法、司法实践中的"公私分野"传统密切相关。

一、犯罪基本属性的差异

（一）主观动机、行为性质之别

民企的所有权归属于私人，治理结构依赖公司法、合伙企业法等，其以获取盈利为核心目标，进入激烈的市场竞争以获取交易资源，常面临产权保护不足、市场准入限制、融资歧视、资金不足等难题。故民营企业家在犯罪形态上多表现为内部侵占或"输出型腐败"，本质是突破制度壁垒或填补融资缺口。

国企的终极所有权归属全民，治理结构具有"行政化"特征，高管兼具"企业家"与"公职人员"双重身份，承担社会与经济双重职能，行为受行政化治理与市场化经营双重支配。如《企业国有资产法》明确国有资产为"国家对企业各种形式的出资所形成的权益"。国有企业的经营行为需平衡政策目标与市场规律。故国有企业家的权力来源为行政授权，犯罪行为多表现为利用垄断地位进行权力寻租，体现为"输入型腐败"。

（二）侵害法益之别

民营企业家犯罪的主要侵害对象以民营企业及利益相关者的财产法益为核心，经济秩序法益为附属；其最常见罪名为非法吸收公众存款罪，直接冲击金融管理秩序，核心危害在于通过虚假宣传或违规操作扰乱资本市场的资源配置效率，导致投资者利益受损及金融市场信任危机。相较而言，国有企业家犯罪以国有资产流失和公权力腐败为核心危害，在削弱公众对政府治理能力信任的同时，会进一步引发系统性廉政风险。故国有企业家犯罪不仅导致国有财富流失，也是一种对公法秩序的挑战，映射出公权力监督体系的漏洞。此侵害法益类型的差异，也体现在后续的证明责任要求上。以行贿罪与受贿罪为例，在认定民营企业家行贿行为时通常要求证明"谋取不正当利益"；国有企业家受贿仅需证明"利用职务之便"。相较而言，后者的法益侵害认定更为宽松。国企管理层实由行政命令产生,故国有企业家犯罪直接损害国有资产所有权及公共利益,即使未造成直接损害,也可能构成犯罪。

(三)产权结构、合规体系完善程度之别

两类企业的治理结构与合规体系之差异,亦折射出两类企业家犯罪的区别。相较国企,民企内部治理结构与合规意识较为薄弱,容易陷入刑事风险。如家族企业的产权模糊导致财产混同,为职务侵占提供便利;内部审计与监督机制形同虚设乃至空白,导致内控风控失效,腐败滋生。此类问题的解决,长远看,还要依赖治理结构的完善与合规体系落地。所以,2025年颁布的《民营经济促进法》设专章强调民企"规范经营"(合规),可谓切中病灶。相较而言,国企的内控机制相对完善,但也有权力过度集中、外部监督乏力等弊病;行政化治理模式致使其内部监督流于形式。

(四)社会危害性不同

社会危害性受其侵害的法益性质、行为模式以及社会效应影响。民营企业家犯罪牵累民企生存、发展,可导致企业倒闭、员工失业;对其进行刑事追诉,容易引发"办一个案子,倒一个企业"的连锁反应,从而冲击区域经济稳定。有声音多呼吁改变"先刑后民"思维,改正"涉罪即诉"思想,正是寄希望于通过民事手段扭转民营企业家违法行为的考量。反观国有企业家犯罪,尽管个案对国有资产可能会产生巨额损失,但企业具有国家信用与政策兜底,损失不持续,社会危害更多集中在对国家背书的信任层面,而对企业的震荡很小。

036　民企、国企的企业家犯罪有何区别?(下)

(书接上问)

二、刑法规制的差异

(一)刑事立法与司法实践的差异化对待

1. 罪名覆盖程度

相较而言,刑法对国有企业家的规制更趋于完善。以背信犯罪罪名体系为例,民营企业家犯罪相关罪名(如职务侵占、挪用资金)长期缺乏针对性规定,直至《刑法修正案(十二)》为了实现民企与国企财产在刑法上的同等保护,打击"损企肥私"

行为,扩展了原来涉国企的非法经营同类营业罪、为亲友非法牟利罪及徇私舞弊低价折股、出售公司、企业资产罪三个背信犯罪的犯罪主体范围,将违背忠实义务的民营企业家纳入刑法打击圈。

2. 案件发现机制

刑事立案环节是民营企业家面临刑事风险的开始,但就犯罪行为的发现与举报而言,更依赖企业内部或者同行的举报,以及监管部门的定期抽查,法益侵害发现较为滞后;国企通常有较为完备系统的审计、纪检监督机构,能够更早介入案件。有关企业家犯罪报告显示,民营企业家犯罪案发原因最高频次为"关系人揭发",国有企业家犯罪案发原因最高频次为"纪检机构发现"。

3. 司法政策导向差异

对于民营企业家犯罪案件,由于其关涉社会治理与利益相关者之财产权,刑法相对介入更多,采取疑罪从无、罪刑法定更有利于实现社会效益。且在刑罚适用中,对于民营企业家优先适用非监禁刑、认罪认罚从宽。

对国有企业家犯罪,惩罚力度相对更重,刑罚从宽空间有限,在处理过程中更注重反腐力度与社会效应,社会震慑效果更强。故有学者认为企业家犯罪案件,须在理念上区分诉讼程序上的"先刑后民"、案件定性上的"先民后刑"以及审理案件中的"边民边刑"。

(二)民营企业家犯罪风险更大

根据一份业界广为流传的《2023 年企业家刑事风险分析报告》,2021 年12 月至 2022 年11 月,可检索企业家犯罪案例 1700 余件,其中,国有企业家犯罪数约占比 7.3%,外商(含港澳台地区)犯罪占比约 1.7%,其余为民营企业家犯罪占比。其中,非法吸收公众存款罪、腐败类犯罪分别是民企、国企的企业家犯罪的高频罪名。一方面,国家大力扶持民营企业发展,民营企业数量占比处于绝对优势,这提高了民营企业家犯罪的占比。另一方面,民营企业家犯罪风险更大、往往源于政策壁垒、融资受限等外部压力。如小微民营企业在初始投资阶段难以通过正规金融体系获得足够贷款,被迫转向民间借贷,一旦资金链断裂极有可能触发非法集资的刑事风险。可以说,民营企业家犯罪风险可归因于制度供给不足导致的非对称性风险。

(三)国有企业家犯罪惩罚力度更大

两类企业家犯罪的法益侵害与社会危害性存在根本差异的情况下,相应的惩罚力度存在差异为应有之义,这种刑罚分层可能导致司法实践层面的"同案不同判"。

国有企业家犯罪与刑事处罚的比例低于民营企业家,民营企业家在拘役刑适用上更为频繁,国有企业家的量刑略重于对民营企业家的量刑。如国企高管侵占国有财产 500 万元可能被判处 10 年以上有期徒刑,民营企业高管实施职务侵占的,可能获刑 5 年以下。

这种差异根源于刑法对公有制经济的倾斜保护以及对民营企业所处的二级市场经济活动适用的"宽严相济"原则,实质上强化了"重公轻私"的价值取向,导致民营企业财产权保护力度不足。2023 年全国法院对 34 名民企经营者宣告无罪,近 7000 名在押人员变更为取保候审,体现了"保护企业存续"的政策考量。反观国企案件,因涉及公共利益与反腐工作,强制措施适用更为严格,且量刑时较少考虑"企业存续"因素。

037 营商环境与企业家犯罪:如何追求两类企业的实质平等?

一、两类企业家犯罪的差异

1. 犯罪类型及成因差异

近些年,企业家犯罪呈高发态势。但在面对企业家犯罪的问题时,作为红顶企业的国企与草根企业的民企可谓冰火两重天,呈现出截然不同的面向。从犯罪类型来看,民营企业家犯罪主要集中在融资类犯罪、经营类犯罪和腐败类犯罪上。这些犯罪类型折射出双重困境:对内存在治理结构不完善、法律意识淡薄等内生问题,对外面临资金短缺、市场竞争失序等外部压力,同时暴露出过度依赖被动监管的生存模式。相较之下,国企高管犯罪则集中表现为贪污贿赂类犯罪,这既源于国企在关键领域的行政垄断地位,也与政企之间的权力依附关系密切相关;本质上反映了国有资产所有者缺位导致的委托代理失灵以及内部监督体系失效等问题。

2. 社会对待及法律适用差异

在社会对待和法律适用方面,民营企业家涉罪案件受到的关注度较高,但也存在被错判或过度刑事介入的风险。对此,司法机关在处理民营企业家犯罪时,应当审慎区分合法行为、一般违法行为与犯罪行为,避免过早、过度的刑事介入。而对于国企高管犯罪,由于其对政治权力的依附性,该类犯罪的刑事法律风险具有较强的辐射效应,且相对隐蔽、复杂的贪腐手法助长了部分企业家的犯罪侥幸心理。因此,为平衡对待两者,司法机关在处理国企企业家犯罪时,应当强化穿透式监督审查与系统性治理。

二、《民营经济促进法》与实质平等原则

平等保护民营经济是党和国家的重要政策要求。习近平总书记强调,"要从制度和法律上把对国企民企平等对待的要求落下来"。《民法典》第 4 条规定:"民事主体在民事活动中的法律地位一律平等。"《优化营商环境条例》第 10 条明确:"国家坚持权利平等、机会平等、规则平等,保障各种所有制经济平等受到法律保护。"而在《民营经济促进法》中,"平等"是一个高频词,其不仅明确规定"民营经济组织与其他各类经济组织享有平等的法律地位、市场机会和发展权利",更将平等保护的精神和原则贯穿整部法律,在法律地位、市场准入条件、市场监管规则、市场退出机制和合法财产权益保护等方面体现平等要求。

一方面,该法坚持平等对待,确保民营经济组织在市场中拥有与其他经营主体同等的竞争地位与发展权利,对平等进入、平等使用各类生产要素和公共服务资源等作出明确要求。例如,《民营经济促进法》第 11 条第 1 款规定,各级人民政府及其有关部门落实公平竞争审查制度,制定涉及经营主体生产经营活动的政策措施应当经过公平竞争审查,并定期评估,及时清理、废除含有妨碍全国统一市场和公平竞争内容的政策措施,保障民营经济组织公平参与市场竞争。这些规定既是对民营经济组织"自己人"定位的法律确认,也为其提供了一颗"定心丸"。

另一方面,该法坚持实质平等理念,聚焦民营经济组织重要关切,针对民营经济特殊性构建差异化支持机制。例如,该法专设"投资融资促进"章破解民营经济融资难题,要求对小微民企实施差异化信贷政策,建立尽职免责机制,提升不良贷款容忍度;通过制度性突破消除所有制差异带来的发展壁垒,凸显其作为"促进法"的核心功能——既补足民营经济短板,又激活创新潜能,实现从形式公平到实质平等的跨越。

以平等保护为核心,该法构建了行政执法约束机制,《民营经济促进法》第 51 条第 1 句规定"对民营经济组织及其经营者违法行为的行政处罚应当按照与其他经济组织及其经营者同等原则实施",要求涉企执法严格遵循客观中立、法律面前人人平

等原则,杜绝选择性执法。同时,该法专设"权益保护"章,要求行政处罚须与违法行为的事实、性质、情节及社会危害程度相当,实施限制人身自由的强制措施必须依照法定权限、条件和程序,不得超权限、超范围、超数额、超时限查封、扣押、冻结财物等。

三、两类企业家犯罪的实质平等对待

(一)立法平等:填补法律漏洞,体现平等保护

立法平等是法律适用的基础,但在我国经济犯罪领域,国有企业与民营企业长期存在立法保护不均衡的现象。有鉴于此,《刑法修正案(十二)》将原本仅适用于国有企业的非法经营同类营业罪、为亲友非法牟利罪与徇私舞弊低价折股、出售公司、企业资产罪三类背信犯罪扩展至民营企业,弥补了民营企业内部人员背信行为无法定罪的漏洞,实现了罪名适用主体的形式平等。例如,修正案明确民营企业高管若利用职务便利损害企业利益,将承担与国企人员同等的刑事责任,体现了"罪刑法定"原则下对两类企业产权的平等保护。

(二)司法审慎:避免机械适用,强化实质平等

1. 司法政策的差异化调整

最高检提出"能不捕就不捕、能不起诉就不起诉"的司法理念,强调对民企经营者审慎适用羁押措施,避免强制措施导致企业停摆、员工失业等社会风险。该政策以司法谦抑理念为指引,通过优化司法资源配置,在维护法治底线的前提下,为民营经济健康发展创造包容性制度空间。例如,《河南省高级人民法院、河南省人民检察院关于充分发挥司法职能服务保障民营企业发展的30条意见》明确要求,对民企调查一般不开警车、不随意查封财产,防止"案子办了,企业垮了"。相较之下,国企高管因案件对企业运营影响较小,司法裁量可能更注重公共利益的维护。

2. 量刑与执行中的实质考量

司法机关需秉持谦抑性原则,对民企轻微违法行为优先通过民事、行政途径解决。例如,天津市人民检察院提出要严格依法审查案件,依法监督纠正以刑事手段插手经济纠纷、选择性执法、滥用强制措施等违法行为;此外,依法妥善办理涉产权案件,对有关部门移送的刑事案件,涉及民营企业行贿人、民营企业家的,审慎采取强制措施。这种审慎态度体现了对民企生存环境的特殊关照,与国企案件中更注重维护管理秩序形成对比。对民企犯罪,司法实践中更倾向于适用缓刑、非监禁刑,并提出"归入企业财产"等补救措施,以减少对企业经营的冲击。

038　法治化营商环境，为何要反对"远洋捕捞"？

一、针对企业、企业家涉诉的执法痼疾

1. 违法用刑事手段插手企业、企业家的民商事纠纷

针对民营企业家的"远洋捕捞"与"掠财型执法"是近年来我国司法实践中备受关注的异化执法现象，其表现为部分公安机关假借刑事侦查之名，跨区域实施强制措施牟取非法利益。一些执法机关在缺乏充分证据的情况下，超范围、超标的查封、冻结企业账户或财产，甚至将合法财产与违法所得混为一谈。如杭州某企业因子公司涉案100余万元，遭遇"抄家"式执法，导致企业陷入经营困境。主观层面，部分地方将财政返还与罚没收入挂钩，使执法行为异化为"创收工具"，催生"以案谋财"潜规则。客观层面，该现象的问题在于程序违法与强制措施滥用，具体表现为无合法手续冻结账户、超范围查封财产或长期拖延解封。

刑事手段介入民商事纠纷的乱象，本质是公权力对市场经济的过度干预。最高人民法院与最高人民检察院多次强调"法治是最好的营商环境"，唯有坚守"以事实为依据，以法律为准绳"的底线，才能保护企业家人身与财产安全，激发市场活力。

2. 危害巨大的掠财型执法

掠财型执法行为危害显著。一是侵害当事人合法权益。当事人在无违法意图的情况下，因执法人员诱导实施特定行为，继而遭受罚款、车辆扣押、拘留等处罚，财产权、人身权等合法权益受到严重侵害。二是破坏法治秩序。掠财型执法行为违背法定程序与执法规范，损害法律的严肃性与公正性，导致公众对执法机关信任度下降，严重削弱法治社会的公信力。滥用刑事手段干预经济纠纷，模糊了行政违法与刑事犯罪的边界，削弱公众对法治的信任。此类行为还常伴随"钓鱼执法""罪名拔高"等程序瑕疵，形成"权力寻租链"。三是严重损害营商环境。对企业而言，异地掠财型执法行为可能引发重大经营风险（如资金冻结、业务中断），导致企业对投资环境产生疑虑，甚至迫使企业撤资或转移业务，最终损害当地的营商环境。

3. 丑陋的"钓鱼执法"

在异地执法中，执法人员通过引诱、欺骗等"钓鱼"执法手段，诱导本无违法意图

的当事人实施特定行为,借此将其行为纳入管辖范围并实施处罚。部分执法部门或执法人员存在逐利倾向,将罚没收入直接转化为个人或部门利益。一些地方存在"执法经济"乱象,即执法部门以罚款、没收财物等手段谋取经济利益。在利益驱动下,部分执法人员既为完成考核指标,亦为谋取额外收益,不惜滥用"钓鱼执法"等违规手段,通过异地执法获取罚没收入补充地方财政或部门经费。更有甚者,部分执法人员为谋取奖金、提成等个人利益,蓄意策划"钓鱼执法"案件。例如,在打击非法营运的异地执法中,执法人员安排"钩子"(诱饵角色)以各种理由搭乘过往车辆,待车辆搭载"钩子"后,便以非法营运为由进行查处。

4. 被叫停的"远洋捕捞"

2025年3月,公安部出台《公安机关跨省涉企犯罪案件管辖规定》,从源头重构案件管辖规则,治理"趋利性执法"痼疾。新规确立以"主要犯罪地"为核心的管辖权分配机制:涉跨省案件须由主要犯罪地公安机关管辖,且须向省级公安机关备案。其中,"主要犯罪地"明确限定为企业犯罪的组织策划地或主要实施地,如诈骗案中的话务窝点所在地、非法经营案的生产基地等。通过划定"责任田",该规定有效压缩了地方公安机关的逐利性执法空间。

"远洋捕捞"现象被叫停,标志着我国司法权中央事权属性的回归,但根治仍需持续深化执法规范化改革。未来需进一步推动司法去地方化、完善涉案财物管理制度,并通过典型案例发布形成长效威慑,最终实现"权力入笼、市场归位"的治理目标。

二、前车之鉴:胡雪岩的故事还会重演吗

1. 胡雪岩之落幕

在政商关系错综复杂的背景下,不少企业家对晚清"红顶商人"胡雪岩颇为推崇,认为其游刃于官商两界的生存智慧值得效仿,以至市面上层出不穷的胡雪岩经商的"成功秘籍"长期占据畅销榜单。鼎盛时期,胡雪岩坐拥亿万家资,名动公卿,但由于卷入李鸿章淮军集团与左宗棠湘军派系的"海防—塞防"国策之争,最终一夜之间败落。这是商业为权力倾轧而致溃败的经典案例,也是一个商业悲剧,不值得仿效,更无须膜拜。

2. 避免历史重演

遗憾的是,民营企业家违法借助公权力互相倾轧、打击对手的现象仍屡见不鲜,

此种乱象折射出当前社会经济环境中若干深层次的结构性问题，暴露出市场经济环境下公权力的异化现象。特别是在不平等的市场环境中，公权力往往沦为部分企业牟取非法利益的工具。这不仅严重挫伤民营企业的创新活力，更扭曲了市场经济的健康发展规律。另外，政商不法勾结形成的非法利益集团，既践踏了法律底线与市场准则，又激化了社会矛盾，长此以往将动摇国家政治体制的合法性根基。

官商利益同盟的滋生，既源于转型期法律制度建设的滞后性，也折射出部分企业家在政商关系认知上的异化和自我矮化。这种特殊利益集团的产生机制，可从我国企业家精神的历史嬗变中寻得镜像，此处不拟展开。但要呼吁，企业家精神的培育需要市场的土壤滋养与自由的滋养。个别企业家之所以依附公权力并相互倾轧，对绝对权力的崇拜，以及自我矮化换取的安全感，是不正常的为遏制此类现象，2023年最高人民检察院印发《关于依法惩治和预防民营企业内部人员侵害民营企业合法权益犯罪、为民营经济发展营造良好法治环境的意见》，明确要求各级检察机关把依法惩治和预防民营企业内部人员犯罪作为依法保护民营企业合法权益的重要内容。总之，严禁乱抓人、乱查封、乱冻结，禁止以刑事手段干预经济纠纷，同时加大产权的司法保护力度，平等维护企业家合法权益，切实保障其人身和财产安全，方为社会主义法治理念之真义。

039　民营企业家涉刑，如何自救？

随着《民营经济促进法》正式实施，民营企业及企业家在刑事案件中的法律保护与自救途径更加清晰。该法首次以立法形式明确民营经济的法律地位，强调平等保护、规范执法和权益保障，为企业家应对刑事风险提供了制度保障。在民营企业容易成为犯罪侵害对象的当下，企业家遭遇法律风险时，通过合规手段维护权益至关重要。

一、完善企业合规内控机制建设

《民营经济促进法》5次出现"合规"字样，可见立法者对于民营企业合规机制建设的强调与期待，其中，第39条第1款规定：

国家推动构建民营经济组织源头防范和治理腐败的体制机制，支持引导民营经济组织建立健全内部审计制度,加强廉洁风险防控,推动民营经济组织提升依法合规经营管理水平,及时预防、发现、治理经营中违法违规等问题。

企业应建立风险识别机制,梳理、识别商业贿赂等廉洁合规风险,按照风险发生的可能性及其影响程度进行分析和排序,确定关注重点和优先控制的风险,并建立风险应对预案;定期开展反商业贿赂管理情况合规内部审查,并视情况开展不定时专项审查;针对高发罪名(如职务侵占、挪用资金、商业贿赂等),需建立关键岗位的权责分离制度、财务审计机制和反腐败合规流程,确保业务操作透明化。

在《刑法修正案(十二)》施行的背景下,民营企业需进一步加强合规建设,提升内部监督能力,以有效管控内部腐败、降低企业涉刑风险。企业应成立专业合规团队,由法律、财务、审计等专业人员组成,负责合规政策的制定、执行、监督及改进工作。针对"背信""渎职"等新增罪名,企业应增加合规风险识别准据,结合刑法规定对企业人员履职行为进行合规风险识别和审查。同时,建立高效的合规举报与调查机制,设立专门的举报渠道,确保举报渠道的保密性和安全性,对收到的举报线索迅速响应、及时调查处理。

二、合理利用司法救济程序

(一)程序违法的救济路径细化

1. 超期羁押的应对机制

若遭遇超期羁押,可依据《最高人民法院关于优化法治环境 促进民营经济发展壮大的指导意见》,同步援引《刑事诉讼法》第95条及《国家赔偿法》第17条,申请变更强制措施或提出国家赔偿。辩护律师第一时间向检察机关提交《羁押必要性审查申请书》,并附具当事人社会危险性评估报告、案件证据不足的专家论证意见等材料;若遭遇超期羁押,可依据《最高人民法院关于优化法治环境促进民营经济发展壮大的指导意见》,同步援引《刑事诉讼法》第95条及《国家赔偿法》第17条,申请变更强制措施或提出国家赔偿。辩护律师第一时间向检察机关提交《羁押必要性审查申请书》,并附具当事人社会危险性评估报告、案件证据不足的专家论证意见等材料。依据《人民检察院刑事诉讼规则》第618条规定:

人民检察院发现同级或者下级公安机关、人民法院超期羁押的,应当向该办案机关发出纠正违法通知书。

发现上级公安机关、人民法院超期羁押的,应当及时层报该办案机关的同级人民检察院,由同级人民检察院向该办案机关发出纠正违法通知书。

对异地羁押的案件,发现办案机关超期羁押的,应当通报该办案机关的同级人民检察院,由其依法向办案机关发出纠正违法通知书。

《人民检察院刑事诉讼规则》第619条规定:

人民检察院发出纠正违法通知书后,有关办案机关未回复意见或者继续超期羁押的,应当及时报告上一级人民检察院。

对于造成超期羁押的直接责任人员,可以书面建议其所在单位或者有关主管机关依照法律或者有关规定予以处分;对于造成超期羁押情节严重,涉嫌犯罪的,应当依法追究其刑事责任。

遇超期羁押,律师应立即申请羁押审查+变更强制措施,并依据《人民检察院刑事诉讼规则》第618~619条推动检察院发出纠正违法通知书;若办案机关拒不整改,检察院将升级问责至行政处分或刑事责任,同时,当事人可同步主张国家赔偿。

2.财产查封的合法性抗辩

结合《中共中央、国务院关于完善产权保护制度依法保护产权的意见》及《民法典》第267条关于私人的合法财产受法律保护的规定,应强调比例原则的适用,重点审查:一是必要性。参照《最高人民法院关于人民法院民事执行中查封、扣押、冻结财产的规定》第5条,审查查封财产价值是否显著超出涉案金额。二是关联性。被查封财产是否与犯罪事实相关。三是期限合法性。审查查封期限是否超出最长法定期限。

(二)管辖权争议的破解策略

1.《民营经济促进法》第64条的深层应用

该条款明确异地执法应严格遵循《行政处罚法》第22条"违法行为发生地"管辖原则,严格遵循《公安机关禁止逐利执法"七项规定"》第6条规定:

严格履行异地办案协作手续,落实归口接收、审查要求,健全案件管辖、定性处理等争议解决机制,禁止违规违法争抢有罚没收益的案件管辖权。

民营企业进行管辖权异议举证时,应当重点收集以下证据:一是行为关联性证据。通过工作邮件等通信记录证明涉嫌行为与执法地无实质关联。二是逐利执法证据。依据《政府信息公开条例》申请调取执法部门年度预决算报告,举证其罚没收入占比异常,并证明该数据与执法人员绩效考核存在直接关联,揭露逐利性执法本质。三是双重程序制约。在向执法机关上级部门递交《管辖权异议书》的同时,向当地政府部门行政执法监督机构提交附证据材料的执法督查申请,形成程序性制约。

2. 跨区域司法协作漏洞应对

部分异地执法机关利用《公安机关办理刑事案件程序规定》关于协作管辖的规定,虚构"协助侦查"名义越权办案。对此,民营企业可以要求协作办案机关出具加盖公章的原案《立案决定书》及《协作函》,核实真伪后向监察委员会提出书面举报。针对滥用管辖权的执法人员,可依据《刑法》第399条徇私枉法罪的规定依法提起刑事控告。对于地方保护主义导致的涉刑案件的管辖权争议,可以援引《民营经济促进法》第64条关于规范异地执法行为的规定,申请上级司法机关启动管辖异议审查程序。

《中共中央、国务院关于完善产权保护制度依法保护产权的意见》指出,应进一步细化涉嫌违法的企业和人员的财产处置规则,依法审慎采取强制措施。甄别合法财产与违法财产、个人财产与企业财产,以及犯罪行为与违法行为、违约行为,往往需要民事律师通过民事诉讼程序、运用专业能力对财产权属及行为性质进行界定。

此外,在刑事诉讼过程中,部分债权人或商业伙伴可能"趁你病,要你命",利用作为公司掌舵人的企业家身陷刑事指控、无法管理企业的混乱局面,以表面合法的民事诉讼为名,实则牟取不当利益,严重损害企业权益。此时,民事律师需积极应诉,通过法律手段维护企业及企业家的合法权益。

08

第八篇

股东博弈：股东压制与少数股东抗争

分篇一

股权集中与股东压制

公司治理中的三大代理成本,分布在股东之间、股东与管理层之间、股东与公司债权人之间的代理成本。我国绝大多数公司的股权集中度高,决定了股东间的代理成本乃是第一代理成本,以及我国公司治理规则的首要任务便是降低股东间的代理成本。

股东间的代理成本,是指包括任何股东滥用权利带给其他股东的损害,其中包括多数股东滥权带给少数股东的损害,也包括少数股东滥权带给控股股东的损害,但主要指前者。在中国公司法语境下,具体是指由股东表决的多数决制度决定的,双控人(控股股东、实际控制人)滥用股东权利带给少数股东的损害,其往往表现为股东压制。

有压迫就有反抗。压制与抗争,构成了第八篇的主题。本分篇作为开篇,共设11问,任务是提供一个基本理论框架,以支撑后面各分篇的展开。

001 一个理论背景:股权结构决定公司治理吗?

一、股权结构与公司治理关系的一般原理

1. 股权结构

股权结构的一般含义有二:一指公司股权的集中或离散程度;二指股东结构,即不同身份背景的股东之持股比例。在更加广义的视角下,股权结构还可能指向公司集团意义上的"终极控制股东",抑或一国范围内股权财富的集中程度,以下分析指向其一般含义。

2.股权结构决定公司治理

公司的股权结构对公司治理具有基础性乃至决定性影响,具体涉及公司类型与规模、控制权归属、代理成本、内部治理机制与外部治理机制等诸多事项。以高度分散型股权结构对公司治理的影响为例,在高度分散的股权结构中,持股人对公司的直接控制和管理能力非常有限,任何一个股权持有者都不可能对公司享有控制权。收益与成本的博弈使分散的股东更多地采用"搭便车"策略,此时公司的控制权往往实际落入经理层手中。

3.高集中度的股权结构对公司治理的影响

在我国,不论是国家出资公司、上市公司,还是其他普通公司,绝大多数公司的股权结构都呈现出高集中度的特性,中国公司治理的许多问题都与此有关。在分散的股权结构决定的"两权分离"模式下,代理成本多源于管理层滥用管理权,但在高集中度的股权结构下,代理成本主要发生在控股股东与少数股东之间,表现为水平代理问题(horizontal agency problem)。

从上市公司管中窥豹,我国证券市场上控股股东滥用控制权,以私人利益为目的侵害上市公司、少数股东权益的行为频发,表现为以关联交易、大额资金占用、违规减持、高送转等形式进行利益输送,且在与监管的博弈中,行为模式日益隐蔽。监管者的回应,便是要求每家上市公司明确其实控人为谁,除非公司没有实控人,相应监管措施也主要针对实控人设计与运转。

二、我国公司的股权集中现象

世界范围内,大体上,英美的公众公司股权分散、"两权分离"特征明显;而德日公司则股权相对集中。从股权结构来看,我国公司的股权结构集中性更为明显,且与东亚、东南亚等地区家族集中控股、主银行集中控股的现象相比,颇具中国特色。

实际上,各国公司的股权结构都是不均衡的,封闭公司存在绝对控制股东并不稀奇,但诸如上市公司这样的公众公司也普遍存在"一股独大"现象,可谓我国的一大特色。根据深交所2020年报统计数据,2423家上市公司的第一大股东平均持股比例达到30%,67.6%的主板公司、62.02%的中小板公司和61.43%的创业板公司都是单一控股股东公司。近五年来上市公司股权集中度呈下降趋势,但控股股东比例仍然较高。对此,还有更加翔实的诸多数据可以佐证,但对读者而言这是一个常识性知识,故本书不再过多罗列。

股权分置改革之前，集中控股表现为国有股东的高比例绝对控股。股份分置改革后，发展到今天，上市公司的股权结构依然高集中度，这背后是国民经济所有制结构、资本市场发展阶段与中国文化传统等因素共同作用的结果。

三、我国公司治理的主要课题

股权结构的高集中度，不仅决定了代理成本的主要类型，也在很大程度上决定了公司内部监督机制的有效性。以独立董事为例，在股权分散的英美公司中，独立董事是由持股较多但不能直接参与管理的养老基金等机构投资者支持的，其角色定位为不能参与管理的多数股东所支持的监督者。但在我国，独立董事却被设计或者被期待为形成对多数股东的制约，这与美国的"应用场景"大相径庭。这一设计与期待在多大程度上具有现实性，值得讨论。相关实证研究反复证明，在公司存在多数股东的情况下，独立董事的比例与公司业绩之间基本不存在关联性。

当然，股权结构的集中抑或分散本身是中性的，至多只能说前者情形下公司的筹资能力尚未充分发挥出来。股权集中并非天然的恶，股权过于分散也会带来负面影响。比如，若股权过于分散，单一持股者的持股量相对较少，根据成本效用原则，持股者因收集公司相关信息耗费的成本，往往会远大于据此作出正确决策而获得的收益。此时，大多投资者为了取得较高的投资回报率而参股，对公司的长远发展及管理和控制问题并不"感冒"。因此，他们往往缺乏足够的动力参与企业的管理，这在很大程度上将导致投资者对企业的监控不力。因此，问题的解决之道并不在于改变公司的股权结构，而应在股权结构集中的背景下寻找平衡诸股东利益的出路。

综上，在高集中度的中国公司股权结构这一现实背景下，双控人与少数股东间的战争画轴渐次打开。

002 股东压制（一）：常见情形有哪些？

一、股东压制

股东压制（oppression），在域外法上是封闭公司内部治理所面临的普遍难题，其被定义为控股股东对少数股东参与公司经营管理权的限制与剥夺，具体包括公司治理、任职安排、利润分配等诸多方面。但在我国，如上市公司等公众公司也不乏双控人，股东压制同样存在，与封闭公司相较其区别仅在于程度不同。

不同于某单项股东权利被侵害，股东压制又被称为"长期的复合型股东利益侵害"，侵害手段具有复合性，结果具有严重性、全面性，时间跨度具有长期性，构成一个长期的有预谋的体系性侵害行为，少数股东不堪忍受。

不同国家、地区公司法应对股东压制的做法不尽相同，具有鲜明特色的是英国法。在英国，股东压制行为由不公平损害救济制度解决，不公平损害不完全等同于股东压制之处，在于其构成要件不包括多数股东的主观恶意，这就意味着，申请人不需要为多数股东的恶意提供任何证据，因而有利于少数股东。不公平损害更多是一个衡平法上的概念，它给予法庭更多的自由裁量权。总的来说，法官的判断主要考虑两个要素：第一，股东利益是否受到侵害；第二，是否存在不公平损害的行为。

二、股东压制的成因

股东压制的成因很复杂，主要有两点：一是资本多数决的滥用。如前所述，在股权集中的背景下，资本多数决容易发生异化，多数股东披着合法表决程序的外衣，作出名为代表公司意思、实为追求自己私益的决议，侵犯少数股东的利益，股东压制行为由此产生。二是封闭公司的特性。由于股东退出机制匮乏，受压制的少数股东不能"用脚投票"自由退出公司。实际上，承担着"退出不能"风险的投资者仍愿意成为封闭公司的股东，必然基于对有限公司管理层及多数股东的期待和信赖，但是，这种信赖如果不能被裁判者认可与保护，多数股东以排挤、欺压、压迫等方式对少数股东实施压制的行为将愈演愈烈。

三、股东压制的常见情形

（一）域外法经验

股东压制，英美法上有对应的三个词：oppression、freeze-outs、squeeze-outs，词义稍有差异，都用来形容控股股东限制、排除、剥夺少数股东参与治理、从公司获取投资收益的手段。其中：

freeze-outs，排挤出局、逼迫出局、挤出，描述以下情形：控股股东剥夺少数股东的管理权与收益权，并以此劝诱后者以不公平的低价向自己出售股权。

squeeze-outs，挤出、榨出、挤压，描述以下情形：控股股东利用控制权之便，在新股增资发行时不按持股比例认购,从而稀释少数股东股权的策略。

oppression,作为一般性概念,用来统称控股股东对少数股东的压制、压迫、压榨、排挤出局、逼迫出局、挤出、榨出、挤压等诸情形。

以上三个词对应的主要行为形态:挪用或侵占公司资产、免除管理职位或董事职务、未向少数股东商议或提供信息、董事薪酬过高、未合理派发红利、不恰当配售股份等。

(二)我国的实践

1. 挤出。也即少数股东被排挤出管理层。举例:A公司设立时大小股东甲、乙达成协议,少数股东乙将担任公司总经理,其投资回报体现在工资中。公司渐入正轨后,甲利用控制权免除乙的职务。此时,涉及公司无因解任权与少数股东投资期待利益之间的平衡。法院审查时首先应判断此时是否构成股东压制,即总经理职位之罢免是否使乙失去了唯一从公司中获得投资收益的途径。如构成,公司无因解任后的赔偿责任也就不证自成。

2. 稀释。常见情形是侵害新股优先认购权。对于新股优先认购权,有限公司采取选出规则,股份公司则采取选入规则。多数股东可能通过不通知、不合理增资等形式绕开少数股东的新股优先认购权,进而达到稀释少数股东股权之目的。所谓不合理增资,即增资数额远超公司实际所需,而目的仅在于使少数股东欲行使优先认缴权但财力上"事实不能"。

3. 信息闭锁。多数股东身兼或者控制管理层,对不参与经营的少数股东实行信息闭锁政策,对其知情权请求拒绝、拖延、搪塞。公司信息尤其经营信息乃是少数股东的行权基础,在多数股东的信息封锁下,少数股东对公司的经营情况宛如路人。

4. 修改章程剥夺少数股东既有权益。例如,少数股东在初始章程中本享有高出其出资比的分红比,但多数股东利用修改章程的表决权优势,以所谓"同股同权"为由修改章程。又如,A公司的股东乙定居国外,股东甲负责经营,甲为阻止乙参会、投票,修改公司章程,禁止采用电子方式开会与表决,并大大缩短会议召开的通知时限,制造乙的参会困难。

5. 长期不分红。例如,管理股东一方面通过高额薪酬变相获得投资回报,同时每年不分红,或者仅象征性分红以规避股东评估权,致使非管理股东收回投资回报无望。

以上仅为列举,现实中股东压制的样态还有更多。需要澄清的一个认识误区是——"压制行为的作出主体只能是控股股东"。因为在各国的成文法、判例中,从未出现过类似"压制行为的主体必须是控股股东"的表述。压制行为的主体可以是多数股东,也可以是少数股东,但主要是前者。

003　股东压制(二):公司法如何提供救济?

一、股东压制的两种救济措施

有谓:哪里有压迫,哪里就有反抗。

对于股东压制的救济,公司法有两个思路:

一是针对具体的股东压制行为,赋予少数股东对应的诉权救济。例如,控股股东决定长期不分红,少数股东可以提出(具体、抽象)股利分配之诉。再如,针对控股股东封闭公司经营信息尤其财务信息的行为,少数股东有权提起查阅公司会计账簿、会计凭证之类的知情权之诉。

二是确立一般条款,提供一般性的救济措施。

从各国司法实践来看,具体的诉权救济固然重要且不可或缺,但一般性救济措施的提供才更具周延性。

二、他山之石:英美法的做法

(一)美国判例法的"股东合理期待"

通过 Topper v. Park Sheraton Pharmacy, Inc. 一案,纽约州上诉法院正式确立了股东合理期待标准。法院认为:全体股东在 Topper 加入公司时,已经就为其提供职位事宜达成一致意见,但该少数股东基于一致意见形成的合理期待遭到控制股东行为的严重损害,从而构成压制。在封闭式公司中,股东的合理期待往往并不体现在公司章程、股东协议或类似的书面契约中,而是从非书面形式的口头约定,甚至是默契、共识及相关行为中推断出来的。

In re Kemp v. Beatley, Inc. 一案将股东合理期待标准向前推进了一步,即只有在少数股东的期待对其投资、加入公司具有决定意义时,多数股东使少数股东期待落空的行为方构成压制。

在 Meiselman v. Meiselman 一案中,法院对在公司经营期间股东合理期待变化问题作出了富有里程碑意义的裁决。股东的"合理期待"既包括基于公司设立人关系形成的"合理期待",也包括随着时间推移、公司经营变化调整的"合理期待",还包括公司参与人在执行公司业务过程中形成的"合理期待"。

(二)英国公司法的不公平损害救济

在 Ebrahimi v. Westbourne Galleries Ltd., Ebrahimi 一案中,法院以判例法形式首次提出了股东合理期待标准,并明确该标准的适用要素:其一,企业的设立或维持是基于个人之间的信任;其二,存在所有或部分股东都参与公司经营管理的协议或非正式协议;其三,存在对公司股东转让其在公司中利益的能力的限制。

在 Re Postage v. Denby (Agencies) Ltd. 一案中,法院对"不公平性"的解读则是对该标准的进一步发展。在准合伙中,根据公司形成的基础协议,成员经常期待参与公司管理和公司利润分配,而其他成员对此忽略也许是不公平的。简言之,如多数股东违反公司章程、股东间正式契约与非正式契约造成少数股东的合理预期落空,就存在不公平性。法官对于非正式契约的承认,使股东权利的保护不再局限于成文立法中的法定权利,而是扩大到以公司章程为代表的正式契约及非正式契约"约定的"更加广泛的权利范围,这些权利的确认有效地弥补了公司制度条款的缺位。正是基于该原因,英国法院的普遍观点是,英国《2006年公司法》第994条之规定不仅保护了股东在成文法上的权利,还保护了其合理期待,其云:

基于下列理由,公司股东可以通过诉状向法院申请本部分之下的命令:

(a)正在执行或已经执行的公司事务对全体或部分股东利益造成不公平损害;

(b)公司实际行为、拟从事行为或者不作为造成或将造成全体或部分股东之不公平损害。

不公平损害救济的成文法化,能够克服法官干预公司自治的主观随意性。既然股东合理期待系股东间缔结的契约所产生,故在契约框架内考量少数股东的司法救济,能够有效地防止法官过度干预公司自治。此时,对法院无根据地干预公司内部事务的任何控告都很容易被反驳,因为法院打算执行的正是股东自行制定的标准。此种建立在股东间合意基础上的"客观化"的股东合理期待,在相当程度上能够克服对少数股东过度保护或救济不足的主观性问题。

三、确立我国公司法的一般条款

既然股东压制导致了我国公司法中的第一代理成本问题,便需要采取综合治理措施。其中,通过公司法确立一般性救济规则至关重要,这也符合我国成文法的传统。有关我国公司法一般条款的讨论,待读者的公司法知识积累到水到渠成之时,后文将予以展开。

004　公司控制权(一):何谓控制权收益?

一、定义

股东间利益结构与权力结构的不平衡性。如股权分布均衡,股东间的利益与权力可以实现抗衡,发生冲突时纷争也容易通过制衡机制获得解决。但股权分布过于悬殊的多数股东与少数股东之间,便不存在相抗衡的利益与权力结构。在"资本多数决"原则下,多数股东利用表决权优势取得绝对优势的权力,并合法享有"控制权收益"(control surplus)。

举例。控制权收益,指多数股东利用控制权获取的超出持股比例的收益。比如,多数股东安排自己担任高管职位获取高额薪酬,就可以合法地从公司获取收益;非经多数股东同意,少数股东无法获取此收益。控制权收益的典型形态就是控制权转让的溢价收入。比如,甲公司有多个股东,其中A、B、C三人的持股比例分别为51%、30%、1%。D欲购之,对A、B、C的出价可能分别为70万元、33万元、1万元。为何同股不同价?奥妙在于,如购买A的股权,将成为控制股东;如购买B的股权,则成为战略投资者;如购买C的股权,仅一项普通投资而已。

实证研究表明,在美国并购市场,平均控制权溢价为13%,而这一数字在中国是30%。控制权溢价并非公司股份本身的价值,而是来自收购方对取得被收购公司控制权所能获得控制权收益的预期。从控制权溢价的大小可以间接了解多数股东对少数股东的侵害程度,控制权溢价与控制权收益呈正相关,平均控制权溢价越高,说明该地区公司的少数股东利益受侵害程度越高,公司治理水准往往也就越低。

二、控制权收益的类型化

控制权收益可以分为合法(正当)与不合法(不当)两大阵营。前者,如上文提及的控股股东出售股权单价高于少数股东的案例,这可能是控股股东作为经营股东多年来经营管理公司付出时间、精力、心血、智慧的对价。毕竟，许多经营股东多年来"朝五晚九""五加二""白加黑"地付出，才终于有了市场回报，这也是企业家精神弘扬机制的应有之义。后者，则体现为控股股东滥用控制权，违反对公司、其他股东、债权人的"信义义务"，损害公司利益以及其他股东、公司债权人利益，谋求不法私利。其具体体现为：通过非公允关联交易大搞利益输送，也即"管道(tunnel)交易"，把持高管职位搞高额乃至奢侈在职消费、享受高额薪金、长期占用公司资金、挪用公司资金、公款私存、公款私用等。

在"资本多数决"下，多数股东可以"合法"地获得超过其持股比例的控制权，将少数股东的意思吸收。如在普通决议中，持股比例超过50%的股东的个人意思就可以经由合法决议程序，摇身一变，成为公司意思。这一结局虽然合法，但终究可能有失实质公平。而且，在公众公司，少数股东人数众多，个人持股比例极低，"搭便车"现象严重，更加剧了多数股东与少数股东在利益与权力结构上的不平衡性。由于公司的股权结构普遍集中，我国绝大多数公司股东间利益与权力结构的不平衡性更为突出，不合法控制权收益的问题也就自然凸显。

三、公司法的立场

公司法的立场很简单：容忍、支持、保护合法的控制权收益；抑制、防止不合法控制权收益，如有，则赋予公司、少数股东、公司债权人相应的救济机制。

005　公司控制权（二）：正当行使的边界何在？

一、问题的提出

既然双控人一旦控制公司，就可能谋求不当的控制权收益，那么公司法是否可以禁止双控人行使控制权呢？例如，若对关联交易设置关联股东绝对回避制度，不就可以彻底防止控股股东控制下非公允关联交易发生吗？

这是很多人的疑问，也是普罗大众关于公司治理的朴素思考。公司法理论需要回应这一问题。

简要的答案是：公司法是一个理性的规则体系，在公司、诸股东、职工、债权人之间进行复杂的利益平衡,而不会偏执于一端;在控制权问题上,公司法一方面尊重双控人对控制权的享有与正当行使,另一方面规制其滥权,但不会绝对否认、禁止双控人对控制权的享有与行使。

二、控制权的正当性

在股权结构高集中度的现实背景下,股东间的水平代理成本问题,是公司治理中最突出的问题之一。但要承认,双控人对公司的控制本身是中性的,在市场经济下,资本多数决带来的效率优势无可替代,也正是基于这一考量,公司法上有关股东表决权排除(回避)规则的设置非常慎重。

控制权及其正当行使应当得到承认与尊重,这是股东平等原则的内在要求。控制权的存在成功地将双控人利益与公司利益绑定,不仅要看到控制权可能被滥用,也要看到双控人对公司的正向利益输送。比如,实践中,在并购标的抢手时,双控人将标的先行收购再装入上市公司的案例同样存在,此时其为公司利益承担了主要的风险与责任。再比如,上市公司由于财务指标不佳面临退市风险时,双控人往往责无旁贷地进行利益输送以帮助上市公司渡过难关,此时双控人扛下了市场风险、少数股东成功地搭上"便车"。

控制权及其正当行使应当得到承认与尊重,这也是剩余控制权与剩余索取权相一致的必然要求。在公司诸利益相关者(stakeholders)之间,股东(shareholder)群体是专用资产的投资者,理所当然地享有现代公司的剩余控制权(residual control)与剩余索取权(residual claims)。进一步地说,投资越多,风险越大,多数股东依照资本多数决的安排理应享有更多的表决权,以至于取得控制权。

如果不承认双控人的控制权乃至剥夺之,又会出现什么后果呢?那就是少数股东掌握控制权,这将是比双控人执掌控制权糟糕一万倍的安排,在剩余控制权与剩余索取权不匹配的情况下,少数股东滥用控制权将毫无疑问地带来更大的灾难。

如果能够明白这一层关系,也就不难理解我国公司法为何不大规模地设置关联股东表决回避制度了。

三、公司法的应有立场:抑强扶弱

总结各国公司法经验,尤其是我国公司法的规定与实践智慧,公司法的立场可以总结为两点:

1. "限权"多数股东：限制、约束与问责。

2. "扩权"少数股东：扶持、保护与救济。

所谓抑强扶弱，此之谓也。这就是公司正义之所在，也是现代公司法的核心价值追求，更是我国公司法的第一要务。理解这一点，对近年来实践中愈演愈烈的控制权争夺事件的解读，也就有了方向性指引。最近几年来，新旧股东、大小股东、股东和董事会、管理层，甚至曾经亲密无间的合作伙伴、亲兄弟、父子、母女之间都发生了控制权争夺。控制权争夺可能具体指向股权、关键管理职位、公章、证照、财务账册等，涉及民事、行政甚至刑事手段，由此还衍生出了案中案等系列诉讼，种种乱象充分暴露出了我国公司治理的现状与不足。

接下来诸问的内容安排是这样的：先用两问讲述如何认定控股股东、实际控制人（双控人），再用四问分别讲述公司法/公司章程如何规制双控人、如何赋予少数股东救济权。

006　双控人认定（一）：认定标准？

一、控股股东

《公司法》第 265 条第 2 项定义了控股股东：

控股股东，是指其出资额占有限责任公司资本总额超过百分之五十或者其持有的股份占股份有限公司股本总额超过百分之五十的股东；出资额或者持有股份的比例虽然低于百分之五十，但依其出资额或者持有的股份所享有的表决权已足以对股东会的决议产生重大影响的股东。

据此，控股股东可以分为三类：

1. 100% 控股股东，即一人公司的（控股）股东，对应的目标公司为一人公司。

2. 绝对控股股东，即持股比例超过 50% 但低于 100% 的股东。其中，持股比例达到 2/3 以上的，控制力更强，因为即便是公司的分立、合并、增资、减资、变更公司组织形式、解散、修改章程等重大事项，也仅需要 2/3 以上的表决权即可决定。

3. 相对控股股东。即持股比例虽低于 50% 但依其所享有的表决权已足以对股东会决议产生重大影响的股东，通常存在于股权比例较为分散的股份公司，以上市公司最典型。由于在股份公司股东会中，多数决计算的分母并非全体股东的持股比例，而是出席会议股东的持股比例，加之为数众多、累积持股比例较大的少数股东"搭便车"成风，假设某第一大股东持有已发行股份的23%，但每次股东会出席股东的总持股份数不超过已发行股份的45%，该第一大股东便当然属于"依其所享有的表决权已足以对股东会决议产生重大影响的股东"。

此外，如某股东所持股权占比超过1/3，还拥有对公司分立、合并、增资、减资、变更公司组织形式、解散、修改章程等重大事项的否决权。

二、实际控制人

（一）定义

关于实际控制人，《公司法》第265条第3项作了定义：

实际控制人，是指通过投资关系、协议或者其他安排，能够实际支配公司行为的人。

这一规定的信息量极大，择其要者：

1.实控人的认定标准，落脚在"能够实际支配公司行为"，这是一个客观事实标准，关键词是"支配"。

2.控制机制，包括但不限于"投资关系、协议或者其他安排"，也即常见的投资控制、协议控制与其他控制机制。

3.实际控制人并不排斥股东身份，但排斥控股股东身份。一方面，实控人与控股股东为并列概念，相同点是均存在控制公司的事实，区别在于二者的控制机制不同，控股股东的控制机制就是控股权，实控人的控制机制肯定不包括控股权。所以，此处的"投资关系"另有所指。另一方面，实控人的身份不排斥股东身份，比如，甲公司持有乙公司3%的股权（非控股股东），但基于甲乙间的人事协议安排而实现了对乙公司的控制，甲公司即为乙公司的实控人，非控股股东。

（二）控制机制的分类

1.投资关系。实控人的投资关系主要指间接投资关系。比如，A公司持有B公司90%股权，B公司持有C公司80%股权，C公司持有D公司70%股权，那么：A是B的控股股东（直接投资关系），是C、D的实控人（间接投资关系）；B是C的控股股东（直接投资关系），是D的实控人（间接投资关系）。

2.协议。此处的协议，常见的有一致行动人协议、人事控制协议、独家供应商协议、独家客户协议等。比如，某有限公司有10多名股东，其中张三、李四、王五各持13%、16%、21.02%的股权，都不是大股东，但三人通过缔结一致行动人协议可以控制公司。

3. 其他安排。这是一个兜底性概念，无所不包。比如，张三是某科技有限公司2%的小股东，但张三的某项高科技专利乃该公司拳头产品的核心技术支持，张三授权公司独家使用并凭此担任公司董事长、法定代表人。

(三)如何理解支配

支配背后的本质是，实控人以其对公司的投资关系、协议以及其他安排，对股东会、董事会决议产生实质影响，进而决定董监高的提名及任免、重大决策事项的作出，以及支配公司财务会计、影响主营业务的技术与商业秘密等，从而实际支配公司的行为。

司法实务的判断采"实质重于形式"原则，除去投资者对公司间接的股权投资关系外，还会根据具体情况综合以下因素进行分析：

——其对股东会形成决议的影响情况；

——其对董事会形成决议的影响情况；

——其对董监高提名及任免的影响情况；

——主管部门认定的其他有关情况；

……

域外法上有公司法学者主张，控制应当是"经常性"的，这一标准的提出具有重要价值——对于少数关键性"积极股东"(activist shareholder)在关键场合或者事项上发挥重要作用的情形(偶露峥嵘)，由于并非具有"经常性"的控制，应排除在实控人范畴外。

(四)认定人

实务中谁可以认定公司的实控人呢？除了司法裁判中的人民法院，从我国的执法、资本市场监管实践来看，还有国家市场监管总局、央行、国资委、财政部、证监会、金融监管总局、证券交易所等机构，这些机构都可以颁布规范性文件来确立不同行业中公司实控人的认定标准。

007　双控人认定（二）：实控人有哪些特殊类型？

一、共同控制

《〈首次公开发行股票注册管理办法〉第十二条、第十三条、第三十一条、第四十四条、第四十五条和〈公开发行证券的公司信息披露内容与格式准则第57号——招股说明书〉第七条有关规定的适用意见——证券期货法律适用意见第17号》规定，发行人主张多人共同拥有公司控制权的，应当符合以下条件：

1. 每人都必须直接持有公司股份或者间接支配公司股份的表决权；

2. 发行人公司治理结构健全、运行良好，多人共同拥有公司控制权的情况不影响发行人的规范运作；

3. 多人共同拥有公司控制权的情况，一般应当通过公司章程、协议或者其他安排予以明确。公司章程、协议或者其他安排必须合法有效、权利义务清晰、责任明确，并对发生意见分歧或者纠纷时的解决机制作出安排。该情况在最近三十六个月（主板）或者二十四个月（科创板、创业板）内且在首发后的可预期期限内是稳定、有效存在的，共同拥有公司控制权的多人没有出现重大变更；

4. 根据发行人的具体情况认为发行人应当符合的其他条件。

进一步看，"共同控制"的具体类型可以分为：

1. 基于家庭成员关系认定为共同实际控制人

实务中，由关系密切的家庭成员共同设立公司并长期以来共同控制公司的情况并不鲜见，其中最常见的是夫妻关系。如宝利沥青（300135）的招股说明书中披露其共同实际控制人为周某洪、周某凤夫妇，其中周某洪为第一控股股东及董事长，持股50%，周某凤为副董事长，持股28.93%。

2. 基于事实的一致行动产生的共同实际控制人

在一些公司中，各股东之间并无家庭成员关系，也无一致行动协议，但在实务中也有被认定为共同实际控制人的情况，典型如公司引入战略投资者，使原创始人失去控股权的情况。如荣信股份（002123），其招股说明书披露的共同实际控制人为左某、崔某涛、厉某三人。其中，左某为公司的创始人，持有20.27%的股份，厉某、崔某涛夫妇为左某为公司引入的投资机构——深圳市深港产学研创业投资有限公司和深圳市延宁发展有限公司的实际控制人,深港产学研和深圳延宁共持有公司27.75%的股份。

3. 基于一致行动协议产生的共同实际控制人

除家庭成员,无亲属关系的各股东之间也可能因种种目的和动机产生共同控制的需要,为保证这种共同控制的实现,各方会对其共同控制公司的行动作出协议安排,此时各方基于一致行动协议产生共同实际控制人。如科大讯飞(002230),以刘某峰为代表的14人作为一致行动人,组成科大讯飞共同实际控制人。

我国司法实践中由法院认定的共同控制人,多见于夫妻、家族共同控制,如广东省广州市中级人民法院(2019)粤01民终24565号民事判决书;此外还见于存在人格混同的关联企业,如江苏省苏州市吴江区人民法院(2017)苏0509破11、12、13、14、15号民事裁定书。

二、无实际控制人

证券市场上的一个有趣问题是,一家上市公司是否存在无实际控制人的情形?一般来讲,证监会不会轻易认定一家上市公司无实际控制人。根据《上市公司重大资产重组管理办法》(中国证券监督管理委员会令第214号)第13条,上市公司股权分散,董事高管可以支配公司重大的财务和经营决策的,视为具有上市公司控制权。结合《上市公司收购管理办法》第84条,若一家上市公司同时满足:

1. 股权结构分散,不存在持股超过50%的控股股东;
2. 不存在实际支配股份表决权超过30%的情况;
3. 投资者无法通过实际支配股份表决权决定公司董事会超过半数成员选任;
4. 投资者无法通过可实际支配的股份表决权对公司股东会决议产生重大影响;
5. 董事、高级管理人员无法支配公司重大的财务和经营决策。

同时基于公司实际情况,可以得出公司"不存在拥有公司控制权的人或者公司控制权的归属难以判断",即"无实际控制人"的结论。

证券市场上,监管部门在"无实际控制人"的前提下认定"公司控制权没有发生变更"。《〈首次公开发行股票注册管理办法〉第十二条、第十三条、第三十一条、第四十四条、第四十五条和〈公开发行证券的公司信息披露内容与格式准则第57

号——招股说明书〉第七条有关规定的适用意见——证券期货法律适用意见第17号》"无实际控制人"部分规定：

发行人不存在拥有公司控制权的主体或者公司控制权的归属难以判断，如果符合以下情形，可视为公司控制权没有发生变更：

1. 发行人的股权及控制结构、经营管理层和主营业务在首发前三十六个月（主板）或者二十四个月（科创板、创业板）内没有发生重大变化；

2. 发行人的股权及控制结构不影响公司治理有效性；

3. 发行人及其保荐机构和律师能够提供证据充分证明公司控制权没有发生变更。

相关股东采取股份锁定等有利于公司股权及控制结构稳定措施的，可将该等情形作为判断公司控制权没有发生变更的重要因素。

例1。江苏网进科技股份有限公司（以下简称江苏网进）拟申请深交所创业板上市，在2020年11月11日被上市委员会否决，乃创业板实行注册制以来第一家被否的公司，上市委直接指出江苏网进的实际控制人披露这一大问题——招股书清晰指出股东潘某华（持股25.86%）为实控人，而股东文商旅集团（持股34.48%）并非实控人，疑点在于，江苏网进董事会九名董事中有两名都来自第一控股股东文商旅集团，且文商旅集团、江苏网进的董事长是同一人（见图8-1-1）。

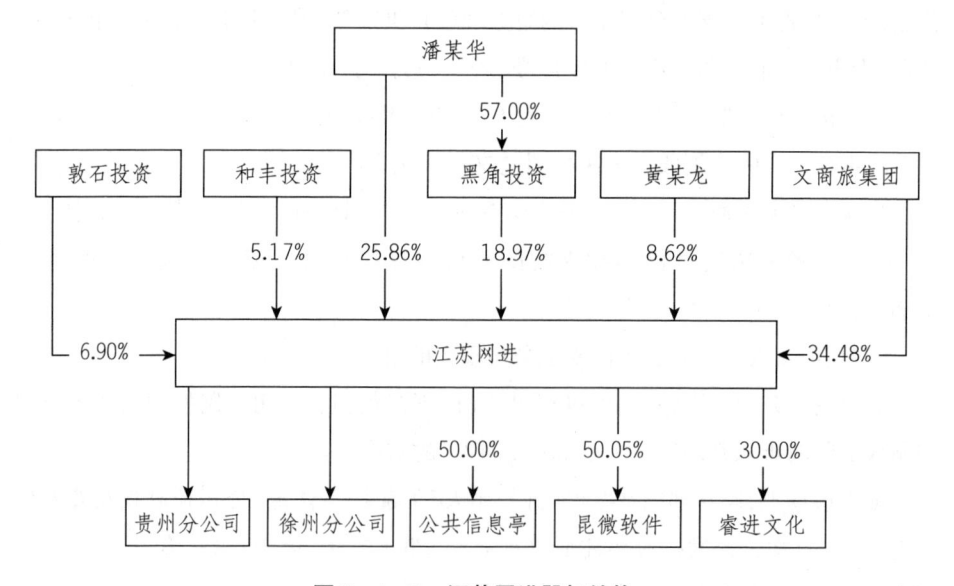

图8-1-1 江苏网进股权结构

例2。东北地区的某上市公司,第一控股股东持股40%左右,其他股东联合驱逐了第一控股股东的董事席位,包括总经理、法定代表人等职务;于是控股股东致信上市公司及证监会(证监局),要求确认其不再是实控人(控股股东);但是其他股东反对,坚决认为其仍然是控股股东。

三、实控人的其他特殊类型

(一)履行出资人职责的机构

实务中,实控人的认定是否需要穿透至自然人或国有控股主体?各监管部门的诸多政策文件都明确规定"实际控制人应披露到最终的国有控股主体或自然人为止"。以国务院国资委为例,其作为"履行出资人职责的机构",代国家(全体人民)持有中央企业(绝大多数为国有独资公司)100%股权,这些国有独资公司旗下往往有多家上市的子公司、孙公司。在公司法意义上,很多监管机构普遍将国务院国资委作为这些上市公司的实际控制人,一些地方国企也将本级人民政府国有资产监管机关(或国有资产经营集团公司)列为实际控制人。

同理,对于金融、文化类国有资本控股上市公司而言,一些监管机构也将财政部门(财政部、厅、局)作为这些上市公司的实际控制人。

(二)职工持股会

比如,大众交通(600611)和大众公用(600635)的实际控制人为职工持股会,但职工持股会作为实际控制人是历史遗留产物。根据《关于职工持股会及工会持股有关问题的法律意见》(法协字〔2002〕第115号),证监会要求拟IPO公司的实际控制人不属于职工持股会或工会持股。

(三)集体所有制企业

比如,青岛海尔(600690)的实际控制人海尔集团公司,为集体所有制企业。

(四)村民委员会

比如,江泉实业(600212)的实际控制人为临沂市罗庄区罗庄街道沈泉庄村民委员会。

(五)外资

根据不完全统计,外资作为上市公司实际控制人的案例有东睦股份(600114)、成霖股份(002047)、海鸥卫浴(002084)、信隆实业(002105)、晋亿实业(601002)、汉钟精机(002158)、斯米克(002162)、罗普斯金(002333)、浩宁达(002356)、长信科技

（300088）、丰林集团（601996）等。

（六）大学、研究院所

比如，方正科技（600601）的实际控制人曾经是北京大学。

008　股东间代理成本的抑制（一）：规制双控人行权的总体架构是什么？

综合现行公司法规定及公司章程可能的条款，规制双控人行权的总体架构及其相应的规则体系，可以总结如下：

一、公司法的规制之一：《公司法》的一般条款

《公司法》第 21 条规定：

公司股东应当遵守法律、行政法规和公司章程，依法行使股东权利，不得滥用股东权利损害公司或者其他股东的利益。

公司股东滥用股东权利给公司或者其他股东造成损失的，应当承担赔偿责任。

第 23 条第 1 款规定：

公司股东滥用公司法人独立地位和股东有限责任，逃避债务，严重损害公司债权人利益的，应当对公司债务承担连带责任。

以上是现行公司法的一般条款，其实质价值在于确立了（控股）股东对公司、其他股东、公司债权人的信义义务，或曰确立了禁止（控股）股东滥用股东权利规则。若违反规则，（控股股东）要承担损害赔偿责任。这是股东间水平代理成本的一般规定，也是调整股东间法律关系的一般规定，并由此衍生出关于股东间代理成本规制的一系列规则。

鉴于股东间的水平代理成本是我国公司法的第一治理要务，上述规定可谓公司法的一般条款。鉴于一般条款的重要性，下文将从各个视角详细分析，此处不予展开。

二、公司法的规制之二：规制非公允关联交易

双控人侵害公司利益的路径尽管有"千万条"，但主渠道还是通过非公允关联交

易大搞利益输送。因而,规制双控人的非公允关联交易自然也是公司法规制双控人行权的主战场。对此,下文以一个分篇展开,此处不赘述。

三、公司法的规制之三:限制控股股东的表决权

控股股东的优势地位源于"资本多数决",如能对表决权优势进行必要的限制,无疑是对症下药。从各个国家、地区公司法的经验来看,限制控股股东表决权的制度设计有很多,可以单独适用,也可以并用,主要措施包括表决权排除(回避)、表决权比例限制、人头决、表决权代理限制等。此处仅就表决权排除(回避)适用稍作展开。

如前文所述,防止股东滥权的针对性措施之一系关联股东表决权回避制度。股东与公司的关联交易基本都发生在双控人与公司之间,很少发生在少数股东与公司之间;退一步讲,即便少数股东与公司发生交易,由于少数股东并不能左右公司的意思,该交易也不符合关联交易的定义(关于关联交易的定义,详见后文)。

有关股东关联交易的回避,《公司法》第15条规定:

公司向其他企业投资或者为他人提供担保,按照公司章程的规定,由董事会或者股东会决议;公司章程对投资或者担保的总额及单项投资或者担保的数额有限额规定的,不得超过规定的限额。

公司为公司股东或者实际控制人提供担保的,应当经股东会决议。

前款规定的股东或者受前款规定的实际控制人支配的股东,不得参加前款规定事项的表决。该项表决由出席会议的其他股东所持表决权的过半数通过。

根据上述第2、3款,公司为双控人债务提供担保的议决规则可以分解如下:

1. 只能由股东会决议,董事会不得议决,以防止双控人通过控制董事会多数席位得以滥权。

2. 股东会决议的,关联股东回避表决,以防止双控人掌握股东会表决权优势而滥用多数决规则。

3. 为双控人提供担保,根据合目的性解释规则作扩张理解,还应包括为双控人的关联方提供担保。比如,A公司持有B公司100%股权,B公司持有C公司80%股权,A或者B公司还持有D公司70%股权。如果作为目标公司的C公司为A、B公司提供担保,适用上述第15条第2、3款自无疑义;扩张解释所涉及的场景是,如C为D公司债务提供担保,也应当适用上述第15条第2、3款。

四、公司法的规制之四：对瑕疵出资股东的必要限权

对于瑕疵出资股东，从行为法（债之关系）的视角看，公司可以请求其补充出资、承担赔偿责任（《公司法》第49条）；但从组织法的视角看，公司还可以对其股东权利进行必要的限制。对此，相关的法律规定包括：

《公司法》第52条第1款规定：

股东未按照公司章程规定的出资日期缴纳出资，公司依照前条第一款规定发出书面催缴书催缴出资的，可以载明缴纳出资的宽限期；宽限期自公司发出催缴书之日起，不得少于六十日。宽限期届满，股东仍未履行出资义务的，公司经董事会决议可以向该股东发出失权通知，通知应当以书面形式发出。自通知发出之日起，该股东丧失其未缴纳出资的股权。

第210条第4款规定：

公司弥补亏损和提取公积金后所余税后利润，有限责任公司按照股东实缴的出资比例分配利润，全体股东约定不按照出资比例分配利润的除外；股份有限公司按照股东所持有的股份比例分配利润，公司章程另有规定的除外。

第227条第1款规定：

有限责任公司增加注册资本时，股东在同等条件下有权优先按照实缴的出资比例认缴出资。但是，全体股东约定不按照出资比例优先认缴出资的除外。

第236条第2款规定：

公司财产在分别支付清算费用、职工的工资、社会保险费用和法定补偿金，缴纳所欠税款，清偿公司债务后的剩余财产，有限责任公司按照股东的出资比例分配，股份有限公司按照股东持有的股份比例分配。

《公司法解释三》第16条规定：

股东未履行或者未全面履行出资义务或者抽逃出资，公司根据公司章程或者股东会决议对其利润分配请求权、新股优先认购权、剩余财产分配请求权等股东权利作出相应的合理限制，该股东请求认定该限制无效的，人民法院不予支持。

如欲深刻理解上述规定的实践价值，一定要了解一个基本事实：瑕疵出资股东，往往是控股股东而非少数股东，瑕疵出资股东的权利限制规则，主要是针对控股股东而言。根据以上规定，对于瑕疵出资的控股股东，权利限制体现在：

1. 可以由董事会催缴出资。逾期仍然不按照催缴通知缴纳出资的，董事会决议

对其进行除名(未缴纳)或者除权(未完全缴纳)。

2. 剥夺有限公司瑕疵出资股东的分红权。分红是按照实缴比例进行的,除非全体股东另有约定。公司可以通过章程剥夺股份公司瑕疵出资股东的分红权。

3. 剥夺有限公司瑕疵出资股东的优先认购权。优先认购权按实缴比例而不是认缴比例行使,除非全体股东另有约定。

4. 剥夺瑕疵出资股东的剩余财产分配权。原则上,公司解散后,在分配剩余财产时,所有股东都要出资到位。如有股东仍然瑕疵出资,则不享有剩余财产分配权。

009 股东间代理成本的抑制(二):规制双控人行权的章定规则有哪些?

除前面提及的公司法规制双控人行权的总体框架及其规则体系,公司章程在规制双控人行权问题上也大有可为。

一、章程规制双控人行权的广阔空间

如果读者留意现行公司法,尤其是第三章"有限责任公司的设立和组织机构"的规定,可以看到《公司法》给公司自治留下了巨大的空间,对于有限公司尤其如此。检索现行公司法文本,在266个条文中,"公司章程"一共出现了114次,出现在89个条文(占比33.5%)之中,其中出现频次最多的章是第三章(共23个条文,该章共42个条文,占比54.8%),出现频次最多的条是第121条,共出现3次。

鉴于本书在公司章程的相关部分对章程自治安排了详细的内容,此处不赘述,读者自可参阅。

二、公司章程自治空间的总体描述

有关公司章程自治边界的描述,可通过下文关于公司法上七个比例的联动关系一窥全豹。

假设甲有限公司有A、B、C、D、E、F、G七个股东,其对公司权益资源的享有通过七个比例体现:

1. 认缴出资比例；
2. 实缴出资比例(以上两个比例合称出资比)；
3. 股权比；
4. 表决权比；
5. 分红比；
6. 新股优先认购比；
7. 剩余财产分配比。

例1。原则上，上述七个比例应当一致，比如，就A股东而言，在甲有限公司注册资本总额1亿元中，A股东认缴了1000万元，实际出资1000万元，则其享有10%的出资比，10%的股权比，10%的表决权比，10%的分红比，10%的新股优先认购权比，10%的剩余财产分配比。但是，如果公司章程规定A股东分别享有10%的出资比，10%的股权比，1%的表决权比，15%的分红比，3%的新股优先认购权比，31%的剩余财产分配比，是否可行？回答是肯定的。这就是以有限公司为代表的章程自治空间。

读者或许会问，章程自治空间与本问的主题有何关系呢？当然有直接的关系。

例2。仍以上述甲公司为例，在A、B、C、D、E、F、G七个股东之中，假设第一大股东G拥有68%的股权比，G就是绝对控股股东，其对公司分立、合并、增资、减资、解散、变更组织形式及修改公司章程这些重大事项都享有事实上的单独决定权。鉴于此，在公司设立之初，A、B、C、D、E、F六个股东或许就会与G达成如下章程条款：G仅享有48%的表决权比，作为补偿，G享有78%的分红比与88%的剩余财产分配比。这一安排如能达成，便意味着全体少数股东通过让渡部分分红权、剩余财产分配权的方式取得了抑制控股股东滥用表决权的重大"回报"，在私法上实现了"把权力关进制度的笼子里"。

三、一个重要个案的展开：关于瑕疵出资股东的表决权限制

(一)问题的提出

无论公司法还是公司章程规定的规制措施，如要有真切的实效，还要解决一个根本性问题，那就是瑕疵出资控股股东的表决权是否会受到限制？如果不能，那么公司法、公司章程规定的诸措施就是"空中楼阁"，随时可能崩塌。例如，即使有公司章程的限制，如瑕疵出资的控股股东拥有不受限制的表决权，那么其可以通过自己

控制的股东会决议随意修改公司章程,随时废止这些限制自己权利、增强少数股东力量的条款。

例3。某有限公司从别处挖来一支技术团队,作为公司研发的核心力量。为体现公司对这支技术团队的重视与尊重,其给予整个技术团队20%的股权,同时享有40%的分红权,并写入公司章程,技术团队成员也实缴了相应出资额。其后四年,公司并无盈利,也就没有分红。第五年,盈利大增,公司准备决议分红,但此时在大股东的撺掇下,股东会决议修改了分红条款,将该技术团队的分红比例调整为20%,理由是贯彻公司法的"同股同权"原则。不难看出,该技术团队虽然享有40%的分红权,但由于仅享有20%的表决权,仍然无法避免被人宰割的命运。

(二)如何限制瑕疵出资控股股东的表决权

《九民纪要》第7条规定:

股东认缴的出资未届履行期限,对未缴纳部分的出资是否享有以及如何行使表决权等问题,应当根据公司章程来确定。公司章程没有规定的,应当按照认缴出资的比例确定。……

股东会作出按照实际出资比例行使表决权的决议,未根据约定履行出资义务的股东请求确认该决议无效的,法院将不予支持。质言之,公司法并不直接限制瑕疵出资公司的表决权,因为表决权按照认缴比例而不是实缴比例行使;但如果公司章程出面剥夺瑕疵出资股东的表决权,法院将尊重这一自治性安排。

010 股东间代理成本的抑制(三):赋权少数股东救济的法定规则有哪些?

与规制双控人行权的法定、章定规则相对应的,便是赋权少数股东救济权的法定、章定规则体系。以下分别从公司法与公司章程两个层面展开。

一、赋权少数股东救济是一个严整的规范体系

《公司法》第1条开宗明义地将保护股东利益列为公司法的宗旨之一,第4条第2款抽象规定了"公司股东对公司依法享有资产收益、参与重大决策和选择管理者等权利",后面又规定了数十个具体的股东权利,组成一个股东权利束。除了少数股

东权之外,多数是单独股东权,也即每一个股东都享有的权利。

需要指出的是,虽形式上每个股东都享有这些股东权利,但有行权必要的未必是全体股东,很多股东权利事实上只有少数股东需要行使。比如,股东知情权,在股权结构分散,也即真实存在"两权分离"的公司中,可以说每一个股东都可能有必要主张查阅公司账簿等权利,但在股权高集中度、公司账簿都是控股股东及其亲信制作的背景下,强调控股股东的查阅权,岂非笑谈?再比如,股东代表诉讼权,无论域内域外,事实上都由少数股东主张与行使,也是这个道理。

因此,讨论公司法赋予少数股东救济权,固然不能脱离股东权利体系另外展开,但确需首先区分权利主体——少数股东抑或控股股东。

二、公司法上的少数股东救济权举要

此处基于股东权利体系,参考少数股东的行权实践,示例如下。需要说明,由于这些权利在本书相应部分都会有周详的介绍,此处不予展开,仅为读者提供一个体系图谱。

(一)股东知情权及其诉讼救济

股东知情权是其他所有的股东权利的前提与基础。虽名义上每个股东皆有知情权,但实际上知情权的行权主体尤其救济主体几乎都是少数股东,个中道理,前文已述。

(二)放大少数股东的表决权

前文介绍了限制控股股东表决权的诸措施,这里对应介绍放大、变相放大少数股东表决权的诸措施,内容相反,但功能殊途同归,都旨在适当抑制"资本多数决"原则的派生缺陷。

依据各国公司法的经验,放大少数股东表决权的设计有很多,可以单独使用,也可并用,下文框架式引介,不作展开。

1. 类别股股东单独表决利害关系事项。
2. 选举董事的累积投票制。
3. 非现场投票制。
4. 表决权代理、表决权代理征集、表决权信托。
5. 股东表决权拘束协议(一致相对人协议)。

(三)与表决权相关的程序性权利

1. 提议召开股东会权利。

2. 自行召集、主持股东会权利。

3. 临时提案权。

(四)公司决议瑕疵诉权

虽名义上任何股东都可以提起公司决议瑕疵之诉(不成立、无效、撤销之诉),但现实生活中原告一般为少数股东,多数股东不存在起诉之必要,因为股东会决议以及多数股东控制下的董事会决议本来体现了多数股东的意思,决议程序也在其直接、间接控制之下。在"资本多数决"原则下,少数股东的表决意思为多数股东所吸收,故只能事后提起决议瑕疵之诉,以期阻挡违背其意愿的公司决议的执行。在此意义上,决议瑕疵之诉的主要制度价值是保护少数股东。

(五)股东回购请求权

对于面临退出难的股东而言,最好的救济莫过于赋予回购请求权。虽名义上每个股东皆有此权,但实务中行权主体几乎都是少数股东,个中道理,亦不言而喻。

(六)股利分配诉权

少数股东的投资主要寄望于公司分配股利。如公司有分配股利的决议而不付诸实施,或者奉行长期不分红的股利政策,则少数股东的期待利益无疑将落空。此时可否赋予其强制分配股利诉权至关重要。

(七)股东代表诉权

公司欲起诉双控人、管理层而不能时,需要有人挺身而出,行"路见不平一声吼"之侠义。谁来横马立刀?少数股东无疑是最恰当的人选,此谓股东代表诉权。股东代表诉讼对于抑制双控人、管理层滥权具有重要的制度价值,也直接显示出少数股东与控股股东的对抗。

(八)司法解散公司之诉与强制清算之诉

备受公司僵局之苦的股东可以请求法院强制解散公司,此为司法解散公司之诉。解散决议或行政解散决定作出后,清算义务人负有启动清算之职责,公司应成立清算组开始清算。否则,利害关系人可以申请法院指定有关人员成立清算组进行清算,法院应受理该申请并成立清算组进行清算。

011 股东间代理成本的抑制（四）：赋权少数股东救济的章定规则有哪些？

一、公司章程赋权少数股东救济大有可为

在公司法的基础上，公司章程可以进一步设计赋予少数股东救济的若干措施，这些措施可以分为四类：

1.降低少数股东行权门槛。比如，《公司法》第115条第2款规定，单独或者合计持有股份公司1%以上股份的股东，可以在股东会会议召开10日前提出临时提案并书面提交董事会……公司不得提高提出临时提案股东的持股比例。如果公司章程降低持股比例要求，比如，持股0.5%股东就可以享有临时提案权，可不可以？回答自然是肯定的。

2.增加少数股东权益。比如，《公司法》第57条第2款规定，有限公司股东可以要求查阅公司会计账簿、会计凭证。在此基础上，公司章程可以从两方面增加少数股东的查阅权益：一是增加"复制"权利，规定股东可以复制会计账簿、会计凭证；二是拓宽查阅范围，规定股东可以查阅核实会计账簿、会计凭证真伪所需的其他公司文件如贸易合同文本等。

3.强化少数股东救济。仍然以股东查阅权为例，章程可以进一步规定股东一旦提出查阅请求，公司需要主动配合，以充分满足股东查阅需求：包括无偿提供查阅场地、提供相应的财务会计人员配合、提供充足的查阅时间等。

4.赋予类别股股东特别权益。《公司法》第144~145条规定了股份公司类别股制度，但内容比较原则、抽象，尚需公司章程进一步细化类别股股东（也是少数股东）的权益规则。其实有限公司也存在类似类别股的制度，由于《公司法》没有规定，更依赖公司章程的规定。

二、公司章程限权控股股东、赋权少数股东如何可能

很多读者存在疑问，既然公司章程是由股东会制订、修订的，控股股东又掌握了多数表决权，公司章程如何能够加入限权控股股东、赋权少数股东的条款呢？这岂不等于与虎谋皮吗？而且，即便能够侥幸加入此类条款，控股股东也可以随时启动

第八篇 股东博弈：股东压制与少数股东抗争·
分篇一 股权集中与股东压制

修订程序予以删除啊！

这的确是一个很具有挑战性的问题，回答如下：

第一，初始章程引入限权控股股东、赋权少数股东条款的空间。

一则初始章程是全体设立人（发起人）的合意，在合作之初，如有任何人不同意，大家都不可能共同开启一个事业，此时存在彼此尊重的浓厚范围；二则既然能够成为发起人，想必每个人都有独特的价值，在合作之初也都值得尊重，如有少数股东提出引入限权控股股东、赋权少数股东条款之建议，多数股东往往会表现出大度与格局，以促成事业的开启；三则在公司成立之初，控股股东可能也没有尝过权力的妙处，对限权控股股东、赋权少数股东条款并不敏感，所以乐于接受；四则有些公司设立时并无绝对控股股东存在（后经过多次的股权转让、公司改制等才出现绝对控股股东），此时对于未雨绸缪式的限权控股股东、赋权少数股东条款，都欠缺代入感，也就不会有反对的声音。

第二，修订公司章程，控股股东未必能随心所欲。

有再好的初始公司章程设计，如在公司运营过程中，控股股东能掌控修订权，那么原本存在的限权控股股东、赋权少数股东条款势必成为控股股东的眼中钉肉中刺，欲拔之而后快。但是，废止、修订条款对于控股股东而言也不是一件容易的事情。这是因为：(1)修订章程需要 2/3 以上表决权同意，有些公司章程还设置了更高比例的多数决要求，这对控股股东的修改而言是很高的门槛，未必每一个控股股东都能够办得到。(2)如控股股东反其道而行，通过修订章程增加控股股东的权益、减损少数股东权益，通过此类条款的股东会决议之效力可能被质疑乃至否定（关于此点，请参见本书有关公司章程的相应部分，此处不赘述），也即控股股东的雄心未必能获得法律支持。(3)有经验的少数股东往往在初始章程中引入某些条款的修订需要全体股东一致同意的规定，这确保了相关条款的不可撼动性。最后一点很重要，这提醒每一个人，尤其少数股东，没有"政权"也就没有"财权"，无论此前章程设计的条款多么精致，若不斩断控股股东的修订之手，都是建立在沙滩上的城堡。

第三，权利是通过斗争得到的。

耶林"为权利而斗争"的呼喊言犹在耳。股权结构高集中度背景下少数股东的救济经验更是鲜活地体现了这一点。权利从来都需要斗争，而不是靠恩赐得来的，更不是依靠祈求得来的。限权控股股东、赋权少数股东，是公司法的使命，是公司章程的使命，更是少数股东斗争的使命。

分篇二

规制控制权滥用（一）：一般条款与股东信义义务

《公司法》第 21 条规定，"公司股东应当遵守法律、行政法规和公司章程，依法行使股东权利，不得滥用股东权利损害公司或者其他股东的利益。公司股东滥用股东权利给公司或者其他股东造成损失的，应当承担赔偿责任。"第 23 条第 1 款规定，"公司股东滥用公司法人独立地位和股东有限责任，逃避债务，严重损害公司债权人利益的，应当对公司债务承担连带责任。"上述条款构成现行公司法的一般条款，这确立了禁止滥用股东权利规则，也可以解读为确立了股东对公司、其他股东、公司债权人的信义义务。公司法的很多制度、规则都由此衍生。考虑到在绝大多数公司中，抑制股东间的水平代理成本乃是公司治理的第一要务，对一般条款的详细解读，构成了解析中国公司法的密钥。

本分篇共设 9 问，第 1 问介绍一般条款的含义，然后分别从禁止股权滥用（第 2～7 问）与股东信义义务（第 8～9 问）两个视角来解读公司法的一般条款及司法适用规则。

012　如何解读公司法的一般条款？

一、一般条款的确立

为国企公司改制服务的 1993 年《公司法》并未提供一般条款。此后，立足于建构现代普通公司法的 2005 年《公司法》第 20 条首次确立了一般条款：

公司股东应当遵守法律、行政法规和公司章程,依法行使股东权利,不得滥用股东权利损害公司或者其他股东的利益;不得滥用公司法人独立地位和股东有限责任损害公司债权人的利益。

公司股东滥用股东权利给公司或者其他股东造成损失的,应当依法承担赔偿责任。

公司股东滥用公司法人独立地位和股东有限责任,逃避债务,严重损害公司债权人利益的,应当对公司债务承担连带责任。

2023年《公司法》将上条分解为两个条文,其中第21条规定:

公司股东应当遵守法律、行政法规和公司章程,依法行使股东权利,不得滥用股东权利损害公司或者其他股东的利益。

公司股东滥用股东权利给公司或者其他股东造成损失的,应当承担赔偿责任。

第23条第1款规定:

公司股东滥用公司法人独立地位和股东有限责任,逃避债务,严重损害公司债权人利益的,应当对公司债务承担连带责任。

不难看出,两个公司法文本中一般条款的内容是基本一致的。

二、对一般条款的两种解读

公司法学界对一般条款的解释出现了两种不同的思路。

(一)禁止股权滥用说

该说认为,公司管理层(董监高)对公司负有信义义务,乃是现代公司法的共识,但作为公司成员的股东,如认为其对公司负担信义义务,则并无公司法学理支持,也无比较法上的充分论据。实际上,一般条款仅确立了股东行使股东权利不得滥用规则,可以简称为禁止股权滥用规则。

该说进一步指出,私法上的权利都有一定的边界,权利行使若超越边界,损害他人权益,即构成权利滥用。比较法上,不少民法典都规定了权利不得滥用规则,奉行民商合一的我国《民法典》亦不例外,我国《民法典》第132条规定:

民事主体不得滥用民事权利损害国家利益、社会公共利益或者他人合法权益。

由此确立了我国私法上的禁止私权滥用规则,在公司法领域即表现为禁止滥用股东权利规则。因此,前述《公司法》的一般条款乃是《民法典》禁止私权滥用规则在公司法领域的具体化,可谓从禁止私权滥用到禁止股权滥用。

该说进而认为,在逻辑上,每一个股东,无论是少数股东还是多数股东,都存在滥用股东权利的可能性。但就规范目的而言,一般条款主要规制的是多数股东滥用股权的行为,在股权结构高集中度的背景下,也可以更精准地表述为规制双控人滥用控制权的行为。这也是我国公司法确立一般条款的主要规范目的所在。

(二) 股东信义义务说

该说认为,一般条款确立了股东对于公司、其他股东、公司债权人的信义义务。固然,现代公司法首先确立了管理层对公司的信义义务,但是这一信义义务并不局限于此,而是扩展适用于公司法上的所有委托代理关系之中。质言之,在少数股东与多数股东、股东与管理层、债权人与股东的三大委托代理关系中,分别处于委托人角色的少数股东、股东、债权人与相应处于受托人角色的多数股东、管理层、股东间都存在代理成本,后者也就都负有对前者的信义义务。简言之,谁拥有控制公司的权力,谁就负有对公司、股东、债权人的信义义务;这一义务,在实行"两权分离"的公司中主要指向管理层,在股权结构集中的背景下则主要指向双控人(管理股东)。

该说进而认为,一般条款所确立的三个赔偿责任(赔偿公司、赔偿其他股东、赔偿公司债权人),并非滥权的损害后果,而是股东违反信义义务后的违信责任。

该说还认为,在逻辑上,每一个股东,无论少数股东还是多数股东,都对公司、其他股东、公司债权人负有信义义务,但一般条款主要规制的是多数股东负有的信义义务,在股权结构高集中度的背景下,也可以更精准地表述为规制双控人的信义义务。这也是我国公司法确立一般条款的主要规范目的之所在。

三、本书的解读视角

以上两种思路,在学理依据、技术构造与法律适用等方面都差别甚大。尽管如此,我们很难谓二者具有本质差异,因为最后的规制效果都是一样的。在此意义上,两种解释思路之间不存在非此即彼的选择,而是可以互补互鉴。因此,下文我们安排第2~7问从"禁止股权滥用说"的解释路径展开,安排第8~9问从"股东信义义务说"的解释路径展开,以求更充分地揭示出一般条款的内涵与司法适用路径。

013 禁止股权滥用（一）：如何理解禁止私权滥用一般规则？

一、诸法的宣示性规定

《宪法》第 51 条确立自由与权利的边界，规定权利不得滥用，其内容是：

中华人民共和国公民在行使自由和权利的时候，不得损害国家的、社会的、集体的利益和其他公民的合法的自由和权利。

早在 1986 年，《民法通则》第 7 条规定：

民事活动应当尊重社会公德，不得损害社会公共利益，破坏国家经济计划，扰乱社会经济秩序。

《民法典》第 132 条确立私权不得滥用：

民事主体不得滥用民事权利损害国家利益、社会公共利益或者他人合法权益。

但上述三个条文都是宣示性规定，缺乏结果要件。《民法典总则编司法解释》第 3 条最终予以补充：

对于民法典第一百三十二条所称的滥用民事权利，人民法院可以根据权利行使的对象、目的、时间、方式、造成当事人之间利益失衡的程度等因素作出认定。

行为人以损害国家利益、社会公共利益、他人合法权益为主要目的行使民事权利的，人民法院应当认定构成滥用民事权利。

构成滥用民事权利的，人民法院应当认定该滥用行为不发生相应的法律效力。滥用民事权利造成损害的，依照民法典第七编等有关规定处理。

第 3 条的最大贡献在于第 3 款，明确了私权滥用后的两个法律后果。下文将从多个视角解读《民法典》第 132 条及《民法典总则编司法解释》第 3 条。

二、《民法典》第 132 条解读：原则还是规则

禁止民事权利滥用，或称禁止私权滥用，是否为民法的基本原则？这在《民法典》编纂过程中有争议。有人认为应当规定在基本原则中，有人认为禁止权利滥用原则仅为违反诚实信用原则的效果，是程序性救济性原则，是权利行使的原则，是公

序良俗原则的组成部分，并非民法基本原则，不宜在基本原则中规定，但可以作为民事权利行使规范加以规定。最终，《民法典》采第二种意见。

三、《民法典总则编司法解释》第 3 条解读之一：滥用民事权利的司法判断

本条确立了四个要件：

1. 前提及客观行为要件

适用该规则的前提是民事主体享有合法的民事权利，如法律规定、合同约定特定行权条件，该条件应已成就，否则就谈不上民事权利不得滥用的问题，应适用其他规则解决。这与行政法上超越权力、权力滥用的区分原理是一样的。

民事主体滥用权利的行为既可能表现为权利的积极行使，也可能表现为消极的不行使或放弃。

2. 造成损害的客观后果

即行为人的行为侵害了国家利益、社会公共利益、他人合法权益。首先，滥用民事权利"损害"的对象包括国家利益、社会公共利益一般并无疑义，只是损害他人利益中的"他人"何指，需进一步深究。在合同行为中，从相关案例看，既包括合同以外的第三方，也包括合同相对方。如《民法典》第 154 条，"行为人与相对人恶意串通，损害他人合法权益的民事法律行为无效"。此处"他人"是指行为人以外的任何人。其次，"损害"在性质上应具有法律上的可责性，即民事主体行权造成的"损害"行为违反了诚实信用原则、公平原则或民法所尊崇的其他价值原则。因此，行权行为即使客观上造成他人利益受损，也并非都是"损害"。比如，民事权利主体向违约方起诉主张高额违约金，客观上违约方利益受损，但不能说该民事权利主体滥用权利"损害"了违约方及其债权人利益。此外，一般还需考虑"损害"程度，即是否造成利益显著失衡和不公平，是否损害其他多数人（如租赁纠纷中的其他多数业主）的利益。

3. 因果关系

也即滥用民事权利的行为与上述损害之间应具有因果关系。

4. 主观要件

权利人以损害其他法益（国家利益、社会公共利益、他人利益）为主要目的来行使权利。

首先,如民事主体以损害国家利益、社会公共利益、他人合法权益为主要目的行使民事权利,原则上应认定其构成滥用民事权利。从司法实践来看,这已是认定民事主体滥用权利较为常见的方法,《民法典总则编司法解释》第3条将其吸纳为成文规则。其次,如无充分证据证明民事主体行权时主观上存在故意,则需分情况考虑:(1)民事主体行使权利的行为客观上将损害国家利益、社会公共利益的,一般应认定其构成滥用权利;(2)民事主体行使权利的行为客观上损害他人权益,如损害的"他人"仅是合同相对方或个别合同以外的第三方,不应轻易认定;如损害的"他人"为数量较多的其他人(如租赁纠纷中的其他多数业主),支持其行权将导致严重利益失衡,则基于利益衡平的考虑可谨慎进行认定。

四、《民法典总则编司法解释》第3条解读之二:滥用民事权利司法认定的判断因素

认定"滥用"民事权利中考虑的因素具有多样性,可根据权利行使对象、目的、时间、方式、造成当事人利益失衡程度等因素综合认定。

1. 对象。包括孰强孰弱对比、人际关系或商事关系所属类别等。举例:公司法上的控股股东、少数股东之比,公司法上的股东与高管层之比,公司法上的股东与债权人之别,婚姻中的男女之别。当然,这并不绝对,也有少数股东滥用股权的情形。

2. 目的。包括为赚取超额利润、为打压竞争对手、为降低经营成本、为减轻法律责任或是无特定目的恣意行权等。《民法典总则编司法解释》第3条第2款特别提出:行为人以损害国家利益、社会公共利益、他人合法权益为主要目的行使民事权利的,人民法院应当认定构成滥用民事权利。比如,日常生活中对他人的示威性干扰,可能涉嫌寻衅滋事,如购买震楼器在夜间干扰邻居休息等。

3. 时间。包括滥权的时点、时长、持续期间及权利需求的差异。比如,中午12:00在三楼房间地板上跳绳十分钟,没人会很在意,但凌晨2:00如此操作,没人会不在意。

4. 方式。是显性、隐性还是无害的,是夸张、过分还是可容忍的,是偶尔为之、不得已为之还是经常为之、有意为之,等等,都是考量因素。比如,夫妻间偶尔吵架拌嘴影响邻居休息尚可容忍,但夫妻间天天吵骂,抄起锅碗瓢盆打架,邻居不堪其扰也就忍无可忍了。

5. 利益失衡程度。造成当事人之间利益失衡的程度,需考虑一方的快乐、便利、

获利是否建立在他人不快乐、不便利及有损失的基础上，或所涉行为是否过度加重了他人负担而对自己收益甚少。

五、《民法典总则编司法解释》第 3 条解读之三：滥用民事权利的法律后果

依照该解释第 3 条第 3 款，后果包括：

1. 行为不生相应效力。换言之，滥用权利不应产生行为人追求的法律效果。例如，在请求权行使中，滥用请求权不能导致请求权的行使效果，如表现为提出请求不发生时效中断效力，或相对人不构成迟延履行等。

2. 致损害的，需承担侵权赔偿责任。滥用权利可能产生损害后果，也可能不产生损害后果。即便产生损害，是否构成侵权，还要依据《民法典》侵权责任编的规定进行判断。如权利人滥用权利的行为也满足了侵权法的要件，受害人有权请求滥权人承担侵权责任。由此，关于滥用民事权利的认定与法律后果的规定，司法解释续造了裁判规则，弥补了《民法典》第 132 条未规定法律后果的不足，构建了较为完整的禁止滥用权利制度。

014　禁止股权滥用（二）：如何认定股权滥用行为？

一、从私权滥用到股权滥用

从《民法典》第 132 条到《公司法》的一般条款，实现了从禁止私权滥用规则到禁止股权滥用规则的转换。实际上，二者之间还存在商事法领域中权利滥用行为类型的过渡。

（一）商事交易上的滥权

商事交易中也有很多滥用权利的问题，主要表现在以下三方面：

一是滥用市场优势地位进行垄断等不正当竞争行为。譬如，捆绑销售、指定渠道等，但凡在市场上享有优势地位的主体，或多或少都会实施一些垄断的行为，或明或暗罢了。

二是滥用市场优势地位损害相对方利益。譬如，订立和履行不平等约定，特别

是针对谈判能力弱、信息资源少的消费者,强势方往往会要求其签订格式合同,其中夹杂着大量免责条款、兜底条款等。在令人眼花缭乱的字里行间,占有优势地位的交易主体想方设法地免除自己的重大成本、主要责任,甚至在合同主要条款中使用一些"行业黑话"(如非常小众的内部标准)来替代普罗大众的普遍认知。

三是滥用大数据优势地位损害相对方的信息权利。市场上几乎所有软件、手机App都无时无刻不在收集用户信息,而这些信息数据大多超出了维系软件使用所必需。商家利用这些额外获取的信息数据对客户进行精准画像,甚至恶意买卖数据。这种行为偏离了初始目的,可能被判定为滥用民事权利。

(二)商事组织法上的滥权

1. 股东之间,最常见的就是股东压制,即双控人滥权压制少数股东。《公司法》第89条第3款引入股东压制下的回购条款,规定为:

公司的控股股东滥用股东权利,严重损害公司或者其他股东利益的,其他股东有权请求公司按照合理的价格收购其股权。

股东压制下的回购条款是对股权滥用条款的具体化,其以"控股股东滥用股东权利"为核心要件,在救济上突破了承担赔偿责任的固有方式,引入回购作为股东压制下少数股东的法定退出渠道。观察禁止股权滥用条款与股东压制条款的关系,不难发现股东压制条款仅规制控股股东的安排,与禁止股权滥用的规制范围保持了一致。

再如,双控人滥权引发的抽象股利分配之诉。《公司法解释四》第15条规定:

股东未提交载明具体分配方案的股东会或者股东大会决议,请求公司分配利润的,人民法院应当驳回其诉讼请求,但违反法律规定滥用股东权利导致公司不分配利润,给其他股东造成损失的除外。

抽象股利分配之诉涉及司法干预与商业决策的界限测试,背后的隐喻正是:公司长期不分红的政策是双控人滥用股权的结果,具体情形可能包括:

(1)双控人享受过高薪酬,变相侵蚀可分利润;

(2)双控人剥夺少数股东任职、取得薪酬的机会;

(3)变相分配利润、转移利润,或为了不分配而隐瞒利润;

(4)无法召开、故意不召开股东会,或拒绝将分红提案列入股东会议程,或作出不分红的消极决议。

例如,A公司在控股股东甲的控制下,多年来仅分配象征性利润,而甲本身一方面通过亲任高管获取超额投资回报,另一方面通过各种方式变相分配利润。

2. 股东与债权人之间,往往表现为股东滥用公司独立人格与股东有限责任,引发公司人格否认。正如《九民纪要》所指出的:

> 公司人格独立和股东有限责任是公司法的基本原则。否认公司独立人格,由滥用公司法人独立地位和股东有限责任的股东对公司债务承担连带责任,是股东有限责任的例外情形,旨在矫正有限责任制度在特定法律事实发生时对债权人保护的失衡现象。

3. 股东与公司之间,典型的就是股东代表诉讼,双控人滥用权利侵害公司利益并左右公司意思,公司不能起诉的,由其他股东代公司起诉。

二、滥用股权行为的识别

1. 股权结构集中背景下双控人滥用控制权是常态

由上可见,股东权利的滥用,主要实施者还是控股股东(以及实控人)。双控人滥用股权的形态多样,渗透在公司运营的各个环节,侵害对象包括但不限于公司、其他股东、公司债权人等,公司法无法一一穷尽,也无必要一一穷尽。虽然公司法在具体章节安排上对于部分典型滥权行为有所规范,但终难免挂一漏万,这就是引入一般条款的必要性、重要性。质言之,如果人民法院在裁判中认定了某股东的行为构成股权滥用,有具体规范的,适用之。如没有对应的具体规范,则适用一般条款。除法定情形与一般条款之外,公司章程也可以规定禁止股权滥用条款以发挥补充、兜底功能。

2. 识别标准

《民法典总则编司法解释》第3条第1、2款为所有私权滥用的识别提供了指引。公司法上的股权滥用主要指向控制权滥用,其构成要件分析及其识别也应遵守上述规则。需要强调,单一股东的利益与公司利益并不完全一致,滥用的认定应以损害公司利益为主要考量。例如,在公司有大额盈利,但股东会决议不分红时,若少数股东不能证明多数股东存在恶意,则不能认定后者构成滥用股东权利,因为分红政策终究属于公司经营发展中的商业判断,不分红可能更符合公司的扩张战略与长远利益。当然,公司利益与少数股东利益乃至公司债权人利益的损害在更多时候是重合的,双控人以掏空公司的方式贬损公司价值,既直接侵害了公司财产权,也侵害了其他股东、公司债权人的利益,构成股权滥用。

015　禁止股权滥用（三）：少数股东也会滥用吗？

一、问题的提出

如前所述，在私法逻辑上，任何私权主体均可能滥用私权，具体到公司法领域，任何股东也都可能滥用股权。虽然实证法上股权滥用多见于多数股东（双控人），但少数股东亦可能构成滥用，且在某些情形下可能引发既没有公平也缺乏效率的"双输"局面，甚至让多数股东"痛不欲生"，可谓"少数股东也疯狂"。

二、少数股东滥权的典型形态

（一）滥用放大后的表决权

后文将展开分析，少数股东可能通过"放大表决权"的方式提升自己的话语权，包括表决权委托、表决权信托、表决权协议、累积投票等意定情形，以及类别股单独表决、多数股东表决权回避等法定情形。在表决权放大后，少数股东可以在某些事项的表决上事实上享有多数表决权乃至控制权。如是，其单位股权获得的超额收益将远超控股股东行使控制权的收益，在此激励下，机会主义行为往往有过之而无不及，这反向印证了规制控制权滥用的重要性。

（二）滥用否决权

公司章程可以规定在某些表决事项上通过股东会决议需要比法定多数决更高的表决权比例，乃至一致决，或者直接赋予某些少数股东一票否决权。在一致决、一票否决安排中，实际上都将少数股东的表决力等同于控股股东，有利也有弊。

1.一致决的实质

如前所述，如公司章程规定某些事项表决需要全体股东一致决，对于抑制股东压制、保护少数股东具有重大价值。但事物都有两面性，兴一利往往也生一弊，如将来付诸表决，极个别少数股东坚决不配合（即便对其并无不利甚至有利），那么控股股东将痛不欲生。

典型案例。在申请人孙某、张某因与被申请人上海米蓝贸易有限公司、段某立、陈某斌股东会决议效力纠纷案[（2015）沪二中民四（商）再终字第3号]中，因米蓝公司经营期限已届满，但公司章程规定修改须经全体股东一致通过，致使持股76%的股东作出延长公司经营期限的股东会决议，事后被少数股东诉至法院，最终被法院撤销。此后，持股76%的股东再次召开股东会，作出按第三方评估价格合法合理地收购异议股东股权的决议，但少数股东不同意米蓝公司继续存续，坚持要求解散清算并再次诉至法院，要求确认控股股东收购少数股东股权的决议应属无效。根据评估报告，若解散公司，少数股东所获得的剩余财产远少于控股股东的回购价格。此外，少数股东又没提出执意解散公司的其他合理商业理由，疑似构成股权滥用。从审判结果看，一、二审法院均驳回少数股东的诉求，再审出现反转，予以支持，这一判决引发争议与讨论。

办案札记。著者也曾组织专家论证过这么一个案子：某五线城市的一家地产项目有限公司有甲乙两个股东，甲股东是负责拿地的当地开发商，占股70%，乙股东是全国前三名的某地产商，占股30%。但整个项目的开发经营都由后者负责。该项目公司章程有一条如是规定："公司股东会通过包括但不限于分立、合并、增资、减资、变更公司组织形式、解散、修改公司章程、选举董事、选举监事、确定法定代表人、使用1亿元以上资金等所有的决议，都必须经由全体股东一致同意。"但问题是，该项目公司某次股东会表决的某事项恰恰不在上述11个事项范围内，姑且可以称为第12个事项。对此，甲股东赞成，乙股东反对，甲宣布该决议获得通过，乙则诉诸法院请求确认决议不成立，理由是不足章程规定的表决权数，因为公司章程规定了"所有的决议"都采一致决，并不限于明确罗列的11个事项，但甲股东认为需要一致决的再无第12个事项，所以诉争的议决事项应适用法定的简单多数决（全体股权的过半数同意）。

请问各位读者，如何看待这一案例的双方立场？

2. 一票否决的另一面

以我国一级资本市场为例，一票否决权条款（保护性条款）已然成为一级市场股权投资协议的常客（乃至标配）。此时，即使创始人保持较高的持股比例，后加入的投资人（少数股东）同样拥有最终的否决权，一票否决权等同于对公司决议享有事实上的支配力，理应合理行使。尤其是，若投资人同时设置公司回购、创始人回购条款，此时投资人投资的"债"性更强，创始人承担了法律上的最终风险。此时，即使投资协议中设置了"一票否决权条款"，投资人行使时也应当更加"克制"，为真正承担最终风险的创业者留足企业家精神发挥的空间。

(三)滥用知情权

1. 滥用查阅、复制权

股东知情权是其他股东权的行权基础,包含查阅权、复制权、质询权与信息接收权等,现行公司法规定股东请求查阅会计账簿、会计凭证需要满足正当目的的前置要求,意在对此行权有所抑制,这不仅是防范商业间谍、保护公司商业秘密的需要,更在于查阅本身会给公司带来成本。如果少数股东反复查阅这些公司资料,甚至会影响公司的正常经营管理秩序。

此外,股东行使知情权后负有保守公司商业秘密的法定(信义)义务,如泄露公司商业秘密导致公司合法利益受损,公司可以请求该股东赔偿相关损失;这一规则也适用于辅助股东查阅公司文件材料的会计师、律师等中介人员。

2. 滥用质询权

在日本公司实务中,存在所谓的"总会屋"现象。"总会屋",指先取得公司股份,然后向公司索要钱财,如得到满足,就在股东会上控制一般股东的发言,让会议按公司意图顺利进行,否则,就在股东会上妨碍会议进程,扰乱会场秩序的人。我国公司实务中也有类似现象。比如,股东年会上,少数股东相约向管理层提出上百个问题的质询,如回答不能得到满足,则阻止议案进入表决程序。醉翁之意不在酒,这一行为将导致原定会议时间内不能形成决议案,从而达到干扰会议之目的。

以上种种现象仅为少数股东滥权的典型示例,难以涵盖全貌。如本书所反复强调的,一般条款针对的是现象,而不是特定身份的股东,可谓"对事不对人",任何行使股东权利乃至可能决定公司行为的股东都必须善意行权,而不能流变为滥权者。

三、最后的话

虽然从发生频次、危害后果等方面衡量,少数股东的滥权行为远不能与双控人相提并论,但"勿以恶小而为之",法律同样不能装作看不见。与双控人滥权相同的是,少数股东滥权也有多样化的形态,公司法无法一一穷尽,也无必要一一穷尽,尽管在具体章节安排上对于部分典型滥权行为有所规范,但终难免挂一漏万,所以照样离不开一般条款规范的必要性、重要性,也同样遵循优先适用具体规范、次适用一般条款的法律适用规则。公司也可以根据具体情况通过章程规定防范、救济少数股东滥权的条款,以补充公司法的规范体系。

016　禁止股权滥用（四）：股权滥用导致公司决议无效吗？

一、基本理据：股权滥用行为不发生法律效力

前引《民法典总则编司法解释》第 3 条第 3 款第 1 句规定：

构成滥用民事权利的，人民法院应当认定该滥用行为不发生相应的法律效力。

具体到股权滥用行为，"该滥用行为不发生相应的法律效力"应如何理解？实际上就涉及滥用表决权通过的公司决议是否有效的问题。

学理上对此存在不同看法。有意见认为，表决权自益性的正当空间与滥用权利的概念之间存在不可调和的冲突，应当容许股东在投票之际首先考虑自己的利益，因其并"不像董事那样必须为他人的利益善意行事"。但"他们却必须像董事那样基于正当的公司目的而行使权利……如果其行为主要是为了损害其他股东，或者为了该股东自己或者第三人的其他利益，则其行为就不合公司目的的正当性"。这一看法并非全无道理，至少提醒人们在滥用表决权的判断上需谨慎而为。但是，不得滥用任何私权，否则将影响其私法行为的效力，表决权作为组织法上的私权，并无例外。

最高人民法院在 2012～2017 年起草《公司法解释四》时，曾经组织专家深入探讨这一问题，最终在"公司法解释四原则通过稿"第 6 条规定：

股东会或者股东大会、董事会决议存在下列情形之一的，应当认定无效：

（一）股东滥用股东权利通过决议损害公司或者其他股东的利益；

（二）决议过度分配利润、进行重大不当关联交易等导致公司债权人的利益受到损害；

（三）决议内容违反法律、行政法规强制性规定的其他情形。

显然，这一条力图实现决议无效的类型化，其中第 1 项直指违反公司法一般条款的公司决议无效，其背后的理据正是"滥权行为不发生法律效力"。虽然最终公布的《公司法解释四》文本删去这一条，但是作为有力的学术观点，对公司法理念的影响清晰可见，我国司法实践中也一直有法院认可这一规则（详见下一问）。

二、新《公司法》的佐证

《公司法》第 211 条规定：

公司违反本法规定向股东分配利润的，股东应当将违反规定分配的利润退还公司；给公司造成损失的，股东及负有责任的董事、监事、高级管理人员应当承担赔偿责任。

第 226 条规定：

违反本法规定减少注册资本的，股东应当退还其收到的资金，减免股东出资的应当恢复原状；给公司造成损失的，股东及负有责任的董事、监事、高级管理人员应当承担赔偿责任。

读者阅后，是不是觉得以上两条的内容结构非常类似？没错，二者关于违法分红、违法减资的法律后果规定如出一辙。分红、减资都是由股东会作出决议的，如果违法分红、非法减资行为无效，一定涉及相应分红、减资股东会决议的效力问题，如果两类决议也无效，无效的原因是什么？是因为决议的内容违法（《公司法》第 25 条），还是因为有股东滥用表决权（《公司法》第 21 条），抑或构成竞合？值得深思。

017　禁止股权滥用（五）：司法裁判支持股权滥用的决议无效吗？

一、一则公报案例

由上海市虹口区人民法院商事审判庭审理的"姚某诉鸿大（上海）投资管理有限公司、章某等公司决议纠纷案"[①]：

2017 年 7 月 17 日，鸿大公司新章程规定，各股东出资时间均为 2037 年 7 月 1 日。2018 年 11 月 18 日，经代表 85% 表决权的股东表决同意，鸿大公司形成 2018 年第一次临时股东会决议，将各股东出资时间 2037 年 7 月 1 日修改为 2018 年 12 月 1 日。后鸿大公司股东之一姚某诉至法院，请求确认上述临时股东会决议无效。

---

① 《最高人民法院公报》2021 年第 3 期。一审案号：上海市虹口区人民法院民事判决书，(2019) 沪 0109 民初 11538 号；二审案号：上海市第二中级人民法院民事判决书，(2019) 沪 02 民终 8024 号。

公报刊载的本案裁判要旨为：

有限责任公司章程或股东出资协议确定的公司注册资本出资期限系股东之间达成的合意。除法律规定或存在其他合理性、紧迫性事由需要修改出资期限的情形外，股东会会议作出修改出资期限的决议应经全体股东一致通过。公司股东滥用控股地位，以多数决方式通过修改出资期限决议，损害其他股东期限权益，其他股东请求确认该项决议无效的，人民法院应予支持。

二、其他经典案例

以下三案例均为真实发生的裁判案例，为了节省篇幅，我们将其案情简化如下：

例1。控股股东滥权修订章程，扩展自身的福利。2016年成立的A有限公司初始章程规定，9位股东分别在公司成立后的1~5年内完成实缴义务。58个月后，其他8位少数股东均依约出资到位，唯持股70%的控股股东甲还未出资，出资期限还有2个月。甲以执行董事的身份召集、主持股东会，其中一项提案载明将甲的出资期限延后5年，投票结果，70%比例的表决权赞成，30%比例的表决权反对，甲当场宣布章程修正案获得通过。

例2。控股股东滥权修订章程，削减少数股东的既有福利。2017年成立的B有限公司初始章程规定，7位股东分别在公司成立后的10年内各自完成实缴义务。23个月后，由于公司发展需要，占股80%的控股股东张三缴纳出资完毕，其余6位少数股东均未缴纳出资。张三以执行董事身份召集、主持股东会，其中一项提案载明将其他6位股东的出资期限由剩余的8年1个月修改为1个月内出资完毕，否则将由公司依法进行催缴、失权。投票结果，80%比例的表决权赞成，20%比例的表决权反对，张三当场宣布章程修正案获得通过。

例3。控股股东滥权修订章程，强压责任于少数股东。北京市某区某4S店一直有股东为公司融资提供担保的传统，这也是长期与公司合作的汽车厂家所要求的，在过去公司所召开的股东会上，所有股东都能通过关于股东为公司融资提供担保的决议。后来少数股东与控股股东交恶，公司股东会再次作出关于要求股东为公司融资提供连带保证，否则需要承担公司为此增加的融资成本的决议，少数股东对该决议投反对票，但由于控股股东持股超过2/3，议案获得通过。

请读者思考：上述三例中，少数股东在股东会决议通过后有哪些救济路径，其中最佳救济路径是什么？

018 禁止股权滥用（六）：股权滥用还会导致哪些法律后果？

一、行为法上的损害赔偿责任

《民法典总则编司法解释》第3条第3款第2句规定，"滥用民事权利造成损害的，依照民法典第七编等有关规定处理"，也即构成侵权的，依法承担侵权赔偿责任。相应地，《公司法》一般条款也规定，股东滥权给公司或者其他股东造成损失的，应当依法承担赔偿责任（第21条第2款）；严重损害公司债权人利益的，应当对公司债务承担连带责任（第23条第1款）。

关于上述赔偿责任，鉴于其他部分有详细分析，此处不展开。至于追究路径，如股东滥权导致公司损失，则由公司主张赔偿；如公司的意思被滥权股东左右而丧失起诉能力，则由其他股东依法提起代表诉讼（《公司法》第189条），对此也不再展开。

如股东滥权造成其他股东损失，则由后者自行主张赔偿。

如股东滥权造成公司债权人损失，则仍由后者主张赔偿，具体内容见下文。

二、组织法上的后果

(一) 引发公司人格否认之诉

《公司法》第23条第1款规定了公司人格否认之诉，其后果是滥权股东对公司债务承担连带责任：

公司股东滥用公司法人独立地位和股东有限责任，逃避债务，严重损害公司债权人利益的，应当对公司债务承担连带责任。

值得注意，《公司法》第23条第2款系新规定，将股东控制的其他关联公司也纳入赔偿主体范畴，相当于将实控人也变相纳入公司人格否认的赔偿主体，所以本书关于股权滥用的主体未限于股东，而是表述为"双控人"，就是这个道理。第2款的内容为：

股东利用其控制的两个以上公司实施前款规定行为的，各公司应当对任一公司的债务承担连带责任。

鉴于公司人格否认制度的重大性,其他部分还有更详细的介绍,此处基于体系完整的考虑简单罗列,不予展开。

(二)引发公司回购请求之诉

《公司法》第89条第1款规定了异议股东回购请求权(异议股东评估权),其内容为:

有下列情形之一的,对股东会该项决议投反对票的股东可以请求公司按照合理的价格收购其股权:

(一)公司连续五年不向股东分配利润,而公司该五年连续盈利,并且符合本法规定的分配利润条件;

(二)公司合并、分立、转让主要财产;

(三)公司章程规定的营业期限届满或者章程规定的其他解散事由出现,股东会通过决议修改章程使公司存续。

上述三种具体情形,似乎并不直接涉及股权滥用问题,毕竟从文义上未以股权滥用为要件,而是以行权股东异议为要件。但第一种情形确立了公司法对公司长期不分红政策的最长容忍期,逾之,则可以视为越过了滥权的"禁区"。

真正引发革命性变革的是《公司法》第89条第3款:

公司的控股股东滥用股东权利,严重损害公司或者其他股东利益的,其他股东有权请求公司按照合理的价格收购其股权。

这一款的逻辑是:控股股东滥权引发其他股东与公司间的强制回购法律关系。与第1款的区别在于,该款在文义上明确以股权滥用为要件(而不以行权股东异议为要件),所以其法理依据与异议股东评估权显然不同,此时可理解为立法者完成了对股权滥用的判定,并将其新增为法定回购情形,可视为对股权滥用法律后果的重大完善举措。

(三)引发抽象股利分配之诉

《公司法解释四》第15条规定:

股东未提交载明具体分配方案的股东会或者股东大会决议,请求公司分配利润的,人民法院应当驳回其诉讼请求,但违反法律规定滥用股东权利导致公司不分配利润,给其他股东造成损失的除外。

这一条的逻辑有二:

其一，没有公司分红的积极决议（决定分红的决议），股东请求法院判决支持公司分配红利的，将不予支持；依照反对解释，如股东能够提供公司分红的积极决议，股东请求法院判决支持公司分配红利的，该给付之诉将得到支持，此即具体股利分配之诉。

其二，如股东能够举证公司没有分红的积极决议是由股东滥用股权导致，且给前者造成了损失，则法院可以支持股东分配红利的请求，此为抽象股利分配之诉。

三、未完待续

如果在此小结，可以看到股权滥用可能引发公司决议效力瑕疵，相应的诉讼是确认之诉、形成之诉；此外还可能引起损害赔偿之诉、公司人格否认之诉、股权回购之诉、抽象股利分配之诉等，这些都是给付之诉。

引人遐想的是，未来公司立法、司法解释等还会不会为因股权滥用而遭受损失的其他股东增加救济措施？这值得进一步观察与思考。

019　股东的信义义务（一）：股东负有信义义务吗？

一、控股股东的双重身份

就股东与公司间的权义责安排而言，股东对公司的唯一义务就是出资，别无其他。所以股东身份本身并不带来对公司、其他股东、公司债权人的信义义务，股东有权为了自己的利益行使包括表决权在内的股权。在一般意义上，要求股东为了他人的利益行权，不符合理性人参与公司投资、行使股权的初衷与逻辑。

但就控股股东而言，问题变得更加复杂——除股东身份之外，控股股东的另一个标签是公司经营管理的控制者，这就是双重身份。所以有关控股股东乃至不具有股东身份的实际控制人之信义义务的讨论，与其控制者的身份直接相关，是对控制者与少数股东间水平代理成本的回应，而不是基于其股东身份。由控制者身份引发的特殊义务是否可归入信义义务，是存在争议的，本书暂且称之为控股股东的特殊义务。所谓特殊，乃相较于非控股股东而言，后者大体上仅有不滥用股权的义务。

所以，对于一般条款的两种解读立场，除去其法律逻辑的重大差别之外，两种立场的技术性差异有一点是可以确定的：不得滥用股权的主体指向所有的股东，少数股东也不得滥权；但信义义务仅指向控股股东（以及实际控制人），不包括其他股东。

一句话，凡控制公司者，皆负有信义义务，如此，将控股股东、实际控制人、董事、监事、高管均纳入其中。

问题是，控股股东对于哪些人负有信义义务？依照一般条款的规定，控股股东对于公司、其他股东、公司债权人皆负有信义义务，此与董事的信义义务的对象并无二致。

二、控股股东信义义务的内容

（一）与传统信义义务的区别

进一步的问题是，控股股东的信义义务与传统公司法上董监高的信义义务以及广义的受托人信义义务有何不同？传统信义义务的特点在于，义务人原则上只能为受益人的利益行动，不允许存在利益冲突，要求完全的利他性。但是，控股股东以股东身份为底色，要求其完全利他，即完全站在公司、其他股东、公司债权人的立场上进行决策，同样违背基本的投资逻辑，这将导致控制权失去吸引力。就其内涵而言，控股股东的特殊义务，与合同法上诚实信用原则的逻辑更为接近，合同当事人在缔约接触中的所有行为均以利己为出发点，诚实信用原则仅要求合同当事人适当照顾对方当事人，控制权人的特殊义务同此理。

（二）内容的特殊性

在双重身份的共同作用下，控股股东照顾义务的边界决定了其义务内容。从比较法判例发展看，这一边界似乎难以从正面描述，从反面也即义务所禁止的行为来看，此种照顾义务意在防止违背基本商业逻辑的行为、防止不当损害公司利益的行为、防止股东压制行为及对少数股东的损害超出比例原则的行为、防止滥用公司独立人格与股东有限责任的行为。

就我国法而言，在明确控股股东信义义务尤其明确其与传统信义义务的差异后，是否将此义务归类为信义义务已非关键问题，这仅取决于信义义务概念的宽泛程度。如果我们对狭义的信义义务概念无执念，大可承认控股股东负有信义义务。

那么，控股股东信义义务的规范属性是什么？应该说，控股股东的信义义务是强制性规范而非任意性规范。强制性、任意性规范之区分是私法规范的传统分类，旨在界定私人自治的范围和限度,区分标准是当事人能否合意排除适用。控股股东信义义务的功能是运用公平、公正等正义观,以消解股东与股东、股东与公司、股东与公司债权人等主体之间合同不完备性所带来的不确定性。在此意义上,控股股东信义义务是法律提供给公司所有参与方的一项公共产品,是为了保障和维护公司合同得以顺利缔结和执行的必要法律技术和司法工具,因而应是强制性的。

三、一个特殊情形:控股股东兼任董事的义务

控股股东与董事的兼任关系,逻辑上存在三种情形:控股股东兼任董事;控股股东实际执行公司事务(事实董事);单纯为控股股东。《公司法》第 180 条前两款规定董监高的信义义务,第 3 款进一步规定"公司的控股股东、实际控制人不担任公司董事但实际执行公司事务的,适用前两款规定"。由此建立了事实董事制度。即便控股股东(及实际控制人)的信义义务未被公司法一般性地规定,也可以借由事实董事的解释路径而得到落实。

020　股东的信义义务(二):控股股东承担违信责任吗?

一、信义义务与违信责任

1. 原理重申

前文指出,违反信义义务,承担违信责任,具体是指受托方对委托方的损害承担赔偿责任。比如,董事违反信义义务,承担违信赔偿责任。控股股东信义义务具有一定的特殊性,如构成违反,是否亦承担违信赔偿责任?

回答是肯定的。

2.《公司法》的规定

前文关于禁止股权滥用规则的讨论,已经提及一般条款规定的滥权股东对公司、其他股东、公司债权人的损害赔偿责任(《公司法》第 21 条第 2 款、第 23 条第 1 款),站在禁止滥权说的立场,可以理解为滥权行为引发的损害赔偿责任;站在信义义务说的立场,则可以理解为违信责任。

《公司法》还有一些具体的规定，比如第22条规定：

公司的控股股东、实际控制人、董事、监事、高级管理人员不得利用关联关系损害公司利益。

违反前款规定，给公司造成损失的，应当承担赔偿责任。

信义义务的一个重要体现，就是控股股东(及实控人)不得利用关联关系搞不公允关联交易损害公司利益，否则，将引发损害赔偿责任，也即违信责任。

二、重申不公平损害救济的精髓

事实上，公司、少数股东、债权人的权益受损，主要源于公司双控人、管理层的不当行为。作为公司治理三大代理问题之首，股东间的水平代理是最主要的问题。对此，现行公司法提供了单项权利救济与一般救济性措施，二者属于具体规则与一般规则之关系，共同构成我国公司法的不公平损害救济体系。

封闭型公司在数量上占据绝对主流地位，由于缺乏有效的退出机制，股东压制问题更加突出和复杂。以股东压制行为为代表，多数股东侵害少数股东的单项权益的，后者援用单项权益救济，针对性与有效性十分突出，维权成本也相对较小，但同时存在的问题也不容忽视：

一是，股东压制侵害的对象可能是少数股东某种合理利益(期待)而非具体权利，此时单项权利救济，很可能无用武之地。

二是，一旦发生少数股东的多项权益被多数股东长期、综合、严重侵害的情形，单项权利救济如果不说无法提供救济，至少可以说是不能提供有效救济的。

前述英国公司法上的不公平损害救济，不完全等同于股东压制之处，在于其构成要件不包括多数股东的主观恶意，这就意味着，受害人不需为多数股东的恶意提供任何证据，因而有利于少数股东。实际上，不公平损害更多是一个衡平法上的概念，它给予法庭更多的自由裁量权，因为其经常表现为多数股东利用控制权优势对少数股东实行一系列的排挤措施，披着合法的行权外衣却实质性地侵害了少数股东的权益，所以，很难由成文法来明确界定和列举。总的来说，法官的判断主要考虑两个要素：

第一，股东权益是否受到侵害。

股东权益，首先，可以指某个或部分股东的利益，也可以指全体股东的利益；其次，是股东作为公司成员的利益；最后，超出严格意义上的法定股东权，且不局限于公司章程和协议规定的利益。总结而言,在不公平损害诉讼中,法庭很有必要区分以下三种不同利益:(1)股东作为公司成员享有的利益;(2)股东作为公司成员不直接享有,但为了实现实质正义,股东可以当然期待的利益,也即合理期待;(3)与股东的成员身份无关的个人利益。

合理期待的含义是股东对于公司以一种特定的方式管理具有合理期待,如不能以合理期待的方式运营公司,就会对该股东的利益构成不公平损害;此种期待的公司运营方式,是指公司事务将以全体股东所同意的方式作出,而不是单一股东的个人希望。简言之,封闭公司股东的合理期待不仅有对股本收入的期待,还有对"管理收益"的合理期待。

第二,是否存在不公平损害的行为。

不公平损害行为具有复杂多样的表现形式,不仅包括非法行为,也包括合法但不合理的行为,成文法不可能穷尽列举,应归于法官自由裁量,但大体而言,多数股东欺压少数股东、董事违反忠实义务是常见的表现形式和诉讼事由。在实践中,最常见的诉讼事由便是股东被排除在管理之外,此外,还包括挪用资产、不当配股、公司管理不善、违反法定权利等事由。从救济的权益对象来看,不公平损害的涵摄非常广泛,不仅包括侵害知情权、股利分配请求权、表决权等行为,也包括衡平法上不合理不公平的行为。法院在判断其构成时,应从公平原则入手,以理性原则进行利益衡平与考量。

分篇三

规制控制权滥用（二）：抑制非公允关联交易

就前文提及的关于公司法一般条款的两个解读立场，无论是滥权禁止说还是信义义务说，在一个基本支点上是一致的——无论强调控股股东不得滥用股权也好，还是强调控股股东对公司的信义义务也罢，最重要的体现就在于禁止控股股东（及实控人）利用关联关系损害公司利益，简称"禁止非公允关联交易"。不难看出，禁止非公允关联交易乃是滥用股权禁止规则或曰控股股东信义义务规则的最大落脚点。

本分篇共设 4 问。重点在于介绍公允关联交易的正当程序以及非公允关联交易的事后救济。

021　何谓股东关联交易？

一、四个概念：控制、关联关系、关联人、关联交易

公司的关联交易，顾名思义，就是公司与关联人之间的交易。所以，关联交易定义的关键词在关联人。所谓关联人，就是与公司具有关联关系的人。关联人定义的关键词在关联关系。所谓关联关系，《公司法》第 265 条第 4 项规定：

关联关系，是指公司控股股东、实际控制人、董事、监事、高级管理人员与其直接或者间接控制的企业之间的关系，以及可能导致公司利益转移的其他关系。但是，国家控股的企业之间不仅因为同受国家控股而具有关联关系。

这一定义表明，关联关系定义的关键词是控制。与公司之间存在直接或者间接控制关系的人有哪些呢？该规定罗列的正面人选有：

1. 双控人，也即控股股东、实际控制人；

2.管理层,包括董事、监事、高管。

同时,反面排除了国家控股的企业仅因为同受国家控股而具有的关联关系,比如国务院国资委同时控股中石油、中石化、中海油,但三家企业之间不因此具有关联关系,否则的话,我国所有国有企业都是"一家人"了。

上述定义,与《公司法》第22条规范的关联交易的范围完全一致:

公司的控股股东、实际控制人、董事、监事、高级管理人员不得利用关联关系损害公司利益。

违反前款规定,给公司造成损失的,应当承担赔偿责任。

也即第22条规制防范的非公允关联交易的对象恰恰就是双控人、管理层与公司间的关联交易。

这就引出了很多读者经常提出的一个问题,为什么少数股东与公司间的交易就不叫关联交易呢?比如,某地产公司将自己开发的楼盘出售、赠与、出租、借用给双控人,就是关联交易,出售、赠与、出租、借用给少数股东,为什么不构成关联交易了呢?

这涉及关联交易的实质问题,可谓灵魂之问。

二、关联交易的实质

关联交易区别于非关联交易的实质在于:虽为两方(公司与关联人)之间的交易,但交易内容的决定权却在一方(关联人或者第三方)手里,公司的意思被关联方决定了。由于少数股东不能决定公司的意思,其与公司的交易当然不是关联交易。

是否构成关联交易,离不开司法裁判者对交易实质利益、价值的判断。至于关联交易中交易的内涵,应采取功能性或经济性的广义理解,其外延涵盖法律行为以及其他一切对公司财产状况或收益状况产生影响的措施,既包括商业意义上的合同,也包括诸如撤销、单方解除合同、抵销非合同行为。

关联交易的规范以关联方的界定为起点。在证券监管视角下,关联方的认定规则包括证监会规则与交易所规则。以《上市公司信息披露管理办法》为例,其规定了实质重于形式原则,即"中国证监会、证券交易所或者上市公司根据实质重于形式的原则认定的其他与上市公司有特殊关系,可能或者已经造成上市公司对其利益倾斜的自然人"。实质重于形式原则的适用边界影响了拟上市企业申报中及上市后的关联方界定,其反映的监管口径同时影响了后续拟上市企业主动披露的深度。从监管实践来看,持股不足5%但存在交易的主体,"关系密切的家庭成员"之外的亲属,前员工持股或任职的主体,联系地址、联系方式和经办人员与上市公司子公司一致的公司,交易不符合正常商业逻辑的主体,与发行人实际控制人关系密切的朋友等主体,都可能在个案中基于实质重于形式原则的适用被认定为关联方。

三、关联交易的重要分类

从不同的视角看,关联交易可有很多分类。其中较有实益的分类有二:

1. 公允关联交易与非公允关联交易

这一分类的价值不言而喻。公司法既不鼓励,也不抑制关联交易的发生,采中立立场,之所以设置规制关联交易的特别规则,唯一宗旨仅在于确保关联交易的公允性,防止不公允关联交易的发生,如仍然发生,则必提供救济。

2. 双控人的关联交易与管理层的关联交易

这一区分的意义在于,依照《公司法》第15、23、182条等规定,两类关联交易的公司法规制方式存在明显差异,如管理层关联交易遵循信息披露、交付决议、表决回避等正当程序,但对于双控人关联交易,基本上没有此类要求。

鉴于本书将有关管理层(董事)关联交易的规制安排在董事部分详细介绍,本分篇的内容将集中在双控人关联交易。

022 关联交易,天然之恶?

一、关联交易是普遍存在的商业现象

前文指出,关联交易的本质在于,交易双方名为两方,但决定交易内容的却是能控制对方意思的一方,或能控制双方意思的第三方。

但需要澄清的是,关联交易并非天然的恶,而是一种普遍存在的商业现象,本质上是一种利益冲突交易或者存在潜在利益冲突的交易。必须承认,在一家庞大的公司集团内部,关联企业之间通过彼此之间的组织内交易,改变了交易模式,凭借相互之间的信任,大大降低缔约、履约成本,提升交易效率,从而可以更为有效地扩大交易和促进生产一体化。同时,生产链条上的关联,也使企业之间的信任度提高,进而

为专业化分工提供了制度支持,更能促进长期的、专业性的投资。此外,关联企业的协调生产,可以产生规模效应,促进资源配置优化。试举两例说明关联交易对公司的实益:

例1。在并购标的过于抢手时,控股股东先行收购目标公司,待条件允许,再由上市公司收购目标公司。此时,控股股东为了公司利益先行锁定交易,并承担了主要的风险与责任。

例2。B公司的关联公司A作为B公司的供应商,与B公司长期合作,并向B公司提供低于市场价的原料价格。

另外,关联交易的确存在被关联人不当利用而进行单向利益输送,进而损及公司利益的可能。故而,如何对其进行妥善规制,允许正当、合法的关联交易,防范、否定非公允关联交易,是公司法规范的核心问题。

二、不同部门法中的关联交易

规制关联交易是诸多部门法的共同任务,存在分工与联动。这些部门法包括刑法、税法、反不正当竞争法、反垄断法、公司法、证券法、合同法等,其中最重要的是公司法与税法,分别从私法、公法角度予以规制。对于上市公司的关联交易,证券监管部门、证券交易所也有大量的行政规章、软法规范予以规制。

由于不同部门法的立法目的与主要功能存在差异,对同一法律问题的规制方式与重心也不尽相同,这组成了关联交易的法律规范体系,而公司法在其中处于中心与基础地位。下文将从公司法与证券法两个角度说明不同部门法在规制重心上的差异:

公司法以保护公司利益为出发点,并基于此将公司向关联方的利益转移作为规制重心,具体如公司法对双控人关联担保的特别规制;而证券法则还需关注关联方向公司的利益转移。这一差异的直接原因在于证券监管以信息披露为核心,其旨在确保证券投资者充分了解所投标的情况,最大限度地减少信息不对称,由资金供应方自主作出投资决策。深层原因则在于,对于无形的证券,其价值判断依赖影响证券价格的重要信息。在上市申请阶段,部分公司存在通过关联方输送利益以粉饰业绩的行为,这可能使投资者高估证券的价值。

具体而言,前文例2中,对于关联公司低于市价供应原材料的行为,在证券法的视野下,可能构成关联方向公司的利益转移。此时,监管部门往往将重点关注其销售价格低于市场价的原因及合理性,以防止通过关联方输送利益以粉饰业绩的行为。以北交所对汇兴智造(839258)的问询为例,北交所在第一轮问询中要求发行人说明,公司2022年、2023年1~6月的销售费用率明显低于同行业可比公司的原因及合理性,包括是否存在关联方或其他第三方代垫成本费用的情况,是否存在其他个人卡支付销售费用未入账的情况。

023　关联股东须回避表决吗?

一、双控人关联交易的正当程序

(一)一般规定

公司法规制关联交易的手段主要有二:一是规定关联交易的正当程序,确立事前、事中控制,意在通过程序控制促成公允关联交易的达成;二是对非公允关联交易予以事后救济。

关于正当程序,《公司法》第182条、第185条为董事自我交易规定了信息披露、交付决议、回避表决三重正当程序规则。

问题是,双控人关联交易是否也适用类似的正当程规则?

答案是:否。

现行公司法没有规定双控人关联交易适用关联股东信息披露、交付决议以及表决回避规则,唯一例外是双控人关联担保,即读者都非常熟悉的《公司法》第15条第2款、第3款:

公司为公司股东或者实际控制人提供担保的,应当经股东会决议。

前款规定的股东或者受前款规定的实际控制人支配的股东,不得参加前款规定事项的表决。该项表决由出席会议的其他股东所持表决权的过半数通过。

从司法实践来看,关联担保中的"关联""担保"的认定有扩张趋势。关联方有扩张至"其他与公司有关联关系的主体"的倾向,部分裁判案例将隐名股东认定为关联方。对于担保,部分案例穿透认定被担保人,若股东为实际借款人,即便借款人名义上为他人,公司为该借款提供担保亦构成关联担保。从原因看,对担保的认定进行扩张,与现行法对关联股东表决回避的谨慎适用有关。

除此之外，没有关于双控人关联交易的程序规定。为何双控人关联交易不统一强制适用表决回避等程序规定，本书在双控人的控制权正当性部分有所论述，下文也将进一步论述。

(二)上市公司特则

对于上市公司而言，2025年《上市公司章程指引》第84条规定："股东会审议有关关联交易事项时，关联股东不应当参与投票表决，其所代表的有表决权的股份数不计入有效表决总数；股东会决议的公告应当充分披露非关联股东的表决情况。"即上市公司股东就关联交易事项应当回避。

(三)公司章程特则

上市公司特则提示我们，从事前预防的角度看，非上市公司不妨根据公司需要，通过公司章程扩充关联股东的回避情形，以补足程序控制的缺失。

二、谨慎要求关联股东回避表决的原因

如前所述，关联股东回避表决的适用情形较为狭窄，此相对董事表决回避规则而言。现行法上董事表决回避的情形可以归纳为：

1. 上市公司董事对关联事项一律回避(《公司法》第139条)；

2. 非上市公司董事对自我交易、利用公司机会、从事竞争性业务三大事项回避(《公司法》第182~184条)。

从董事回避的适用情形不难看出，表决回避实际上适用于所有利益冲突情形，关联交易仅为情形之一。但对于股东而言，其表决回避的适用甚至比关联交易更加狭窄，上市公司以外的普通公司仅适用于关联担保，现行法在关联股东表决回避上的谨慎性可见一斑。

公司法为何对股东回避表决的设置如此谨慎，可能的原因如下：

第一，如前所述，股东身份本身并不带来对公司、其他股东的信义义务，股东有权为了自己的利益行使股权。对于董事而言，其只能为受益人的利益行动，负有完全利他的义务。对于股东而言，其在行使股权时原则上仅需考虑自己的利益，其利益目标无法与公司时刻保持一致，存在目标函数的偏离乃至利益冲突恰恰是常态。若要求股东在利益冲突时一概回避表决，无异于要求股东为了他人的利益行权，不符合理性人参与股权投资的基本逻辑。

第二，对于利益冲突行为，法律有程序控制与价格控制的双重逻辑，比如表决回

避并非保障关联交易公允的唯一规则。即使在程序控制上,对股东的回避表决谨慎适用,仍有价格控制机制作为兜底。实际上,价格控制机制具有终局的意义。在我国,就非上市公司如何认定公司关联交易是否损害公司利益的问题,虽在法律规范层面尚未制定明确标准,且缺乏交易所的相关规则作为认定依据,但《公司法解释五》第1条明确指出信息披露、程序合法不能作为不当关联人损害赔偿责任的豁免事由。最高人民法院民二庭相关负责人就《公司法解释五》答记者问中,进一步释明:"关联交易的核心是公平,本条司法解释强调的是尽管交易已经履行了相应的程序,但如果违反公平原则,损害公司利益,公司依然可以主张行为人承担损害赔偿责任。"

三、正当程序的价值

《公司法解释五》第1条规定:

关联交易损害公司利益,原告公司依据民法典第八十四条、公司法第二十一条规定请求控股股东、实际控制人、董事、监事、高级管理人员赔偿所造成的损失,被告仅以该交易已经履行了信息披露、经股东会或者股东大会同意等法律、行政法规或者公司章程规定的程序为由抗辩的,人民法院不予支持。

公司没有提起诉讼的,符合公司法第一百五十一条第一款规定条件的股东,可以依据公司法第一百五十一条第二款、第三款规定向人民法院提起诉讼。

该条确立了关联交易的正当程序规则的法律价值:

1.公司、其他股东请求关联人就不公允关联交易对公司承担赔偿责任的,关联人可以抗辩关联交易遵循了正当程序,但正当程序本身不足以终局证明关联交易是公允的。

2.正当程序的价值何在?实际上类似于美国公司法上的安全港规则(the rule of harbor):关联人能够举证履行正当程序的,则关联交易不公允的举证责任由原告承担;反之,关联人不能举证履行正当程序的,则关联交易公允的举证责任由其承担。

024 非公允关联交易的公司救济之路径？

一、实体公正才是关键

关联交易作为一种典型的利益冲突交易，是一把"双刃剑"，利弊皆有，公司法进行规制的最终目标还是确保关联交易的公允性。

依据《公司法解释五》第1条第1款，关联人即便举证关联交易遵循了正当程序，也不能代表关联交易实体公正。可见，正当程序乃是手段，最终目的还是要实现关联交易的实体公正。

如何判断关联交易的实体公正，那是司法裁判者的任务，实务中法官可以交付第三方评估机构，运用成本重置法等估值手段予以认定，具体当以关联交易行为成立时为基准，并参照标的物市场价值、当事人意思、交易习惯与行业惯例等因素。

二、非公允关联交易的法律后果

（一）关联交易合同存在无效特则吗

1. 合同法的路径

基于关联交易的特性（名为双方、实为一方决定合同内容），除了适用《民法典》合同编关于合同无效、可撤销的一般规则之外，是否还有特殊的无效、可撤销规则？在制定1999年《合同法》过程中，起草者曾考虑引入特殊规则，但最终没有成行。截至目前，《民法典》没有提供关于关联交易合同效力瑕疵的特殊规则。

质言之，《公司法》第22条虽明确禁止关联人利用关联关系损害公司利益，但该条并不能当然导致关联交易行为无效，对关联交易行为效力的判断仍依据《民法典》总则编、合同编的相关规定处理。

2. 公司法的路径

公司法倒是提供了一条影响关联交易合同效力的间接路径。

如前所述，无论双控人关联交易还是董监高自我交易，都可能需遵循正当程序规则，比如双控人关联担保要交付股东会决议，关联股东需要回避表决，以及董监高自我交易适用回避表决。如上述正当程序未获得遵守，则相关决议效力将被否定

(《公司法》第25~27条)。

在公司相关决议被宣告不成立、无效或被撤销的情形下,公司与相对人之间的关联交易效力可能被否定,具体路径有二:

1. 越权代表、无权代理的路径。具体代表/代理公司实施关联交易的法定代表人/代理人将丧失决议所赋予代表/代理权,且关联交易相对人通常难以构成善意,其实施的法律行为并不当然对公司发生效力,此时适用《民法典》第171、172、504条的规定,公司得以摆脱关联交易的不利影响。

2. 决议的外部效力规则。《公司法》第28条第2款规定:"股东会、董事会决议被人民法院宣告无效、撤销或者确认不成立的,公司根据该决议与善意相对人形成的民事法律关系不受影响。"这一规定的反对解释就是,公司决议被否定后,公司根据该决议与非善意相对人形成的关联交易之效力将受到影响。

(二)赔偿责任

无论适用《公司法》第21条(一般条款)还是第22条(具体规范),都可以得出同样的结论:非公允关联交易导致公司利益受损的,关联人承担赔偿责任。

需要指出,此处承担赔偿责任的关联人,可能是关联交易的一方当事人,也可能不是一方当事人;如不是一方当事人,那么获利方当事人是否承担赔偿责任呢?这是关于关联交易的一个重大问题。

举例。A地产公司与其控股股东B投资公司订立某栋楼宇的买卖合同,价格严重低于市价;在B公司操纵下又与B公司的另一子公司C公司订立某栋写字楼的20年期限租赁合同,租金也明显低于市价。以上案例中,楼宇买卖合同的另一当事人暨关联人均为B公司,所以A公司可就其遭受的损失请求B公司赔偿;但在后一租赁合同中,另一当事人是C公司,但是关联人却是B公司,此时《公司法》第22条所称的赔偿责任到底由C公司承担还是B公司承担,抑或B、C公司承担连带责任?答案是:非公允关联交易中,赔偿责任主体是B公司,至于C是否赔偿,取决于A、C间的合同效力是否被否定,以及C是否有过错(缔约过失)。

(三)可能的归入权

若关联人对公司负有忠实义务,如关联人为董事(包括影子董事与事实董事)、监事、高管,依据《公司法》第186条,其通过关联交易所获的利益应归公司所有,仅在所获利益不存在时,第22条才具有用武之地;反之,若关联人对公司完全不负有信义义务,则此时归入权无适用空间,只有损害赔偿问题。

三、关联交易合同效力与赔偿责任的追诉路径

公司作为关联交易合同的一方当事人,自然可就非公允关联交易合同提起不成立、无效、撤销、确定不生效等诉讼,以否定合同效力。如因非公允关联交易遭受损失,就其损失可以请求合同相对人、滥用关联关系损害公司利益的关联人承担赔偿责任;有董监高参与其中并获利的,公司还可以对其主张归入权并提起相应诉讼。

问题是,既然非公允关联交易中的公司意思被关联人控制,那么其后的起诉意思又如何不受其控制呢?公司会不会丧失起诉能力?对此,《公司法解释五》第2条规定:

关联交易合同存在无效、可撤销或者对公司不发生效力的情形,公司没有起诉合同相对方的,符合公司法第一百五十一条第一款规定条件的股东,可以依据公司法第一百五十一条第二款、第三款规定向人民法院提起诉讼。

无论是就关联交易合同效力起诉,还是就非公允关联交易损害赔偿起诉,均可适用股东代表诉讼规则。其中,关于股东代表公司提起关联交易合同效力之诉的规定,还意味着股东代表诉讼突破了给付之诉的局限,可以适用于确认之诉、形成之诉。

分篇四

赋权股东救济（一）：知情权

股东知情权，是由积极知情权（股东查阅权、复制权、质询权等）与消极知情权（信息接收权）等组成的一个权利束，其中实务中最重要的是查阅权、复制权，核心客体是公司会计账簿、会计凭证。消极知情权中，公司信息接收主体包括所有股东，但积极知情权的行权主体自然是不参与经营的少数股东，如遭公司拒绝（公司意思背后是产生、制作与保管公司信息资料的经营股东、管理层等），就会产生纠纷乃至酿成诉讼，所以知情权之诉是知情权的救济措施，也是近年来增长迅猛的公司诉讼类型之一。

股东知情权在整个股东权利体系中居于基础性地位，双控人、管理层如侵害少数股东权利，往往也是从侵害其知情权开始的。一旦知情权不保，少数股东也就处于盲者困境，其他股东权利也无法行使；反过来，少数股东权利如遭损害，其权利救济与斗争也往往从知情权开始。

本分篇共设10问，覆盖股东知情权实务的方方面面。

025　如何理解股东知情权是一个权利体系？

一、股东知情权的概念

股东知情权（information rights，rights of access），指股东了解公司信息的权利。在实质内容上，股东知情的对象包括公司经营状况、财务状况等与股东利益存在利害关系的公司信息。可以从以下几个方面加深对股东知情权的认识：

1.独立的股东权利。知情权具有独立的内容，且其概念具有涵摄性，是一项独立的股东权利。

2. 单独/少数股权。《公司法》第57条规定,有限公司股东皆可行使查账权等,但对于股份公司,第110条规定连续180日以上单独或者合计持有公司3%以上股份的股东才能查账。可见,此处存在单独股东权与少数股东权的不同配置,对于查阅公司会计账簿、会计凭证以外的其他知情权,都属于单独股东权。

3. 请求权。知情权实现的途径包括股东自己对公司有关信息的获取和公司主动向股东提供公司信息。无论哪一种途径,都需要相对方为一定行为(提供信息或者对信息进行说明),知情权才能实现,因此属于民法上的请求权。

4. 固有权。知情权作为股东的基本权利之一,具有明显的强行法规范的特征,不允许公司以章程、股东会决议、股东间协议等方式剥夺或过分限制(本质是变相剥夺);否则,这些意思自治的约定无效。对此,《公司法解释四》第9条规定:

公司章程、股东之间的协议等实质性剥夺股东依据公司法第三十三条、第九十七条规定查阅或者复制公司文件材料的权利,公司以此为由拒绝股东查阅或者复制的,人民法院不予支持。

5. 基础性权利。股东知情权是为了解决现代公司"两权分离"下的信息不对称和代理成本问题而赋予股东的基本权利,在股权体系中具有基础性作用,是其他股权得以实现的前提。

6. 手段性权利。司法实践中,股东行使知情权的目的不仅在于获取信息,更在于通过所获取的信息采取下一步行动,如要求股利分配、提起代表诉讼等。在此意义上,知情权经常作为一种手段性权利出现,但其本身亦不乏目的性价值。

7. 相对义务方包括公司及其控制人。股东知情权的权利主体当然是股东,通常是指在册股东,其义务方主要是公司,有时还包括公司的控制人即管理层、控股股东、实际控制人等。具体而言,查阅权的义务方是公司本身,质询权的对象为公司管理层,就信息披露义务而言,管理层、控股股东与实际控制人也负有连带责任。

二、权利束

股东知情权由多项具体权利组成,包括查询权、查阅权、复制权、质询权、信息接收权等。股东知情权包括如下内容:

(一)查阅与复制权

表现为股东自己到公司查阅、复制公司一定范围内的文件以获取信息。与查阅权相对应的是公司提供查阅、复制文件便利的义务。《公司法》第57条第1款规定,有限公司股东有权查阅、复制公司及其全资子公司的公司章程、股东名册、股东会会议记录、董事会/监事会会议决议和财务会计报告，还可以要求查阅公司会计账簿、会计凭证。第110条规定，股份公司股东有权查阅、复制公司及其全资子公司的公司章程、股东名册、股东会会议记录、董事会/监事会会议决议和财务会计报告，连续180日以上单独或者合计持有公司3%以上（公司章程可以降低但不得提高该持股比例、持股期间要求）的股份的股东还可以查阅会计账簿、会计凭证。上市公司股东查阅、复制公司相关资料的，依照《证券法》等法律、行政法规的规定办理。

上述规定区分了不同类型的公司，且缩小了有限公司与非上市股份公司的差异。至于上市公司，由于具有公众性，其股东知情权的满足主要依赖上市公司的强制信息披露制度，故而适用特别规定。

（二）建议权与质询权

表现为股东向管理层就公司经营提出建议与质询，要求就涉及的有关问题作出解释或说明，通过被质询人的回答获取公司有关信息。其中，与质询权相对应的是管理层的回答义务。股东行使质询权，可以在表决之前获得有关议决事项充分、真实、有效的信息，避免在不明真相的情况下盲目表决，保证股东表决权行使的意思真实。质询权的行使，有利于在一定程度上缓解少数股东与多数股东之间的信息不对称状态。《公司法》第110条规定，股份公司股东有权对公司的经营提出建议或者质询。这是关于日常质询权的规定。第187条规定，股东会要求管理层列席会议的，上述人员应当列席并接受股东的质询。这是关于股东在股东会议上行使质询权的规定。

总体上，《公司法》关于质询权的规定还比较抽象、简略，有关其行使与救济的诸多问题有待进一步明确。比如，如遭被质询人的无理拒绝，如何救济？能否提起给付之诉，即能否要求法院判决被质询人履行说明、解释义务？以及被质询人在股东会会议上不履行义务或者故意告知不充分、虚假信息的，依据此信息表决的股东能否事后以会议程序瑕疵为由提起决议撤销之诉？都存在争议。

（三）信息接收权

表现为股东通过公司提供或公告的文件获取公司相关信息。可见，与信息接收权相对应的是公司的信息披露义务。有关信息披露义务的规定见于《公司法》《证券法》等，这里仅分析《公司法》的规定。《公司法》第109条规定，股份公司应当将公司章程、股东名册、股东会/董事会/监事会会议记录、财务会计报告、债券持有人名册置备于本公司,以备股东随时查阅。第 129 条规定,股份公司应当定期向股东披露管理层从公司获得报酬的情况。第 166 条规定,上市公司应当依照法律、行政法规的规定披露相关信息。第 209 条规定,有限公司应当按照公司章程规定的期限将财务会计报告送交各股东;股份公司的财务会计报告应当在召开股东会年会的 20 日前置备于本公司,供股东查阅;公开发行股票的股份公司必须公告其财务会计报告。关于信息接收权的行使与救济,主要规定在《证券法》,本书不予展开。

026　客体范围是什么?

查阅权、复制权作为股东积极知情权的组成部分,在实践中是股东维护自身权利及公司利益的前提和基础。在现行公司法上,应注意股东可行使查阅权、复制权的具体范围。

一、普通文件资料:可查阅、可复制

(一)基本规定

《公司法》第 57 条第 1 款、第 110 条第 1 款规定两类公司的股东可对常见的六种文件资料行使查阅权与复制权:公司章程、股东名册、股东会会议记录、董事会会议决议、监事会会议决议、财务会计报告。

对比以上两个条文的第 2 款可知,股东对此六种文件资料享有"绝对知情权",不需要说明"正当目的",且此点在两类公司中并无不同。细节区别在于:债券持有人名册不在股份公司股东查阅、复制的客体范围中,此点实难以在法理上获得合理解释。

(二)一个重大疑惑

1. 争议

现行公司法对股东会、董事会、监事会这三大法人机关皆有关于会议记录的规定,但第 57 条第 1 款、第 110 条第 1 款均仅将两类公司的股东会会议记录列为股东查阅权、复制权的客体,并未包括董事会、监事会的会议记录,同时又列明了董事会、监事会的会议决议为股东查阅权、复制权的客体。其立法用意到底何在?实践中对于股东是否有权查阅、复制董事会、监事会的会议记录,也就产生了争议。

举例。倪某与福建省福清市东门百货有限公司股东知情权纠纷一审案[(2018)闽0181民初2957号]。该案中,股东有关行使知情权的诉讼请求中包括查阅、复制董事会会议记录,审理法院的裁判说理认为,公司法在股东知情权规定中对有限公司股东的查阅范围采取列举式规定,仅规定董事会决议而未规定董事会会议记录,因此后者并非股东可任意查阅的文件;且本案中股东要求查阅公司相关文件的主要目的是查账,董事会会议记录与公司账目也不存在密切关联,其要求查阅董事会会议记录并未给出合理理由,因此对该诉请不予支持。

学理对上述裁判说理有不同看法。持否定观点的理由包括:(1)从上述案例中法院观点所体现的立法逻辑来看,《公司法》的列举规定在性质上属于"列举排斥性规定",对于未在法条中列举的其他事项的适用应予排除;(2)限制查阅董事会、监事会的会议记录是对公司独立法人地位的维护,是一种有效的"法律隔断",公司作为一种独立的组织机构,通过集体议决的公司机关进行意思决定和意思表达。一般向公司表达意见的权利主要由股东会和监事会行使,若允许单一股东自由查看可能涉及公司经营秘密的董事会会议记录,则意味着允许股东绕开集体议决的公司机关,也将难以保障公司的独立法人地位及其在竞争性商业社会中的利益。

持肯定观点的人则认为:股东依法享有选择管理者的权利,就董事这一职务而言,股东要了解和监督其职务、职责的履行情况。在这一情形下,董事会、监事会会议记录的披露便与股东权利产生了联系,理应获得支持。

2. 本书的立场

立法确定股东知情权客体范围之核心要旨在于公司利益与股东利益间的平衡。具言之,决议与会议记录一般存在差异,前者为会议讨论事项和表决结果,后者为会议中讨论的具体内容的详细纪要。就公司信息利益而言,董事会会议记录中可能包含作出经营决策中所需考量的公司经营秘密和商业信息,而公司商业秘密的特殊性决定了其预防性保护的效率和重要性远高于事后救济,股东对知情权的滥用则属于对商业秘密的"威胁性侵害"。至于监事会会议记录是监事会履行职务、针对所议监督事项作出决议的记录,与股东关联程度一般,通常不向股东披露。

但这并不意味着股东针对董事会、监事会会议记录提出的查阅请求无法得到支持。考虑到股东知情权与公司信息利益的平衡,可将其视为《公司法》第57条第2款中与会计账簿、会计凭证一类的"特殊信息资料"。如美国《模范商业公司法》第16.02节(b)中便将"董事会会议纪要"列为股东可请求公司提供查阅但具有目的限制的信息范畴。实践中,我国也有法院认为,"董事会会议记录、监事会会议记录是股东了解董事会会议决议、监事会会议决议形成过程的重要文件,有助于股东充分行使知情权,属于股东可查阅、复制的范围"。事实上,会议记录与决议之间并非界限分明,实践中存在"公司仅有董事会会议记录而无决议"的情况。对这一问题不应从现有规定作表面理解,应从公司对董事会、监事会会议记录的置备状况、股东知情权具体目的之实现等情况出发理性看待。

二、特殊信息资料:可查阅、不可复制

《公司法》第 57 条第 2 款、第 110 条第 2 款规定了股东对特殊信息资料也即会计账簿和会计凭证的查阅,但不包括复制。

会计账簿、会计凭证涉及公司经营信息、商业秘密,股东对其的知情权受到以下限制:其一,限制股东行权的条件与方式,也即只有查阅权而无复制权;其二,须具备正当目的。在此意义上,学理上称之为对"相对查阅权""适格查阅权"。在 2023 年《公司法》之前,特殊信息资料尚不包括会计凭证,2023 年《公司法》始将其列入,这是历经多年争议后的重大立法选择。按照《会计法》第 14 条第 1 款,会计凭证包括原始凭证和记账凭证。可见会计信息含量极其丰富,意义重大。因为很多会计信息在会计报告、会计账簿中并未体现(也不能得到验证),所以有必要求助于会计凭证才得以一窥其详,并准确定性。

三、全资子公司的文件资料

《公司法》第 57 条第 5 款、第 110 条第 3 款规定两类公司股东对全资子公司文件材料的查阅、复制权。集团化运营已成为社会经济生活的常见现象,集团中母控股公司通常只是持股平台,集团资产、业务均下沉到子公司乃至孙公司、重孙公司等,如母公司的少数股东不能查阅子公司的财务资料等,也就无法实现知情权的制度目的。从合目的性解释的视角看,理应支持查阅子孙公司的文件资料。问题是,就如股东代表诉讼制度一样,股东知情权可以下沉到哪些子孙公司?《公司法》的规定扩张到全资子公司,这算是回应了实践需求。

对于非全资子公司(如控股公司、参股公司)的文件资料,股东并无行使查阅、复制权的空间,大概源于这些公司仍有其他少数股东,其自身即可满足少数股东的知情需求。实际上,穿透查阅规则与第 189 条第 4 款规定的股东双重代表诉讼的口径

保持呼应,股东行使知情权的一类目的便是为提起针对双控人、管理层的代表诉讼收集证据,自然有必要配合第189条第4款的双重代表诉讼,允许股东查阅、复制全资子公司的相关文件材料。就具体规则而言,穿透查阅、复制全资子公司文件资料适用于对常见文件资料和特殊文件资料的相应规定,因此母公司股东可查阅、复制的文件范围、查阅会计账簿和会计凭证时的正当目的抗辩规则、委托查阅规则、保密义务以及赔偿责任等均一体适用。

027 查阅包括"摘抄"吗?

一、能否摘抄,是一个常见的问题

股东知情权的实现过程具有持续性,这一持续性不仅指从诉讼到执行的过程,也指其权利实现需要持续性的查阅过程。且在执行过程中,若以会计账簿、会计凭证为客体,则通常因时间跨度长而体量较大,且相应信息具有专业性,股东若想理解往往需要更多时间。从现行法对股东知情权体系的建构来看,股东对不同类型的公司文件享有的知情权在内容上存在一些差异,因此对于查阅权是否包括摘抄的问题也应根据不同客体进行区分讨论。

首先,常见文件资料,股东可以查阅、复制。复制是指以印刷、复印、临摹、拓印、录像、翻拍等方式将原件仿制一份或多份的行为,自无争议;摘抄是指选取部分内容抄录下来。举重以明轻,既然法律赋予股东对全部内容的复制权,股东自当具有对部分内容的摘抄权。

其次,在会计账簿、会计凭证的查阅过程中能否摘抄,则是股东知情权实现过程中会产生的典型纠纷。

二、司法立场

实证研究表明,司法实践中受支持的不多,法院否认的理由通常是,《公司法》的相应规定列举了股东知情权的行使方式,"摘抄"并不在其中。

例1。东峰企业有限公司与北京倍爱康生物技术有限公司股东知情权纠纷执行异议案[北京市第二中级人民法院(2019)京02执异929号执行裁定书]该案中,针对股东摘抄会计账簿的请求,执行法官认为,"摘抄"属于查阅的范畴,但目标公司提出异议,因生效判决中法院并未判决股东有摘抄权,仅有查阅权。在民事执行裁定书中,法院认为执行机构决定按照查阅权包括摘抄来执行超出了判决的范围,并无依据,应予撤销。

反之,持支持观点的法院则从文义解释和目的解释两个角度证成之。

例2。北京天润伟业投资管理有限公司与分享通信集团有限公司执行行为异议案[北京市第一中级人民法院(2021)京01执复195号执行裁定书]该案中,法院认为按照文义解释,复制会产生与原件外观相同或近似的法律效果,但摘抄无法反映原件的全貌和整体概况,难以产生与原件外观相同或近似的效果;且从目的解释来看,股东知情权的立法宗旨是使股东了解公司信息、知晓公司事务,查阅本身即有检查、察看之意,而非仅指查看、阅览,从这一角度来看,摘抄是检查的方式之一。该案中会计账簿、会计凭证的时间跨度达十余年,若不允许股东对部分内容进行摘抄,仅凭阅读和记忆难以保障股东能够充分了解、知晓目标公司的财务状况和经营状况。

在文义解释、目的解释之外,学术界有观点从股东知情权体系解释的角度出发,认为从与知情权范围接近的查询权规范来看,2005年《公司法》(已被修改)第6条第3款规定包括股东在内的公众具有查询公司信息的权利,此种查询在实践中包括对公司特定资料的分享、下载和复制,由此得出结论,"查阅并不仅限于查找阅读,还包括以合适的方式保留必要的资料"。

三、让他摘抄,"天塌不下来"

与其说摘抄是查阅权中所包含的股东知情权内容之一,不如说摘抄行为是股东行使知情权的方式。因此,股东对会计账簿、会计凭证进行摘抄的主张既可在诉讼过程中提出,也可在执行过程中提出。一旦产生纠纷,法官基于公平正义进行价值衡量。从文义解释看,查阅—摘抄—复制对原件的还原程度逐渐增加,三者存在差异,立法仅否认股东对会计账簿、会计凭证的复制权,但不能因此得出股东不能摘抄的结论;若承认股东可对特定资料进行摘抄,也并不意味着承认股东对相应资料具有复制权。考虑到会计账簿、会计凭证的专业性和复杂性,若不允许摘抄,股东在无任何资料得以保留的情况下,很难得到其能够理解的结论,这将使知情权落空。因此,根据"法无明文禁止即允许"的民商事法律原则,股东既可以在诉讼请求中表明以摘抄方式行使对会计账簿、会计凭证的查阅权,也可在相应查阅权获得法院支持后,在执行阶段要求摘抄相关文本。

028　原股东能否行使查阅权?

一、问题的提出

股东权作为团体法上的成员权,具有身份属性,知情权自当如此。从文义解释的角度看,具备股东身份自然也是股东知情权的必要条件。

《公司法》第 57 条、第 110 条均规定只有股东可行使知情权。已退出公司的原股东,在文义上已非股东,其是否仍然能够行使知情权？这一问题本身已经超越了对法律规定进行文义解释的边界,需从原股东对公司查阅权请求的本质着手分析。

二、裁判实践的立场

《公司法解释四》颁行前,主要存在两种观点:观点一,原股东退出公司后的查阅权与现任股东无异,理由是如公司为剥夺原股东权益,很可能在原股东转让股份退出公司后制作虚假的财务信息或转移公司资产。观点二,认为知情权享有的前提是股东身份,股东身份的认定中绝对不包括已退出股东,因此原股东不享有相应的权利。

上述两种观点可能皆有些偏颇。就前一观点而言,将已退出公司的原股东与现股东一视同仁,存在保护过当之嫌,原股东不像现任股东般与公司利益具有基本一致性,赋予其绝对查阅权可能使公司利益处于危险境地,承认其具有与现任股东相同的知情权突破了知情权的固有权属性。就后一观点而言,若原股东无法行使知情权,也就无法获知公司财务等资料,在某种程度上也就否定了其通过提起撤销权或侵权之诉来获得救济的途径。

《公司法解释四》第 7 条第 2 款规定:

公司有证据证明前款规定的原告在起诉时不具有公司股东资格的,人民法院应当驳回起诉,但原告有初步证据证明在持股期间其合法权益受到损害,请求依法查阅或者复制其持股期间的公司特定文件材料的除外。

这一规定采折中观点:股东在持股期间合法权益受到损害的,可以请求依法查阅或者复制其持股期间的公司特定文件材料。解读如下：

首先，从原股东作为适格原告的法理来看，当原股东丧失股东身份，尽管在形式上不再享有知情权或对知情权享有诉讼法意义上的"管理、支配权"，但因其对这一期间的经营所得等可能(因公司未予分配而)仍有(财产上的)利益，即仍可能有"直接的利害关系"，故不能简单否定其作为适格原告的可能性。换言之，诉请法院保护知情权的逻辑前提并不是知情权本身，而是(作为辅助股东权的)知情权背后的其他权利和利益，故不能简单将股东身份和知情权挂钩，将股东身份作为知情权的唯一前提。

其次，该规定体现了公司与股东间的利益平衡。具言之：(1)为原股东保护持股期间的合法收益提供了信息知情的基础保障。(2)对其行权设有超出现任股东的限制——只在其能够举证持股期间合法权益受损害的前提下，才得查阅持股期间的相关资料，以防发生原股东的滥权行为。(3)原股东有条件地保留知情权，对做假账者始终是一个威胁，如此规定可以倒逼公司治理规范化。(4)部分股东退出公司并非出于其真实意思，如受到股东压制而退出公司，如立法完全斩断原股东行使查阅权的途径，可能导致原股东因无法行使知情权而无法获得相关证据，有助纣为虐之嫌；反之，则是一种反向的利益平衡举措。因此，原股东可以在现有规定下行使相应权利。

总之，上述关于股东知情权的制度设计已经从知情权客体、行使程序、保密义务等方面对股东与公司利益进行平衡，因此应在这一权利构造下承认原股东的知情权。

三、如何行权

承认原股东的有限知情权后，面临的问题便是原股东如何行权，或曰原股东知情权的内容与客体范围具体包括哪些。《公司法解释四》颁行后，实践中存在两类问题：

——原股东的"初步证据"需要满足何种证明标准？

——"特定文件资料"的范围应如何界定？

"初步证据"证明标准其实存在自相矛盾的逻辑问题，作为基础性工具权利，原股东查阅公司相关资料的目的在大多数情形下便是进一步证明自身权益受损，如何在查阅之初即要求其提供"在持股期间其合法权益受到损害"的初步证据？就"特定文件资料"的范围而言,我们认为,细究原股东享有有限知情权的法理,其依据应为程序法上当事人的证据收集制度,正如原股东的有限知情权并非以股东身份和知情权制度为逻辑前提,文件资料的范畴也不应以知情权制度中的客体规定为限。实践中,原股东可以向法院提交申请查阅的文件材料目录,法院依据原股东申请查阅理由和文件材料之间的关联性,进一步确定可查阅的文件资料范围。

029 股东如何委托第三人查账?

一、委托第三方查账的必要性

在公司法层面确立委托查阅规则非常重要。

首先,会计账簿、会计凭证中包含异常丰富的专业信息,大多数自然人股东没有查阅能力,多数场合下股东获取公司许可或获得胜诉判决后的第一"障碍"是股东财务会计知识不足。若仅靠个人查账,制度目的难免落空。股东查阅权的"失灵"将导致"长期的复合型股东权利受侵害",而委托查阅制度实际上能够使知情权真正发挥工具价值。

其次,如不允许委托第三人查阅,实际上仅限制了自然人股东,便会人为造成自然人股东与法人股东的沟壑,显失公允。因为就法人股东而言,其天然可以依赖自己财务部门中的专业职工查阅,不设置委托查阅规则对自然人股东显然不公。

最后,委托查账的受托人一般是负有法定或执业规范要求的保密义务的职业群体,其查阅行为受到行业规范的约束,这减小了公司商业秘密被泄露与被恶意利用的概率,体现了股东与公司间利益的动态平衡。

二、委托第三方查账,乃是股东的天然权利

《民法典》第161条规定:

民事主体可以通过代理人实施民事法律行为。

依照法律规定、当事人约定或者民事法律行为的性质,应当由本人亲自实施的民事法律行为,不得代理。

这表明,除依法律规定、行为性质、当事人约定不得委托外,民事行为皆可委托,

查账不在禁止委托之列,故自然可通过委托为之。

特殊性唯在于,此处的受托人并非完全行为能力人皆可担任,而需通过会计师事务所、律师事务所等中介机构,中介机构再选派注册会计师、律师等执业人员查账。这属于查阅权辅助人制度,区别于域外法上的检查人选任制度。

委托查账制度入法始于 2023 年《公司法》,此前《公司法解释四》第 10 条第 2 款早一步确立该制度,但《公司法》有两方面的修订:一是明确受托人为会计师事务所或律师事务所等中介机构,而非该等中介机构的执业自然人;二是取消第 10 条第 2 款中股东本人应当在场的限制规则,受托人完全有能力独立查账。

三、公司的抗辩

由此带来的问题是,股东如何应对公司对辅助人选任的抗辩权?在身份上,既然辅助人"依法或者依据执业行为规范负有保密义务",那么在辅助人不满足身份条件、不满足独立性要求时,公司可以提出抗辩。但如公司与股东间存在事先的禁止性约定,如章程约定禁止委托辅助人进行查阅,其效力应被如何评价?对此存在不同的看法。

一种观点认为,此类抗辩不能成立,知情权乃股东固有权,不能被章程事先剥夺或者实质性剥夺。查阅权辅助人制度是保障股东知情权的必要手段,如允许当事人事先约定排除适用,无异于"实质性剥夺"股东知情权,不符合法律规定。质言之:公司可以辅助人的现实危害可能性为由提出抗辩,但不能以事先的禁止性约定提出抗辩;且若公司提出抗辩,应承担举证证明责任。

另一种观点则认为,不能将查阅辅助人制度的排除适用等同于知情权本身的剥夺(或实质性剥夺),因为这只是查阅权实现的一项辅助性制度,对其限制并不会影响股东知情权的实现。

我们认为,以上两主张各有一定道理,司法裁决究竟何去何从,尚需法官结合个案进行利益衡量,在股东知情利益与公司商业秘密利益间作出符合实质正义的权衡。尤其要注意到,根据《公司法》第 57 条等相关规定,股东及其委托的会计师事务所、律师事务所等中介机构查阅、复制有关材料,应当遵守有关保护国家秘密、商业秘密、个人隐私、个人信息等法律、行政法规的规定。

四、查阅费时费力，需要足够的时间保障

《公司法解释四》第10条第1款规定：

人民法院审理股东请求查阅或者复制公司特定文件材料的案件，对原告诉讼请求予以支持的，应当在判决中明确查阅或者复制公司特定文件材料的时间、地点和特定文件材料的名录。

实务中，在查阅权之诉胜诉后，如在执行中公司不予以友好配合，查阅权的效果也将大打折扣。据此，司法解释要求法院在判决书中明确查阅/复制的公司特定文件资料名录、查阅/复制的地点、查阅/复制的时间等要素，是非常必要的。如有专业人员受托进场查阅/复制，对查阅时间、地点的要求可能更高。

030　公司如何抗辩股东的查阅权？

面对行权股东"来势汹汹"的查账要求，公司也并非只能"束手就擒"，而是可以提出法定抗辩事由。除此之外，对于实现了查账权的股东，如不遵守保守公司秘密的义务，公司还可以追责赔偿。

一、"不正当目的"的抗辩及其破解

（一）法定抗辩事由

为平衡股东与公司间的利益，《公司法》第57条规定了行使查阅权的程序条件和"正当目的"要求。股东查阅权诉讼的真正交锋是围绕股东是否具有正当目的展开的。不过，对"正当目的"的界定存在立法上的模糊性。股东知情权的行使可能会遇到公司的抗辩——公司认为其行使知情权"目的不正当"的，可以拒绝股东的请求。对于行权股东而言，如何应对与破解公司的抗辩，则成为其顺利行权的关键。

（二）正当目的定义及其举证

对于有限公司，《公司法》第57条第2款规定：

股东可以要求查阅公司会计账簿、会计凭证。股东要求查阅公司会计账簿、会计凭证的，应当向公司提出书面请求，说明目的。公司有合理根据认为股东查阅会计账簿、会计凭证有不正当目的，可能损害公司合法利益的，可以拒绝提供查阅，并

应当自股东提出书面请求之日起十五日内书面答复股东并说明理由。公司拒绝提供查阅的,股东可以向人民法院提起诉讼。

这一规定也适用于股份公司(第110条第2款),简要解读为:

1. 适用场景

仅对公司会计账簿、会计凭证行使查阅权时,公司方得以股东需要说明查阅目的的正当性进行抗辩。会计凭证是指记录经济业务事项发生或完成情况、据以明确经济责任的书面证明,而会计账簿是依据会计凭证,连续、系统、全面、综合地登记企业经济活动的簿籍,因此二者都是具备敏感性的公司特殊文件材料,涉及公司具体经营信息及商业秘密。股东获取日常信息,并无对查阅目的是否正当进行说明的义务。

2. 正当目的的限缩解释

"正当目的"并非一个模糊而抽象的概念,应理解法律对正当目的的界定规则。客观而言,公司法以商事外观主义为原则,而正当目的属于主观要件,对其准确界定较为困难。从法律规定来看,《公司法解释四》第8条规定:

有限责任公司有证据证明股东存在下列情形之一的,人民法院应当认定股东有公司法第三十三条第二款规定的"不正当目的":

(一)股东自营或者为他人经营与公司主营业务有实质性竞争关系业务的,但公司章程另有规定或者全体股东另有约定的除外;

(二)股东为了向他人通报有关信息查阅公司会计账簿,可能损害公司合法利益的;

(三)股东在向公司提出查阅请求之日前的三年内,曾通过查阅公司会计账簿,向他人通报有关信息损害公司合法利益的;

(四)股东有不正当目的的其他情形。

这一规定通过"以客观行为推定主观目的"以及"列举+概括"的方法,将不正当目的类型化为"存在实质性竞争关系""经济间谍""有经济间谍前科"以及兜底性的"损害或可能损害公司合法利益"四类情形。

实证研究表明,法院认定为具有不正当目的的情形主要有如下几种:

——股东经营公司与目标公司主营业务重合、经营同类产品或经营实质性竞争业务;

——股东经营公司的经营地区范围、工作人员、客户范围与目标公司重合;

——股东存在抢夺公司客户的行为或存在抢夺公司客户的可能；

——股东有近亲属经营同业竞争公司，且股东参与该公司经营；等等。

从体系解释来看，上述第 8 条限缩了"不正当目的"的解释，以"有较大侵害公司合法利益的可能性"作为衡量是否存在不正当目的的客观标准。理论上，股东若仅为自己或他人谋取利益，在不损害公司利益的情况下一般不应认定为目的不正当。但此种理论情况很难表现为实践中的样态。观察域外实践，股东掌握公司信息也被预设为股东维护自身利益或公司整体利益的准备。知情权虽具有共益权属性，但股东申请查阅公司信息多为了获得与投资相关的个人利益。为贴合实践判断标准，在是否损及公司合法利益要件难以判断时，可以将股东申请查阅的资料与申请人作为股东在地位和利益上的关联性作为辅助判断是否正当的考量因素。

3. 举证责任

关于行权股东主观目的是否正当的举证责任分配，实践中股东或许可以通过与公司相比不同标准的举证责任来破解其"不正当目的"之抗辩。厘清举证责任之前需理解股东知情权侵权责任的构成要件：第一，股东无法行使知情权；第二，公司拒绝股东行使知情权并无正当理由；第三，公司拒绝股东行使知情权具有主观故意；第四，公司无正当理由拒绝股东行使知情权和股东无法行使知情权之间存在因果关系。实践中纠纷要点主要集中于第二点。若依据程序法，按照举证责任的一般原则，因为股东主张知情权受到侵害，上述四项内容的举证责任应该由股东承担。公司法对股东与公司的举证责任进行了分别规定，"股东要求查阅公司会计账簿、会计凭证的，应当向公司提出书面请求，说明目的"，因此，"说明目的"是股东行使查阅权应当承担的义务，而"有合理根据"说明查阅目的不正当是公司拒绝股东进行查阅时应承担的义务。显然，在实体法中，股东、公司应当承担的证明责任标准是不同的，对后者的要求要比前者严苛。具言之，查阅权纠纷中，只要股东说明了目的，即可被推定为查阅目的正当，公司则要提供相反证据方可真正阻断股东权利的行使。此种举证责任的划分方式有利于缓解实践中公司对不正当目的抗辩的滥用，有助于保护股东知情权。

二、损害赔偿请求

《公司法》第 57 条第 4 款规定：

股东及其委托的会计师事务所、律师事务所等中介机构查阅、复制有关材料，应当遵守有关保护国家秘密、商业秘密、个人隐私、个人信息等法律、行政法规的规定。

查账人负有保密义务,这一规定也适用股份公司。如果违反保密义务给公司造成损失,又当如何?答案是承担损害赔偿责任。对此,《公司法解释四》第11条规定:

股东行使知情权后泄露公司商业秘密导致公司合法利益受到损害,公司请求该股东赔偿相关损失的,人民法院应当予以支持。

根据本规定第十条辅助股东查阅公司文件材料的会计师、律师等泄露公司商业秘密导致公司合法利益受到损害,公司请求其赔偿相关损失的,人民法院应当予以支持。

031 无账本可查的,股东如何应对?

一、秀才遇见兵

股东获得查阅权之诉胜诉判决后,执行阶段是股东知情权正义的"最后一公里",但实践中可能遭遇的一个情形是,公司以无法提供会计账簿为由进行抗辩。主要体现为以下两种情形:

一是公司会计账簿客观存在但公司因故无法提供,此时公司的理由通常为公司会计账簿已经由股东掌握,或公司财务会计文件被盗、丢失,以致无法提供给股东查阅。前者如宁波今新建材有限公司与储某股东知情权纠纷案,股东要求查阅的内容在该文件资料中有缺失,公司以此为由拒绝向股东提供公司财务会计报告,显然不妥;后者如万某与上海东森之鑫汽车销售服务有限公司股东知情权纠纷案,公司主张因公司拖欠租金,会计账簿及相关办公用品被物业公司处理,故无法提供公司的会计账簿。

二是由于公司管理混乱,会计账簿、会计凭证客观不存在,公司因并未置备而无法提供。这一场景下,股东可能会进一步诉请负有责任的董事承担赔偿责任。例如,在叶某与周某损害股东利益责任纠纷二审案[(2020)沪01民终3550号]中,法院认为,因周某没有建立和保存公司的财务会计报告、会计账簿和会计凭证,导致叶某作为公司的股东无法通过行使股东知情权查阅、复制前述文件材料,并致其遭受了包括难以证明公司具备可分配利润并请求公司分配利润、难以证明公司具有可分配剩余财产并请求相应分配,以及因无法组织公司清算而依法应承担赔偿责任等带来的损失,最终酌定周某应向叶某支付10万元赔偿金。

二、如何应对

需要指出,公司无法提供会计账簿,与现行法对公司置备会计账簿的强制性规范要求不符。仅以财务会计报告这一文件为例,依照《会计法》第9、21条与《公司法》第209条等,财务会计报告之制作、置备与送达是公司的法定义务,《会计法》第五章"法律责任"特别规定,公司不按照法律要求制作、置备有关财务会计材料的,单位及其负责人、有关直接负责的主管人员和其他直接责任人员要承担相应的民事、行政乃至刑事责任。显然,公司相应的抗辩事由皆无法得到支持,由此引出的问题包括:裁决书应否继续责令被诉公司重建会计账簿或者赋予股东委托审计机构重建会计账簿的权利?以及股东如何实现行使知情权的诉讼目的?

2012年最高人民法院公布的《公司法解释四(征求意见稿)》曾尝试解决上述问题,其第16条规定:

公司未依法或者公司章程规定建立相关档案材料、公司建立的相关档案材料虚假或者丢失,股东起诉请求公司依法或者公司章程之规定重新建立并提供给股东查阅的,人民法院应当受理。

公司具备依法或者公司章程之规定建立相关档案材料条件的,人民法院应裁定公司在一定期限内建立相关的档案材料,并在公司住所地或者双方另行协商确定的地点提供给股东查阅。

公司不具备依法或者公司章程之规定建立相关档案材料条件,股东主张公司相关人员承担民事赔偿责任的,应另行提起诉讼。

但该规定仍存在两个问题:如何判断公司是否具备重建条件?若公司客观上不具备重建条件,应如何保障股东通过诉讼直接请求公司管理层承担赔偿责任?

最后正式颁布的《公司法解释四》文本并未采取上述方案,仅仅规定了赔偿责任,第12条规定:

公司董事、高级管理人员等未依法履行职责,导致公司未依法制作或者保存公司法第三十三条、第九十七条规定的公司文件材料,给股东造成损失,股东依法请求负有相应责任的公司董事、高级管理人员承担民事赔偿责任的,人民法院应当予以支持。

这一规定意味着,在公司无法提供会计账簿情形下,并无补救措施,股东知情权的实现在公司法层面转化为请求损害赔偿的替代方案。对此,有两点积极评价:

1. 与侵权法理相符。在实体请求权上,股东有权请求董事、高级管理人员承担民事赔偿责任,是因为后者怠于履行置备文件资料的职责,这一方面违反了对公司的信义义务,另一方面则违反法律、行政法规的规定,直接损害了股东知情权利益。根据《公司法》第191条,董事、高管执行职务存在故意或者重大过失导致包括股东在内的他人损失的,也应当承担赔偿责任。

2. 与公司法的诉讼救济体系相协调。依照《公司法》第190条,公司股东对违反法律、行政法规、公司章程规定,损害其合法利益的行为所提起的直接诉讼,不是为了直接保障股东知情权实现,而是对知情权受到侵害后造成的财产损失的救济,已不属于股东知情权诉讼,因此不需要隔着公司这一层外壳。需要指出,这一救济路径并不能保障原告股东获得会计账簿蕴含的公司信息,仅是退而求其次的解决之道。这似乎暴露出了民事诉讼及其裁判对受侵害股东知情权之保护以及对公司拒不建立相关档案材料行为之制裁的双重有限性。未来可重新考虑引入公司重建会计账簿的解决方案。

032　股东如何行使质询权?

一、质询权

质询权是股东知情权的重要组成部分,是指股东有权就与公司有关的重大问题,向列席会议的管理层提出问题,并要求答复的权利。质询权体现为股东向管理层提出质询,要求其就涉及公司经营的有关问题作出解释或说明,通过被质询人的回答获取公司有关信息。可见,与质询权相对应的是管理层的回答义务。

质询权具有主动性、对抗性与针对性,属于知情权体系中主动进攻的"锐利武器"。

二、公司法的基本规定

根据《公司法》第 110 条第 1 款的规定,股份公司股东有权对公司的经营提出质询。这是关于日常质询权的规定。根据《公司法》第 187 条的规定,股东会要求管理层列席会议的,上述人员应当列席并接受股东的质询。这是关于在股东会会议中行使质询权的规定。与第 110 条的日常质询相比,第 187 条规定的股东会质询更为重要,董监高出席会议并非简单列席,而是随时准备接受质询,这对董监高的回答义务要求更高。面对股东质询,董监高负有如实、及时、完整答复的义务,否则将违反勤勉义务。例如,董监高被要求列席股东会会议,无正当理由拒不出席,即违反勤勉义务。

三、行权的若干细节

股东通过行使质询权,可以进一步了解公司状况,为股东参加股东会、行使表决权奠定基础。如董监高未能按要求列席会议并接受股东质询,违反勤勉义务,股东可以依据第 190 条提起直接诉讼请求赔偿。质询权行使的细节如下:

一是行权场合。股份公司股东的质询权不仅包括在股东会会议上向列席会议的董监高提出问题(第 187 条),还包括日常中对公司经营提出质询(第 110 条),但有限公司股东只能依第 187 条在股东会会议上行使质询权。实际上,股东质询属于上市公司股东会议事规则的范畴,故其具体操作在原则框架内可不失灵活性。域外法设立了事前的书面质询制度,即允许股东在股东会召开前相当期间内,以书面形式通知将要求在股东会会议上说明的事项,董事将负有说明义务,但这并不意味着事前的书面提问就等同于或可以替代在会议上行使质询权。事实上,事前的提问书仅是事前预告在股东会会议上将要提问的事项(在具体操作上可以由股东交付公司董事会秘书,再由其转交被质询人,这一制度给董事等提供了充足的时间进行相应调查,从而保证在股东会会议上进行正式说明的质量)。但事前提问书本身并非提问权的行使,真正的提问只能在大会上进行,如果发出事前提问书的股东未出席也未委托他人出席股东会会议,或虽出席股东会会议但并不提出质询,也不能发生董事的说明义务。

二是质询的内容。不存争议的是,立法有必要对质询权的事项范围作出必要限制,否则极易出现股东滥用质询权的局面。因此,一般而言,股东质询应写明质询对象与质询内容,由被质询者口头或书面答复。一些软法规范规定了股东质询权的内容。如2025年《非上市公众公司监督管理办法》第10条第2款前半句规定,"股东会的提案审议应当符合规定程序,保障股东的知情权、参与权、质询权和表决权"。2025年《上市公司股东会规则》第30条规定,"董事、高级管理人员在股东会上应就股东的质询作出解释和说明"。

033 如何理解消极知情权?

一、作为消极知情权的股东信息接收权

1. 易被忽视的权利

股东信息接收权,对应的是公司信息披露义务,其中以上市公司强制信息披露制度为典型。公司信息披露义务乃是积极义务,股东信息接收权则为一种消极权利,其实现依赖公司主动履行信息披露义务。公司履行信息披露义务的典型方式,就是面向所有股东以及不特定社会公众公开披露信息,至于股东是否接收到以及接收到后是否打开或是否浏览,悉听尊便。以上市公司的信息披露为例,实证研究表明,即便上市公司将公司经营信息发送到股东邮箱,股东打开邮箱的也就一成左右,更遑论下载、浏览与仔细研究。

2. 典型场景:公开发行证券的信息公开

证券市场是一个以信息为导向的市场,想要充分发挥其资源配置作用,就需要进行充分的信息传递。一方面,信息对证券市场无比重要;另一方面,证券市场又存在信息不对称的客观问题。实践中,投资者获取信息主要依靠发行人及其他披露义务人的主动公告披露,主要包括《证券法》第79~81条规定的会计报告、发生可能对股票交易价格产生较大影响的重大事件、发生可能对债券的交易价格产生较大影响的重大事件等内容。虽然《证券法》通过一系列制度设计保障少数股东、公众投资者的知情权,但证券虚假陈述依旧层出不穷,这极大地扰乱了证券市场秩序,严重的甚至会引发系统性金融风险。投资者依赖信息披露义务人披露的信息作投资决策,若发行人及其他信息披露义务人依靠优势地位作出虚假陈述,将使投资者在信息不对称的情形下作出投资行为。

二、特殊保护措施

借鉴美国的集体诉讼制度,我国发展出了特别代表人诉讼制度。《证券法》第95条第1款规定了普通代表人诉讼制度,即投资者提起虚假陈述等证券民事赔偿诉讼时,诉讼标的是同一种类,且当事人一方人数众多的,可以依法推选代表人进行诉讼;与之对应的是该条第3款规定的特别代表人诉讼制度,指投资者保护机构受50名以上投资者委托,可以作为代表人参加诉讼,并为经证券登记结算机构确认的权利人依照前款规定向法院登记,但投资者明确表示不愿意参加该诉讼的除外。

为贯彻实施《证券法》规定的证券纠纷代表人诉讼制度,2020年《证券诉讼规定》,对《证券诉讼规定》的适用范围、普通代表人诉讼与特别代表人诉讼的关系、案件管辖和程序性事项作了详细规定,对各级法院适用证券纠纷普通代表人诉讼程序作了更加明确的规定。

《证券法》第95条规定的普通代表人诉讼、特别代表人诉讼的适用关系被《证券诉讼规定》界定为递进关系,只有在普通代表人诉讼程序开启并在法院发布权利登记公告后,投资者保护机构在公告期间受50名以上权利人的特别授权,才可以作为代表人参加诉讼,诉讼程序才能转换为特别代表人诉讼程序,适用特别代表人诉讼制度。

法律为什么特别规定一个"投资者保护机构"("中证中小投资者服务中心")作为证券虚假陈述的诉讼主体?其在证券虚假陈述案件中又能发挥何种优势作用呢?

首先,证券纠纷特别代表人诉讼制度从证券投资者分散、"立案难"和"搭便车"现象突出的实际情况出发,设置了"明示退出,默示加入"的原告确定机制,并取消了行政处罚或者刑事判决的违法性前置确认程序,解决了单个投资者证券纠纷诉讼程序烦琐和"立案难""搭便车"等问题,以更加便捷的方式为最广大投资者提供了权利保障机制。

其次,在目前证券市场虚假陈述纠纷案件取消行政处罚和刑事判决等前置确认程序的背景下,分散的单个投资者举证证明证券发行人的行为存在违法性、行为与损害结果存在因果关系、损失具体数额与计算依据等均有很大的困难。但证监会《关于做好投资者保护机构参加证券纠纷特别代表人诉讼相关工作的通知》明确了投资者保护机构享有证券纠纷特别代表人诉讼的专属代表人权利,并要求证监会体系内各机构和部门协助并支持投资者保护机构代表投资者开展的证券纠纷特别代表人诉讼工作。这为诉讼证据的获取、辨认和整理提供了统一而专业的机制,有利于更深层次地保护投资者的诉讼利益。

最后,证券纠纷特别代表人诉讼制度为证券投资者提供了近乎零成本的权利保护机制,提高了投资者权利保护的收益与效率。一般民事诉讼案件均要求原告预交案件受理费,资产保全方需要依法提供相应担保,被代理人需承担委托代理人的代理费用。《证券诉讼规定》规定:特别代表人诉讼案件不预交案件受理费,即使败诉或者部分败诉,原告还可依法申请减交或者免交诉讼费;特别代表人诉讼的投资者保护机构作为代表人在诉讼中申请财产保全的,法院可以不要求其提供担保。《中证中小投资者服务中心特别代表人诉讼业务规则(试行)》又规定,投资者服务中心除为开展特别代表人诉讼的必要支出外,不收取其他费用。这些规定和制度安排实质上为投资者提供了近乎零成本的维权渠道,提高了投资者的维权收益和效率。

034　公司章程如何规定股东知情权?

一、公司章程对股东知情权的限缩

实践中不乏公司章程限缩股东知情权的范围,限缩的手段包括:

1. 将有限公司的股东查阅权由单独股东权规定为少数股东权,比如规定只有持股比例达到多少、持股时间有多长才可以查阅会计账簿、会计凭证;提升股份公司股东的持股比例(3%以上)、持股时间(180日以上)。

2. 将股东划分为若干个等级,按照持股比例、持股时间分别享受不同的查阅、复制特定文件资料的范围(不同名录、不同年限等)。

3. 限缩股东查阅、复制的文件资料范围,比如以向公司提出请求为时点计算,只能查阅10年前的会计账簿、会计凭证等。

4. 程序性限制,如股东向公司主张知情请求的,需要得到某法人机关的批准等。

以上限缩,涉及股东知情权的性质以及公司意思自治的边界问题。在知情权的权利法定原则和公司章程自治之间,需要以股东与公司间的利益平衡为出发点和落脚点。《公司法解释四》第9条规定:

公司章程、股东之间的协议等实质性剥夺股东依据公司法第三十三条、第九十七条规定查阅或者复制公司文件材料的权利,公司以此为由拒绝股东查阅或者复制的,人民法院不予支持。

这一规定的核心内容是:允许公司通过章程、全体股东协议等对股东知情权作出必要的限制,但不容忍"实质性剥夺",其背后的法理有二:一是基于该权利固有、基础之特性,知情权具有不可剥夺性、不可让渡性,不适用民事权利处分的一般规则,所以代表股东意思自治的公司章程、股东间协议等条款的合法性,仍然要受到司法审查;二是公司法关于股东查阅权的规定属强制性规范,属于"为避免产生严重的不公平后果或为满足社会要求而对私法自治予以限制的规范"(卡尔·拉伦茨语),股东据此享有的知情权不得被剥夺。"实质性剥夺"作为对股东知情权限制程度的描述,在结果上往往导致股东无法行权或受到极大限制,如约定对股东知情权的放弃,约定股东行使知情权必须经过代表 2/3 以上表决权股东的同意,约定经董事会批准方能行使股东知情权。而实质性剥夺以外的一般性限制,通常可体现为对行使知情权具体规则的细化规定,或者对查阅请求权不可"轰炸"管理层而使公司利益受损的强调,在结果上不影响股东正常行权,因而应承认其效力。

例 1。周某与上海浦东孙桥商业有限公司股东知情权纠纷一审案[(2021)沪 0115 民初 17567 号]。该案中少数股东主张查阅权后,公司召开股东会会议修订公司章程,根据股东持股比例对其可查询会计账簿的时间范围进行了划分,规定持股不超过 10% 的股东只能查询近 3 年的会计账簿。法官依据《公司法解释四》第 9 条支持了原告股东的查阅请求。根据第 9 条,不管何种公司类型,皆不可以章程对股东知情权构成实质性剥夺,自然也不可以通过公司决议、股东协议等其他形式对其进行限缩。

二、公司章程对股东知情权的扩张

从另一种角度看,值得思考的问题是章程可否对股东知情权进行扩张?实践中亦不乏公司章程扩张了股东知情权的范围,扩张的手段包括:

1.扩张查阅的范围,不限于公司法定的会计账簿、会计凭证,还包括公司重要的商务合同等。

2.明确摘抄权,规定股东可以摘抄公司的会计账簿等特定文件资料。

3.引入复制权,规定股东可以复制公司的会计账簿、会计凭证以及其他文件资料。

4.规定股东与公司间发生知情权纠纷的,适用商事仲裁解决等。

例2。某甲公司诉上海某乙公司股东知情权纠纷案[(2013)沪二中民四(商)终字第S1264号]该案中,案涉公司章程规定的股东可查阅公司资料超出了法定范畴,如任何公司及/或其子公司向任何政府或监管机构提交的所有报备文件的复印件,公司及其各子公司合并年度经审计的财务报表,附带公司及其各子公司审计师分别出具的审计报告,公司及其子公司制备的单独的账簿、记录和管理账目。

拨开实践表象,该问题本质为公司自治应如何在股东知情权行使中得到体现。现有规定应当被理解为对民事主体最低程度的权利与自由的保障,股东之间可通过公司章程、股东协议等自治形式在法定范围之外对股东知情权的权利内容及行权范畴进行扩张和强化。

首先,可以扩大股东所查阅资料文件的时间范围。比如,对受让股东能否对受让股权前的公司文件行使知情权,似乎公司法并未直接规定,实践中的观点也并不统一。尽管依据公司法理,回答是肯定的,但为了减少不必要的纷争,公司章程可对其予以认可并进行明确。

其次,可以拓展股东可查阅、复制的文件范围,实践中涉及的公司文件种类可能远超过法律的列举,而股东有权对公司运营整体状况全面知情,否则可能会由于信息不对称在事实上难以有效行使其他股东权利,面临投资权益受损的风险。针对现行法未明确是否可查询、复制的公司文件资料,可在章程中规定。就被查阅主体而言,公司法有关股东对全资子公司之外的子公司及下层级被投公司的文件资料能否行使知情权并未明确,章程可将非全资子公司、各类孙公司、各类合伙企业等下层级被投主体的相应公司文件列入查阅范畴。此外,对于法律并未规定的公司债券存根、各类交易合同等基础销售文件、财务情况分析书等财务文件、董事会内部决策文件等资料,也可在章程中列明。

最后,可以丰富知情权内容,如章程可规定股东对会计账簿、会计凭证的复制权,也可允许股东通过审计等其他方式行权。

总结来说,公司章程可以在法定内容之外,根据投资人尤其中途加入公司的对赌协议投资人、战略投资人的特殊知情需求,在章程中设计不同的知情权条款。理论是灰色的,实践才是长青的。上述列举挂一漏万,不一而足。总的原则是注意股东与公司间利益的动态平衡,利益平衡原则是股东知情权制度设计中针对知情权客体的确定、股东查阅敏感信息文件的前置程序、公司正当目的审查等内容一以贯之的一项原则;章程对股东知情权的扩张也有界限,不能违反法律、行政法规的禁止性规定。否则,欲速则不达,相关章程条款的效力可能会遭到反噬。

分篇五

赋权股东救济（二）：分红权

分红也即股利分配是公司财务会计的重要内容，关系到公司、股东、管理层、债权人等利害关系人的切身利益，这些利害关系人之间的利益不一致，甚至往往存在冲突。分红是对股东投资的回报，主动权掌握在股东手中，从股东的利益出发，如任由股东确定股利分配方案，则可能出现短期行为，这不利于公司的长远发展，也将损害其他利害关系人的利益。因此，分红制度必须平衡这些利益冲突。

分红中的利益冲突除蕴含在股东与公司债权人之间，还存在于股东之间，尤其是在封闭公司中，双控人往往实行长期不分红政策，同时以各种方式向自己输送利益，行变相分红之实，这将使少数股东的投资期待落空。那么，少数股东应如何获得救济呢？

本分篇共设 5 问，偏重少数股东分红权的实现及其救济。

035　何谓分红？

一、定义

广义的公司分配包括盈余分配和其他分配。盈余分配的表现形式就是股利分配(distribution of dividend)，即对未分配盈余的分配，俗称分红。其他分配(other distributions)，指法律许可范围内的资本分配与剩余分配。资本分配(capital distributions)，指对公司资本的分配，原则上公司资本不能被分配，除非法律特别许可；剩余分配(liquidation distribution)，是对公司清算后剩余财产的分配。

股利分配的对象是可分配利润。依据税法，公司以本年度利润总额为计税依据上缴企业所得税后,形成税后利润,即公司净利润。但税后利润并不等于可分配利润。依《公司法》第210条,如果公司以前年度发生亏损,而法定公积金又不足以弥补的,税后利润首先应当弥补亏损;如果无须弥补亏损或者弥补亏损后还有剩余,则应当提取法定公积金,还可以提取任意公积金;提取公积金后的剩余部分才是可以用作分配的利润。(股份公司设置优先股的,在提取任意公积金之前分配优先股股利。)可见,可分配利润属于税后利润的范畴,但不等同于税后利润。

从公司的角度看,股利就是公司依照法律、章程规定,以一定的数额和方式分配给股东的税后利润;从股东的角度看,股利就是股权投资收益。在国外,股利分为股息和红利,二者的区别在于:股息按招股说明书或公司章程预先确定的利率来分配,在分配顺序上先于红利;红利没有固定的利率和数额,依公司盈余情况确定。我国公司法没有这一划分,统称股利或红利。

二、分红原则

1. 同股同利、优股优先。同股同利,指同种类的每一股份所分得的股利数量和方式应该相同,不得歧视;优股优先,指不同种类的股份在分配顺序上可以有先后之分,优先股先于普通股、普通股先于劣后股。

2. 无盈不分。公司没有盈利不得分红。只有公司有利润,股东才能分取股利;当然,公司有利润也并不必然分红,这取决于股东会决定的公司经营目标。公司盈亏的状况,以经过会计师事务所审计的公司年度会计报告为准,这意味着盈亏的计算周期是法定的会计年度。

3. 自有股份不分。《公司法》第210条第5款规定:

公司持有的本公司股份不得分配利润。

理由是,如允许公司自有股份分红,等于使本应分配于其他股东的利润流入公司,这不仅会出现该部分利润归属不明的问题,还可能产生新老股东间的不公平。

4. 按股分红。股东按照持有公司股份的多少分取股利。资合公司是"股份民主"企业,在股利分配标准上实行按股分红原则,既是股份民主原则的体现,也是股权平等原则的体现。依《公司法》第210条第4款规定,有限公司按照股东"实缴的出资比例"分配利润,股份公司按照股东"持有的股份比例"分配利润。但考虑到充分尊重股东自治,第4款但书规定,有限公司可以根据全体股东的约定不按出资比例分配利润,股份公司可以根据章程规定不按持股比例分配利润。另根据实践经验,针对瑕疵出资的股东,公司可以根据公司章程或者股东会决议对其利润分配请求权作出相应的合理限制,受限股东请求认定该限制无效的,法院不予支持。这体现了法律的公平、公正。

三、分红方式

1. 现金股利。又称派现,指公司直接向股东支付货币作为股利。现金股利是最常用的分红方式,也遂投资者所愿,但要求公司有足够的现金流,且会直接导致公司经营资金的减少。

2. 股票股利(share/stock dividend)。指公司向股东派发股票以实现分红,实为公司收益的资本化,仅影响财务账目,既不会直接给股东带来货币收入,也不会减少实际可用资金或增加公司负债。股票股利包括派送股票与股份分割两种形式,在我国适用于股份公司。派送股票是公司以发行新股的方式分配股利,俗称"送股""派股",实质是以盈余转作资本。由于涉及发行新股,需要遵守新股发行的程序、条件。股份分割(share split),又称股份拆细,通过成比例地降低股票面值而增加股份的数量。采股票股利形式的,股票面值不发生变化;但在股份拆细中,股票的面值减少了,如在2:1的股份拆细中,普通股的每股面值比原先降低一半。股票股利不消耗公司资产,可以解决公司现金分配的困难,但涉及公司章程的修改。

3. 实物股利。包括向股东派发公司产品、公司负债、公司持有的其他公司的有价证券等,其中负债股利是"公司通过建立一定的负债来抵付的股利,一般以应付票据或公司债券的形式来抵付股利"。股利分配决议的通过与股利实际发放往往存在时间差,在此期间若公司出现财务恶化、现金流紧张等突发情况,短期内难以支付股利,公司为顾全信誉,只能以增加负债的方式暂渡难关。

4. 股份回购(share repurchase)。公司通过向股东回购股份,也可以变相达到分配股利之目的。因为股份回购的一项重要功能,就是在减少资本的同时实现向股东分配盈余,股东由此获得现金,公司支付回购款后相应减资。因此,股份回购在结果上等同于股利分配,属于广义的股利分配。

举例。A、B、C是甲公司的股东,每人拥有1万股。公司向每个股东以每股100元的价格收购1000股。交易完成后,每个股东继续持有公司1/3发行在外的股份(每人9000股),但公司资本减少30万元,每个股东获得现金10万元。股份回购需要支付大量现金,适合有大量现金积累的公司。

《公司法》对股利分配的方式未作明确规定,2025年《上市公司章程指引》第157条也未强制规定统一的股利分配政策,实务中公司多采取现金或股票方式分配利润。

036　何谓具体股利分配之诉?

一、股利分配的两个技术问题

(一)股利分配的频率

一般而言,公司每一个会计年度向股东分配股利一次。英国、日本、韩国等国家的公司法规定了中间分配制度,即在营业年度的期中分配一次利润。中间分配可以缩短股东的投资回报期,但中间分配可能影响到公司的资本充实,因此适用较严格的条件。我国公司法没有规定中间分配,但也没有强制公司每年只能分配一次股利。因此,是否采取中间分配由公司自治;采取中间分配的,不得违反公司法关于股利分配的其他规定。

(二)股利分配的期日

股利分配的期日,主要针对股份公司,尤其是上市公司而言。由于股份公司的股东可能经常变换,为了保证准确分配股利,需要确定一些必要的日期。

1. 宣告日,即公司对外宣布的发放股利的日期。宣告日通常在股东会作出分配股利的决议后,由董事会对外以公告的形式宣布。在上市公司,该公告应在证券监管机构指定的报纸上刊登,刊登日即为宣告日。股利分配一经宣告,就成为公司对股东的债务,非经法律程序不得撤销。

2. 股权登记日,即股权登记的最后期限日。对于记名股东,就是股东名册封闭日,截至此日在公司股东名册上有记载的股东才享有股利支付请求权,此后入册的股东无此权利。对于无记名股东,在我国,上市公司由证券登记结算公司将股权登记日的股东统计在册,并在后续将公司分配的股利划到这些股东账上。宣告日与股权登记日一般间隔2周至1个月。

3. 除息除权日。或称基准日,就是除去(具体的)股利请求权的日期。与股权登记日相呼应,在除息除权日当天或以后取得股票者将无权领取最近一次股利。此处的除息,系针对分配现金股利而言,意指除去领取股息的权利;此处的除权,系针对分配股票股利而言,意指除去领取股票的权利。我国上市公司的除息除权日为股权登记日的次一交易日。

4. 发放日。即公司将股利正式交付股东的日期。《公司法》第212条规定,股东会作出分配利润的决议的,董事会应当在股东会决议作出之日起6个月内进行分配。对于上市公司,公司在此日开始后的几天内要完成股利派发工作。发放日与股权登记日一般间隔2~4周。2025年《上市公司章程指引》第157条规定,股东会对利润分配方案作出决议后,或董事会根据年度股东会审议通过的下一年中期分红条件和上限制定具体方案后,须在2个月内完成股利(或股份)的派发事项。

二、股利的派发与救济

(一)股利分配的决议

多数公司法规定股利分配的决定权在股东会,也有部分公司法规定决定权在董事会,如美国。在我国,依据《公司法》第59、67、112、120条,公司股利分配方案由董事会制订,交股东会以普通决议通过后,由董事会执行。

(二)具体股利分配之诉

具体股利分配是指公司董事会执行股东会通过的股利分配方案。有限公司和非上市股份公司应当按照董事会宣布的股利分配日期、地点、方式向股东派发股利。上市公司需要通过证券交易所、证券公司协助完成股利的派发。

公司作出包含股利分配方案的股东会决议后,有股东未获股利分配的,可以起诉请求公司依决议履行分配股利的义务,即具体股利分配之诉,这属于给付之诉,起诉依据是公司通过的载明具体分配方案的股东会有效决议,不同于后文提到的没有股东会决议依据的抽象股利分配之诉。

可见,载明分配方案的分配股利决议一经作出,公司与股东间即形成了债权债务关系。实践中,股东提交载明具体分配方案的股东会有效决议请求公司分配利润,公司拒绝分配利润且其关于无法执行决议的抗辩理由不成立的,法院应当判决公司按照决议载明的具体分配方案向股东分配利润。具体股利分配之诉的原告是请求公司分配利润的股东,被告为公司,在一审法庭辩论终结前,其他股东基于同一分配方案请求分配利润并申请参加诉讼的,应列为共同原告。

(三)公司完成股利分配的时限要求

《公司法》第212条规定:

股东会作出分配利润的决议的,董事会应当在股东会决议作出之日起六个月内进行分配。

实践中的做法是:(1)分配方案有规定的,以分配方案为准;(2)分配方案未规定的,以公司章程为准;(3)分配方案、章程均无规定或有规定但时限超过自分红决议作出之日起6个月的,应在6个月内分配完毕。至于具体分配方案载明的分配时间超过章程规定的,则属于决议内容违反章程规定,符合决议可撤销的情形,股东有权依法起诉撤销该决议中关于分配时间的部分,分配时间被撤销后,依照章程规定的时间进行分配即可。

(四)可能的股东直接诉讼

股东针对公司提起的具体股利之诉如不能获得最终救济,例如,虽然几经周折获得胜诉,但公司已陷入债务困境,此时股东是否还有其他救济渠道?

回答是肯定的。比如,当初分红决议作出后,其他股东已接收分红款,为何唯有张三股东没有获得呢?原因是负责执行分红决议的董事长李四与张三有隙,挟私报复,故意不分发分红款给张三。此时,将演变为另外一场诉讼,《公司法》第190条规定:

董事、高级管理人员违反法律、行政法规或者公司章程的规定,损害股东利益的,股东可以向人民法院提起诉讼。

这就是股东针对董事、高管提起的股东直接诉讼,实为一类侵权诉讼,据此可以获得相应的赔偿。

037　如何理解股利分配政策中的股东压制?

一、何谓股利分配政策

股利分配政策是企业融资决策的重要内容,要点是决定企业利润在支付股利与增加留存收益之间的合理比例。分取股利属于投资人的合理预期之一,股东投资公司的目的在于获取投资收益,其中包括分配股利、股权买卖价差获利等。

二、不同的股利分配政策

由于封闭公司股权转让的客观困难,股东通过分取股利以实现投资回报的预期更具有现实理性。总体上,公众公司与封闭公司的股利分配政策差异明显;在公司个体上,不同股权结构的公司中,股利分配政策也有所不同。不同的股利分配政策,反映了不同利益主体的博弈格局。

1. 公众公司情形

公众公司往往采取"固定股利分配政策"(regular dividend policy),即采用稳定的股利分配政策进行正常的定期分配,尽管公司利润有起伏。一旦股利支付比率有变化,需公开公布,且这种变化不能轻易出现,以尽力保持股利政策的稳定性。有时候,公众公司在固定股利之外还向股东支付"额外的"(extra)股利,比如对于公司先前的积累过剩,公司可能宣布额外的股利分配。额外股利分配不会代替固定分配政策,只在经营繁荣时期向股东支付附加股利,适用于利润波动的企业向市场传递企业的积极信息。

从上市公司实践来看,不分股利、少分股利或尽量避免现金股利的派发,是大多数上市公司的长期政策,甚至有些上市公司在企业上市多年以来从未分红,无论盈利与否以及盈利多少。近年来,证监会加大了对分配股利的监管力度。

2. 封闭公司情形

封闭公司往往明确采取"不分配股利政策"(no dividend policy),其中原因有二:

一是税法的影响。封闭公司的股利政策直接受到税法的影响。如果公司选择分配股利,不利之处是承受双重征税(double taxation):公司应当就利润缴纳公司所得税,股东应当就所得股利缴纳个人所得税。为了合理规避双重征税,封闭公司的一般对策就是"无股利分配",以最小化双重税负。而最有效的最小化税负策略是使利润零化(zeroing out)。譬如,公司将大量利润以薪金(salaries)、奖金(bonus)和边际利益(fringe benefits),如免费使用高档汽车、俱乐部会员资格等方式(free use of automobiles,country club memberships and the like),转移到经营性股东名下,从而使公司利润降到最低。如果公司的全部利润以税收扣除的方式向股东进行分配,公司的账面利润就被成功归零(zeroed-out)。于此情形,公司只需要缴纳少量税,甚至完全避免交税,因为这些支付将摊入公司成本而得以扣减。虽然股东的这些收入也需要缴纳税，但与同等数目的股利税负相比较，其税负要轻得多。如果不分配股利，虽股票价值的增加要缴纳资本增值税（capital gains tax），但这比股利所得税低。

二是排挤策略。封闭公司的多数股东掌握着公司决策权，也就决定着股利分配政策。对于封闭公司所采用的上述利润零化政策，多数股东既是决策者，也是最大的受益者。由于多数股东及其家庭成员往往占据了封闭公司的高级管理人员职位，多数股东得以将大量公司利润以薪金、奖金和边际利益等方式转移到自己名下。同时，由于多数股东拒绝雇用少数股东参与公司管理，少数股东无法"利益均沾"，形成事实上的无股利可分配。在极端情况下，这样的政策还可能导致少数股东的投资以及在公司中的利益根本无回报。最后，多数股东可以采取这种"无股利分配政策"来"软化"（soften up）少数股东，并迫使其以低廉的价格将股份出售给公司或自己。这种手段被称为"排挤"（freeze out, squeeze out）策略。

三、长期不分配股利政策的实质

在实质意义上，封闭公司的不分配股利政策虽然不排除系为公司长期发展需要而作出的正当商业决策，但多数属于伪装——多数股东通过薪水、奖金等形式变相获得投资回报，成为既得利益者。但被排除在管理层之外的少数股东无法获得这些回报，或者仅获得低于应得的回报。这一事实，形成了多数股东对少数股东的掠夺，会酿成股东纷争，乃至成讼。少数股东可以私下或者通过诉讼请求公司支付股利或者获得其他救济，其中最主要的救济措施来自股东间的事先契约安排。① 强迫进行股利分配的诉讼，也即抽象股利分配之诉是实践中很少使用但极具制度价值的一条救济路径。

038　何谓抽象股利分配之诉？

一、应对长期不分红政策的少数股东救济

我国公司法的应对措施主要有二：

一是强制公司回购股权制度。依《公司法》第89条，有限公司连续5年不向股

---

① ZOHAR GOSHER. Share holder dividend options. 104 The Yale law journal, 881 (1995).

东分配股利、公司该5年连续盈利且符合法定的分配股利条件的,公司应当按照合理的价格收购异议股东的股份。这一规定被称为"异议股东股权回购请求权"。

二是抽象股利分配之诉。股东未提交载明具体分配方案的股东会决议,请求公司分配利润的,法院应当驳回其诉讼请求,但违反法律规定滥用股东权利导致公司不分配利润,给其他股东造成损失的除外。

二、抽象股利分配之诉何以成立

(一)与具体股利分配之诉的区分

具体股利分配之诉的起诉依据是公司通过了载明分配方案的股东会决议。依反向解释可知,法院驳回诉请的三种情形为:(1)原告股东未提交任何股东会决议;(2)原告股东提交了仅决议分配利润但未制作具体分配方案的股东会决议;(3)原告股东提交了不分配利润的股东会决议。这三种情形下原告股东诉请分配股利的,即为抽象股利分配之诉。

(二)商业的归商业,法律的归法律

法律与商业之间有自己的逻辑与边界,司法尊重商业的交易结构与逻辑,具体到分配股利与否、分几何,都属于商业决策与判断的范畴。法官应尊重商人的思维与逻辑,不能认为自己在商业智慧上高于商人,代商人作出判断,或充当"事后诸葛亮",否则将缺乏干预的合法性、正当性。

但这并不意味着股利分配行为完全游离于司法审查范围之外,司法应该坚守正义,恪守法律的公平价值。法院不干预股利分配事项的前提是公司股东会正常运转,一旦控股股东、实际控制人滥用权利,以"股东长远利益高于分红的近期利益""公司利益高于股东利益""控股股东利益高于中小股东利益"等压制少数股东,迫使其黯然离场,法院便需要"有所担当、积极稳妥、审慎而为"。所以,我国当前司法实践的立场恰当地展示出了司法干预公司治理的两个基本逻辑:原则上,司法干预保持谦抑性,贯彻公司、股东(商人)自治,尊重商业决策;作为例外,在有必要时进行司法干预。

不分配股利政策之正当与否的实质性裁判标准:合理商业目的的判断。诉讼实务中,公司常以公司利润用于合理商业目的、不属于滥权相抗辩。在我国对是否具有合理的商业目的的判断,主要用于税收征管过程中对企业不具有合理商业目的的安排的税务处理。根据《企业所得税法》第47条"企业实施其他不具有合理商业目

的的安排而减少其应纳税收入或者所得额的,税务机关有权按照合理方法调整"。国家税务总局《关于关联企业间业务往来发生坏账损失税前扣除问题的通知》(国税函〔2000〕945号)规定,"关联企业之间的往来账款不得确认为坏账"。对此,举证责任在被告公司。司法政策的一般考量是:是否会促进公司整体利益?是否会对部分股东不公平等核心标准?同时会兼顾可行性等实际情况。

三、如何支持抽象股利分配之诉请

(一)构成要件

法院例外支持抽象股利分配之诉请的,一般认为需要符合三个要件:

1. 前提要件,公司具有可资分配的税后利润。

2. 行为要件,控股股东实施了滥权行为;且该行为与公司不分红的决策存在因果关系,例如股东滥权作出不分配利润的决议,或者不就分配利润作出决议,或者象征性分配利润,同时通过其他途径实质性获得利润分配(等同于利润分配),常见的情形是控股股东/实际控制人担任或委派高管领取过高薪酬,通过汽车、房产租赁等高额在职消费,操纵公司隐瞒利润或通过非公允关联交易等通道输送利益,稀释可供分配利润等,与此同时配套的公司财务政策往往是过分提取任意公积金、大量留存税后利润等。

3. 结果要件,给其他股东造成损失。该要件应该宽松把握,只要具备第一个要件,也即有股东滥权独自享受红利、其他股东利益未沾、违反诚信原则与股东实质平等原则,即可推定其他股东遭受损害。

(二)如何裁判

逻辑上有三种做法:

1. 径行判决公司分配一定数额的利润。

2. 判决公司限期召开会议就分配利润事项作出决议。

3. 判决公司限期召开会议作出分配利润的决议。

理论上认为:第一种裁决有司法越权之嫌,替商人直接作出商业决策是否恰当是一个问题;第二种裁决显示了轻度司法干预的立场,但可能无法为原告股东提供救济;第三种裁决相对更妥当。但在实务中,第一种裁决最常见。

039　违法分红行为，无效吗？

一、违法分红危害公司债权人

但凡资合公司的股利分配，都存在公司债权人的救济问题。在我国，有限公司、股份公司都存在违法分配股利的现象。

公司分配股利与公司债权人的利益密切关联。如公司在出现严重亏损且无力弥补的情况下仍然决议分配利润，必然削弱公司的偿债能力、损害债权人的利益。债权人不参与公司内部治理，无法阻止此类公司决议的通过，只能被动地接受不利后果。因此，站在债权人的立场，法律需要对公司股利分配进行必要的规制。

二、违法分红行为的处理

《公司法》第211条规定：

公司违反本法规定向股东分配利润的，股东应当将违反规定分配的利润退还公司；给公司造成损失的，股东及负有责任的董事、监事、高级管理人员应当承担赔偿责任。

对于这一规定的解读存在很大争议，焦点在于违法分红行为是否无效？进一步讲，如无效，是指股东会分红决议无效，还是分红给股东的行为无效，等等。我们的基本立场：

1. 后果之一：违法分红决议无效

"违反本法规定"意味着该分红决议具有违法性，根据《公司法》第25条，股东会决议内容违反法律、行政法规的，归于无效。具体到此处的违法分红决议，自然也属于无效。

2. 后果之二：股东返还不当得利

我国采用收入盈余分配准则，强调"无盈不分"，即公司在未弥补亏损及未留存相应比例公积金的情形下，所获利润不得用于分配。股东受领利润的法律依据是其固有的分红权，但该权利的行使应以合法可分的利润为限，超出部分即因缺乏法律依据而属于不当得利，自应予以返还。因此，无论采取什么形式的分红，只要属于违法分配,股东均应将受领的财产利益返还给公司。按不当得利返还的一般规则,违法分配期间股东获得资金利息的,应一并返还。

3. 后果之三:赔偿责任

赔偿责任的成立要件之一是给公司造成了损失。这一类似要件亦出现在《公司法》第53条规定的抽逃出资、第226条规定的违法减资等情形中,最直接的指向是:违法分红决议得到执行后,有股东就所获分红款无力返还给公司,由此造成公司损失;据此,如全体股东能将非法所得的分红款及利息返还给公司,则不用承担赔偿责任。当然,"给公司造成损失"也可能是指非法分红致使公司财产减少而导致的公司机会利益损失、公司支付逾期利息等损失。

赔偿责任人锁定在股东及负有责任的董监高。首先,此处"股东"不是指全体股东,而是指滥用控制权影响违法分红决议的通过及执行的股东,包括发挥协助作用的其他股东,当然也包括退还分红款不能的股东,具体视股东会决议的表决、执行及退还等情况而适用共同侵权规则。在公司治理实践中,公司控制权处于流动状态是例外,而非常态,公司控制权往往长期归属于单个股东、家族或组织,尤其是在有限公司中,控股股东的个人意志天然具有主导决议的条件与优势,在审议股东会决议的过程中举足轻重。而少数股东既无全面掌握公司信息的能力,在决议表决时也不具有控股股东那样的参与程度,对于比股东返还责任更重的损害赔偿责任,更应审慎考量不同股东在公司决策中的权力与作用。因此,根据我国公司的权力结构与治理模式,《公司法》第211条中的"股东"应被理解为滥用控制权实施违法分红的股东。

其次,对于"负有责任的董事、监事、高级管理人员",此处"负有责任的"包含两层含义:一是指明承担赔偿责任的并非全体董监高而专指"负有责任的"董监高,依反对解释,不"负有责任的"董监高自然不在赔偿主体之列;二是指明承担赔偿责任的董监高具有过错,"负有责任的"宜被理解为过错归责的表述,至于是否适用过错推定,可进一步讨论。

如何认定董监高是否"负有责任"?这要回溯到违法分红的流程来检测。根据股东会、董事会、经理的职权规定,违法分配决议的一般流程是:(1)形成决议环节——以经理为首的管理层提出分配方案,交付董事会讨论完善,而后董事会形成议案提交股东会决议(《公司法》第59条第1款第4项、第67条第2款第4项);(2)决议执行环节——股东会决议形成后,交付董事会执行,董事会安排管理层具体落实;(3)决议形成与执行监督,在以上过程中,监事会(或监事、审计委员会)负有监督职责。不难看出,对于违法分红决议的形成及执行,一定有部分董监高难逃干系,这属于董监高违反信义义务的典型情形,此即"负有责任的"之精确含义——一方面,这意味着某些董监高对信义义务的违反,另一方面则可以解读为负有侵权法意义上的过错。具言之:如该董监高身为股东,可能构成对忠实义务的违反;否则,多数属于对勤勉义务的违反。无论违反哪一项信义义务,"负有责任的"董监高都应承担《公司法》第211条规定的赔偿责任,这一责任属于《公司法》第188条规定的董监高违反信义义务责任的具体化。

对于股东及负有责任的董监高承担的赔偿责任,前者是股东不当取得公司利润而给公司及其他股东造成损害时所应承担的侵权责任,后者是因违反公司信义义务而对公司承担的违信责任。总之,这些都属于广义的侵权损害赔偿责任。因此,"负有责任的"董监高承担对公司的赔偿责任后,不能向股东追偿。

三、公司债权人的其他救济

债权人可以采取措施加强自我保护,如通过合同约定限制公司的股利分配。在公司实务中,一些银行债权人通常在大额贷款协议中明确约定,在贷款本息得到清偿或者获得担保之前,债务人公司不得分配股利,或股利分配方案需经债权人同意。这也是现代合同法组织法功能的体现,相较于法律规定的组织法原则性规范具有更加直接的意义。问题是:如果公司违反组织法上的"无盈不分"原则而作出违法分配股利的决议,或者公司违反了与债权人之间具有组织法功能的契约法义务而作出了违反契约的分配股利的决议,公司债权人可否请求法院确认董事会、股东会决议无效?这涉及公司决议瑕疵之诉的原告范围问题,理论上争议较大。

分篇六

赋权股东救济（三）：股权回购请求权

股权回购（share repurchase），或称股权回赎（share redemption），指公司依法从公司股东手中买回自己股权的行为。股权回购是一种特殊的股权转让行为。股权回购的一方当事人是公司，另一方是股东，客体是公司自己的股权。作为一种特殊的股转行为，适用严格的法定程序与条件。各国公司法对股权回购均有所限制，包括回购对象、回购事由、回购程序、回购价格等，公司回购股权必须遵守法定的条件和程序。

本分篇关注股权回购请求权，但并不是基于股权转让的交易法视角，而是基于应对股东压制的少数股东退出机制的救济立场展开的，共设4问，集中于该制度保护少数股东退出公司的法律功能。

040　何谓异议股东评估权？

一、退出难，怎么办

由于不存在一个公开的股权交易市场，希望出售有限公司（封闭公司）股权的股东选择余地有限。尤其对于少数股东而言，转让股权面临重重困境：

第一，潜在的买主有限。在通常情况下，唯一有兴趣的买主是其他股东或者公司。如果事前公司章程或者股东间协议有关于股权买/卖协议（buy/sell agreement）的约定，那么，按照约定转让人只能将股权出售给其他股东或者公司。在某些情况下，第三方可能成为买主，但第三方通常感兴趣的是控制股权，对于少数股权不感兴趣。

第二，定价困难。由于不存在一个公开的市场来判断股权转让价格，少数股权的转让很难寻求到公平的价格。

第三，与退出公司相关联。如遭受多数股东的压制（oppression），少数股东往往希望通过转让股权退出公司，但若此时多数股东、公司不出面购买，少数股东很难实现退出公司之目的。

在此背景下，法律提供的救济措施就是异议股东评估权，以帮助有限公司遭受股东压制的少数股东在特殊情形下借助司法救济强行退出公司。"异议股东评估权"（appraisal rights for dissent shareholders），或称异议股东股权回购请求权（repurchase rights for dissent shareholders），是指在特定的公司交易中，法律赋予对该交易有异议的股东请求公司以公平价格回购其股权的权利。本质上，异议股东回购请求权是针对现代公司资本多数决规则所构建的异议股东退出机制。我国2005年《公司法》将该制度引入有限公司，2023年《公司法》则进一步扩展到股份公司。

二、有限公司适用的几个细节

（一）三个法定事由

有限公司具有较强的封闭性，在设立阶段，股东间存在基于章程的合约义务与基于个人信用的信赖关系，股东间需就商事风险尽到必要的容忍义务，所以回购事由的法定化应以对公司组织结构、经营情况具有重大影响为标准。因"重大影响"难以界定，为维护公司法秩序，《公司法》第89条第1款列举了股东压制的三种法定事由：

有下列情形之一的，对股东会该项决议投反对票的股东可以请求公司按照合理的价格收购其股权：

（一）公司连续五年不向股东分配利润，而公司该五年连续盈利，并且符合本法规定的分配利润条件；

（二）公司合并、分立、转让主要财产；

（三）公司章程规定的营业期限届满或者章程规定的其他解散事由出现，股东会通过决议修改章程使公司存续。

这三个事由都与股东压制相关：

1.公司连续5年不向股东分配利润，而公司该5年连续盈利，并且符合本法规定的分配利润条件。该事由直接侵害股东的主要预期利益——分红，常由控股股东压制行为或公司僵局导致。

2.公司合并、分立、转让主要财产。前两种情形直接影响公司的存亡,关涉股东身份存续;后一种情形严重影响公司的经营能力。

3.公司章程规定的营业期限届满或者章程规定的其他解散事由出现,股东会通过决议修改章程使公司存续。此情形本质上可以被理解为在公司人格消灭后设立新的公司,根据人合性的要求,应最大限度地尊重"前公司股东"是否愿意继续担任"现公司股东"的意愿。

(二)何为"异议股东"

以上三种法定事由的适用难点在于,要件之一是要求少数股东"对股东会该项决议投反对票",也即自证构成"反对股东"。实践中,较严重的股东压制行为通常表现为压根儿不遵守公司议决程序,如不遵守法律、章程规定的会议召集程序,导致部分股东不能或者未参与股东会会议,或者不举行股东会会议,或者无会议而决议等,进而使"对股东会该项决议投反对票"这一要件在形式上不可能被满足。对此,司法裁判中存在部分不合理的裁判结论,即将未形成股东会决议、未参与股东会会议、中途离场、投弃权票等风险转嫁给无辜的少数股东。

可能的解决办法是,对"反对股东"作合目的性的扩张解释,实现由"反对股东"到"异议股东"的概念转换。如此一来,将不被通知参加股东会会议、不参加股东会会议或者中途离场的、不知道股东会决议作出的、公司未作出股东会决议等场合下主张回购请求权的股东,一概视为异议股东,以填补法律漏洞。

至此,读者也就能理解,为何学界将《公司法》第89条第1款规定解读为"异议股东评估权"而不是"反对股东评估权"了。

三、股份公司适用的特则

(一)非上市股份公司

《公司法》第161条第1款:

有下列情形之一的,对股东会该项决议投反对票的股东可以请求公司按照合理的价格收购其股份,公开发行股份的公司除外:

(一)公司连续五年不向股东分配利润,而公司该五年连续盈利,并且符合本法规定的分配利润条件;

(二)公司转让主要财产;

（三）公司章程规定的营业期限届满或者章程规定的其他解散事由出现，股东会通过决议修改章程使公司存续。

《公司法》第162条第1款第4项规定：

公司不得收购本公司股份。但是，有下列情形之一的除外：

（四）股东因对股东会作出的公司合并、分立决议持异议，要求公司收购其股份；

《公司法》第161条第1款与第162条第1款第4项合并起来，等同于非上市股份公司的异议股东评估权（回购请求权），与有限公司的适用事由（第89条第1款）是完全一样的。此前，异议股东评估权仅适用于有限公司，并不适用于股份公司。2023年《公司法》将其引入非上市股份公司。这是有限公司与非上市股份公司作为封闭公司的同质性所决定的。

（二）上市公司

异议股东评估权不适用于上市公司，这是由其股票交易的市场化竞价机制决定的。

下问讨论的《公司法》第89条第3款不适用于所有的股份公司。

041 控股股东滥权，将引发有限公司股东回购请求权？

一、为何规定抽象适用情形

异议股东股权回购请求权是赋予中小股东的救济手段，当少数股东客观上受到"绑架"或"裹挟"，合理预期落空时，可以此退出公司。但前述情形显然系损害股东权益行为的不完全列举，预设条件严格，涵盖情形较少，容易被公司控制者规避。特别是对于缺乏股份公开转让市场的封闭公司而言，前述形式主义的股东退出机制难以直抵问题核心。如要避免多数股东或管理层在此情形下对异议股东评估权的规避，无论规定"三年""五年"还是"五年内三年盈利"都是没有意义的，立法在公司不分配利润的情形下设置异议股东评估权在根本上是要解决股东长期不能获得分红的问题。因此，股东回购请求权的事项不应当局限于具体的个别情形，而应当扩充至继续留在公司将对股东造成实质不公平损害的各类情形，否则将导致该制度救济目的落空。

《公司法》第 89 条第 1 款、第 161 条等规定了两类公司异议股东评估权的具体适用情形，对于股东压制更为严重、广泛，退出也更加困难的有限公司，第 89 条第 3 款规定了抽象适用事由：

公司的控股股东滥用股东权利，严重损害公司或者其他股东利益的，其他股东有权请求公司按照合理的价格收购其股权。

二、《公司法》第 89 条第 3 款的适用分析

（一）滥权引发回购

该款仅适用于有限公司，其核心是由于控股股东滥用权利，引发公司的强制回购义务。

有限公司的人合性决定了公司利益是股东个体利益与公司整体利益的复合体。基于商事理性人原理，个体利益具有天然的扩张性，股东会自发产生机会主义行为。资本多数决制度与股权高集中度的现实扩大了机会主义行为的影响，为控股股东压制其他股东提供了"温床"，其可轻易对其他股东造成"长期的复合型股东权益侵害"，如通过董事会与股东会，通过有利自身的利润分配方案，压制其他股东分红权、控制公司经营收支。压制行为虽合法，但通常存在主观恶意。对此，第 89 条第 3 款新增控股股东滥用股权时其他股东的异议回购请求权制度，这是保护少数股东的一个重大创新性制度安排，也是对控股股东滥权的重要规制举措。

该款核心问题是对"滥用股东权利"的认定，可结合《公司法》第 21 条禁止滥用股东权利加以判断。第 21 条规定的禁止侵害对象为公司和其他股东的利益而非"权利"，可理解为其不仅保护股权，还保护其他股东的经营管理期待利益与分红期待利益，以及公司的资本维持利益；侵害形态不仅侵害其他股东的单项权利，还可能侵害决策权、经营权、监督权等多项权利的复合利益。

整体来看，《公司法》第 89 条第 3 款与第 21 条第 2 款、第 22 条、第 180 条第 3 款等已然构成中国法上的不公平损害救济规则体系。

令人担忧的是，第 89 条第 3 款并未将实际控制人纳入规制范围，疑为立法漏洞，可由后续的司法解释、指导案例等加以弥补。

（二）该款权利性质是异议股东回购请求权吗

第 89 条第 3 款与同条第 1 款的最大不同在于，第 1 款的行权主体只能是异议股东，但第 3 款的行权主体并未提出"对股东会该项决议投反对票的股东"之要求。有

一个疑问,第3款的回购请求权是否属于"异议股东评估权"范畴？对此有两种理解：

一种观点认为,第3款已经超出了传统异议股东评估权的范畴：一则,行权主体对应的是"控股股东",不言而喻,也就是少数股东；二则,针对的事实要件是"控股股东滥用股东权利,严重损害公司或者其他股东利益",鉴于滥权并非总以形成股东会决议为前提,行权主体也就不必要构成前文所定义的"异议股东"。所以,以上两点决定了第3款的适用不以异议股东为要件。

另一种观点认为,可以将其解读为实质意义上的异议股东评估权,理由在于：此处不以股东会决议为前提,少数股东也就丧失了构成形式上异议股东的机会,但其依然有权请求公司按照合理的价格收购其股权,行权规则参照适用第89条第1款。故而可将此理解为在控股股东滥权这一抽象事由下,突破股东会决议限制的"异议"表达形态。

上述争议,回归到概念体系,涉及股东回购请求权与异议股东回购请求权(评估权)是种属关系还是同一概念之争。本书将前者作为后者的上位概念来使用。

042　简易合并,将引发股东回购请求权？

一、简易合并下的股权回购

(一)规范解读

《公司法》第219条第1款规定：

公司与其持股百分之九十以上的公司合并,被合并的公司不需经股东会决议,但应当通知其他股东,其他股东有权请求公司按照合理的价格收购其股权或者股份。

对于该款的理解有两个关键词：

1. 何谓简易合并

公司合并的正常程序大致为：各公司达成合并协议(草案)——各公司股东会分别通过合并案决议——各公司签署合并协议(草案),并编制资产负债表及财产清单——各自通知、公告债权人——实施合并,并作相应的变更登记、注销登记。

上述各程序中,核心环节是公司股东会依据绝对多数决作出合并决议。但在某公司与持股超过90%的子公司合并的情形下,子公司的股东会决议徒有形式,并无实际意义。

举例。A公司持有B公司90%的股权,现A、B合并,对A公司而言,还是要走正常的股东会决议程序,不可或缺;但对B公司而言,如走股东会决议程序,那么结果也肯定通过(A公司会投赞成票)。

由于豁免了子公司的股东会决议程序,学理上称之为简易合并。当然,虽不走股东会决议程序,董事会决议程序亦不可或缺,《公司法》第219条第3款规定:

公司依照前两款规定合并不经股东会决议的,应当经董事会决议。

2. 是异议股东回购请求权吗

在简易合并场合,子公司虽然不需要股东会决议,但仍然应当通知其他股东,也即持股不超过10%的少数股东,少数股东有权请求公司按照合理的价格收购其股权或者股份。这是简易合并引发子公司少数股东的回购请求权。

关于少数股东的权利性质,有人定性为回购请求权,也有人将其解释为实质意义上的异议股东评估权,理由在于:由于此处豁免股东会决议,作为子公司的少数股东也就丧失了构成形式上异议股东的机会,但其依然有权请求子公司按照合理的价格收购其股权,行权规则参照适用第89条。故而,也可将此理解为在公司简易合并这一特殊事由下,突破股东会决议限制的异议表达形态。

(二)有限公司、股份公司一体适用

第219条是《公司法》第十一章"公司合并、分立、增资、减资"下的法条,依照《公司法》的规范体系,一体适用于有限公司、股份公司。

进言之,简易合并的一方是"公司",另一方是公司持股超过90%的"子公司"。此处的"公司",可以是有限公司,也可以是股份公司(包括上市公司)。此处的"子公司",可以是有限公司,也可以是股份公司(包括上市公司)。

再次申明,第219条第1、3款也适用于上市公司。

二、股份公司回购股份

针对股份公司,《公司法》第162条第1款规定:

公司不得收购本公司股份。但是,有下列情形之一的除外:

(一)减少公司注册资本;

（二）与持有本公司股份的其他公司合并；

（三）将股份用于员工持股计划或者股权激励；

（四）股东因对股东会作出的公司合并、分立决议持异议，要求公司收购其股份；

（五）将股份用于转换公司发行的可转换为股票的公司债券；

（六）上市公司为维护公司价值及股东权益所必需。

这是关于股份公司"原则禁止、例外回购"的规定，对其内容，本书其他部分还有详细分析，此处引出，是要在制度体系上给读者一个清晰的概念；该款是关于回购股份所有法定情形的规定，仅第 4 项属于本问所关注的股东回购请求权。除第 4 项之外，其余五项都属于公司主动回购股份。

三、一个简要的大总结

综合《公司法》第 89、161~162、219 条，现行公司法建构了一个分类的股东回购请求权体系：

（一）有限公司

1. 三种股东压制具体事由下的回购请求权（第 89 条第 1 款）；

2. 控股股东滥权的回购请求权（第 89 条第 3 款）；

3. 简易合并下的回购请求权（第 219 条第 1 款）。

（二）非上市股份公司

1. 三种股东压制具体事由下的回购请求权（第 161 条第 1 款、第 162 条第 1 款第 4 项）；

2. 简易合并下的回购请求权（第 219 条第 1 款）。

（三）上市公司

简易合并下的回购请求权（第 219 条第 1 款）。

043 公司如何回购？

以上三问都是关于各种法定情形下股东的回购请求权。本问统一关注一旦有少数股东启动回购请求权，接下来的程序如何运行，一直到回购请求权获得实现以及公司回购后的股权处置问题。

一、回购请求权之诉

（一）异议股东回购请求权之诉

1. 回购协议的达成

异议股东主张评估权的，公司如无异议，双方可以协商签订股权收购协议，具体内容由双方议定。收购协议的核心条款就是股权收购价格，《公司法》第89、161条原则规定公司以"合理的价格"收购。此外，收购协议的主要条款还包括回购时间、回购方式、股款支付等。

2. 行权期间

针对股东压制三类具体事由下异议股东评估权的行权期间，《公司法》第89条第2款规定：

自股东会决议作出之日起六十日内，股东与公司不能达成股权收购协议的，股东可以自股东会决议作出之日起九十日内向人民法院提起诉讼。

此处的"股东与公司不能达成股权收购协议"，既可能是双方不能就收购协议的内容尤其是股价协商一致，也可能是公司方不愿或拒绝与异议股东协商。无论哪种情况，只要收购协议在法定期间内未能达成，异议股东都有权向法院起诉，要求公司与自己签订股权收购协议。可见，在此情形下，公司负有强制缔约的法定义务。90日属于除斥期间。逾期，则异议股东丧失评估权，起诉将被驳回。

《公司法》第161条第2款针对非上市股份公司，也有同样的规定。

3. 如何确定股价

公司实务中，双方的争议集中在股价的确定上。如何确定股价？各国的做法有所不同。法国、日本、韩国等公司法规定通过非诉程序解决，具体操作是由异议股东提出申请，法院或者通过裁定指定股价的评估人，或者通过裁定直接决定价格。《公司法》没有此类非诉程序的规定，依第89条，异议股东向法院提诉，但对于诉讼请求为何、法院如何判决以及判决如何执行，皆语焉不详，与其说法官自由裁量权过大，不如说法官不知如何操作，亟须司法解释进一步明确。

4. 诉的性质

这涉及一个重大的理论争议问题：异议股东评估权属于请求权还是形成权？对此众说纷纭，司法裁判立场也很不一致。在法理上，在此类诉讼中法院判决如支持原告请求，则必然判令公司与原告签订股权收购协议，这就须同时解决股价的确定问题。所以,此类争议无论是通过诉讼程序还是通过非诉程序解决,都需要借助法院的裁判权来完成对"合理的价格"的确定。

(二)股东的其他回购请求权之诉

如前所述,《公司法》第 89 条第 3 款规定有限公司控股股东滥权引发少数股东的回购请求权,以及第 219 条规定简易合并引发的少数股东回购请求权,到底是否属于异议股东评估权,存在争议。无论如何定性,股东提出请求后,如不能达成股权收购协议,自然也会引发相应的诉讼。问题是,此类诉讼是否适用第 89 条及第 161 条各自第 2 款规定的评估权之诉。答案是:可以准用该诉讼规则,但不适用以上两款规定的除斥期间。

二、回购股权的处置

(一)有限公司

《公司法》第 89 条第 4 款规定:

公司因本条第一款、第三款规定的情形收购的本公司股权,应当在六个月内依法转让或者注销。

股权一经回购,属于公司所有,形成库藏股,公司持有自己的股权,虽然例外允许,但也不能长期,所以需要尽快处置,以结束公司持有自己股权的局面。无论基于何种原因的股权回购,有限公司都得在回购股权后 6 个月内转让或者注销。

所谓股权转让,是指公司将股权转让给其他股东或者外部第三人,实现公司对股权的脱手。所谓注销股权,也就意味着要依法走减资程序。鉴于旧公司法的立法漏洞,2014 年《公司注册资本登记管理规定》(已失效)尝试对之加以填补,第 12 条规定,"有限责任公司依据《公司法》第七十四条的规定收购其股东的股权的,应当依法申请减少注册资本的变更登记"。部分法院在裁判中也循此路径,要求公司回购股权须完成减资程序,或者公司在完成股权回购之后应进行减资。

(二)股份公司

《公司法》第 161 条第 3 款规定:

公司因本条第一款规定的情形收购的本公司股份,应当在六个月内依法转让或者注销。

另外,《公司法》第 162 条第 3 款规定,依照本条第 1 款第 4 项规定收购本公司股份后,应当在 6 个月内转让或者注销。

综上，股份公司回购股份后的处置，与有限公司完全相同。

(三)简易合并引发的股权回购

《公司法》第219条第1款规定了简易合并引发的股权回购，关于回购股权的处理方式，公司法没有规定，学理上认为有限公司适用第89条第4款的规定，股份公司适用第161条第3款的规定。

分篇七

赋权股东救济（四）：司法解散公司、强制清算请求权

《围城》讲述了婚姻黑屋的困局："外面的人想进来，里面的人想出去。"在以组织封闭性、股东间信任为公司存续重要基础的广大中小型封闭公司中，股东也时常面临类似婚姻黑屋的困局，尤其对于势均力敌的双方而言，尤为如此；如双方实力悬殊，出现了长期、严重的复合型股东压制，也与家暴婚姻并无二致。

那么，深陷其中的股东怎么办？其实只有两个路径，要么退出，要么砸烂。也即，身处对立困局的某一方股东如能退出，皆大欢喜，可谓退一步海阔天空；如果均不能退出，那就解散公司，灰飞烟灭，分配剩余财产，毕竟天下没有不散的宴席，也算是各得其所，回头是岸。

这就是司法解散公司、强制清算公司制度的基本背景。虽然逻辑上司法解散公司、强制清算公司请求权的行权主体包括所有股东，但在实践中主要是少数股东。

本分篇共设4问，侧重于救济少数股东的制度功能讲解，至于公司解散、清算制度本身，本书其他篇章予以全面介绍。

044 少数股东能决定公司解散吗？

一、基本上不可能

少数股东能够决定公司集散吗？回答是基本不可能。《公司法》第229条第1

款规定：

公司因下列原因解散：

（一）公司章程规定的营业期限届满或者公司章程规定的其他解散事由出现；

（二）股东会决议解散；

（三）因公司合并或者分立需要解散；

（四）依法被吊销营业执照、责令关闭或者被撤销；

（五）人民法院依照本法第二百三十一条的规定予以解散。

根据以上规定，公司解散的原因按照是否出于股东的意愿可以分为任意解散（自愿解散）与强制解散（非任意解散）。

（一）任意解散

任意解散（voluntary dissolution），指基于公司自己的意思（也可理解为股东的意思）而解散公司。相对于强制解散，这种解散取决于公司的意志，与外在意志无关，是一种自愿行为。当然，任意解散的程序并不任意，仍需依法定程序进行。任意解散的具体情形有二：

1. 章程规定的事由发生

章程规定解散公司的事由是一种预先设定。《民法典》第 69 条第 1 项、《公司法》第 229 条第 1 款第 1 项均规定，公司章程规定的营业期限届满或者公司章程规定的其他解散事由出现的，公司解散。

2. 股东会决议

《民法典》第 69 条第 2 项、《公司法》第 229 条第 1 款第 2 项规定股东会决议解散的，公司解散。公司是存续还是终止，可由自己决定。因为事关重大，所以需经由股东会决议，并适用特别决议的表决规则（《公司法》第 66、116 条）。一人公司的解散由单个股东决定（《公司法》第 60 条）。国有独资公司不设股东会，其解散由履行出资人职责的机构决定（《公司法》第 172 条）。

（二）强制解散

强制解散（compulsory dissolution），指非由于公司自己的意志，而是基于法律规定、行政机关命令或司法机关命令、裁判而解散公司的情形。强制解散又分为如下三种情形：

1. 法定解散

法定解散（statutory dissolution），指发生了法律规定的解散事由而解散公司，主要是指由于发生分立、合并而需要解散公司的情形。《民法典》第 69 条第 3 项、《公司法》第 229 条第 1 款第 3 项均规定,因公司合并或者分立需要解散的,公司解散。具体而言,公司合并肯定会涉及公司解散;在吸收合并中,被吸收的公司解散;在新设合并中,合并各方解散。而在公司分立中,只有解散分立才发生被分立的公司解散;存续分立的存续公司和分立公司均不解散。

2. 行政解散

行政解散(administrative dissolution),指因公司违反法律而由行政主管机关作出的行政处罚决定导致公司解散。《民法典》第 69 条第 4 项、《公司法》第 229 条第 1 款第 4 项均规定,依法被吊销营业执照、责令关闭或者被撤销的,公司解散。

3. 司法解散

司法解散,指法院依职权或者依检察官、利害关系人之请求,发布命令或者作出裁判解散公司。司法解散包括命令解散和裁判解散。《公司法》仅有后者,也即第 229 条第 1 款第 5 项。

裁判解散公司主要解决两个问题:一是谁可以申请解散;二是在什么情况下申请解散。这两个问题互为一体。第 229 条第 1 款第 5 项仅规定司法裁判解散是解散事由之一,具体规定见于《公司法》第 231 条:

公司经营管理发生严重困难,继续存续会使股东利益受到重大损失,通过其他途径不能解决的,持有公司百分之十以上表决权的股东,可以请求人民法院解散公司。

二、兹事体大

1. 在一般情形下,控股股东说了算

就公司解散的以上五个事由而言,前四个事由不由少数股东说了算。任意解散的,无论公司章程规定的事由还是股东会特别决议,都可以说由控股股东说了算。强制解散中的法定解散,是由公司分立、合并的事实引发的,分立、合并本身仍由股东会特别决议决定;至于行政解散,表面原因是公司违法经营等触发违法,由行政机关决定吊销营业执照、责令关闭或者撤销公司等,实际上往往是由控制公司的经营管理者为之,必然与不参与经营管理的少数股东无涉。

2. 少数股东的唯一机会

那么,唯一可以由少数股东决定或者参与的解散,就是司法裁判解散了。

《公司法》第 231 条将司法解散公司请求权定位于少数股东权,行权主体为持股 10% 以上的股东。一方面,10% 持股门槛意在防止司法解散公司权被滥用,毕竟解散公司属于重大事件;另一方面,赋权少数股东打破控股股东对解散公司事权的垄断,在退出公司不能的时候,走"铤而走险"路线,干脆解散公司,实现最终的退出。

那么,究竟何种情形下的司法解散公司请求权才会得到法院支持呢?

045 司法解散仅适用于公司僵局吗?

一、公司僵局

《公司法》第 231 条规定的司法解散公司请求权的适用场景,一般来讲,被称为公司僵局。

(一)定义

公司僵局(corporate deadlock),指股东间、管理层间的利益冲突和矛盾导致公司治理机制失灵,公司事务处于一种瘫痪状态。

公司僵局多发生于封闭公司,在公众公司中也偶有出现,在某种意义上,是现代公司制度安排下不可杜绝的现象。公司作为资本企业,经营管理贯彻"资本多数决"原则,但具体运作又需要股东、管理层相互之间的信任与合作。而股东、管理层及相互间的利益冲突客观存在,当矛盾不可调和时,公司僵局的发生不可避免。

对公司来讲,若经营决策无法作出,公司的业务活动便不能正常运行,这将造成管理的瘫痪和混乱,公司的财产亦将不可避免地持续耗损和流失。对于弱势股东来讲,如想退出公司,本可通过股权转让、回购股份等形式进行,但在股东关系破裂的情况下退出几乎无可能,寻求司法救济以打破公司僵局,进而维护股东及公司的双重利益,已刻不容缓。

(二)抽象层面

《公司法》第 231 条规定了公司司法解散的三要件,即"公司经营管理发生严重困难""继续存续会使股东利益受到重大损失""通过其他途径不能解决的",其中核心为第一要件。

1. 公司经营管理发生严重困难

此为公司僵局的抽象表达。一般认为,此处的"经营管理"是一个偏义复词,重在"管理发生严重困难",而非"经营发生严重困难",这也就不难理解为何一些尚在盈利状态的公司仍被法院裁判强制解散了。

最高人民法院指导案例 8 号——林方清诉常熟市凯莱实业有限公司、戴小明公司解散纠纷案(最高人民法院审判委员会讨论通过,2012 年 4 月 9 日发布)。本案裁判要点:2005 年《公司法》第 183 条将"公司经营管理发生严重困难"作为股东提起解散公司之诉的条件之一。判断"公司经营管理是否发生严重困难",应从公司组织机构的运行状态进行综合分析。公司虽处于盈利状态,但其股东会机制长期失灵,内部管理有严重障碍,已陷入僵局状态,可以认定为公司经营管理发生严重困难。对于符合公司法及相关司法解释规定的其他条件的,人民法院可以依法判决公司解散。

2. 继续存续会使股东利益受到重大损失

公司僵局的损害可从三个层面分析:

首先,对公司利益构成损害。公司内耗不仅严重影响公司的正常经营管理秩序,且大概率会导致公司财产的损失。

其次,对全体股东利益构成损害。全体股东的整体利益是一致的,公司利益受损,首当其冲的当然是全体股东利益受损,内斗的股东将会"双输",这是一种零和游戏。

最后,少数股东受害至深。由于股东间最起码的信任、合作基础完全破裂,控股方可能利用各种手段"折磨"少数派,如罢免其带薪职务,停止支付股利而让其坐等多年等,少数派处于一种弱势甚至无助的地位,当初加入公司时的各项"合理期待利益落空"。

3. 通过其他途径不能解决的

也即后文将详细介绍的:一方面,公司章程、股东协议可能没有预设避免公司僵局的方法;另一方面,僵局发生后,矛盾各方为避免公司走向解散、解决彼此利益冲突的其他手段已然用尽,但都不奏效。

(三)具象层面

至于"公司经营管理发生严重困难"的具象,《公司法解释二》第 1 条第 1 款规定:

单独或者合计持有公司全部股东表决权百分之十以上的股东,以下列事由之一提起解散公司诉讼,并符合公司法第一百八十二条规定的,人民法院应予受理:

(一)公司持续两年以上无法召开股东会或者股东大会,公司经营管理发生严重困难的;

(二)股东表决时无法达到法定或者公司章程规定的比例,持续两年以上不能做出有效的股东会或者股东大会决议,公司经营管理发生严重困难的;

(三)公司董事长期冲突,且无法通过股东会或者股东大会解决,公司经营管理发生严重困难的;

(四)经营管理发生其他严重困难,公司继续存续会使股东利益受到重大损失的情形。

不难看出,《公司法》规定的"公司经营管理发生严重困难"的情形被司法解释限制为"势均力敌的对峙"形成的"僵局",上述前3项规定的情形均系以相对立的两方或多方股东在表决权上大致平衡为前提。实践中,公司僵局发生的主要情形包括股东会僵局和董事会僵局:前者指需要股东会决策时,股东间严重分歧、对立致使决议无法通过而形成的公司僵局,如不能选出继任董事会;后者指需要董事会决策时,董事间严重分歧、对立致使决议无法通过而形成的公司僵局,如不能作出公司经营决策方案,不能选聘经理。当然,由于股东兼任董事,在很多情况下两种僵局相互交织在一起。产生这些僵局的原因是表决权均等或者特定否决权的行使。"表决权均等"是分歧、对立股东或董事双方拥有的表决权相等,按照"资本多数决"原则,双方如互不相让就会导致决议无法通过而陷入僵局;"特定否决权的行使"指反对一方持有行使否决权需要的票数,可以阻止决议的通过,从而使公司陷入僵局。比如,某股东持有33.4%的表决权,就能阻止关系公司重大事项的特别决议的通过。

至于第4项,乃兜底规定,具体适用仍需进行个案衡量,同时也为司法解散公司之诉适用于公司僵局以外的其他情形埋下了伏笔。

二、股东压制

关于我国司法裁判解散之诉的实证研究发现,被解散公司的"经营管理困难"实质指向"管理困难",管理困难的根源在于封闭型中小公司中股东的人合性障碍导致治理失灵。公司治理失灵的具体表象无论在逻辑上还是在司法经验中都有二分法:一是对立股东控制权势均力敌下的公司僵局;二是对立股东的控制权实力悬殊下的股东压制。与此相对应，裁判经验上解散公司的事由也存在公司僵局与股东压制的二元化格局，公司僵局并非司法解散之诉的唯一事由，司法解散公司事由的"二元"格局，涵盖了封闭型公司人合性障碍的所有情形。

此处的股东压制，如前文所述，是指少数股东权益长期遭受一种严重复合型侵害，比如知情权、分红权、提案权，甚至参加股东会会议权、管理职位的期待利益等几乎全部落空，且这种状态是长期的，后果也是严重而不堪忍受的。这不同于少数股东知情权、分红权等某项具体股东权利遭受侵害。对于后者，少数股东分项提起相应诉讼寻求救济即可。所以《公司法解释二》第1条第2款明确规定：

股东以知情权、利润分配请求权等权益受到损害，或者公司亏损、财产不足以偿还全部债务，以及公司被吊销企业法人营业执照未进行清算等为由，提起解散公司诉讼的，人民法院不予受理。

046　如何理解"不能退出，才能解散"？

一、解散公司，终究是万不得已之事

上一问已指出，"通过其他途径不能解决"，系股东请求解散公司的要件之一，也是程序上的前置条件——只有在穷尽一切可能的救济手段仍不能化解公司僵局时，才赋予股东通过司法程序强制解散公司的权利。换言之，解散应是解决公司僵局的最后选择。

在举证责任分配上，原告有义务举证其已穷尽了其他救济途径，否则将承担不利后果。

举例。某A有限公司有两名股东：一是某集团公司B，持股比例60%；另一股东为张三，持股比例40%。因两股东存在矛盾，公司已经连续5年未能作出有效的股东会决议，又因股权结构，各项表决均达不到章程要求的2/3以上表决权，B公司遂诉至法院请求解散公司。法院认定，股东产生矛盾，不应将解散公司作为首选方式，亦不是最优方式，遂驳回原告的诉讼请求。

二、避免走向解散的努力之一：有约在先

公司僵局发生之时，当事人再来考虑协商解决，是非常困难乃至不可能的。如能在公司设立阶段或者成立时，就达成某种股东协议，记载于公司章程、细则或者订立专门的协议，如订立"公司僵局的处理方法"条款，规定一旦出现僵局时应当按照何种原则、方式处理有关事宜，将有助于预防僵局发生。这种"先小人，后君子"的事先设计（advance planning）被经验证明是成本最小的预防措施。最典型的事先设计就是买/卖协议（buy/sell agreement）或者买断协议（buyout agreement）。此类协议中，当股东间出现严重分歧，公司、其他股东以公平价格购买另一股东的股份，分歧自然消弭。

三、避免走向解散的努力之二：调解

为增强审判者在解散之外寻求其他纠纷解决途径的可操作性，《公司法解释二》第5条、《公司法解释五》第5条强调法院调解、穷尽其他救济措施这是此类案件的审理中必须遵循的。

2009年《公司法解释二》第5条规定：

人民法院审理解散公司诉讼案件，应当注重调解。当事人协商同意由公司或者股东收购股份，或者以减资等方式使公司存续，且不违反法律、行政法规强制性规定的，人民法院应予支持。当事人不能协商一致使公司存续的，人民法院应当及时判决。

经人民法院调解公司收购原告股份的，公司应当自调解书生效之日起六个月内将股份转让或者注销。股份转让或者注销之前，原告不得以公司收购其股份为由对抗公司债权人。

十年之后，集合司法调解经验的系统性规定出现在2020年《公司法解释五》第5条规定：

人民法院审理涉及有限责任公司股东重大分歧案件时，应当注重调解。当事人协商一致以下列方式解决分歧，且不违反法律、行政法规的强制性规定的，人民法院应予支持：

（一）公司回购部分股东股份；

（二）其他股东受让部分股东股份；

(三)他人受让部分股东股份;

(四)公司减资;

(五)公司分立;

(六)其他能够解决分歧,恢复公司正常经营,避免公司解散的方式。

这一规定着眼于有限公司,但也可以适用于股份公司。

实践中,法院处理司法解散公司案件一向注重调解。公司作为一个经济组织,由于具有与其投资成员人格不同的独立法人人格,其存在一般不受其成员变化的影响,具有所谓"永久存续"的可能。随意解散公司可能会对社会及相关人造成不良影响。因此,法院在适用上述规定时,务必谨慎把握。鉴于解散公司在结果上的终局性、不可逆转性以及谦抑适用司法解散理念的要求,股东在提起解散公司诉讼时,应当高度盖然性地证明"通过其他途径不能解决"。

当然,法院组织当事人进行调解时应遵循公平、自愿的原则。对于是否能够达成调解协议,以及调解协议的内容,只要不违反法律的强制性规定,应当充分遵循当事人的意愿,由双方当事人协商而定,法院不应过多干涉。尽管公司法强调尽量用调解方式结案,但不应久调不决,在当事人不能协商一致使公司存续时,应当及时判决。

047 法院如何裁判公司解散?

一、严格把握适用要件

各国公司法详细规定了司法解散公司的适用要件,以期严格限制其适用。我国亦然,司法实务中法院的审判尺度比较严格。

具体到《公司法》第231条,实体适用要件有三,前文已有所涉及,此处仅从裁判视角简要解读。

1.公司经营管理发生严重困难

何谓"严重",由法官自由裁量。从抽象角度看,"严重困难"应指公司身处经营困境之中,且已达到相当的程度,甚至"病入膏肓"。这一困境既可能因经营不善,如重大战略决策失误引起,也可能因股东、管理层的经营意见分歧引起;既可能因股东、管理层之间的利益之争引起,也可能由多数股东的欺压引发。可见,"公司经营管理发生严重困难"在外延上包括但并不限于公司僵局,只是以公司僵局为最典型的情形。

2.公司继续存续会使股东利益受到重大损失

这主要指"扭亏无望"、继续经营只会雪上加霜的情形。此处"股东"可以指全体股东,也可以指提起诉讼的少数股东。原告股东只要举证公司继续存续会导致公司损失,并不需要举证会直接导致个人利益遭受损失;"重大损失"包括已经发生的现实损失,也包括将发生的损失,但要求这些损失都是不可弥补的损失(irreparable injury)。

3.通过其他途径不能解决

此处的"其他途径",是指除司法解散之外的其他方式,包括股份转让、和解等方式。这一要件是提起诉讼的前置程序,原告有义务举证其已穷尽其他救济途径。否则,法院可以不予受理或驳回起诉。

符合条件的持有10%以上表决权的股东向法院起诉,法院应当受理,并通过普通民事诉讼程序进行审理。

二、管辖与当事人

(一)管辖

我国司法实践中,解散公司诉讼案件由公司住所地法院管辖,住所地指公司主要办事机构所在地;公司主要办事机构所在地不明确的,由其注册地法院管辖。基层人民法院管辖县、县级市或者区公司登记机关登记的公司的解散诉讼案件,中级人民法院管辖地区、地级市以上公司登记机关登记的公司的解散诉讼案件。

(二)当事人

1.原告与第三人

单独或者合计持有10%以上表决权的股东均可提起诉讼,没有持股时间的要求。原告一经起诉,应当告知其他股东,或由法院通知其他股东参加诉讼。其他股东或者有关利害关系人申请以共同原告或者第三人身份参加诉讼的,应予准许。唯此处的"有关利害关系人"究竟指向哪些主体,还有待进一步研究。

2.被告

原告应以公司为被告;原告以其他股东为被告一并提起诉讼的,法院应当告知原告将其他股东变更为第三人;原告坚持不予变更的,人民法院应驳回原告对其他股东的起诉。

三、调解与裁判

(一)调解

法院审理涉及有限公司股东重大分歧的案件时,都注重调解。法院审理解散公司诉讼案件时,尤其注重调解,这与离婚之诉的调解异曲同工。调解具有重要制度价值,对于强调股东间人身信任关系的封闭公司而言尤其如此。但公司纠纷案件的审理应注重专业性调解,才能对解决公司僵局产生实效。

通过调解,可由愿意继续经营公司的股东收购其他股东的股份,类似于股份强制排除制度;也可以由公司回购股东股份,类似于股份回购制度;还可由公司以外的第三人收购股东股份。争议股东股份被收购后退出公司,公司僵局即可化解。转让股份实在不能实现的,也可通过调解促成公司减资,让争议股东"套现离场",其余股东继续经营减资后的公司;公司分立则可以让无法继续合作的股东"分家",各自经营公司,这也能够让公司以新的形式存续。上述解决机制都有各自的条件和程序性要求,法院在调解过程中要注意指导当事人守法遵章,不得违反法律、法规的强制性规定。

(二)判决的对世效力

法院关于解散公司诉讼作出的判决,对全体股东具有约束力;法院判决驳回解散公司的诉讼请求后,提起该诉讼的股东或者其他股东又以同一事实和理由提起解散公司诉讼的,法院不予受理。

(三)与强制清算的关系

《公司法解释二》第2条规定:

股东提起解散公司诉讼,同时又申请人民法院对公司进行清算的,人民法院对其提出的清算申请不予受理。人民法院可以告知原告,在人民法院判决解散公司后,依据民法典第七十条、公司法第一百八十三条和本规定第七条的规定,自行组织清算或者另行申请人民法院对公司进行清算。

这一规定理由有三:

其一,股东请求解散公司与申请法院清算公司是两个独立的诉讼请求。

其二,两个诉讼请求的程序截然不同,前者是变更之诉,后者是非讼案件,审判程序迥异，无法合并。

其三，提起前一个诉讼时，公司解散的事实尚未发生，是否解散还需依据法院的判决而定。即使将来法院判决解散，根据《公司法》第232～233条，仍应首先适用普通清算程序，由公司自行组织清算。唯在公司逾期不成立清算组进行清算时，方适用特别清算程序，由利害关系人申请法院进行强制清算。

《公司法》第233条规定：

公司依照前条第一款的规定应当清算，逾期不成立清算组进行清算或者成立清算组后不清算的，利害关系人可以申请人民法院指定有关人员组成清算组进行清算。人民法院应当受理该申请，并及时组织清算组进行清算。

公司因本法第二百二十九条第一款第四项的规定而解散的，作出吊销营业执照、责令关闭或者撤销决定的部门或者公司登记机关，可以申请人民法院指定有关人员组成清算组进行清算。

分篇八

公司控制权争夺

本分篇所讲述的公司控制权争夺战，不是指资本市场上公司并购、重组引发公司控股权移转，也不是指股东间通过一致行动人协议等股东协议达成的合纵连横，而是指在既定的股权结构下，股东之间、股东与职业经理人之间围绕公司控制权展开的争夺大战，这很大程度上是权、利、责不清晰背景下的一场非理性"战争"。

真实的公司控制权争夺战，可以用祸起萧墙、运筹帷幄、你死我活、刀光剑影、跌宕起伏、荡气回肠、峰回路转等词汇形容，在学术研究上也是一个宏大的题目，如将上市公司恶意并购也算进去，或许需要单独一本著作才能写透彻。

本分篇讲述最小规模版的公司控制权争夺战，以民营企业为蓝本，讲述股东之间、股东与职业经理人之间围绕公司控制权争夺展开的相爱相杀之法律逻辑，底色还是关注公司控制权争夺战中处于弱势群体地位的少数股东以及职业经理人之权益维护，与前七分篇构成一个严密的整体。

本分篇共设9问。

048　公司控制权争夺战（一）：股东争什么？

一、为何争：控制权争夺的缘起

对于任何公司而言，毋庸置疑，公司控制权都具有重要意义。掌握公司控制权，便意味着掌握了公司的业务方向，掌控了公司投融资、管理团队任免等全部重要权力。控制权不仅蕴含极大的经济价值（控制权溢价即为典型），对于创始人和企业家而言,还使其得以保持对公司战略发展方向的决定权,防范公司长期利益被资本的短期主义损害。

从公司发展阶段来看,大部分公司在创业初期往往相对和平,股东关系较为融洽,但在公司经营发展的过程中,股东便可能因利益分配不均和战略选择不同而产生矛盾,最终走向内斗。从公司治理与公司发展的角度来看,控制权争夺具有必然性:一方面,公司成立初期,股东们为了达成合作,往往选择求同存异,暂时忽略管理经营中的可能分歧,尤其是在崇尚以和为贵的社会环境下,股东们未必会为僵局预留处理机制;另一方面,公司经营发展具有较大不确定性,股权投资的商业风险较大,这加剧了股东们产生争执的可能性。

二、争什么:控制权争夺的三个维度

从法律与商业的复合视角而论,公司控制权争夺总体上可以划分为以下三个维度:

(一)内部治理

股东会和董事会是公司内部治理的关键机关,掌握着公司的主要经营管理权,因此股东会表决权与董事会席位往往是控制权争夺双方的交战核心。

1. 股东会表决权争夺

——股东资格是股东行使表决权的依据和基础,因此是否具有股东资格(尤其是在有隐名股东的场合)便成为股东相争的首道防线;

——股权比例决定了股东对股东会的控制程度,因此股东相争的重要表现形式即是借助新股发行来提升自己对股东会的影响力;

——股东会召集与提案是股东作出决议的前提,尽管这一权力通常掌握在董事会手中,但《公司法》规定的少数股东召集权亦为股东相争增加了变数。

2. 董事会席位争夺

在公司的日常经营管理中,董事会以及经理等高级管理人员对公司的控制显得更为直接,因此董事会席位亦是控制权争夺中的重中之重。一般意义上,董事会席位往往由股东持股比例决定,但基于所有权与经营权的分离,控股股东对股东会与董事会的控制力度可能不尽相同,这为控制权争夺提供了空间,下文所述国美集团的"黄陈之争"即充分揭示了这点。

(二)外部代表

股东如想真正控制公司,就必须获得公司代表权,这既是代表公司对外进行经营活动所需,也是代表公司发动诉讼的前提。想要获得公司的外部代表权,关键是控制公司印章证件和法定代表人。

通常而言,公司代表权是由内部治理所决定的,即由股东会决议、董事会决议以及公司章程中有关法定代表人、公司证照等的规定所决定。控制着公司内部治理,往往就能控制公司外部代表权。但是,从公司控制权争夺开始,到最终股东会作出决议或完成变更登记程序间,可能有较长的时间间隔,这就给争权相对方抢夺公司印章等提供了时间、空间,为股东相争增加了变数。实践中大量"双头董事会"问题即是此问题的典型写照,海伦哲股东内斗为我们提供了观察范本。

海伦哲是一家以高空作业车为核心业务的上市公司。2016年,原实控人主导海伦哲以2.6亿元溢价318%收购连硕公司。2020年4月,丁某某将5%股权转让给中天泽公司,并通过表决权委托协议使中天泽公司获得24.98%表决权,同时约定海伦哲向中天泽公司关联方定向增发以巩固控制权,由此使得金某某成为新实控人。此后的股东内斗即发生在新老实控人之间。

金某某入主后,连硕公司2020年出现巨额亏损,丁某某被指认在其控制期间存在财务造假,两方矛盾激化。2021年4月定增终止,丁某某以中天泽公司违约为由提起诉讼,要求解除表决权委托协议,请求法院确认2021年5月21日作出的股东大会决议不成立,随后法院对决议进行行为保全,禁止按照决议由金某某等人履行董事、监事职责。

2021年10月发生"抢公章"事件,丁某某联合党委成立"临时监管小组",强行接管公章及财务印鉴,宣称自救。金某某派反击,起诉丁某某等人要求返还证照,法院裁定禁止丁某某方使用公章办理工商变更。至此,公司出现丁某某方的"临时监管小组"与金某某控制下的原董事会并存的"双头董事会"现象。从法律上看,丁某某方未经股东会决议而实施的抢夺公章、另立董事会行为不具有正当性,但其行为仍在争夺过程中给对方造成了极大掣肘,并造成公司僵局。

(三)商业运营

股东争夺公司控制权最终还是为了获得公司业务或资产,因此,商业运营维度亦不可忽视。除内部治理和外部代表外,下列目标亦是公司控制权争夺的要素:

——公司资产:经营场所、生产资料、货物等;

——经营管理文件:合同、财务/税务资料、人事档案等;

——核心部门及人员的支持,如对于高科技企业而言,研发部门的态度可能影响控制权争夺的结果；

——IT/办公系统/邮件系统等；

——公司媒体账号。

上述三个维度既相互独立又环环相扣，构成了公司控制权争夺的基本框架。简言之，外部代表与商业运营相结合，能够实现对公司经营的有效控制；而内部治理为外部代表提供了正当性基础，是公司控制权争夺的关键，但在特定时期，外部代表可能构成牵制争夺相对方的重要工具。

049　公司控制权争夺战（二）：股东怎么争？

控制权争夺战开始后，攻防方采取何种策略往往受制于资金实力、争夺决心、外部环境、团队基础、舆论氛围等诸多因素。暂不对攻守双方的行为进行道德评价，从法律技术层面而言，其可以采取包括谈判磋商、民商事诉讼等在内的各类手段。当然，这一阶段谈判往往难以奏效，需要采取诉讼手段来获得公司控制权，或者"以诉促谈"，通过诉讼为己方争取时间、向对方施压并增加自身谈判筹码。实践中，控制权争夺的常用战术如下：

一、师出有名：公司决议效力瑕疵之诉

公司决议是公司权力、执行机构等作出的意思表示，是公司治理的主要运行方式，对控制权争夺具有非常重要的作用。大部分公司争夺中，各方往往"先发制人"，通过股东会决议裁换法定代表人与董监事，修改公司章程等，进而控制管理层并掌握公司对外代表权。因此，决议诉讼是攻防的关键。

在控制权争夺的仓促状态下，决议的程序合法性往往容易出现问题。加之双方处于对抗状态，会议流程更加容易出现突发情况。因此，攻防双方更着重关注包括股东会召集主体、召集程序、提案权行使、议决程序等细节问题。

宏智科技"双股东会、双董事会"案，这是中国资本市场早期控制权争夺的著名案例，体现了股东会程序规范在股东内斗中的关键意义。

事件概况是，公司第一大股东暨创始人王某等人与增资后引入的大股东产生分歧，2003年8月25日，以黄曼民为代表的董事会免去了王某的总经理职务，双方矛

盾激化。11月,王某向董事会提议召开临时股东大会以求改选董事会、监事会成员,董事会未予答复。同时,董事会以公司名义向法院起诉,对王某的股东大会召集权提出异议,被法院驳回。2004年1月11日,王某派以"董事会未履行召集职责"为由,自行召集临时股东大会,审议改选董事会议案;董事长黄某某莅临会议现场要求主持大会,遭王某等人拒绝,黄某某当即宣布改变临时股东大会会议地点,致使临时股东大会同时在两处召开,并产生两种不同的表决结果,即王某派选出姚某等董事,黄某某派维持原董事会,由此造成"双股东会、双董事会"的荒诞局面。同年4月,福州市中院判决两派召开股东会的决议均为无效。回顾本案,之所以会出现双股东会现象,是因为双方在股东会提案审查、召集程序、决议程序上违背法律规定、各行其是。双方决议因而最终难逃效力被否定的结局。

二、守正出奇:损害公司利益之诉

不同于公司决议诉讼,损害公司利益诉讼虽并未直接针对公司财产的返还,但却可与公司决议诉讼配合使用,且往往具有出奇制胜的效果。

表面上看,争夺控制权以公司有价值为前提,如任由一方股东肆意侵害、掏空公司,显然不符合另一方股东的利益。从策略上讲,一旦通过诉讼认定争夺相对方在其控制公司期间并未尽到忠实勤勉义务,或有故意损害公司利益的行为,则可以左右人心向背,进而争取中立股东,或者对相对方施压,以增加自身谈判的筹码。下文提到的李国庆抢公章案中,俞渝方即在对李国庆组织的股东会决议提起不成立诉讼的同时,对李国庆等人提起侵权诉讼,进而打击对方,并占据有利舆论地位。

三、九转功成:返还证照与变更登记之诉

如前所述,公司内部治理与外部代表的情况可能并不一致,此时便需要提起证照返还或变更登记诉讼。需要注意,由于对外代表公司以内部决议或章程为正当性基础,因此公司决议效力的认定往往是办理公司变更登记的先决问题。但此时可能产生新问题:谁能代表公司提诉?

一个典型场景。少数股东掌握了印章证照和登记外观,控股股东则利用多数决作出股东会决议修改章程、变更法定代表人,此时谁能代表公司?理论上,如仅涉及公司内部争议,则无考虑公示公信之必要,应由新法定代表人代表公司,但实践中此种立案操作难度较大,这就更加要求控股股东一方准备好全套的股东会决议资料,

以争取法院立案。

四、缓兵之计：善用行为保全

公司类诉讼往往旷日持久，如不能采取有效措施阻止对方行动，在判决生效前己方和公司的利益将遭受到损害。因此，股东应善用行为保全制度，根据《民事诉讼法》第103条的规定，责令或禁止对方做出一定行为。

公司控制权争夺语境下，行为保全往往包含三种类型：第一类是决议执行中的保全，即禁止公司执行相关决议；第二类是限制表决权，主要发生在股权转让纠纷、股东资格确认纠纷中，即公司不允许相应股东行使股份对应的股东权利；第三类是公司变更登记中的保全，即禁止公司在诉讼期间根据决议变更登记。

前文所述海伦哲双头董事会案即攻防双方充分运用行为保全制度的典型案例：丁某某方对海伦哲提起公司决议撤销诉讼，并申请行为保全，此乃决议执行的保全；而在海伦哲起诉丁某某方公司证照返还案中的行为保全，则是禁止丁某某方运用公章进行变更登记，这是公司变更登记中的保全。

五、饮鸩未必止渴：杜绝刑事思维

上述诉讼路径都还限于民事诉讼范畴，属于正常的法律攻防之战。但实务中，有些公司股东内斗最终却走向刑事领域，不甘落败的一方铤而走险，或掌控公司的一方利用公司在当地的经济影响力打击异己，或者为"彻底"解决问题，果断出手刑事报案，引入公权力干预双方的民事纠纷。固然，有些公司的控制权争夺方确实在公司经营中涉嫌刑事犯罪，掌握其罪责证据的一方进行刑事举报无可厚非，但毋庸讳言，确实也有部分当事人报假案，甚至用贿赂手段侵蚀、勾结公权力机关的部分干警，违法采用刑事手段干预民事纠纷，陷对方于囹圄，以便自己全面掌控公司，从严从快从重打击商业对手，以获得公司控制权之争的最大优势。

遗憾的是，无数经验教训反复证明，虽有人侥幸得逞于一时，但绝大多数人并不如愿，反而最终得不偿失，其构陷之事最终事发，反害己身。公权力权柄是双刃剑，一旦启动，锋芒所指，岂是私人所得控制哉！尤其是，近年来中央层面三令五申严禁以刑事手段插手经济纠纷，随着法治进程的有力推进，此种手法将受到越来越多的制约、审视乃至否定。著者给民营企业家、职业经理人的建议是：在商言商，慎用、少用刑事手段，否则，费财费力事小，最终鸡飞蛋打，则悔之晚矣。

050　公司控制权争夺战（三）：股东与职业经理人是利益共同体？

一、职业经理人革命

职业经理人，概指受公司聘任，在公司中任董事、高管，负责经营管理事务的专业人员。

与职业经理人相对的，是拥有企业所有权的投资者（股东、创业企业家）。1841年发生的一起两列客车相撞事件，让美国人意识到铁路企业的业主没有能力管理好这种现代企业，应选择有管理才能的人来担任管理者，世界上第一个经理人就这样诞生了。随着第二次工业革命后重大技术创新和新兴产业的崛起，企业的专业化程度进一步提高，股东无法如过去般对公司事务亲力亲为，渐次出现了伯利与米恩斯在20世纪30年代提出的"两权分离"——投资创办公司的股东，掌握着公司的所有权；而受股东聘任的职业经理人，则运用自身专业知识，代为管理公司财产，掌握着公司的经营权。

"二战"后，随着全民投资的兴起，"两权分离"现象进一步加剧，使得股东对职业经理人的依赖大大提高，大中型公众公司的经营管理权基本上都转移到职业经理人手中，著名管理学者小艾尔弗雷德·钱德勒称之为"职业经理人革命"。同时，由于近现代以来职业经理人制度的完善和利益相关者理论的发展，社会对职业经理人的工作提出了更全面的要求，职业经理人也需要依靠公司获得自我实现，股东与职业经理人的双向奔赴时代，由此开启。

二、利益共同体关系

（一）股东与职业经理人

股东与职业经理人如何互利共赢、相互成就，一直是公司实践中的难点和痛点。在法律安排上（或者说契约形式上），职业经理人是公司的受托人，受雇于公司，领取薪水，负责公司经营管理事务，其与公司间存在一份委托（委任）合同关系。

但在经济学实质上，真正委托职业经理人的是公司股东。公司的所有权与管理权本是合一的,直至后来才出现股东将经营管理权授予职业经理人的现象。所以,实质上的委托关系存在于股东与职业经理人之间,二者间的代理成本也是现代公司的三大代理成本之一;在股权较为分散的公司,此种代理成本乃是公司治理的首位代理成本。

在此背景下,从公司整体利益与利益相关者利益的双重视角而言,股东与职业经理人的利益首先是高度统一的,二者利益的实现均取决于公司的整体利益情况,其次才会因职业经理人的自利行为发生冲突。换句话说,利益的一致性是第一位的,利益的冲突是排在第二位的。

这便是股东与职业经理人之间"相爱相杀"的根源。

(二)双控人与职业经理人

在股权高集中度的公司(也即我国绝大多数公司)中,利益共同体集中体现在双控人与职业经理人之间。

这是因为,在股权高集中度的公司,董事会、监事会的全部或者绝大多数成员(职工代表除外)形式上是股东会选举的,实际上则是控股股东基于表决权优势选聘的,独立董事也不例外;进一步地,总经理等形式上由董事会聘任的高管,实际上也是双控人意定的人选。基于上述现实,可以说,职业经理人与股东间的利益共同体关系,更精准来说,是职业经理人与双控人间的利益共同体关系。

三、公司法的回应

"无规矩,不成方圆",法律与职业伦理规范一直都是降低委托代理风险的主要手段,也是防范利益共同体中各方从事损人利己之举的基本武器。回到正题,我们应该关注公司法关于董监高职权、义务、责任的规范体系,因为其中蕴含处理股东与职业经理人间委托代理风险的多数智慧。

1.任职规范

职业经理人和股东发生冲突时,《公司法》提供了相应处理办法,列举如下:

任职上,法定代表人辞任自由(第10条)、董事辞任自由(第70条),公司亦得无因解任董事但予以赔偿(第71条);

董事对公司的信义义务及违信责任,在追索层面设置股东代表诉讼以及双重股东代表诉讼(第189条);

职业经理人直接侵害股东利益的,股东得对其提起直接赔偿诉讼(第190条);

提倡公司为职业经理人购买责任保险,鼓励职业经理人勇于任事(第193条);等等。

2. 履职规范

对于由职业经理人担任的董事、监事、高管等职位,《公司法》第三章、第五章、第八章、第十章等设有系统规范,明确职业经理人在担任董监高职位时的权力、义务、责任以及执行公司事务的行为规范,形成董事负责决策、监事负责监督,二者向股东负责,以及经理负责具体执行并向董事会负责的治理体系,为职业经理人开展工作、自我约束提供了指引。

3. 防范勾结

在股东和职业经理人关系的协调上,《公司法》关注二者的紧密关系,强调二者的共同责任,比如,在公司资本与财务会计领域,强调董事会对瑕疵出资股东(实务中多数情形下为控股股东,下同)的催缴责任,否则,董事将引火上身,承担对公司的赔偿责任(第51条);强调董事会的商业决策责任,对于催缴后仍拒不出资的股东需及时进行除名、除权(第52条);强调对股东抽逃出资负有责任的董监高与该股东承担连带赔偿责任(第53条);强调除法定情形外,公司不得为他人取得本公司或其母公司的股份提供赠与、借款、担保以及其他财务资助,否则,负有责任的董监高对公司承担赔偿责任(第163条);强调不得进行违法分红、减资以帮助股东获取不法利益,否则,负有责任的董监高与股东一起对公司承担赔偿责任(第211、226条)。

在执行职务领域,强调双控人实际执行公司事务的,视同担负职业经理人的信义义务(事实董事,第180条第3款);如职业经理人故意、重大过失执行公司职务造成他人损害,要与公司一道对外承担连带责任(第191条);如双控人指示职业经理人侵害公司利益,双方要对公司承担连带赔偿责任(影子董事,第192条)。

4. 保障职业经理人独立履职的底线思维

公司人格否认制度,实际上是为股东划定了支配与控制公司事务的界限。依照《公司法》第23条,公司股东滥用公司法人独立地位和股东有限责任,逃避债务,严重损害公司债权人利益的,应当对公司债务承担连带责任。这不仅是保证公司人格独立的要求,更是保证职业经理人充分发挥自身专长、独立履职,避免股东越俎代庖的有效约束机制。

051 公司控制权争夺战（四）：股东与职业经理人的利益冲突？

一、委托代理成本

根据西蒙的有限理性假说，作为委托关系的双方，所有者和经理人都是理性经济人，都要追求自身效用的最大化。所有者追求利润最大化和长期利益，经营者追求的是契约制薪资报酬与短期利益，加之"两权分离"带来的信息不对称，股东与职业经理人间产生委托代理风险是必然的。股东和职业经理人相互成就的关键，在于如何消除这种委托代理风险。

相较域外的主要市场经济体，我国市场经济规模虽然巨大，但发展时间尚短，市场经济发育尚不完全，职业经理人队伍庞大、扩容速度惊人，但市场化程度整体较低，职业伦理尚不健全，职场商业传统与商业文明精神较为单薄，职业经理人职业认同感尚在提升之中，相关职业道德规范与法律规范尚在建设之中。在此背景下，股东与职业经理人间的委托代理风险不仅较大，且其呈现形式具有许多中国特色。

二、如何相杀

（一）双控人与职业经理人的冲突

如前所述，"两权分离"下，股东与职业经理人双向奔赴是一个美好的故事，而现实生活中，由于双方利益诉求不完全一致，又会滋生道德风险、逆向选择等委托代理成本，导致职业经理人与股东相爱相杀。

整体而言，一方面，现行公司法董事会中心主义模式得到了加强，董事等职业经理人的权力、责任都大为强化，逐渐在公司经营管理与治理中占据中心地位。而另一方面，由于股权高集中度，资本多数决制度决定了公司运营的大方向与终极控制权仍在双控人手中。在此背景下，如双控人与以董事长、总经理为代表的职业经理人不是同一群体，二者相杀之发生便是早晚的事。

（二）三种冲突

1.经营决策权及经营政策上的冲突。按照现行公司法的设计，双控人掌控下的股东会在经营决策上拥有相当的话语权(第59条),但董事会大部分成员由职业经理人担任,高管层也拥有经营决策权与执行权(第67条),由于二者的经营理念、战略眼光、利益立场未必完全一致,在一些决策事项上的相左乃至冲突也就不奇怪了。比如,公司利润分配方案就是双控人与职业经理人冲突主阵地之一。又如,增资扩股、公司跨界并购等重大事项的实施,虽可能稀释股东股权比例,却能扩大职业经理人的权势范围。正如管理学反复证明的那样,职业经理人总是倾向于业务扩张与业务多元化。

2. 双控人过度支配与控制公司。读者熟悉的是,双控人的过度支配与控制可能损害公司债权人利益,进而引发公司人格否认的惩罚,但读者可能无视的是,职业经理人此时并不承担责任,更可能忽略的是,公司受到支配控制时,职业经理人也是受害者——双控人亲自赤膊上阵,也侵害了本属于职业经理人的经营管理权。

3. 职业经理人的滥权与贪腐。担任要职的经理人以权谋私,损害公司,侵吞本属于股东的利益,如非公允的董事关联交易即为典型。

河南省高级人民法院2021年度典型案例——方某某、郑州四维节能技术有限公司、郑州四维粮油工程技术有限公司损害公司利益责任纠纷案[(2021)豫民申6603号]中,节能公司的董事兼总经理、粮油公司股东方某某,以远低于正常市价的不合理低价,将节能公司的设备提供给粮油公司,严重损害节能公司及其他股东的利益。节能公司监事付某某遂依据《公司法》第149条(新《公司法》第189条)对方某某提起股东代表诉讼并最终胜诉。

三、公司法如何管控双控人与职业经理人的争夺战

国美集团创始人黄光裕与原董事局主席陈晓的控制权之争是中国商业史上最为精彩的案例之一。2006年夏天,国美收购竞争者永乐电器,后者的创始人陈晓摇身变为国美的职业经理人,由此开启一段段"黄陈"亲密合作的"蜜月"时光。2009年黄光裕入狱后,陈晓临危受命以董事局主席身份接管公司,二者关系走向对抗。

初现罅隙——为缓解黄光裕入狱所导致的资金链危机,陈晓于2009年发行可转债引入外资贝恩资本,引发了黄家控股股权稀释的担忧。同时,为激励管理层履职,陈晓推出超大规模的股权激励计划,此种拉拢黄光裕"旧部"、分化公司高管的做法,加剧了黄光裕的不满。

矛盾升级——2010年5月,黄光裕在股东大会上投票反对贝恩资本提名的三名

非执行董事任命，导致决议未获通过。陈晓领导的国美董事会以"未反映股东真实意愿"为由推翻决议，重新任命贝恩董事，双方矛盾就此公开化。董事会之所以能推翻股东大会的决议，乃依据公司章程条款"股东大会授权公司董事会有权在不经股东大会同意的情况下任命公司非执行董事，直至下一届股东大会投票表决。"由此，黄光裕丧失对董事会多数席位的控制，落于下风。

双方决战——2010年9月在香港召开的国美股东大会上，黄光裕提出的撤销陈晓职务动议未通过，但取消董事会增发20%股份授权的动议获得通过，其控股股东地位得以保持。

争斗谢幕——2011年3月，陈晓主动辞去国美董事局主席一职，"黄陈之争"由此落幕。

国美集团"黄陈之争"完美揭示了股东与职业经理人的"相爱""相杀"，本案亮点无疑是黄陈双方对董事会席位的争夺，坊间很多人将黄陈之争解读为职业经理人对老板（股东）的背叛，即便不说是错误的，至少也是不准确的，其核心乃是股东会职权转授给董事会、控股股东失去董事会多数席位后失去公司控制权。当然，我们要彻底实现现代企业制度，完全实现"两权"分离还有很长的路要走，这也是民营企业家要做"甩手掌柜"的风险所在。

052　公司控制权争夺战（五）：公司法如何管控股东与职业经理人之争？

一、公司法的作为

本文限于篇幅，仅列其中要者：

1. 重申股东会、董事会职权法定原则。如本书其他章节所反复申明的，《公司法》中股东会、董事会的职权不得相互僭越，以防止双控人侵害职业经理人的决策权，如股东对董事会决议不满，可以提起董事会决议效力瑕疵之诉，而不可以直接宣告董事会决议无效，或者以股东会决议取代董事会决议。

2. 严控双控人直接经营管理公司。在公司法的正式制度安排上，实控人并无直接参与公司经营管理的权力，控股股东也只能通过股东会参与公司经营管理，别无他途;但在公司实际运营中,双控人对公司经营管理的深刻影响力,乃是通过选举自己为董监高,或选举自己心腹为董监高,或选举市场化的职业经理人为董监高来执掌公司经营管理权,进而控制公司的。公司法的应对是,一方面,双控人只要事实上执行公司事务,就被课以事实董事的"帽子",承担对公司的信义义务(《公司法》第180条第3款);另一方面更为重要,双控人直接经营管理公司的,恰恰侵害了职业经理人的经营管理权,应允许职业经理人依法依规依章予以理性反击,对此不能冠以"背主"之名,套用"君君臣臣"的那套腐朽观念。再次申明,哪怕职业经理人担任董监高是双控人一手造就,一旦职业经理人就任,也就成了公司的董监高,受全体股东之委托,不是双控人的董监高,更不是双控人的私人属僚!

3. 落实董事会中心主义。如本书其他章节所述,现行公司法对股东会经营决策权有所削减,根本性强化董事会职权,删除经理的法定职权,同时引导多数公司选择设立董事会审计委员会、废止监事会,删除"董事会对股东会负责"的表述,以上种种都是确立董事会中心主义的系统性制度安排。唯在董事会中心主义下,职业经理人方能获得施展才能的广阔空间。反之,双控人侵害董事会中心主义的任何制度安排,都是对职业经理人职权的妨害。

4. 严格董事信义义务,强化违信责任。"欲戴王冠,必承其重",在加强职业经理人职权、职能的同时,其信义义务、违信责任也被同步强化,以此体现权、利、责的统一。关于此点的具体内容,本书其他章节已有周详交代,此处不赘。需要强调,公司及其股东对违反信义义务的职业经理人追究违信责任,不能被打上"秋后算账""卸磨杀驴"的泛道德化标签,更不能对背后的双控人扣上不仁不义之名,一切都要回到公司现代化的理念上来。整体来看,现阶段数千万职业经理人违反信义义务者众,被认真追究违信责任者寡,这是一个基本事实。

5. 防范与打击鹊巢鸠占现象。无论是深受双控人信任,还是遇上"甩手掌柜",或是缺乏实控人以定乾坤,抑或是股东内讧导致管理混乱,久而久之,执掌公司经营管理权力的个别劣质职业经理人不仅可能贪腐成性,膨胀到最后,还可能发展为想方设法驱逐股东、以期鸠占鹊巢。公司法的应对,就是明确公司产权不可侵害的基本理念,不给职业经理人可乘之机,并在事后严厉打击鹊巢鸠占行为,让侵权者付出应有的代价。

二、双控人、职业经理人公司争夺战的正确姿势

(一)不归之路

如前文谈到的,股东间的控制权之争在不少民营企业中演变为刑事打击战,实务中一旦发生双控人、职业经理人之争,也有动用刑事手段的惯性思维,将对方限于囹圄再作他议。实际上,公权力一旦插手、刑事程序一旦启动,很快会超出启动者的预料范围,有时候回旋镖很快到来,且对企业本身伤害巨大。

多说无益,一言以蔽之,在商言商,公权力的"合法伤害权"(吴思语)犀利无比,且方向不定,当慎用之。

(二)正确的姿势

回到商业逻辑,一旦双控人与职业经理人发生公司经营理念的重大分歧,前者具有天然的主动性与优势来化解这一问题,包括但不限于:倾听职业经理人的声音;接受管理精英的建议;主动沟通以说服职业经理人;向职业经理人明示"不换脑袋就换人";以股东会决议形式在股东会职权范围内作出在先决议;在董事会作出决议后以股东名义提起诉讼等。

当然,职业经理人也有责任管控与双控人之间的分歧。首先要确保自身行为合乎对公司、股东的信义义务要求,不做非分之想;其次,要在董事会、监事会/审计委员会、总经理的职权范围内履职,对双控人的滥权行为及时提出纠正意见,并在必要时依法抗争;再次,要积极争取其他股东的支持,毕竟职业经理人是受全体股东委托,不是双控人的"家丁";最后,如发现公司不是久留之地,快刀斩乱麻,辞任不失为明智选择。

归结为一句话,公司控制权之争,乃私权纠纷,一切都应回归到私人纠纷的法治轨道解决。

053 控制权争夺白热化:抢夺公章等于控制公司?(一)

一、公司"肉搏"战:抢夺证照

在最高人民法院《民事案件案由规定》规定的 24 种与公司有关的纠纷中,其中

一类叫"公司证照返还纠纷",此处证照包括公司印章(公司公章,法定代表人印章,合同专用章、其他印章)、营业执照及其副本、特许经营许可证、银行账户U盾等。其中,最重要的是公司公章。

读者可能早已注意到,实践中,许多公司控制权争夺战的白热化阶段,就是各方争抢公司证照(尤其是公章),抢到公章者洋洋得意,颇有"挟天子以令诸侯"之感,未抢到者则垂头丧气,宛如战败。

印者,信也。从传国玉玺到虎符,从物勒工名到红契白契,在中国人的传统观念里,谁掌控一家单位的公章,谁就能代表这家单位,公章乃是身份器物。

问题是,公司公章,真有这么重要吗?

二、抢夺公章:价值几何

(一)为何抢公章

自秦以降,传国玉玺作为"皇权神授,受命于天"的信物,是历朝历代统治者与百姓心中"信"和"权"的象征。

而今,封建王朝早已灰飞烟灭一个多世纪,玉玺不再。但在各类单位中,公章的权威丝毫未减,仍然担当着权力/权利信物,商业公司也不例外。故而,古有汉末群雄逐鹿争玉玺,今有李国庆"勇闯"当当夺印章。在人们心中,公司公章被赋予了非凡的意义,以致不少人将其比作"传司玉玺"。

例1。当当网的"武斗"与公章抢夺战。李国庆与俞渝创建的当当网曾是"夫妻店"式创业的成功典范。但随着二人矛盾激化,李国庆为了夺回公司控制权,震撼上演了一场抢公章大戏。

第一步,抢公章:2020年4月26日上午,李国庆率几名大汉闯入当当网办公地抢走了十几枚公章,并发布《告当当全体员工书》,声称自己持有公章的正当性来源是已于4月24日召开股东会并选举自己为董事长与总经理。

第二步,搭班子:公章到手后,李国庆于4月28日全面任命了新管理层,意图全面接管当当网。

面对李国庆的猛烈攻势,俞渝方迅速将公章挂失,在稳定公司人心、继续开展经营的同时,对李国庆召开的临时股东会提起决议不成立诉讼,并向李国庆等五人提起财产权侵权诉讼。眼看第一次抢公章未达到预期效果,2020年7月7日上午李国庆再次诉诸武力强行闯入公司,拿走经营资料。当当网报警后,李国庆被警方行政拘留。

7月14日,当当网官方表示,拿回了被抢走的公章和其他资料。这场闹剧虽到此收场,却引发了系列模仿,类似的抢公章戏码接连上演,如2023年浏阳河酒业公司的暴力夺章案件。这一现象无疑揭示出公章对公司控制权争夺的特殊意义,也暴露了公司控制权争夺战在手段上的失范。

从域外商业惯例来看,多数国家、地区法律并不强制要求公司刻制公章,甚至干脆不授权使用公章,多数时候公章仅用作一种商业礼仪。我国则不同,在登记注册公司时,核名—提交申请材料—领取营业执照—刻章—税务登记—银行开户,乃是常规流程,刻章和领章是其中不可或缺的一环。如以"盖章"为关键词检索《公司法》文本,会发现多个条文有"盖章"字样:第55条规定有限公司的出资证明书由法定代表人签名并由公司盖章,第149条、第196条规定发行纸质股票、债券应由公司盖章等。公司公章在我国公司运营中的确有重要地位。

在公司日常运营中,公章的刻制、保管与使用事宜,是需要公司章程、董事会乃至股东会议决的重要事项。在对外交往上,印章的使用也是一门必修课,什么时候盖公章,什么时候盖合同章,什么时候盖法定代表人印章等都颇有讲究,而且是个技术活——盖章的位置是否正确,是否做到"红压黑""骑缝",还会成为法院判断文件真实性、合法性的重要考量因素。

(二)抢也大无益

当当网公章抢夺战中,李国庆为了几枚印章如此大动干戈,让人不禁疑问,难道控制了公章就能控制公司吗?

简单回应:在电子章与电子签名逐渐被广泛认可和使用的当下,公章的物理形式逐渐不再重要,遑论通过控制公司公章来控制公司。

事实上,由于李国庆彼时的身份仅仅是公司股东,且并非第一大股东,通过控制公章试图接管公司的想法,简直有些"疯狂"。无数案例表明,这并不可行。质言之,公章的地位并非不可动摇,其效力更非万能。如仅拿到公司公章,而并不担任公司法定代表人、执行董事等职位,亦不具有公司双控人身份,公章本身并不会使其一呼百应,不过徒有其章而已。

即便在公司外部,公章更多起到的也是一种推定作用。《九民纪要》第41条规定:

司法实践中,有些公司有意刻制两套甚至多套公章,有的法定代表人或者代理人甚至私刻公章，订立合同时恶意加盖非备案的公章或者假公章，发生纠纷后法人以加盖的是假公章为由否定合同效力的情形并不鲜见。人民法院在审理案件时，应当主要审查签约人于盖章之时有无代表权或者代理权，从而根据代表或者代理的相关规则来确定合同的效力。

法定代表人或者其授权之人在合同上加盖法人公章的行为，表明其是以法人名义签订合同，除《公司法》第16条等法律对其职权有特别规定的情形外，应当由法人承担相应的法律后果。法人以法定代表人事后已无代表权、加盖的是假章、所盖之章与备案公章不一致等为由否定合同效力的，人民法院不予支持。

代理人以被代理人名义签订合同，要取得合法授权。代理人取得合法授权后，以被代理人名义签订的合同，应当由被代理人承担责任。被代理人以代理人事后已无代理权、加盖的是假章、所盖之章与备案公章不一致等为由否定合同效力的，人民法院不予支持。

相较是否"有章"，代表/代理权的有无更为关键，兹举两案例。

例2。辽宁立泰实业有限公司、抚顺太平洋实业有限公司企业借贷纠纷案［(2019)最高法民申2898号］。最高人民法院认为，尽管公章是公司对外作出意思表示的重要外在表现形式，但法律并未规定法定代表人以外持有公司公章的人仅凭其持有公章的事实就能够直接代表公司意志，持有公章是一种客观状态，某人持有公章只是反映该人可能有权代表公司意志的一种表象，至于其是否依授权真正体现公司意志，仍需进一步审查。

例3。福建省万翔房地产开发有限公司与游斌琼民间借贷纠纷再审案［(2016)最高法民申733号］。最高人民法院认为，董事长虽不一定同时担任公司法定代表人，但根据《公司法》的有关规定，其相较于公司其他管理人员显然享有更大的权力，故其对外实施的行为更能引起交易相对人的合理信赖。同时，翁某还是万翔公司的股东，且在签订涉案担保合同时持有万翔公司的公章，尽管刑事判决已经认定该公章为翁某私刻，但结合翁某在万翔公司所任特殊职务以及股东身份等权利外观，已经足以让交易相对人游某产生合理信赖。

054　控制权争夺白热化：抢夺公章等于控制公司？（二）

（书接上问）

三、认人不认章规则

以上规定及案例体现的裁判规则被简称为"认人不认章"规则，随后又被《民法典合同编通则司法解释》第22条进一步精简为：

法定代表人、负责人或者工作人员以法人、非法人组织的名义订立合同且未超越权限，法人、非法人组织仅以合同加盖的印章不是备案印章或者系伪造的印章为由主张该合同对其不发生效力的，人民法院不予支持。

合同系以法人、非法人组织的名义订立，但是仅有法定代表人、负责人或者工作人员签名或者按指印而未加盖法人、非法人组织的印章，相对人能够证明法定代表人、负责人或者工作人员在订立合同时未超越权限的，人民法院应当认定合同对法人、非法人组织发生效力。但是，当事人约定以加盖印章作为合同成立条件的除外。

合同仅加盖法人、非法人组织的印章而无人员签名或者按指印，相对人能够证明合同系法定代表人、负责人或者工作人员在其权限范围内订立的，人民法院应当认定该合同对法人、非法人组织发生效力。

在前三款规定的情形下，法定代表人、负责人或者工作人员在订立合同时虽然超越代表或者代理权限，但是依据民法典第五百零四条的规定构成表见代表，或者依据民法典第一百七十二条的规定构成表见代理的，人民法院应当认定合同对法人、非法人组织发生效力。

"认人不认章"规则，意味着公司对外交易行为的效力重在签约经办人是否有合法授权（代表权/代理权），公章这一物理形式无法单独代表公司。实务中真正的难点问题是签约时的假人真章现象，根据签约人的类型，又可分为两种情况。

其一，单位印章遗失/被盗，最后被合同相对方或是与公司无实质联系的第三方盗用。

其二，单位法定代表人、负责人或其他有实质权限的人（如实际控制人）在超越权限或权限终止的情形下，使用了单位印章。

对于前者,只要公司能证明印章系被合同相对方或第三方盗用,公司就无须承担责任。对此,《最高人民法院关于在审理经济纠纷案件中涉及经济犯罪嫌疑若干问题的规定》第5条第1款规定:

行为人盗窃、盗用单位的公章、业务介绍信、盖有公章的空白合同书,或者私刻单位的公章签订经济合同,骗取财物归个人占有、使用、处分或者进行其他犯罪活动构成犯罪的,单位对行为人该犯罪行为所造成的经济损失不承担民事责任。

当然,如果印章因盗、抢而丢失,单位应及时报案并公告。

对于后者,由于此时签约人通常具备签约权限的外观,一般默认其加盖公章表明其以法人名义签订合同,故而应对单位发生效力;单位以法定代表人等事后已无代表权、代理权,加盖的是假章,所盖之章与备案公章不一致等为由否定合同效力的,法院不予支持。

例4。东阳市锦宏商贸有限公司与安徽省阜阳汇鑫发展有限公司等借款合同纠纷案[(2010)皖民二终字第00073号]中,审理法院指出,锦宏公司主张750万元的借款,提供了借条、转款凭证、姜某和葛某的电话录音及在公安机关的陈述、《资金到位明细表》等主要证据。上述证据中借条上加盖的印章虽真实,属于汇鑫公司所有;但借条打印在汇鑫发展公司的信笺上,且借条上印章属于黑压红,即先盖章后打字,不符合行文习惯。故借条的形成有违常规,本身存在明显瑕疵,不能单独作为认定本案借款关系是否存在的依据,还应结合相关证据进一步判断。

四、夸大其词的"传司玉玺"

回到公司治理,如果争夺公司控制权的某一方不占据公司关键管理职位,仅仅物理持有公章,其实并无多大实益。比如,《公司法》明确规定了属于股东会、董事会法定职权的事项,这意味着掌握多数表决权的一方才是牢牢控制着公司的决策权者,又依据《公司法》《民法典》关于法定代表权、职务代理权的规定,只有法定代表人、职务代理人享有合法的对外代表权、代理权,在重大事项上(如对外担保),当印章持有人所加盖合同中表达的意思与股东会、董事会决议发生冲突,抑或与法定代表人、职务代理人的意思发生冲突,人民法院的裁判立场依然以后者为准。所以,"传司玉玺"的说法即便不说是完全错误,也至少是在相当程度上夸大其词。

何况,在绝大多数的合同签署流程中,盖章、签字、摁手印是可以互相替代的,恰如《民法典》第490条第1款第1句规定:

当事人采用合同书形式订立合同的，自当事人均签名、盖章或者按指印时合同成立。

正如前文所引司法解释规定的精神，如签字、盖章有冲突，也多以签字为准，毕竟人、章冲突时，人才是第一位的。至于拿公章办私事，伪造文件，希冀获得正式文件那样的法律效力，无异于天方夜谭，还会遭到事后的法律制裁。至于外部人抢夺、偷盗公司印章并使用，情节严重的可能构成刑事犯罪。所以，一些股东、职业经理人等公司内部人擅自抢夺印章的，公司或者合法印章持有人有权对其提起诉讼请求返还。如暂时返还不了，也不是无解之事，公章不像传国玉玺那样"举世无双""仅此一件"，如不慎遗失、被盗、被抢夺，凭借遗失的报案证明和其他相关文件，公司还可以随时重刻。

五、"坏事有余"的公章

反过来说，如公司公章不在法律、公司章程规定的"正统持有人"手中，确实会造成公司治理与管理的混乱，在争夺双方势均力敌的情形下尤其如此。毕竟，公章在我国民商法体系中具有不可忽视的重要地位，即便持有公司公章未必能"成事"，也不意味着持有人不能"坏事"，此谓"成事不足，败事有余"。退一步讲，即便不能真正坏事，至少可能给公司、正统持有人及其背后的利益相关者带来不小的麻烦，进而给公司治理、公司管理、公司经营带来混乱。

055　控制权争夺白热化：抢夺公章等于控制公司？（三）

（书接上问）

六、公司印章应该归谁管理

（一）正面解读

公司印章具有双重法律属性，从物权法的立场而论，印章是公司所有的财产之一；从意思表示的立场而论，印章是公司在经营活动中进行内外意思表示的重要器物之一。对印章的保管、管理与使用，均属于公司自治范畴。一般而言，在公司章程或者股东会、董事会未作特别要求的情况下，公章、法定代表人印章均由法定代表人或其授权主体进行管理,其他印章则由公司内设机构分工管理。特殊情况下,如公司经营情况变更时,也可由法定代表人或其授权主体管理。

具体到公司运营实践中,任何治理规范、管理科学的公司都有一整套印章管理的规章制度并严格施行,这也是公司内控、风控机制建设的基本要义。相对而言,这套机制在国有公司中较为完善。正如《公司法》第177条要求的:

国家出资公司应当依法建立健全内部监督管理和风险控制制度,加强内部合规管理。

总之,建议各类公司安排专属部门或者专职人员管理印章的使用,形成完善的内部规章制度。需要强调,公章、法定代表人印章应由法定代表人及其授权主体掌控,这是专人管理制度的核心。这是因为法定代表人往往是公司实控人、董事长、总经理及其他执行董事,他们与公司存在重大利益关系。从风险防控的角度而论,由法定代表人或其授权主体专管,仍是防止公章不当使用的不二手段。

而公章、法定代表人印章以外的其他印章,都交付法定代表人保管,既不必要也不效率。公司印章应实行"分散管理、审用分离"原则:前者如合同专用章由市场部门专人保管及使用,财务章由财务部门专人保管及使用,董事会、监事会印章分别由董事会秘书及监事会主席保管及使用,各部门业务印章由各部门专人保管及使用;后者指负责签批印章使用的各级负责人不得亲自保管印章。一个经验之谈,一些特殊情况下,有些公司设置印章专管A、B角人员,印章由双人保管(A角掌握存放印章的保险柜密码,B角掌握保险柜钥匙及负责加盖印章),由A、B角双方审批后方可用印。

例5。最高人民法院的立场。在张某某、林某某公司证照返还纠纷一案中,最高人民法院认为,对于公司中谁有权保留印章及证照,我国法律并无明确规定,现实中应当以公司章程相关规定为准。总的来说,只要公司内部形成合意,公章由谁保管都不是问题。实践中,认定是否具有印章管理权,除根据公司章程和公司规章制度外,还要特别结合客观事实,如印章持有人是否经过了公司事实上认可等。

(二)反面推论

实务中,往往有人理直气壮地认为,自己作为股东,尤其是控股股东,当然有权占用、保管、使用包括公司公章在内的公司证照,但这实际上是一个不幸的误解。从前文不难看出,一方面,股东仅凭股东身份,除了出席股东会、参与公司重大事项表决外,并不享有公司的任何经营管理权;另一方面,基于股东与公司人格独立、财产独立、责任独立的制度性隔离,股东也不得染指作为公司财产的公章等任何证照。

至于法定代表人视公章、法定代表人印章为私产,同样是一种误解。一方面,在职的法定代表人基于职务身份,如得到公司章程、股东会决议、董事会决议以及其他公司规章制度的授权,固然得保管、管理、使用公司公章等证照,但这是职务行为,绝对禁止私用;另一方面,法定代表人一旦离职,随即应当交出其保管的公章等公司证照,至于法定代表人印章,既已失去效用,理应销毁,而不是交由原法定代表人留存。至于有些法定代表人被依法撤职后心存愤念,将公司公章等证照带回家中以作抗拒,或者将其作为与公司进一步博弈的资本,则已然构成侵权。

举重以明轻,至于原股东、原总经理各色人等,道理同上。

(三)总结:证照应该为谁占有

1.在物权意义上,证照属于公司财产,这是决定谁有权占有的底线思维。

2.证照的价值不在其物权,而在于其是控制公司的器物,其所昭示的控制事实及象征意义远比其物理功能更重要,这与所谓"传国玉玺"的道理是一样的。

3.既然证照属于公司,谁应占有之?《公司法》并未规定,笼统的说法是"经营者",但谁是经营者显然会进一步引发争议,这是因为经营者具有复数性、不确定性,更何况,诉争各方本来争夺的就是"经营者"这一身份。当然,如公司章程等公司规范性文件明确规定保管人及其使用规则,从之。

作为常识,争夺各方应有以下基本共识:

(1)任何人如仅凭股东身份主张占有,并不充分。

(2)基于公司授权的占有,如股东会、董事会对证照占有进行授权,推定为有权占有,但仍存在例外。

(3)占有人主张其持有证照是基于原股东会、董事会的授权,且已形成惯例的,有权继续占有证照。

(4)对于公章、法定代表人印章,法定代表人具有天然占有权优势;对于财务印章、财务资料、U盾等,财务负责人也具有占有权优势。

(5)既定的占有人,总是占有某种优势(如占有权证明责任上的优势),所以先下手为强的理念深入人心,争夺由此而生。

例6。重庆煌华实业有限公司(以下简称煌华公司)与汪文某证照返还纠纷案[(2021)渝民申460号]。一审法院认为,煌华公司为典型家族企业,由汪文某、汪瓦某两兄弟各持50%股权,公司证照印章等作为公司财产和公司经营活动进行意思表示的手段,公司印章管理属于公司自治范畴,在股东没有特别约定的情况下,法定代表人有权管理。但根据汪文某诉煌华公司、汪瓦某公司解散纠纷案[(2019)渝0106民初19729号]中煌华公司关于"公司仍然正常经营,通过由汪瓦某签字批准,汪文某盖章的方式,对外实施法律行为"等答辩意见,以及汪文某与汪瓦某谈话录音中汪瓦某关于"确实不到说公司不能运作,因为现在它是这样,他管公章,我管签字""你在管公章,我不能说这是你的不对,我不能这样说"等陈述,结合汪瓦某、汪文某之母案外人陈琼某出具的《煌华公司印章情况说明》的内容,二审法院认为汪文某持有案涉印章经过了公司事实上认可,而公司内部长期以来也已经形成由汪文某管理印章等的事实状态,进而认定汪文某有权持有煌华公司的案涉印章,从而驳回煌华公司的诉讼请求,并无不当。

056 控制权争夺白热化:抢夺公章等于控制公司?(四)

(书接上问)

七、公司公章等证照返还之诉

(一)证照范围

证照范围通常包括营业执照、公章、财务章、法人一证通、银行U盾、财务账册等;但在不同案件中,哪些物品属于证照返还的范围存在争议,尤其是一些特殊文件是否属于证照范围? 比如,公司财务凭证、对外经营合同等。

公司证照返还之诉的常见争议标的如下:

1. 公司营业执照:这是公司合法经营的重要凭证。

2. 公司印章:公司公章、财务专用章、合同专用章、发票专用章、法人章等。

3. 财务资料:包括财务账册、记账凭证、原始凭证等,这些财务资料能够反映公司的经营状况。

4. 银行相关资料:银行开户许可证、网银密钥(U盾)、银行印鉴等。

5. 其他重要证件:组织机构代码证、税务登记证、社保登记证、特许经营许可证等。

6. 已声明作废的证照:即使证照已被公司声明作废,由于其仍可能被用于不当行为,故也属于返还范围,具有诉的利益。

(二)当事人结构

证照返还之诉的原告是公司或股东代表诉讼中的股东。基于证照的物权归属,任何人要求他人返还证照都应以公司名义,但由于具体决定公司意思的主体可能是法定代表人、清算组负责人、破产管理人等,前述主体以公司名义提起诉讼的,法院需审查该起诉是否反映公司真实意思表示、是否经公司授权以及是否有利于公司。

公司不能提起诉讼的,适格股东得提起股东代表诉讼,此时起诉股东是原告,公司是第三人。从司法实践来看,仅仅指向证照返还的股东代表诉讼并不多见,在其他诉讼请求中夹杂证照返还请求是较为常见的形态。

证照返还之诉的被告是证照的非法占有人,常见的包括公司原法定代表人、原股东、董监高、有机会接触证照的公司员工以及其非法占有证照的人员。

例7。成都市青白江区罗汉山极憩公墓开发有限公司(以下简称极憩公司)、邱某某公司证照返还纠纷案[(2019)川民申2139号]。极憩公司于2017年12月14日召开股东会形成决议,罢免邱某某的法定代表人身份,选任郑某某为新法定代表人,但并未变更登记。邱某某二审提交的2018年9月4日股东会决议则明确继续维持邱某某的法定代表人地位,以上两份决议相互冲突。对此,邱某某主张前一份股东会决议并非执行董事召集,程序违反公司章程规定而无效,极憩公司则认为后一份股东会决议召集程序不合法,参加人数不够,应属无效。

再审法院认为,本案法律关系为公司证照返还纠纷,涉及问题是郑某某能否代表极憩公司起诉。鉴于两个股东会决议对选任法定代表人存在冲突,应首先确定两个决议的效力,在没有确定股东会决议效力的情况下,法院无法认定郑某某能够代表极憩公司起诉。因此,一、二审驳回极憩公司的起诉并无不当。

(三)诉讼性质与管辖

公司证照返还之诉属于侵权之诉,按照被告住所地、侵权行为发生地确定管辖法院。

例8。天津市德意西锅炉技术咨询服务有限公司与邢某公司证照返还纠纷案[(2020)津民辖54号]。2016年5月24日,因被告以夫妻感情破裂为由提出离婚,并告知原告企业所有资料丢失,原告于2016年5月24日向有关部门登报声明丢失及备案。后原告发现被告于2017年12月20日给其他公司提供过原告丢失声明备案前的公章和法人章,为维护合法权益,向法院提起诉讼。

天津市东丽区人民法院认为,本案属于公司证照返还纠纷,适用民事诉讼法一般地域管辖的相关规定确定管辖法院,即应由被告住所地法院管辖。因被告住所地位于天津市河东区,将本案移送至天津市河东区人民法院处理。天津市高级人民法院认为,本案属侵权纠纷,被告住所地和侵权行为地法院对本案均有管辖权。原告主张邢某占有公司证照的行为侵犯其权利,故原告住所地为被诉侵权行为地。原告住所地位于东丽区,因而天津市东丽区人民法院对本案有管辖权,该院裁定将本案移送河东区人民法院处理欠妥。

(四)举证与抗辩

为主张证照返还,原告需证明:

其一,被告现时占有证照。

其二,被告无权占有证照。

其三,被告无权占有行为影响公司正常经营、损害公司利益。原告需证明占有人拒绝返还证照对公司正常经营造成了实质影响,如导致公司无法办理银行账户年检、无法正常开具发票等。如占有人持有证照并未对公司利益造成损害,法院可能认为返还证照缺乏必要性。当然,如深究物权法原理,证照返还请求无须以造成公司损害为前提,损害乃是赔偿责任的构成要件。

被告的抗辩则集中在:

其一,被告并未实际占有证照,或证照已被转交他人。

其二,被告系合法占有人,有合法的占有权。

总体上看,由于证照种类多、保管和使用缺乏明确法律规定,实践中原告往往难以直接证明被告持有证照,这是法院不支持原告诉请的重要原因之一。

(五)裁判依据:多部门法的适用

证照返还之诉的请求权基础主要为返还原物请求权、相关合同(如委任合同)中的返还条款等,其中最常用、最主要的请求权基础便是《民法典》第235条:

> 无权占有不动产或者动产的,权利人可以请求返还原物。

此外,法院通常还会援引《公司法》、公司章程中有关证照管理、董监高证照使用的相关条文或规定。

(六)司法立场

公司证照返还诉讼多因公司治理纠纷尤其是控制权争夺而生,诱因包括法定代表人变更、控股股东更替、董监高免职、决议效力争议等。

对于此类案件的审理，法院通常会尽量尊重公司的自治安排，不轻易干预。有法院就此提出了合法原则、尊重公司自治原则、保障公司经营稳定原则的要求，旨在弱化证照返还纠纷对公司正常经营的影响。比如，如公司内部存在关于证照管理的规定，法院会优先依据相关规定判定返还义务。

此外，证照返还之诉的执行难度较大，即使法院判决证照返还，执行过程中亦可能面临占有人拒不配合的情况，故公司应及时申请法院强制执行。从尽可能降低诉讼对公司的不利影响的角度而论，在诉讼程序终结前申请保全和先予执行，也非常值得尝试。

例9。（2020）湘0621民初2322号案中，原告万家居公司向法院申请先予执行，请求将两被告持有的万家居公司营业执照、公章、合同专用章、财务专用章、发票专用章等先予执行给原告，湖南省岳阳县人民法院裁定将被告咸某、登峰公司持有的原告万家居公司公章、合同专用章、财务专用章、发票专用章等先予执行给原告万家居公司。同年2月2日，原告公司财务人员徐某（系被告登峰公司委派在原告公司的财务人员）将保管于公司财务室保险柜内的万家居公司公章、财务专用章、合同专用章、发票专用章各一枚，在法院执行人员的见证下向原告法定代表人张某某移交。

09

第九篇

董监高的任职、信义义务

分篇一
法定代表人

尽管本书坚持一个严格的体系性，但前文还是不可避免地多处涉及法定代表人制度要点，这是因为法定代表人制度在中国公司法上的极端重要地位，可谓牵一发而动全身，在许多场合下都是不可回避的话题。纵然如此，本分篇还是独立安排"法定代表人"的专场，用 18 问、52 页、约 5 万字的巨大篇幅，描述这一独具中国特色的公司法律制度。

实务中，法定代表人在公司内部的法律纠纷主要发生在民营公司。国有公司实行党的领导，推行严格的组织人事制度，法定代表人是党领导下的组织人事制度之一，较少发生公司内部的法律纠纷。

本分篇共设 18 问，围绕公司的代表机关、法定代表人制度设计而展开，兼顾公司内外的法律问题。

001　公司是如何对外表意的？

一、公司是拟制法人

《民法典》将民事主体分为自然人、法人以及非法人组织三类，公司作为企业法人、社团法人，是法律拟制出来的一个抽象主体。自然人拥有自己的头脑，如要为某个民事法律行为，如签订买卖合同、结婚、订立遗嘱、发出悬赏广告等，都会形成自己的内心意思，然后通过对话、书信、电子通信等方式将其表示于外，与这个社会发生连接，与他人发生相应的法律关系。同样，作为民事主体的公司法人亦需对外为签订合同、履行合同、解除合同等行为。值得追问的问题是，公司作为抽象的法人组织体，没有自然人所拥有的具有逻辑思维能力的头脑，也即自身并无意思表示的能力，那么它如何去形成、执行自己的意思呢？

答案在于法人机关。首先，公司法人的意思依托于某个自然人组成的独任制法人机关、多个自然人组成的集体制法人机关，这些自然人有能力基于决定、决议的方式形成相应的意思表示，此即公司法人的意思表示。这些法人机关包括权力机关、执行机关、监督机关等，大致对应的就是股东会（一人股东）、董事会（一名董事）、监事会（一名监事、审计委员会）。

那么，这些意思表示形成后，有的在公司内部就发生了相应的法律效力，即形成、变更、终止了相应的法律关系。比如，股东会通过的修订公司章程的决议，所形成新的公司章程作为公司宪章，约束公司、股东、实控人、董事、监事、高管等；又如，股东会通过的分红决议，会在公司与股东之间形成一种债的关系，公司负有义务依照分红决议将分红款支付给股东，否则将构成债的不履行；再如，董事会通过的选聘总经理、决定总经理薪酬的决议，就可以在公司与总经理之间形成委托合同关系，至于双方实质签署委托合同与否，不影响该委托合同的成立。

但问题是，有些意思表示还需要借助某种机制对外作出。

举例。A公司股东会通过了为B公司欠付C银行的10亿元债务提供保证的决议，还需要有人负责执行该意思表示，将其表达于外，也即对外与此处的C银行签署保证合同。那么，应由谁负责对外作出表示呢？答案就是代表人与代理人，也即需要有自然人充任法定代表人、代理人并以公司名义去协商谈判、签订合同、履行合同。

二、代表人与代理人：比较法

在英美法与大陆法的多数国家、地区中，以公司法人名义对外表意的自然人就是代理人（agent），公司是委托人（principal），适用委托代理关系。这些国家、地区的法律并没有进行代理与代表的划分，而且，法律对公司代理人的资格以及人数也不设限，全由公司自己决定。只要是公司的雇员，上至董事长、总经理，下至公司的业务员都得成为公司的代理人。一般来说，只要是公司职员在其职权范围内以公司名义作出的法律行为，其效果便可归属于公司。

需要指出，公司如果聘任其职员以外的人（如外部律师），或者授权其职员超出职务所对应的职权（如贸易公司授权业务员出售公司的办公大楼）为法律行为，也无不可。但是，这已经不属于公司的职务代理，而是普通的民事代理，任何民商事主体均可为之，不独公司法人专享。所以严格而言，公司法上公司表意机制的代理仅指职务代理。

但在东亚地区,以公司的名义对外为法律行为的人被一分为二,一种人称为(职务)代理人,其以公司名义对外为法律行为,构成职务代理行为,适用代理法则;另一种人称为代表人,其以公司名义对外为法律行为,构成代表行为,适用代表法则,由于该代表人的代表权限与担当人都是法律规定的,故又称为法定代表人。因此,也就有了代表与代理的制度分野。同样需要指出,此处的代理,也是公司法上公司表意机制的代理,故而仅指职务代理。

韩国、日本、我国台湾地区及我国私法上都适用代表与代理的"双轨制"。

三、我国公司的对外表意三机制

(一)民事代理人的委托代理

《民法典》第161条是关于民事代理的一般规定:

民事主体可以通过代理人实施民事法律行为。

依照法律规定、当事人约定或者民事法律行为的性质,应当由本人亲自实施的民事法律行为,不得代理。

其第162条又规定:

代理人在代理权限内,以被代理人名义实施的民事法律行为,对被代理人发生效力。

现实生活中,任何民事主体都可以借助于其他民事主体的代理行为来拓展自己行为的空间、时间与能力,如张三可以委托李四办理个体户登记事宜,李四可以委托律师王五参与离婚诉讼等,公司法人也不例外。具体而言,公司利用民事代理的情形根据其委托的受托人(代理人)身份不同而可以类型化为两种:

一是委托公司的工作人员进行民事代理行为。比如,A公司委托本司法务部员工小王参与民事诉讼、商事仲裁活动,或者授权其以公司名义签订一份采购合同。

二是委托公司工作人员以外的人进行民事代理行为。比如,A公司委托B律所的C律师参与民事诉讼、商事仲裁活动,或者授权其以公司名义签订一份采购合同。

由上可见,公司利用民事代理时,受托人可以是本司工作人员也可以是外部人员,受托人从事的行为可以是公司业务(营业)活动,也可以是其他活动。在此的疑问是,如果受托人是本司工作人员,其民事代理行为与后文的职务代理行为又如何区分呢?这是一个好问题,但回答很简单。如果该工作人员在其职权范围内(与其职位相配)为代理行为,就是职务代理,否则就是民事代理。现实生活中,二者的区分有一个形式化的标准——民事代理行为由于超出工作人员的职权范围,所以需要出示公司的授权委托书,而职务代理行为不需要。

(二)法定代表人的代表行为

法定代表人及其代表行为,规定在《民法典》第一编"总则"第三章"法人"之中,第61条曰:

依照法律或者法人章程的规定,代表法人从事民事活动的负责人,为法人的法定代表人。

法定代表人以法人名义从事的民事活动,其法律后果由法人承受。

法人章程或者法人权力机构对法定代表人代表权的限制,不得对抗善意相对人。

(三)职务代理人的代理行为

职务代理,规定在《民法典》第一编"总则"第七章"代理"之中,第170条曰:

执行法人或者非法人组织工作任务的人员,就其职权范围内的事项,以法人或者非法人组织的名义实施的民事法律行为,对法人或者非法人组织发生效力。

法人或者非法人组织对执行其工作任务的人员职权范围的限制,不得对抗善意相对人。

上述两个条文的构造是不是基本雷同?但就其内容而言,既有区别又有类似点。基于其重要性,此处予以一一展示。

其区别在于:代表行为的担当人是法定代表人,法定代表人是"依照法律或者法人章程的规定,代表法人从事民事活动的负责人",具有身份性,也即肯定是公司的内部人员,且具有身份的法定性——专门"代表法人从事民事活动的负责人",以及人数上的唯一性——负责人(对此二性,后文还有详细分析);代理行为的担当人是公司职员(雇员、员工),职员就是"执行法人工作任务的人员"——也具有身份性,但不具有身份的法定性,人数上则具有多元性——对于一家大公司而言,职员可能有成千上万人,上至总经理(不担任法定代表人的),下至业务员。

其类似首先在于:对于代表行为而言,法定代表人以法人名义从事的民事活动,"其法律后果由法人承受";对于代理行为而言,职务代理人以法人名义实施的民事法律行为,"对法人发生效力"。总之,大致上代表行为、代理行为的法效都归属于公司法人。

其类似其次在于：都适用商事外观主义，也即公司内部的职权限制不得对抗善意相对人——无论是来自"法人章程或者法人权力机构"对法定代表人代表权的限制，还是"法人"对执行其工作任务的人员职权范围的限制，都不得对抗善意相对人。

上述讨论，以第二点最为重要。貌似代表和代理的法律效果大致相同，但其实《民法典》第61条第2款后半句与第170条第1款后半句表述的法效归属机制并不相同：

"其法律后果由法人承受"

PK

"对法人或者非法人组织发生效力"

那么，这两个表述差异的背后，蕴藏了何种实质性不同的机理？

详情请看下问。

002　法定代表、职务代理有何区别？

一、实质区分：代表关系与代理关系

法定代表人与职务代理人及其代表、职务代理行为存在什么样的区分？回答该问题仍然要回到《民法典》第61条与第170条的规定上来。

民法上的代理与代表有很多区别，为本问的写作目的所限，这里择要介绍，以有助于读者理解后文的内容。

（一）三方当事人之间的代理关系

代理是三方主体之间的法律关系，其中一方称为代理人（受托人），另一方称为被代理人（委托人），第三方称为相对人，三方当事人形成一个三方结构：一是被代理人与代理人之间的内部关系；二是代理人与相对人之间的代理关系；三是被代理人与相对人之间的法律效果归属关系。比如，张三委托李四以张三的名义去和王五签订一个买卖合同，虽然合同的当事人是张三、王五，最终合同约束张三、王五双方，但是，代理人确实是一个独立的第三方，代理人实施代理行为时也是一个独立的民事主体，具有独立的法律人格、独立的意思能力，代理人在代理权限范围也仅在代理权限范围内且以被代理人名义所从事的民事法律行为，其法律效果才能约束被代理

人,否则就是代理人的自己行为,法律效果归属于自己,与被代理人没有关系。正是基于以上机理,《民法典》第一百七十条使用了"对法人或者非法人组织发生效力"的表述。

(二)两方当事人之间的代表关系

代表关系是两方关系。首先,法定代表人对外以公司名义从事民事活动时,与公司之间并非代理关系而是代表关系,且其代表职权来自法律、章程的授权,也即来自其作为法定代表人的身份,而非法人的委托授权,故不需要公司的授权委托书。其次,法定代表人对外代表行为即为公司自身行为,其后果自然应由公司承受,而不是再行对法人进行约束,故而《民法典》第61条使用了"其法律后果由法人承受"的表述。最后,法定代表人在代表关系中,并不是独立的一方当事人,而是视为法人的化身,故而代表关系中的两方当事人是被代表人与相对人,代表人本身不是一方当事人。比如,A公司与B公司签约,那A公司的法定代表人张三以A公司的名义与B公司的法定代表人李四经办签署合同,张三、李四的地位如何呢?正确答案是都不是一方当事人,合同当事人是A、B公司。

二、代表权限与职务代理权限

进一步的追问是,法定代表人的代表权与其他人的职务代理权在范围上有何区别?此外,在职务代理体系下,上至副董事长、总经理,下至普通业务员,职务代理权限是否存在差异呢?这些问题都被《民法典》第170条的"相应的职权"一笔带过,足见立法的高度抽象性或曰粗糙性,根据《民法典合同编通则司法解释》的规定简要总结如下:

就公司一般的业务代理权而言,法定代表人与职务代理人均可为之。比如,保险公司就其业务一份商业保单之签署,上至法定代表人可为之,下到一个业务员也可为之。即便公司章程、法人机关文件等对于可为代表、代理行为的人员有意定限制,也不得对抗善意第三人。如果出于对一个重要客户的一份金额巨大的保单的尊重,公司安排法定代表人出面签约以示隆重,那也仅仅是商业上的某种功利性安排而已,并不是法律要求使然。

三、代表担当人与职务代理担当人

总之,判断一方当事人是不是独立的民事主体是区分代理关系和代表关系的关键,我们要充分理解《民法典》把法定代表人和职务代理人区分设置的理念。在我国实践中,副总经理、部门主任、副主任等中层干部直至业务员(市场部员工)如果以公司的名义对外签订合同,一般均属于代理关系,应当适用《民法典》第170条关于职务代理的规定。但唯独有一个人称为法定代表人,不论是由执行董事还是总经理来担任,他以公司名义对外签订合同就属于代表行为,并不适用《民法典》第170条,而应当适用《民法典》第61、62条以及2023年《公司法》第11条。

003　如何理解法定代表人的唯一性、法定性?

一、唯一性

(一)比较法

从比较法来看,各国公司法上的法定代表人模式主要分为以下几类:

一是共同代表制。如德国《股份法》第78条,除非公司章程有相反规定,董事会成员应该共同对第三人进行意思表示。

二是多元代表制。如日本《公司法典》第349条,董事为2人以上时,董事各自代表公司;也可以基于公司章程规定的董事互选或者股东大会决议决定1名以上的代表董事。可见,日本公司法允许设立两名及以上董事代表公司对外执行事务。比如,一个日本的公司有5个董事,可能有3名董事称为董事,还有另外两名董事称为代表董事,这两个代表董事对外以公司的名义从事民事活动时就适用代表制度,另外3名董事如果以公司的名义从事民事活动可能就适用代理制度。

三是任意代表制。美国、奥地利、意大利、瑞典、瑞士等国家对公司代表人的资格以及人数不作规定,完全由公司自己决定。

四是唯一代表制。例如,法国《商事公司法》第113条,只有董事长可以对外代表公司。

(二)中国法

从1986年《民法通则》甚至更早的时期,我国一直实行唯一代表制,也即法定代表人只能是一人。唯一制的实质是"首长制",效率固然是其不可忽视的重大优势,但可能导致的公司寡头政治则是最大的担忧。比如,一旦发生股东内斗、公司僵局,法定代表人的争夺必然成为一个"卡位之战"。另外,一旦法定代表人与公司发生纷争,则有可能成为一个无解的局面。比如,法定代表人损害公司利益,公司拟起诉之,谁来代表公司?这就成为一个死结性的问题。而如果法定代表人辞职,则公司可能面临无人代表的尴尬境地,其反噬效应在于,此时法定代表人可能欲辞而不能,也是一种"痛不欲生"的存在状态。

二、法定性

"法定代表人",顾名思义,该代表人就是"法定"的。总结起来,其法定性有三层意思。

(一)担当人的法定性

担当人的法定性,从 1986 年《民法通则》、1993 年《公司法》到 2023 年《公司法》,经历了三个宽严不同的模式,但始终不离法定性。

1986 年《民法通则》第 38 条、1993 年《公司法》第 45 条规定,担任公司法定代表人的人选只能是董事长(或者不设董事会的执行董事)。

2005 年《公司法》第 13 条规定依照公司章程的规定,由董事长(或者不设董事会的执行董事)或者经理担任,也即候选人扩大到最多两个人(假设董事长、执行董事不兼任总经理)。

2023 年《公司法》第 10 条规定按照公司章程的规定,"由代表公司执行公司事务的董事或者经理担任",这就扩展到若干人。总之,公司法规定的候选人范围一直以来有所扩展,但公司章程只能在此群体内选择一人担当。

(二)代表权限的法定性

法定代表人的代表权限,应由法律规定,但我国所有的立法均未直接正面地如股东会、董事会、监事会、经理那样列出一个权力清单,那么法定代表人的法定权限到底何在?这确实需要厘清,读者们都有这个疑问与寻求答案的需求。《民法典合同编通则司法解释》第 20 条第 1 款、第 2 款规定:

法律、行政法规为限制法人的法定代表人或者非法人组织的负责人的代表权,规定合同所涉事项应当由法人、非法人组织的权力机构或者决策机构决议,或者应当由法人、非法人组织的执行机构决定,法定代表人、负责人未取得授权而以法人、非法人组织的名义订立合同,未尽到合理审查义务的相对人主张该合同对法人、非法人组织发生效力并由其承担违约责任的,人民法院不予支持,但是法人、非法人组织有过错的，可以参照民法典第一百五十七条的规定判决其承担相应的赔偿责任。相对人已尽到合理审查义务，构成表见代表的，人民法院应当依据民法典第五百零四条的规定处理。

合同所涉事项未超越法律、行政法规规定的法定代表人或者负责人的代表权限，但是超越法人、非法人组织的章程或者权力机构等对代表权的限制，相对人主张该合同对法人、非法人组织发生效力并由其承担违约责任的，人民法院依法予以支持。但是，法人、非法人组织举证证明相对人知道或者应当知道该限制的除外。

对于以上两个条款的简要解读是：

1. 法定限制。第一款，对于公司法等法律规定属于股东会、董事会的职权范围内的事项，除非公司章程、股东会决议等有转授权的，否则，法定代表人对外为这些事项，属于越权行为。简言之，股东会、董事会职权内的事项，法定代表人不要触碰，不属于其代表权限。

2. 意定限制。第二款，如公司章程、股东会决议等对于本应属于法定代表人的代表权限有限制的，该限制是有效的；如逾越该限制，构成越权行为。但是，对外不得对抗善意相对人，此即构成表见代表，该代表行为仍然约束公司。

三、严格的唯一性、法定性之弊

我国历来采取法定制、一元制的法定代表人制度，只允许在符合条件的候选人中选取一人担任公司的法定代表人，并对外代表公司为营业、诉讼以及其他重要事务。相较而言，比较法上复数法定代表人制度的最大优势在于，可以避免仅有一人而带来的寡头僵局。我国法定代表人制度源自传统国企的厂长经理负责制，其制度精髓就在于突出行政首长负责人的唯一制，保障企业对外意思的一致，在计划经济时期可能优势突出，但"利之所在，弊亦随之"。在过去30多年的社会主义市场经济体制运行中，法定代表人的严格法定性、唯一性越发显示出其弊端，诸多纠纷由此滋生。有鉴于此，我国法律发展出治理流弊的诸多配套措施，但是付出的制度成本依然较大。

004　代表权限清单？

一、法定代表权清单

清查我国现行 300 多件法律（狭义）、1000 多件行政法规以及与公司企业法相关的 100 多件行政规章，也很难梳理出法定代表人的法定代表权清单。如果进一步结合我国司法机关的通常做法以及以市场监督管理局为代表的行政执法机关的实践经验，可以总结出现有法定代表权的清单大致是：

1. 对外为诉讼行为，如公司起诉，需要法定代表人签署起诉状、仲裁申请书、上诉状、申诉状等文书并提供其身份证明；

2. 对外为行政相关行为，如申请商事变更登记，需要法定代表人签署申请书并提供其身份证明；

3. 非日常经营业务的重大行为，如公司对外投资、对外担保、对外财务资助、对外捐赠等，需要法定代表人出面为之；

4. 公司的重大组织性行为，如公司为分立、合并、重大资产重组、重大资产转让，需要法定代表人出面为之；

5. 公司内部的重要权证签署，如依据《公司法》的多个条文规定，公司的出资证明书、股票、债券等需要法定代表人签名。

以上五类权限，第一、二类属于与司法机关、行政机关等公权力机关打交道的行为；第三、四类属于对外的重大民事法律行为；第五类具有一定的内部性，但也是外部交易行为。严格来说，在出资额认购、股份发行、债券发行的场合下，公司与将来的股东、债券所有人之间也是外部的交易关系，法定代表人签署出资证明书、股票、债券等行为是公司出资额认购、股份发行与债券发行等交易行为的一个环节。

下面分述之。

二、代表公司参与司法诉讼的权力

如前所述，无论公司主动提起诉讼、上诉、再审申请、申诉、反诉，还是提出仲裁申请、反申请，以及作为第三人参与诉讼，法院、仲裁机构都会要求公司法定代表人签署相关诉讼文书。由此可见,代表公司进行诉讼的权力,专属于法定代表人。从公司角度而言,法定代表人代表公司提起诉讼、仲裁以及参加诉讼、仲裁无须特别授权,只需向法院、仲裁机构递交有其签字的相应的诉讼文书,附上加盖公司印章的法定代表人身份证明即可。二者缺一不可,互为证明。

更为重要的是,实务中可能会出现公司股东内斗、管理层内部分裂的情形,一派人掌握公司印章,另一派人占据法定代表人的职位。由此,在诉讼、仲裁中有可能会存在这么一种奇特的局面:掌握了公司印章的一派人提交诉讼、仲裁的相应文书并加盖公司印章,但法院却同时接到了法定代表人签署的撤回起诉、仲裁的申请,或者类似情形,此时法院如何处置?主流的法院做法是以法定代表人的意见为准。

办案札记。一家公司的大股东担任公司董事兼法定代表人,因构成犯罪被判处20年有期徒刑,其他股东则较为软弱。有个既非股东也非高管、债权人的外来者利用地缘优势趁机控制了这家公司(中国公司治理实践中实控人样态的丰富度远非立法者、象牙塔里学者的想象力能及),且操纵这家公司的很多诉讼以谋取不法利益。案件发生,小股东代表找到著者请求代理。经过一阵紧急运作,著者成功获取在监狱服刑的法定代表人的授权委托书并经过公证。然而,当著者作为兼职律师进入某地中级人民法院第13法庭时,却发现由外来者安排的当地律师已经当仁不让地坐在该公司的代理人席位。开庭后,法官循例询问当事人及其代理人身份,待轮到该公司时,审判长可能因发现两位代理人的律所不一致,于是顺带询问是否共同代理,著者则赶紧抓住这一宝贵机会大声回答"我不认识另一位同行"。审判长的表情有些诧异,当地那位律师也毫不示弱地说也不认识著者。这下子有些热闹了。著者抓住时机快速讲明了这家公司的奇特境遇,并表示自己持有法定代表人签署的经过公证的授权委托书且已提交法官助理,当地律师也表示自己的授权委托书是经过公司盖章的。三位法官略显惊愕,于是宣布休庭,一屋子人静静等待合议庭的下一步裁断。四十分钟后,审判长招呼著者与当地律师到法庭旁边的会议室谈话,坐定后审判长首先指向我说,"这位李律师出示的法定代表人授权委托书,经我们查验是真实有效的,至于你……",审判长目光转向当地律师继续道,"你的授权委托书所盖公章,我们也不知道真假,更不知道谁来加盖的,所以……""所以,我应该离开",说话间,这位当地律师已经起身走出了半步,然后决绝地离开了会议室。就这样,一场代理人资格大战结束了。

需要指出,法定代表人代表公司参与的诉讼,不唯民事诉讼,还包括行政诉讼与刑事诉讼(单位被告人、单位被害人);代表公司参与仲裁,不仅指向商事仲裁,还有劳动仲裁,以及商事调解等准司法活动。

三、代表公司处理行政事务的权力

公司在与市场监督管理局、税务局等行政主体打交道办理行政事务时,行政主体也认定由法定代表人代表公司,无须任何额外文件授权,只要法定代表人能够证明自己的身份即可。《公司法》第32条规定法定代表人的姓名属于公司应当登记的事项,因而法定代表人只要提交其身份证明,或者由行政主体通过查询公司登记事项验明其身份,便可直接代表公司处理相关行政事项。如公司的其他工作人员前往行政机关办理相关事宜,则需要递交盖有公司印章的授权委托书等文件以证明自身可以代表公司。最为典型的就是读者熟悉的商事登记事务。公司申请变更登记的,需要法定代表人签署变更登记的申请书,如此登记机关才会受理该申请。

四、代表公司为非日常业务的重大经营行为的权力

(一)日常业务的代表权

首先需要说明,法定代表人当然可以代表公司从事公司日常业务经营的行为。假设A公司是一家保险公司,那么从整个经营系统来看,上至总经理下至保险业务员有没有权力以公司名义签署一份保单,答案是肯定的。有没有权力以公司名义采购一大批工作服,回答:业务员不具有,除非公司特别委托授权之,采购部主任、主管副总经理、总经理可否?回答是肯定的。有没有权力以公司名义出租公司办公大楼或者租赁一栋办公大楼,回答:采购部主任不可以,至于主管副总经理,可能存疑,总经理则是可以的。那么,最后的一个问题是,上述所有行为法定代表人可否为之,回答应该是肯定的。

(二)非日常业务的重大经营行为的代表权

非属于公司日常业务的重大经营行为,包括不兼任法定代表人职位的总经理在内的高管未必有权力代理公司为之,除非公司对其进行特别委托授权——但这不属于职务代理的范畴,而属于民事代理,制度成本很高。因此,原则上来说,以公司名义对外为这些行为的担子,就责无旁贷地落在了法定代表人身上。

非日常业务的重大经营行为,具体指向哪些呢?不同的公司既有共性,也具有差异性,结合我国的司法经验与法律共同体的一般认识,这些行为主要是指:

1. 公司对外的投资行为(《公司法》第 15 条),专业投资公司除外;
2. 公司对外的担保行为(《公司法》第 15 条),专业担保公司除外;
3. 公司对外的财务资助行为(《公司法》第 163 条),商业银行等除外;
4. 公司对外的捐赠行为,捐赠法人除外。

比如,公司对外为第三人债务提供担保(或保证)的,无论是《九民纪要》还是《民法典担保制度司法解释》,都将代表公司签署担保合同的义务当然地归属于公司的法定代表人。实务中,银行也均要求由法定代表人签字,并同时出示公司关于该项担保的决议(股东会或者董事会的决议),否则将不予接受。那么,一个额外的问题是,如果法定代表人因某种原因不便签字,可否由不担任法定代表人的总经理、副总经理代为签署?当然也是可以的,但是银行需要总经理、副总经理不仅出示公司决议,还需要出示公司为此出具的特别授权委托书。我国商事担保的实践经验与一般做法,大致如此。

五、代表公司为重大组织性行为的权力

公司合并、分立、解散、清算或者变更公司形式等事宜不属于公司的经营事项,而是重大的组织性事项。此类行为原则上需要股东会以特别多数决的方式作出决议,并由法定代表人代表公司对外作出意思表示。可以说,该情形下的对外权力当然归属于法定代表人,也唯有法定代表人有权为之,其余主体均需要公司的特别授权。

六、代表公司签署重要权证的权力

《公司法》第 55 条规定,有限公司成立后应当向股东签发出资证明书,出资证明书应由法定代表人签名,并由公司盖章。另外,如股份公司对外发行纸质股票以及两类公司发行纸质债券的,《公司法》第 149 条、第 196 条规定亦须法定代表人签名。

005 在公司内部有什么权力?

一、问题的提出

虽然法定代表人为公司控制权之钥,对外享有代表权,但法定代表人在公司内

部是否并未配置任何权力呢?

这是很多读者都容易忽略的问题,或者想当然地认为,法定代表人当然应为公司的"老大",在公司中自然也是说一不二的人物。实际的情形却非如此,上问所讲的是法定代表人的对外代表权,并没有涉及其在公司内部的任何权力。如果某个法定代表人在公司内部也是"老大",那么不是因为其为法定代表人,而是因为他担任了董事长、执行董事或总经理,也有可能是党委书记(国有公司)等职务,甚至其本身即为控股股东、实际控制人。

说到底,法定代表人这个职位是对外的,而不是对内的。现实生活中,公司安排某人担任法定代表人,仅仅是为了让其对外代表公司,而在公司内部并不具有任何经营管理实权,人们谓之礼仪性法定代表人,这与德国、意大利等实行内阁制国家的总统一样,并无任何实质性的行政权力,仅仅行使代表公司的象征性权力。当然,这一状况是法定代表人制度异化的产物,其本身并不合理,更不符合《公司法》关于我国公司法定代表人的制度预设。因为《公司法》第10条规定只有执行董事、总经理才得担任法定代表人,倘若执行董事、总经理不享有经营管理实权,自然是不正常的。

但是,即便由董事长、执行董事、总经理兼任法定代表人,法定代表人就具有经营管理公司的实权吗?回答仍然是否定的,或者说不一定。讨论该问题就需要我们在观念上区分作为公司职务的法定代表人与作为公司职位的董事长、执行董事、总经理,两者是截然不同的概念。

二、法定代表人背后的管理职位

法定代表人如果享有公司内部的经营管理大权,并非当然由于其担任了法定代表人,而是因为其担任了董事长、执行董事、总经理等管理职位。质言之,公司实务中,某个自然人担任了董事长、执行董事、总经理等某项管理职位的同时兼任法定代表人,虽然其所享有的公司内外的大权令人眼花缭乱,但我们应当有意识地去区分或者辨识出哪些权力是基于法定代表人职务,哪些权力是基于董事长、执行董事、总经理等管理职位。如果某人担任了董事长、执行董事、总经理等管理职务,却不兼任法定代表人,那么,即便其享有公司内部的经营管理大权,却不当然享有对外的法定代表权。

我们大可将董事长、执行董事、总经理等职位视为本,或者皮,法定代表人职务视为末,或者毛,正所谓本末不能倒置,"皮之不存,毛将焉附"。所以《公司法》第10条第2款规定"担任法定代表人的董事或者经理辞任的,视为同时辞去法定代表人"。可见,本末、皮毛之定位,早已有了定论。

三、打回原形:作为职务的法定代表人

于是,我们可以下结论,法定代表人如无具有实权的董事长、执行董事、总经理等职位在背后,自然不过是仅具有抽象的对外代表权的象征性职务。如果读者能够看破这一点,也就不难理解近十年来为何在实际生活中涌现出诸多傀儡法定代表人、礼仪性法定代表人,甚至出现被冒名的法定代表人——某人被公司实控人登记为法定代表人,但其本人多年来却浑然无知。如此咄咄怪事,固然是有人玩弄公司法于股掌之间所致,但也与我国法定代表人制度的痼疾不无干系。

四、公司法的正式制度安排:职位与职务的融合无间

实务中法定代表人的种种怪象,实在出乎立法者之意料。而立法者对于公司法定代表人制度的本来设计,实际上是非常严肃的:《公司法》第10条第1款既然强调只能由执行董事或总经理担任法定代表人,也就保障了该人即便不是公司的"老大"(董事长等),也至少是管理层的实权人物,"一人之下,万人之上"。由此可以实现法定代表人的内部经营管理权与外部代表权合二为一,至少也是相匹配的,此为公司法制度所预设的底线。

可惜,这一底线,在实务中由于部分地方市监局的不坚持发生变异。比如,有些市监局接受公司登记申请时,竟然接受不担任公司董事或总经理的副总经理乃至更低管理岗位的人出任法定代表人,这是在根本上违反《公司法》第10条第1款的行为,属于滥用职权的体现,应该被依法问责。唯有如此,法定代表人在《公司法》中的正式制度设计才能得到不折不扣的落实,冒名法定代表人、礼仪性法定代表人的乱象才能休矣。

回到正题,坚持法定代表人在公司内部的经营管理实权与在公司外部的法定代表权的匹配,在公司法上具有何种价值?质言之:如果法定代表人无权参与公司内部的重大经营管理决策,其又怎能对外堂而皇之地代表公司为上述重大法律行为呢?这必然会产生权力的变异,最后导致不负责任、乱负责任的"无权决策""无权代表"的局面。

政者，正也；所谓守正出奇，先贤古训言犹在耳，不可不信，不可不执。欲戴王冠，必承其重；欲担其责，必赋其权，西人的哲理，也不可不习，不可不鉴。

006　职权可以转授给他人吗？

一、问题的提出

公司法定代表人的职权可否概括授权给他人，也即直接授权他人代为履行法定代表人的职责，行使法定代表人的职权？

这涉及公司法上的一个核心问题，公司法人机关及管理职位的职权可以转授给他人行使吗？前文详细讨论过股东会职权转授权给董事会的问题，实务中还存在董事会职权转授给董事长、总经理个人行使，董事长职权转授给副董事长、总经理行使，以及本问要讨论的法定代表人职权授权给他人行使的问题，我们统一称之为"公司法上的转授权问题"并在本问一并展开讨论。

二、概括授权不可行

有一种意见认为，只要概括授权系法定代表人的真实意思表示，没有违反法律的强制性规定，就应当被允许；既然是归属于法定代表人的职权，权力主体当然能够转授给他人行使，法无禁止即可为也。

但是，这种意见忽视了法定代表人产生、变更的法律要求。一方面，概括授权不同于"一事一议"的授权，其在性质上无异于私自选任第三人担任公司的法定代表人，属于私法上的公权私相授受；另一方面，法定代表人这一职务的产生、变更是有明确的法律要求的，必须符合公司章程以及法律的规定，不是只要获得转授权某人就可以随随便便出任法定代表人。展开而论：

首先，从法定代表人本身的产生程序来说。无论是有限公司还是股份公司的章程，《公司法》第46条、第95条都规定应当记载法定代表人产生、变更的办法，这意味着如果由不同职位的人担任法定代表人，可能需要以修订公司章程为前提，而修订公司章程必须符合法定的程序——召开股东会通过特别决议等。又根据《公司法》第35条的规定，公司变更法定代表人的要随即申请变更登记。

其次，从法定代表人背后的公司职务来说。法定代表人根据《公司法》的规定只能由执行董事、总经理担任，具体人选的产生程序要遵循《公司法》、公司章程的规定，需要股东会、董事会决议等，显然不是任何人都可以担任，更不是现任法定代表人可以决定的。

最后，从司法实践的应然要求来说。法定代表人如果由董事长担任，根据《公司法》第 63 条等的规定，如果董事长因故无法主持股东会会议，应当由副董事长主持；副董事长不能履职或者不履职的话，可以由半数以上董事共同推举一名董事主持。《公司法》第 72 条所规定的董事会会议的情形大致类似。可见，如果董事长（法定代表人）的职权允许概括授权，则可以轻而易举地绕开《公司法》关于董事长职权让渡（赓续）的一系列法律规定。

三、最高人民法院的裁判立场

在广西金伍岳能源集团有限公司（以下简称金伍岳公司）、广西物资储备有限公司（以下简称物资储备公司）确认合同无效纠纷再审一案，物资储备公司的董事长兼法定代表人袁某某因涉嫌受贿罪被监视居住，其间签发了一份授权委托书，将其董事长、法定代表人的职权授权给公司另一董事丁某某，"代为行使公司董事长和法定代表人职权、保管公司公章印鉴并依法开展公司经营活动"。后丁某某代表物资储备公司将该公司享有的一个债权转让给其股东物资公司（持股 38%），持股 22% 的股东金伍岳公司不认可该被转授权人丁某某代表公司的债权转让行为，提起诉讼。

一、二审法院均认为，该转授权行为没有可撤销或无效情形，为有效行为。最高人民法院则认为：该授权属于董事长、法定代表人职权的概括授权，违背了公司法关于董事长的相关规定，而且该授权没有获得股东会的决议认可，因此被授权人不能因此获得公司法定代表人及董事长的权限，对外代表公司签署合同的行为属于无权代表行为。而且，在无权代表的情况下，如果不构成表见代表，被代表方亦不予追认，合同则未在被代表方和相对人之间成立，不存在合同生效的前提。概言之，该案丁某某无权代表物资储备公司履行董事长职权，其签订的《债权转让合同》不能代表物资储备公司的真实意思，应认定为无效。

四、延伸的问题：董事长的职权可以概括转授给他人吗

答案也是否定的，其法理与法定代表人的职权概括转授一样。依照前引《公司

法》第63、72条等的规定,董事长不能履行职务或者不履行职务的,由副董事长召集和主持;副董事长不能履行或者不履行职务的,由半数以上董事共同推举一名董事召集和主持。由此足见,董事长作为股东会的主持人和董事会的召集人、主持人,对于公司的总体发展、生产经营等发挥着重要的作用,其法定职权也是法律基于其职位授予的。参照上述规定的精神,董事长因故不能履职时,理应通过法定程序让渡权力或者进行改选,而不能将自身职权直接概括授权于其他人。

读者肯定会问,张三作为某公司的董事长,理应主持某次股东会会议或者召集、主持某次董事会会议。但是,如某次会议线下召开,恰好张三在外地或者在国际航班上,其能否委托给副董事长主持或者召集、主持一次呢?我们的回答是:

首先,董事长应该尽量避免这一情形发生,除非事出紧急且无可转圜,否则没有必要人为制造这一情形,完全可以合理安排时间避免其发生。

其次,如果确实不可避免这一情形,董事长也可以通过电子通信方式线上参加,尽量避免缺席履职。

最后,如果确实不可避免上述情形,董事长个别地委托副董事长等人履职一次,也可以被允许,这区别于我们在此讲述的概括授权的情形。

之所以强调上述履职规范(纪律),实则是有感而发。在著者参与的一些境内上市公司治理日常中,董事长动辄委托副董事长主持会议,自己则"神龙见首不见尾"。轻者说,这是摆谱耍大牌,轻忽公司治理;重者说,这是尸位素餐,较为明显地违反了勤勉义务。试问,一位董事长连股东会、董事会会议都不参加,为何还要占此职位?

007　职位何以成为公司控制权之匙?

一、公司控制权之争

公司控制权之争展示出来的斗争是激烈而感性的。无论是股东内斗,还是股东与管理层之争,争夺印章、争夺财务U盾、争夺营业执照副本等外部控权手段层出不穷。争当法定代表人亦是其中之一,毕竟占据法定代表人职位的一方,总是具有某种优势,透露出法定代表人在公司控制权之争中扮演着某种重要的角色,其职位可谓控制公司之匙。

那么,法定代表人职位何以有如此重大的作用呢?

二、对外代表权在公司控制权之争中的角色

前文已经指出,法定代表人的权力就是对外代表公司的权力,且具有较强的排他性;其本身在公司内部并无当然的经营管理权,如有,也只是因为法定代表人同时担任的管理职位。所以,如果法定代表人职位成为控制公司之钥,那么一定是其对外代表权的重要性所致。

由于法定代表人以公司的名义对外为法律行为,并不需要公司任何的特别授权,仅表明自己的身份即可,而公司的其他员工虽然也享有与其职位相应的代理权(《民法典》第170条),但该代理权仅限于公司正常的业务执行,在公司控制权之争中并无用武之地;一旦超出与其职位相应的代理权范围则属于一般民事代理,需要公司的授权委托书,但该授权委托书的签署人,一般来说就是法定代表人,或者至少加盖公司的公章,而公司公章大概率也在法定代表人的控制之下。

更为关键者,法定代表人的法定代表权具有排他性,由其本人专享,诸如前文所提及的代表公司提起诉讼、仲裁申请、变更登记申请等,这些权力在公司控制权之争中,恰恰都是胜败的关键手。

比如,在股东内斗的场合下,常常涉及公司相应股东的身份认定及其公信力的问题,但依照我国现行法律规定,公司登记事项的变更申请只能由公司本身作出,公司之外的任何主体都不可以。如《公司法》第28条第1款规定:"公司股东会、董事会决议被人民法院宣告无效、撤销或者确认不成立的,公司应当向公司登记机关申请撤销根据该决议已办理的登记。"那由谁代表公司签署变更登记申请书呢? 答案是法定代表人。《公司法》第35条第1款规定:"公司申请变更登记,应当向公司登记机关提交公司法定代表人签署的变更登记申请书、依法作出的变更决议或者决定等文件。"登记执法实践中,市场监督管理局也只认可法定代表人的签字。

又如,公司一旦成功提起针对陷入控制权之争的某个(派)股东、董事、管理层、监事的诉讼,无疑将使后者陷入被动的地位,而参与斗争的另一方坐观诉讼,甚至在背后操作(公司)去进行这一诉讼,成为内斗中的绝对优势方。而向法院提出诉讼、仲裁的,所递交的起诉状、仲裁申请书等均须法定代表人签字,且法院、仲裁机构也需要公司出具证明并加盖公司印章来证明法定代表人的身份。由此可见,掌握法定代表人职位的一方可以轻松地利用公司发起针对对方的诉讼,但是对方却没有运用

此手段的可能,主动与被动之势判若云泥。除此之外,即便对方以自己的名义能够起诉掌握法定代表人职位的一方,后者也可以利用法定代表人的身份优势代表公司,要求以第三人身份参加诉讼,在诉讼中依据法定代表人代表公司选择的诉讼立场而站在被告方,从而起到有力的助攻作用。

更加具象化来说,假设甲乙两派股东争夺控制权,法定代表人是甲派股东指派的人,甲派股东既可以自己的股东身份提起诉讼或者发起诉讼外的活动,也可以公司名义为之,所谓"挟天子以令诸侯",此之谓也。但乙派股东只能采取一些间接的方式如股东代表诉讼等发起弱势进攻。更具体而言,由于甲派股东得以公司名义起诉、参诉,所以诉讼过程中需要支付的诉讼费(仲裁费)、律师代理费、保全费等一系列费用,都可以堂而皇之地由公司账户支出,公司账户一般情况下也确实更加雄厚,这就有些拿公司的钱款去打击对方的意思。但是,乙派股东却只能(至少暂时)动用自己的荷包来支付诉讼费(仲裁费)、律师代理费、保全费等一系列费用。如果诉讼标的额巨大,相应的诉讼费(仲裁费)也颇为大额,对于乙派股东将会构成巨大的压力,导致其有时望而却步,有时知难而退,甚至有的坚持了一审,但难以交付二审的上诉费用,不得已而放弃。

如将诉讼与登记事务结合起来看,目前的制度安排对于不掌握法定代表权的一派股东是不友好的。比如,上例中的甲派股东(多数股东)如果希望通过增资来稀释乙派股东(少数股东)的股权,公司股东会在其控制下作出了增资决议并办理注册资本变更登记,乙派股东后提起股东会决议无效之诉并获得法院判决支持。然而,依据《公司法》第35条的规定,变更注册资本须提交法定代表人签署的申请书,如果此时法定代表人拒不办理,少数股东即便拿到胜诉判决,也将面临下一步维权的难题。

三、与法定代表人在公司内部的权力并无关系

前文已经指出,法定代表人并无当然的公司内部经营管理权;如有,则是其同时担任的管理职位(董事长、总经理、董事兼财务总监等)所享有的经营管理权,与法定代表人职位并无关系。当然,这一申明仅仅具有概念性意义。实际上,如果某公司总经理张三兼任了法定代表人,其享有的对外代表权与在公司内部享有的经营管理权显然是合二为一的,人们很难区分也不必区分哪些权力是他作为法定代表人所享有的,哪些权力是他作为总经理所享有的。"内外兼修"的权力配置,当然使得张三成为任何公司控制权斗争中炙手可热的人物,甚至成为各方胜败的关键手。

古有曹操"挟天子以令诸侯"的顶级战略,今有法定代表人代表公司以令诸股东、管理层,虽并非完全一回事,但多少也有那么些意在其中。

008　越权代表是如何发生的?

看完惊心动魄的公司内斗、控制权之争,我们的目光还是再次回到法定代表人的代表权,关注这项权力带给公司的究竟是福还是祸。

一、有权代表、越权代表

顾名思义,如果法定代表人在法定、意定的代表权范围内以公司名义对外为代表行为,即为有权代表;反之,则为越权代表(无权代表,下同)。有权代表与越权代表都是代表行为,也即法定代表人以公司名义所为的法律行为,否则仅是法定代表人的个人行为,与公司无涉;二者的区别主要在于是否在代表权的范围之内。需要注意,该代表权包括法定的也包括意定的,后者指公司章程、股东会决议等公司自主明确的代表权限。

越权代表又进一步分为狭义无权代表与表见代表,后者是指法定代表人为无权代表行为,但相对人不知道且不应当知道法定代表人越权的事实,基于对法定代表人所行使之代表权的信赖而为法律行为。基于保护动态交易安全也即善意相对人利益的需要,适用商事外观主义,表见代表得以约束公司。

对于狭义代表行为与表见代表行为的效力,《民法典》第504条规定:

法人的法定代表人或者非法人组织的负责人超越权限订立的合同,除相对人知道或者应当知道其超越权限外,该代表行为有效,订立的合同对法人或者非法人组织发生效力。

据此,表见代表行为有效,其法律效果归属于公司;狭义无权代表行为则无效,也即不约束公司,但是公司仍有可能承担相应的缔约过失责任。

二、越权代表发生的原因与场景

越权代表之发生为客观事实,至于越权的缘由,可能是基于法定代表人违反代表权限的故意,也可能是基于法定代表人对自身代表权限的误解。具体到发生的场景，常见形态有以下几种：

1. 法定代表人离任后、变更登记之前，仍然以法定代表人身份自居并以公司名义对外为代表行为。

2. 法定代表人在任，但超出法律对于法定代表权的法定限制。

3. 法定代表人在任，但超出公司对于法定代表权的意定限制。

4. 非法定代表人冒充法定代表人，以法定代表人身份自居并以公司名义对外为代表行为。

具有研究价值的，是前三类情形。

三、越权代表的行为效力及法律责任

依据《民法典》第504条的规定，越权代表一分为二：

1. 狭义无权代表

（1）定义。公司的法定代表人超越权限订立合同，如相对人知道或者应当知道其超越权限，构成狭义无权代表行为。

（2）效力。狭义无权代表行为无效，订立的合同不对公司发生效力。

（3）责任承担。由于狭义无权代表行为无效，所以相对人不得请求公司履行合同或者承担违约责任，只能寻求追究法定代表人的个人责任；当然，如果公司对该狭义无权代表的发生具有过错，如是公司的行为造成代表权外观，相对人依然可以追究公司的缔约过失赔偿责任，具体法律依据是《民法典合同编通则司法解释》第20条第1款规定：

……但是法人、非法人组织有过错的，可以参照民法典第一百五十七条的规定判决其承担相应的赔偿责任。……

公司承担责任后，在公司内部可以向有过错的法定代表人追偿，依据是该条第3款：

法人、非法人组织承担民事责任后，向有过错的法定代表人、负责人追偿因越权代表行为造成的损失的，人民法院依法予以支持。法律、司法解释对法定代表人、负责人的民事责任另有规定的，依照其规定。

此处"另有规定"，包括《公司法》第191条关于故意、重大过失的法定代表人的直接责任的规定，即倘若公司之过错亦系法定代表人故意或重大过失所致，则法定代表人应当在公司应赔偿的范围内承担直接责任。

2. 表见代表

（1）定义。公司的法定代表人超越权限订立合同，相对人不知道且不应当知道其超越权限的，构成表见代表。

（2）效力。表见代表行为有效，也即由此订立的合同对公司发生效力。

（3）责任承担。既然表见代表对公司生效，公司便有义务依约履行该合同；否则，相对人有权请求公司履行合同或者承担违约责任。公司履约后受有损失或者承担违约责任后，也可以适用《民法典合同编通则司法解释》第20条第3款的规定追究法定代表人的赔偿责任。

四、越权代表规则的准用

读者可能已经留意到，依照《民法典》第504条的规定，越权代表规则不独适用于法人的法定代表人，还适用于非法人组织的负责人超越权限的行为。《民法典》第102条规定：

非法人组织是不具有法人资格，但是能够依法以自己的名义从事民事活动的组织。

非法人组织包括个人独资企业、合伙企业、不具有法人资格的专业服务机构等。

非法人组织的负责人，就是个独企业的经理、合伙企业的执行人等，司法实践中也将分公司的负责人纳入其中。

009　表见代表是如何构成与识别的？

问题的关键在于，表见代表如何构成，以及如何区别于狭义无权代表。实际上，表见代表与表见代理、善意取得一样，都是私法上外观主义的具体适用。相较之下，表见代表更为深刻地体现了商法外观主义的特性，具有深刻的理论背景，并不易理解，所以我们继续深入探讨。

一、表见代表的构成要件

依照前引《民法典》第61条、第504条、《公司法》第11条以及《民法典合同编通则司法解释》第20条的规定，表见代表的构成要件包括以下两个方面：

1. 法定代表人实施了越权代表行为

此处包括两层含义：一是法定代表人实施了代表行为。如为代理行为，则属于无权代理及表见代理的判断问题，与越权代表无涉。二是超越了代表权限，否则，就是有权代表，自然有效，依法约束公司。

表见代表实为商事外观主义的适用，以代表权限的内外不一为前提。为此，就内在而言，法定代表人的代表行为究竟有无超越代表权限，由公司负责积极举证越权，如不能证明越权，则视为不越权，作为有权代表行为处理；就外在而论，对于是否存在代表权外观的相关事实，则由相对人负责举证，如不能证明存在代表权的外观，则归于非代表行为，或者狭义无权代表行为。

2. 相对人善意

首先，相对人主观上不知情，也即对法定代表人所为代表行为的越权情节，相对人订立合同时不知道且不应当知道；否则，相对人具有恶意，不能构成表见代表。

其次，相对人应举证己方尽到审理审查义务，仍然无从发现越权情节。

上述两个要求，也有人归并为相对人的"善意且无过失"要件。

关于相对人善意与否，由公司负担优势证据的举证责任。也即，由相对人对其所确信的"不知道且不应当知道法定代表人超越代表权情节"的相应事实进行举证证明；而后，由公司对相对人并非"不知道且不应知道法定代表人行为时没有代表权"的情形进行反证。

二、表见代表的识别

依照《民法典合同编通则司法解释》第20条第1、2款的规定，表见代表的构成分为两种场景，需要结合《公司法》关于股东会、董事会法定职权的规定来理解，体现了非常深刻的民商合一立法体例。

（一）法定代表人违反法定代表权限的

《民法典合同编通则司法解释》第20条第1款规定：

法律、行政法规为限制法人的法定代表人或者非法人组织的负责人的代表权，规定合同所涉事项应当由法人、非法人组织的权力机构或者决策机构决议，或者应当由法人、非法人组织的执行机构决定，法定代表人、负责人未取得授权而以法人、非法人组织的名义订立合同，未尽到合理审查义务的相对人主张该合同对法人、非法人组织发生效力并由其承担违约责任的，人民法院不予支持，但是法人、非法人组织有过错的,可以参照民法典第一百五十七条的规定判决其承担相应的赔偿责任。相对人已尽到合理审查义务,构成表见代表的,人民法院应当依据民法典第五百零四条的规定处理。

对此的简要解读是:

1. 法律、行政法规对于代表权的限制,具有对抗任何第三人的效力,其背后是推定"天下人"对于代表权的法定限制皆为知情,故而相对人对越权代表行为未尽到合理审查义务的,不得主张表见代表;尽到合理审查义务的,方能构成表见代表。

2. 那么,何谓代表权的法定限制呢?法律、行政法规规定由公司股东会、董事会议决的事项(参见《公司法》第59条、第67条等),法定代表人未取得授权而为代表行为的,即为越权代表行为。

3. 上述未构成表见代表的情形下,如果公司具有过错,相对人也可追究公司的缔约过失赔偿责任。

例如,《公司法》第15条规定,公司为他人提供担保的,按照公司章程的规定只能由董事会或者股东会决议,如为股东、实际控制人提供担保,应经股东会决议。据此,某公司法定代表人未经上述有效决议而以公司名义签署担保合同,原则上不能构成表见代表,债权人不得主张该担保合同有效;如法定代表人出示公司章程与伪造的股东会、董事会决议,债权人经过审查无从发现端倪,则构成表见代表,主张担保合同有效。在前一种情形下,如因公司的过错导致债权人信赖其法定代表人有权签署担保合同,则债权人可以追究公司的相应赔偿责任。

又如,《公司法》第135条规定:"上市公司在一年内购买、出售重大资产或者向他人提供担保的金额超过公司资产总额百分之三十的,应当由股东会作出决议,并经出席会议的股东所持表决权的三分之二以上通过。"此类事项的对外合同签署,如法定代表人未经股东会特别决议而为之,与上述第15条规定的适用规则相同。

(二)法定代表人违反意定代表权限的

《民法典合同编通则司法解释》第20条第2款规定:

合同所涉事项未超越法律、行政法规规定的法定代表人或者负责人的代表权限,但是超越法人、非法人组织的章程或者权力机构等对代表权的限制,相对人主张该合同对法人、非法人组织发生效力并由其承担违约责任的,人民法院依法予以支持。但是,法人、非法人组织举证证明相对人知道或者应当知道该限制的除外。

对此规定解读,还要结合《公司法》第11条第2款、《民法典》第61条第3款,也即公司章程或者股东会对法定代表人职权的限制,不得对抗善意相对人。对此的文义解读是:公司通过章程、股东会决议限制法定代表权的,称为意定代表权限制,该限制不得对抗善意相对人;故而,法定代表人超越意定代表权的,亦属于越权代表行为,除非相对人知情(法人举证证明相对人知道或者应当知道该限制),否则构成表见代表,该代表行为对公司生效。

但是,接下来的衍生解读有更为丰富的内涵层次:

1. 本款的代表权意定限制,不能与上款的代表权法定限制混为一谈,在对抗相对人的效力上截然不同,比如《公司法》第15条对外担保的法定限权规定,不适用于本款。

2. 按照举轻以明重的规则,公司的其他规范性文件如董事会、监事会决议中限制法定代表人的代表权限的,自然也不得对抗善意相对人。

3. 根据反面解释,公司章程、股东会决议等限制法定权限的,可以对抗知情(恶意)相对人。

举例。某投资公司投资3亿元到某旅发公司,取得后者35%的股权,并成为第一大股东。该投资协议附有与后者全体股东的对赌协议,约定三年后如对赌业绩未完成,则全体股东溢价3倍回购,旅发公司对全体股东的回购款支付提供保证。三年后对赌失败,投资公司申请仲裁,请求全体股东支付回购款,并要求旅发公司承担保证责任。经查,旅发公司章程有条款规定:公司不为任何股东的任何债务提供包括但不限于保证、抵押、质押等在内的所有担保。投资公司作为旅发公司的大股东,应当对章程中规定的对外代表权限制知情,因而属于恶意相对人,对外代表行为不对公司发生效力。据此,仲裁庭裁决该案的担保合同无效。

4. 此处的"善意相对人"与"善意第三人"是否有范围上的区别,尚需进一步的讨论,限于篇幅与写作目的,不拟展开。

5. 由此引申的一个问题是:交易相对人是否有查阅公司章程的义务?对此素有争论,这与公司章程是否属于登记/备案/公示事项以及章程获得的难易程度相关,但司法实践及学理上一般认为,交易相对人没有主动的查阅义务。

三、一份建议:公司运营中如何防范表见代表的发生

有鉴于上问开头罗列的越权代表发生的前三种情形,以及本问关于表见代表的构成讨论,我们可以从中得到启发,从以下两方面防范表见代表的发生:

1. 法定代表人的内部任职与外部登记始终如一。如果张三担任公司法定代表人,那么商事登记应该是同步的、同一的;同样的道理,如张三离职,那么也应该及时地变更登记、涤除登记,以断绝法定代表人任职与外部登记的不一致状态,不为商事外观主义留下适用的空间。

2. 依法建立健全内部监督管理和风险控制制度,加强内部合规管理。堡垒最容易从内部腐烂与攻破,关键还是在"人",尤其是关键的少数管理人员。只有建立健全且践行有效的内控制度、风控制度、合规机制,才能最大限度地防止法定代表人故意、过失的越权代表行为。

010 哪些人能够担任法定代表人?

上述 9 问,足以让读者领略到法定代表人在现代公司治理内外的主要角色与重要地位,不能不令人刮目相待。上述 9 问的内容,也始终是民商交叉的,在《公司法》(包括公司登记)、《民法典》(法人、代理、合同等内容)之间来回穿梭。从本问开始,我们将回到公司组织法,专注于法定代表人自身的法律问题,包括任职资格、选任、任职、解职、辞职以及相应的变更登记、涤除登记等。

一、管理职位与任职资格

如前文所述,《公司法》第 10 条已经明确只有任职公司的执行董事、总经理才能担任法定代表人,也即任职上述管理职位乃是出任法定代表人的前提条件。但是,本问要进一步追问的是,执行董事、总经理是一个群体,其中的每一个人都能出任法定代表人吗?回答可能是否定的,这涉及法定代表人法定/章定的任职资格问题。

任职资格(qualifications),在公司人事意义上,就是指只有符合某些法定、章定条件的人才能担任某个职务,分为消极资格与积极资格。前者是指,凡具备其项下的某一种情形的,不得担任某职务;后者是指,只有具备其项下所有情形的,才能担任其职务。

法定代表人的任职资格,也是如此,只不过《公司法》仅规定了消极资格,未规定积极资格,留给公司章程自治。当然,对于消极资格,公司章程也可以在法定的基础上予以进一步补充规定。

二、哪些管理职位可以担任法定代表人

如前文所述,在过去将近40年的时间里,法定代表人的担当人经历了由唯一到多元的制度变迁。2023年《公司法》第10条第1款规定:

公司的法定代表人按照公司章程的规定,由代表公司执行公司事务的董事或者经理担任。

据此,两类管理职位,也即执行董事与总经理(即便不兼任董事),均可担任之。具体而言,在现行的公司组织机构下,可能有以下三种情形:

1. 小规模(公司规模较小或者股东人数较少的,下同)有限公司仅设一名董事且不设总经理的,该董事且只有该董事担任法定代表人。

2. 小规模股份公司或者有限公司,设有一名董事且设有总经理的,二人皆可担任法定代表人,择一即可;如该董事兼任总经理,自然只能由该人担任法定代表人。

3. 设立董事会的公司,董事会中的执行董事以及总经理(不兼任董事)均可担任法定代表人,也即公司的以下多名人选可以择一出任,这些人选包括但不限于:董事长;副董事长;兼任董事的高管(总经理、副总经理、财务总监、上市公司董秘、公司章程规定的其他高管等);不兼任董事的总经理等。

目前实务中的流弊是,一些不兼任董事的高管如副总经理,甚至既不担任董事职务也不担任高管职务的人出任法定代表人,而当地的市监局竟然也允许登记。这是违背《公司法》的做法,也容易导致后文所说的法定代表人制度变异现象,应抵制之。

三、消极资格

(一)一般性的消极资格

由于担任法定代表人以担任公司执行董事、总经理为前提,因而《公司法》关于董监高的消极任职资格的规定自然适用于法定代表人。《公司法》第178条第1款规定:

有下列情形之一的,不得担任公司的董事、监事、高级管理人员:

(一)无民事行为能力或者限制民事行为能力;

(二)因贪污、贿赂、侵占财产、挪用财产或者破坏社会主义市场经济秩序,被判处刑罚,或者因犯罪被剥夺政治权利,执行期满未逾五年,被宣告缓刑的,自缓刑考

验期满之日起未逾二年；

（三）担任破产清算的公司、企业的董事或者厂长、经理,对该公司、企业的破产负有个人责任的,自该公司、企业破产清算完结之日起未逾三年；

（四）担任因违法被吊销营业执照、责令关闭的公司、企业的法定代表人,并负有个人责任的,自该公司、企业被吊销营业执照、责令关闭之日起未逾三年；

（五）个人因所负数额较大债务到期未清偿被人民法院列为失信被执行人。

关于本条规定,本书在董监高的相应部分有详细讲解,此处仅引用,不赘述。但仍需指出两点：

其一,原国家工商总局曾经专门出台的《企业法人法定代表人登记管理规定》（已失效）以及现行有效的《市场主体登记管理条例》第 12 条等也对法定代表人的消极资格作出规定,但其内容仅是对《公司法》关于董监高任职资格之规定的复述。似乎多此一举。

其二,关于法定代表人的行为能力要求,应做严格解释。著者曾经看到某报纸报道,某 16 岁电脑天才出任某电脑公司董事长的新闻,这既不严肃也不合法。16 岁仍属于限制行为能力,即便 16～18 周岁以自己的劳动能力为主要生活来源的未成年人,在民法上被视为完全行为能力人,也不宜担任法定代表人。在商法上,对于包括董监高在内的人群的行为能力应作严格的狭义解释,没有必要让法律拟制的完全行为能力人去担任董监高、法定代表人,揠苗助长不可取。

（二）特定的消极资格

读者可能会觉得,法定代表人只有一个,而公司的董监高有一群人,所以前者的消极资格是否有必要更加严格一些呢？这一认识不仅必要而且重要。事实上,每一家公司都可以根据司情需要,在自己的公司章程中规定更为严格的消极资格,如规定但凡有犯罪经历的,不得担任本司的法定代表人。

四、需要积极资格吗

关于法定代表人的积极资格,目前有两种情况需要明确,一是部分商事特别法规对于某些金融类公司法定代表人的积极资格有所要求,二是部分公司章程规定了特殊的积极资格,从而对《公司法》第 10 条规定的担任法定代表人的人群做了进一步限缩。常见的积极资格包括：具备一定的年龄,如 45 周岁以上；具备一定的学历,如本科以上；具备一定的行业经历,如从业 10 年以上；具备公司任职的年限,如进入公司 10 年以上;等等,不一而足。这些积极资格的限定,对于保障法定代表人的任职素养不无积极意义,在公司内部也往往有所指向。

011　选任、离任程序是怎样设计的?

一、职位决定职务:管理职位决定法定代表人职务

公司的执行董事、总经理出任法定代表人的,该执行董事、总经理属于该人在公司组织机构中的管理职位,至于法定代表人,则属于一项职务或曰身份——公司的对外表意人。二者的逻辑关系,一言以蔽之,管理职位决定职务,职务依附于管理职位,而非相反。这一逻辑关系可以从法定代表人职务的任职与去职两个视角得到印证。

(一)任职逻辑

《公司法》第 46 条第 1 款第 7 项规定:

有限责任公司章程应当载明下列事项:

(七)公司法定代表人的产生、变更办法;

第 95 条第 8 项对于股份公司章程也有同样的要求,此为公司章程的绝对必要记载事项。这一规定具有两重法律意义:

其一,从反面来讲,如章程不记载法定代表人的产生、变更办法,不仅导致法定代表人无以产生、变更,市监局也将不认可该章程的效力,不会据此办理公司设立登记。

其二,从正面来讲,此处所谓的公司章程明确"法定代表人的产生、变更办法",无非是指由上述哪一个管理职位来担任法定代表人。比如,公司章程规定董事长或者总经理担任法定代表人,那就意味着谁担任了董事长、总经理的管理职位,谁就出任法定代表人这一职务,这就是职位决定职务的逻辑。

(二)去职逻辑

《公司法》第 10 条第 2 款规定:

担任法定代表人的董事或者经理辞任的,视为同时辞去法定代表人。

也即,出任法定代表人的执行董事、总经理一旦辞去管理职位(执行董事、总经

理),也就同时辞去了法定代表人这一职务。这一规定也具有两重法律意义:

其一,从联动性来讲,由于管理职位决定了代表职务,所以管理职位辞任的,代表职务也就同时辞任。这一规则当然要作扩张解释——公司决议解除执行董事、总经理职位的,也就视为同时解除了其代表职务。

其二,法定代表人职务不得单独存立。假设张三因为担任了公司总经理,从而依据公司章程规定出任法定代表人,一旦张三失去总经理职位,也就当然失去了法定代表人职务,而断无独独留下法定代表人职务的道理。

总之,以上的管理职位与法定代表人职务之间的逻辑关系,可谓"皮之不存,毛将焉附"。

二、存在独立的法定代表人选任、离任程序吗

关于这一问题,上文实际上已经做了回答,但仍有再予强调的必要性,所以此处正面总结一下。

(一)是否需要独立的选任程序,取决于公司章程的规定

一般情形下,并不需要独立的法定代表人选任程序,只要有决定其职务的管理职位的产生程序即可。这是因为,公司章程需要明确法定代表人的产生方法,通常情形下也即需要规定某管理职位出任法定代表人;这样的话,依据章程规定,一旦该管理职位的人选明确了,法定代表人也即明确,无须另外的选任、任命程序。

例1。A股份公司设董事会,章程规定"董事长为法定代表人"。现公司第三届第三次董事会选举张三为董事长,那么张三也就同时出任法定代表人。又如,B有限公司设董事会,章程规定"总经理为法定代表人"。现公司第三届第三次董事会任命李四为总经理,那么李四也就同时出任法定代表人。

可能有读者会问,上述举例都是章程规定单个管理职位出任法定代表人的情形,自然较为简单明了,但如果章程规定的法定代表人人选并不对应单一职位,又如何处理呢?我们举例演示一下。

例2。C公司章程规定公司设董事会,同时规定"执行董事为法定代表人",但目前公司董事会由9人组成,其中执行董事4人,此时谁来出任法定代表人呢?应该说,该公司章程的上述规定是存在缺漏的,《公司法》第46条要求章程明确法定代表人的产生办法,但基于以上事实,显然该章程并未完成这一任务。有鉴于此,如公司章程规定的法定代表人人选不是唯一的,必须进一步明确法定代表人的产生方

法,如由董事会作出决议,在复数的适格人选中进一步任命出唯一人选。

(二)是否需要独立的离任程序

基于以上介绍,读者想必已经明白,既然不需要独立的选任程序,也就无须独立的离任程序——一旦离任公司章程规定的管理职位,其法定代表人的职务也就同时终止。关于此点,详见下问。

三、法定代表人的公示

公司的法定代表人既然是公司对外表意的人,其任职情况自然要对外公示且可查,而不能搞秘密主义。目前来看,法定代表人的公示手段有三:

一是公司登记。《公司法》第32条第1款第5项规定:

公司登记事项包括:

(五)法定代表人的姓名;

二是营业执照载明。《公司法》第33条第2款规定:

公司营业执照应当载明公司的名称、……法定代表人姓名等事项。

三是公司章程间接记载,也即《公司法》第46条第1款第7项及第95条第8项规定:

公司法定代表人的产生、变更办法;

以上三手段同时并存,三管齐下,一起保障公司外部的第三人可以通过多渠道了解法定代表人的任职情况;而对于公司而言,务必保障各项公示、记载信息的一致性。

012　如何离任?

一、离任的两情形

理论上,公司是可以永远存续的,至少在一段时期内可以持续存在,但其组成人员包括股东、管理层、工作人员等都可能是过客,各居三五年。此可谓"铁打的营盘(公司)、流水的兵(组成人员)"。法定代表人也不例外。由上文可以看出,法定代表人并无独立的离任程序;管理职位离任的,视为法定代表人职务同时离任。所以其离任的情形，也就是其背后的管理职位离任的情形，但是，二者并非简单的一一对应关系，尚有一些细节需要讨论。

执行董事、总经理离任，按照主动性的标准，可以分为两类情形。以下分别讨论。

二、辞任

辞任，也即法定代表人主动辞去其所担任的相应公司管理职位。

(一)管理职位的辞任

就董事的辞任，《公司法》第70条第2、3款规定：

董事任期届满未及时改选，或者董事在任期内辞任导致董事会成员低于法定人数的，在改选出的董事就任前，原董事仍应当依照法律、行政法规和公司章程的规定，履行董事职务。

董事辞任的，应当以书面形式通知公司，公司收到通知之日辞任生效，但存在前款规定情形的，董事应当继续履行职务。

据此，董事的辞任规则主要有三：其一，与公司随时可以无因解任董事相对应，董事也可以随时辞职，无需理由；其二，辞职行为乃是董事个人的单方行为，书面通知到达公司即为生效，无需公司同意；其三，某董事辞职导致公司董事会人数低于三人的，不适用通知到达公司生效规则，其要作为留守董事继续履职，直至董事会人数低于三人的状况终止。

关于高管的辞任，《公司法》没有直接规定，但通说认为，适用董事辞任规则。

(二)辞去管理职位后，法定代表人职务的辞任程序

《公司法》第10条第2款规定：

担任法定代表人的董事或者经理辞任的，视为同时辞去法定代表人。

这就是我们反复提及的管理职位对法定代表人职务的决定性理论的一个侧面：管理职位辞任的，视为同时辞任法定代表人职务。根据管理职位与法定代表人职务的联系紧密程度，具体又分为四种情形，分别举例。

例1-1。某小型企业A公司章程规定仅设一名董事；董事担任法定代表人。马六担任董事兼法定代表人。某日，马六依法向公司递交辞去董事的辞呈，则其法定代表人职务自然辞任；至于该辞呈有无包含辞去法定代表人职务的意思，在所不论。

例1-2。B公司章程规定总经理担任法定代表人,张三作为总经理(不兼任董事)任职法定代表人。某日,张三依法向公司董事会递交辞呈请辞总经理职务,则其法定代表人职务自然辞任;至于该辞呈有无包含辞去法定代表人职务的意思,在所不论。

例1-3。C公司章程规定总经理担任法定代表人,李四为总经理兼董事。某日,李四依法向董事会递交辞呈请辞总经理职务,则其法定代表人职务也随之辞任,至于该辞呈有无包含辞去法定代表人职务的意思,在所不论。此时,李四仍保留的董事职位已变成非执行董事,这使其依法律规定无担任法定代表人的资格,依公司章程规定亦非担任法定代表人的相应管理职位。

例1-4。D公司章程规定执行董事担任法定代表人,李四为董事长兼总经理。某日,李四依法向董事会递交辞呈请辞总经理职务,而其法定代表人职务并不随之辞任;如该辞呈包含辞去法定代表人职务的意思,另当别论。因为此时李四仍保留的董事长职位,足以使其有权继续担任法定代表人。反之亦然,如另日李四依法向公司递交辞呈请辞董事长(董事)职位,则其法定代表人职务并不随之辞任;如该辞呈包含辞去法定代表人职务的意思,另当别论。因为此时李四仍保留的总经理职位,足以使其有权继续担任法定代表人,满足《公司法》对于法定代表人资格的基本要求。但是,此时公司章程规定的法定代表人的管理职位与实际情形错位,公司应当及时调整。

三、解任

解任,也即公司作出决议、决定,解除执行董事、总经理的职位。

(一)管理职位的解任

《公司法》第71条第1款规定,"股东会可以决议解任董事,决议作出之日解任生效"。这一规定有两层意思,一是关于董事解职,《公司法》采无因规则,也即公司股东会得随时解除董事职务,且无须说明原因;二是关于解任的时间,股东会作出解任决议之日即生效。

关于总经理的解职,《公司法》并未单独规定,通说认为适用董事解任规则。最高人民法院指导案例10号"李建军诉上海佳动力环保科技有限公司决议撤销纠纷案",其裁判宗旨也显示总经理职位的解任适用董事解任规则。

(二)被解除管理职位后,法定代表人职务的解任程序

如前所述,根据与法定代表人职务的联系紧密程度,具体又分为四种情形讨论,

以便读者对照理解,分别举例。

例 2-1。某小型企业 A 公司章程规定仅设一名董事;董事担任法定代表人。马六任董事兼法定代表人。某日,一人股东决定或者股东会决议解除马六的董事职务,则马六的法定代表人职务自然解职;至于该股东、股东会有无决定/决议接替人选,均不影响马六的董事/法定代表人职位、职务同时解除。

例 2-2。B 公司章程规定总经理担任法定代表人,张三作为总经理(不兼任董事)任职法定代表人。某日,董事会解聘其总经理职位,则当即其法定代表人职务也遭解除,无须董事会决议明示。

例 2-3。C 公司章程规定总经理担任法定代表人。李四为总经理兼董事,某日董事会解聘其总经理职务,则当即其法定代表人职务也随之解除,无须董事会决议明示;至于李四仍然保留的董事职位已经变成非执行董事,并不能使其继续担任法定代表人。

例 2-4。D 公司章程规定由执行董事担任法定代表人。王五为总经理兼董事,或者副总经理兼董事。则某日董事会解聘其总经理职务、改聘为副总经理,或者董事会将王五的副总经理改聘为总经理的,由于其执行董事身份未发生变化,王五的法定代表人职务都可以继续,除非董事会明示由他人担任。

013　可以缺位吗?

一、法定代表人并非公司的每日皆需

前文指出,公司的对外表意机制有三,除了法定代表之外,尚有职务代理与民事代理,且从法定代表权的专属权限来看,无论是对外为诉讼、仲裁、申请登记等,还是重大经营、重大组织行为,均不是每天都在公司中发生的情事。在此意义上,法定代表与职务代理最大的区别就在于,前者不是公司法人存续与运营的每日每时都必需的。在此意义上,所谓"国不可一日无君",多多少少有夸张之意,更不适用于公司法人这一私人组织。

这一基本事实,就为法定代表人的可能缺位提供了客观的时间与空间。

二、法定代表人的缺位不可避免

从法定代表人的任职情况来看，其缺位之不可避免不仅符合逻辑，更为现实理性所支持。

1. 既然法定代表人可以随时辞任，则其一旦辞任，公司较为被动，未必当即能够产生继任者；如后产生，则二者的时间空隙就是法定代表人的缺位期间。

2. 即便公司主动解任法定代表人，也未必当即产生继任者；如后产生，则二者的时间空隙就是法定代表人的缺位期间。

3. 如果法定代表人突然死亡或具备某种消极任职资格而被停职，公司不能当即产生继任者，就会出现法定代表人缺位的期间，或长或短而已。

4. 在公司陷入股东内斗、控制权无序争夺的状态，导致形成公司僵局时，公司往往长期不能产生法定代表人，或者法定代表人在客观上不能履职，这也是一种实质意义上的法定代表人缺位。

三、法定代表人缺位的最长容忍期间

问题是，法定代表人缺位的现象虽然不可避免，但显然不能人为地长期继续，否则必将损害公司正常的存续与经营。对此，《公司法》第 10 条第 3 款规定：

法定代表人辞任的，公司应当在法定代表人辞任之日起三十日内确定新的法定代表人。

这一规定对于法定代表人缺位的问题解决而言，是一个不完全规范。就其规范意义，可以作如下解读：

1. 文义解释

一旦法定代表人主动辞任，公司应当在辞任之日起 30 日内确定继任者。这里有两个意思：一是可以视为《公司法》能够容忍的法定代表人缺位的最长期间为 30 天，这也验证了上文关于法定代表人可以缺位的理论；二是此种情形下，处于被动地位的公司有义务尽快结束法定代表人缺位的状态。

2. 延伸解释

问题是，如果法定代表人被公司解任，是否也适用《公司法》第 10 条第 3 款规定？这里要解释一下，《公司法》不规定解任法定代表人情形下的上述规则，是因为一般来说没有必要。既然公司主动解任法定代表人，应该已经有了明确的继任者，新旧法定代表人无缝衔接,也就不会产生法定代表人缺位的现象。所以大概率来说,此种情形下公司法无须操心要求公司尽快确定继任者。但问题是,在逻辑上以及现实生活中都不能完全排除公司在解任法定代表人的时候未能确定继任者的情况,那么此时此刻是否要参照适用《公司法》第10条第3款的规定,公司应当在法定代表人解任之日起三十日内确定新的法定代表人?我们认为回答应该是肯定的。

3. 尚未解决的时间难题

问题是,如果原法定代表人离任后,公司未在30日内确定新的法定代表人,又当如何?《公司法》没有下文。也正因为缺乏相应的配套措施强制公司尽快解决这一问题,实务中才出现某些公司长期无法定代表人的局面,这势必会影响公司的合法经营与治理,进而酿成公司僵局。有人建议,由于公司的商事登记事项包含法定代表人,市监局作为主管机关应该有所作为,如出函督促公司限期确定法定代表人,否则将予以相应的行政处罚措施。这一建议有一定的道理。实际上,这一问题的解决,与法定代表人的变更登记、涤除登记制度息息相关,详见下文。

四、结论

概而论之,公司的法定代表人在一定期间内缺位不可避免,并无大碍。但是,基于公司治理效率与规范性考虑,公司应该尽力避免这一情事的发生;如果短暂地发生这一情事,公司更不能坐视不管,而应该尽力早日消除,否则,贻害将会扩大。

014 表里如一:离任后,公司如何办理变更登记?

一、变更登记的法律效力

依《公司法》第32条,公司设立时,法定代表人的姓名是法定的公司登记事项之一,又依第34条,其后法定代表人发生变更的,应当依法办理变更登记,否则不得对抗善意相对人。这些规定的法律意义在于:

1. 不同于公司的董监高,法定代表人的姓名信息必须登记、公示,前者的信息仅为备案而已。

2. 法定代表人的任职信息应保持公司内外一致:内部任职的,外部要及时办理商事登记;否则,如内外名实不符,将导致商事外观主义的适用,产生表见代表,可能会对公司的利益造成损害。

举例。张三为 A 公司的法定代表人,后在某年 3 月 1 日被公司解任,但由于公司管理混乱,迟迟没有进行变更登记。而后心怀不满的张三继续在外以公司法定代表人的身份自居,并以公司名义与外地的某老客户 B 公司签订业务合同。后 B 公司要求 A 公司履约,A 公司以张三不能代表本公司为由拒绝。B 公司诉至法院,法院裁决该业务合同有效,约束 A 公司。

那么,法定代表人变更的,该如何办理相应的变更登记呢?

二、变更登记的办理

(一)解任后的变更登记

依照前文,公司得随时解任法定代表人担任的相应管理职位,管理职位一经解任,法定代表人职务也告解任;既然公司主动解任原法定代表人,通常情况下应该同时确定了继任者,此时及时办理变更登记,应无障碍,因为《公司法》第 35 条第 3 款规定,"公司变更法定代表人的,变更登记申请书由变更后的法定代表人签署"。由此,即便被解任的原法定代表人心有不甘,也不能阻碍变更登记。需要指出,在 2023 年《公司法》引入这一规定之前,既有的做法是由登记在册的原法定代表人签署变更登记申请书,这一做法人为地制造了矛盾与公司治理障碍,造成很多公司迟迟不能变更登记法定代表人的恶果,实不可取。可见,一个善法能够促进效率,增进和谐,趋向善治;反之,恶法则减损效率,妨害公平,制造恶政。

新旧法对照。2023 年《公司法》第 35 条第 3 款明确变更登记申请书由变更后的法定代表人签署,若原法定代表人不愿交接权力,公司无须提供其签字,能够有效防止原法定代表人不配合而导致无法完成变更登记的僵局。2023 年《公司法》第 46 条第 7 项规定有限责任公司章程应当载明公司法定代表人的产生、变更办法。这比 2018 年《公司法》仅仅要求章程记载法定代表人的姓名更为合理,因为这有利于登记机关在僵局产生以后识别新产生的法定代表人的合法性,从而及时接受变更申请,回应了实践中某些市场监督管理机构认为涤除登记必须修改公司章程的僵化观点。

那么,变更后的法定代表人如何依据《公司法》第 35 条第 3 款规定去办理变更登记呢?各地市监局在新公司法实施后的做法大同小异:变更后的法定代表人代表公司签署变更登记申请书,并附上自己上任的证明文书,如公司股东会、董事会作出的选任/聘任自己担任某管理职位的决议,以及公司章程文本等。

问题是,如果公司一方面解任原法定代表人,另一方面又迟迟不能确定继任者,变更登记也就不能办理,此时的问题就演变成涤除登记。详情见下问。

(二)辞任后的变更登记

麻烦在于原法定代表人自己辞任的,变更登记可能可望而不可即,尤其是对于一些礼节性法定代表人而言,纠纷才刚刚开始。

一些法定代表人可能受亲戚朋友之邀担任了公司的法定代表人,本以为只是挂个闲职,公司每个月还会发放一定的津贴补助,但不久之后眼看着公司经营状况逐渐恶化、债台高筑,自己被牵连列入失信人名单,才发现法定代表人有着很重的义务和责任。此时,辞去法定代表人职务成为必要,但可能面临着三重障碍:

首先,虽然法定代表人有向登记机关申请变更登记的权力,但申请变更/涤除登记不仅需要法定代表人签署申请书,还需要公司印章,而此类法定代表人通常不掌握实权,也就没有公司印章,申请变更/涤除登记难以完成。

其次,即使法定代表人持有公司印章,但受"国不可一日无君"、公司不可一日无法定代表人的观念影响,没有继任者时,登记机关拒不办理单纯的涤除登记申请。但此时公司外部负债累累,双控人、管理层拒不配合,找到继任者无望。站在双控人、管理层的立场,则认为该法定代表人可共富贵不可共患难,心生厌恶而相看两相厌,使绊子设障碍是极有可能的。

最后,即使公司内部已然确定了继任者,已有人对外以代表权行事,但变更法定代表人还有一套复杂的程序,所谓"牵一发而动全身"。比如,不少地方的登记机关认为法定代表人姓名是公司章程的一个绝对必要记载条款(实际上,"法定代表人的产生、变更办法"才是绝对必要记载条款),法定代表人变更就意味着公司章程也随之变更,加之法定代表人的背后是执行董事、总经理等管理职位,所以还要有公司出来相配套的选任/聘任、变更章程的决议才行。如是无权无势的法定代表人,往往也无法形成公司的决议。

综上,法定代表人辞任容易,变更、涤除登记难如上青天。以上是背景描述,回到主题,应该分开而论。

1.有继任者的

原法定代表人辞任后,公司如能在较短时间(30日)内确定继任者,变更登记按照上文"解任后的变更登记"流程办理即可。

2. 无继任者的

麻烦在于,原法定代表人辞任后,公司通常较为被动,如不愿意或者迟迟不能确定继任者,变更登记自然无从办理,此时的问题也就演变成涤除登记。详情见下问。

015　涤除登记如何可能?

一、涤除登记的困境在哪里

(一)观念障碍

所谓法定代表人的涤除登记,就是将原法定代表人的任职信息予以涤除,且并不登记新的法定代表人的任职信息。可见,涤除登记与变更登记的主要区别在于,后者有继任者,前者则无。

过去很长一段时期,由于人们在观念上不理解公司无法定代表人的情形存在,涤除登记不被接受。这对原法定代表人是不公平的,因为法定代表人本就是一个对外的表意机关,如果在公司内部辞任无碍,但在登记系统却不能涤除,那么法定代表人辞任的法律效果是有限的,仍然不能免除一些法律责任的承担。实务中,主要指向失信人名单不能涂销,毕竟法院所参照的凭证就是登记机关的登记信息,而非法定代表人在公司内部已离任的事实。

随着越来越多的离任法定代表人的抗争,加之人们对于法定代表人可以缺位的观念逐渐接受,法定代表人涤除登记在一些沿海地区的登记机关开始被一定程度上接受。《公司法》并未要求,法定代表人辞任后,公司当即确定继任者,而是设定30日的容忍期。这样一来,如果不允许涤除登记,就会发生这么一种事实:原法定代表人辞任后,非要等到继任者到位不可,才能一起去申请变更登记,而不得单独办理涤除登记。这一做法与现代公司法的理念不合,也有人为制造人事困局之嫌。

(二)制度设计的障碍

1. 公司法上没有设计涤除登记制度。由于制度缺失,登记机关往往会拒绝涤除登记的申请。《最高人民法院、国家工商总局关于加强信息合作规范执行与协助执行的通知》(法〔2014〕251号)第6条第2款规定:

人民法院要求协助执行的事项,应当属于工商行政管理机关的法定职权范围。

这意味着既往登记机关仅在制度明确其所承担的职责范围内行事，法院要求协助执行尚且无法落实，更不用说其余主体的登记申请。

2. 涤除登记申请人的障碍。依照现行法的设计，公司设立登记的申请人，在发起设立有限公司、股份公司的场合下，是发起人或者其授权的人；在募集设立股份公司的场合下，是首届董事会的授权代表（《公司法》第106条）。公司注销登记的申请人，则是清算组（解散清算的）或者管理人（破产清算的）（《公司法》第239条）。至于公司变更登记的申请人，为公司自身。《公司法》第35条第1款规定：

公司申请变更登记，应当向公司登记机关提交公司法定代表人签署的变更登记申请书、依法作出的变更决议或者决定等文件。

可见，涤除登记可行，其申请可以接受，但要看谁来提出申请。如果是公司提出，登记机关较为容易接受；如果是公司以外的人如原法定代表人提出申请，则可能不被接受。

二、涤除登记何以可能

（一）原法定代表人请求涤除登记的

如前，原法定代表人辞任，公司不申请变更登记的，理论上来说，无论公司有无确定继任者，原法定代表人都有申请涤除登记的意愿及权利；至多容忍30日，公司仍不申请变更登记的，原法定代表人的涤除登记请求更是合理合法、应被尊重的，否则岂不是"上贼船易下贼船难"？问题是，如原法定代表人提出请求，登记机关及法院将如何处理呢？

《最高人民法院关于审理公司登记行政案件若干问题的座谈会纪要》（2012）第3条规定：

利害关系人以作为公司登记行为之基础的民事行为无效或者应当撤销为由，对登记行为提起行政诉讼的，人民法院经审查可以作出如下处理：对民事行为的真实性问题，可以根据有效证据在行政诉讼中予以认定；对涉及真实性以外的民事争议，可以告知通过民事诉讼等方式解决。

据此，需要根据有无委托合意分别讨论。

1. 无委托合意的法定代表人

所谓无委托合意的法定代表人，主要是指实务中某人被公司冒名登记为法定代表人。此类情形下，法定代表人的涤除登记诉求在过去的执法、司法实践中多数受

到支持,具体路径有三:

一是向登记机关申请撤销登记,依据为虚假登记,理应依法撤销。

二是提起行政诉讼,请求法院判决登记机关撤销法定代表人的登记。如果第一条路径走不通,则转为该路径。

三是提起侵害姓名权的民事诉讼,诉讼请求包括公司停止侵害,要求判决公司为涤除登记。如果前两条路径都走不通,也可以尝试该路径。

2.有委托合意的法定代表人

所谓有委托合意的法定代表人,主要是指实务中某人同意出任且被公司登记为法定代表人。此类情形下,法定代表人的涤除登记诉求在过去的执法、司法实践中很难被支持。尽管如此,在原法定代表人离任后,公司迟迟(超过30日)不确定继任者并办理变更登记的,原法定代表人自身请求难以得到登记机关的认可,所以一般都要提起民事诉讼,请求公司为涤除登记。对此,法院判决的态度摇摆不定。如(2021)沪01民终7923号民事判决书指出,原法定代表人辞任后,在继任者尚未改选就任前,原法定代表人仍应履行职务,不支持其要求涤除相应登记事项的诉请。相反,(2020)渝0103民初11853号民事判决书指出,股东指派的董事任期届满后明确表示拒绝续任董事,在穷尽公司内部救济途径后,诉请公司涤除该董事登记事项的,应予支持(非为留守董事情形,在公司内部已辞任成功,此处仅涉及外部登记事宜;法定代表人与董事的涤除登记问题较为类似)。即便在同一地区,同一层级的不同法院之间裁判观点也不同,如(2023)沪02民再23号民事判决书指出,当事人非公司股东,因除其之外的其余股东未到会,无法召集全体股东召开会议商议更换执行董事等事宜,无法通过公司内部程序实现救济,故法院对其要求公司办理涤除法代的变更登记申请予以支持。

而幸运获得法院判决支持的,该类判决的执行也存在变数:

有的登记机关配合,协助执行民事判决,办理涤除登记;有的登记机关拒不配合协助执行,理由是依法行政,而现行法上并无涤除登记的制度,这也反映出第一层次的制度障碍。

(二)公司请求涤除登记的

前文已指出,原法定代表人提出涤除登记的申请,其至少面临两道制度障碍,一是涤除登记请求本身是否成立,二是其自身是否为适格的申请人。所以,即便人们在观念上与制度上接受、承认涤除登记制度,原法定代表人的申请人资格也仍然存在障碍。故而,如前所述,很多原法定代表人若试图涤除登记,只能走"民事诉讼/行政诉讼+协助执行"的路径。其原因在于,一方面,原法定代表人受资格限制,不得自己主动向登记机关申请涤除登记;另一方面,法院生效判决后的执行也离不开登记机关的协助。

如果公司主动请求涤除登记,则只有"涤除登记请求是否成立"这一道障碍,只要涤除登记制度本身没有问题,则公司作为申请人的资格是不存在疑问的。

三、涤除登记的现行法方案

(一)千呼万唤始出来

在著者参与立法咨询的国家市场监督管理总局《公司登记管理实施办法》的制订过程中,诸多专家学者一致呼吁确立涤除登记制度。最终出台的文本第23条规定:

因公司未按期依法履行生效法律文书明确的登记备案事项相关法定义务,人民法院向公司登记机关送达协助执行通知书,要求协助涤除法定代表人、董事、监事、高级管理人员、股东、分公司负责人等信息的,公司登记机关依法通过国家企业信用信息公示系统向社会公示涤除信息。

这一规定有条件地确立了涤除登记规则,走的是"生效法律文书+执行/协助执行"的路径,也即法定代表人的任职信息涤除,须有生效法律文书为前提。而原法定代表人涤除登记的请求可以通过两个途径进行:

其一,有生效法律文书明确公司办理相关人员任职的登记备案涤除义务的,公司应主动请求登记机关办理涤除手续,登记机关应申请而办理之。

其二,因公司未按期依法履行生效法律文书明确的登记备案事项的相关法定义务,法院可以向登记机关送达协助执行通知书,要求其协助涤除公司相关人员任职信息,登记机关依法办理之。

上述分析表明,无生效法律文书,公司直接申请法定代表人涤除登记的,登记机关将拒绝受理。这样做的好处是倒逼公司在30日内及时确定新法定代表人,再来申请变更登记;否则,如轻易接受单纯的涤除登记申请,公司法定代表人长期缺位的现象将扑面而来。

(二)关联配套

与法定代表人的涤除登记制度紧密关联的另一项制度是全面推行实名登记制

度、实名备案制度，这有利于从根本上杜绝冒名法定代表人现象的发生。《公司登记管理实施办法》第17条规定：

公司法定代表人、董事、监事、高级管理人员、股东等被依法限制人身自由，无法通过实名认证系统、本人现场办理或者提交公证文件等方式核验身份信息的，可以按照相关国家机关允许的方式进行实名验证。

016　如何防范制度异化？

一、何为异化

法定代表人制度的异化，就是公司实务中法定代表人这一职位运行脱离原本的制度预设，并给公司内外部运营带来困境与障碍。

法定代表人制度的异化主要发生在民企。一方面，民企的公司治理普遍非程式化，治理失范严重，各方争权夺利的时候甚至大打出手；另一方面，法定代表人的独特职权配置，确实也容易成为公司控制权争夺之钥。在国企，由于有严格、严肃的党建系统与较为正式的人事政策制度并得到较好的践行，即便各方对于法定代表人的职位心存觊觎，但也被严厉抑制了。在外企，由于治理相对规范，各方的契约精神相对良好，公司治理与国际惯例接轨，加之普遍采用了董事会中心主义的公司治理模式，所以也很少发生法定代表人纠纷。

法定代表人制度异化的具体表象，下文作简要归纳。

二、异化的种种表象

（一）走不脱的与赶不走的

一方面，有些人欲走而不能。由于有较为严厉的法律责任，一些本来就是受亲朋之邀出任的法定代表人，仅有荣誉而不享有公司经营管理实权，在面临诸如被列入失信人名单等现实威胁时，会果断地"两害相权取其轻"，决定辞去法定代表人职务。但此时，往往会面临走不脱的困境——公司不主动解任之，更为辞任制造障碍；或者在离职成为现实的情形下，拒不确定继任者；或者即便很长时间后勉强确定继任者，也不申请变更登记，以及不办理涤除登记，甚至为涤除登记设置障碍。

另一方面,有些人死活赶不走。某些人在法定代表人之任上令人失望,遭到公司普遍的反对,但"请神容易送神难",死活赶不走。要么,该法定代表人拒不主动辞任;要么,公司解任之,拒不离开,或者利用法定代表人职务及其背后的管理职位之便,为公司解任之设置障碍。即便其在公司内部辞任成为现实后,也拒不配合办理变更登记,或为涤除登记设置障碍等。其老马恋槽之态,可怜可叹又可气。

(二)避之不及的与抢夺宝位的

有时候,法定代表人在公司内部并无实权,成为鸡肋,甚至在公司面临较大的外部法律责任时成为高危职务,人们唯恐避之不及。权轻而责重,要之何为?

有时候,法定代表人在公司内外大权在握,成为权柄,遂为争夺公司控制权之钥,各派觊觎,人们纷纷加入争夺这一宝位的行列。位高而权重,各方虎视眈眈。

由此产生的问题是,在前一种情形下,会出现无人堪任法定代表人的局面,法定代表人的缺位,或者内外不一(内部任职与外部商事登记)也就在意料之中。在后一种情形下,有些法定代表人所属派系在公司的权力斗争中已经失势,夺得公司控制权的另一派系势必更换法定代表人。倘若一方坚决抵抗不退,另一方趁势志在必得,则一场人事大战在所难免。"吃瓜"群众已经司空见惯地抢公章、抢U盾、抢钥匙、抢营业执照副本、抢法定代表人职务的公司控制权大战,就是这样爆发的。

三、在历史中寻求答案

法定代表人这一制度设置,根源于计划经济时期对于苏联国营工厂的首长制也即厂长经理负责制的模仿,其制度精髓在于突出行政首长负责人的唯一制,以保障企业对外的意思始终统一,所谓"家有千口,主事一人"。在计划经济时期,这种行政首长负责人的唯一制具有效率上的优势,且与计划经济体制的其他配套制度环环相扣,优势突出。所以在当时,法定代表人制度的问题并不严重。而且,计划经济时期的厂长、经理大都由党政机关任命,因而厂长、经理的利益必然与厂矿的利益保持一致,几无厂矿内部的利益分化、异质的问题;即使厂长与厂矿对抗,上级党政机关也可以随时将其撤职并派人取而代之。

但是进入社会主义市场经济时期后,千万数量级的民营公司涌入市场,法定代表人制度的问题更加复杂化。当然,一元制法定代表人制度的弊端在国家出资公司中仍然不明显,因为该职务背后的管理职位依旧来自上级政府机关的任命。即使存在任命的空档期间,上级党委部门也会明确由某位副职领导全面主持工作,且公司内部很少存在股东与股东之间的矛盾。

然而,不同于国家出资公司由上级党政机关直接任命法定代表人的做法,民营企业往往自行选任各自的法定代表人。在民营公司之中,法定代表人可能是双控人本人也可能是其"白手套",在公司中并不担任任何管理职位甚至实际上并不参与经营管理,由此也就宣告法定代表人制度的整体异化与制度安排本身的目的落空。与此同时,民营公司作为一个复杂的利益系统,既有股东利益,也有债权人利益;既有董监高利益,也有公司职工利益。单就股东而言,既有控股股东利益,也有少数股东利益,而"一致行动人"制度的存在又帮助不同股东之间因利益而不断重组,实际控制人不断变换,一时间"城头变幻大王旗"。在复杂的利益结构面前,仍然顽固地坚持一元制法定代表人制度,并赋予他独一无二的代表权,确实会导致较大的问题,实践也印证了理论的推测。

由于长期的制度惯性与体制因素作用,2023年《公司法》仍然坚持一元制法定代表人制度。短时间内,实现从一元制法定代表人到复数制法定代表人的转化既不可能也不现实,所以,应首先尝试从务实的角度对法定代表人制度进行完善。其核心在于,减少一元制法定代表人自带的僵化机制,增加对法定代表人对外代表权的制衡机制。法定代表人一元制使得法定代表人的代表权集中且垄断,加之其背后的管理职位的权力过于集中,势必做大寡头机制;同时又缺乏有效的监督机制,使得法定代表人的越权代表现象比比皆是。对此,应增加制衡法定代表人权力的监督机构以防止法定代表人对外代表权的滥用,同时,增加法定代表人的替代机制,以在法定代表人实际缺位时及时、有效、便利地进行填补等。

总之,本着公司利益最大化的制度目标,随着市场经济体制变革的深入与现代公司治理制度精神的贯彻,法定代表人制度也要适应新的商业环境,相关配套制度需要及时跟进以契合商业发展,相应的行政执法、商事登记实践以及公司纠纷解决机制需要更新观念,改进机制,引入新规则(如对涤除登记制度的承认),进一步化解实践中诸多的人为制度困境,避免法定代表人制度彻底沦为实际控制人的"白手套",从而保护公司、股东、债权人以及法定代表人本人的合法利益。

四、下一步的完善与改革新举措

(一)2023年《公司法》的贡献:完善继任制度,引入涤除登记规则

在一元制法定代表人的框架内,改革举措围绕法定代表人难以抽身的这一传统困境而展开。为此,2023 年《公司法》第 10 条第 3 款规定,若原法定代表人辞任,公司需要在 30 日内确定新法定代表人。这一规定敦促公司及时选任继任者,用意深远。但是,问题仍未完全解决。

第一个问题是,原法定代表人离任到新法定代表人确定的过程中,可能存在 30 天甚至更长的空档期,如何处理空档期内可能产生的各种法律关系,立法并未作回应。

第二个问题是,假设新法定代表人已经确定,但不能及时办理变更登记,可能使得原法定代表人在至少 30 日的空档期内继续承受法律上的不利益,此时如果法院以登记信息为依据继续将原法定代表人列入失信名单,原法定代表人是否可以公司内部辞任文件作为身份变更的证据予以抗辩?实践中处理模式不一。

第三个问题是,法定代表人一旦内部离任,可否凭借自身之力加速外部的变更登记?也即尽量缩短上述的 30 天期间,以及尽量缩短法定代表人在公司内部的任职实情与外部商事登记的信息不一致的期间?

以上问题,就是前文所提出的在商事登记与市场监管层面尽快建立涤除登记规则的背景。

(二)改革举措:从一元制到多元制

上述困境根源于我国一元制的法定代表人制度,其被授予垄断性的对外代表权的法定代表人在数量上是唯一的。日本、韩国公司的复数制法定代表人的制度背景,可以在很大程度上避免前述的相关问题。由于法定代表人可以设两个及其以上,如公司决定解任代表人 A 或者 A 主动辞任,另一代表人 B 可以代表公司从事民事活动,正常行使对外代表权;尤其是在 A 与公司发生利益对抗的诉讼及非诉的场合下,B 代表公司利益的角色不可或缺,更是解决问题的关键。

当然,打破法定代表人的一元制仍旧是表象,其实质是打破对外代表权的垄断性。为解决这一实质问题,除了从立法层面根本性转向多元制法定代表人之外,尚有很多可选择的制度、机制作为现阶段的改良手段,前文已对其作简要论述,此处不再展开。

017　任职的法律风险（一）：有哪些？

一、民事责任

1. 违信责任

法定代表人需就自己的过错履职行为给公司造成的损失，承担赔偿责任（《公司法》第 11 条）。比如，协助股东抽逃出资的，担任法定代表人的董高应当与该股东共同对公司承担连带赔偿责任（《公司法》第 53 条）。又如，基于故意、重大过失导致公司之外的他人损失的，还要与公司一道对外承担直接责任（《公司法》第 191 条）。实际上，在公司正常运营期间，法定代表人所承担之义务类似于其背后管理职位所负的信义义务，二者合二为一，无法亦无须分辨。因此，法定代表人若过错履职，则应当承担相应的违信责任。

典型案例。王某某、烟台路源汽车贸易有限公司损害公司利益责任纠纷案〔山东省高级人民法院（2020）鲁 06 民终 6557 号〕中，被上诉公司的法定代表人王某某对多处直接造成公司利益受损的相关交易文件予以签字，进而导致股东、公司利益受损。然而，王某某本人辩称对这些文件内容不知情，仅为挂名法定代表人，不参与公司的实际运营，因而不应受到勤勉义务约束，更不应因此承担案涉赔偿责任。法院则认为，王某某作为一名具备完全行为能力的成年人，对自己的行为有足够的认知能力，在其未提交证据证实自己主张的情况下应认定其对自己签字的材料内容均是明知的，其实际参与了公司经营并因此承担自身行为产生的法律后果。作为法定代表人，王某某未对公司尽到忠实义务和勤勉义务，导致公司利益受损，现公司要求其赔偿公司损失及利息，理由正当。

2. 企业破产的责任

在企业破产程序中，法定代表人没有履行法定义务，造成公司利益受损，法定代表人需就造成的损失承担责任；有损害债权人利益，如恶意减少自己财产的行为，法定代表人也须就此承担赔偿责任。如《企业破产法》第 128 条规定：

债务人有本法第三十一条、第三十二条、第三十三条规定的行为，损害债权人利益的，债务人的法定代表人和其他直接责任人员依法承担赔偿责任。

一是进入破产程序后,法定代表人有义务负责或者协助公司清算,包括妥善保存公司的相关资料,配合法院及破产管理人的询问等。如果怠于履行上述义务,妨碍了破产程序的正常进行,造成公司或债权人利益受损,有可能需就破产债务承担清偿责任。

二是在破产过程中,公司有损害债权人利益的,如低价转让等行为,法定代表人也须承担赔偿责任;此时,可以其不参与公司经营管理为理由进行抗辩,但要承担较重的证明责任,否则应承担相应的不利后果。

二、行政责任

公司在申请登记的过程中存在虚假登记行为,或者有抽逃资金、转移资金、隐匿财产、逃避债务等行为,除公司会受到相应的行政处罚外,法定代表人也会因此承担行政责任。该情形下,除非当事人认为行政处罚不妥而提起行政诉讼,否则处罚信息一般不予公开。

除上述外,法定代表人需要承担的行政责任主要存在于一些特殊监管行业,如医药、环保等,如《药品管理法》第118条第1款规定:

生产、销售假药,或者生产、销售劣药且情节严重的,对法定代表人、主要负责人、直接负责的主管人员和其他责任人员,没收违法行为发生期间自本单位所获收入,并处所获收入百分之三十以上三倍以下的罚款,终身禁止从事药品生产经营活动,并可以由公安机关处五日以上十五日以下的拘留。

三、刑事责任

通常而言,公司所从事的犯罪行为,应由公司承担刑事责任,法定代表人并不直接因此而承担刑事责任,但在《刑法》规定的某些"双罚"罪名中,除了对单位进行处罚外,还可能追究"直接负责的主管人员和其他直接责任人"的刑事责任。对于"直接负责的主管人员"的具体范围,虽然法律并未明确,但是司法实践中法定代表人有被认定属于单位"直接负责的主管人员",进而被判定承担刑事责任的风险。例如,公司有偿还能力而拒不偿还债务时,法定代表人有被法院执行部门拘留的可能,情节严重的甚至会构成拒不执行判决、裁定罪。又如,公司构成单位犯罪的,法定代表人作为主要负责人或者直接责任人如在犯罪中起到核心作用,可能也需要承担相应的刑事责任。再如,公司法定代表人在公司经营过程中负有法定职责,如需保证员工安全规范作业,倘若法定代表人失职导致安全责任事故发生,则其将被直接追究刑事责任。

常见的罪名包括:

1. 法定代表人因单位行贿,被追究刑事责任;

2. 法定代表人因单位涉嫌非法吸收公众存款,被认为属从犯而追究刑事责任;

3. 法定代表人未履行安全生产法定职责,未落实安全生产操作规范,造成作业工人死亡的严重后果,被追究重大责任事故罪;

4. 法定代表人未履行相应管理职责,导致公司发生重大火灾,被追究重大责任事故罪以及失火罪。

四、执行强制措施

公司负债进入强制执行程序而执行不能的,首当其冲的可能措施就是将法定代表人列入失信名单;如法院进一步查明,可能还会将实际控制人列入失信名单。被列入失信名单意味着其人无法担任部分职务、无法乘坐高铁飞机等交通工具以及被限制高消费等,从此生活陷入不便。举其要者,在以下三种情况下,法定代表人有被采取限制出境、限制高消费、不得离开住所地等强制措施的可能:

1. 公司有未了结的民事诉讼或者不履行生效判决时,司法机关有权对法定代表人采取限制出境、限制高消费等强制措施;

2. 公司有欠缴税款的情况时,税务机关可以对法定代表人采取限制出境的强制措施;

3. 公司进入破产程序,未经法院许可,法定代表人不得离开住所地。

综上,我们可以把法定代表人称为"戴上镣铐的舞者"。

018　任职的法律风险(二):如何应对?

一、为避险,人们八仙过海

据媒体报道,2020年以来刘强东卸任名下京东系多家公司的管理职务,仅担任京东集团的法定代表人,拼多多的实控人黄峥2021年年初辞任公司董事长。这些正值职业黄金期的董事长为什么卸任？还有一些老板喜欢让自己的司机、办公室主任、会计等出任公司法定代表人。这些做法的原因又是什么？

前面提到法定代表人职位乃公司控制权之钥，担任法定代表人的一方通常可以在公司斗争中处于优势地位，但法定代表人外表光鲜亮丽的同时，背后也有着数不尽的心酸。"不能光看见贼吃肉，也要看到贼挨打。"实际上，法定代表人负有较多的法律义务与责任，尤其是有些公司的法定代表人并非控股股东、实际控制人或其代理人，可能在公司内斗中处于一个尴尬的位置，好似东汉末年的汉献帝，如提线木偶一般任人摆弄——真正的权力归于控股股东、实际控制人，担责的却是法定代表人。例如，某公司筹划上市，对财务报表进行作假，将来公司一时得逞成功上市，控股股东、实际控制人是得利者，但签署了大部分文件的法定代表人却承担了实实在在的民事责任、行政责任乃至刑事责任。

基于上文所列示的林林总总的法律责任，不少公司的控股股东、实际控制人、执行董事、总经理不愿意亲任法定代表人，便千方百计地找来旁人担任。甚至有些公司找来刚走出大学校门、彷徨中找不到工作的毕业生，以一些微薄的报酬令其"荣任"法定代表人。更有甚者，去偏远山区让一辈子未出过山区的孤寡老人任职。此外，还出现了一种"礼仪性法定代表人"，即公司专门寻找一位既没有争夺公司控制权的实力，也没有取得公司控制权的野心的"好好先生"担任法定代表人，专职负责出席各种荣誉活动，如慈善捐助、颁奖典礼、联欢晚会等。这些行为，使得一些公司的实际控制人、控股股东肆无忌惮地逃避法律责任，严重败坏了我国法定代表人制度的法律安排，偏离法定代表人制度的立法目标。

二、应对风险的建议

1.不真正参与公司运营者，不建议担任法定代表人，至于国企领导人在组织的安排下担任之，另当别论。《公司法》《民法典》都规定出任法定代表人应以担任公司的管理职位（执行董事、董事长、总经理）为前提，这些管理职位本身必然参与公司经营且在决策过程中享有相当的权力，担任法定代表人之行为可谓"内外相当""权责一致"。如名义上担任法定代表人但实际上不参与经营决策，就可能出现法定代表人无法行使自己本身应有的权力，却可能要为实际决策者的错误背锅的情形，"权责不一致"的风险极高。

2.退一步讲，如担任法定代表人但不参与公司经营，建议与指派其担任法定代表人的双控人签订书面协议明确权利和义务。大部分情况下,法院在认定法定代表人是否需要担责时,会考虑其是否实际参与公司经营。为避免风险,自知为名义法定代表人者可与指派其担任法定代表人的双控人签订书面协议,约定本人不参与公司经营、对经营事务及公司债务等不承担责任,如因公司事务带来损失均应由对方承担责任等条款。虽然此类条款仅存在于双方之间而具有相对性,在发生相关案件或者诉讼的情况下,相应的协议条款并不能对抗外部权利主体的诉求,但至少能保证其在承担法律责任后能找到最终的责任方。此外,这类协议在某些特定的情况下,如在要求法院解除"限高"措施时,可以起到辅助证明的作用。

3. 无履职,不签字。法定代表人的签字直接代表公司,如其实际上不参与经营决策,挂名法定代表人应尽量不要亲自在公司文件上签字,因为签字很容易变成他方用以证明参与公司经营的证据。另外,如果不参与决策,不建议出席公司相关会议,更不建议在会议文件上签字。如果出席或列席会议,尽管没有决策权、没有参与决策,也有被用以证明参与公司经营的风险。总之,力求恪守自己不参与公司经营决策的界限并保留相应证据。而无论是真实担任法定代表人抑或是挂名者都必须明确的是,对签字的文件负责便是对自己负责,保证切实知晓文件内容,能够很大程度上避免因随意签字而给自己带来麻烦。需要着重注意,绝不应将自己的法人名章交给他人保管。

如确需作为法定代表人签字,至少应保证自己不在对公司或者其他股东、债权人等可能造成损害事项的决策文件上面签字(如在公司内部协助办理抽逃出资之类事项的文件上签字)。

4. 合规行权。如果确实参与了公司经营决策,如作为双控人委派的法定代表人确需参与某些会议,那么应保证自己参与的事务切实遵守法定、章定的程序。这是合规经营的保证,以此可以最大限度地避免个人责任。

当然,最为基本的是,无论是否参与实际经营,担任法定代表人都应确保自己的行为不会损害公司、股东及债权人的利益,依法行使《公司法》《企业破产法》《民法典》等法律规定的权力。

分篇二

董事长、总经理

实务中,董事长、总经理的关系,无论在商业意义上还是法律意义上,无论在国有公司还是民营公司中,都颇具奥妙,二者关系的处理也是公司治理的头等大事,合则两利,公司受益;斗则俱伤,公司受损。为此,我们不揣浅陋,兼顾法律规定、商业实践两个维度,展而论之,力争提供有价值的知识信息。

本分篇共设 20 问,围绕公司的董事长、总经理这两个最重要的管理职位而展开,兼及上市公司董事会秘书、首席法律顾问(首席合规官)等其他的重要管理岗位。

019 董事长(一):一个主持人?

一、身份素描

董事长,这个名词,属于典型的人人皆知其指向、但又不好落笔定义的概念。对应的英文是 chairman,我国港澳地区又名之董事会主席,也即公司董事会的主持人。对此,国务院国资委《中央企业公司章程指引(国有独资公司)》(2024)第 36 条规定:

董事长是董事会规范运行的第一责任人,享有董事的各项权利,承担董事的各项义务。

如果不好定义,或可以从多个侧面进行描述,也是一个不错的思路。

1. 董事会成员

顾名思义,公司设立董事会的,必设董事长(《公司法》第 68 条、第 122 条);成为董事长,前提是身为董事会成员。所以,董事长辞任、解任董事职位的,视为同时离任董事长职位；而任职董事长的董事辞任或者解任董事长职位的，可依然保留董事职位。

2. 是否为执行董事

这个问题相当尖锐，在实务中具有极大针对性。比如，《公司法》第 121 条第 2 款第 1 句规定：

审计委员会成员为三名以上，过半数成员不得在公司担任除董事以外的其他职务，且不得与公司存在任何可能影响其独立客观判断的关系。

据此，人们对于董事长可以进入审计委员会并无疑问，疑问在于董事长是否属于不得超过审计委员会过半数成员的一分子？也即董事长是否属于"在公司担任除董事以外的其他职务"或"与公司存在任何可能影响其独立客观判断的关系"？依照《公司法》第 10 条，执行董事属于"代表公司执行公司事务的董事"，据此标准判断，一般而言董事长应属于执行董事，但是实务中确也真实存在"礼仪性董事长"。故而，对于董事长究竟是否属于执行董事，我们的回答是：原则上，董事长为执行董事，除非有相反事实予以证明。

3. 董事会的主持人

从《公司法》第 72 条、第 122 条的规定看，召集、主持董事会会议乃是董事长的首要职责。可见，立法者所构造的董事长更多是作为会议主持人，也即在形式上发挥召集、主持的功能，而不一定是掌控实权的首脑人物。要成为公司的首脑人物，还需其他职位的加持以及多数股东的支持。在我国公司治理的实践中，董事长在公司中往往还要身兼数职以及具有其他背景方得以与实权挂钩，详见后文。

二、董事长的其他身份加持

1. 法定代表人

公司法定代表人享有垄断性的公司对外代表权，在公司治理与公司运营中扮演着重要的角色。在 1993 年《公司法》上，法定代表人只能由董事长或者不设董事会的执行董事兼任，2005 年《公司法》将担当人的范围扩张至总经理，2023 年《公司法》则扩张至执行董事、总经理。这表明，一则，正如前文所述，董事长一般为执行董事，所以当然具有担任法定代表人的资格；二则，尽管法定代表人的担当人范围有所扩张，但在实践中，由董事长兼任法定代表人的情形仍然是大多数公司的第一选择。

董事长往往兼任法定代表人，又因"法定代表人"的身份取得了垄断性的对外代表权这一实质性权力,以致人们普遍产生"董事长是公司老大"的固识。

2. 党委(党组)书记

此处先讲国家出资公司的情况。国家出资公司实行党的领导,具体体现为公司党委(党组)"按照中国共产党章程的规定发挥领导作用,研究讨论公司重大经营管理事项,支持公司的组织机构依法行使职权"(《公司法》第170条)。按照党的民主集中制组织原则,党委(党组)书记是第一政治负责人,且多由董事长担任党委(党组)书记,行使领导权力,履行政治责任。国务院国资委《中央企业公司章程指引(国有独资公司)》(2024)第23条第2款规定①:

党委(党组)书记、董事长由一人担任,党员总经理一般担任党委(党组)副书记。党委(党组)配备专责抓党建工作的专职副书记,专职副书记一般进入董事会且不在经理层任职。

党的十八大以来,一直坚持把"加强党的领导"和"完善公司治理"统一起来。按照中共中央办公厅印发的《关于在深化国有企业改革中坚持党的领导加强党的建设的若干意见》(2015),党委会是国有公司治理的中心,"三重一大"也即重大事项决策、重要干部任免、重要项目安排、大额资金的使用,必须经过党委会讨论决定,再交由董事会、股东会表决。董事长出任党委(党组)书记的,董事长的权威必然借由后者得到巩固、提升与增强。

依照近年来的党建工作指引,越来越多的民营公司也设立了党委,但是这类党委与国家出资公司的党委(党组)并不是一个概念,《公司法》第170条的规定并不适用于民营公司。尽管如此,这并不妨碍诸多民营公司效仿国有公司安排,其董事长也大都兼任党委书记,依照《公司法》第18条的规定开展党组织活动。

3. 公司的双控人或其代表

在公司治理中,"作为管理者的董事会"与"作为所有者的股东会"往往有着千丝万缕的联系,控股股东大都会在管理层中安插代表自身利益的董事,甚至直接由其本人出任董事长等职务。从而,董事长可能因其背后"控股股东"的身份,在事实上成为公司的首脑人物。

就国家出资公司而言,履行出资人职责的机构之于国有独资公司拥有100%的股权,国有控股股东之于国有控股公司拥有绝对、相对的控股权,也就理所当然地拥

---

① 国务院国资委《中央企业公司章程指引(国有资本控股公司)》(2024)第34条与之相同。

有指定或者安排董事长人选的权力。换言之,国家出资公司的董事长背后站立的是国有股东。而在民营公司尤其是家族式公司中,董事长由创业企业家暨双控人本人或其代言人出任,乃是一种常态。

综上,董事长这一职位本身并不在公司治理中享有实质性的权力;其要享有实质性权力乃至成为公司的首脑人物,多是在诸多背景身份的加持下获得的。最后需要指出,2023年《公司法》确立董事会中心主义的背景下,公司的战略经营决策权、执行权与一定的监督权力也配置给了董事会,董事长本身的实质性权力也因而得到了一定程度的加强。

020　董事长(二):法定职权有哪些?

一、关于法人机关职权的组织法则

在我国公司法上,除非有公司的特别授权,否则董事执行职务均以"会"的形式采取行动,其个人并不享有任何单独的决策、执行与监督权力;至于不设董事会、仅设一名董事的公司,该名董事作为独任制机关,是以个人的身份行使相当于其他公司董事会的职权,而非作为董事单独行权。简言之,董事会的职权不得由个人行使;单个董事也无单独的职权。

反过来,单个董事不享有某项职权,能否说明由多名单个董事组成的董事会也无该项职权呢?这当然是错误的,因为这同样混淆了集体制法人机关与其单个成员之间的职权关系;集体制法人机关所享有的某项职权,并不由单个成员享有并行使;单个成员不享有某项职权,并不妨碍集体制法人机关享有并行使。

举例。最为典型的就是公司对外担保的议决权。2005年《公司法》第149条规定董事、高管个人不得以公司名义对外提供担保,也即董事个人并无担保决定权,但《公司法》第16条同时规定董事会有权决定非关联对外担保。由此可见,董事个人不享有某项职权与董事会享有某项职权,是两回事,此可谓立法明例。在此意义上,1993年《公司法》第60条第3款规定,"董事、经理不得以公司资产为本公司的股东或者其他个人债务提供担保"。除此之外,该法并未进一步明确规定董事会、股东会关于对外担保权的任何权限。对此,应该如何理解呢?后来,最高人民法院在某提审案判决书中有这么一段推论:由于公司法明定董事个人无对外担保的决定权,所以,由各个董事组成的董事会也相应没有该项职权。应该说,这一推论既与组织法的基本法理不合,也与 2005 年及其以后所有版本的《公司法》的相应规定相冲突,可谓教训深刻。

二、董事长的法定职权

(一)法定职权清单

归纳 2023 年《公司法》第 63 条、第 72 条、第 114 条、第 122 条等规定,可知董事长的职权包括:

1. 担当股东会的主持人;
2. 担当董事会的召集人、主持人;
3. 检查公司董事会决议的实施情况。

上述规定表明两点:其一,不同于其他董事会成员,董事长这一职位是享有法定职权的;其二,即使贵为董事长,也无权行使属于董事会的职权,除非得到合法授权(关于此点,下文讨论)。

具体到以上职权,董事长主要拥有召集、主持会议的职能,在一定程度上可以称之为公司治理的启动者。虽然该类权力未必具有实质性,但董事长却恰恰有可能借此成为公司的寡头。原因如下:

第一,无论是股东会还是董事会,召开会议的主要目的均为形成公司决议。决议是公司集体制法人机关意思形成的唯一法定形式,故而,只要掌控会议的召集权,也就间接得以制约集体行动。比如,董事长召集抑或不召集董事会,都是某种审时度势后的考量,可能出于公司利益最大化的考虑,也可能出于私利,但又难以因此判断其违反对公司的信义义务,因为这一职权行使本身具有极大的主观性与自由裁量的空间。

第二,对董事会议案的控制也是董事长掌握主动权的关键一环。唯有列入会议的审议事项成为议案,才能在获得通过后形成决议。如果公司章程没有特别规定,董事会会议的提案权人应为包括董事长在内的全体董事,其次才是高管、监事等,如总经理有权向董事会提名副总经理、财务负责人等人选及其报酬方案。然而,在董事等人提出提案后,能否列入会议议程,仍主要由作为会议召集人、主持人的董事长决定,其重要性可见一斑。

第三,在董事会中心主义的发展趋势下,董事会成为决定公司存续、发展、战略决策等事项的核心。在我国公司治理的语境下,董事长往往通过身兼数职在事实上成为公司的首脑,权力傍身,如虎添翼,其凭借董事会的中心优势自然能够更有力地实现对公司的整体控制。

第四,具有主持股东会会议的权力意味着董事长对于股东会会议议程进展具有指挥权,借此可以对股东会决议作出与否发挥极大的影响力。加之董事会是股东会的唯一正牌召集人,董事长控制了董事会,也得以进一步控制股东会的召集事宜。

此外,关于"检查公司董事会决议的实施情况",有学者认为这是一项实质性权力,意味着在董事会闭会期间董事长也就代表了董事会,而由于负责董事会决议实施的主体主要是以总经理为首的管理层,所以董事长借此也就获得了对于管理层的监督、检查乃至领导的权力。针对此点,后文在关于董事长、总经理的关系讨论中还会展开。

(二)对权力寡头的警惕与破解

如果董事长形成权力寡头,"寡头当道"对公司及其利益相关者势必不利,破解机制势在必行。对此,公司法寄希望于四个主体身上:副董事长、过半数董事共同推举的一名董事、监事会以及少数股东。具言之,对于主持股东会的职权,依据《公司法》第63条、第114条等规定,股东会会议应由董事长主持,董事长不能履行职务或者不履行职务的,由副董事长主持;副董事长不能履行职务或者不履行职务的,由半数以上董事共同推举一名董事主持。

又,股东会的召集权是董事会和监事会的固有权力和法定职责,不得以章程剥夺之,唯在顺位上,董事会居于第一顺位。根据《公司法》第114条等规定,董事会不履职或不能履职时,第二顺位的监事会得以行权;第三顺位为少数股东,即连续90日以上单独或者合计持有公司10%以上股份的股东得自行召集、主持。如果上述流程都无法挽救公司的治理困境,则治理僵局势必已成,其继续存续的意义都要接受拷问。

对于董事会会议的召集和主持权,根据《公司法》第72条、第122条的规定,与股东会主持权类似,可以由副董事长、过半数董事共同推举的一名董事顺位替代董事长履职。此外,对于董事会会议的召开,根据《公司法》第123条的规定,代表1/10以上表决权的股东、1/3以上董事或者监事会可以在出现特殊情况时提议召开临时会议,董事长应当自接到提议后10日内召集和主持董事会会议。因此,董事会会议的召开可以摆脱董事长的全权控制;由其他主体共享会议召集的提议权,一定程度上防止了董事长权力寡头的形成。

另外,如果寡头死死控制公司,股东会、董事会的召开均受其严重制约,股东在权益遭受侵害时往往处于"手脚被捆绑,无法抵御欺压"的可怜境况,即发生公司僵局。此种情况下,公司无法作出任何决议甚至包括解散公司的决议,只能由少数股东出面提起诉讼,要求解散公司(《公司法》第231条)。

021　董事长(三):意定职权有哪些?

一、董事长的意定职权清单

除了《公司法》第63条、第72条、第114条、第122条等规定的董事长的三项法定职权之外,实务中很多公司还会通过公司章程、股东会决议、董事会决议等文件规定董事长享有某些意定职权。依照公司自治原则,只要这些规定不违反法律、行政法规的强制性规定,就是有效的,董事长依照意定职权清单行权履职,不仅是权力也是义务,总之是"依章履职"。

需要指出,除了法定、合法意定的职权清单外,董事长参与董事会决议并没有其他的特殊权力,尤其是在董事会会议表决时,其与其他董事享有的表决权完全一样。实务中有些公司所谓"董事长领导下的董事会"的管理模式的提法,具有误导性,既不准确,也不合法。

那么,实务中有些公司所谓"股东会领导下的董事长负责制""董事会领导下的董事长负责制""董事会领导下的总经理负责制"等管理模式的提法,正确与否呢?这实际上涉及董事长、总经理被转授权的效力问题,也与董事长、总经理的意定职权清单大小直接相关,下问将讨论这一问题。

二、央企公司章程的做法

那么,实务中董事长可以被赋予哪些意定职权呢?这就是每家公司需要根据自己的司情见仁见智的事情了。此处仅录国务院国资委《中央企业公司章程指引(国有独资公司)》(2024)的规定,以资参考。

其第 37 条规定①：

董事长行使下列职权：

(一)向董事会传达党中央精神和国资监管政策,通报有关方面监督检查所指出的需要董事会推动落实的工作、督促整改的问题;

(二)组织开展战略研究,每年至少主持召开 1 次由董事会和经理层成员共同参加的战略研讨或者评估会;

(三)确定年度董事会定期会议计划,包括会议次数、会议时间等,必要时决定召开董事会临时会议;

(四)确定董事会会议议题,对拟提交董事会讨论的有关议案进行初步审核,决定是否提交董事会讨论表决;

(五)召集并主持董事会会议,使每位董事能够充分发表个人意见,在充分讨论的基础上进行表决;

(六)及时掌握董事会各项决议的执行情况,并对决议执行情况进行督促、检查;对发现的问题,应当及时提出整改要求;对检查的结果及发现的重大问题应当在下次董事会会议上报告;

(七)组织制订、修订公司基本管理制度和董事会运行的规章制度,并提交董事会讨论表决;

(八)组织制订公司的利润分配、弥补亏损、增减注册资本、发行公司债券的方案,公司合并、分立、解散、清算、申请破产、变更公司形式的方案,以及董事会授权其组织制订的其他方案,并提交董事会讨论表决;

(九)根据董事会决议,负责签署公司聘任、解聘高级管理人员的文件;根据国务院国资委规定,代表董事会与高级管理人员签署经营业绩责任书等文件;签署法律、行政法规规定和经董事会授权应当由董事长签署的其他文件;

(十)组织起草董事会工作报告,代表董事会向国务院国资委报告年度工作;

(十一)组织制订公司年度审计计划、审核重要审计报告,并提交董事会审议批准;

(十二)提出董事会秘书人选及其薪酬与考核建议,提请董事会决定聘任或者解

---

① 该规定与国务院国资委《中央企业公司章程指引(国有资本控股公司)》(2024)第 49 条的规定基本相同。

聘及其薪酬事项；

（十三）提出各专门委员会的设置方案或者调整建议及人选建议，提交董事会讨论表决；

（十四）与外部董事进行会议之外的沟通，听取外部董事的意见，并组织外部董事进行必要的工作调研和业务培训；

（十五）在出现不可抗力情形或者发生重大危机，无法及时召开董事会会议的紧急情况下，在董事会职权范围内，行使符合法律、行政法规、企业利益的特别处置权，事后向董事会报告并按程序予以追认；

（十六）法律、行政法规或者董事会授予的其他职权。

三、若干启发

上述罗列的董事长职权清单洋洋洒洒，蔚为大观，但细究起来，实际上都是围绕董事会职权而展开的，并未超出《公司法》的规定，也即未超出董事长作为董事会会议召集人、主持人以及股东会会议主持人的事务性权力，如前文提到的董事长对董事会会议提案的审查权以及提交会议议程的决定权。唯一值得关注的，是第15项的职权也即所谓的特别处置权——事出紧急、董事会会议无法及时召开的背景下，董事长得一人行使董事会的职权。这实际上涉及一个重大的实务问题：董事会职权可否转授给董事长个人行使？如果回答是肯定的，进一步地，是全部的职权还是部分的职权可以转授？如果是后者，则最后一问是，究竟是哪些董事会职权可以转授给董事长行使？

022 董事长（四）：被转授权的边界在哪里？

一、一个普遍现象

无论是国家出资公司还是民营公司，都会有德高望重的公司领导人、创业企业家存在，他们以其卓著的创业资历、彪炳史册的经营业绩、优异的企业家品质深受公司股东、员工的爱戴与信赖。如果其出任公司董事长，不仅"实至名归"，更额外享有深具效率的集中决策权，公司上下也不吝授予其这样的权力。于是，这些公司通过章程、股东会决议、董事会决议等形式将部分本属于集体制法人机关的决策、执行、监督职权转授权给董事长个人行使。这种现象在实务中不仅常见，而且还广受欢迎。这一方面实现了提高公司的决策、执行效率的核心目的，另一方面也深刻折射出董事长在公司治理与公司运营中不可动摇的核心地位。尤其是，有些公司标榜实行"股东会领导下的董事长负责制"、"董事会领导下的董事长负责制"以及"党委领导下的董事长负责制"等，对董事长就更为倚重，转授权机制本身也成为董事长负责制的重要依托。

但是，凡事有一利必有一弊。利弊之间，不仅需要时时的权衡，更需要对受到过分追捧的"利"保持警惕。公司实务中以下情形并不鲜见——由于不加节制地对董事长转授权，其个人权力过于膨胀、集中，甚至直接架空了董事会、股东会作为集体制法人机关的民主决策机制，最后上演了一出出"成也萧何，败也萧何"的剧目，不仅公司利益受损乃至毁于一旦，董事长个人也终被捧杀，是为悲剧。

所以，明确董事长个人被转授权的法律边界，不仅必要而且重要。

二、股东会职权可以转授给董事长吗

首先，公司通过章程、股东会决议等形式将全部、部分的股东会法定职权转授给董事长个人行使，在实务中罕见，如果有，其效力也一般不被承认。退一步来说，股东会的法定职权即便转授给董事会，也仅限于可被允许的个别职权，而不能扩及全部职权（详情请参见本书关于股东会、董事会职权的讨论）。至于将股东会的法定职权转授给董事长个人行使，依据公司组织法基本法理，应该不被允许。

其次，公司通过章程、股东会决议等形式将全部、部分的股东会章定职权转授给董事长个人行使，在实务中也不常见。依照《公司法》第59条第1款第9项的规定，股东会还享有"公司章程规定的其他职权"，此即股东会的章定/意定职权。此类职权既然是章定的，一般认为属于公司自治（股东自治）的范畴，公司章程或者股东会决议再决定转给董事长个人，只要不违反法律、行政法规的强制性规定，法理上无碍，应为有效。

最后，至于公司通过董事会决议形式将全部、部分的股东会法定或意定职权转授给董事长个人行使，当然是无效的。因为这不属于董事会的职权范围，该类决议也因为董事会僭越职权而归属于决议内容违法的情形（《公司法》第25条）。

三、董事会职权转授给董事长的边界

首先指出,董事会将其某些职权转授给董事长个人行使,其重要性、必要性应予以肯定。问题是,一旦公司内部发生矛盾,就会有人跳出来主张某些转授权行为无效,原因要么是转授权的程序瑕疵,要么是转授权的内容本身违法。程序瑕疵,属于纯粹的公司决议瑕疵问题,此处不论;但就后者而言,就牵出了核心问题——是否全部的董事会职权都可以转授给董事长?如否,究竟哪些董事会职权可以转授?

对此,理论界与实务界都存在很大争议。我们主张,对照《公司法》第67条集中列举的董事会职权清单以及其他条文关于董事会职权的特别规定,可以分类讨论:

1. 股东会转授给董事会的职权,不能再由董事会转授给董事长个人,法理依据在于民法上的转委托规则(参见《民法典》第169条)。倘若股东会同意或者追认,则转委托行为本身无碍,问题回归至前文讨论的股东会职权转授给董事长的边界。

2. 《公司法》规定只能由股东会或者董事会决定、但具体由哪一个法人机关决定留待公司章程进一步厘清的事项,也不得转授给董事长个人决定。

其中,典型的仍然是《公司法》第15条,该条规定公司对外投资、对外担保(非为公司实控人、股东的第三人债务提供担保)的,由公司章程规定由股东会或者董事会决定。因而,公司章程规定由股东会决定的,自然也就不能转授给董事长。类似的还有第182条~185条规定的董事自我交易、抢夺公司商业机会、开展竞争业务等事项。

3. 法定、章定的董事会应以绝对多数决通过决议的事项,不宜转授给董事长个人行使。比如,《公司法》第153条规定的授权资本制下董事会发行新股权,"公司章程或者股东会授权董事会决定发行新股的,董事会决议应当经全体董事三分之二以上通过"。又如,《公司法》第163条规定的对外财务资助事项等。

4. 董事会享有的其他法定职权以及章定职权事项,原则上可以转授给董事长,但要严格恪守必要性原则——情况紧急下的紧急处置规则,也即对于无期限地将全部、绝大部分的董事会职权转授给董事长的行为,应该说"不"。否则,将彻底架空董事会,使得公司法关于董事会作为集体制法人机关的制度设计落空,更与董事会中心主义模式的公司法制度预设相悖。

023 总经理（一）：经理、总经理是一回事吗？

一、经理

(一)生活中的经理

有人说，当今社会，再也没有比"经理"一词被滥用得更厉害的词汇了。确实，在任何一家公司，称为经理者遍地都是。一个刚刚入职的大学生，充当原本被称为"业务员"的职位，马上就被冠以"业务经理""市场经理""营销经理"（marketing manager）的名头。连带一起被滥用的，还有总监、总经理、总裁等相关名号。

(二)法律上的经理

1. 大陆法

"经理"一词，在大陆法系中的含义相当复杂。在民商分立的国家、地区，由商法典总则对经理作出规定。如我国澳门地区《商法典》第64条第1款从主体角度对经理下了一个功能式的定义："经理系指商业企业主委任以经营企业之人，该委任得按商业习惯以任何职务名称为之。"据此，经理可以有多个名称或职务，但其本质特征在于受企业主委托负责企业的经营。

在民商合一的国家、地区，由民法典从契约角度界定经理的地位。如此，经理与企业乃委任契约关系，与民商分立国家一致，其本质亦在于受托负责企业管理事务，即综理公司事务之人。

但是，民法典、商法典关于经理的定义仅属于一般规定，不能完全适用于社会经济生活中的公司经理。公司经理的具体职权、地位等还需依赖作为组织法的公司法之具体规定。大陆法系公司法大多将经理的设置及经理权的授予纳入公司自治的范围，立法不作强行规定，只设立示范性、任意性条款予以引导。

2. 英美法

英美法系中的"经理"一词在判例法上和成文法上的含义有别。在判例法上，"经理"（manager）意指一个被选任以经营、指导或管理公司及其分支机构事务的人。按英美判例的见解，"经理"这一称谓本身就隐含着被授予此称号的雇员对雇主公司总的管理权力和合理的干预能力的意思。易言之，被称为经理的雇员有权控制雇主公司的营业和做出通常的管理行为。显然,这一解释与大陆法系民商法典的规定基本一致。

但在成文法上,"经理"为"高级职员"(officer)的别称。凡具体执行董事会的决策、负责公司日常经营管理的人员统称为"高级职员",大致包括总裁(president)、副总裁(vice-president)、财务主管(chief financial officer)、董事会秘书(secretary)、首席顾问、重要部门经理等。公司可以在章程中自行定义高级职员的任何职务与称谓。

二、我国公司法:从经理到总经理

我国法上,无论是《民法典》等民事立法还是《公司法》此类组织法,都未直接对经理进行定义,但从《公司法》的相关规定中可以总结出经理的基本内涵:由董事会聘任并对董事会负责、主持公司生产经营管理工作与组织实施董事会决议的自然人(《公司法》第74条)。

另外,《公司法》还使用了副经理的概念。那么,《公司法》上的经理、副经理与生活中"满天飞"的经理名号之间是什么关系呢?应该说,《公司法》上的经理、副经理就是公司总部高级管理人员群体中的总经理、副总经理。

这样一来,公司法上的经理也即我们所定义的总经理,不仅是公司高管之一,还是首要高管。《公司法》第265条第1项规定:

高级管理人员,是指公司的经理、副经理、财务负责人,上市公司董事会秘书和公司章程规定的其他人员。

与股东会、董事会、监事会不同,经理机关并非会议形式的组织机构,其行为不需要通过会议以多数决形成决议即集体意思,而是以经理层的最高领导者即经理的个人意志为准。虽然公司也设副经理、地区经理、部门经理、分公司经理等,但他们都是在经理的领导下协助其工作的辅助人员。公司的经理层实行垂直命令的官僚层级体制,经理居于该层级结构的顶端,是公司日常经营管理事务的总负责人。人们日常见闻的所谓"大堂经理""销售经理""柜台经理"等,往往是公司内部对各种业务员的称谓,在工作内容上很难被纳入上述首要高管的范围,甚至可能仅仅为普通业务员,自然不享有经理的相关职能。

024 总经理（二）：总经理、总裁与 CEO 是一回事？

一、CEO

CEO(Chief Executive Officer)，首席执行官，并不是一个法律概念，而是公司管理实务上的概念。当前，以美国为代表的国际大型公司已普遍设立 CEO 此职位，我国不少公司也仿效设置。与 CEO 制度相一致发展而逐渐形成公司管理上的 CEO 体制，CEO 之下设多名负责具体业务的执行官，如首席营运官(Chief Operating Officer，COO)、首席财务官(Chief Financial Officer，CFO)、首席技术官(Chief Technology Officer，CTO)、首席信息官(Chief Information Officer，CIO)、首席知识官(Chief Knowledge Officer，CKO)等，他们各自领导某些专门的业务单元，在 CEO 的统一领导之下且与 CEO 一起组成公司高级管理层(top management)。

目前，在我国公司中设置 CEO 仍有一些法律障碍：尽管《公司法》规定了经理享有"公司章程规定的职权和董事会授予的其他职权"，但能否将法定的董事会、董事长职权转授给 CEO，尚缺乏明确的立法规定或者立法解释。比如，"决定公司的经营计划和投资方案"是董事会的法定职权，"检查董事会决议的实施情况"是董事长的法定职权，这些职权是国外 CEO 的常见职权内容，但我国 CEO 能否通过转授权而获得，尚无定论。

二、CEO 与总经理

一个基本的认识是，CEO 由公司董事会聘任或解聘，其权力由公司章程及董事会授权确定，与董事会存在委托—代理关系。总体来看，CEO 的法律地位与总经理基本相同，二者最大的区别在于职权有所不同：CEO 比作为董事会辅助机构的总经理拥有更为主动的地位和更大的职权，其职权包括总经理的业务执行权和董事会的部分决策权。

尽管如此，绝大多数国人还是将 CEO 与总经理相提并论，在同一个概念内涵上使用。

三、CEO 与董事长

有人比照我国公司法上的概念，认为 CEO 是集董事长和总经理的权力于一身的职位。这是一个不很确切的说法。在国外，CEO 与公司董事长是两个完全不同的职位，享有的职权与担负的职能都有明显区别，故分别设立，也可由一人兼任。在我国公司法上，董事长并不拥有任何经营决策权。如果一定要比照我国公司法上的既有概念，准确地说，CEO 是集董事会的部分经营决策权、董事长的部分权力和总经理的全部权力于一身的职位。CEO 的出现，是美国公司立法上的"董事会中心主义"与事实上的"经理中心主义"交互融合的产物，即公司内部权力结构呈现经营决策权和业务执行权的适度统一趋向。这一趋向直接体现为 CEO 法律地位的高耸和权力的集中——CEO 处于公司权力层的中心，集部分经营决策权、业务执行权和对外代表权于一身，是公司名副其实的首脑。在美国公司，CEO 的职权一般包括：对公司经营方面的重大事项的决策权；提议和任免公司主要管理层成员的权力；对公司日常经营业务的执行权；构造和传播企业文化，推销公司整体形象。

四、总经理与总裁

在我国公司实务中，几乎所有的公司都将《公司法》上的"经理"称为总经理，也有一些公司称为总裁、CEO 的，总之，都位于首席高管者的地位。这些职位的职权并无同一的模式，不同公司基于不同需要赋予其大小不一的权力。区别在于，总经理对应于《公司法》上的"经理"没问题，但就总裁、CEO 而言，情况要复杂一些，与《公司法》上的"经理"未必十分吻合。这些公司起初设置总裁、CEO 大都因为 1993 年《公司法》上的经理法定职权过小，设置这些新的职位或用来扩大经理的职权，或用来表明董事长与总经理合二为一。

现阶段，由于《公司法》上没有总裁或 CEO 的概念，所以设立总裁、CEO 职位的公司必然需要在章程中规定其职权。与此同时，《公司法》上经理的职权规定亦是任意性的，公司章程完全可以根据需要对经理规定更多的实质性授权，再加上可以确定经理为公司的法定代表人，以往设置总裁、CEO 的动机已经得到很大程度上的消解。总的来说，经过多轮公司法修订对公司治理结构规则的更新和完善，实践中的总裁、CEO 与《公司法》上的"经理"的吻合程度更高了。

025　总经理（三）：是必设的吗？

一、立法的逻辑

(一)有限公司

《公司法》第 74 条第 1 款规定：

有限责任公司可以设经理，由董事会决定聘任或者解聘。

这明确了总经理在有限公司中不是必设的，而是任设机关；设立与否，由公司自治。

第 75 条又规定：

规模较小或者股东人数较少的有限责任公司，可以不设董事会，设一名董事，行使本法规定的董事会的职权。该董事可以兼任公司经理。

据此，中小型有限公司的组织机构如果至简，可以仅设一名董事且由其兼任总经理；但实际上，即便在设立董事会的公司，也可以由其中的一名董事兼任总经理。

(二)股份公司

《公司法》第 126 条第 1 款规定：

股份有限公司设经理，由董事会决定聘任或者解聘。

这就明确了总经理在股份公司中是必设机关；设立与否，不由公司自治。

第 128 条规定：

规模较小或者股东人数较少的股份有限公司，可以不设董事会，设一名董事，行使本法规定的董事会的职权。该董事可以兼任公司经理。

第 127 条又规定：

公司董事会可以决定由董事会成员兼任经理。

(三)国有独资公司

《公司法》第 174 条规定：

国有独资公司的经理由董事会聘任或者解聘。

经履行出资人职责的机构同意，董事会成员可以兼任经理。

据此，第一，总经理在国有独资公司是必设机关；第二，如普通的股份公司、有限公司一样,董事会成员也可以兼任总经理,但需要履行出资人职责的机构同意。

二、公司实务真相

(一)央企的规定

《中央企业公司章程指引(国有独资公司)》第60条及《中央企业公司章程指引(国有资本控股公司)》第72条均规定:

公司经理层成员一般为4至6人,设总经理1名,总会计师1名。经理层是公司的执行机构,谋经营、抓落实、强管理。

这一规定透露了三个信息:

1. 无论法律如何规定,实务中的国家出资公司,无论是国有独资公司还是国有控股公司,也无论采用有限公司组织形式还是股份公司组织形式,实际上都必设总经理。

2. 总经理是经理层也即管理班子的首席,国家出资公司出于控制领导职数的需求,规定了4~6人的规模,其中内含必设的总经理与总会计师。

3. 经理层被定位为公司的"执行机构",职责在于九个字:谋经营;抓落实;强管理。

(二)民营公司

目前我国公司存量大概5000万家,其中有限公司占据压倒性的绝对多数,有限公司里的绝大多数又是民营公司,而且绝大多数民营公司都是有限公司。尽管公司法并未强制要求其设总经理,但在实务中不设总经理的有限公司罕见,由此足见总经理在公司组织机构中的重要性。即便在广大的中小微有限公司里,不设董事会、仅设一名董事,往往该名董事也兼任总经理,这是我国公司治理的常态。

三、从总经理到经理层/高管层

(一)高管的概念

公司高级管理人员(officers),简称高管,指经法律、公司章程规定或者股东会授权,由董事会聘任,对内执行公司经营管理业务,对外代表(代理)公司营业的公司雇员。按照这一定义,高管的特征如下。

1. 一个单一或者群体概念。高管通常是一个群体概念,称为公司经理层(management),包括总经理(general manager)或者总裁(president)、副总经理(副总裁)、财务主管(treasurer)以及董事会秘书(secretary)等。但在封闭公司中,只有一名董事兼任总经理的,其高管就是一个单一概念。

2. 人员范围法定或者章定。公司需要哪些高管,基本上是一个商业决策问题而非法律问题。由于多数公司法很少干预高管的设置,所以法定高管职位(statutory designated officers)是少数,多数公司高管为非法定职位(non-statutory designated officers)。《公司法》对于高管的设置、职权配置干预较深,法定高管职位包括经理、副经理、财务负责人和上市公司的董事会秘书,但允许公司章程自行规定其他高管职位(《公司法》第265条第1项)。

3. 特殊的公司雇员。高管也属于公司雇员,故对公司享有报酬请求权。但与普通雇员相比,其承担不同的义务与责任,任职资格、报酬确定程序及披露要求也有所不同。比如,《公司法》第67条、第120条规定,经理的报酬由董事会决定;《公司法》第129条规定,股份公司应当定期向股东披露高管从公司获得报酬的情况。这些规定并不适用于普通雇员。所以,在法理上廓清高管范围的意义之一,就是将高管与普通雇员区分开来,分别适用不同的法律规范。

(二)高管的常见人员分类

1. 总经理,也即《公司法》上所称的"经理",这是首要的高管人员。

2. 副总经理,也即《公司法》上所称的"副经理",实务中又有公司称之为副总裁、执行副总裁、常务副总裁、高级副总裁等。

3. 财务负责人,也即公司财务行政的第一负责人,实务中称呼多样化,常见的有:总会计师;财务总监;CFO;财务部长;财务部主任;财务处长;财务长;等等,不一而足。

4. 上市公司董事会秘书,也即董秘。非上市公司也有设立董秘职位的,但并不当然属于公司高管,除非该公司章程规定其属于高管范围。

关于高管层的领导职数,上引央企章程指引限定为4~6人,至于民营公司包括上市公司情况,相关法律、法规、规章并无强制性规定,应当理解为公司自治事项。

(三)总经理与经理层/高管层的关系

一言以蔽之,总经理是公司经理层/高管层的首席,也是负责人,这意味着总经理与其他的经理层成员之间是科层制下的领导与被领导的关系,而不是董事会成员那样的平等协商关系。比如,董事会的集体意思表示形式为决议(resolution),成员平等投票议决之,每人一票;但总经理办公室的意思表示形式是命令(order)。这一点非常重要,相关法理的展开详见本篇第 28 问。

026　总经理（四）：公司治理的关注——职权有哪些？

一、从法定到意定

（一）立法变迁

1993～2023 年,我国公司法一直实行总经理职权法定主义,如 2018 年《公司法》第 49 条第 1 款、第 2 款规定：

有限责任公司可以设经理,由董事会决定聘任或者解聘。经理对董事会负责,行使下列职权：

（一）主持公司的生产经营管理工作,组织实施董事会决议;

（二）组织实施公司年度经营计划和投资方案;

（三）拟订公司内部管理机构设置方案;

（四）拟订公司的基本管理制度;

（五）制定公司的具体规章;

（六）提请聘任或者解聘公司副经理、财务负责人;

（七）决定聘任或者解聘除应由董事会决定聘任或者解聘以外的负责管理人员;

（八）董事会授予的其他职权。

公司章程对经理职权另有规定的,从其规定。

《公司法》除了第 1 款第 8 项是关于意定职权的规定,前七项都是法定职权。这一立法例极具中国特色,放眼全世界,几乎没有其他国家、地区的公司法采总经理职权法定主义,更无列举总经理职权清单的。所以,长时间以来,总经理职权的法定主义立法例一直备受检讨。终于在 2023 年《公司法》修订中,我国立法改弦更张,转向各国通用的总经理职权意定主义立法例:第 74 条第 2 款、第 126 条第 2 款分别规定,有限公司、股份公司"经理对董事会负责,根据公司章程的规定或者董事会的授权行使职权"。

（二）如何看待公司章程的规定、董事会的授权

总经理的职权来自两个方面:一是公司章程的规定,二是董事会的授权。一般而言,公司章程的规定不会轻易频繁变动,具有稳定性;董事会的授权则变动相对频繁,具有动态性。在一动一静之间,总经理的职权呈现出如下特点:

1. 千人千面。在职权法定主义的立法例下,一千个公司中总经理的职权可能都是一样的,所谓"千人一面",但在职权意定主义的立法例下,一千个总经理的职权可能都不一样,甚至"千人千面"。由此,后者给民商事审判中职务代理的有权代理、无权代理、表见代理的认定带来很大挑战。

2. 动态之中。甚至就一家公司的总经理而言,其职权也可能由于章程修订、董事会决议通过而处于不断的变动之中,这给一家公司的老客户、老供应商对总经理职务代理权限的判断也带来很大挑战。

二、央企公司章程的做法及参考

国务院国资委《中央企业章程指引(国有独资公司)》(2024)第 62 条关于总经理职权的规定①,可资参考:

总经理行使下列职权:

(一)主持公司的经营管理工作,组织实施董事会的决议;

(二)拟订公司的发展战略和规划、经营计划,并组织实施;

(三)拟订公司年度投资计划和投资方案,并组织实施;

(四)根据公司年度投资计划和投资方案,决定一定金额内的投资项目,批准经常性项目费用和长期投资阶段性费用的支出;

(五)拟订年度债券发行计划及一定金额以上的其他融资方案,批准一定金额以下的其他融资方案;

(六)拟订公司的担保方案;

(七)拟订公司一定金额以上的资产处置方案、对外捐赠或者赞助方案,批准公司一定金额以下的资产处置方案、对外捐赠或者赞助方案;

(八)拟订公司年度财务预算方案、决算方案、利润分配方案和弥补亏损方案;

(九)拟订公司增加或者减少注册资本的方案;

(十)拟订公司内部管理机构设置方案,以及分公司、子公司的设立或者撤销方案;

(十一)拟订公司的基本管理制度,制定公司的具体规章;

---

① 国务院国资委《中央企业章程指引(国有资本控股公司)》(2024)第 74 条与此基本一致。

(十二)拟订公司的改革、重组方案;

(十三)按照有关规定,提请董事会聘任或者解聘公司有关高级管理人员;

(十四)按照有关规定,聘任或者解聘除应当由董事会决定聘任或者解聘以外的人员;

(十五)拟订公司职工收入分配方案,按照有关规定,对子公司职工收入分配方案提出意见;

(十六)拟订内部监督管理和风险控制制度,拟订公司建立风险管理体系、内部控制体系、违规经营投资责任追究工作体系和合规管理体系的方案,经董事会批准后组织实施;

(十七)建立总经理办公会制度,召集和主持总经理办公会;

(十八)协调、检查和督促各部门、分公司、子公司的生产经营管理和改革发展工作;

(十九)提出公司行使所出资企业股东权利所涉及重大事项的建议;

(二十)法律、行政法规规定或者董事会授权行使的其他职权。

上述规定透露出三个信息:一是这些职权的基本框架还是沿用旧公司法关于总经理的法定职权清单;二是上述二十项职权涵盖公司日常经营管理的方方面面,再次彰显总经理为首席高管的法律地位;三是这些职权可视为国企数十年经营管理实践经验的总结与升华。

027　总经理(五):民商事审判的关注——职务代理权的范围?

一、职务代理的核心是总经理的职务代理权

《民法典》第170条规定:

执行法人或者非法人组织工作任务的人员,就其职权范围内的事项,以法人或者非法人组织的名义实施的民事法律行为,对法人或者非法人组织发生效力。

法人或者非法人组织对执行其工作任务的人员职权范围的限制,不得对抗善意相对人。

这是关于职务代理的基本规定,适用范围上至总经理(不兼任法定代表人)下至业务员,但究竟每个工作人员的职务代理所对应的职权有多大,《民法典》使用了可谓最具有抽象性、概括性的语言"职权范围内的事项。"如本篇第2问所述,职务代理的鬼魅就在于每个工作人员(大致分为总经理;副总经理;事业部总监、分公司经理;业务员四级)对应的代理权限都不一样,且充满变数,其不仅取决于与公司交易的相对人的理解,也在于每一个工作人员对于自身职位所对应的管理职权/代理权限的理解。但无论如何,作为公司经营管理的负责人,总经理这一职位所对应的管理职权/职务代理权限的界定是最大范围之列示,对于其下所有工作人员的职务代理权限的界定,不仅具有界标性价值,更具有方法论上的现实意义。

二、总经理的职务代理权:我国台湾地区的经验

域外规定上的经理职务代理权限具有启发意义。比如,我国台湾地区的"民法典"及"公司法",前者第554条规定:

经理人对于第三人之关系,就商号或其分号,或其事务之一部,视为其有为管理上之一切必要行为之权。

经理人,除有书面之授权外,对于不动产,不得买卖,或设定负担。

前项关于不动产买卖之限制,于以买卖不动产为营业之商号经理人,不适用之。

后者还规定,经理不得以公司名义对外提供保证。这些规定界定了总经理的职权:

正面来说,总经理职权的基本牌面在于"享有经营管理公司所需要的一切必要权力"。

反面来说,公司的不动产买卖、公司的不动产负担设定(如抵押)、公司对外保证等特定事项,明确列于总经理职权清单之外。当然,这些限制并不适用于以不动产买卖为业(如房地产开发公司)、以融资担保为业(如专业担保公司)的公司之总经理。

三、我国司法实践的一般经验

《民法典合同编通则司法解释》第21条规定:

法人、非法人组织的工作人员就超越其职权范围的事项以法人、非法人组织的名义订立合同,相对人主张该合同对法人、非法人组织发生效力并由其承担违约责

任的,人民法院不予支持。但是,法人、非法人组织有过错的,人民法院可以参照民法典第一百五十七条的规定判决其承担相应的赔偿责任。前述情形,构成表见代理的,人民法院应当依据民法典第一百七十二条的规定处理。

合同所涉事项有下列情形之一的,人民法院应当认定法人、非法人组织的工作人员在订立合同时超越其职权范围:

(一)依法应当由法人、非法人组织的权力机构或者决策机构决议的事项;

(二)依法应当由法人、非法人组织的执行机构决定的事项;

(三)依法应当由法定代表人、负责人代表法人、非法人组织实施的事项;

(四)不属于通常情形下依其职权可以处理的事项。

合同所涉事项未超越依据前款确定的职权范围,但是超越法人、非法人组织对工作人员职权范围的限制,相对人主张该合同对法人、非法人组织发生效力并由其承担违约责任的,人民法院应予支持。但是,法人、非法人组织举证证明相对人知道或者应当知道该限制的除外。

法人、非法人组织承担民事责任后,向故意或者有重大过失的工作人员追偿的,人民法院依法予以支持。

上述条款所对应的依然是所有的公司工作人员,但为方便理解以及更具有代入感,除非特别说明,下文的简要解读仅以总经理为对象而展开,以助力读者理解我国私法上职务代理中的有权代理、无权代理、表见代理之构成及对应的法律责任。

(一)第1款:区分狭义无权代理与表见代理

无权代理在民法上并非绝对无效,需要类型化讨论。构成狭义无权代理的,为效力待定的法律行为,公司不追认的,自然对公司无约束力;但公司对狭义无权代理的发生具有过错的,仍应对相对人承担缔约过失赔偿责任。

构成表见代理的,基于保护善意相对人的法益,自然对公司生效,公司负有义务履行合同,否则对相对人承担违约责任。

(二)第2款:超越法定职务代理权的无权代理的认定

总经理等人的职务代理行为,属于以下超越法定职权情形之一的,认定为无权代理,且原则上不构成表见代理,因为"立法推定明知",如果相对人应该知道该职务代理行为构成无权代理,则不属于善意相对人。

1. 总经理及其以下实施的依法应由公司的股东会、董事会决议的事项;

2. 副总经理及其以下工作人员实施的依法应由公司总经理办公会决定的事项；

3. 总经理及其以下实施的依法应由法定代表人代表公司组织实施的事项；

4. 总经理及其以下实施的通常情形下不属于依其职权可以处理的事项。

(三)第3款：超越章定职务代理权的无权代理的认定

仍以总经理为例，如果其以公司名义实施的行为并未超越法定的职权范围，但超越了公司章程、股东会决议、董事会决议等意定职权范围的限制，不知情的相对人可以主张构成表见代理，该合同生效而公司应予履约，否则应承担违约责任；公司举证证明相对人非善意的除外。

这一款规定，实际上是对《民法典》第170条第2款规定的细化，也即"法人或者非法人组织对执行其工作任务的人员职权范围的限制，不得对抗善意相对人"。因为，相对人并无查阅公司内部文件的义务，无从得知对代理人职权范围所作的意定限制，故而，除非公司能够举证其知道或应知，否则推定其为善意，构成表见代理而合同得以拘束公司。

至于第4款规定的公司对有严重过错工作人员的追偿问题。在上述前三款情形下，无论合同对公司生效与否，公司都可能面对相对人承担法律责任，其性质为合同责任或者缔约过失责任。那么，公司承担责任后必有损失，自然有权利向"故意或者有重大过失的工作人员"追偿，其依据包括但不限于《民法典》第1191条、《公司法》第191条(例外情形下，由职务代理人在公司应担责范围内对相对人承担直接责任)等。

虽然职务代理与法定代表存在相当的差异性(见本篇第2问"法定代表、职务代理有何区别？")，但无权代理、无权代表在规则设计上的法理大致相同，互为对照，读者可以参阅第8问、第9问对越权代表、表见代表的详细讨论，进行系统学习。

四、存在的问题

1993～2023年，总经理职权采法定制，可谓"千人一面"，2023年之后采意定制，总经理的职权因此"千人千面"。意定制的好处是提供了更多的公司自治空间与灵活性，弊端则是总经理职权更趋于变动不居。单一法定代表人制度背景下，若频繁对外为经营(交易)行为的总经理本人不担任法定代表人，其对外为职务代理的权限仅是"其职权范围内"，对此，固然有《民法典合同编通则司法解释》第21条第3款的指引，但由于相对人较难查询到公司章程、董事会决议的内容，在总经理职权意定的背景下无权代理的可能性必然有所增大，对于并不精通私法规则体系的商业人士来讲，交易风险依然普遍且严峻。

028 总经理（六）：命令如何下达与执行？

一、公司意思表示三形式：决议、决定、命令

如果将股东会（或一名股东）、董事会（或一名董事）、监事会（审计委员会，或一名监事）、总经理视为公司治理四机关，分别履行权力机构、决策机构、监督机构、执行机构的职权，那么这些法人机关作出的意思表示就是公司的意思表示，区别在于意思表示的形式不同：

1. 股东会、董事会、监事会、审计委员会作为集体制法人机关，由复数主体构成，其中股东会至少两个股东，董事会、监事会、审计委员会至少由 3 名成员组成，其作出的意思表示的形式就是决议（resolution），经由与会者遵循多数决规则而形成。

2. 一名股东、一名董事、一名监事作为独任制法人机关，由个人构成，分别对应行使股东会、董事会、监事会的职权，其作出的意思表示的形式就是决定（decision），由个人作出。

3. 与以上法人机关不同的是，总经理不仅是一个独任制的法人机关，且其作出的意思表示的形式是命令（order）。

二、科层制下的命令

以总经理为首的公司执行系统是一个科层制组织，自上而下实行垂直命令体系，以最高领导即总经理的个人意志为准，副总经理、事业部总监、大区经理、分公司经理等都在总经理的领导下工作；副总经理协助总经理工作，其他经理层为下属，总经理则居于这一层级结构的最顶端，是公司日常经营管理事务的总负责人。这种垂直领导关系是命令与被命令的关系，上下级之间遵循"指令与服从"原则。作为鲜明对比，董事会实行"圆桌"机制，董事长也仅有权召集、主持董事会会议，各个成员平等投票表决，董事长原则上不能以个人名义行使董事会的职权；而经理作为高管层

的总负责人,具有直接下达命令的权力。

在股权分散的公众公司,"两权分离"明显,经理层的职权本身因为意定而呈现出多样化,且其是公司剩余控制权的实际享有者,往往成为公司的权力中心。总经理因其在高管层级内部的官僚位阶上,"一人发号施令"而不经过多数决的独特表意机制,而在事实上拥有相当大的权力;加之股东会的形式化与董事会的边缘化,势必造成权力的下沉,公司剩余控制权可能最终落入经理层之手,更进一步收拢于总经理一人。比如,在我国公司治理实践中,常有公司将董事会的职权转授权给董事长个人、总经理个人行使,便是权力下沉的体现。

经理权在事实上的扩张现象在美国公司治理中也同样存在。最突出的表现是 CEO(通常兼任董事长)因股东会的形式化行权而在事实上控制了董事人选。在法理上本应由董事会选举产生 CEO 以及其他高管,但实际上恰恰相反,现任 CEO 无论是在其继任者的提名上还是在其余董事的选举中,均享有很大的发言权,其他董事一般不会反对 CEO 的意见。另外,站在公司官僚体系塔尖的 CEO 还掌控庞大的官僚层级机构的人事权和财务权,并得以支配股东会、董事会会议及其议程,进而决定公司经营政策,其余股东、董事都无力插足公司的具体经营事务。总之,从各国公司治理实践来看,总经理权力之大,远超公司法文本之义,可谓"一人兴司,一人亡司"。

三、国企的总经理办公会

国务院国资委《中央企业公司章程指引》(2024)规定,国有公司经理层成员一般为4~6人,设总经理1名,总会计师1名,经理层是公司的执行机构,谋经营、抓落实、强管理;其中,总经理对董事会负责,向董事会报告工作;总经理行使的职权之一是"建立总经理办公会制度,召集和主持总经理办公会",经理层应当制订总经理议事规则,经董事会批准后实施,总经理应当通过总经理办公会等会议形式行使董事会授权。据此,国企总经理的职权行使大致有两种方式:一部分职权是个人决定,独断乾纲;另一部分职权通过总经理办公会等会议形式行使,似乎是集体讨论、决策与执行。

但要指出,总经理办公会与董事会的议决方式有很大不同:董事会议决采用一人一票的投票方式决定,董事长作为会议召集人、主持人,并无特权,遑论独断乾纲,连多投一票的权力也没有;作为对比,虽然总经理办公会也是总经理召集、主持的,由副总经理等经理班子成员参加,总经理固然也需要发扬民主精神,听取其他班子成员意见,以进行科学、民主的决策,但并不实行一人一票的投票方式——其他班子成员参与讨论、提出意见、提供咨询，虽有不同意见，但实行首长负责制，也即总经理一人拍板决定之。这就是总经理的意思表示形式——命令。

总经理作出决策后，待到执行环节，总经理与副总经理之间、副总经理与部门领导者或分公司领导者之间；部门领导者与下级部门领导者之间、低层级部门领导者与下属员工之间，都是命令与被命令、听取工作汇报与工作汇报的关系，以保证上传下达、令行禁止，以保障科层制下垂直命令系统的执行效率。这就是科层制的精髓与实质。

029　董事长与总经理（一）：民企篇，谁是老大？

一、老大之争：并非空穴来风

（一）公司实务中提出的真命题

董事长，为董事会的主持人，如果有法定代表人、党委（党组）书记、董事会执行委员会等专门委员会主席等其他职位的加持，更会权倾一时。

总经理，高管层之首，公司经营管理的第一负责人，如果有副董事长、法定代表人乃至党委（党组）（副）书记、董事会ESG委员会等专门委员会主席等其他职位的加持，也会权倾一时。

纵使在抽象去人格化的背景中、纯粹的逻辑推演下，二者作为负责公司治理与经营管理的两个最重要的职位，在职权分配与行使过程中存在摩擦也属正常。何况，实务中都是具象人格化的，在分任制的情况下，二者可能合作无间，但更有可能由于个人修养、经营理念、工作原则的不合，渐生龃龉，甚至激烈冲突。

从公司实践情况来看，无论是在国企还是在民企，董事长、总经理发生权力争斗乃至激烈对抗，都不是什么新闻事件，所以人们自然生出一个问题：董事长与总经理，谁是公司的老大？

（二）公司法理论意义上的伪命题

谁是老大？某种意义上，这是一个真实的中国公司法问题，但从另一个视角观之，这又不过是一种陈旧的单向思维折射，背后是"零和"游戏的规则思维。现代公司治理的基本理念在于分权与制衡，各个法人机关、管理职位都应当处于各行其权、各负其责、相互制约、相互监督的关系之中。不论是股东会、董事会、监事会的职权配置与责任设定,还是董事长、总经理的职权配置与责任设定,都不遵循非黑即白、非此即彼的"零和"游戏规则。于是,类似"董事长、总经理谁是老大"的问题也就理当被证伪。

所以,公司法并未回答"谁是老大"的问题,这从前文我们关于董事长、总经理的相关规定的讨论中不难看出。一方面,从职位设置与职权配置看,二者的交叉关系较为轻薄。董事长主要作为董事会会议的召集人、主持人以及股东会会议的主持人存在,总经理可能是董事会的成员也可能不是,如是,二者在董事会属于同僚关系;如否,则非同僚关系。另外,总经理是公司经营管理的负责人,在此意义上,总经理掌握的经营管理实权比董事长更重;但总经理由董事长主持下的董事会选聘并对董事会负责,向董事会汇报工作。但必须明确,总经理不是对董事长个人负责、对董事长个人汇报工作,否则,"谁是老大"的问题并无争议。

另一方面,董事长作为董事会主持人,在董事会闭会期间享有一项重要的个人职权——检查董事会决议的实施情况。谁是董事会决议的实施者呢?当然是以总经理为首席的经理层。在此场合下,董事长与总经理作为个人终于在个体职位意义上发生了链接关系:一方是检查者,另一方是被检查者。但必须明确,检查者与被检查者之间并非一种垂直的领导与被领导关系,而是监督者与被监督者的关系,属于平等的主体之间分权制衡。所以,现代公司法谓董事会是公司的监督机关,很大程度上就是在此意义上而言的。

虽然在理论上被证伪,但实务中的问题却是真实存在的,为展开讨论,我们在本问中讨论民营企业,下问讨论国有企业。

二、伪命题:创业企业家与职业经理人的组合

虽然民营企业与家族企业不能画等号,但大多数民营企业为家族企业乃是当前情况下不争的事实。在家族公司中,董事长往往由第一代创业企业家担任,即便第一代创业企业家退任,交接人乃是其家族继承人,如儿子、女儿等。创业企业家担任董事长时,除了董事长本身的职权以及兼任法定代表人等职务自带的法定代表权之外,往往还有两个巨大的优势。其一,创业企业家白手起家到如今的规模型企业,其在公司中天然具有的领袖魅力、领导力、控制力是他人无法匹敌的;其二,其本人以及背后家族所持有的股权足以控制公司,乃是不二的双控人(要么是控股股东,要么

是实际控制人)。

相较之下,与创业企业家董事长搭档的总经理,要么是纯粹的职业经理人,要么是与前者一起打拼的持有小部分股权的兄弟,要么是前者一手提携、调教的跟班小弟。董事长、总经理如此组合的公司,发生谁是老大的命题基本上是伪命题。即便在某些特定时刻、某个特定事件上,可能会发生总经理对董事长权威的挑战,如当年国美事件中陈晓作为总裁(事发时兼任董事局主席)对作为董事局主席的黄光裕(事发时卸任了董事局主席)的挑战,但那也是偶发的,而非体系性的。

三、真命题:相对大股东或代言人的组合

(一)联合创业企业家版的争斗

但在另一类民企中,董事长、总经理之争就成为现实。这一类民企可能是当初数个自然人联合创业而成的,彼此之间的股权也相差无几,难免或早或晚地经历一场"兄弟式合伙,仇人式散伙"的历程。在此期间,可能是相对大的前两名股东分任董事长、总经理,如海南航空集团创始人陈锋、王健的故事。他们在创业之时往往先经历一场恍如蜜月般亲密无间的合作期,或长或短,其后便可能会进入磕磕碰碰期,随后进入争权夺利期,甚或最后进入你死我活期,直至散伙另过,或者企业本身鸡飞蛋打。

在上述磕磕碰碰期、争权夺利期、你死我活期等组合期间内,董事长、总经理之间之所以会发生"谁是老大"的问题,是因为二者在所持股权比例、过往创业资历、公司内的人望人脉、领导力、控制力、职位职权等各个方面都相差无几。

谁是老大?这个问题不好回答,如果展开讨论将远远超出法律层面,且更像是一门实战的学问。很多民企的朋友询问我,董事长如何战而胜之?抑或反之。其实,站在董事长的立场看,要想更好地制约、监督总经理,最要紧的就是控制董事会多数席位及其多数意见;只要能够掌握董事会决议的形成,总经理没有不就范的。毕竟,总经理虽不对董事长个人负责,但必须对董事会整体负责。所以,董事长不要陷入自己亲自下场与总经理直接争斗的境地,而是应当利用董事会这个集体制法人机关的权威、职权,依法履行监督、制约总经理及其经理班子的职责,以此立于不败之地。至于总经理,若不想胜之不武,唯一能做的就是争取董事会其余成员的认可以及股东会的认可,而依法获得对董事会的控制力量,如此方能战而胜之。

当然,著者希望本书传递给读者的知识全部用于为公司利益最大化而努力奋斗

的事业上,所谓守正出奇,走正道,谋阳谋,此之谓也。反之,如果用在纯粹为个人利益的"狼子野心"而争权夺利上,悲乎。

(二)股东代言人版的职业经理人争夺

现实中还有一类民企也会发生董事长、总经理的"老大"之争,就是前文讨论的家族公司的下属子公司。这些子公司的董事长、总经理往往都是家族成员,如同父异母的兄弟,抑或均为职业经理人。在后者,可能二人都是母公司双控人的心腹,但二人之间并非一心;也可能分别是母公司双控人家族中不同派别成员的马仔(代言人)。这就是大家在电影中时常看到的豪门家族中"宫斗戏"的情节,只不过戏剧化后的争斗更加狗血而已,毕竟"艺术"源于生活、又高于生活。

四、结论

一言以蔽之,唯有平权的人之间才会有"老大"之争。如果用一句话来概括本问讨论的结论,即民企董事长要想玩转公司、制约总经理,法门不外有二:控制董事会多数席位,决定董事会决议;如果有控股股权作背景,则应用足用好控股股权的力量。

030 董事长与总经理(二):国企篇,谁是老大?

一、伪命题:从央企公司章程看命题

《中央企业章程指引(国有独资公司)》(2024)第23条规定:

坚持和完善"双向进入、交叉任职"领导体制,符合条件的党委(党组)班子成员可以通过法定程序进入董事会、经理层,董事会、经理层成员中符合条件的党员可以依照有关规定和程序进入党委(党组)。

党委(党组)书记、董事长由一人担任,党员总经理一般担任党委(党组)副书记。党委(党组)配备专责抓党建工作的专职副书记,专职副书记一般进入董事会且不在经理层任职。

第36条规定:

董事长是董事会规范运行的第一责任人,享有董事的各项权利,承担董事的各

项义务。

第60条规定：

公司经理层成员一般为4至6人，设总经理1名，总会计师1名。经理层是公司的执行机构，谋经营、抓落实、强管理。

第61条规定：

总经理对董事会负责，向董事会报告工作。

抄录以上条文的用意在于说明——国企中董事长、总经理之间的老大之争，在国有独资公司可能并不存在。这是因为有四重因素的加持：

第一，党内职务。按照公司章程以及党内法规规定，尤其是在实行党的领导体制背景下，董事长必有党委（党组）书记的加持，而总经理则任职党委（党组）副书记，二人在担当国有独资公司领导机构党组织中的职务高低已然定位，上下级之间又怎么会有老大之争？

第二，政治职级。依照《公司法》第173条和第174条的规定，董事长、副董事长由履行出资人职责的机构从董事会成员中指定，总经理由董事会聘任或者解聘。但在实际工作中，国有独资公司的董事长、总经理都是由党的组织部门以及同级人民政府、国资委或财政部门考察任命的，二者的职级不同，任命机构可能也不同。比如，国务院国资委管理的101家央企，其正职领导人职级上又分为副部级与正厅级，各有数十家，副部级央企的董事长人选要经由中组部的选任环节，往往还有中央候补委员的政治职级；总经理则是正厅级或者副部级，由国务院国资委任命，最后走公司内部的选聘程序。

当然，并非说所有国有独资公司的董事长、总经理的政治职级都是不同的。实际上，国务院国资委管理的央企绝大多数就是正厅级，其董事长、总经理的职级是一样的。

第三，董事会职务。董事会内部，国有独资公司还设有1～2名副董事长，且往往由总经理兼任副董事长。虽然董事长、副董事长并非董事会的领导职务，但毕竟有主持人、副主持人之分，而且《公司法》也明确副董事长协助董事长工作。可以说，通过董事会内部的职务安排来看，国有独资公司中总经理被定位为董事长之下。

第四，法定代表人职务。国有独资公司的董事长基本上都担任法定代表人的职务。

总的来说，董事长兼任党委（党组）书记、法定代表人，总经理兼任党委（党组）

副书记、副董事长,在强调党的领导体制背景下,二人职级不同,国有独资公司的董事长、总经理的"老大之争"命题基本不成立。

二、真命题:国企中的另一种场景

但在国有独资公司下设的各类一二三四级子公司那里,情况有很大不同,具体体现即为董事长与总经理是平级的。其一,这些公司的董事长、总经理职级是一样的,要么都是厅局级,要么都是处级;其二,二者实质上都是股东单位(如国有独资公司)决定的人选,最后走公司内部的选举、聘任程序;其三,二者都有可能担任公司的法定代表人;其四,虽然党组书记职务一般由董事长担任,但董事长多不在公司实际任职,也不在公司领取薪酬,仅仅主持董事会而已。而且,国有独资公司的很多三四级子公司往往不设董事会,仅设一名董事、一名总经理,而没有董事会作为集体制法人机关的背书,可能会对该名董事的履职尤其是其对总经理的监督制约造成消极的影响,个体之间履职时产生直接冲突的情形必然增多。

在这种背景下,公司董事长、总经理的老大之争也就不可避免地浮出水面,成为一个真命题。

究竟谁是老大?这个问题很复杂,展开讨论会远远超出法律层面,需运用党内职务职级、法定代表人的代表权、董事长总经理的个人职权配置、组织行为学的自然领袖等理论知识来综合考察,但这更是一门实战的学问,涉及群众拥护基础、公司业绩创造能力、个人在公司的资历与根基等重大因素。总之,这属于非常复杂与高深的学问,已远超著者自身的学术能力范围。很多知情人士还多有提及,二人的老大之争更多取决于个人能力与魅力——谁更有领导力。这一情形,其实与很多大学的党委书记、校长之间的老大之争,很多县里的县委书记与县长之间的老大之争并无不同。显然,这已经不是法律问题了。

三、结论

其实,即便是在董事长、总经理职位职级不对等的国有独资公司,也未必不存在老大之争,差异仅在于争斗或明或暗、激烈程度大小不同而已。而在职位职级对等的国有独资公司,也并非都存在老大之争,二人合作无间的典范并不罕见。

本问关于这一命题的讨论内容,很大程度上是围绕公司法上的董事长、总经理职权配置这一法律问题而进行的适度扩展。就立意而言:一是回答很多业内朋友经常提出的疑问,很多人对此迷惑且关注。二是想借机解释清楚公司法上董事长和总经理间职位职权的真实关系,以澄清很多似是而非的错误流传。三是想借机证明国企的领导体制机制非常复杂,欲充分理解其间玄机,远非公司法一门学问所能够,还要回到其独特的体制机制及制度设计背景中去,当然更大的学问还是对背后真实的权力运行机制的理解与领悟。

如果用一句话来概括本问讨论的结论,那还是部分重复上问的回答,即国企董事长要想玩转公司、制约总经理,法门不外有二:控制董事会多数席位,决定董事会决议;用好用足党委(党组)的领导权力。

031　董事长与总经理(三):分任还是兼任?

谚云:二虎相争,必有一伤。既然客观上董事长、总经理之间存在权力上的张力,甚至是紧张的关系,那么两个职位究竟是由同一人担任(兼任),还是由不同人担任(分任)为最优呢?长期以来,无论是国企还是民企的实践中,都存在两种模式的选择题,人们都想将题目做对。

一、老问题,新意义

(一)老问题

国企公司从20世纪90年代初开始改制,虽然部分传统全民所有制工业企业实现公司改制,"摇身一变"成为国有独资公司、普通有限公司或者股份公司,但是沿袭厂长经理负责制的路径依赖,董事会与经理班子往往"两个牌子,一班人马",人员高度重合。在此背景下,董事长与总经理由一人担任的"兼任制"也就稀松平常,更加剧了董事会、经理层不分的现象,这自然是不符合现代公司治理分权制衡的理念的;甚者,兼任制导致董事长兼总经理的一人权力独大,甚至寡头化,出现了权力失控的局面,权力滥用与贪腐风险急剧加大。所以,兼任制被提出检讨与省思,分任制受到提倡与追捧。

但是人们很快发现,分任制也存在不小的问题。如前两问所提出的问题,董事长、总经理原本在客观上就存在有限权力的分享摩擦问题,老大之争至少在部分国企、民企中十分严重,分任制则为其存在提供了前提。分任制下,董事长、总经理相互掣肘或者权斗,轻微影响内部决策效率事小,严重损害公司治理与管理秩序事大。于是,分任制也被提出检讨与反思。

所以,分任还是兼任的问题历久弥新。

(二)问题的限缩

承前文所述,在中国石油天然气集团有限公司这样的国有独资公司中,由于董事长与总经理在政治地位、党内职务及兼任法定代表人与否等多方面的悬殊肉眼可见,二者也难有老大之争,所以讨论二者之间分任或兼任,不仅毫无必要,也几乎是一个伪命题。在民营企业,如果董事长由创业企业家/实控人担任,总经理由职业经理人担任,二者在公司产权、控制力、利益攸关度等方面的悬殊同样肉眼可见,所以分任或兼任的讨论也无必要。

真正的问题是,在一些地方国企、央企控股的三四级子公司,一方面,董事长、总经理在各个方面的资源力量旗鼓相当,二者任职的法律程序虽有所不同,但实质上都是由上级(履行出资人职责的机构、国有独资公司、国有资本控股公司等)任命而级别平等,故而有彼此对抗之可能;另一方面,公司经营管理的职权包括财权、人权、事权等在内的权力蛋糕必然是有限的,对其享有及行使往往深刻涉及个人利益,当二者均以职业经理人的角色定位与任期制的干部心态行权,彼此之间必有摩擦。因此,究竟是兼任还是分任,需要从效率与公平的视角展开讨论。

这一情形在前文描述的股权较分散、各方股权比例大致相当的民营公司中同样存在。总之,虽然是一个老问题,但公司实务中一直保持着讨论该问题的热度,这说明其并不缺乏时代的新义。

二、兼任或分任:利弊及其选择

(一)分任制下可能的龃龉

如前文所述,除了客观上存在董事长、总经理争夺有限权力的必然摩擦之外,我国公司法上的法定代表人制度也加剧了董事长、总经理分任制的弊端。董事长作为董事会的召集人、主持人,其权威实际依托于董事会。良善的董事会能够发挥战略决策、战略咨询的作用,且单层制的董事会下设审计委员会,使得董事会对以总经理为首的经理层形成监督约束机制。在此背景下,总经理作为公司经营管理的第一负责人,负责整体的经营管理事务,与董事长各司其职,相互配合,此乃成功公司的典范。但是,总经理作为公司经营管理的第一负责人,在我国的法定代表人制度背景下,却存在不担任法定代表人的可能(通常也确实不担任),并无对外代表权;其对外以公司名义为法律行为,被视为公司代理人而非代表人,适用《民法典》第170条的职务代理规则。身为总经理却不享有代表权,由此带来的最大问题是总经理对外开展业务经营的表意能力受到严重束缚,这意味着在公司内部,总经理的权力往往受到兼任法定代表人的董事长的掣肘,本应为分权制衡、互相独立的两机关却被迫在正常行权时纠缠不清。这必然对交易安全造成极大风险,实践中许多董事长与总经理的冲突也是由此而发生。

(二)兼任、分任存在优劣之分吗

兼任制显然绝对地消除了分任制的内斗,但有一利,必生一弊。兼任制导致的个人权力的过度集中,带来的危害未必小于内斗的恶果。现代公司走向公众化、大型化的过程,也是股东权力不断流失与下沉的过程,即权力从股东会流向董事会,进而流向高管层,甚至流向董事长、总经理个人。具言之,公众公司的股权分散,股东是一群毫无组织的群体,"搭便车"成为一种理性选择;甚至董事会也实际上不直接参与公司经营管理,只起到有限的监督作用,并未切实行使决策权,因为受到有限的时间、信息、专业知识等因素制约,董事会成为"橡皮图章";而高管作为全职工作的专业人员,控制着公司的日常经营和战略决策。在此背景下,董事长兼任总经理,本质上是权力的进一步下沉和集中于个人。

理想情况下,免去内斗成本能够更好地形成合力,凝聚力量,实现突飞猛进的发展;但一旦权力者判断失误,甚至南辕北辙,公司也会被带向万丈深渊。此可谓"成也萧何,败也萧何"。

(三)公司法的新应对

2023年修订公司法对此实务中的老问题有所回应:一是公司法人机关的职权配置向董事会中心主义模式靠拢,董事会职权具有实质性扩张,尤其是引入单层制董事会使其附加了监督职能,这是新的公司治理机制。二是总经理的职权从法定转向意定,某种意义上这可视为对总经理的职权与角色的削弱而不是强化。就此,明确总经理对于董事会负责的法律地位,其具体职权来自公司章程的规定或者董事会的授权。三是由公司章程规定任何一名执行董事、总经理都可以担任法定代表人,这意味着即便董事长兼任总经理,法定代表人也得另选他人,这有利于防止与消解权力过于集中于一人之弊。

事实上,公司法并未对单一公司选择分任制或兼任制作出过多干涉,而是提供了诸多选择。与此同时,通过规则修订强化董事会地位、弱化经理职权,就分任制而言,董事长得以依托董事会更为强大的力量对经理进行监督、管理,保证公司治理秩序有序高效;就兼任制而言,经理本身力量的弱化使得其难以以个人行权的方式对抗董事会集体制法人机关的力量,防止权力寡头的形成。可以说,公司法通过对公司治理规则设计的调整,弱化了分任制与兼任制各自的弊端,留给公司充分的自治空间。

(四)国家出资公司的选择

经过30多年的不断试错与经验总结,近年来以国务院国资委为代表的决策者其实已经作出了选择,也即倡导与推行分任制。这从近年来多部关于国企党建的党内法规与国资委发布的行政规章、规范性文件中可见一斑。尤其是可以从2024年国务院发布的《中央企业公司章程指引》中看出明显的端倪。当然,这些文件主要是就国有独资公司、重要的国有资本控股公司而言的,对于中小规模的地方国企公司以及央企控股的三四级子公司是否也适用,则值得思考。实务中,这些中小型国企公司往往不设董事会,仅有一名董事,该董事兼任总经理的情形并不鲜见。

三、结论:效率与公平之间

综上,分任制下,总经理作为公司经营管理的第一负责人,和主持、召集董事会的董事长意见相左时,二人可能无法形成合力促进公司发展,反而明争暗斗乃至大打出手,最后以两败俱伤收场。兼任制下,内斗消失,董事长兼总经理的个人,往往也会集法定代表人、党委(党组)书记于一身,在公司中一言九鼎,决策与执行效率大为提升,可能会带领公司走向兴盛,但也可能带领公司步入万丈深渊,甚至沦为寡头侵害公司利益,可谓"成也萧何,败也萧何"。这两种职位设置方式,各有利弊,关键是需要合适的配套规则"消其弊,发其利",方使得任何一种模式变得理性、科学,这就对规范、合理的公司治理机制设计提出了更高的要求。现下,究竟采分任制还是兼任制,仍应交由各个公司根据自己的司情尤其是结合企业发展的阶段而定,毕竟,鞋大鞋小,脚最清楚。

032 法律逻辑（一）：有限公司的董事长如何产生？

董事长、总经理是如何产生的？可以分为两个截然不同的层面来讲。对于产生方式，公司法确有相应的法律程序规定，公司章程也可以规定进一步的流程细则，我们姑且称之为法律逻辑。但是，读者可能并不满足于形式逻辑意义上的制度建设，而是急迫地追问：董事长、总经理人选出炉，究竟是什么力量左右或者决定的？这就是政治与商业逻辑了。

对此，我们将安排连续三问专讲董事长、总经理产生的法律逻辑，至于其人选决定的政治与商业逻辑，则在本篇第35、36问统一讲述。

一、普通有限公司

对有限公司，《公司法》第68条第2款规定：

董事会设董事长一人，可以设副董事长。董事长、副董事长的产生办法由公司章程规定。

可见，公司法并未替有限公司"做主"规定某种法定的董事长产生方式，而是留待公司自治。从有限公司的角度而言，明确董事长、副董事长的产生方式乃是公司章程的相对必要记载事项，否则，虽然不至于影响公司设立以及章程的有效性，但会导致董事长、副董事长无法产生的窘境，势必影响公司治理的正常秩序，乃至导致公司治理僵局。实践中，公司的各派股东往往在设立公司或者加入公司之前便订有投资协议、合作协议等合同，约定了董事长、总经理等产生方式，而后写入公司章程；或者后于章程形成新的全体股东一致协议，各方股东依约遵守。

那么，现实生活中数千家有限公司的章程或股东协议到底规定了哪些董事长、副董事长的产生方式呢？根据著者的经验，应该分开而论。先说董事长的产生方式，可以分为四种模式：

模式一：选举产生。有的章程规定由股东会选举产生，有的则规定由董事会选举产生。至于多数决的比例，有规定过半数的，也有规定2/3以上的（视同重大决议）。这一模式并不存在法理障碍。

模式二：指派产生。该模式大体是指，董事长由甲方指派的人担任，总经理由乙方指派的人担任。这里的疑问与风险是,甲方指派的某人要担任董事长,前提是必须选入董事会,因为有限公司的董事会成员应由股东会选举产生,而不是由章程或股东协议意定,所以需要首先保障该人选通过股东会选举成为董事会的一员;那么,如果甲方指派的某人未选入董事会,自然也就不能担任董事长。所以,这里的指派董事长,准确来说,应该是指在某一方股东推荐的人选进入董事会之后的再指派。

模式三:指定产生。此也即公司章程规定由某人担任。这一模式的适用者大多是家族公司,一般由创业企业家或其指定的人担任董事长。这一模式的疑问与风险类似于模式二,因为某人要担任董事长的前提必须是选入董事会,如果未能进入董事会,那么这一章程条款将无法履行,董事长也就无从合法产生。

模式四:其他。人民群众的智慧永远是无穷的,实践中还会不断出现新的董事长产生方式。比如,有的有限公司章程规定董事会组成后,董事长由董事会成员中在公司任职时间最长的人、学历最高的人、持股比例最大的人等担任。但凡有个客观可定的标准可锁定某一个特定的董事会成员,这样的模式便是可行的。

至于副董事长的产生方式,大体有两种模式:一是与前文董事长的产生模式相同,董事长、副董事长一起产生;二是先产生董事长,再由董事长提名副董事长,后交付董事会、股东会表决。也有公司直接规定由董事长指定,可以想象,这是董事长权威较大的公司所采取之模式。无论如何,这些可行的做法,只要不违反法律、行政法规的强制性规定,都是合法有效的公司章程条款,公司只要遵循其办理即可。

二、国有独资公司的特则

《公司法》第 173 条第 4 款规定:

董事会设董事长一人,可以设副董事长。董事长、副董事长由履行出资人职责的机构从董事会成员中指定。

据此,国有独资公司的董事长、副董事长的产生方式最为简单、便捷,直接由国资委、财政部(厅局)等履行出资人职责的机构在董事会成员中指定。又据《公司法》第 173 条第 3 款的规定,绝大多数董事会成员(包括外部董事在内)也由履行出资人职责的机构委派,只有职工董事由公司职工代表大会选举产生。可见,国有独资公司的董事长、副董事长、职工董事以外的其他董事都采指定制。履行出资人职责的机构指定董事长、副董事长以及委派董事的行为,实质上可以视为行使股东"选择管理者"的权利(《公司法》第 4 条第 2 款)。

033　法律逻辑（二）：股份公司的董事长如何产生？

对股份公司，《公司法》第122条第1款规定："董事会设董事长一人，可以设副董事长。董事长和副董事长由董事会以全体董事的过半数选举产生。"可见，公司法并未如对待有限公司那样留足充分的自治空间，而是直接统一规定股份公司中董事长、副董事长的产生方式。这一规定属于强制性规定，也证成了公司法对股份公司治理干预较多、对有限公司治理干预较少的差异化立法模式，背后的原因在于立法对两类公司分别具有中小型与大中型、封闭性与公众性之特征的不同制度预设。

对于"由董事会以全体董事的过半数选举产生"，其实现过程中有几个细节需要讨论。

一、谁来召集、主持

职工代表大会、职工大会等民主形式选举产生职工董事、股东会选举产生股东董事之后，新一届董事会就算组成了，接下来的第一件事就是举行本届董事会的首次会议，首要任务就是选举产生新一任董事长、副董事长。但由于董事会会议的正牌召集人、主持人就是董事长，这就有了"先有蛋还是先有鸡"的问题。对此，当如何解决？这确实需要各方当事人的政治与商业智慧。

在国企，这个问题是很好解决的。由于有严密的组织人事制度，各方人等也都高度谙熟这一整套人事制度的流程与惯例，所以会表现得非常配合，高度的默契更是贯彻始终，如果有人表现出"不懂事"甚至提出异议，很快会被清理出场。所以：

1. 即便是新设国有公司的第一届董事会，在各个成员选出以后，大家对于谁将是新一任董事长往往存在高度共识。这是因为，组织人事的意图早就通过其他方式显露出来。比如，某人已经被任命为党委（党组）书记等，一般来说就由此人充当首次董事会会议的临时召集人、主持人，负责选举出新一任董事长。

2. 如果不是国有公司的首届董事会，人选的明确就更为便捷。如果上任董事长连续当选新一届董事，该人大多也将连任董事长，所以由其继续召集、主持新一届董事会的首次会议往往是各方共识；如果上任董事长未再当选新一届董事，组织推选的新任董事会人选，如此前已经被任命为党委（党组）书记者，也就顺理成章地成为新一届董事会会议的召集人、主持人,大家心知肚明而不会蓄意挑战之。

在民营企业,实际上也存在类似于上述国企的政治与商业的逻辑及惯例:

1. 即便是新设民营公司的第一届董事会,在各个成员选出以后,大家对于谁将是新一任董事长往往存在高度共识——一般来说,由第一大股东指派的(或其本人)或者各方投资人在此前通过协商方式确定的当选董事,来充当首次董事会会议的临时召集人、主持人,负责选举出新一任董事长。从长期的实务经验来看,在这个时刻就出现不同声音甚至人选争夺战的,极为罕见。

2. 如果不是民营公司的首届董事会,人选的明确就更为便捷。如果上任董事长连续当选新一届董事,该人大多也将连任董事长,所以由其继续召集、主持新一届董事会的首次会议往往是各方共识;如果上任董事长未再当选新一届董事,新一任董事长人选,在召开首次董事长会议之前多由各方股东通过协商机制确定。大家对此接受,至少心知肚明,其人也就顺理成章地成为新一届董事会首次会议的召集人、主持人。如果此时出现了挑战者,那么说明这家民营公司即将或者已经陷入混乱甚至治理僵局,乱局由此开启。

3. 如果届中出现董事长换任情形,这一问题较为容易解决。假设A公司第三届董事会的董事长张三在任期的第二年提出辞职或者被解职,那么选举新一任董事长的董事会会议,可以由副董事长召集、主持;如果没有副董事长或者副董事长不能履行职务、不履行职务,由过半数的董事共同推举一名董事召集、主持即可。

二、如何提名

确定了选举董事长、副董事长的董事会会议的召集人和主持人,接下来的问题就是谁来提出董事长、副董事长的候选人选呢?这实际上是关涉董事会会议的提案与议程的程序问题。这些细节问题不会为公司法、公司章程所关注,但有时候又是人们发生理解分歧之所在,所以需要基于公司法理讲解清楚。

如果属于届中换任董事长,自然很好解决,按照正常的董事会会议提案、决定议程的流程办理即可,任何有权提出董事会会议提案的人都可以提出该人选,且由适格召集人负责决定列入议程与否;如果合法提案提出的适格人选不一致,就会出现竞争性,需要进行差额选举。

问题是,如果新设公司的首届董事会第一次会议或者已设公司的新一届董事会第一次会议,怎么解决前述程序问题?就提案规则来说并无特殊性,每个董事都有提案权；真正的难点与分歧在于谁来负责审查提案以决定列入议程与否，这需要政治智慧与商业惯例支持。一般来说，这个人就是前文所说的各方达成共识的首次董事会会议的召集人、主持人。

三、需要回避表决吗

由于董事长、副董事长肯定从既有董事会成员中产生，假设全体董事都参会且投票，必然出现"我选我"的局面。那么，假设董事长候选人是董事 A，那么 A 是否需要回避表决？回答是否定的。因为这种人事选举在法理上不属于利害关系董事需要回避表决的利害关系事件，事实上，公司法、公司章程也从来没有关于其回避表决的要求。

四、如产生不能，怎么办

根据《公司法》第 122 条的规定，股份公司董事会选举董事长、副董事长采普通决议，也即全体董事(不存在关联董事回避问题)的过半数赞成即可，除非公司章程另有更高比例的规定。

民营公司实务中提出的问题是，多个适格候选人被提名，经表决无人获得全体董事过半数的赞成票，董事长、副董事长因而"难产"。如果董事长、副董事长不能产生，董事会会议将面临无人召集、主持的局面，这对于公司治理当然不是一个好信号。董事长、副董事长的"难产"在名义上是董事们的分裂，背后往往是各派股东的立场对立，这只能通过会后股东的再协商加以解决。

034 法律逻辑（三）：总经理如何产生？

一、公司法的程序规定：决议、决定

根据《公司法》第 74 条、第 126 条、第 174 条等的规定，有限公司、股份公司、国有独资公司的总经理均由董事会聘任、解聘，如公司仅设一名董事，则由该名董事做出聘任、解聘的决定。唯须注意，有限公司采用"可以设经理"的表述。该规定由来已久，这意味着有限公司有权根据实际需要自主决定是否设经理职位，不同于《公司法》第 126 条关于股份公司"设经理"的规定，体现了立法者对有限公司灵活自治的

尊重。当然，在2023年公司法修订过程中，二审稿、三审稿曾采用有限公司"设经理"的表述，可见立法者曾有态度的反复，但最终通过的文本恢复此前的表述。

董事会关于聘任、解聘经理的决议一经作出，即为生效。同《公司法》第71条有关董事无因解任制度的法理相同，董事会也得随时解任经理。个中法理，见诸最高人民法院指导案例10号"李建军诉上海佳动力环保科技有限公司决议撤销纠纷案"的裁判要旨，具体可以参见第47问中对董事无因解职问题的讨论。

当然，被无因解任的总经理可以请求公司赔偿。依据同无因解职的董事一样，不仅包括《公司法》第71条，还有《民法典》第933条的规定：

委托人或者受托人可以随时解除委托合同。因解除合同造成对方损失的，除不可归责于该当事人的事由外，无偿委托合同的解除方应当赔偿因解除时间不当造成的直接损失，有偿委托合同的解除方应当赔偿对方的直接损失和合同履行后可以获得的利益。

二、合同法的延伸：需要签约吗

（一）争论

一般而言，董事会、董事作出聘任经理的决议、决定之后，仅形成公司聘任的意思。而鉴于总经理和公司之间属于委托（委任）合同关系，也即一种双务、有偿的合同关系，是否还需要签订一份"聘任协议"，也即再次正式确立委托关系，总经理才能走马上任？

对此有两种意见，也有三种不同的实务做法：

1. 无须签约论

该论认为，一则，董事会聘任总经理之前，已经与其进行了事前协商，并就任期、职权、薪酬、其他待遇等需明确的事项达成一致，于是才有了董事会的聘任决议；二则，聘任决议完全可以包含总经理的任期、职权、薪酬、其他待遇等主要内容，所以只要聘任决议已经通过，公司与总经理之间的委任合同即告成立，且主要事项也是明确的。故而，签约并不必要。

2. 需要签约论

该论主张，董事会的聘任决议充其量乃是公司作为聘任一方当事人的内部意思表示；公司要与总经理建立委任合约关系，还需要公司法定代表人等表意机关代表或代理公司与受聘的总经理签约，如此方能成立委任合同。

3. 单方声明论

该论主张,签约并不必要,鉴于公司董事会聘任决议可视为已经发出要约(offer),且此前已经与总经理候选人达成基本的权利义务条款,所以在董事会决议作出后,总经理单方声明一下表示接受即可。单方声明论主张的繁简程度正好介于前两论之间。

(二)务实之论

其实,这一问题的争议,同样存在于独立董事、外部董事等董事会成员、监事会成员与公司之间委任合同关系建立的场合。以上三种观点不存在绝对的孰错孰对。从法理上讲,委任合同是否具备书面形式,对于成立该合同关系没有实质影响;但这并不意味着该"决议"之通过可以完全替代"委托合同"之签订。根据实务经验,是否需要单独的签约程序,取决于所需缔结委任合同的内容繁简程度,在此可以分而论之。

1. 董事、监事的委任

董事、监事与公司建立委任合同关系,签约与否并不那么重要。这是因为,一则,董事、监事与公司之间的权利义务关系,包括任职、履职、薪酬等在内的内容并不复杂,甚至一部分董事、监事是无薪的,任职、履职的内容依赖公司法提供的通用条款即为足用;二则,多数董事(尤其是独立董事、外部董事、职工董事)甚至国企下设三四级子公司的董事长都是兼职状态,多数监事往往也是兼职状态,其更重视与任职的全职单位之间的委任(劳动)合同的内容周详化。

2. 总经理的委任

以总经理为代表的高管层虽然与董事、监事一样,与公司之间属于委任合同关系,但总经理作为公司经营管理的第一负责人,必然全职,可能"朝五晚九"在公司工作。不仅工作内容繁重,其所涉及的各类中长期考核目标与考核机制等诸多细枝末节也繁复无比,所涉薪酬组合也复杂多样,常见的包括现金、奖励、股票以及股票期权等,甚至还可能涵盖许多福利,类似于"子女教育费用补贴""出行车旅补贴""家政服务补贴"等,这就涉及总经理个人及家庭成员信息等,实在不便于在决议中载明,而适合以更为清晰的书面聘任合同方式加以确认。

三、总经理任职的其他情节

公司实践中,总经理可能还有其他多重身份,不同身份可能涉及聘任、解聘的额外细节。

1. 兼任董事

总经理不必然同时为董事,但实务中几乎同时兼任。公司法不禁止总经理兼任董事,或者说董事兼任总经理。如董事兼任总经理,该董事即为执行董事。就二者身份而言,总经理是由董事长提名董事会聘任或解聘的,而董事是由股东会选任的。

2. 兼任法定代表人

依《公司法》第10条,总经理无论兼任董事与否,都可以担任法定代表人。法定代表人按照公司章程规定确立人选,如由总经理担任的,总经理职位为皮,法定代表人职务为毛。总经理一旦辞任,视为同时辞去法定代表人,所谓"皮之不存,毛将焉附"。

3. 公司员工身份

总经理就其职位与公司之间乃委任关系,但总经理与公司之间是否同时还存在劳动合同关系?答案是肯定的,但也不绝对。多数情况下,尤其在国有公司,包括总经理在内的董监高极有可能兼为职工。两种法律关系并存时,总经理辞任或者解任后,劳动合同关系仍可继续存续。

035　政治与商业逻辑(一):董事长、总经理的人选是如何确定的?

上两问分别介绍董事长、总经理的产生程序,属于明线问题,公司法予以规定。但更实质性的问题是,董事长、总经理人选是怎么确定的?这是暗线问题。而准确来说,这其实不是一个法律问题,而是一个商业问题,值得更为深刻的追问。

一、董事长

既然是商业问题,公司法自然并不干预董事长人选的实质确定机制。实践中真实的政治及商业逻辑下,董事长人选的确定机制受到多种因素的影响,但根本仍在于广泛存在的高强度集中的股权结构,其决定了董事长人选的确定权牢牢掌控在控股股东、实际控制人手中。具体情况,下文根据国企、民企分而论之。

(一)国家出资公司:任命制

除了公司法的规范外,国家出资公司的治理还受到《企业国有资产法》、国务院关于国有资产管理的行政法规及国资委颁布的行政规章等规范性文件的多层次、多方面的规制,不同事项的管理涉及诸多主管部门。仅在人事方面,包括董事委派制度、外部监事制度、董事会授权试点制度、职工董事制度、职工监事制度等,其具体规定主要来自国资委颁布的法律法规,也即"国资委负责管人"。相关的顶层设计方案包括党委会作为领导中心的党建制度、职工代表大会制度、工会制度等。其中,党委会是国家出资公司治理的核心,"三重一大"也即重大事项决策、重要干部任免、重要项目安排、大额资金的使用等,必须经过党委会讨论决定,再交由董事会经过相关程序表决。

1. 国有独资公司

依《公司法》第173条,国有独资公司的董事长、副董事长由国资委等履行出资人职责的机构从董事会成员中指定。事实上。各级人民政府设立的国有独资公司,其董事长都是相应各级党委组织部的主管干部,副董事长则可能来自本企业或者其他国企的干部提拔,也可能是相应级别的党政干部转岗而来。具体人选均由相应级别的党委组织部、本级人民政府或者国资委遴选、任命,最后走公司治理的相应程序。

2. 国有资本控股公司

此类公司,组织形式上分为有限公司、股份公司,国有股东作为控股股东行使控股权,分别按照公司法关于有限公司、股份公司的规定办理。比如,国有控股有限公司的董事长,依照其公司章程规定的方法产生,国有控股股份公司的董事长,由该公司董事会的全体董事过半数同意选举产生等。事实上,国有资本控股公司的控股股东要么是各级人民政府的国资委、财政部门等履行出资人职责的机构,要么是某国有独资公司、国有资本控股公司。其董事长、副董事长也是按照党管干部的原则,由相应级别的党委组织部、人民政府及其国资委、国有公司党委(党组)确定人选,最后走公司治理的相应程序。至于人选,可能来自本企业或者其他国企的干部提拔,也可能是相应级别的转岗党政干部。

(二)民营公司

1. 多数情形下,由双控人确定

民营公司的组织形式不外乎有限公司(包括一人公司)、股份公司,其董事长、副董事长的产生方式应当依照公司法的相应规定。但实质上,董事长、副董事长的人选,由控股股东决定。具言之,在此类公司集团中处于金字塔顶端的母公司的董事长、副董事长一般由控股股东本人(通常是创业企业家)或其代言人担任;而母公司控股的各级子公司的董事长、副董事长,实质上也是由控股股东决定的,其后再走公司治理的相应程序。

这样一来,实质董事(影子董事、事实董事)在我国公司实务中就成为现象级的概念。其一,控股股东、实际控制人本人出任董事长等董事职务的,自然受到公司法关于董事信义义务的约束,"形神合一"。其二,控股股东、实际控制人委派其代言人出任董事长等董事职务的,后者自然接受公司法关于董事信义义务的约束,但前者实际上能够指示后者、后者也愿意接受前者的指示,控股股东或实际控制人也就成为"影子董事";《公司法》第192条将其纳入董事信义义务的规制范围,其对公司负有信义义务并承担相应的违信责任。其三,也有控股股东、实际控制人及其代言人不担任董事长等董事职务的,但由于公司治理结构失范甚至治理机制形同虚设,这些控股股东、实际控制人"不担任公司董事但实际执行公司事务";对此,《公司法》第180条第3款将其规定为"事实董事",纳入实质董事范畴,其对公司负有信义义务并承担相应的违信责任。

公司法引入实质董事概念以扩大董事信义义务规制的主体范围,是针对我国公司尤其是广大的民营公司、家族公司治理现状的及时、有效的回应,有望一举打破既有公司治理之沉疴——"东董相护",使得"花瓶董事""傀儡高管"背后躲藏的控股股东、实际控制人在责任承担时"由幕后走向前台",必然有利于公司治理机制在实质意义上的提升。

也就是说,董事长的人选虽在实质上掌握在控股股东、实际控制人手中,法律所明确之规则成为补充之程序,部分董事长作为双控人之"傀儡"在所难免。但通过后端法律责任的规则设计,无论是未勤勉履职的董事长本人,还是通过董事长对公司进行控制的双控人,都会受到信义义务的规制,法律得以有效、有力地应对此公司治理现实。

2. 也有各方协商确定的

也有一些民营公司并不存在绝对控股的双控人,股权较为分散或者各派股东的股权比例较为均衡甚至势均力敌,此种情形下董事长、副董事长的人选确定机制大都付诸股东协议,具体细节在下文的总经理部分一并介绍。

二、总经理

总经理人选的实质确定机制,在本质上与董事长相同,根本因素也在于广泛存在的高强度集中的股权结构,其决定了总经理人选的确定权牢牢掌控在控股股东、实际控制人手中。当然,总经理人选的确定机制受到多种因素的影响,具体情况,下文根据国企、民企的不同情况分而论之。

需要明确的是,与董事长选任的区别在于,任何一家公司的总经理都应由董事会聘任,所以无论何者得以实质决定其人选,确定后都要走董事会聘任的正当程序,这是绝对不可跳过的。

(一)国家出资公司

简而言之,与董事长、副董事长一样,总经理人选的确定权在实质上也牢牢掌握在国有控股股东手里。在国有独资公司,总经理在公司治理的程序上由公司董事会聘任,但其人选实由国资委或者本级人民政府考察决定;在国有资本控股公司,总经理人选也是由公司党委(党组)决定后,走公司治理的相应程序。

(二)民营公司

民营公司中总经理人选的确定,需要一分为二地讨论。

1. 单方控制型

在家族公司等存在绝对控股的控股股东、实际控制人的民营公司,其总经理人选实由双控人确定,包括少数股东在内的其他利害关系人大多并无异议。但在各方股东的股权比例大体平衡甚至势均力敌的民营公司,不仅总经理产生的法律逻辑是董事会聘任的,实际上总经理人选也是董事会确定的,可谓法律逻辑与实践逻辑合一。

2. 各方协商型

民营公司以及一些国企民企合股的混合所有制企业,通常由各派合股人在诸如投资协议、增资协议等股东协议中约定总经理人选的确定机制。此时,至关重要的股东协议隆重登场。

实务中常见的模式是:甲、乙两方股东约定,各自出资,分别控股55%、45%。合股公司设董事会,成员5人,甲方委派3人,乙方委派2人。甲方指定的人担任董事长,乙方指定的人担任副董事长、总经理,甲方委派财务总监,乙方委派一人监事等。就这样,合股两方把公司的主要人事安排得清清楚楚。只要各方依约行事,倒也相安无事,合作融洽,共创财富。一旦一方背约,则纠纷遂起,公司治理面临考验,公司的控制权战争也往往因小小的火星而一触即发,狼烟四起。

036　政治与商业逻辑（二）：董事长、总经理产生与人选确定的关系？

一、政治与商业逻辑的实质应是追求人力资源的市场化

会有读者问,前文所述的董事长、总经理人选确定的政治与商业逻辑违反公司法规定的法律逻辑吗？其实,二者之间并不对立,而是实质与形式之间的关系。公司法规定的董事长经由董事会选举等方式产生、总经理由董事会聘任方式产生乃是一种形式逻辑,但选举、聘任的对象显然不是凭空产生的也不是从天而降的,必有其确定的机制与渠道。谁来决定董事长、总经理的候任人选,在我国由公司双控人决定,也是具有法律依据的。《公司法》第 4 条第 2 款规定：

> 公司股东对公司依法享有资产收益、参与重大决策和选择管理者等权利。

换言之,法律逻辑是为公司选任适格管理者提供应然的程序规则,而政治与商业逻辑则是公司控制权人(控股股东与实际控制人)选任适格管理者的实际方式。可以说,董事长、总经理人选确定的两机制之重点并不在于谁来确定,而是旨在选定最为合适的人选,这是市场经济法则的基本要求。

如何做到这一点？不论是国企还是民企,理想化状态下均应当"择优录取",这意味着需要坚定实行职业经理人人力资源的市场化,让市场经济机制起到决定性作用。反之,所有与市场经济机制背道而行的其他机制都应该被否定、被抛弃,因为这在根本上违反了公司生存、发展的市场经济之道,也与《公司法》第 1 条所倡导的"弘扬企业家精神"背道而驰。质言之,政治与商业逻辑下的实际选任思路以董事长、总经理等公司高管层的遴选与成长为根本追求,而市场经济中的人力资源制度恰是实现该目标的最佳手段。

二、公司治理的理想：两种逻辑应在形式上合一

问题的关键在于上述两种逻辑之间的关系如何确定,答案是要实现两种逻辑的形式合一——董事长、总经理的实际确定方式,与董事会选举、董事会聘任的法定程

序规定相一致,也即"两个逻辑一张皮"——均落实剩余控制权与剩余索取权相统一的要求,也即有权选任董事长、总经理者应同时是公司利益的最终索取者、公司风险的最终承担者。

具体来说,法律的逻辑是通过公司程序的设计实现剩余控制权(residual control)与剩余索取权(residual claims)相一致的根本目标,保障公司能够选任出最符合自身利益需求的经营者,尤其是董事长与总经理如此关键职位的担当者。

从制度经济学来看,由于立法与合约的不完全性(incompleteness of legislation and incompleteness of contract),未被契约(公司法或公司章程、股东协议等意定文件)所覆盖的剩余权可以被二分为剩余索取权与剩余控制权。剩余索取权是针对不确定性产生的利润而言的,剩余控制权则指的是在契约中没有特别规定的活动的决策权。理想状态下,剩余权应当统一由公司的终极所有者享有,即剩余控制权与剩余索取权的归属相一致。各国公司立法正是循此思路确立选任之程序规定,也即董事长、总经理等公司治理者的选任人正是剩余控制权的所有者,其必须同时是剩余索取权的所有者,如此方符合法律逻辑。

如前所述,政治与商业逻辑的实质理当是公司控制权人试图实现本公司利益的最大化,进而实现股东利益的最大化,而为公司董事长和总经理职位确定最符合自身利益的人选。在合理的公司治理实践中,应当极力保障人力资源的市场化,使得真正符合需求、具有专业性、诚信素养的经理人成为公司治理中心的成员。其本质正是合乎法律逻辑的实践与落实。但是,正式的制度安排、理想的商业期待是一回事,现实状态又是另一回事。

比如,公司实践中,有权确定董事长、总经理人选的人,却并不享有公司业绩增长带来的利益,也不承担公司业绩亏损的损失,这实际上是公司剩余控制权与剩余索取权不统一的一种折射,势必导致公司治理的异化,最终损害公司的利益。该情况下,董事长或总经理的选任虽然在外观上满足了法律逻辑上的要求,但实际上却是一种背离;其政治与商业逻辑也发生异化,不以公司利益最大化为根本目标,遑论为实现最优解而遵循职业经理人市场化的机制。

三、中国公司治理的现状:两个逻辑"两张皮"

需要指出,长久以来,一些国有公司的集团治理实践中还有一个不好的做法或曰恶习,就是上级公司下红头文件直接任命下属几级公司包括总经理在内的经理班子。

举例。A 国有独资公司 100% 持股 B 公司、90% 持股 C 公司，B 公司又 100% 持股 D 公司，C 公司 90% 持股 E 公司。按照公司治理的基本法则，A 公司可以委派 B 公司的董事会成员（职工董事除外）或者任命一名董事，而后由 B 公司董事会或一名董事聘任自己的总经理。而即便该总经理人选实际上是 A 公司决定的，但也要走 B 公司的治理程序也即由 B 公司董事会或一名董事聘任自己的总经理，而不是由 A 公司在形式上越俎代庖。但实务中，A 公司不仅直接任命 B 公司的总经理，还直接任命 D 公司的总经理。这就是国有公司集团中，母公司对于下属的法人一人公司的混沌管理模式——忽视应然的公司治理程序，进一步插手其"孙公司"的人员选任，可谓将 100% 控股子公司的总经理产生的法律逻辑和总经理人选确定的政治与商业逻辑混为一谈的做派。

更有甚者，A 公司还直接下红头文件任命 C 公司的总经理，乃至 E 公司的总经理。这就是国有公司集团中，母公司对于下属的控股子公司的混沌管理模式——将从属子公司总经理产生的法律逻辑和总经理人选确定的政治与商业逻辑混为一谈的做派。

国企如此，一些家族公司、民营公司也不遑多让，不遵循公司法规定程序的各类违法违规任命公司高管的做法"满天飞"。

这正是《公司法》第 23 条第 1 款所规范的，母公司作为股东对子公司过度控制，后果很可能是被揭破法人面纱，也即：

公司股东滥用公司法人独立地位和股东有限责任，逃避债务，严重损害公司债权人利益的，应当对公司债务承担连带责任。

《九民纪要》第 11 条【过度支配与控制】也有具体的描述：

公司控制股东对公司过度支配与控制，操纵公司的决策过程，使公司完全丧失独立性，沦为控制股东的工具或躯壳，严重损害公司债权人利益，应当否认公司人格，由滥用控制权的股东对公司债务承担连带责任。……

其中，母公司直接插手任命子公司总经理等经理班子成员的行为，可谓过度控制的实锤；不少母公司对此浑然不知，一个个红头文件，更是将来可能被子公司的债权人出示给法庭的无可辩驳的书证；对此呈堂证供，母公司到时候恐怕只有悔之晚矣的份儿。因而，纵使以政治与商业逻辑为实质，对法律逻辑的遵循也是必不可少的，这是对公司作为法人实体的基本尊重。

037　其他高管（一）：副董事长、副总经理，设还是不设？

一、副职的多面性

依照我国公司法的规定，公司可以在董事长、总经理之下分别设置一个或者更多的副手，以协助其工作。这一规定的要点有三：一是就是否设置，未强制规定，任由公司自治选择；二是就设置的人数，也未强制限定，任由公司自治选择；三是就协助工作的内容，有一定的法律规定，但基本上也交由公司自治。

二、副董事长

（一）设置

依照《公司法》第68条、第122条、第173条等规定，董事会可以设副董事长，人数未限。其中，有限公司副董事长的产生办法由公司章程规定，股份公司的副董事长由全体董事的过半数选举产生，国有独资公司的副董事长由国资委等履行出资人职责的机构从董事会成员中指定。从公司实务来看，中小微型公司不设董事会，仅设一名董事，自然不存在董事长、副董事长；即便有些中小型公司设董事会的，多数仅设董事长，不设副董事长；大中型公司董事会则多数设副董事长，人数多为1~3人。

（二）职权

1.关于股东会召集。《公司法》第63条、第114条等规定，股东会会议由董事会召集，董事长主持；董事长不能履行职务或者不履行职务的，由副董事长主持；副董事长不能履行职务或者不履行职务的，由过半数的董事共同推举一名董事主持。

2.关于董事会召集、主持。《公司法》第72条、第122条等规定，董事会会议由董事长召集和主持；董事长不能履行职务或者不履行职务的，由副董事长召集和主持；副董事长不能履行职务或者不履行职务的，由过半数的董事共同推举一名董事召集和主持。

3.其他概括规定。关于股份公司，《公司法》第122条还明确，董事长履行召集和主持董事会会议、检查董事会决议的实施情况等职权,副董事长协助董事长工作,董事长不能履行职务或者不履行职务的,由副董事长履行职务;副董事长不能履行职务或者不履行职务的,由过半数的董事共同推举一名董事履行职务。

综上,如果读者仔细对照《公司法》第72条、第122条的规定,有限公司、股份公司的副董事长履职的法律规定尚有差异。对此差异化表述,是两类公司真的具有实质性差异,还是立法者的无心之举,值得玩味。一个可能的解释是,在职能定位上,副董事长起到协助、辅助董事长的功能,从而有效提高决策和执行能力,体现了董事会内部职能的分工。对于公众公司而言,"两权分离"明显,董事会中心主义较为突出,董事长无论是工作繁忙难以应付,还是可能出现职位空缺,副董事长均被期待发挥相应的协助作用。但是,这一场景在治理合伙化的有限公司并不存在。

(三)存在的问题

从2005年《公司法》开始便规定了副董事长的会议召集权、主持权,此职能旨在破解董事长对股东会会议主持、对董事会会议召集与主持权的垄断。但是,这些规则也有技术上的局限性:

其一,立法设计似乎未考虑副董事长的复数问题。实践中,副董事长为复数的并不罕见,"副董事长召集、主持会议"的设想落到现实中将遭遇行动困局。假设某公司董事会有9名董事,其中1名董事长、3名副董事长、5名董事,若董事长不履行召集、主持会议职责,则由副董事长顶上,可问题在于是按照副董事长的任职次序先后履职,还是由三人共同履职?如单人履职,按照何种标准确定履职顺序?如共同履职,三人意见不一致时是否需要内部再表决?若是后者,俨然一个小小"副董事长会"势必导致公司内部决策机构层层嵌套,行动成本显著增加;副董事长为二人且意见不一致的,岂不是副董事长履职也会出现失灵的局面?

其二,在股份公司,副董事长协助董事长履职,在董事长不履行召集、主持会议职责以外的其他职责时,副董事长也要顶上;副董事长为复数的,也将面临上述同样问题。

其三,如果公司大量设置副董事长,将会出现虚职副董事长泛滥的局面,穿梭在董事会会议中拎包送水、开灯扫地,长此以往,甚至会模糊歪曲副董事长存在的意义和初衷。

三、副总经理及其同僚们

(一)设置

相较于副董事长,《公司法》关于副总经理的规范更是惜墨如金,仅在两处提到副总经理:一是《公司法》第67条第2款第8项提到副经理由经理提名、董事会聘任、解聘并决定其报酬;二是《公司法》第265条第1项规定副经理为法定的公司高管之一。根据这些规定,还可以获得一个重要信息——财务总监、上市公司董秘以及公司章程规定的其他高管人员,其地位形同副总经理。

副总经理是否为必设?需要讨论。依照《公司法》第74条的规定,有限公司的总经理为任设,鉴于副总经理的提名离不开总经理,可以推论如不设总经理,自然也就没有副总经理,所以副总经理在有限公司也属于任设机关。依照《公司法》第126条,股份公司的总经理为必设,至于副总经理,与有限公司一样也由总经理提名、董事会聘任、解聘,但是我们在逻辑上得不出副总经理在股份公司必设的结论,尽管实务中股份公司在通常情形下均设副总经理。

关于副总经理的人数,则由公司自治,公司法不予干预。前引国务院国资委两份《中央企业公司章程指引》(2024)均规定,国有公司的经理班子由4~6人组成,那就意味着除去总经理,副总经理的职数区间在3~5人。

但是严格而言,上述3~5人的职数区间并不一定全部用于副总经理职位,如《中央企业公司章程指引(国有独资公司)》(2024)第60条规定"公司经理层成员一般为4至6人,设总经理1名,总会计师1名",由于总经理、总会计师为必设且属于经理班子成员,所以副总经理的职数变为2~4人。

依照《公司法》第265条的规定,公司高管层(经理班子)包括总经理、副总经理、财务总监、上市公司董秘以及章程规定的其他高管人员。实际上,后几位高管职位在法律上的地位与副总经理并无二致。

(二)职权

与副董事长相比,《公司法》没有规定副总经理的法定职权,而留由公司章程自治。实务中,也鲜有公司章程规定副总经理的职权范围。关于副总经理的职权,一般理解为协助总经理工作,至于协助工作的具体内容,留给总经理自行安排。这一细节,同样凸显了总经理与副总经理在科层制下上下级关系的实质。

038　其他高管（二）：认定采"实质重于形式"？

一、一个案例引发的思考

办案札记。我在某省会城市中院遇到这样一个案子：

某有限公司是一个只有40多人的一人公司，主要生产与销售清洁用品。起初，由唯一的股东担任执行董事兼总经理，后提拔了一个市场部经理担任公司总经理，自己则专任执行董事。其后三年，前者发现后者"吃里扒外"，在本公司之外又以其妻子、心腹等名义在自家住所地注册了两家有限公司，生产并销售与本公司同样的产品，导致本公司遭受不小的损失。股东认为该总经理违反了竞业禁止义务，篡夺了属于公司的商业机会且构成不正当的关联交易，总之进行了一系列违反忠实义务的行为，于是起诉之要求停止侵害、赔偿损害。某基层法院一审判决判定原告败诉，其中的一个理由是：法院依据所谓"实质重于形式"的原则，不认定该总经理为公司的高管，而唯有高管才对公司负担忠实义务。对方律师称，虽然被告被任命为公司总经理，但其薪水并没有得到明显提升，薪酬结构主要还是由其市场销售提成组成，这与其此前担任市场部经理时并无大的区别；作为总经理，大事小事还要向老板即执行董事作汇报；云云。一审法院按照"实质重于形式"的思路否认了被告的高管身份，而只要被告不被认定为高管身份，该案原告必然败诉。后在我们的努力举证与说理之下，二审法院改判，认定被告属于公司高管。

这就提出了一个法律问题：如何认定某人是否为公司高管？

二、高管的人员范围

(一) 法定高管

《公司法》第265条第1项规定了四个高管职位：经理；副经理；财务负责人；上市公司董事会秘书（以下简称董秘）。这里着重介绍后者。董秘是英美公司法的特有制度设计，在公司治理中发挥着重要作用；我国上市公司治理制度将其移植，且规定为必设的高管职位。根据《公司法》第138条、第265条以及相关法规，董秘的主要规则如下：

1. 法律地位。董秘属于公司高管,对董事会负责,承担法律、公司章程对高管规定的义务与责任。

2. 任职。原则上由专职人员担任,公务员、公司聘任的会计师事务所的会计师、律师事务所的律师以及其他中介机构的人员不得兼任,但可由公司董事兼任。如果某一行为应由董事、董秘分别作出,兼任者应以后者的身份为之。

3. 选任。董秘由董事长提名,由董事会聘任或者解聘,并向股东会报告、向社会公众披露。

4. 职责。依照《公司法》第138条以及相关法规规定,董秘的主要职责包括:准备和递交公司报告和文件给公共机构;负责信息披露事务;筹备董事会、股东会会议,负责会议的记录、会议文件的整理与保管;为董事会决策提供意见或建议,协助董事会合规行权,在董事会决议涉嫌违法时应及时提出异议;保管董事会印章、经营性股东名册,确保股东及时得到公司信息披露的资料;协调处理股东关系事务;负责公司公共关系事宜;董事会授予的其他职权。

值得注意的是,英国公司董秘享有对外代表权,体现在:作为公司代表与股东以及公共机构进行沟通;就公司行政事务对外代表公司。我国公司法没有授予董秘行政事务方面的对外代表权。

(二)章定高管

《公司法》第265条第1项规定,"高级管理人员,是指公司的经理、副经理、财务负责人,上市公司董事会秘书和公司章程规定的其他人员",这就是章定高管的由来。公司章程规定的其他高管职位,常见的有公司首席法律顾问、总会计师、总工程师、重要部门经理、审计负责人等。对于公司章程确定的高管职位,任职者到职即自动取得高管资格,所谓"对职位而不对人"。

三、认定高管要遵循"实质重于形式"规则吗

(一)是否名实不符

为什么会有实质与形式之别?有人认为,虽然《公司法》第265条规定了几类高管人员的职位名称,但名称并不重要,重要的是真实的职权与职责;而且,《公司法》所定义的高管,就算是同样的职权,在各家公司的具体称谓可能也不一致。比如,《公司法》定义的经理、副经理,有称之为总经理、副总经理的,也有称之为总裁、副总裁、高级副总裁、执行副总裁、资深副总裁的;至于财务负责人,有称之为财务总监、

财务部部长、财务部高级经理、总会计师的,也有称之为CFO的。这样一来,就极有可能产生"名实不符"的情形——有的形式上占据高管职位,但究其职权,不属于实质高管;有的职位名称在形式上不属于高管行列,但究其职权,属于实质高管。所以,多认为不应拘泥于职务名称,而应该考察该职务的实质内涵,即其在公司中具体对应的管理职权是否符合高管的实质定义。

(二)举证责任分配

如果上述所谓的实质与形式之别确有必要与价值,那么举证责任当如何分配?应该说,如某人担任了公司法上的经理、副经理、财务负责人、上市公司董秘以及公司章程规定的其他职位的,按照形式要件的应有之义,就应该视为高管;除非否认者举出反证。反之,如某人未担任公司法上的经理、副经理、财务负责人、上市公司董秘以及公司章程规定的其他职位,按照形式要件的应有之义,就不应该视为高管;除非肯定者举出反证。

(三)正确理解与适用所谓的"实质重于形式"

关于"实质重于形式"在高管认定上的适用,可以分为以下两层含义理解:

第一层含义:首先,只要在名义上符合公司法、公司章程框定的序列范围,就应当认定为公司高管。

第二层含义:如有所谓的"实质重于形式"的规则,不应适用于"形式上已经进入高管行列而未实际承担高管职权"之人,而应适用于"形式上没有进入高管序列但实际享有高管职权"之人。典型的例子,如事实董事、影子董事等。换句话说,"实质重于形式"应用于扩大公司高管的序列,而不是缩小这个序列。毕竟,法律或者章程明定之高管被期待承担相应的职权,倘若占据高管名称而不为相应职权,无论是出于主动还是被动,均属于额外占据高管"生态位",有损合规、合预期的公司治理结构设计。

总而言之,将已在名义上进入高管序列之人通过实质论证而排除,这个逻辑即使不是荒唐的,也应该是需要审慎对待的。

(四)章定的重要性

一般来说,事业部总监或者分公司总经理不是公司高管,但也不排除一些高科技公司在研发部总监不由副总经理兼任的情形下,通过公司章程规定其为高管,该自治行为不仅必要而且重要。其余公司在类似情形下,通过章程明确核心部门总监属于高管的,应予以认可和鼓励。

分篇三

董事任职

需要说明,虽然本分篇以董事为题,但其规则也可以适用于监事、高管。在这一问题上,有限公司、股份公司的规则几乎是同质的。实务中,主要的纠纷集中于董事任职、解任与辞任上,且主要发生于民营公司。国家出资公司实行党的领导,推行较为严格的组织人事制度,较少发生董监高与公司间的人事纠纷。

本分篇共设 12 问,围绕公司董事的任职资格、任职、任期、解职、辞职、备案登记等展开。

039 董事任职资格(一):何谓消极任职资格?

一、问题的提出

董事会在现代公司治理中具有举足轻重的地位,应由哪些人组成呢?其法律意义在于,充任公司董事者有一定的资格要求吗?

回答是肯定的,该资格要求分为两个层面:一是消极层面,哪些人不可以任职董事,此可谓董事任职资格的"底线思维";二是积极层面,哪些人适合任职董事,意在保障董事任职人选的高职业素养。董事的任职资格,属于商法上商事主体资格的特别规定,也是商主体特别行为能力的问题。

其中,董事的消极任职资格由公司法规定,部分商事特别法也有明确,如《证券法》第 124 条第 2 款规定:

有《中华人民共和国公司法》第一百四十六条规定的情形或者下列情形之一的,不得担任证券公司的董事、监事、高级管理人员:

（一）因违法行为或者违纪行为被解除职务的证券交易场所、证券登记结算机构的负责人或者证券公司的董事、监事、高级管理人员，自被解除职务之日起未逾五年；

（二）因违法行为或者违纪行为被吊销执业证书或者被取消资格的律师、注册会计师或其他证券服务机构的专业人员，自被吊销执业证书或者被取消资格之日起未逾五年。

此均为法律所明确的基本保障，是不得违反的最低要求。当然，也允许公司章程提出更高的底线要求。至于积极资格，公司法并未作出任何规定，但在《商业银行法》《保险法》《证券法》《证券投资基金法》等商事特别法中对于这些金融类公司董监高的积极资格作出了特别规定，下文将予列举，相应公司应从之。当然，包括金融类公司在内的所有公司均可以通过章程等规范性文件作出特别的规定，此归属于公司自治的范畴。

二、消极资格

我国公司法第 178 条规定了董事的五类消极资格。

1. 行为能力欠缺人

行为能力欠缺人，也即"无民事行为能力或者限制民事行为能力"的自然人。所谓行为能力，是指个人能以独自的意思表示，使其行为发生法律上效果；若其心智不健全、心智不成熟，则其独自所为的意思表示，难以认定为是基于本意或已充分了解有关含意而作出的判断。依我国《民法典》第 17~22 条，18 周岁以上的成年人方为完全民事行为能力人，可以独立实施民事法律行为，故而不满 18 周岁者为未成年人，不得担任董事；纵使年满 18 周岁，若不能辨认或不能完全辨认自己行为者仍属于无行为能力人或限制民事行为能力人，纵使年龄符合，亦不能担任董事；16~18 周岁之未成年人，虽以自己的劳动收入为主要生活来源，被"视为"完全行为能力人，亦不能担任董事，因董事任职资格乃属于商事行为能力，应作严格的限制解释。

2. 被执行刑罚人

被执行刑罚人，也即"因贪污、贿赂、侵占财产、挪用财产或者破坏社会主义市场经济秩序，被判处刑罚，或者因犯罪被剥夺政治权利，执行期满未逾五年，被宣告缓刑，自缓刑考验期满之日起未逾二年"。可以分为两种：一是因贪污、贿赂、侵占财产、挪用资产或破坏社会主义市场经济秩序，被判处刑罚者；二是因犯罪被剥夺政治权利者。前者所犯罪行均属于与市场经济秩序密切相关的经济犯罪，为预防罪犯有动机再度经济犯罪如侵占公司资产,故限制其担任董事;后者是依据我国《刑法》第54条的规定,剥夺选举权和被选举权,剥夺言论、出版、集会、结社、游行、示威自由的权利,剥夺担任国家机关职务的权利及剥夺担任国有公司、企业、事业单位和人民团体领导职务的权利。这两类犯罪者,又分两档进行任职限制:一是执行期满未逾5年;二是被宣告缓刑,自缓刑考验期满之日起未逾2年。因此,过了上述时间限制后,被剥夺的董事任职资格便又恢复。例如,因内幕交易罪判刑释放已逾5年,但被宣布永久禁止进入资本市场者,仍能够担任非上市公司的董事,但终身不得担任上市公司的董事。

3. 破产责任人

破产责任人,也即"担任破产清算的公司、企业的董事或者厂长、经理,对该公司、企业的破产负有个人责任的,自该公司、企业破产清算完结之日起未逾三年"。此处强调的是对任职的公司、企业破产负有个人责任,但实践中这一规定并未落地,因为我国司法、执法实践中始终缺乏一个必要的配套措施——谁来认定董事或厂长、经理对公司、企业的破产是否负有个人责任呢?

4. 违法经营责任人

违法经营责任人,也即"担任因违法被吊销营业执照、责令关闭的公司、企业的法定代表人,并负有个人责任的,自该公司、企业被吊销营业执照、责令关闭之日起未逾三年"。此处强调的是对任职的公司、企业被吊销营业执照、责令关闭负有个人责任,但实践中这一规定亦未落地,原因同上。

5. 失信被执行人

失信被执行人,也即"个人因所负数额较大债务到期未清偿被人民法院列为失信被执行人"。法律对此类人为何不予以激励鼓励、提供致富机会而限制其任职董事?这是很多人不无困惑的。立法者的主要考量在于,个人负债数额较大且债务到期未清偿被法院列为失信执行人的,难免瓜田李下,有着利用职务之便以谋财的相对强烈的动机。这一情形的适用在实践中经常引起纠纷,主要源于理解的差异性。此处需要明确三点:

(1) 必须强调"个人债务",如因担任公司法定代表人、后因公司债务不能履行而被采取限制高消费措施者,不属于此列;

(2) "个人债务",包括个人作为主债务人的负债,也包括个人由于为他人债务提供担保、加入债务等原因而被追究承担责任者;

(3)即便实质上符合"所负数额较大债务到期未清偿"的实质要求,但只要在形式上未被人民法院列为"失信被执行人",也不影响其出任公司董事。

040　董事任职资格（二）：出现消极任职资格的，如何处理？

一、问题的提出

更具实务性的问题是,如具备某种(些)消极资格者被选举为董事,或者某董事任职期间出现某种(些)消极资格,该如何处理？

对此,我国公司法第178条第2、3款规定：

违反前款规定选举、委派董事、监事或者聘任高级管理人员的,该选举、委派或者聘任无效。

董事、监事、高级管理人员在任职期间出现本条第一款所列情形的,公司应当解除其职务。

上述两款在实务中如何适用,需要展开讨论。

二、第2款解读：自始无效的后续

依据该款,如某人具备某种(些)消极资格的事实在前,选举、委派、聘任董事的决议(决定)在后,则选举、委派、聘任行为无效。具体来讲,选举董事、监事的股东会决议、职工大会/职工代表大会的决议是无效的,国资委等对于国有独资公司董事所作的委派决定也是无效的,董事会或一名董事对于总经理等高管人员聘任、任命的决议、决定也是无效的。由此足见,该条款系效力性强制性规范。

上述选举、委派、聘任行为的效力属于自始无效。这样一来就会产生一系列可能危害公司交易安全的善后性问题,举起要者如下：

第一,如上述董监事的选举、委派行为无效,则这些董监事参与投票的董事会、股东会决议会产生效力瑕疵吗？回答应该是肯定的。

第二,同样的道理,如上述总经理等高管的聘任行为无效,则这些高管的职务代理行为属于无权代理无疑,只是相对人不知情的,可以主张表见代理,以保护外部的交易安全。

第三,如上述选举、委派、聘任行为无效,则相应的执行董事、总经理担任法定代表人的,其任职也属无效;该"法定代表人"的代表行为属于越权代表无疑,只是相对人不知情的,可以主张表见代表,以保护外部的交易安全。

三、第3款解读:一个痼疾亟待解决

(一)正面解读

1. 在任董事出现消极任职资格的,并不自然解任,需公司作相应的解职程序。
2. 在公司解任前,出现消极资格情形的董事仍然任职。
3. "公司应当解除其职务",基于目的解释,内含"公司应当及时解除其职务"之意,以避免不法任职情形持续。

(二)痼疾

依据该款,如选举、委派、聘任董事的决议(决定)在前,任职期间某董事出现某种(些)消极资格的事实,则公司应当立即解除其职务。

公司实践中一直以来存在问题的,主要不在第2款而在第3款,尤其于民营公司而言可谓痼疾。具体来说,董事在任职期间出现消极资格的,本应解除其职务的公司却无动于衷,导致某些董事长期"带病"上岗。由于执行董事还可以兼任法定代表人,于是出现了某些人因破坏社会主义市场经济秩序犯罪而服刑多年,却在监狱里继续对外代表公司为意思表示的咄咄怪事,这既不严肃合理、十分滑稽,也严重降低了整体的公司治理水平。

问题就在于,"公司应当解除其职务"缺乏相应的贯彻机制。首先,如某董事在担任职务的过程中具备了某种(些)消极资格,公司不解除其职务,有何不利后果呢?既然没有追责机制,公司便假装"看不见"。即便有"势单力薄"的股东、监事提出建议或者在临时股东会上提出提案,董事会仍可以拒绝将其列入议案(此时能否追责以及如何追责,涉及另一个话题,此处不展开);如果公司内部无人提出,则更无外部的纠正机制,毕竟没有执法监督。

其次,"公司应当解除其职务"也并未设定期间,虽然理论上以"及时"为基本要求。但在实践中仍旧缺乏规制力度,违法状态长期存在,等到有人提出纠正时,可能该消极资格的情形已经消失。例如,某公司的董事长兼法定代表人因为票据诈骗罪、合同诈骗罪等已入狱逾10年,但一直担任上述职务,却无人提出异议。

由此附带的问题是,如某董事出现了确凿无疑的消极任职资格,但公司未予解职,其在此期间的履职行为,如参加董事会会议并投票,是否使得董事会决议具有效力瑕疵呢?回答应该是否定的。这是因为:应当解职而没有解职的,不等于解职;其后解职行为的效力不具有溯及力,在这一点上区别于第2款的选举、委派、聘任无效。但这恰恰暴露出这一违法状态不予解决的流弊所在。

(三)解决方案

1. 解职是一件复杂的情事

实际上,在任董事出现消极任职资格后的处理是一件复杂的、耗时良久的情事。其一,即便某在任董事出现确凿无疑的消极任职资格事实,公司也未必能在第一时间内知晓,甚至不排除前者会刻意隐瞒。其二,公司知晓后,在任董事是否出现了消极任职资格属于事实判断,各方极有可能会存在争议,故而客观上仍需要一定的时间得出结论。一方面,公司内部应由何人作出最终的判定缺乏一定之规;另一方面,部分情况下还需要借助外部的帮助,如对于是否具有行为能力的判断,需要借助于法院的生效判决,毕竟除法院之外没有任何人、机构有权宣告某成年人为无或限制行为能力人。其三,遵循治理程式化要求的公司,在知情后启动解职程序也需要时日。其四,更复杂的情况在于,从董事实质出现消极任职资格之时点到公司知晓、确定其具备消极任职资格的间隙里,该消极任职资格的情形可能已经消失。

在第3款的情形下,从董事消极任职资格实质出现到公司确定之时点间不可避免地会存在时间间隔,至于到公司解职之时点,更是如此。所以,法律难以直接规定一旦董事实质出现消极任职资格,公司即应当立马解职,而只能期待尽量减少、压缩不法任职状态的时间。

2. 如何解决

解决这一问题的第一线曙光,是《公司登记管理实施办法》第15条规定:

公司董事、监事、高级管理人员存在《中华人民共和国公司法》第一百七十八条规定情形之一的,公司应当依法及时解除其职务,自知道或者应当知道之日起原则上不得超过三十日,并应当自解除其职务之日起三十日内依法向登记机关办理备案。

这一规定的宝贵贡献在于限定了"公司应当解除其职务"的期间,以及解职后的备案程序。其将不法任职状态限制在30日内,该30日期间的确定受启发于《公司法》第10条关于法定代表人替换的期间规定,可谓同步,给公司启动解职程序留足了时间。另外,值得点赞的是,将解职30日的起算点定位于公司"自知道或者应当知道之日起",可谓科学合理。

但是,根本的问题仍然尚待解决:公司在30日内不予解职的,又当如何?

041 董事任职资格(三):不法任职的,如何防范与追责?

一、防范

公司治理结构乃是公司的上层建筑,如果出现低级笑话或者不法状态公然持续,对于公司的损害将是巨大的。无论出现选举、委派、聘任董监高的无效事件,还是董监高的不法任职现象(尤其是公司还浑然不知),都是难以原谅的,所以如何避免,应该成为公司关注的重点。我们建议:

1.公司在选举、委派、聘任董监高时,应当对候选人进行全面详细的人事调查,以确定其是否存在法定、章定的消极任职资格。实务中,公司对于执行董事、高管的个人情况都比较熟悉,但对外部董事、独立董事的人事情况相对陌生,所以,上市公司物色外部董事、独立董事一般较为审慎,相应的人事考察流程可以作为各类公司的借鉴。《独立董事管理办法》第10条规定:

独立董事的提名人在提名前应当征得被提名人的同意。提名人应当充分了解被提名人职业、学历、职称、详细的工作经历、全部兼职、有无重大失信等不良记录等情况,并对其符合独立性和担任独立董事的其他条件发表意见。被提名人应当就其符合独立性和担任独立董事的其他条件作出公开声明。

2.公司可以让相应的董监高签署关于本人不具备消极资格的声明,后者应对声明的真实性负责,否则依法承担相应的责任。

二、追责

如果出现前述低级笑话或者不法状态而给公司利益造成损害,追责是应当的。

1.无论选举具备消极任职资格的董监事,还是在任董监事出现消极任职资格事项而未被及时解职的,公司均可能没有可追责的主体。这是因为选举、解职股东代表董监事都属于股东会的职权,参与股东会决议做出的股东是否具有可追责性,不无疑问。当然,按照《公司法》第 21 条的规定,相应股东是否构成滥用股东权利,可以进一步讨论。

至于职工董监事,选举人为职工大会、职工代表大会等职工民主组织形式,是否具有可追责性,也不无疑问。

在国有独资公司,职工董监事以外的董监事是国资委等履行出资人职责的机构委派的,如出现上述情形,是否具有可追责性,应当依照党内法规、国企法规规章办理。

2. 与董监事不同,无论聘任了具备消极任职资格的总经理等高管,还是总经理等在任高管出现消极任职资格事项后未被及时解职的,公司可向负有责任的董事追责。董事因此违反对公司的信义义务而给公司造成损失的,理应赔偿。毕竟,为公司聘任适格高管,本是董事信义义务的应有之义。据此,无论董事会聘任具备消极任职资格的人担任高管的,还是未及时解除出现不法任职状态的高管职务的,以及总经理提请董事会聘任具备消极任职资格的人担任高管、不及时向董事会提起解聘其他不法任职高管的提案的,相应董事、总经理均将涉嫌违反对公司的勤勉义务,如有利害关系,则涉嫌违反对公司的忠实义务。

3. 不法任职董监高本人的责任。古谚云,"家贼难防"。法谚有谓,"自己行为自己责任"。毕竟,消极任职资格随时发生,也可能很快消除,所以某一时期是否为不法任职,董监高自身最为清楚,如是,董监高本人应承担责任吗? 这需要分开讨论:

(1)选举、委派、聘任之初,如董监高本人向公司隐瞒消极任职资格信息,属于欺诈。基于董监高与公司的委托合同关系,应当依照民法相关规定处理。

(2)在任董监高出现消极任职资格本身,并不需要对公司承担什么责任,但在出现消极任职资格后,应当及时向公司说明情况,听候公司处理。事实上,其最优雅的姿态应该是主动辞职。否则,如有刻意隐瞒,属于违反对公司的信义义务,可能承担相应的违信责任。实务中还有董监高被解职后拒绝离职、大闹职场的,那属于另外一个法律问题了。

042　董事任职资格（四）：需要设置章定积极任职资格吗？

一、为什么需要积极任职资格

公司法规定董事的消极任职资格，体现的是一种底线思维，等于为进入公司董事会的人设置的最低标准，公司章程还可以进一步画线，当然只能更加严格，更加宽松的既没有意义也不合法。另外，公司可否为进入公司董事会的人设置一个高标准——以选择优秀人才进入董事会？如果说消极任职资格是杜绝"人渣"进入董事会，积极任职资格则是选择"高富帅"进入董事会。

事实上，积极资格与消极资格并不存在绝对的界限，如上文提到公司法规定无或限制行为能力人不得出任董事，一般将其理解为消极任职资格的规定，但反过来，也就意味着只有完全行为能力人才能出任董事，这里面其实也蕴含了年龄要求（18周岁以上），也可以理解为积极资格的要求。

二、公司法的规定

早期的各国公司法通常对董事任职有一系列的要求，包括但不限于：(1)国籍要求，董事要具有本国国籍或者董事会的多数成员具有本国国籍；(2)持股要求，出任董事必须是本公司的股东甚至有持股数量的门槛；(3)年龄要求，必须达到某个年龄；(4)性别要求，必须为男性；等等。随着社会经济的进步与人类思想文明的提升，尤其是进入"地球村"时代以后，这些积极资格的要求变得不再合乎时宜，逐渐被各国公司法抛弃。

我国现行公司法并未统一对董事的积极资格设置要求，但对于上市公司独立董事的任职资格有特别的规定，《独立董事管理办法》第7条规定：

担任独立董事应当符合下列条件：

(一)根据法律、行政法规和其他有关规定，具备担任上市公司董事的资格；

(二)符合本办法第六条规定的独立性要求；

(三)具备上市公司运作的基本知识，熟悉相关法律法规和规则；

（四）具有五年以上履行独立董事职责所必需的法律、会计或者经济等工作经验；

（五）具有良好的个人品德，不存在重大失信等不良记录；

（六）法律、行政法规、中国证监会规定、证券交易所业务规则和公司章程规定的其他条件。

这一规定的目标是保证独董满足独立性、专业性的核心特征，所明确的具体标准就是积极任职资格。

国家出资公司的董事任职实际上也具有积极资格的要求，隐含在国资委等履行出资人职责的机构在选择、考察、委派董事的过程之中，如要求为中共党员、具备行业管理经验等。

对于董事会中的职工代表也即职工董事而言，一个显然的积极资格要求就是具备与本公司的劳动合同关系，否则，如不具有"职工"身份，又怎能代表本公司的全体职工出任"职工董事"呢？反之，如在任职工董事因为某种缘由不复有职工身份，则应该被选举单位——职工大会或职工代表大会及时罢免。

三、特别法的规定

《证券法》第124条第1款规定：

证券公司的董事、监事、高级管理人员，应当正直诚实、品行良好，熟悉证券法律、行政法规，具有履行职责所需的经营管理能力。证券公司任免董事、监事、高级管理人员，应当报国务院证券监督管理机构备案。

《保险法》第81条第1款规定：

保险公司的董事、监事和高级管理人员，应当品行良好，熟悉与保险相关的法律、行政法规，具有履行职责所需的经营管理能力，并在任职前取得保险监督管理机构核准的任职资格。

《商业银行法》第12条第1款第3项明确：

设立商业银行，应当具备下列条件：

（三）有具备任职专业知识和业务工作经验的董事、高级管理人员；

《证券投资基金法》第16条规定：

公开募集基金的基金管理人的董事、监事和高级管理人员，应当熟悉证券投资方面的法律、行政法规，具有三年以上与其所任职务相关的工作经历；高级管理人员还应当具备基金从业资格。

以上不完全列举了商事特别法中针对特殊金融公司的董事的特别规定。考虑到金融公司的特殊属性及其对市场经济发展的重大影响，法律从董事所具有的专业经验、经营管理能力、从业资格等方面作出了更明确的、强制性的积极任职资格要求。事实上，董事作为职业管理者，具备所任职公司所属行业的相应专业知识是必要的职业素养，应为任一公司选任董事时参考。

四、公司章程的意定

公司还可以通过章程等自治性文件设置董事的积极任职条件，如在章程中规定必须具有某些专业的博士学位，必须年满45周岁，必须具有行业从业经验10年以上，必须精通1~2门外语等，甚至可以规定身高一米七五以上等，均属于公司自治的范围。

043　董事任职（一）：如何选任与到任？

一、两种方式

董事的选任主要有两种模式：选举制与委派制。选举制下又有两种形式：一种为股东会选举，适用于职工董事以外的所有董事；另一种为职工大会、职工代表大会选举，适用于职工董事，二者同时并存。

本问关于董事的选任、到任的内容，也适用于监事。

二、选举制

股东会选举模式下，可以等额选举也可以差额选举。前者没有竞争性，一般都是由股东们通过协商的方式事先讨论好董事席位的分配，明确各股东的董事推选名额，股东会的选举仅是为履行程序性规定的过场，在封闭公司中较为常见；后者则具有竞争性，各个股东的提名人选多于当选人数，差额选举更适合公众公司，应适用累积投票制。

国家出资公司必设职工董事，至于其他所有制的公司，《公司法》第68条规定职工人数超过300人的有限公司及股份公司必设职工董事，除非已设监事会且有职工监事。当然,即便已有职工监事,公司也可以任设职工董事。职工董事由公司职工通过职工代表大会、职工大会或其他民主形式选举产生。

至于独立董事,依《独立董事管理办法》第9条,上市公司董事会、监事会、单独或者合计持有上市公司已发行股份1%以上的股东可以提出独董候选人,并经股东会选举决定,亦系采取股东会选举模式,只是对于选举程序有特别规定。一是独董人选符合要件后,应选举者有两名以上时就要实行累积投票制,若仅选举一名,则可以选择实行直接投票或累积投票制;二是中小股东表决情况应当单独计票并披露(第12条)。至于独立董事人选的推荐,中国上市公司协会建立了独立董事信息库,适格提名人可以通过信息库的推荐来提名候选人。

一人公司不设股东会,由一名股东行使股东会的职权,所以由一名股东就董事人选作出决定即可。一般情况下,一人公司多不设董事会、仅设一名董事,该名董事基本都是执行董事,所以也就没有职工董事、独立董事的问题。

三、委派制

委派制主要适用于国有独资公司。因无股东会,履行出资人职责的机构行使股东会职权。所以除职工董事外,《公司法》第173条第3款明确规定,包括外部董事、独立董事在内的其他董事均由履行出资人职责的机构委派,故系实行委派制。

也可以将上文提到的一人公司视为实质上的委派制。《公司法》第60条、第112条规定只有一个股东的有限公司、股份公司不设股东会,股东可以对董事选任等事项直接作出决定,该名董事的产生实质上就是一名股东委派的。股东依《公司法》第60条仅需书面签名或盖章,即可指派一名董事去执行董事职务。

四、董事到任是否需签约

董事当选或被委派后,其到任,原则上与公司之间应有一纸书面契约,但实务中的做法多是将其省略。选举制下,选举决议一经作出,即视为到任;委派制下,委派命令下达时,即视为到任。这是因为,无论是选举制还是委派制,此前均已经征得候选人的同意,包括双方就任职期限、报酬、津贴等均达成一致,故而选举决议作出、委派决定作出即视为董事与公司双方已经就委任合同达成合意,纵使没有签订委任合同也不能否认董事与公司之间发生委托关系。当然,在实务中,一些上市公司在委托关系确定后仍组织董事与公司签订书面契约,明确约定双方的权利义务,这是值得肯定和鼓励的做法。

044　董事任职（二）：与公司是委托合同关系吗？

本问关于董事与公司之间委托合同关系的讨论，也适用于监事、高管。

一、几种认识

1. 代理关系说，亦即在公司的授权下，董事为公司的利益处理公司经营事务，其法律效果由公司承担。代理关系说建立在公司法人拟制说的基础之上，认为公司既然是一个拟制的法律主体，本身并无行为能力，唯通过董事会的行为才能与第三人为法律行为，由此董事也被视为公司的代理人。英美法系采代理关系说，德国《民法典》第26条第2款也规定，"董事会在诉讼上及诉讼外代表社团，有法定代理人的地位"，其《股份法》第78条第3款规定"章程可以规定，个别董事有权单独或者与一个经理共同代表公司"，这说明董事是公司的代理人，董事与公司间为代理关系。

2. 信托关系说，亦即股东既是公司财产的委托人又是公司财产的受益人，董事便成为公司财产的受托人。公司财产为公司所有，董事仅为公司财产的管理人，其职责是积极地运用财产谋求利润，相较于一般信托关系中的受托人，不限于消极地保管受托财产之完整。信托关系虽能够解释董事与一般受托人同样负担的勤勉义务与忠实义务之类型，但无法解释董事所需承担的积极从事合法风险性交易以实现公司及股东利益最大化的特殊义务内容。

3. 代理兼信托关系说。该说认为，公司身为法人，无法如自然人一样行为，只能通过董事为之，当董事代表公司对外签署合同或进行交易时，与公司间为代理关系；又因公司具有独立法人格，享有独立财产权，董事对公司财产权的管理权系基于信托关系的受托人地位。

4. 委托关系说，亦即公司与董事约定由公司委托董事处理事务，董事作出承诺。大陆法采此说，如日本《公司法》第330条规定"股份公司与公司负责人以及会计监察人的关系，依委托规定办理"。照此，公司为委托人，董事为受托人，受托的内容是董事对公司的财产进行经营、管理并使财产保值、增值。我国台湾地区"公司法"第192条第5项也规定"公司与董事间之关系，除本法另有规定外，依民法关于委任之规定"。

二、委托（委任）合同论

（一）一般原理

在我国，《公司法》及司法解释虽未有明文规定，但诚如最高人民法院民二庭相关负责人就《公司法解释五》答记者问中所提到的：

我国公司法上，对董事与公司的关系并无明确的规定，但公司法理论研究与司法实践中已经基本统一认识，认为公司与董事之间实为委托关系，依股东会的选任决议和董事同意任职而成立合同法上的委托合同。

最高人民法院民二庭第八次法官会议纪要也指出：

非由职工代表担任的董事，且没有任何法律规定公司可以强迫任何人担任董事，故公司与董事之间实为委托关系，依股东会的选任决议和董事答应任职而成立合同法上的委托合同。根据《合同法》第410条关于委托人或者受托人可以随时解除委托合同的规定，董事辞职是单方民事法律行为，依据董事对公司的单方意思表示而发生效力，无须公司批准，但法律、行政法规或者公司章程另有规定，或者经公司与辞任董事一致同意由董事撤回辞职书的除外。董事辞职导致董事会成员低于法定人数的，该董事仍须依法履行董事职责至股东会或者股东大会选举补充新的董事之日；须依据法律、行政法规和公司章程的规定，以及董事与公司订立的劳动合同，依法履行其在公司兼任的其他职责。

将董事与公司之间定位于委托合同关系，即应适用《民法典》关于"委托合同"一章的规定。比如，《民法典》第933条关于委托合同双方当事人皆可任意解除合同的规定，也即"委托人或者受托人可以随时解除委托合同"，以及"无偿委托合同的解除方应当赔偿因解除时间不当造成的直接损失，有偿委托合同的解除方应当赔偿对方的直接损失和合同履行后可以获得的利益"。

这里要强调，无论是采取选举还是委派的方式产生，董事与公司之间均为委托关系，因此要"受人之托，忠人之事"；无论领取薪酬与否，行使职权时唯一需要考虑的是任职公司的利益，或曰全体股东的利益。

举例。董事甲为A法人股东派来B公司担任董事的，在B公司的董事会决议上，便只能考虑B公司的利益，为B公司及B公司股东的利益最大化进行决策，而不能仅考虑A公司利益。这看似简单的法律关系，在实务上却不容易，毕竟董事甲作为 A 法人股东的代表,势必会听从 A 法人股东的意见而作出判断,但若真的听从 A 法人股东意见,则可能违反对 B 公司的信义义务;严重者可能构成犯罪,如上市公司的背信罪。

(二)进一步的引申

包括董事长、总经理在内的董监高与公司之间是平行委托关系,具体包含四个层次的内容:

1. 委托关系不同于上下级关系。2023 年《公司法》第 67 条删除 2018 年《公司法》第 46 条第 1 款"董事会对股东会负责"的表述,根本原因即在于股东会、董事会、监事会等法人机关之间的关系,乃现代公司法治下的分权制衡关系,董事会受公司而非股东会委托行事。董事会"执行股东会决议""向股东会报告工作",体现的是经营权与所有权的"两权分离",而非上下级关系。此次修订后,实践中所谓"某会领导下的某会负责制",可以休矣。

2. 委托关系是董事信义义务的基础。忠实义务的内涵在于防止委托人与受托人的利益冲突;勤勉义务的核心在于为了公司的最大利益,管理者尽到通常应有的合理注意。尽管每一家公司、每一个董事的个体情况存在差异,无法确定适用于任何案件的万能标准,但如不对勤勉义务进行适度的归类,则势必潜伏着法官滥用自由裁量权的风险。

3. 委托合同的报酬不同于劳动报酬。董事可以享有报酬,但须有公司章程或者委托合同的约定。《民法典》第 928 条规定:

> 受托人完成委托事务的,委托人应当按照约定向其支付报酬。
>
> 因不可归责于受托人的事由,委托合同解除或者委托事务不能完成的,委托人应当向受托人支付相应的报酬。当事人另有约定的,按照其约定。

可见,董事从公司取酬是原则,但董事单方声明放弃或者双方协议约定不取酬的,从其约定。我国实践中,国有公司高管兼任从属公司董事职务的,多不取酬。董事报酬的形式呈现出多样化的特点,报酬多少与公司业绩之间的相关性得到越来越多的强调,股票期权也成为可以接受的报酬形式。这使得公众公司董事的报酬构成与经理层日益接近,即包括现金、奖励、股票以及股票期权,常见的形式是购买股份的期权或者以优惠价格购买股份的计划,以实现将董事与公司的长期利益捆绑在一起的设计目的。无论如何,上述报酬形式,显然不同于社会保险福利待遇等劳动关系保障。

4.委托合同适用任意解除权。既然为委托合同,依据我国《民法典》第933条,双方均有任意解除权,即公司可以随时解除董事职务,无论任期是否届满,而董事也得随时辞职。最高人民法院民二庭第八次法官会议纪要也指出了这一点。

045　董事任职（三）：与公司存在劳动合同关系吗？

本问关于董事与公司之间劳动合同关系的讨论,如无特别申明,也适用于监事、高管。

一、分别而论

在"委任关系"之基础上,董事与公司之间是否还存在劳动合同关系？这是各类公司在实务中都经常遇到的问题。认定董事与公司之间存在劳动合同关系与否,具有重大的法律意义。实践中,董事与公司发生人事争执的,如认定存在劳动合同关系,则应受劳动法、劳动合同法调整,走劳动仲裁程序。众所周知,劳动法、劳动合同法是倾斜性保护劳动者的。如不存在劳动合同关系,则董事与公司仅存在委托合同关系,相关纠纷包括但不限于薪酬、股票期权、损害赔偿等,走民商事诉讼、仲裁程序。

董事与公司的委托合同是有任期限制的,一般一届董事会任期三年,连选连任,任期内有无报酬、津贴呢？是否存在劳动合同关系呢？对此,不能一概而论,应根据每一个董事在每家公司中的任职情况具体分析。

众所周知,董事会成员依照职能不同,可以区分为执行董事与非执行董事两大群体,下文将以此为基础分类展开讨论。

二、非执行董事

1.非独立非执行董事

一般来说,主要股东委派、提名的非独立非执行董事在任职的公司里并不领取任何报酬、津贴,此类董事在国有集团公司常见,在民营企业也有存在。他们与任职的公司之间显然不存在劳动合同关系,因为很难想象完全无酬的劳动合同。他们的劳动合同关系在主要股东单位,也在此领取报酬、津贴。

举例。国有公司集团实务中，A 母公司委派自己的高管、中层干部去兼任 B 从属公司的董事长、副董事长的，即属于上述情形。这些董事长、副董事长并不负责从属公司的日常经营管理，只是主持、参加董事会会议并参与决策，也不在从属公司领取薪酬、津贴。他们与从属公司之间并不存在劳动合同关系，其劳动合同关系存在于与 A 母公司之间。

2.独立董事

独立董事与其任职的上市公司之间也不存在劳动合同关系；存在劳动合同关系者，不得担任独立董事，毕竟独立董事的任职资格首先要求其与公司之间不能存在除担任独立董事之外的利害关系。独立董事虽然在上市公司领取薪酬或曰津贴，但属于劳务报酬性质，并非基于劳动合同关系。事实上，独立董事多数为专家学者，如大学教授、律师、注册会计师等专业人士，任职独立董事属于兼职行为，一般自身归属于其他劳动关系单位。

3.外部董事

此类董事与任职的国有独资公司的关系，和独立董事与上市公司的关系是一样的。实务中，外部董事要么由专业人士兼职，要么由国资委委派。由国资委负责管理、遴选、考核的专职外部董事，一人兼任多家国有独资公司的外部董事职位，一般由国资委委托第三方负责向其发放工资的事宜。

4.职工董事

无论国企还是民企，顾名思义，职工董事是由公司的职工担任职工代表董事。所以此类董事，首先与任职公司之间存在劳动合同关系，其次就其董事职务而言与公司存在委托合同关系，两种法律关系并行不悖。职工董事未必是终身职业，待到职工董事卸任董事职务时，职工身份延续，其与公司之间的劳动合同关系也继续。

三、执行董事

需要重点讨论的是执行董事。无论是国企还是民企，都有总经理、副总经理等高管人员兼任董事的，此谓为执行董事。执行董事与公司的法律关系可能需要从三个层面分析：董事职务；高管职务；员工身份。一般来说，就董事、高管这两项职务而言，其与公司之间仍然属于委托合同关系；至于有无劳动合同关系，关键看其有无员工身份。这一问题的现实存在形态比较复杂，一方面，国企、民企由于市场化程度的差异,董监高与公司之间的法律关系安排存在很大不同;另一方面,很多民企由国企改制而来、国有公司由传统全民所有制工业企业改制而来,企业改制的市场化程度及与原职工之间签订协议的权利义务安排也不尽相同,所以依然需要具体问题具体分析。

1."高升"的员工

包括董事长、副董事长、总经理、副总经理等在内的执行董事、高管,作为公司的重要管理者,往往深耕公司多年,由传统国企人事制度起步,从普通员工步步高升,与公司共同成长,其与公司的关系首先由劳动合同关系开始(普通员工、中层干部),渊源可谓深矣。待干到执行董事层级,"彼时"的劳动合同关系并不会因"此时"委托合同关系而消解,相反,劳动合同关系和委托合同关系并存,成就其与公司之间的双重法律关系。自然,待到卸任执行董事职务,其与公司的委托合同关系终止,但劳动合同关系继续,劳动报酬、社会保险及福利待遇应当受到保护,直至其退休或者离职。这一类执行董事在国有公司、国有公司改制而成的民营公司常见。

2."空降"的高管

市场化比较彻底的民营公司以及市场化程度较高的部分国有公司,总经理等高管是公司从市场聘任而来的职业经理人,与公司签署任期制的《聘任合同》,明确三年左右长短不一的任期,并设有经营业绩目标,如三年内公司销售额、利润额复合增长率不低于15%等。在这种情况下,这些市场化的职业经理人与公司之间仅仅是聘任(委托)合同关系,不存在劳动合同关系;等聘期结束,职业经理人要么继续新的聘期,要么走人,不存在劳动合同关系的羁绊。

046　董事任职(四):任期如何确定?

一、任期的确定

1.董事

《公司法》第70条第1款规定:

董事任期由公司章程规定,但每届任期不得超过三年。董事任期届满,连选可以连任。

这就明确了董事任期的三重要义:

其一,董事任期属于章定事项。对于章程而言,明确董事任期乃是相对必要记载事项;如章程没有明确之,实际上董事任期是无法确定的,也并不能当然推定为3年,这势必影响董事会的运行。

其二,每届任期的最高年限法定,也即以3年为限。《公司法》为何要明确单次任期的最高限制,详见下文。

其三,董事的实质任期没有限定。除了独立董事具有特殊性之外,其余董事都可以连选连任,直到死亡。故而,可以说董事个人在某家公司并无任期限制,法律、章程限制的是每届董事的任期。

2. 监事

《公司法》第77条第1款规定:

监事的任期每届为三年。监事任期届满,连选可以连任。

这明确了监事任期的双重规则:

其一,采法定制,也即每届任期就是3年,并无公司章程的自治空间。

其二,也可以连选连任,与董事一样,监事个人在某家公司并无任期限制,法律限制的是每届监事的任期。

3. 总经理等高管

《公司法》第74条第1款、第126条第1款都规定,有限公司、股份公司的经理"由董事会决定聘任或者解聘",并未明确限定总经理的任期,那么是否可以理解为总经理等高管并无任期限制呢?不可作此理解。从公司法的立场看,既然总经理等高管由董事会聘任,一届董事会聘任的当届总经理任期能否超出自己的任期,值得讨论;从章程的视角看,公司章程也可以出面规定总经理的每届任期;从实务来看,总经理的任期一般与本届董事会任期同步,当然,如中途换人,新任总经理的任期可能是剩余的任期,也可能是一个全新任期,这取决于总经理与董事会的谈判能力。

副总经理等其他高管的任期,规则同总经理。

二、董事任期制的玄机

(一)为何是"每届任期不得超过三年"

如果读者留心,会发现一个很有意思的问题:《公司法》第70条第1款规定董事

"每届任期不得超过三年",第 77 条第 1 款规定"监事的任期每届为三年"。这一表述差异的背后蕴含了什么玄机呢？实际上,连同上文提到的公司法仅规定董事任期的上限,都是基于相同的考量。

董事任期法定最长不超过 3 年,3 年之内的具体期间由公司章程规定,可以是 1 年、2 年等。之所以不统一硬性规定 3 年,是为交错任期制留足空间。在交错任期制下,注定有些组别的董事任期可能只有 1 年、2 年。所以,不得超过 3 年的法定任期制,是立法兼顾公司治理的灵活性与规范性的典范。

(二)公司法为何设立法定最长任期

法定任期制的法效,需要予以充分揭示。

首先,任期制使董事面临换届考察的压力,间接达到监督董事履职的效果。当任期届满重新选举董事时,在任董事可能撤换、可能连任,若选举单位股东会、职工大会等肯认其表现,则可使之连任以激励。连选连任制度让胜任者胜出,甚至终身董事不仅可能产生且是合法存在;反之,不胜任者即被淘汰。

其次,反向思考,如无任期制或者任期制畸长,则可能滋生在任董事骄奢淫逸甚至堕落,尾大不掉,势必对作为委托人的公司、全体股东不利。

(三)任期如何计算

确定董事任期时长后,一个技术性问题是,从何时起算任期？这仍要视不同情况而定。若公司成立后的首任董事,其任期从公司成立之日起算;其他任别的董事,任期则依公司章程规定或股东会决议而定,若无规定,原则上从上届董事任期届满起算。如出现了留任董事,则从新任董事当选之日起算。所谓留任董事,是指董事任期届满未及时改选,或董事在任期内辞任导致董事会成员低于法定人数时,在改选出的董事就任前,依《公司法》第 70 条第 2 款规定原董事仍应继续履行职务。

三、独立董事任期的特殊性

基于独立董事的独立性逻辑的必然要求,有必要对独立董事的连任作出必要的限制;否则,长期的连任将增加独立董事与公司之间的利益牵绊,并危及其独立性。对此,各国或地区的公司法或者软法规范都对独立董事的连任作出限制。比如,我国香港特区的最长任期为三届也即 9 年,相较之下,我国内地的要求更趋严格,《独立董事管理办法》第 13 条规定独立董事连续任职不得超过 6 年。我国台湾地区"公开发行公司独立董事设置及应遵循事项办法"第 5 条第 6 项虽不限制独立董事连选连任,但规定若已连续担任该公司三届独立董事者,公司应于公告独立董事资格审查结果时并同公告继续提名其担任独立董事之理由,并于股东会选任时向股东说明理由。以上我国大陆(内地)、香港特区、台湾地区的做法虽有差别,但都是为了避免无限制的任期让独立董事失去其独立性,导致无法有效发挥监督公司治理的功能,而设置了相应的规制规则。

047　董事离职(一):可被无因解职吗?

一、问题的提出

在董事任期内,公司可否随时解任董事、解职是否需要正当理由?这涉及公司有无解任权、应由哪一个法人机关行使解任权、是否需要正当理由,以及被解任的董事有何救济机会等问题。

本问关于董事被解职的讨论,也适用于监事、高管。

二、无因解职

公司解任董事是否需要正当理由,也即可否无因解职?我国法律对此有一个曲折的认识过程。1993年《公司法》第47条第2款曾规定"董事在任期届满前,股东会不得无故解除其职务",此为有因解职规则。2005年修订《公司法》删除该款规定,背后是改采无因解职规则的立法转向,但这是一条隐性规则,非法律工作者难以直接从立法文本中得知。其后最高人民法院公布指导案例10号"李建军诉上海佳动力环保科技有限公司决议撤销纠纷案",确立无因解职的裁判规则——虽然该案中李建军被解除的职务为总经理,但通常认为也可适用于董监事。最高院所撰写的裁判宗旨指出:

解职董事是否有效取决于公司决议的效力是否有瑕疵,如召集程序、表决方式和决议内容是否合法,而不是是否具备解任事由以及事由是否真实存在等。

2019年《公司法解释五》第3条正式确立无因解除规则,规定董事任期届满前被股东会或股东大会有效决议解除职务,其主张解除不发生法律效力的,人民法院不予支持;董事有权请求公司进行相应的补偿。而在立法上明确确立无因解职规

则,要等到2023年《公司法》第71条第1款:

> 股东会可以决议解任董事,决议作出之日解任生效。

无因解职制度的正当性,可从两个方面予以证成。从组织法视角而论,着眼于加强股东对公司的剩余控制权,股东作为剩余索取权人,承担公司经营的最终风险,因此有强烈的动机监督董事。股东对于董事的人事任免权,能够向董事施加压力,确保董事对公司、股东的忠诚,并促使其克尽职责,这是降低代理成本的有效方式。从行为法视角而论,董事与公司之间既然为委托合同,得适用我国《民法典》第933条的委托合同双方当事人任意解除权规则,公司作为委托人当然也得随时解约,无需理由。

三、解职决定

有权解任董事者,应为选任董事者。由股东会选任的董事,自然由股东会决议解任;职工大会、职工代表大会选任的董事,自然由职工大会、职工代表大会解任;委派产生的董事,自然由委派方解任。在此意义上,《公司法》第71条第1款规定由股东会决议解任董事,应作狭义理解,也即限于股东会选任者的情形适用。

《公司法》第71条第1款也未规定决议程序,"除非章程另有规定",一般理解为以普通决议解任董事;解职决议一经作出,立即生效,事后自然要通知被解职董事。实务中,被解职的董事未必列席本次股东会会议,解任生效的当下,该董事可能不知情,所以无论在法理上还是实务运作上,解任决议(或决定)均需通知该董事。

或许有读者质疑,如从行为法的立场解读,委托合同的解除难道不以解约的意思表示通知对方为生效时间吗?应该说,在这个问题上,组织法规则优先于行为法规则。

四、解职的赔偿与补偿

(一)无因解职,赔偿还是补偿

公司虽然有权无因解任董事,但无因解职势必会损害可能并无过错的董事的合法权益。所以,公司是否应就董事由此遭受的损害予以金钱弥补,成为不能回避的问题。

1. 补偿说

《公司法解释五》第3条规定:

董事任期届满前被股东会或者股东大会有效决议解除职务,其主张解除不发生法律效力的,人民法院不予支持。

董事职务被解除后,因补偿与公司发生纠纷提起诉讼的,人民法院应当依据法律、行政法规、公司章程的规定或者合同的约定,综合考虑解除的原因、剩余任期、董事薪酬等因素,确定是否补偿以及补偿的合理数额。

这一规定采补偿说。

2. 赔偿说

《公司法》第71条第2款规定:

无正当理由,在任期届满前解任董事的,该董事可以要求公司予以赔偿。

此为赔偿说,与《民法典》第933条规定委托合同行使任意解除权的一方对于对方的"赔偿"相合,其规定:

委托人或者受托人可以随时解除委托合同。因解除合同造成对方损失的,除不可归责于该当事人的事由外,无偿委托合同的解除方应当赔偿因解除时间不当造成的直接损失,有偿委托合同的解除方应当赔偿对方的直接损失和合同履行后可以获得的利益。

董事与公司的委托合同当为有偿、双务合同,所以如公司任意解约的,需要赔偿董事的损失,包括"对方的直接损失和合同履行后可以获得的利益"。

鉴于补偿与赔偿的区别,应认为被解任的董事是向公司请求"赔偿",除非董事与公司于委托合同中约定补偿条款,才会优先适用,否则应适用具有普遍性的赔偿制度。赔偿的理据在于,公司无因解任董事,不仅直接损害董事任职利益及其基于委托合同的合理预期利益,而且还将损害其作为职业经理人的人力资源市场价值。因此,成熟的市场经济国家或地区以及我国上市公司实践都肯认赔偿的合理性、合法性、普适性。关于赔偿的范围,《公司法》并未规定,参照《民法典》第933条,系指董事的直接损失和继续担任董事所能获得之利益。具体个案中,可以结合剩余任期和董事薪酬等因素综合考虑以确定合理数额。董事的薪酬通常包括为公司提供劳务所应得的酬金,以及按月给付的具有固定薪酬性质的交通费、年度利润中可分得的红利等。

(二)有因解职,需要补偿、赔偿吗

接下来的问题是,公司如有因解任董事,还需要赔偿吗?有因的含义是,公司基于董事履职过错,如较为严重的违反信义义务乃至经济犯罪,或者约定的不胜任情形出现,或者约定的经营业绩不达标等而解任之,是否需要赔偿或者补偿?

先说赔偿,回答是否定的。从组织法的视角而论,《公司法》第71条第2款仅适用于无因解职,而不适用于有因解职,从反对解释立场,即可得出该结论。从行为法(合同法)的视角而论,《民法典》第933条的赔偿规则也仅适用于任意解除权行使的场合,而不适用于基于对方根本违约而导致守约方取得且行使单方解除权的场合(《民法典》第563条);反之,应该让守约方请求根本违约方赔偿自己的损失(《民法典》第577条)。实际上,有因解职的实质,在行为法(合同法)上就是公司行使单方解除权的意思表示。

那么,有因解职的,公司是否需要补偿该董事,要取决于双方当事人之间委任合同的约定。有约定,从之;无约定,则无补偿。

048　董事离职(二):可随时辞职吗?

一、问题的提出

与公司无因解任董事相对应,站在董事的立场,其在任期内可否随时辞职?这涉及有权与否、是否需要理由、向谁主张、何时离任及离任后的变更、涤除登记等一系列问题。

本问关于董事随时辞职的讨论,也适用于监事、高管。

二、来去皆自由

董事可以随时辞职,具有三个方面的凭据。从组织法的视角而论,《公司法》第70条第3款规定董事可以辞任;若董事同时为法定代表人的,《公司法》第10条第2款规定辞任董事视为同时辞去法定代表人。从行为法的视角而论,《民法典》第933条第1句规定:

委托人或者受托人可以随时解除委托合同。

借此不仅公司可以随时解任董事,董事自然也可以随时辞任。

当然,鉴于董事会作为公司法人机关的重要性,保障其正常组成与运行也是组织法的关注重点,所以对董事辞职设有必要的限制。《公司法》第70条第2款规定：

……董事在任期内辞任导致董事会成员低于法定人数的，在改选出的董事就任前，原董事仍应当依照法律、行政法规和公司章程的规定，履行董事职务。

这一规定的意思可以理解为"辞职要趁早"。

举例。公司有甲、乙、丙、丁、戊五个董事，甲第一个辞职，乙第二个辞职，都没有问题，但是丙作为第三个辞职的，便走不脱。因为丙的辞职将导致董事会组成低于法定最低人数（3人），所以要等到新选出的董事到任，丙的辞职才能生效，在这之前其仍需要作为董事继续履职。

三、辞职的生态

董事为何要辞职，原因很复杂。从董事的立场而论，作为一位职业经理人，董事仅是一份工作。一个职位待久了，职位与己两不合——要么自己需要一个更大的发展空间，要么自己不再适应该职位的要求，遂萌生去意。从公司的立场而论，如董事陷入桃色、名誉丑闻等事件，虽未严重到具备消极任职资格的程度，但董事的离职对于公司而言是一种解脱，对于董事自己而言也不失明智。避免被公司辞退，可保最后的尊严，此时无论董事主动辞职还是公司暗示其辞职，都是一种好的商业做法。可以说，对于双方来讲，如情势发展到维系委托关系的信任不再，董事选择主动辞职是一种最好的选择——给自己留尊严，给组织留颜面，给市场留空间。实务中，广义的辞职还包括引咎辞职。引咎辞职往往是为了避免日后陷入被罢免的窘境，是一种相对体面的离任方式。

据上，董事辞职有两种生态，一曰主动辞职，二曰被动辞职。这里的主被动是从董事内心真意是否确实愿意辞任来分类的。主动辞职可能发生在真心觉得自己不适合这个岗位的情形下，或是对公司的制度、环境、人员配置感到失望，与当时聘任的情形相差悬殊，故而不愿意继续任职；也可能是认为不必为五斗米折腰，或是自身家庭发生变化，需要转变工作、生活方式，如回家多陪孩子、孝敬父母等，具体情由因人而异。

被动辞职，是因为发生了特定情事以致公司希望董事主动辞任，如工作发生重大错误、私人生活作风出现问题等，为避免场面更难看，董事愿意以主动辞职的方式来防止事态严重化。对董事个人而言，脸面上、情面上都好过于被解任，毕竟公司也享有随时解任董事的权利。更重要的是，将来董事再求职时，人力资源的价值在较大程度上并不受影响,当时的工作失误可以通过辞任来掩饰。此时,明面上董事选择了主动辞职,但实际上其内心是不情愿的。实务中,证券市场对于独立董事的清誉要求较高,一旦出现兼任董事的某教授在师生关系上的师风师德传闻,如果该独立董事不及时主动请辞,将对任职的多家上市公司造成并非不严重的不良影响。

四、不当辞职的赔偿

有读者问,与公司无因解任董事后的赔偿责任相对应,如董事不当辞职给公司造成损失,是否需要给予公司赔偿?这是个好问题。对此,公司法作为组织法并无规定,但依照行为法的规定,可以获得肯定的答案。我国《民法典》第933条规定,因解除委托合同造成对方损失的,除不可归责于该当事人的事由外,无偿委托合同的解除方应当赔偿因解除时间不当造成的直接损失,有偿委托合同的解除方应当赔偿对方的直接损失和合同履行后可以获得的利益。可见,无论公司还是董事的任何一方,但凡行使任意解除权给对方造成损失的,皆有赔偿义务。

那么,何谓董事的不当辞职,也即如何认定公司之损失可归责于董事呢?可以比照律师与当事人的诉讼代理委托合同的经验来认定,如董事在办理委托事务的紧要关头辞职并由此给公司造成损失,即属于不当辞职。实务中,公司能够举证证明董事恶意辞职,即董事明知或者应知辞职会给公司造成损害,且损失实际发生的,依据《民法典》规定有权要求该董事赔偿损失。

当然,公司与董事的委任合同中有关于董事不当辞职后应给予公司补偿的条款的,从之。

049　董事离职(三):辞职何时生效?

《公司法》第70条第3款规定:

董事辞任的,应当以书面形式通知公司,公司收到通知之日辞任生效,但存在前款规定情形的,董事应当继续履行职务。

据此,董事辞职乃是单方行为、要式行为,具体体现为向公司组织递交辞职信。详细来说,需要从多方面展开。

一、辞职是单方行为

(一)基本意涵

既然是单方行为,以董事辞职的意思表示送达给公司即生效,无须公司同意,但仍应通知公司。

既然是单方行为,董事辞职的意思表示不得附条件也不得附期限。

既然是单方行为,辞职的生效一不需要公司同意,二不需要公司批准,即可直接发生效力。实务中,存在两种误区,需要在此讲明。

误区一:董事的辞职信末尾往往有"望公司批准为盼",是否理解为辞职要经过公司批准才能生效?

回答是否定的。在北京中证万融医药投资集团有限公司、曹某某公司利益纠纷案[(2017)最高法民再172号]中,最高院的裁判宗旨指出:

公司和董事之间属于委任关系,在法律和公司章程没有相反规定的情况下,公司董事辞职一般应于董事辞职书送达公司董事会时发生法律效力……金某某、蔡某某在辞职时虽表示"望公司批准",以及中证万融公司虽在金某某、蔡某某辞职后作出召集世纪盛康公司临时股东会会议决议免除其董事职务等意思表示,但均属相关主体对公司与董事法律关系性质,以及董事辞职何时生效的法律认识偏差,不影响金某某、蔡某某辞职生效。

误区二:收到董事辞职信后,公司可能不止一轮地单方面挽留,该挽留能否发生否认辞职的效力?

回答也是否定的。其法理依据在于,挽留虽然代表了公司的不舍之意,无论是其商业礼仪的一部分,还是代表了公司的真意,都不能改变公司收到董事辞职信时即发生董事辞职的法效。当然,法律、公司章程另有规定,或者经公司与辞任董事一致同意由董事撤回辞职书的除外。两个除外情形之所以例外,主要理由在于:法律、行政法规对董事辞职另有规定的,应当遵从其规定,如董事辞职后董事会低于法定人数时的留任义务;董事辞职何时生效,本质上属于公司自治的范畴,因而公司章程可就此作出规定;董事与公司亦可就董事撤回辞职书达成合意。

(二)单方行为说的法律价值

2023年《公司法》修订之前,旧法并未明确规定辞任的生效时点,有人认为应采公司同意说,若公司未同意便无法辞任,如此方能避免董事会瘫痪,如集体辞任的情形。2023年《公司法》第70条第3款施行后,董事辞任的时点规定为"公司收到通知之日",盖因董事与公司间属于委任关系,辞任不需要事先取得公司同意、事后认可,这与公司要解任董事并不需要事先取得董事同意、事后认可是一样的道理,均系行使委任关系中的任意解除权。故而,应当将董事辞任行为理解为单方意思表示,进而适用《民法典》第137条第2款规定的意思表示到达主义规则。

二、辞职是要式行为

辞职意思的通知当以书面为之,公司收到通知之日即为辞职生效之日。之所以要求要式,是因为董事辞职,兹事体大。当然,公司法从不僵硬理解法律行为的要式性,如在董事会会议上董事口头提出辞职,公司当即接受,仍可视为辞任通知送达公司。因为董事会有会议记录,且董事出席董事会在会议记录上签名,故董事口头辞任若记载于会议记录上并经签名确认,可视为已符合书面通知的要求。

若董事在股东会会议上口头表示辞任,虽然股东会也有会议记录,但《公司法》第64条第2款仅要求股东签名,若辞任董事者并非股东,则该董事未必会于会议记录上签名。此时,若直接视为该董事已以书面通知公司辞任,可能会有后续争议,因而建议该董事若确有辞任意愿并于股东会上口头辞任后,于股东会会议记录上签名确认,或另行以书面通知公司,避免发生争议。

董事提交辞职信的对象为公司,也只能是公司。但谁来代表公司接收该辞职信呢?可分别而论。一般来说,董事、副董事长向董事长或者法定代表人递交,不兼任法定代表人的董事长向法定代表人递交,如公司不设董事会,不兼任法定代表人的一名董事也应当向法定代表人递交;兼任法定代表人的董事长、一名董事可以向董事会、监事(会)递交。总的来说,书面辞职通知可向公司的法定代表人、总经理、董事会及董秘等能够代表公司的主体提交。

实务中,有董事在公司员工微信群表示,"此处不留爷,自有留爷处。士可杀不可辱,我现在向大家公开宣布,即时起辞去公司包括但不限于董事、总经理在内的所有职务"。经查,公司董事长等其他董事均不在群里。那么,这一番意思表示有无达到辞职的效果呢?答案是否定的。可见,辞职的意思表示也要发对人。

050　董事离职（四）：需要变更、涤除备案与登记吗？

一、问题的提出

依《市场主体登记管理条例》第9条，公司应就董监高、市场主体登记联络员向市监局申请备案。既然董事既可以被公司随时解任也可以自己随时辞任，那么在任董事解任、辞任后是否需要以及如何及时地办理公司备案的变更手续？

此外，执行董事、总经理可能还兼任公司的法定代表人，依《市场主体登记管理条例》第8条，法定代表人属于公司应登记的事项，而依照《公司法》第10条等规定，执行董事、总经理职位一旦去任，法定代表人的职务也随之解除，所以董事解任、辞任后可能还需要一并办理公司登记的变更手续。

本问关于董事的变更、涤除登记、备案的讨论，也适用于监事、高管。

二、不兼任法定代表人的董事备案信息的变更、涤除

（一）基本规定

先来看《公司登记管理实施办法》关于公司人员的备案规定，先是第13条规定：

设置审计委员会行使监事会职权的公司，应当在进行董事备案时标明相关董事担任审计委员会成员的信息。

第14条规定：

公司设立登记时应当依法对登记联络员进行备案，提供登记联络员的电话号码、电子邮箱等常用联系方式，委托登记联络员负责公司与公司登记机关之间的联络工作，确保有效沟通。

登记联络员可以由公司法定代表人、董事、监事、高级管理人员、股东、员工等人员担任。

登记联络员变更的，公司应当自变更之日起三十日内向公司登记机关办理备案。

第15条规定：

公司董事、监事、高级管理人员存在《中华人民共和国公司法》第一百七十八条

规定情形之一的，公司应当依法及时解除其职务，自知道或者应当知道之日起原则上不得超过三十日，并应当自解除其职务之日起三十日内依法向登记机关办理备案。

第17条规定：

公司法定代表人、董事、监事、高级管理人员、股东等被依法限制人身自由，无法通过实名认证系统、本人现场办理或者提交公证文件等方式核验身份信息的，可以按照相关国家机关允许的方式进行实名验证。

第23条规定：

因公司未按期依法履行生效法律文书明确的登记备案事项相关法定义务，人民法院向公司登记机关送达协助执行通知书，要求协助涤除法定代表人、董事、监事、高级管理人员、股东、分公司负责人等信息的，公司登记机关依法通过国家企业信用信息公示系统向社会公示涤除信息。

(二)备案手续的基本要点

1. 不兼任法定代表人的董事，不属于公司登记事项，仅为备案事项之一。无论是董事的就任还是去任信息，都不需要申请公司登记，但需要备案。如有接任者，进行备案的变更；如无接任者，进行备案的涤除。公司备案信息，需要到商事登记机关的登记系统中才能查询到。

2. 如有董事兼任董事会下设的审计委员会委员，需要在备案信息中特别标注；如有变更，及时变更备案信息。

3. 如有董事兼任公司登记联络员，也需要在备案信息中标明，并提供相应的电话号码、电子邮箱等联系方式；如有变更，及时变更备案信息。

4. 在任董事出现消极任职资格的，公司应该及时解任之，具体要求是：自知道或者应当知道之日起原则上不得超过30日，并应当自解除其职务之日起30日内依法向登记机关办理备案信息的变更或者涤除。

5. 公司登记实行实名认证，公司法定代表人、董事等任职人员由于被依法限制人身自由，从而无法通过实名认证系统、本人现场办理或者提交公证文件等方式核验身份信息的，可以按照相关国家机关允许的变通方式进行实名验证。

6. 公司有义务及时依照法院等作出的生效司法文书申请办理公司人员信息的涤除登记；否则，法院向登记机关送达协助执行通知书，要求协助涤除相关人员信息的，登记机关依法通过国家企业信用信息公示系统向社会公示涤除信息。

需要特别指出,不兼任法定代表人的董事备案信息的涤除,比法定代表人的登记涤除要频繁但简单。因为公司的法定代表人具有唯一性,董事人数却是复数,且董事会的个别成员去任,并不当然影响董事会的合法组成与运作,所以相应董事的备案信息之涤除,公司没有理由不予以及时办理,登记机关也不应设置任何障碍。

三、兼任法定代表人的董事备案信息的变更、涤除

兼任法定代表人的董事,其董事备案信息的变更、涤除,与法定代表人登记信息的变更、涤除,可以分别对待,并参照前文讨论的方式分别处理。此处仅再次对法定代表人的涤除登记予以分析。法定代表人的涤除登记,是指公司登记机关将公司原法定代表人的登记信息予以单独涤销的行为。与变更登记的最大区别在于,涤除登记不以同时登记继任者为前提。

近年来,有关法定代表人的登记涤除纠纷迅速增加,但在登记涤除是否属于民事诉讼的受理范围、是否支持登记涤除的诉讼请求、如何执行登记涤除判决等问题上,司法立场不一致甚至截然相反,背后是立法规范的缺失与理论支持的匮乏。总结而言,涤除登记面临三重法律问题:一是在程序上,法定代表人的完整离任过程可以细分为去职与涤除登记两个环节。长期以来,对于其去职程序,不论是主动辞任还是被动解任,公司法均关注不足。去职事实乃是启动涤除程序的前提,而前提事实的模糊带来后续程序运行上的困难。二是在公司登记制度的体系构造下,涤除登记的恰当定位始终未能达成共识,在观念认知与制度设计上均存在模糊之处。三是法定代表人的登记涤除是公司治理与商事登记制度交汇的领域——法定代表人去职属于公司自治,而涤除登记属于行政行为,强制涤除登记更是涉及公司自治、司法权与行政权的关系处理,该如何把握其逻辑关系?长期以来,我国的立法、司法解释层面均未提供相应的行为法、裁判法规范。

在前文关于法定代表人的相关章节已经讨论过,若去职的董事同时也是法定代表人,依《公司法》第10条的规定视为同时辞去法定代表人职务。法定代表人的任职生变,首先在公司内部生效,但基于法定代表人的天然对外性,商事登记的变更必须及时跟进,否则内部的人事更迭也就了无意义。比如,对于因公司负债而被列入失信执行人名单的法定代表人而言,若无法完成变更、涤除登记,他便无法在失信名单上消除。然而,这里的变更、涤除登记申请人只能是公司,且需要新的法定代表人签署登记申请书,否则,问题也就无解。《公司法》第10条要求原法定代表人容忍30

天,公司则要在30日内确定继任者;然而,如逾期仍未产生,又当如何?借鉴《公司法》第70条规定有两种解释空间:一是逾期没有继任者的,原法定代表人继续任职,形同延期董事;二是逾期后原法定代表人自然中止职务,公司如未选出继任者,也就出现法定代表人空缺的局面,此时便涉及涤除登记。

《公司法》《市场主体登记管理条例》均未直接规定涤除登记这一类型,所以长期以来登记机关多会拒绝办理涤除登记申请;公司纵使有法院等司法机关的生效文书在手,也可能无法完成涤除登记。这一法律僵局,最终在市场监管总局《公司登记管理实施办法》第23条获得有条件的解决。据此,兼任法定代表人的董事一旦去任,其董事任职信息将在公司备案信息中予以变更或涤除,其法定代表人信息也将在公司登记信息中予以变更或涤除。只是需要特别指出,依照《公司法》第23条的规定,董事、法定代表人等公司人员任职信息的涤除,须有生效法律文书为前提,可以通过两个途径进行:

路径一:有生效法律文书明确公司办理相关人员任职的登记备案涤除义务的,公司应主动请求登记机关办理涤除手续,登记机关应申请而办理。

路径二:因公司未按期依法履行生效法律文书明确的登记备案事项相关法定义务,法院可以向登记机关送达协助执行通知书,要求协助涤除公司相关人员任职信息,登记机关依法办理。

再次强调,如无生效法律文书,公司直接申请法定代表人等任职信息的涤除登记,登记机关将拒绝受理,此规定意在倒逼公司在30日内及时确定新法定代表人,防止涤除登记制度之滥用。但与此同时,已有生效法律文书的,公司应当及时申请办理涤除登记手续,登记机关亦理当及时办理,以免矫枉过正而徒增强制执行之讼累。

分篇四

董监高的信义义务

信义义务是现代公司董事制度的灵魂,在我国公司法上经历了从无到有、从简单到完善的渐次发展过程,相关裁判经验也在不断累积且持续创新,但整体上尚属于"蹒跚学步"的初创阶段。本分篇客观地介绍了董事信义义务的中国规则体系及其实践现状,以期尽力挖掘中国制度的经验法则。

本分篇共设20问,围绕董事对公司、股东、公司债权人负有信义义务与否、信义义务的具体内容以及违反信义义务的违信责任而展开。虽以董事为题,但其法理及规则也类推适用于监事、高管。

051 信义义务(一):何谓董事的信义义务?

一、信义义务的历史

依照代理理论,凡有委托处,皆有信义义务,也即受托人(代理人)对于委托人(被代理人)的法定的契约义务。

信义义务(fiduciary duty)概念,起源于英国法。一般认为,英国之所以成为近现代强国,经济上得益于两项法律创制:一是股东的有限责任原则;二是受托人的信义义务理论。前者降低了投资人的风险,刺激了投资行为,吸引全社会资本涌入国内基础设施建设乃至海外殖民开拓项目,造就了一个强大的投资引擎;而后者最大限度上保证了投资的安全和效率。根据《韦伯斯特大辞典》考证,1631年英语从拉丁文引入"fiduciaries"一词,即英文的fiduciary,作名词用,意即"受信人""受托人";1641年fiduciary出现第二种用法,作形容词用,意即"信义的"。其拉丁词根"fidere",意即"信任"。在中文中,"fiduciary duty"可翻译为"信义义务",或"受信义务""诚信义务"等。

英国法的信义义务,与信托制度紧密相连。最初,英国普通法并不承认用益(信托)的效力,在后期经由衡平法方得到确认,信托受益人的权利获得保护的同时,确立了信托受托人的法定义务,即信义义务。信托最初运用于宗教和遗产继承,后来逐渐推广于各个领域,形成民事信托、公益信托和营业信托三大类型,又以商事领域中的运用最为广泛。1719年英国《泡沫法案》颁布,合股公司和股票市场被全面取缔,然而1720~1844年正值英国海外扩张的黄金时代,为继续发掘社会融资的潜力、提振民众消退的投资信心,英国企业家采用了信托(deed of settlement)替代合股公司。商事信托更进一步的发展,则有赖于19世纪"马赛诸萨州信托"的出现,其成为现代证券投资基金的鼻祖,所创设的双受信人制(two fiduciaries)沿用至今。

英美法就是在上述的数百年历史中逐渐形成一个以信义义务为核心的传统信托制度体系,将信义义务二分为忠实义务(a duty of loyalty)与勤勉义务(a duty of care),前者要求受托人不得从事与委托人利益冲突的行为,不得利用信托财产为自己或第三人牟利;后者要求受托人以善良管理人的标准管理信托财产,落实审慎决策、亲自管理、分别管理、保存记录、信托清算等要求。

时至今日,信义义务早已不限于英美法信托领域,更是扩展到所有的委托事务上,成为各法系公认的代理法基石。以董事为例,大陆法系一般认为董事与公司之间存在委任关系,董事对公司负有民法上善良管理人的注意义务;英美法系认为董事是公司的代理人或信托受托人,对公司负有受信义务。其实,两大法系规定的董事义务虽有差异,但大致类似,共识是:董事应当忠实、诚信、谨慎地执行公司事务,不能从事有违公司利益的行为;差别仅在于:大陆法系公司法没有像英美公司法那样形成关于董事义务的完整规范体系。

关于董事的信义义务,我国公司立法更多借鉴了英美法系的经验。据考证,我国最早写入信义义务概念的立法是1992年5月15日《股份有限公司规范意见》(已失效)第62条:

董事和经理对公司负有诚信和勤勉的义务,不得从事与本公司有竞争或损害本公司利益的活动。

其背景是:在与香港联交所谈判内地公司发行H股事项时,香港联交所为了保护香港投资者的利益,要求内地法律明确规定公司董事的信义义务。当时负责《股份有限公司规范意见》起草工作的联办(中国证券市场设计中心联合办公室)最后将该条添加于其中。然而,香港联交所仍不确定这就是普通法系中的"fiduciary duty",坚持要求内地立法机关进一步正式明确。之后,原国家经济体制改革委员会1993年6月10日发布《关于〈股份有限公司规范意见〉和〈关于到香港上市的公司执行《股份有限公司规范意见》的补充规定〉致香港联交所的函》(体改函生〔1993〕74号)又进一步宣示:

《规范意见》第六十二条所述诚信责任,与香港法律中的诚信责任(fiduciary duty)具有类似的含义,……

至此,香港方终于相信内地立法中存在真正的"信义义务"。此为信义义务在我国立法上"从无到有"的最初始过程。

二、董事的信义义务:组织法上的信义义务

(一)信义义务概念的引领者

英美法系始终是信义义务的策源地、引领者,但其中处于前沿的不再是信托业,而是基金管理(资产管理)行业。英国2000年颁布《金融服务与市场法案》规定,"基金托管人是受托人,适用信义义务,托管人要采取合理的措施确保基金管理人(投资顾问)的行为合法合规"。而基金管理人或投资顾问虽然不是信托受托人,但亦是信义官(fiduciary officer),同时受到信义义务的规制。在美国,私募基金管理人的信义义务可适用《联邦投资顾问法》第206章,以及各州的代理法(The Law of Agency)。业界普遍认为,投资顾问(investment adviser)对其客户负有信义义务是资管行业的基础,也是美国政府对投资顾问的核心监管要求。2019年6月,美国证券交易委员会(Securities and Exchange Commission,SEC)发布《关于投资顾问行为标准的解释》,重述信义义务的相关含义和行为标准。

(二)董事信义义务的特殊性

与纯粹行为法上的民法委托制度中受托人对委托人的信义义务,以及处于组织法与行为法之间的信托法上的受托人对委托人、受益人的信义义务相比,还有与作为非典型商事组织的合伙企业、个人独资企业的执行合伙人、经营管理人对于普通合伙人、业主的信义义务相比,作为典型商事组织的公司的董事具有完全独立履职、积极经营决策、利益冲突复杂等特征,进而使得其信义义务成为现代信义法上的"不二典型"。

与股东不同,董事仅仅是现代公司的"管理者""代理者",而非公司的"所有者"

"委托者",因具有促进公司、股东利益的能力和地位而被寄予期待,享有充分的管理职权甚至在实质上掌控了公司的经营运行。但同时,他们又有自己独立的利益,或与公司、股东的利益存在冲突;亦有自身的怠惰性,或"尸位素餐"地疏于履职。信义义务正是现代公司对管理者不称职行为的回应,以义务科加的方式对董事履职行为进行规制。同时,与其他制度相配合,贯彻"激励与监督相兼容"的法则,在董事自由行权与不当行为规制之间寻求平衡,试图在最大限度上实现对于公司、股东利益的保障。

作为组织法上的信义义务,其与上述单纯行为法、行为法与组织法兼备以及非典型组织法上的受托人信义义务相比,具有以下特色:

1. 民商事之区分。与行为法区分无偿、有偿受托人负有不同的信义义务(我国《民法典》第 929 条)相较,公司法上的信义义务是以受托人有偿性、双务性为前提假设的,这符合商法上商行为的基本逻辑。

2. 信义义务的内容。商法中关于信义义务的内容要求,是私法上所有的受托人信义义务要求中最严格、细致的。关于这一点,读者自行比较我国《民法典》《信托法》《证券投资基金法》《合伙企业法》《个人独资企业法》《公司法》等多个民商事立法文本,自然可以得出此结论。

3. 信义义务的对象。如后文所述,公司董事的信义义务对象的复数性、复杂性,是其他受托人的信义义务无法比拟的,其有形式意义上的公司,也有实质意义上的全体股东,还有现代公司法上利益相关者理念所拓展的第三人。

4. 关于追诉机制。违反信义义务导致的违信责任之追究,设有组织法上独特的股东代表诉讼规则。

三、我国公司法的表达体系

比较域外法,我国公司法文本关于董事信义义务的立法体例独具特色,简要介绍如下。

(一)单设一章的统一规范体系

《公司法》单设第八章"公司董事、监事、高级管理人员的资格和义务",共计 16 个条文(第 178~193 条),除了首条(第 178 条)规定董事任职的消极资格外,其余 15 个条文均为董事信义义务法律规范,形成一个相对系统的信义义务规范体系。

首先，第179条规定"董事、监事、高级管理人员应当遵守法律、行政法规和公司章程"。为下文规定忠实、勤勉义务提供统一的立论前提。接着，第180条规定了董事信义义务的内容(忠实义务；勤勉义务)及义务主体(董事；事实董事)。

其次，第181~185条、第187条集中规定忠实义务、勤勉义务的若干具体要求。

再次，第186条、第188条规定违反信义义务的两个法律后果：公司的归入权与违信赔偿责任。

又次，第189~192条分别规定追究董事(及第192条所规定的影子董事)对公司的赔偿责任、对股东的赔偿责任、对第三人的赔偿责任的追诉机制：股东代表诉讼、股东直接诉讼、债权人直接诉讼。

最后，第193条新增规定董事责任保险制度，作为激励董事弘扬企业家精神的重要举措。

(二)其他章节的分散规范体系

细心的读者可以发现，第八章关于忠实义务有较为详备的规定，但缺乏关于勤勉义务的系统规定。其实，勤勉义务的规定分散在其他章节各处，包括但不限于以下：

第一章"总则"公司基础经营领域(对外投资、对外担保等事项)；

第三章"有限责任公司的设立和组织机构"、第五章"股份有限公司的设立和组织机构"的各自第一节"设立"中公司股东出资领域(催缴出资、加速到期、禁止协助抽逃出资等事项)；

第十章"公司财务、会计"公司财务会计领域(分红等事项)；

第十一章"公司合并、分立、增资、减资"公司资本领域(减资等事项)；

第十二章"公司解散和清算"公司终止领域(清算等事项)。

052　信义义务(二)：董事对谁负有信义义务？

实务界最关心的问题其实是，董监高对谁负有信义义务？

现代公司法上董事信义义务的最典型之处在于，董事不仅对公司负有信义义务，对公司主体之外的其他利益相关者也负有信义义务。

一、对公司

法律意义上也即公司立法文本上,董事信义义务的主体只有公司。《公司法》第180条明确规定,董事对公司负有忠实、勤勉义务,第180条之后的第181~188条规定的各类违信责任,也都指向公司。所以,董事对于公司的信义义务自无疑义,也无争议。

然而,无论怎样强调公司的独立主体属性,怎样明确以公司利益为董事履职的根本指向,都始终无法忽略公司作为组织体的本质。这意味着,公司主体不过是信义义务在形式上的对象,而在实质意义上终究要落于具体的实在主体之上。因此,以下罗列信义义务之对象,仅是一种实质意义上的分析,以便读者深入理解。当然,以公司为信义义务对象的理论建构,其目的正在于统合诸多不同主体之间的异质化利益。

二、对股东

在传统公司法上,公司的利益最大化就是股东的利益最大化。因此,董事对公司的义务(法律意义上的)也就是对股东的义务(实质意义上的)。质言之,回到委托代理理论,现代公司法形式意义上的公司与董事的委托代理关系,实质意义上是股东(委托人)与董事(受托人)之间的委托代理关系。

唯要指出,此处的"股东"是指全体股东,而非某一个(类)股东。所以,假设A公司作为B公司的股东,委派或者提名张三担任B公司的董事,那么张三作为B公司的董事,在形式意义上也即法律意义上对于B公司负有信义义务,在实质意义上对于B公司的全体股东而不是单单对委派、提名他的股东A公司负有信义义务。张三履职应以B公司利益的促进为目标,倘若为实现A公司的单一股东利益而不恰当损及全体股东利益,也即公司利益,则当然属于对信义义务的违反。就此而言,这本是公司法常识,但成为我国公司治理实务中绝大多数董事,尤其是国有企业董事履职难以逾越的认识误区与观念障碍。

当然,董事对于"全体股东"负有的信义义务,并不能被刻意、抽象地理解为仅对于"全体股东整体"负有信义义务,而不对任何一个股东个体负有信义义务。恰恰相反,董事履行对公司暨全体股东的信义义务,自然内含公平、公正对待每一个股东的义务,此即董事会也是每个董事履职时对全体股东保持中立性、独立性的要求。

比如,《公司法》第187条规定:

股东会要求董事、监事、高级管理人员列席会议的,董事、监事、高级管理人员应当列席并接受股东的质询。

这一条文出现在第八章,自然属于董事信义义务的规则。据其规定,就抽象层面而言,列席股东会的董事要公平对待每一个股东,对每一位参会股东的质询都负有回答之义务,不能厚此薄彼;就具体层面而言,董事的回答必须针对每一个具体股东的质询案,也即要回答每一位参会股东的质询。

又如,2025年《上市公司章程指引》第102条第2款第2项规定:

董事对公司负有下列勤勉义务:

(二)应公平对待所有股东;

这一规定无疑揭示:"公平对待所有股东"乃是董事勤勉义务的应有之义。

依照《公司法》第54条的规定,公司不能清偿到期债务的,公司有权要求已认缴出资但未届出资期限的股东提前缴纳出资。如果作出加速到期决议的公司机关是董事会,而可被要求加速到期的股东有多个且全部的出资额远大于需要加速到期的出资额,那么董事会应针对个别股东,要求其加速到期缴纳全部认缴额还是全体股东按照一定的比例一体缴纳呢?这就涉及董事中立性、独立性的履职要求问题,公平、公正的答案想必自在人心。

所以,在特定情况下,执行公司事务的董事如不能公平、公正对待每一个股东,而是针对某个(类)股东作出损害其个人利益的行为,则需要直接承担对该股东的违信责任,即损害赔偿责任,也就顺理成章了。这一责任的背后正是董事对单个股东负有法律意义上的信义义务。

举例。某有限公司股东会作出某会计年度的分红决议,决定分红总额为8000万元,各股东依照出资比例共享,责成董事兼总经理甲负责决议案的实施,在决议作出3个月内完成。甲迅速完成了对全体20个股东中的19人相应扣缴税负后的分红款打款任务,唯独对股东乙的分红款置之不理,因为二人存在私人恩怨。3年后,乙才获悉公司3年前分红及自己未获分红款的信息,但此时公司已破产待清算。乙可请求公司给付分红款,但可能并无实际意义,真正有价值的维权行动是起诉甲承担赔偿责任。

对此,《公司法》第190条规定股东针对董事的直接诉讼,就是建立在这一义务、责任之上的。

三、对于其他第三人

董事是否对公司、股东之外的其他利益主体也负有信义义务？传统公司法理论认为，公司利益应认定为全体股东的利益，公司之存续目的在于追求全体股东利益的最大化。利益相关者理论则提出，公司是一个由物质资本提供者（股东）、人力资本提供者（管理层、雇员）以及其他利益相关者之间组成的"契约网"；各利益相关者在公司投入各种要素，以取得单个主体无法获得的合作收益；公司就是各种要素的组合和利益相关者利益的联结。这意味着，公司的设立及存续并不仅仅源于股东的投入，不能将公司捆绑于股东之上，相反，公司是一个独立并超越于股东的、有着其自身利益的自我实体。公司并不从属于股东的意志，不管这一意志是通过多数派投票还是其他方式形成的。基于公司的创立形成一个独立的法律秩序和法律人格，该法律人格不仅源于股东，还源于其他利益相关者。这也意味着公司利益不是一个抽象的概念，而有其实际内容，除股东利益外，其他利益相关者的利益也应为公司利益所统合。

2023年《公司法》修订对该问题予以正面回应，第1条指出公司法之目标在于保护公司、股东、职工和债权人的合法权益，明确了以公司为本位兼顾上述诸相关者利益的宗旨。据此，董事对于公司职工、债权人等其他利益相关者的信义义务，也应当被纳入讨论，如股东一般，均是穿透公司此形式而在实质意义上的讨论。问题是，公司内部的各种利益相互激荡，董事根据公司利益所作出的决策就不容易明确，由此必须认真对待公司内部利益识别、排序、组合的问题。

需要额外关注的是《公司法》第191条最新确立的董事、高管对第三人的责任规则，即"董事、高级管理人员执行职务，给他人造成损害的，公司应当承担赔偿责任；董事、高级管理人员存在故意或者重大过失的，也应当承担赔偿责任"。此条款的内容异常丰富，仅就本问的主题，需要把握五个方面的要点：

1.责任人范围。仅包括董事、高管，不包括同样承担信义义务的监事，这是基于董事、高管与监事的不同职权而设计的。

2.责任人的主观过错。过错形态限于故意、重大过失，而不包括具体轻过失、抽象轻过失，这就将直接责任限于不能容忍的过错场合，且此种过错之理解应以信义义务为指向，也即董事损及第三人的行为唯有违反对公司的信义义务时，方承担责任。否则，不存在组织法上的可归责性，应仅由公司承担对第三人的责任。

3. "他人"所指。"他人"是公司以外的任何人。没有争议的是,他人首先包括公司债权人,进一步地,还包括公司股东尤其是少数股东(证券市场的公众投资者),可以《证券法》第85条为例证。

4. 责任性质。本条规定的董事、高管对第三人的责任是一种特别法定责任,其故意、重大过失行为也构成侵权责任,则可能与《民法典》第1191条规定的职务侵权责任重合。董事侵害第三人之行为,若是直接侵权行为,则原则上适用《民法典》的侵权责任规定;若是间接侵权行为(也即职务侵权),还是应当首先适用该条规定,因该条乃特别法规范。

5. 董事、高管与公司的责任关系。公司"应当承担赔偿责任",有故意、重大过失的董事、高管"也应当承担赔偿责任",这两句表述中公司与董事、高管的责任分配关系究竟应当如何理解,是争论的核心。学理上有补充连带责任说、平行连带责任说、按份责任说、补充责任说、不真正连带责任说等,我们倾向于平行连带责任说。

053　忠实义务（一）：何谓忠实义务？

一、忠实义务的概念

如前所述,英美法上董事对公司的信义义务,根据其内容可分为作为义务和不作为义务,大致对应勤勉义务与忠实义务。两类义务的一个显著差别是:董事任期届满后在一定期限内还可能继续承担忠实义务,如对公司的保密义务、竞业禁止义务等。该期限长短取决于义务内容与公司关系的密切程度,需要根据法律、契约的规定以及公平原则确定。而勤勉义务随任职结束而自然结束,所谓"不在其位,不谋其政"。

一般认为,忠实义务(a duty of loyalty),指董事竭尽忠诚地履行职务,为公司的最佳利益和适当目的行事;当自身利益与公司利益存在冲突时,不得将自身利益置于公司利益之上。在英美法系,忠实义务源于信托法的古老原则,即受托人不得从委托人处牟利,而只能为受益人的利益行事。这一原则就是衡平法上的"不冲突原则",如有违反,受托人应承担违信责任。在大陆法系民法上,仅规定受托人对委任人负有善良管理人的注意义务，未明确受托人的忠实义务，所以日本等大陆法系国家的公司法先后引进了英美法系的忠实义务。

实质上，董事的忠实义务规则是为管理层设置的一条入法的"道德准则"，也是民法的诚信原则在组织法领域的具体表现。如果说勤勉义务是为了克服管理层的偷懒和无责任心，那么忠实义务主要是为了克服管理层的贪婪和自私。违反忠实义务主要表现在两个方面：一是管理层将自己的利益置于公司、股东利益之上；二是利用职权为自己谋取私利。

二、公司法的基本规定

《公司法》第179条规定：

董事、监事、高级管理人员应当遵守法律、行政法规和公司章程。

这为董事违反包括忠实义务在内的信义义务铺垫了统一前提——显然，违反忠实义务（信义义务）的行为就是违法违章的行为。《公司法》第180条第1款规定：

董事、监事、高级管理人员对公司负有忠实义务，应当采取措施避免自身利益与公司利益冲突，不得利用职权牟取不正当利益。

《上市公司治理准则》第21条第1款规定：

董事应当遵守法律法规及公司章程有关规定，忠实、勤勉、谨慎履职，并履行其作出的承诺。

2025年《上市公司章程指引》第101条则对忠实义务有进一步的阐释。

综合以上，可以将我国的董事忠实义务规定描述为，董事执行公司业务时应尽力避免自身利益与公司利益发生冲突；自身利益与公司利益发生冲突时，应以追求公司利益为先，而非相反。由此，忠实义务本身属于消极义务，违反忠实义务的本质是董事为自己的私利滥用权力以谋求不法利益，简称"为私益而滥权"。其构成要件包括：

1. 董事的利益与公司利益处于冲突之中；

2. 滥用了职权的便利；

3. 为自己牟取不正当利益（tunneling）。其中，"滥权行为"（abusing of rights），特指知悉该职务的职责、权力和权限以及理性人会认为不法者违反了与其处于同样地位的人应具备的行为准则,所以不限于狭义上的权力滥用,还包括董事知道或应该知道他无权执行的行为。当董事为"滥权行为"时,其内心意思非常关键,因为不法者是在知情或对具体情况了解的背景下行使权力,而行使权力的目的或意图是判断权力是否被滥用的重要因素,也即董事必须具有为自己牟取不正当利益而滥用权力的主观目的。

公司法中董事忠实义务的规则,或采取禁止性规定从根本上防止利益冲突的发生,或通过程序性要求提前过滤为私利而滥权的行为。后一种规制方式相较于前者更为缓和,能够充分发挥组织法的正向指引作用,而非"一刀切"的物权法权利保护模式。一般认为,违反忠实义务的最典型行为就是不当自我交易行为(unfair self-dealing),与此相对应,公司法并不禁止董事的自我交易,而是要求关联董事在处理自我交易时的合规操作,包括如实向公司(股东会、董事会)报告利害关系、提交董事会或股东会议决并相应回避表决等,均意在避免"为私益而滥权"行为的发生。

三、忠实义务的类型化

按照《公司法》第181~184条等规定,董事履行忠实义务的行为可以分为两类:一是绝对不可为,也即不得触碰的法律红线;二是相对不可为,也即原则上不可为,但在符合法定程序与条件的前提下也可为的例外情形。

(一)绝对不可为

依《公司法》第181条规定:

董事、监事、高级管理人员不得有下列行为:

(一)侵占公司财产、挪用公司资金;

(二)将公司资金以其个人名义或者以其他个人名义开立账户存储;

(三)利用职权贿赂或者收受其他非法收入;

(四)接受他人与公司交易的佣金归为己有;

(五)擅自披露公司秘密;

(六)违反对公司忠实义务的其他行为。

众所周知,以上几类行为本身是违法行为,严重危害社会秩序的还会构成犯罪,如对应的贪污罪、职务侵占罪、挪用资金罪、受贿罪、非国家工作人员受贿罪、泄露商业秘密罪、滥用职权罪,当然绝对不可为,必然属于违反忠实义务的行为。

此外,依照《公司法》第 51~54 条、第 211 条、第 226 条等规定,倘若满足与公司存在利益冲突的前提,董事违法不对瑕疵出资股东催缴出资与决议除权的、违法不对股东要求加速到期的、协助股东抽逃出资的、违法分配利润的、违法减资的,如给公司造成损失,负有责任的董事应当承担对公司的赔偿责任。此处的几类行为实际上也是绝对禁止的行为,违反者,也即"应为而不为",亦属于为私利而滥权,也可能构成对忠实义务的违反。

(二)相对不可为

相对不可为,也即并非董事绝对不能为,如为便会触碰违反忠实义务红线的行为;在特别情形下,如果董事为该些行为,遵循严格的法律程序,并确保行为的公平公正,则可为。相对不可为的行为类型,规定在《公司法》第 182~185 条,涉及董事自我交易、篡夺公司商业机会、竞争业务三类行为,鉴于其重要性,下文分而述之。

054 忠实义务(二):禁止董事的自我交易吗?

一、关联交易的公司法规制方法

(一)关联交易

公司关联交易,依照《公司法》第 22 条的立法定义,就是公司的控股股东、实际控制人、董事、监事、高级管理人员利用关联关系与公司发生的交易。所谓关联关系,依照《公司法》第 265 条第 4 项规定,是指公司控股股东、实际控制人、董事、监事、高级管理人员与其直接或者间接控制的企业之间的关系,以及可能导致公司利益转移的其他关系。但是,国家控股的企业之间不仅因为同受国家控股而具有关联关系。据此,决定关联交易发生及其内容的关联人主要是"双控人"与"董监高"两大类群体。其中,董事自我交易,或曰董事关联交易,属于公司关联交易的一种,是指董事及其关联人与公司之间的交易。

公司关联交易的重大特点,不仅在于公司总是交易的一方当事人,而且在于虽然存在两方交易人(公司与关联人),但是控制着交易的实为一方(关联人),原因是关联人能够决定公司的意思。这样一来,关联交易的优缺点立现,优点包括交易成本低、履约成本低、交易效率高等，但致命的缺点在于，对公司的非公允关联交易的发生是大概率事件。所以，公司法的立场从来不是直接禁止所有的关联交易，而是努力防止、控制与规制非公允关联交易。

（二）董事自我交易

按照交易主体的不同，董事自我交易可以分为两种形态：一是直接自我交易，即董事本人与公司的交易，如将公司财产出售、出租给自己，或者反之；二是间接自我交易，也即董事的关联人与公司的交易，此处关联人范围的大小，在各个国家、地区不尽一致，一般来说包括两类主体：

一是董事的一定范围内的亲属，称为关联自然人。该亲属，首先指民法上的近亲属，包括配偶、父母、子女、兄弟姐妹、祖父母、外祖父母、孙子女、外孙子女；其次，还可能包括更大范围的血亲与姻亲，至于范围有多大，各国、各地区各有不同。比如，依照深沪两家证交所以及香港联交所的做法，前者包括堂（表）兄弟姐妹、叔伯舅姨姑等三代血亲，后者包括三代以内血亲的配偶如女婿、儿媳等；配偶的三代血亲如岳父母、妻弟妻妹等；以及儿女亲家。

二是董事及其关联自然人任职或者投资的其他企业，称为关联企业，如董事的配偶任职董事的公司、儿子投资参股的公司、女婿作为合伙人的合伙企业、孙子投资运营的个独企业等。

回到我国法律规定，《公司法》第182条第2款规定：

董事、监事、高级管理人员的近亲属，董事、监事、高级管理人员或者其近亲属直接或者间接控制的企业，以及与董事、监事、高级管理人员有其他关联关系的关联人，与公司订立合同或者进行交易，适用前款规定。

这就将董事的关联人定位于三类人：

1. 关联自然人，即"近亲属"；

2. 关联企业，即董事或其近亲属"直接或者间接控制的企业"；

3. 兜底规定，也即"与董事、监事、高级管理人员有其他关联关系的关联人"，所谓"其他关联关系"，需要进一步解释。总之，这一群体的外延非常具有弹性，具体扩展到何者，还要结合更具体的法规、规章以及党内法规、软法规范、公司章程来认定。比如，如果是上市公司，就要适用证监会的规章、证券交易所的软法规范来认定；如果是国有公司，还要适用党内法规来认定。

董事自我交易如同其他关联交易一样，也是一柄"双刃剑"。积极方面，可以增加公司的交易机会,节约交易成本,提高交易效率等;消极方面,由于交易双方存在利益冲突但交易实由董事一方决定,董事一旦违反忠实义务就容易形成非公允交易,导致公司利益受损。

二、董事自我交易的公司法立场之一:遵循正当程序

(一)正当程序

公司法的立场,是在效率与公平之间求一个动态平衡,既不能绝对禁止,也不能放任自流。为此,《公司法》第182条第1款、第185条分别规定:

董事、监事、高级管理人员,直接或者间接与本公司订立合同或者进行交易,应当就与订立合同或者进行交易有关的事项向董事会或者股东会报告,并按照公司章程的规定经董事会或者股东会决议通过。

董事会对本法第一百八十二条至第一百八十四条规定的事项决议时,关联董事不得参与表决,其表决权不计入表决权总数。出席董事会会议的无关联关系董事人数不足三人的,应当将该事项提交股东会审议。

精准解读以上规定,需要把握《公司法》的基本关注点在于正当程序,也即:

1. 信披。董事对于某项自我交易具有直接或者间接的利害关系的,应该主动向董事会、股东会汇报,不得隐瞒。至于向董事会还是股东会汇报,由公司章程规定。

2. 决议。即便是由董事本人(董事长、总经理兼董事)决定的交易事项,在存在关联关系的情况下也不得再由个人决定,而是应依照公司章程规定交付董事会、股东会决议。

3. 回避。如依照章程交付董事会决议,上市公司董事绝对地执行表决回避规定(《公司法》第139条);对于上市公司以外的公司,此处也要执行表决回避规定(《公司法》第185条);如因有董事回避表决,出现了出席董事会会议的无关联关系董事人数不足三人,则将该事项上提给股东会审议。

(二)正当程序的价值:安全港规则

一个尖锐的问题是,如董事证明其遵守了正当程序,是否等同于证明了关联交易的公允性?回答是否定的。那么,正当程序的法律价值何在?

美国公司法以"安全港"为回应,其核心在于:对于公司关联交易,如有股东等起诉请求认定关联交易非公允及(或)请求关联人赔偿,关联人举证证明遵守了正当程

序,则法院推定关联交易为公允,但原告证明非公允的除外;反之,如关联人不能举证证明遵守了正当程序,则法院推定为非公允,但关联人(被告)证明公允的除外。在此,读者也可理解为正当程序至少有举证责任转换的法效。

我国借鉴了美国法的经验,《公司法解释五》第1条第1款规定:

关联交易损害公司利益,原告公司依据民法典第八十四条、公司法第二十一条规定请求控股股东、实际控制人、董事、监事、高级管理人员赔偿所造成的损失,被告仅以该交易已经履行了信息披露、经股东会或者股东大会同意等法律、行政法规或者公司章程规定的程序为由抗辩的,人民法院不予支持。

可见,仅仅举证已遵循正当程序,并不当然意味着关联交易公允性不证自成。但是,我国司法实践也支持这一做法:董事举证遵循了正当程序的,由原告公司负担关联交易非公允的举证责任;反之,则由董事承担关联交易公允的举证责任。

三、董事自我交易的公司法立场之二:确保实体公正

(一)自我交易合同的效力规则

依照实体结果上的公允与否,董事自我交易区分为公允与非公允两类。公司法规制董事自我交易的出发点与落脚点均在于确保关联交易的公允性。如何判断关联交易的公允性,司法实践中有多种评定方法,必要时亦可通过会计鉴定的手段,其核心是寻找与彼时发生的自我交易在交易时间、交易地点、交易背景、交易模式、交易条件等具有等同性的替代交易方案,以作对比。

我国在合同法上,包括董事自我交易在内的所有关联交易合同的效力认定,适用《民法典》有关合同效力的一般规定,行为法并无特别的评判规范。比如,关联交易合同存在显失公平情形的,适用可撤销合同规则。那么,公司法从组织法的视角有无提供有关关联交易合同效力的特殊规则呢?回答也是否定的。公司法只是从公司内部的议决程序上提供正当程序规则,以程序促公允、保公允。

(二)自我交易合同的责任规则

依据《公司法》第22条第2款及第186条、第188条可知,从事非公允自我交易的董事,承担两类法律责任:一是对公司造成损失的,承担损害赔偿责任;二是由此获益的,其所获不当利益由公司行使归入权,归入公司。

(三)非公允自我交易的救济规则

如某项董事自我交易被认定构成非公允交易,如何救济呢?这是公司组织法能

够真正提供特殊规范的场域所在。对此,《公司法解释五》第1条、第2条规定了全套的救济方案:

第1条规定:

关联交易损害公司利益,原告公司依据民法典第八十四条、公司法第二十一条规定请求控股股东、实际控制人、董事、监事、高级管理人员赔偿所造成的损失,被告仅以该交易已经履行了信息披露、经股东会或者股东大会同意等法律、行政法规或者公司章程规定的程序为由抗辩的,人民法院不予支持。

公司没有提起诉讼的,符合公司法第一百五十一条第一款规定条件的股东,可以依据公司法第一百五十一条第二款、第三款规定向人民法院提起诉讼。

第2条规定:

关联交易合同存在无效、可撤销或者对公司不发生效力的情形,公司没有起诉合同相对方的,符合公司法第一百五十一条第一款规定条件的股东,可以依据公司法第一百五十一条第二款、第三款规定向人民法院提起诉讼。

据上,稍作解读如下:

1.公司可以提起损害赔偿之诉;对此给付之诉,如公司不能起诉的,适格股东可以提起股东代表诉讼。

2.公司也可以提起自我交易合同效力之诉(无效、可撤销、确定不生效、不成立等);对此确认/形成之诉,公司不能起诉的,适格股东也可以提起股东代表诉讼。最后一点,大大拓展了传统股东代表诉讼的适用对象范围,相关分析详见本书关于股东代表诉讼的章节。

055 忠实义务(三):董事可以篡夺公司商业机会吗?

一、公司商业机会

(一)公司机会理论

公司机会理论,是指限制或者禁止董事把属于公司的商业机会转归自己利用而从中谋利。在现代市场经济中,信息就是利益,商业机会就是财富,篡夺公司机会等于变相侵占公司财产,构成忠实义务的违反。

(二) 公司机会的判断

对公司机会下定义是极难的。在各国、各地区的实践中，评估一项机会是否属于公司机会的考量因素包括：是否与公司业务相关；是否属于公司经营范围；公司是否具有利益或者期待利益；是否与公司构成竞争；是否与董事职务履行相关；等等。对以上问题作出肯定回答的，则属于公司机会，但倘若上述因素相互冲突，就难以判断。对此，司法经验丰富的美国判例法发展出三种据以判定是否属于公司机会的标准：

1. 利益或者期待利益标准。如公司对该机会具有利益或者期待利益，则属于公司机会。但利益、期待利益标准的运用须以现存的法律利益为基础，因此这一标准过窄，于公司不利。

2. 经营范围标准。只要是在公司经营范围内的机会都属于公司机会。在公司单一商业目标早期年代，这一标准尚属公允，但在公司可以从事任何合法商业活动的今天，这一标准过于宽泛了。

3. 公平标准。如董事取得并利用该机会对公司而言是不公平的，该机会就应当是公司机会。公平标准具有保护实质正义的优势，但在司法适用中需要考虑多种因素，由法官自由裁量，具有不确定性。

上述标准各有优缺点。我国司法实务中有人试图将其中的经营范围标准和公平标准结合起来，提出"两步法"：先确定是否属于公司的经营范围之内，如是，再确定个人利用该机会对公司是否公平。

二、规制篡夺公司机会的公司法立场

《公司法》第 183 条规定：

董事、监事、高级管理人员，不得利用职务便利为自己或者他人谋取属于公司的商业机会。但是，有下列情形之一的除外：

（一）向董事会或者股东会报告，并按照公司章程的规定经董事会或者股东会决议通过；

（二）根据法律、行政法规或者公司章程的规定，公司不能利用该商业机会。

这一立场可以简要解读为：

(一) 原则禁止

根据《公司法》第 183 条的规定，禁止董事利用职务便利为自己或他人谋取属于公司的商业机会，此为禁止篡夺公司机会的原则性规定。

（二）例外允许

1.履行正当程序的

结合《公司法》第185条的规定，此处的正当程序与上问董事自我交易的正当程序是一致的，也即：

（1）信披。董事需要将篡夺公司机会的个人利害关系如实汇报给公司章程规定的董事会或者股东会。

（2）决议。按照公司章程的规定经董事会或股东会决议通过的，可以利用公司机会。需要明确，董事会或股东会决议"放弃公司机会"时应明确放弃的范围或类型；若允许公司概括性放弃公司机会，将严重损害公司的独立人格，也架空了忠实义务的规定。这意味着原则上，股东会、董事会决议应根据董监高的信息披露"一事一议"，而不得概括性地作出决议。

（3）回避。如依照章程交付董事会决议，上市公司董事绝对地执行表决回避规定（《公司法》第139条）；对于上市公司以外的公司，此处也要执行表决回避规定（《公司法》第185条）；如因有董事回避表决，出现了出席董事会会议的无关联关系董事人数不足三人，则将该事项上提给股东会审议。

2.公司不能利用的

如何解读第二项"根据法律、行政法规或者公司章程的规定，公司不能利用该商业机会"？要点如下：

（1）所谓"根据法律、行政法规或者公司章程的规定"，事实上主要指公司章程另有规定的情形，因为法律、行政法规少有此类规定。

（2）"公司不能"既包括事实上的不能，又包括法律上的不能。

事实上的不能，常见情形是"财务不能"（financial incapacity），如公司不能凑足参加某招投标的保证金；还包括其余人力、物力不足的情形，如某餐厅总经理接到某律所年会50桌晚宴的订单要约，但当晚该餐厅的大宴会厅已被预订而无法接单。

法律上的不能，如公司利用该机会将违法、越权等。

但应当注意的是，所谓"公司不能"之判断并不以该董事个人的主观判断为准，而需要以管理者通常应有的合理注意和审慎态度进行客观判断，且此种不能应是在穷尽所有方法后仍不能解决或解决成本过高的事实上或法律上的障碍。以财务不能为例，如有人对董事利用公司机会的行为提出异议，法院应允许董监高以公司财务不能作为抗辩事由，由其举证公司财务不能且在穷尽方法后仍未能帮助公司解决财务不能的障碍,公司放弃此机会符合经营判断规则或者对公司是公平的。因此,董事不能简单以公司财务不能为由而利用职务便利为自己或他人谋取属于公司的商业机会,而是必须论证此种不能的客观性和无可消解性,放弃此机会对公司而言是公平的。当然,最保险的方法,仍是通过正当程序由公司机关进行判断,或者在先已由章程对此类情形下放弃公司机会进行了规定。

056　忠实义务(四):董事可以从事竞争业务吗?

一、竞业问题的由来

董事违反忠实义务的一类常见类型是直接或者间接从事与公司业务相竞争的业务,简称竞业。公司法的基本态度是对此种行为加以禁止或者限制,也即董事被禁止或者限制自营或者为他人经营与其所任职公司同类的业务。其原因在于,董事掌握公司经营中的大量信息,若其从事与任职公司同类的业务,则陷入与公司利益相冲突的境况在所难免。

公司法规制董事竞业的难题有二:"竞业"该如何判断?竞业禁止是否应该存在例外?

二、竞业的判断

竞业,即经营有竞争关系的同类业务。按照该定义,竞业的构成要件有以下三点:

1. 同类业务。公司开展的业务通常包括主营业务和非主营业务,实践中一般会结合公司登记的经营范围和实际情况综合判断公司的业务范围。一方面,出于对市场竞争的维护与促进,"同类业务"应限定解释为公司现营业务;另一方面,基于维护公司利益的考虑,对"公司现营业务"的外延需进行适度的扩张解释,即也可以包括正在进行开业准备以及暂时休业的业务。

2. 存在竞争关系。此要件存在争议,有观点认为"同类业务"不以存在竞争关系为要件。但既然是"竞业",如不存在竞争关系,又何来禁止之理由?此处的竞争关系包括直接竞争关系以及间接竞争关系;完全不存在竞争关系,即便同类业务也不宜认定为竞业禁止的对象。如张三担任在京经营的一家烤鸭店公司的董事长,其又参股运营一家在乌鲁木齐经营的烤鸭店,或者张三担任在北京崇文门经营的一家烤鸭店公司的总经理兼董事,其又投资运营北京望京地区的一家烧烤店,这两种情形似乎均不应在竞争业务之列。至于其参股运营其他餐饮单位,需要投入相当的时间、精力,由此可能影响其任职烤鸭店董事长、总经理的履职状态,则是另外一个问题了。

3. 自营或者为他人经营。"自营""为他人经营",是指董事参与其他企业的经营管理,而不包括单纯的投资行为。如张三受聘担任某市一家新兴烤鸭店总经理,自然不得担任本市另一家烤鸭店总经理、董事长或自营一家个人独资企业形式的烤鸭店,但张三可否购买上市公司全聚德的股票呢?答案是肯定的,竞业禁止规则并不调整此类投资行为。

最后提醒注意,竞业行为与篡夺公司机会行为有时会存在交叉,如某烤鸭店董事兼总经理将联系本店的一单公司年会业务"截胡"给自己隐名参股运营的另一家烤鸭店。但是,二者并不完全一致,也不当然交叉。因为董事的竞业活动未必都必须通过篡夺公司机会来进行;反过来,董事篡夺公司机会也未必都用于与公司开展竞争营业。正因如此,我国现行公司法将竞业限制与篡夺公司机会限制作为并列的忠实义务规制子项,并用两个条文分别予以规定。

三、公司法的规制立场:原则禁止与例外许可

(一)利益平衡

多数国家、地区的公司法政策立场是:未经公司同意而与公司竞业被视为一种不忠实的行为,故完全放任不利于维护公司利益;但完全禁止亦属于对市场竞争的过度限制,有违营业自由的公共政策,破坏市场经济的竞争机制与秩序。所以,立法普遍采用竞业限制的立法政策,即原则禁止但例外许可,此例外即:经过公司同意的竞业被认为具有合法性。有的国家公司法还规定,即便违反了竞业禁止义务,如事后取得股东会的追认,董事对公司的责任亦可免除;公司在知悉非法竞业行为后的法定期限内不行使归入权的,也视为同意,董事对公司的责任也得以免除。

(二)我国公司法的立场变迁

我国公司法的立场有一个从激进到理性的变迁过程。1993年《公司法》采绝对禁止立场,其第61条第1款规定:

董事、经理不得自营或者为他人经营与其所任职公司同类的营业或者从事损害本公司利益的活动。从事上述营业或者活动的，所得收入应当归公司所有。

2005年《公司法》改为限制立场，其第149条第1款第5项规定：

董事、高级管理人员不得有下列行为：

（五）未经股东会或者股东大会同意，利用职务便利为自己或者他人谋取属于公司的商业机会，自营或者为他人经营与所任职公司同类的业务；

2023年《公司法》抛弃旧法用同一条款规范篡夺公司机会、竞业行为的立法例，将二者分置为两个条文（第183条、第184条），其第184条规定：

董事、监事、高级管理人员未向董事会或者股东会报告，并按照公司章程的规定经董事会或者股东会决议通过，不得自营或者为他人经营与其任职公司同类的业务。

这一立法变化更切合社会经济生活的现实，减少了立法与实践的落差，降低了立法预设的制度运行成本。限制主义的立法规定，意味着合法的竞业行为需要经过正当程序。

（三）现行公司法的精髓：正当程序

连同紧密关联的《公司法》第185条一起，简要解读其要点，还是约略为一个正当程序规则：

1. 信披。董事需要将竞争业务的个人利害关系如实汇报给公司章程规定的董事会或者股东会。

2. 决议。按照公司章程的规定经董事会或股东会决议通过的，可以从事竞争业务。需要指出，旧法规定决议机关只有股东会，这既不现实也不效率，新法则将决议机关扩张至董事会或者股东会，至于由哪一个法人机关具体决议，取决于公司章程的规定。

还需要指出，如上问所述，就董事篡夺公司机会的董事会、股东会决议必须是"一事一议"，不能概括性地放弃公司的商业机会，但就董事竞争业务的决议，可能在某种意义上具有概括性、抽象性，无法遵循"一事一议"的规则。毕竟，董事即将从事的竞争业务是一个持续性的商业行为，而不是如篡夺公司机会那样独立、单次的行为。当然，如某董事从事的竞争业务不止一类，那么还是要遵循"一类一议"的规则。

3. 回避。如依照章程交付董事会决议，上市公司董事绝对地执行表决回避规定

(《公司法》第139条);对于上市公司以外的公司,此处也要执行表决回避规定(《公司法》第185条);如因有董事回避表决,出现了出席董事会会议的无关联关系董事人数不足三人,则将该事项上提给股东会审议。

057　勤勉义务(一):何谓勤勉义务?

一、概念

勤勉义务(a duty of care),或称注意义务(英美法)、善管义务(大陆法),即董事应遵守诚信原则,以一个管理者在通常情形下所应具有的谨慎、勤勉和技能,为实现公司利益最大化而履职。

将勤勉义务与忠实义务相比较,忠实义务的判断标准明确,客观性强,立法可以采取集中列举方式规定;勤勉义务的注意程度因公司的经营范围、经营状况(也即实现公司利益最大化之方式)及董事个人情况不同而有所差异,判断标准具有不确定性,立法上往往采取抽象概括与分散规定相结合的方式加以明确。在各国司法实践中,如何在个案中界定勤勉义务是一个普遍的难题;若界定过宽,会致该义务虚化而失去意义,于公司、股东不利;如过于苛刻,则不符合市场经济的风险特性,会挫伤董事开展经营事务的积极性,抑制企业家精神——轻则使得公司利益无法得到最大幅度之提升,重则导致无人担任董事而全面冲击公司治理结构。如何通过勤勉义务规则之设定在董事履职的促进与规制之间达到巧妙的平衡,英美法、大陆法两大法系的经验各有特色。

二、英美法的经验

鉴于董事勤勉义务判断的困难程度,有必要吸收、借鉴域外法的宝贵经验。业界公认,英美法在此领域具有非常鲜明、独到、丰富的裁判经验并形成了相对稳定的经验法则,尤其美国判例法所构建的经营判断规则(Business Judgment Rule,BJR),深值借鉴。鉴于其重要性,特于下问集中介绍。

美国《标准商事公司法》第8.30条规定了董事履职符合勤勉义务要求的三个标准:

1. 善意(in good faith)

董事的行为必须是善意的,即为实现公司的最大利益。善意是对董事诚实状态的一种主观道德评价,针对的是董事履职时的主观心态。如果董事认为借由其履职得以实现公司利益的最大化,即为善意;反之,如果董事明知其行为将会对公司产生不利后果而故意放任,或者因为疏忽没有引起足够注意而使不利后果发生,则为恶意(bad faith)。

2. 注意(care)

董事在履职时应当尽到管理者通常应有的合理注意,这是针对董事履职时行为及其后果的注意程度之评判。该问题之关键在于,判断董事的注意程度应采用何种标准。美国法采"理性人标准"(test of reasonable person),即尽到"处于相似位置的合理谨慎的人在类似情况下所应尽到的注意",我国法亦采取此带有一定客观化倾向的主观标准。在实践中的诸多情形下,这一标准似乎与侵权法上的原则并无二致,的确如此,均可视为过错原则的客观化体现。但是,由于商事行为之专业化、复杂性远高于民事行为,董事的注意义务自有其特别之处——在客观化的基础上仍需要回归其主观标准的本质,也即将董事个人理应具有的知识、技能、经验等因素纳入考量。

具言之,作为一种管理义务,一个董事具有或者应当具有相关专业方面的知识、能力而没有运用这种知识、能力的,方认为其未尽到注意义务。例如,有一名本职为民法教授的董事,以其身份应当知道某项交易将导致违反物权法定原则,但他没有反对,则其行为违反了注意义务,但其他董事在相同情况下则不被作同样的认定。可见,董事的注意义务衡量与其个人素质相关联,也即董事的注意义务类似于侵权法上专业人士的注意义务,而不是普通人的注意义务,就像律师对当事人、医生对病人、司机对乘客所负之注意义务一样。这样的表述与大陆法系侵权法上"善良管理人的注意义务"非常接近。

在英国,衡平法上"合理的注意义务"采用三类判断标准:(1)对于不具有某种专业资格、经验的非执行董事,采"主观标准",看其是否尽了最大努力。(2)对于具有所涉事务专业资格、经验的非执行董事,采"客观化标准",即只有达到具有同类专业水平、经验的专业人员应达到的注意程度,才被视为尽到合理的注意。(3)对于具有专业资格才能并受聘的执行董事,适用更严格的推定知悉原则,即绝对的"客观标准"——推定聘用合同中存在某种默示条款:不论执行董事是否具有所受聘职务所应有的技能、知识,只有其运用了专业人员应运用的技能和知识,才被视为合理履行了注意义务。

3. 合理相信

董事管理的是他人的财产和事务,所以他必须根据自己的判断,以自己合理相信最符合公司利益的方式进行决策。"合理相信"这一标准要求董事在商业决策时应当对相关事务进行必要的了解和调查。法律的灵活性在于:在缺乏其他信息的条件下,董事(尤其是非执行董事)有理由相信内部人提供的信息是真实、充分的。

三、大陆法的启示

大陆法上的善管义务,即其许多民法典规定的"善良管理人的注意义务",滥觞于罗马法的"善良家父"义务。董事的善管义务作为委任合同中受托人的义务,要求董事进行经营决策时以公司的利益为出发点,以适当的方式并尽合理的注意履行职责,其实质是对董事称职(competence)的要求,因而属于一种管理义务(management duty)。"管理义务"的含义是,那些从事可能给他人带来损害风险行为的人在履行职责时的行为,应当如一个理性的谨慎人在同等情况下所为之行为。

最后,董事违反善管义务所承担的责任,可能是违约责任,也可能是侵权责任,但均以公司遭受董事行为之损害和董事有过错为要件。董事是否有过错,应参考公司的商事性质、管理的通常程序,以及董事的个人素质(如经历、知识和经验等)决定。

058　勤勉义务(二):公司法如何界定勤勉义务?

一、我国立法演变

(一)公司法

1993年《公司法》没有规定勤勉义务,可谓立法不完善的表现。

2005年《公司法》首次出现"勤勉义务","董事、监事、高级管理人员应当遵守法律、行政法规和公司章程,对公司负有忠实义务和勤勉义务"。(第148条第1款),但属惊鸿一瞥,未见进一步的释义。

立法上界定勤勉义务的内涵要等到2023年《公司法》,其第180条第2款规定:

董事、监事、高级管理人员对公司负有勤勉义务,执行职务应当为公司的最大利益尽到管理者通常应有的合理注意。

除了这一概念界定的规范之外,与忠实义务一样,勤勉义务同样存在立法类型化的必要,但是《公司法》第八章中并未如"忠实义务"那样将违反勤勉义务的行为进行集中的类型化。违反勤勉义务的行为,散见于《公司法》其他章节的多个条文之中,举其要者:

1. 针对公司对外重大行为包括对外投资、对外担保、对外财务资助、对外捐赠等,第15条、第163条等规定董事要恪守法律规定,不得越权决策。

2. 在股东出资事务上,第51~54条等规定董事会负有催缴义务,对瑕疵出资股东应发出书面催缴书,如在催缴期限内未获回应,需要催缴到底抑或作出失权的决议并发出通知;如有必要,也可以决议要求股东加速到期;更为重要的是,董事不得协助股东抽逃出资。以上均属于勤勉义务的要求,如有违反且造成公司损失的,负有责任的董事对公司承担相应的赔偿责任。

3. 在公司的财务会计领域,第211条、第226条等规定董事不得参与违法分配利润、非法减资的决策、执行,否则造成公司损失的,负有责任的董事要承担相应的赔偿责任。

4. 在公司的清算启动与清算事务执行上,第238条等规定董事担当清算义务人与清算人(清算组成员),应当对公司、债权人勤勉尽责。此实为董事经营管理之勤勉义务的延续,造成公司、债权人损失的,亦要承担相应的赔偿责任。

5. 其他。在公司治理等领域,还有一些关于董事勤勉义务的零散规定。

(二)行政规章的贡献

进一步揭示"勤勉义务"内涵的,是2025年《上市公司章程指引》第102条第2款所详列的6项具体规则,该条同时建议公司根据自身情况在章程中增加个性化的要求,其规定:

董事对公司负有下列勤勉义务:

(一)应谨慎、认真、勤勉地行使公司赋予的权利,以保证公司的商业行为符合国家法律、行政法规以及国家各项经济政策的要求,商业活动不超过营业执照规定的业务范围;

(二)应公平对待所有股东;

（三）及时了解公司业务经营管理状况；

（四）应当对公司定期报告签署书面确认意见，保证公司所披露的信息真实、准确、完整；

（五）应当如实向审计委员会提供有关情况和资料，不得妨碍审计委员会行使职权；

（六）法律、行政法规、部门规章及本章程规定的其他勤勉义务。

注释：公司可以根据具体情况，在章程中增加对本公司董事勤勉义务的要求。

实际上，每一家公司、每一个董事的个体情况都存在差异，这决定立法上无法出台一个适用于任何案件、任意情形的万能规则。但如不确立一个可操作的基本标准，势必蛰伏着法官滥用自由裁量权的危险。因此，公司法实务中常有的疑惑是，如何判断董监高违反勤勉义务？

二、勤勉义务内涵的启示

《公司法》第180条第2款关于勤勉义务内涵的界定，可以从以下几方面深化解读：

1. 本质是积极义务

勤勉义务的核心是要求董事不仅具备执行公司受托事务的职业能力，而且需要积极运用该项职业能力完成受托事务，以实现公司的最大利益，因而其属于积极义务。所以，从勤勉义务的本质来看，"不作为"是判断违反勤勉义务的核心标准。作为一种极端，董事彻底不作为的表现是根本不履行职责，放任公司错误行为发生，这自然违反勤勉义务，因为一个人一经任职董事，就意味着承诺了法定的义务和责任；徒挂虚名者，不为法律所容忍。

2. 履职唯一宗旨是"为公司的最大利益"

应当为公司的最大利益而行事，这是董事履职行为的唯一准则。前文已经指出，"为公司的最大利益"几乎可以等同于"为全体股东的最大利益"，从而区别于"为部分股东的最大利益"，更不是"为其他利益主体的最大利益"，以及"为董事自身的最大利益"。

3. 司法裁判标准：弹性的合理注意标准

勤勉义务的职业性测试标准（professional test standard）是基于现代商业组织的职业性要求管理者尽到通常应有的合理注意。勤勉义务要求受信人不仅具备处理好受托事务的能力，而且需要积极行使该项能力完成受托事务，应当尽到一个理性的职业经理人而不是平常人应有的合理注意。显然，这一义务的测试标准具有弹性，所谓弹性具有三层含义：

(1) 对董事是否勤勉履职标准之弹性化设计的首要原因，是董事履职准则之模糊性。具言之，董事履职之唯一宗旨为实现公司利益的最大化，然而，"公司利益"之行为准则本身就具有极大的模糊性。何谓"公司利益"，在内涵、外延的界定上始终莫衷一是；又何谓"公司的最大利益"，此比较级之语词，虽然已然是尽量精准的立法表达，但从本质上来说并无明确之客观指向。这意味着董事履职之时必然享有亦需要极大的自由裁量空间，其是否勤勉之测试亦并无一定之规则，而只有模糊之标准。

(2) 可以说，勤勉义务的测试标准具有相当的模糊性，这不是立法、司法的不作为，恰恰是立法、司法的科学性之所在。用相对模糊的勤勉义务评价受信人表现得合格与否是理性的，如果明确、严格，则与受信人在受托事务上的自由裁量权之间必然存在张力，甚至冲突。所以，在此意义上，勤勉义务的立法规范只能就受信人履行义务的行为提出原则性的标准，而非具体明确的规则；受信人是否履行了勤勉义务，需要法院在个案中具体判断，也即只能也必须赋予法官个案判断的自由裁量权。

(3) 不仅董事履职准则之模糊性使得勤勉义务的测试标准无法具体明确，董事的个体差异化亦是该标准无法统一的重要原因。也即如前所述，该标准为客观化的主观标准。这就意味着允许法官对于同一事务下不同董事的注意义务作出有所差异化的判断，因为不同董事的职责不同（执行董事、非执行董事等），能力不同（专业、背景等），其对于同一议决事务所掌握的信息也有所不同，因此其勤勉义务的"合理注意"程度也就有可能并非轻微的差异。

举例。关于此点，我国司法实践已经形成相对成熟的经验。在"五洋债"虚假陈述案、康美药业虚假陈述案、乐视网虚假陈述案，浙江、广东、北京的法院都不约而同对发行人不同类别的诸董事判处了相差悬殊的赔偿金额。按照惩处首恶的原则，对于实控人兼任董事长的某些被告，作出了100%的比例连带责任，对于参与造假、知情不报的其他执行董事，也给出较重的比例连带责任，而对于自身也遭受虚假信息蒙蔽的非执行董事、独立董事，则处罚显著轻微。

059　勤勉义务（三）：经营判断规则引入了吗？

前文反复指出，与董事的勤勉义务密切联系的司法裁判规则，是美国法院在长期司法实践中发展起来的经营判断规则。这一规则确立了董事的商业决定不受司法干涉的原则，其实质是为法官提供了较具体的注意义务判断标准，对各国公司法产生了深远影响。

一、经营判断规则

经营判断规则（Business Judgment Rule，BJR），指董事在善意且充分了解相关信息的情况下，为公司最大利益作出了商业决策，即使事后看来这一决策是错误的或给公司带来了损害，法院也拒绝追究董事责任。美国法律研究院（American Law Institute，ALI）的《公司治理原则：分析与建议》第4.01条（c）的界定被认为是BJR的经典描述。按其界定，凡符合下列三个条件的，即使决策失误导致公司损失，董事也不被追究责任。

1. 董事与决策事项无利害关系。这是适用BJR的基本前提。如果董事与某项交易存在利害关系，则属于忠实义务的适用范围，不受BJR的保护。唯有无利害关系董事作出的商业决策才受到BJR的保护。如果所有的董事均存在利害关系，应该寻求替代的决策办法，如提交股东会决议。

2. 董事对有关决策事项了解的程度达到在当时情况下其有理由相信为适当的程度。这是对程序审查的要求，要求董事作为一个谨慎的管理者在最低限度上对公司业务有一个基本了解。当然，董事依赖公司其他内部人提供信息的，只要其合理依赖其信息源为可信赖、可依靠的，就可以受到BJR的保护。非执行董事善意信赖作为其同僚的某执行董事提供的公司内部经营信息，并进而作出相应决策的，纵使事后该执行董事所提供之信息被证明为虚假，亦不妨碍非执行董事受到BJR的保护。

3. 理性地相信（rationally believe）有关决策符合公司最佳利益。这是对实质审查的要求，即董事决策时应运用本身所具有的知识、经验和技能进行判断，理性地相信其决定符合公司最佳利益。

据上，BJR 的适用特点有二：

1. 适用于经营决策已经作出且失败之后。首先，BJR 仅适用于积极作出商业决策的情形。如果董事消极地不履行职责，不参加商业决策，自然无适用 BJR 之余地，而只能按照一般的注意义务标准来认定。其次，如果该决策涉及忠实义务之违反，抑或明显非为公司利益的非善意行为，也不适用 BJR，而应采用公平标准。再次，如果该项商业决策是非法的，亦不适用 BJR。最后，如果该项商业决策是成功的，公司、股东利益没有遭受损失，自然无人异议，也不适用 BJR。

2. 适用 BJR 意味着董事违反勤勉义务的规则标准采用的是低于一般过失（ordinary negligence）要求的重大过失（gross negligence）标准，即"意味着粗心大意或者故意忽视股东的利益……或者所采取的行动缺乏合理理由"。唯有构成重大过失才须承担责任；从归责的角度来看，BJR 的适用当然意味着对董事的保护。

二、我国引入 BJR 了吗

这一问题，在 2023 年公司法修订过程中反复讨论，很多人呼吁引入 BJR，但最终的公司法文本并未直接引入这一规则。但是无可否认，BJR 与董事勤勉义务如影相随，可谓司法裁判中判断董事勤勉义务的不二法则，所以无论立法引入与否，只要我国公司法规定的勤勉义务实体规则与美国法上的勤勉义务实体规则并无二致——事实上确乎如此，那么作为一种司法裁判经验法则的 BJR 对我国司法裁判的影响，也是无可否认、潜移默化的。

比如，就董事违反勤勉义务的极端情形——不作为。此即根本不履行职责（failure to direct, inattention），放任公司错误行为发生，这不为任何国家、地区的公司法所容忍。美国、中国的两个经典案例都说明了这一点。

例 1。Francis v. United Jersey Bank 案。普里查德（Pritchard）太太和她的两个儿子是一家再保险经纪公司的股东、董事。普里查德太太在丈夫过世后接任董事长，她年迈且酗酒，在接到的财务报告表明儿子们正在挪用公司、客户的资金时，她没有阻止这些行为，也从不过问公司业务。她被裁定违反了对公司的注意义务。

例 2。郑百文·陆家豪案。中国证监会于 2001 年 9 月针对上市公司郑州百文股份有限公司违法经营作出处罚决定，对其董事会成员予以重罚。作为独立董事的陆家豪当即喊冤，称自己当时接受邀请出任董事时，只把自己定位于一个顾问性质的荣誉角色，且公司领导也明确承诺他不参与公司的经营管理。事实是：由于事务繁忙,陆家豪在任董事期间根本没时间去公司,连董事会会议也多次缺席,也未领取任何薪水,有"花瓶董事"之称。中国证监会认为,陆家豪作为董事,应当对董事会决议通过的有关上市申报材料、年度报告的真实性、完整性负责,不能以担任独立董事、不在公司任职、不参加公司日常经营管理、不领取报酬或津贴等理由主张减免处罚。

060　勤勉义务（四）：董事能否决定公司对外担保、投资?

一、问题的提出

如果不是专业的投资公司、担保公司、商业银行等,一家普通的商事公司对其他企业投资、为他人债务提供担保、为他人提供贷款等财务资助以及进行捐赠等都不属于通常的业务行为,也即超出日常经营管理的范畴。在"两权分离"的制度预设下,董事作为职业经理人是否应推定被授予了这些权力?也即应否享有这些事项的决定权?这是公司法的重大问题。所以,就普通商事公司的对外投资、对外担保、对外财务资助、对外捐赠等重大行为,需要讨论董事的决策权有无及其行权的程序控制等问题。

我们共设三问,分别讨论以上四类公司对外重大行为的决策权分配及其间董事会的角色与职权,进而从中窥探董事的勤勉义务内涵。

二、董事可以决定公司对外担保吗

公司为他人债务提供担保,如仅就此一单交易而言,对于公司可谓有百害而无一利,因为作为担保人的公司所承担的全是风险,毫无权益可言。故而,为防止董事滥权而以公司名义进行不负责任的对外担保,《公司法》严格规制对外担保的公司内部议决权,其中主要的规则是《公司法》第15条和第135条,前者规定:

公司向其他企业投资或者为他人提供担保,按照公司章程的规定,由董事会或者股东会决议;公司章程对投资或者担保的总额及单项投资或者担保的数额有限额规定的,不得超过规定的限额。

公司为公司股东或者实际控制人提供担保的,应当经股东会决议。

前款规定的股东或者受前款规定的实际控制人支配的股东,不得参加前款规定事项的表决。该项表决由出席会议的其他股东所持表决权的过半数通过。

后者规定:

上市公司在一年内购买、出售重大资产或者向他人提供担保的金额超过公司资产总额百分之三十的,应当由股东会作出决议,并经出席会议的股东所持表决权的三分之二以上通过。

依据上述,从董事会职权的视角观之,公司对外担保应遵循的规则如下:

1. 公司为股东、实际控制人债务提供担保的(姑且称为关联担保),只有股东有议决权,关联股东执行表决回避;董事会不得决策,否则为僭越职权之举。

2. 公司对外作非关联担保的,股东会、董事会均可决策,由公司章程具体规定。非关联担保的决议机关乃是公司章程的相对必要记载事项,本款仅赋予公司章程以选择权,意即公司章程仅能选择由股东会或由董事会决议,而不得另行规定该事项无须经股东会或董事会的任何决议,径直交由董事长、总经理等个人决定。可见,公司对外担保的议决权绝不在董事个人,而在股东会或董事会此集体制法人机关。

3. 为便于公司利用章程对公司对外担保事项进行规范,公司法特别授权公司章程可以对公司对外担保的总额和单项限额作出规定,以约束包括董事在内的决策者。

4. 上市公司对外担保有特殊规定:一年内担保金额超过公司资产总额30%的上市公司,对外担保事项应由股东会作出决议,且需经出席会议的股东所持表决权的2/3以上通过。

上述规则如有违反,无论是违反了法定限制抑或是意定限制,参与对外担保事项决策、执行的董事均可能涉嫌违反勤勉义务,如果造成公司损失,则负有责任的董事应承担相应的赔偿责任。

三、董事可以决定公司对外投资吗

细心的读者注意到,《公司法》第 15 条第 1 款的规范对象不仅仅是对外担保,还有对外投资,两类行为接受该款的统一规范。也即,公司对外投资的决策权也不在董事个人,而在股东会或董事会此集体制法人机关;且该款仅赋予公司章程以选择权,意即公司章程必须选择由股东会或由董事会决议,而不得另行规定该事项无须经股东会或董事会的任何决议，径直交由董事长、总经理等个人决定；公司章程亦得针对对外投资的总额和单项限额等事宜作出特别的限制。

上述规则如有违反，无论是违反了法定限制抑或是意定限制，参与对外投资事项决策、执行的董事均可能涉嫌违反勤勉义务，如果造成公司损失，则负有责任的董事应承担相应的赔偿责任。

061　勤勉义务（五）：董事能否决定公司对外财务资助？

一、一般原理

域外公司法一般不限制公司对外借贷。唯我国台湾地区"公司法"第 15 条第 2 项规定："公司之资金，除因公司间业务交易行为有融通资金之必要外，不得借贷于其股东或他人"，属于严厉的立法例。除此之外，为了防止管理层利用职权之便将公司资金借贷给自己及其关联人，有的公司法仅限制公司借贷给管理层的行为。如法国《商事公司法》第 106 条规定："禁止法人以外的董事，以任何形式和公司签订借款契约，促使公司同意在往来账户上或以其他方式进行透支，以及让公司对他们向第三人承担的义务提供担保或保证"，这一规定同样适用于总经理、法人董事的代理人和上述人员的配偶、直系亲属以及一切中间人。

在我国，公司资金借贷给内部人及关联人的现象比较普遍，这不仅扰乱金融秩序，也往往损害公司利益，所以受到不同法律部门的联合规制，如金融法、合同法均严格禁止非金融机构的资金拆借行为，公司法则从组织法的角度规范之。

二、我国公司法的立场：一分为二

2005 年《公司法》第 116 条曾规定："公司不得直接或者通过子公司向董事、监事、高级管理人员提供借款。"股份公司一般被预设为"两权分离"的公司，易发生董事监守自盗之情事，就像守着粮仓的"耗子"借粮给自家，很容易引发利益冲突和权力滥用，进而违反忠实、勤勉义务。2023 年《公司法》将此条款整合入第 163 条的禁止财务资助规范，即：

公司不得为他人取得本公司或者其母公司的股份提供赠与、借款、担保以及其他财务资助,公司实施员工持股计划的除外。

为公司利益,经股东会决议,或者董事会按照公司章程或者股东会的授权作出决议,公司可以为他人取得本公司或者其母公司的股份提供财务资助,但财务资助的累计总额不得超过已发行股本总额的百分之十。董事会作出决议应当经全体董事的三分之二以上通过。

违反前两款规定,给公司造成损失的,负有责任的董事、监事、高级管理人员应当承担赔偿责任。

以该条为"圆心"进行体系解释,法律不再单独禁止公司向董监高借贷,即不再以借款人之身份为规制公司借贷行为之核心,而是以借款人之目的为依据进行"一分为二"的规则设计。具言之,公司为他人提供财务资助之行为,可二分为:

(一)严格限制为取得本公司或其母公司股份的他人提供财务资助

除了公司实施员工持股计划外,原则上公司不得为他人取得本公司或其母公司的股份提供包括赠与、借款、担保在内的所有财务资助;为公司利益,例外作出对外财务资助之决议的,也有两处限制:

1. 决议机关:股东会;依照公司章程规定或者股东会授权的董事会。
2. 资助数额:累计总额不得超过已发行股本总额的10%。

(二)关于其他财务资助

银行等金融机构之外的普通商事公司,向非为取得本公司或其母公司股份的他人提供包括借贷、捐赠、担保等在内的财务资助,不在《公司法》第163条的规制之列,可以理解为适用相应的其他法律规范。比如担保,适用《公司法》第15条的规定,比如捐赠,适用下文介绍的规则。至于借贷,公司将自有资金借贷给他人,本质属于一项经营判断事项。从行为法的视角而论,我国法律也不绝对禁止非金融机构的普通商事公司借贷资金给其他企业、个人等,被禁止的主要是职业放贷、信贷资金转贷等行为(《最高人民法院关于审理民间借贷案件适用法律若干问题的规定》第13条)。从组织法的视角而论,现行公司法对特殊主体的借贷行为也不再以完全禁止的方式"一棍子打死",而是回归关联交易的规制方式。实践中,违法借贷行为往往表现为双控人、董监高等特定关联人无偿占用公司资金、挪用公司资金、久借公司资金不还等,实为不公允的关联交易,相应借贷行为可能存在效力瑕疵,不公允关联交易的实施者亦应当承担相应的损害赔偿责任。

三、进一步的问题

公司组织法中的另一关键问题在于,谁来决定公司对外借贷事项?公司法对此并未像对外投资、对外担保事项一样直接限定议决机关,可以将其理解为一项普通的经营判断事项。但鉴于公司对外借贷的高风险性,尤其是近年来经济下行暴露出来的重重危机,仍建议公司通过章程规定公司对外借贷尤其是大额借贷的议决机关为董事会、股东会,也即不放权给董事长、总经理、董事等个人独断。

上述规则如有违反,参与事项决策、执行的董事,则可能涉嫌违反勤勉义务;造成公司损失的,负有责任的董事承担赔偿责任。

062　勤勉义务(六):董事能否决定公司对外捐赠?

一、基本法理:公司可以为慈善捐赠

早期公司法理论认为,公司作为营利法人以增进股东利益为唯一宗旨,向他人进行慈善捐赠超越了其权利能力的范围。但随着公司社会责任理论的兴起,公司须兼顾其他利害关系人利益的理念被逐步接受,各国公司法大都承认公司得在合理范围内为慈善捐赠行为,如美国《模范商业公司法》第3.02条规定,公司具有为公共利益、慈善事业、科学研究或教育事业之目的进行捐赠的权力。

我国公司法没有关于公司慈善捐赠的规定,但结合《公司法》第20条关于公司须承担社会责任以及第163条的规定来看,我国并不禁止公司捐赠行为。与此同时,从人们的社会生活常识以及社会实践经验来看,公司对外为慈善捐赠不仅被允许,还被鼓励。尤其是在人们遭受重大自然灾害的情形下,资金实力雄厚的各大公司更是捐赠的主力,此种行为也被党、人民、政府与全社会期待与嘉赏。

二、公司法的关注

然而,回到公司组织法本身,公司的对外捐赠行为在目的与数量上均应该合法合理;合法主要指公司捐赠之目的应该有利于社会公益,合理则指捐赠之数量应根据司情来确定,不得过度损及公司本身利益。可以看出,公司捐赠行为本身亦是需要进行商业判断的事项,关乎公司利益、股东利益、相关者利益的判定与权衡。因

此,公司法的最大关注点依旧在于,谁来决定公司的对外捐赠行为?

对此,《公司法》未予规定,应理解为交由公司自治。一家成熟的公司理应通过章程对外捐赠事项的议决、数量、目的等相关事宜作出规范,其中尤以决策权力之配置最为关键。5·12汶川地震引发的万科公司捐赠门事件中,足见董事会、股东会议决权配置的重要性。

举例。2008年5月12日汶川地震后,社会各界纷纷捐款捐物,支援灾区。其中,中国著名的地产公司万科集团宣布捐款200万元,该数额与公众对于知名企业应承担更多社会责任的认知与期待严重脱节,一时间引起众人的口诛笔伐。彼时,万科董事长王石表示,"200万是个适当的数额……企业的捐赠活动应该可持续,而不应成为负担。万科对集团内部慈善的募捐活动中,有条提示:每次募捐,普通员工以10元为限……"但随着反对的声浪日渐增大,且逐渐波及资本市场的股价,万科公司于5月21日发布《关于参与四川地震灾区灾后安置及恢复重建工作的董事会决议公告》,由各位董事以通讯方式进行表决,整个程序符合有关法规和《公司章程》的规定,董事会全票通过。公告称,董事会决议召集股东大会,提请股东大会批准公司参与地震灾区灾后安置、修复和重建工作,批准公司在净支出额度人民币1亿元以内参与上述工作。事件演进过程中,捐赠事宜的议决权由公司管理层向股东会的转移,颇为值得思量。

除此之外要讨论的是,如公司章程授权董事会可为一定数额的捐赠,那么董事如何行权才能不违反勤勉义务呢?这实际上涉及勤勉义务的一般法理在公司对外捐赠场合下的具体应用问题。万科公司捐赠门事件提醒我们,该捐不捐抑或少捐,固然使得公司资产未被减损或者较少减损,但未必有利于公司利益的最大化——须知,"为公司的最大利益"才是董事勤勉义务的履职标准。在万科捐赠门事件的背景下,万科董事们如何作出恰当的捐赠决定,以有利于公司利益的最大化,这似乎更像是一门艺术,而不是一项法规、章程规定的既定规则的执行技术。

三、并非多余的话

最后多交代一句,董事参与对外捐赠事务的决策、执行,与忠实义务也息息相关。据《公司法》第180条关于忠实义务的一般规定,董事参与决策、执行对外捐赠事务的,不能利用职务便利在捐赠中为自己牟取不当利益,也即董事不得专门为个人利益而作出公司捐赠决策。更具体来说,据《公司法》第181条,公司法禁止董事在他人与公司的交易中非法获益(禁止董事接受他人与公司交易的佣金归为己有)，当然也就不得在公司捐赠行为中获取个人利益，否则，就涉嫌违背忠实义务。实践中，董事违背忠实义务，利用公司捐赠谋取私利的情形并不少见。

进一步证明。有董事长支配公司向慈善机构捐赠，目的在于获得后者授予他的名誉称号或提高自己的声誉。也有董事长提议向一所著名大学慈善捐赠，并不是为提升公司声誉、服务公司经营战略需要或者促进公司的长期发展，而在于使其子女能被该校录取等。如为此类行为，董事长将涉嫌违反忠实义务，其他董事则将涉嫌违反勤勉义务。

此外，董事也不得擅自披露公司捐赠中的公司秘密。上文指出，保密义务，乃是董事对于公司的忠实义务红线(《公司法》第181条)。对外捐赠作为公司的一种战略性经营方案，有时候可能涉及新产品和新市场的开发、公司经营转型、营销策略等经营信息，如公司对该信息采取了保密措施，则董事对其的保密义务理应得到强调。

063　勤勉义务（七）：董事负责督促股东出资吗？

一、认缴制下，谁来催缴

我国现行公司法对有限公司的股东出资采限期认缴制，对股份公司的股东出资采实缴制。在认缴制下，股东纵使实际未出一分钱，也不影响公司的成立、运营。但是，公司成立后终究需要有资金(资产)作支撑，绝大多数的公司第一桶资金还是需要依赖股东的出资；而即便有些公司成立伊始就开始有源源不断的营业收入，股东的出资义务也终究要履行。只要有股东并未依约出资，公司自然享有督促其履行出资义务的权利，那么，公司内部应由谁来担当这一职责呢？

更进一步的问题在于，认缴制下即便股东的出资期限未届，但倘若公司已经出现不能清偿到期债务的窘境，这就要求全部(或者部分)股东出资加速到期。此时，公司自然有权利请求之，那么，公司内部应由谁来担当这一职责呢？

2013年《公司法》引入认缴制，固然对于促进"全民创业、万众创新"意义重大，但也因配套规则未及时跟进而出现"认缴不缴"的普遍现象，甚至促发了天文数字出资额、数千年出资期限的不严肃现象。2023年《公司法》的进步，就在于填补、完善了上述围绕股东出资催缴的配套规则。

那么，谁来决定、代表公司催缴呢？答案是董事会。

二、股东出资状况的核查

《公司法》第51条第1款前半句规定：

有限责任公司成立后，董事会应当对股东的出资情况进行核查，……

这一规定的意旨在于，明确董事会勤勉义务的子项之一，即核查股东出资情况。此处的核查义务，包括以下细节：

1. 核查义务的主体是董事会，这意味着董事会应将核查股东出资情况列为日常工作职责之一。

2. 核查的对象是所有的股东，既包括各个发起人股东的出资情况，也包括增资扩股时的认股人（新、老股东）的出资情况。有人将之理解为仅仅是对公司成立时发起人股东出资情况的核查，是没有道理的。

3. 核查的目的在于摸清各个股东的出资情况，即有无瑕疵出资、抽逃出资的情形。如有，要采取接下来的催缴等措施；如无，则需判断有无必要请求某些股东的出资加速到期。

三、瑕疵出资的催缴

《公司法》第51条进一步规定：

……发现股东未按期足额缴纳公司章程规定的出资的，应当由公司向该股东发出书面催缴书，催缴出资。

未及时履行前款规定的义务，给公司造成损失的，负有责任的董事应当承担赔偿责任。

这就是对瑕疵出资股东催缴的义务以及违反后的违信责任的规定。展开而论：

（一）催缴义务

公司成立后，董事会经核查发现存在股东瑕疵出资的，应当以公司名义发出书面催缴书，进行催缴。书面催缴通知书至少发送一次，必要时也可以发送多次。

（二）启动司法程序的义务

有读者会问，是不是董事会对瑕疵出资股东发出一纸催缴通知书就万事大吉了？回答是否定的，否则，这催缴义务岂不是一场"过家家"？果如是，董事仍然会违反勤勉义务。其实，进一步自然延伸的董事会职责当然是——如被催缴的股东置之不理，或者仍仅履行部分出资义务的，董事会负有启动诉讼、仲裁等司法手段进行进一步催缴，或者启动除权程序的义务。否则，实缴股东可能会启动股东代表诉讼的前置程序乃至提起股东代表诉讼。实际上，此时的董事可能已经涉嫌构成对勤勉义务的违反了。

最高人民法院民事审判第二庭曾在《最高人民法院关于公司法解释（三）、清算纪要理解与适用》一书中明确董事催缴义务的来源便是勤勉义务，即《公司法解释三》第13条第4款规定的公司增资时董事催缴出资的义务属于董事勤勉义务的范围。但实际情况远非如此简单，怠于履行上述义务的某董事如与瑕疵出资股东存在利害关系，也可能构成忠实义务的违反；如没有利害关系，则仅可能构成勤勉义务的违反。

（三）违信责任

未及时履行催缴义务，给公司造成损失的，负有责任的董事应当对公司承担赔偿责任。关于该违信责任，需要申明以下要点：

1. 从催缴义务主体的董事会到赔偿责任主体的董事个人

催缴的义务主体是董事会，可以理解为形式上承担上述职责的主体是董事会、作出催缴这一商业决策的也是董事会。但为什么对公司承担损害赔偿责任的是"负有责任的董事"个人呢？对此，可以有多种理解。一是将其理解为按照董事会分工体系负担此项职责的董事，由于董事会由多人组成，尤其是大中型公众公司董事会的组成具有复杂性，如董事会内部对于各个执行董事有明确分工，那么将来怠于行使核查、催缴职责的可能并非全部董事会成员，而是指向负有该项职责的某些董事；二是也可以理解为在有关催缴议案的董事会决议中投反对票、弃权票的某些董事；三是可以理解为可能存在关联关系而依法依章应予信息披露、回避表决而违反正当程序的某些董事。根本上讲，董事会身兼公司的某些重大商业决定的决策机关、执行机关以及监督机关（下设审计委员会的，下设独立董事对执行董事、高管实行监督的等），董事会成员的内部分工很常见，催缴义务的不当履行是基于董事个人对勤勉义务的违反。

2. 负有责任的董事承担赔偿责任

（1）此处"负有责任的董事"，是指董事个人在催缴的决议作出及其执行过程中存在过错,因而未必是全体董事均负有责任。

(2)此处的权利主体是公司,这是为了保障入库规则的落实,避免出现对债权人个别清偿的不公平现象。

(3)该责任属于董事违反对公司所负信义义务后的"违信责任",自然不存在向瑕疵出资股东追偿的问题。这是现行公司法与此前的《公司法解释三》第13条第4款关于责任性质设计的最大区别,可谓合理修正。

(4)此处的"给公司造成损失的",主要是指由于错过催缴时机,造成瑕疵出资股东履行出资义务不能而给公司带来的不可弥补的损失,除资本金外还包括附随的利息损失等。

四、加速到期的催缴

董事会不仅对瑕疵出资股东负有绝对的催缴义务,在例外的法定情形下,对于未届出资期限的股东可能也要进行先期催缴。《公司法》第54条规定:

公司不能清偿到期债务的,公司或者已到期债权的债权人有权要求已认缴出资但未届出资期限的股东提前缴纳出资。

读者肯定很熟悉,这便是加速到期的规定。在"公司不能清偿到期债务的"前提下,有权请求股东加速到期履行出资义务的有两类主体:公司与已到期债权的债权人。问题是,如果公司请求股东加速到期,谁来作决策?对此存在争议,但通说认为是董事会,本书从之。

需要指出的是,实务中董事会是有激励机制去请求股东加速到期的,因为可能董事会成员们的薪资发放都在等待股东的出资加速到位呢!既然董事会来决议,那么董事会成员不能正确履职的,与前文所论对瑕疵出资股东的催缴义务一样,造成公司损失的,"负有责任的董事"也应当对公司承担赔偿责任。基于二者的法律理据完全一致,不再展开。

064　勤勉义务（八）：董事能否除名、除权瑕疵出资股东？

一、另一种选择

如果董事会发出（可能不止一次）催缴通知之后，未获得瑕疵出资股东的响应，接下来董事会如之奈何？

出路只有两个：一是启动司法程序继续追缴，也即提起仲裁、诉讼等，追获得生效裁决后，付诸强制执行，最终获得股东的出资款物到账。这也是董事会面对公司守土有责，不辱使命。二是如果追缴不能，或者对公司更好的选择不是追缴到底（比如公司经营向好的），而是明智地启动对瑕疵出资股东的除名、除权程序。对此，《公司法》第52条规定：

股东未按照公司章程规定的出资日期缴纳出资，公司依照前条第一款规定发出书面催缴书催缴出资的，可以载明缴纳出资的宽限期；宽限期自公司发出催缴书之日起，不得少于六十日。宽限期届满，股东仍未履行出资义务的，公司经董事会决议可以向该股东发出失权通知，通知应当以书面形式发出。自通知发出之日起，该股东丧失其未缴纳出资的股权。

依照前款规定丧失的股权应当依法转让，或者相应减少注册资本并注销该股权；六个月内未转让或者注销的，由公司其他股东按照其出资比例足额缴纳相应出资。

股东对失权有异议的，应当自接到失权通知之日起三十日内，向人民法院提起诉讼。

这就是关于对瑕疵出资股东除名、除权的规定。所谓除名，针对股东不履行出资义务者；所谓除权，针对股东不完全履行出资义务者。比如，张三认购出资额5000万元，占股51%，被催缴后宽限期已过，仍分文未缴，则其将失去所有的出资份额，谓之除名；补缴了500万元，则保留5.1%的股权份额，失去其余45.9%的股权，谓之除权（狭义）。广义上的除权（或称失权）包括除名与狭义除权。下文如无特别说明，皆在广义上使用除权概念。

二、董事会决策除权

依照《公司法解释三》第18条,仅有限公司股东会可以决定对完全未出资股东进行除名,现行公司法规定两类公司董事会皆可决定除权瑕疵出资股东(依据《公司法》第107条,第52条的有限公司除权规定适用于股份公司)。本问接下来探讨的内容,就是董事会如何作出除权决议。

1. 何种选择,彰显董事会的经营判断

发出载有宽限期的催缴通知书之后,如未获瑕疵出资股东的回应,董事会究竟是选择启动漫长的司法程序追缴到底,还是选择及时除权,或者是在追缴不能之后再启动除权,均是留给董事会的决策选项。何去何从,取决于董事会的经营判断智慧。比如,公司经营向好,甚至有实力的机构投资者反复示好,意图投资公司,而认购巨额出资额度的瑕疵出资股东却明显缺乏出资能力,那么董事会决绝地选择催缴到底,如果不是蠢,便是坏了。这背后实际上就是对参与决策董事的勤勉义务乃至忠实义务(与瑕疵出资股东存在利害关系的董事)违反与否的拷问了。

2. 不得不作为

无论作何决策,究竟催缴到底还是进行除权,有一点是肯定的——那就是董事会在此时不得选择不作为。否则,就是极端的违反勤勉义务的表现。

3. 作出错误选择,可能导致公司损失

如果董事会作出错误的商业决策造成公司的损失,那么参与决策且投出赞成票的董事会不会因此成为典型的"负有责任的董事",从而承担违信赔偿责任?这属于BJR的适用问题。答案可能是肯定的。

另外,董事会作除权决议的,关联董事(比如,与将被除权的瑕疵出资股东存在利害关系的)应否回避?如果是上市公司,则应执行表决回避(《公司法》第139条);上市公司以外的其他公司,《公司法》未予要求,则进一步取决于公司章程的规定,如有规定,从之;如无规定,本书建议关联董事回避为上,否则容易面临违反忠实义务与否的拷问。

4. 除权决议的执行

依照《公司法》第52条第2、3款规定,董事会作出除权决议并书面通知被除权股东,后者可能有两种反应,一是对除权决议有异议并提出决议瑕疵之诉,二是接受除权之结果。如果决议效力被法院否定,则股权回复,董事会得继续追缴出资,事情回到原初;如决议效力被法院维持或者被除权股东接受,则启动除权决议的执行程序,执行权仍然在董事会。

该丧失的股权有三条出路:依法转让给原股东、第三人;或者相应减少注册资本并注销该股权;如6个月内未转让或者注销的,由公司其他股东按照其出资比例分享该股权,当然也应足额缴纳相应出资。此处仅仅提醒,就除权决议的执行,相关董事仍对公司承担信义义务,如有履职不当造成公司损失,"负有责任的董事"仍要承担相应的赔偿责任。

065　勤勉义务（九）：股东抽逃出资，董事缘何担责？

一、一个复杂的概念体系

学界关于股东违反出资义务的行为定义与分类长期不统一,许多概念的外延不一致,影响了学术交流。

股东违反出资义务的,对公司承担的是违约责任,所以借鉴合同法上违约行为的概念体系,可将股东违反出资义务的行为统称为瑕疵出资。如此,瑕疵出资作为一个上位概念,用以指称股东违反出资义务的所有行为类型,涵盖了《公司法》第49、50、53、99、252、253条等规定的所有违法出资行为。按违约程度不同,瑕疵出资分为两类:不出资(不履行)和不全面出资(不全面履行)。

不出资,指股东未出资,又可分为四种情形:(1)拒绝出资。股东拒绝依约出资。(2)出资不能。股东因为个人财力原因或者非货币出资毁损灭失,客观上履行不能。(3)虚假出资。伪造出资事实,在性质上构成欺诈。(4)抽逃出资。在公司成立或验资后,股东将已转移到公司名下的出资财产抽回,在性质上亦属欺诈。

不全面出资,或称不完全出资、出资不符合约定,是指股东的出资数额、出资时间、出资形式或者程序不符合约定,常见的主要有三种情形:(1)部分履行。股东未足额缴纳认股数额,如货币出资不足、现物出资虚假高估导致实际价额低于约定出资额。(2)迟延履行。股东出资晚于约定的出资期限。(3)狭义的瑕疵出资。现物出资存在质量瑕疵或者权利瑕疵,前者如出资汽车质量不合格,后者如以已设立抵押权负担的房产出资。

实务中,出资瑕疵之构成较复杂,既可能是标的物本身的瑕疵,也可能是交付方式之瑕疵;既可能是某种单纯的瑕疵,也可能是各种瑕疵之组合——复合型瑕疵。

二、抽逃出资的概念之争

依照上述概念体系,抽逃出资属于不出资之一种。但有人认为,股东出资到公司之后,该出资财产即属于公司财产,再行抽逃无异于侵权,所以应定性为对公司财产的侵占行为。但我国公司法理论与实务主流意见还是认为,抽逃出资的标的对象明确且特定,即某股东出资到公司的财产,其后果等同于不出资,故列为不出资之一种更为合理。至于公司立法,也是一直单列抽逃出资为一种独立的瑕疵出资行为。

《公司法》第53条第1款规定:

公司成立后,股东不得抽逃出资。

《公司法解释三》第12条则将抽逃出资进一步类型化,其规定:

公司成立后,公司、股东或者公司债权人以相关股东的行为符合下列情形之一且损害公司权益为由,请求认定该股东抽逃出资的,人民法院应予支持:

(一)制作虚假财务会计报表虚增利润进行分配;

(二)通过虚构债权债务关系将其出资转出;

(三)利用关联交易将出资转出;

(四)其他未经法定程序将出资抽回的行为。

三、股东抽逃出资,董事的违信责任

《公司法》第53条第2款进一步规定:

违反前款规定的,股东应当返还抽逃的出资;给公司造成损失的,负有责任的董事、监事、高级管理人员应当与该股东承担连带赔偿责任。

抽逃出资的股东应对公司承担返还所抽逃出资的责任,如造成公司损失,还要承担赔偿责任,这自然非常好理解,但一众"负有责任的董事、监事、高级管理人员"缘何也被株连,一起承担连带赔偿责任?这是很多人所困惑的,需要解释。

此处的董事,不是全体董事而是"给公司造成损失的""负有责任的董事"。现仅就董事承担赔偿责任的要件,稍作分解。

1. 给公司造成损失的

这一类似要件亦出现在《公司法》第211条违法分红、第226条违法减资等规定之中，最直接的指向是：抽逃出资发生后，该股东就"抽逃的出资及其更有所得"无力返还给公司，由此造成公司损失。在此意义上，如抽逃股东能够将"抽逃的出资及其更有所得"返还给公司，则股东、董事皆不用担责。更进一步地，"给公司造成损失"也可能是指抽逃出资导致公司财产减少而丧失投资机会的损失等。

2. 负有责任的董事

"负有责任的"在《公司法》中多次出现，此处"负有责任的"至少包含两层含义：一是指明承担赔偿责任的董事并非董事会全体成员，而是专指"负有责任的"部分成员，依反对解释，非"负有责任的董事"自然不在赔偿主体之列；二是指明承担赔偿责任的董事具有过错，"负有责任的"宜理解为过错归责的表述。那么，如何认定董事是否"负有责任"？这要回归到抽逃出资的本质：任何股东出资后，只凭其股东身份都无法做到抽逃出资，而是一定要有公司内部人也即身处高位的董监高里应外合。如借鉴侵权责任之理论予以阐释，抽逃出资就是出资股东与"负有责任的董监高"的共同侵权行为，所以二者承担的是连带赔偿责任，可理解为《民法典》关于共同侵权人连带责任之规定的具体应用。

有人问，实务中抽逃出资的往往是控股股东，或者出自全体股东的通谋合意，如果抽逃出资的股东本人担任董监高，是否还属于共同行为，回答仍是肯定的，只不过此时抽逃者兼具两个身份而已——单就抽逃出资的结果看，该人是股东，单就抽逃出资行为的实施看，该人是董监高。毕竟，任何股东只凭出资者身份无法直接取得公司的经营管理权，股东参与公司治理与管理的主要平台还是在股东会，如此，实施抽逃出资行为，必有具有董监高身份者从旁协助，其本人"自助"亦是相同道理。

以上，就回应了不少读者的疑问——抽逃出资的主体与受益者都是股东，为什么董监高要对公司承担赔偿责任？其实，始作俑者，为虎作伥者，岂无罪乎？！

3. 赔偿责任及其减免

股东对公司承担的赔偿责任系违约责任，"负有责任的董事"承担的赔偿责任是因违反对公司的信义义务而承担的违信责任，亦可理解为因过错而承担的广义侵权责任。二者虽以连带形式承担责任，但责任性质及渊源全然不同。所以，"负有责任的董事"承担对公司的赔偿责任后，在其担责份额内不能事后向股东追偿，其为最终责任。

股东会可否减免"负有责任的董事"的上述赔偿责任？禁止抽逃出资规则旨在防止公司资产被抽空，损害公司债权人利益，故而，参与抽逃出资的董事被科以的赔偿责任旨在弥补全体债权人所受损失，所得赔偿的实质受益人是全体债权人。因此，至少在公司缺乏偿债能力时，股东会无权减免此赔偿责任。

066　勤勉义务（十）：公司非法分红，董事缘何担责？

一、分红事务中的董事勤勉义务

公司分红是股东获取投资收益的主要渠道之一，股利分配关系也是股东与公司之间的重要法律关系之一，分红与否以及分多少，自然与股东利益息息相关。但是，股东分红与否以及分多少，与公司债权人的利益也密切关联。如果公司出现亏损且无力弥补的情况下仍然决议分红，其后果相当于股东抽逃出资，必然削弱公司的偿债能力，可能损害债权人的利益。由于债权人并不参与公司内部治理，无法阻止此类公司决议的通过，只能被动地接受不利的后果。所以，公司法有必要遏制违法分配行为，维护公司正义。为此，《公司法》第211条规定：

公司违反本法规定向股东分配利润的，股东应当将违反规定分配的利润退还公司；给公司造成损失的，股东及负有责任的董事、监事、高级管理人员应当承担赔偿责任。

二、违法分红的董事违信责任

精确解读与适用第211条，需要明确以下三点：

（一）违法分红的构成

所谓违法分红，也即违反公司法关于分红的实体与程序规则，前者，主要是指《公司法》第210条确立的"无盈利不分红"规则；后者，主要是指《公司法》第59条、第67条等确立的分红事项决策程序规则，其大致流程是：总经理为首的管理层提出建议方案，提交董事会讨论，董事会决议通过，制订公司的利润分配方案，提交股东会以普通决议通过。

《公司法》第211条所指的"公司违反本法规定向股东分配利润的"，应该理解为包括对于上述实体、程序的违法,但就其后文的规范后果而言,主要指向实体违法。

(二)违法分红的股东责任

存在重大争议的是,违法分红的股东会决议是否无效? 鉴于此争议背后的法理复杂性,此处不展开讨论。就"股东应当将违反规定分配的利润退还公司"而言,一般理解为获取分红款的股东与公司之间形成不当得利,所以前者负有返还"分红款及其更有所得"的义务。如果股东们能够顺利返还,公司也就没有什么损失。问题的关键是,如果有股东不能返还(比如,股东已经将分红款挥霍一空,或者挪作他用),势必给公司造成损失。又当如何处理?

(三)违法分红的董事责任

《公司法》第211条后半句的回答是,"股东及负有责任的董事、监事、高级管理人员应当承担赔偿责任"。此处的股东,是指不能返还"分红款及其更有所得"的股东,此处的董事,是指"负有责任的董事"。董事承担赔偿责任的要件可以分解为:

1. 给公司造成损失的

这一类似要件亦出现在《公司法》第53条抽逃出资、第226条违法减资等规定之中,最直接的指向是:违法分红决议得到执行后,有股东就所获"分红款及其更有所得"无力返还给公司,由此造成公司损失,在此意义上,如全体股东能将非法所得分红款及更有所得返还给公司,则不用承担赔偿责任。另外,"给公司造成损失",也可能是指非法分红导致公司财产减少而丧失投资机会的损失等。

2. 负有责任的董事

"负有责任的"在《公司法》中共出现6次(第51条、第53条、第163条、第211条、第226条、第258条),"负有责任的董事、监事、高级管理人员"出现4次(第53条、第163条、第211条、第226条),"股东及负有责任的董事、监事、高级管理人员"出现2次(第211条、第226条)。那么,第211条的"负有责任的董事、监事、高级管理人员"所指为何?

"负有责任的"至少包含两层含义:一是指明承担赔偿责任的董事并非董事会全体成员,而是专指"负有责任的"部分成员,非"负有责任的"董事自然不在赔偿主体之列;二是指明承担赔偿责任的董事具有过错,"负有责任的"宜理解为过错归责的表述。那么,如何认定董事是否"负有责任"? 这要回溯到上述的分红流程来检测。按照股东会、董事会、经理职权等相关规定,分红的一般流程是:

（1）形成决议环节——先由经理为首的管理层提出分配方案，交付董事会讨论完善，而后董事会形成分红议案提交股东会议决（《公司法》第59条、第67条）；

（2）决议执行环节——股东会决议形成后，交付董事会执行，董事会安排管理层具体落实；

（3）在以上决议形成与执行过程中，监事会或监事负有监督职责。

不难看出，对于违法分红决议的形成及其执行，定有部分董监高难逃干系。仅就董事而言，这属于违反信义义务的典型情形，此即"负有责任"的精确含义——一方面，这意味着对信义义务的违反，另一方面可解读为负有侵权法意义上的过错。具言之，如该董事身为股东，可能构成对忠实义务的违反；否则，亦属于对勤勉义务的违反。无论违反哪一项信义义务，"负有责任的董事"都要承担《公司法》第211条规定的赔偿责任，这一责任属于《公司法》第188条规定的董事违反信义义务之责任的具体化。

以上，就回应了不少读者的疑问——违法分红的议决机关在股东会，受益者也是股东，为什么董监高要对公司承担赔偿责任？其实，覆巢之下，安有完卵?！为虎作伥者，岂无罪乎?！

3. 赔偿责任及其减免

股东对公司承担的责任系不当得利的返还义务，"负有责任的董事"承担的赔偿责任是因违反信义义务而对公司承担的违信责任，亦可理解为因过错而承担的广义侵权责任。二者虽以连带形式承担责任，但责任性质及渊源全然不同。所以，"负有责任的董事"承担对公司的赔偿责任后，在其担责份额内不能事后向股东追偿，其为最终责任。

股东会可否减免"负有责任的董事"的上述赔偿责任？禁止违法分红规则旨在防止公司资产被抽空，损害公司债权人利益，故而，违法分红下"负有责任的董事"的赔偿责任旨在弥补全体债权人所受损失，所得赔偿的实质受益人是全体债权人。因此，至少在公司缺乏偿债能力时，股东会无权减免此赔偿责任。

067 勤勉义务（十一）：公司非法减资，董事缘何担责？

一、减资事务中的董事勤勉义务

公司在经营过程中根据司情进行减资，属于公司自治事项之一。此举对于股东而言，可以有效降低投资风险，也可以防止投资的无效与浪费；但对于公司债权人而言，绝非福音，因为减资极有可能意味着公司偿债能力降低。所以，公司法就减资事务需要居中协调，平衡股东与债权人的利益。

我国公司法在公司减资制度上一直采公司内部的股东会特殊决议加公司外部的信息披露及债权人同意模式。在公司内部，需要由股东会以2/3绝对多数通过减资决议；在公司外部，通过通知、公告并举的方式确保所有的公司债权人知晓减资事宜；债权人可以要求公司提供担保或者提前清偿债务，否则不得减资。

司法实践中，通常的减资瑕疵多为通知程序瑕疵；少数情况下，部分公司铤而走险，伪造债权人同意文书以骗取登记机关减资登记。如有违法减资行为发生，如何规制？旧公司法仅规定减资程序瑕疵的行政责任，也即公司减资"不依照本法规定通知或者公告债权人的，由公司登记机关责令改正，对公司处以一万元以上十万元以下的罚款"（2005年《公司法》第205条第1款），但是，对于减资行为的实体违法造成公司、公司债权人损失的民事责任则未予以明确。长期以来，司法实务对于该类案件的法律适用也呈现出较为混乱的状态，既有的裁判路径可分为四种：

一是类推适用《公司法解释三》第14条第2款针对抽逃出资之规定；

二是类推适用《公司法解释三》第13条第2款针对未履行或未全面履行出资责任之规定；

三是类推适用第三人侵权之规定；

四是将股东向市场监督部门出具的减资说明认定为对公司债务清偿的担保，类推适用保证责任之规定。

实践中，多数判决倾向于类推适用抽逃出资之规定。但不足在于，法院判决往往不采"入库规则"，如股东承担赔偿责任后，其他债权人就同一情形再次提起诉讼的，法院一般不予支持，这无疑有悖于债权平等原则。

为解决此问题,2023 年《公司法》第 226 条明确规定违法减资的法律后果,尤其是违法减资中董监高的违信责任,即:

违反本法规定减少注册资本的,股东应当退还其收到的资金,减免股东出资的应当恢复原状;给公司造成损失的,股东及负有责任的董事、监事、高级管理人员应当承担赔偿责任。

二、违法减资的董事违信责任

精确解读与适用《公司法》第 226 条,需要明确以下三点:

(一)违法减资的构成

所谓违法减资,也即违反《公司法》关于减资的实体与程序规则,前者,主要是指《公司法》第 224 条第 2 款"债权人自接到通知之日起三十日内,未接到通知的自公告之日起四十五日内,有权要求公司清偿债务或者提供相应的担保"的规定,后者,依旧是指同条"公司减少注册资本,应当编制资产负债表及财产清单。公司应当自股东会作出减少注册资本决议之日起十日内通知债权人,并于三十日内在报纸上或者国家企业信用信息公示系统公告"的规定。

《公司法》第 226 条所指的"违反本法规定减少注册资本的",应该理解为包括对上述实体、程序的违法,但就其后文的规范后果而言,主要指向实体违法。

(二)违法减资的股东责任

存在重大争议的是,违法减资的股东会决议是否无效?鉴于此争议背后的法理复杂性,此处不展开讨论。就"股东应当退还其收到的资金,减免股东出资的应当恢复原状"而言,一般理解为获取出资款的股东与公司之间形成不当得利之债。所以,被归还已履行之出资款的,负有"退还其收到的资金"的义务,严格来说还要包括利息等"更有所得";被减免尚未履行之出资义务的,应该就其出资义务"恢复原状"。问题是,如股东们能够顺利退还出资款及更有所得,公司也就没有什么损失,但是,如有股东不能返还(比如,股东已将退还的出资款挥霍一空,或者挪作他用),势必给公司造成损失。又当如何处理?

(三)违法减资的董事责任

《公司法》第 226 条后半句的回答是,"给公司造成损失的,股东及负有责任的董事、监事、高级管理人员应当承担赔偿责任"。此处的股东,是指不能返还"出资款及其更有所得"的股东;此处的董事,是指"负有责任的董事"。董事承担赔偿责任的要件可以分解为：

1. 给公司造成损失的

这一类似要件亦出现在《公司法》第53条抽逃出资、第211条违法分红等情形中，最直接的指向是：违法减资决议得到执行后，有股东就所获"出资及其更有所得"无力返还给公司，由此造成公司损失，在此意义上，如全体股东均能将非法退还的出资及其更有所得返还给公司，则不用承担赔偿责任。另外，"给公司造成损失"也可能是指非法减资导致公司财产减少而丧失投资机会的损失等。

2. 负有责任的董事

如前问所述，"负有责任的"在公司法中多次出现，此处"负有责任的"至少包含两层含义：一是指明承担赔偿责任的董事并非董事会全体成员，而是专指"负有责任的"部分成员，非"负有责任的董事"自然不在赔偿主体之列；二是指明承担赔偿责任的董事具有过错，"负有责任的"宜理解为过错归责的表述。那么，如何认定董事是否"负有责任"？这要回溯到上述的减资流程来检测。按照股东会、董事会、经理职权等规定，减资的一般流程是：

（1）形成决议环节——先由经理为首的管理层提出减资方案，交付董事会讨论完善，而后董事会形成减资议案提交股东会议决（《公司法》第59条、第67条）；

（2）决议执行环节——股东会决议形成后，交付董事会执行，董事会安排管理层具体落实；

（3）在以上决议形成与执行过程中，监事会或监事负有监督职责。

不难看出，对于违法减资决议的形成及其执行，定有部分董监高难逃干系。仅就董事而言，这属于违反信义义务的典型情形，此即"负有责任"的精确含义——一方面，这意味着对于信义义务的违反，另一方面可解读为负有侵权法意义上的过错。具言之，如该董事身为股东，可能构成对忠实义务的违反；否则，亦属于对勤勉义务的违反。无论违反哪一项信义义务，"负有责任的董事"都应承担《公司法》第226条规定的赔偿责任，这一责任属于第188条规定的董事违反信义义务之责任的具体化。

以上，就回应了不少读者的疑问——违法减资的议决机关在股东会，受益者也是股东，为什么董监高要对公司承担赔偿责任？其实，覆巢之下，安有完卵?！为虎作伥者，岂无罪乎?！

3.赔偿责任及其减免

股东对公司承担的责任系不当得利的返还义务,"负有责任的董事"承担的赔偿责任是因违反对公司的信义义务而承担的违信责任,亦可理解为广义的侵权损害赔偿责任。二者虽以连带形式承担责任,但责任性质及渊源全然不同。所以,"负有责任的董事"承担对公司的赔偿责任后,在其担责份额内不能事后向股东追偿,其为最终责任。

股东会可否减免董事的上述赔偿责任?禁止违法减资规则旨在防止公司资产被抽空,损害公司债权人利益,故而,违法减资下的董事赔偿责任旨在弥补全体债权人所受损失,所得赔偿的实质受益人是全体债权人。因此,至少在公司缺乏偿债能力时,股东会无权减免此赔偿责任。

068　勤勉义务(十二):董事担当清算义务人?

一、董事担当清算义务人

(一)为何设清算义务人

从国情出发,我国实行市场经济以及现代公司制度都只有不长的时间,在过去的30多年间,市场经济以及现代企业制度建设的重大成就有目共睹,但也伴生一些违背市场信用、损害市场秩序的现象。其中,广受消费者、债权人诟病的,即是有些公司尤其是实行预付款交易模式的公司,在收到消费者、客户的大笔预付款之后就"人去楼空""跑路逃债"。

对此,公司组织法的回应就是引入清算义务人制度。清算义务人,是指基于其与公司之间存在的特定法律关系而在公司解散时,对公司负有义务依法启动清算程序的人。众所周知,公司死亡(终止)的方式只有两种,一是解散,二是破产,前者的前提是资足以抵债,后者的前提是资不抵债。未申请破产的公司应被推定为资足以抵债,也即走解散清算的路线,然而在资足以抵债的情形下"跑路公司"却未进行解散清算,无疑损及债权人应得之利益。所以,法律首先要确定一个专门启动解散清算程序的人,以确保公司负债均获得清偿,这就是清算义务人的由来。

(二)谁是清算义务人

对此,我国公司法经历了一个曲折的认知和发展的过程。1993年到2005年的

《公司法》均未规定之,因为彼时的立法者尚未意识到这一问题,但其后某些公司动辄跑路逃债的问题日益严重,引起全社会的广泛关注。2008年《公司法解释二》开始直面这一问题,将有限公司全体股东、股份公司全体股东及董事列为清算义务人,明确其逃避启动清算义务,损害公司以及公司债权人利益的,应承担相应的赔偿责任,其中最严厉的是对公司的全部债务承担连带责任(如第19条、第20条规定的,未经清算即办理注销登记导致无法清算和以虚假的清算报告骗取公司登记机关办理法人注销登记的两类情形)。这一责任的原理在于,既然公司未经解散清算、又未申请破产清算,那么理应推定公司当初关门停业之时"资足以抵债",故而为了保护债权人应得利益,责令清算义务人对公司的全部债务承担清偿责任。

这一规定实施后,对于动辄跑路逃债的现象的确起到了釜底抽薪的抑制作用,一大批公司股东得到了"罪有应得"的惩罚。但也很快显露了其弊端——真正应承担责任的控股股东、实际控制人加速跑路,却留下自信"不做亏心事,不怕鬼敲门"的少数股东被拉来承担赔偿责任,这一结果至少是不公平的。

所以,2019年《九民纪要》又进行了纠偏式的规定,少数股东如能举证证明自己并未参与公司经营管理、无法组织清算或者曾经付出积极努力组织清算的,可以免除承担怠于履行启动清算义务的责任。

第9号指导案例的兴废。最高人民法院指导案例9号——上海存亮贸易有限公司诉蒋志东、王卫明等买卖合同纠纷案。

基本案情:原告上海存亮贸易有限公司(以下简称存亮公司)按约供货后,被告常州拓恒机械设备有限公司(以下简称拓恒公司)未能按约付清货款,应承担相应的付款责任及违约责任。拓恒公司作为有限公司,其全体股东在法律上应一体成为公司的清算义务人(该案审理时,尚处于唯有《公司法解释二》可资适用的时期),股东三人房恒福、蒋志东和王卫明应在公司被吊销营业执照后及时组织清算。但因三人怠于履行清算义务,导致公司的主要财产、账册等均已灭失,无法进行清算,违反了公司法及其司法解释的相关规定,应当对拓恒公司的债务承担连带清偿责任。对此,股东蒋、王进行了多项抗辩。

其一,二人以其在公司中所占股份较少且并不实际参与经营管理为由进行抗辩,然而,依照相应司法解释的规定,无论蒋、王在拓恒公司中所占的股份为多少,是否实际参与了公司的经营管理,二人在公司被吊销营业执照后都有义务在法定期限内依法组织清算。其二,蒋、王辩称拓恒公司在被吊销营业执照前已背负大量债务,即使其怠于履行清算义务,也与公司财产灭失之间没有关联性。根据查明的事实,拓恒公司在其他案件中存在因无财产可供执行被中止执行的情况,但只能证明法院在执行过程中未查找到公司的财产,不能证明公司的财产在被吊销营业执照前已全部灭失。三股东怠于履行清算义务与公司的财产、账册灭失之间具有因果联系,蒋、王的该项抗辩理由不成立。其三,蒋、王委托律师进行清算的委托代理合同及律师的证明仅能证明二人欲对公司进行清算,但事实上清算并未进行。据此,不能认定蒋、王依法履行了清算义务,故对其该项抗辩理由不予采纳。

《九民纪要》颁布后,该指导案例已经不再具有相应的指导作用,不宜适用于目前的司法实践之中。

如前所述,由于全体股东作为清算义务人的规定及其背后的法理长期以来备受质疑,具有一定滞后性的立法依循司法实践经验进行了持续的纠偏。2017年《民法总则》第 70 条第 2 款开始改弦易辙,规定可以由董事等法人执行机构的成员担任清算义务人,2020年《民法典》第 70 条第 2 款继续沿袭。但囿于当时的《公司法》及其配套的司法解释尚未与该规定相统一,所以特意设置了但书以待公司法未来的修订,该款的内容是:

法人的董事、理事等执行机构或者决策机构的成员为清算义务人。法律、行政法规另有规定的,依照其规定。

秉承《民法典》的立法精神,吸纳《九民纪要》的司法经验,2023年《公司法》第 232 条第 1 款终于"合龙"规定:

公司因本法第二百二十九条第一款第一项、第二项、第四项、第五项规定而解散的,应当清算。董事为公司清算义务人,应当在解散事由出现之日起十五日内组成清算组进行清算。

至此,正式确立——董事是两类公司的不二清算义务人。

二、为何是董事

很多读者的疑惑在于,明明是股东跑路,为何担当清算义务人的却是董事呢?即便在公司法学者内部,也不乏为董事抱屈者。但是,这些看法不仅似是而非,且理论虚浮。

事实上,清算义务人的职责并不重,仅仅在于"负有义务在解散事由出现之日起 15 日内组成清算组启动清算",也即作为清算程序的启动者而已。那么,为什么理应由董事充当启动者？这是因为，在正常的公司运营过程中，董事作为常规的经营管理者，在公司已经确定解散（无论自愿解散还是法定解散）的前提下，董事启动清算程序，正是其对公司所负信义义务的自然延续。虽仅仅承担启动清算程序的义务，但这相当于要求董事充当"敲锣者""吹哨者"——如投资人（股东）跑路，董事不仅不能跟着跑，反而要大声呐喊引发关注——启动清算的重大意义就在于"敲锣打鼓"地告知公司债权人、全体股东（尤其是受到蒙蔽的少数股东）要开始申报债权、清产核资了，甚至要提醒大家有人"跑路"了——尤其是在双控人跑路逃债的情形下，这一行为的价值更显重要。

至于清算程序启动后，董事要不要继续充当清算人（清算组成员），则是另外一回事（详见下问）。如充当清算人，则需继续履行清算人义务；如不充当，则启动清算程序后，董事作为清算义务人的职责至此即完美"交差"了。所以，不得将董事的清算义务人与清算人的职责混为一谈，尤其是在大多数情况下董事的确既担当清算义务人又担当清算人的背景下。

可见，董事充当清算义务人，并不像有些论者所渲染的那样"责权利错位""并不公平""也不现实"。恰恰相反，作为经营管理者的董事充当清算义务人不仅是其法定职责的当然延续，而且具有无可替代的实践优势，完全可以说是"舍我其谁"。

三、怠于启动清算的违信责任

如公司不经清算，甚至出具虚假清算报告，在未经合法清算程序的前提下就申请登记机关注销登记，从而损害债权人利益的，板子自然要打在清算义务人头上。对此，《公司法》《民法典》第70条第1、3款规定，法人解散的，除合并或者分立的情形外，清算义务人应当及时组成清算组进行清算，清算义务人未及时履行清算义务，造成损害的，应当承担民事责任。《公司法》第232条第3款也规定，清算义务人未及时履行清算义务，给公司或者债权人造成损失的，应当承担赔偿责任。其实，依照公司法的相关司法解释，利益受损者有必要加上公司股东（主要是受双控人侵占公司财产后跑路逃债行为损害的少数股东）。

069　勤勉义务（十三）：董事担当清算人？

一、董事担当清算人

依《公司法》第 232 条第 2 款规定,清算组原则上由董事组成,除非章程或股东会决议另行确定。清算人是清算事务的执行人,具体的"清算职责"是对内执行清算事务,对外代表清算中的公司(清算法人)。清算人事实上在清算阶段充当了运营中公司董事会的角色,所以清算人的清算义务可以视为董事的信义义务的延续。具言之,在清算阶段,公司财产最终会被依法分配给各利益主体,管理清算财产的清算人与公司(以及股东、债权人等各利益方)之间实际上形成了一种信义关系。清算人作为受信人,需勤勉尽责地履行对公司(以及股东、债权人等各利益方)的信义义务,否则需承担违信责任。

二、清算人的信义义务

旧公司法仅提及清算人"应当忠于职守,依法履行清算义务",但究竟"清算义务"的性质为何,不得而知。2023 年《公司法》第 238 条厘定清算义务的性质为信义义务,即：

清算组成员履行清算职责,负有忠实义务和勤勉义务。

清算组成员怠于履行清算职责,给公司造成损失的,应当承担赔偿责任；因故意或者重大过失给债权人造成损失的,应当承担赔偿责任。

这一规定的最大创新是直接规定清算人负有忠实、勤勉义务组成的信义义务。清算人在履职过程中对谁承担信义义务？通过第 2 款清算人对公司、公司债权人之违信责任的规定,可认为清算人对公司、公司债权人承担信义义务。实际上,考虑到解散清算的前提是公司之资足以抵债,还有股东的剩余财产分配问题,所以清算人对全体股东(尤其是不参与经营管理的少数股东)也负有信义义务。忠实义务是指清算人在执行公司清算事务时,应忠于职守,不得滥用职权谋取个人利益；勤勉义务是指清算人应诚信履行清算职责,为公司利益最大化尽到清算人通常应有的合理注意,公平对待公司债权人。

总之,清算人的清算义务在实质上与董事的信义义务保持一致,区别在于其事项范围局限于清算职责。《公司法》第234条规定:

清算组在清算期间行使下列职权:

(一)清理公司财产,分别编制资产负债表和财产清单;

(二)通知、公告债权人;

(三)处理与清算有关的公司未了结的业务;

(四)清缴所欠税款以及清算过程中产生的税款;

(五)清理债权、债务;

(六)分配公司清偿债务后的剩余财产;

(七)代表公司参与民事诉讼活动。

从这份权力清单不难看出,清算组的职权实际上也即董事会职权在清算阶段的延续。一方面,清算期间公司虽仍存续,但其民事权利能力与民事行为能力都被局限于清算活动,而不能开展与清算无关的营业(《公司法》第236条第3款);另一方面,在清算期间,虽然股东会、董事会、监事会/审计委员会、总经理等法人机关都尚在,但有关清算的所有工作(实际上也是清算法人的全部工作)都归并到清算组。与此同时,法定代表人的代表权也暂停,实践中由清算组组长充任法定代表人角色。综合以上,可以说,清算期间的公司执行权力都归属于清算组。

三、清算人的违信责任

《公司法》第238条第2款规定的清算人的违信责任包含三层意思,分析如下:

1.对公司的赔偿责任。前半句规定清算人怠于履行清算职责,即违反对公司的信义义务,应向公司承担赔偿责任。此为一般信义义务规则在清算阶段的延伸,其法理与《公司法》第188条规定的董事、监事、高管执行职务违反法律、行政法规或者公司章程的规定,给公司造成损失而对公司承担赔偿责任是一致的。

2.对公司债权人的赔偿责任。后半句规定清算人因故意或重大过失给债权人造成损失时,对公司债权人直接承担赔偿责任,这属于《公司法》第191条"董事对第三人责任"的具体适用。

新旧法对照。2018年《公司法》第189条第3款表述是"清算组成员因故意或者重大过失给公司或者债权人造成损失的,应当承担赔偿责任",2023年《公司法》第238条第2款后半句的表述是"因故意或者重大过失给债权人造成损失的,应当承担赔偿责任"。新旧法在制度构造上的重大差别是,旧法将清算人对于公司与债权人的赔偿责任等量齐观,其赔偿责任承担的条件均限于"故意或者重大过失";新法区分了清算人对于公司、债权人的不同责任,将清算人对于公司的赔偿责任定位于"怠于履行职责"的情形,将清算人对于债权人的赔偿责任限定于"故意或者重大过失"的情形,从而完成两类法律责任之不同构成要件的教义学构造。

3. 司法解释的进一步拓展:对公司股东的赔偿责任。《公司法解释二》第15条第2款在明确清算方案确认主体的基础上,对清算人违规执行未经确认的清算方案的责任承担问题进行了具体规定。执行未经确认的清算方案给公司或者债权人造成损失,公司、股东、董事、公司其他利害关系人或者债权人主张清算组成员承担赔偿责任的,法院应依法予以支持。比照《公司法》第238条第2款,此处的原告范围大大拓展,可以进一步进行合目的性解释,将股东损害亦纳入赔偿范围。

070 勤勉义务(十四):公司治理领域,董事还有哪些勤勉义务?

一、兜底性重述

我们一口气讨论了董事勤勉义务的十多处具体体现,比较充分地展示了现行公司法以及公司实务中董事勤勉义务的概貌,但是否就覆盖了公司法或者生活中的全部事实?回答当然是否定的。虽然不过是管中窥豹,但择其要者亦已一一列示,出于本书厚度限制之考虑,也是打住的时候了。

但此话题仍有戛然而止之态,为避免虎头蛇尾而使读者乘兴而来、败兴而归,我们还是再度延展开去,针对贯穿于董事履职全过程的质询回应义务"再聊两句"。

二、董事出席、列席会议与接受质询

如果某处存有董事信义义务的"富矿",那必然是在公司治理领域。尤其是在董事会中心主义模式下,董事会作为公司治理的不二主角,董事个人对于公司、股东、公司债权人等利益相关者的信义义务无处无地不在,无时无刻不有。比如,《公司法》第187条规定:

股东会要求董事、监事、高级管理人员列席会议的,董事、监事、高级管理人员应当列席并接受股东的质询。

人们往往忽略这一规定在公司治理中的重要性,实际上这一条文获得真正实施,对于促进公司治理水平提升、消除股东会会议的形骸化现象具有重要意义。此处仅就董事这一类主体,稍作展开:

1. 董事需要列席股东会吗

回答这个问题需要按照主体分别来看。一方面,董事会是股东会的正牌召集人,董事会成员列席股东会理应是常态,而不是异态。当然,是否全员都要列席,自然也要另当别论。比如,在上市公司年会上,如无特别事由,通常全体董事均应列席;至于临时股东会,可能没有那么严格的要求,但一般董事会也至少会安排一名独立董事代表独立董事群体出席,以回答针对独立董事负责的特别事务的质询。如董事本人自愿出席,那是肯定予以鼓励和支持的。另一方面,董事长乃是股东会的正牌主持人,前文曾指出,无正当理由,该项职权是不可以转授他人代为履行的,所以至少可以推论出,作为主持人的董事长通常要出席股东会而不是列席股东会,其他董事原则上则仅列席股东会即可。

至于监事、高管,其列席股东会的理据,与董事长以外的其他董事是一样的。

正是出于以上考量,《公司法》第187条未予"一刀切"处理,而是使用了更具弹性的表述,"股东会要求董事、监事、高级管理人员列席会议的",其间的真正含义,请读者参照上段理解。

2. 董事需要回答股东的质询吗

回答是肯定的。读者需要注意此处的用语是"质询"而不是"咨询"。"质"者,质问之义,质询权乃股东行使监督权的重要权利安排。与会股东就股东会议案作出投票选择,需要以充分、真实、及时的信息为前提,如股东认为会议资料不足以提供其作出投票选择所需之信息,就有权利进一步向管理层提出有针对性的质询。所以,回应股东的合法质询,乃是被质询者的义务而非权利,当然不能采取"高兴就回答,不乐意便拒绝"的随性态度。否则,无正当理由拒绝回答,是为被质询者的不作为,乃是违反勤勉义务的极端形态。此处的"正当理由",是指股东的质询问题超出股东会议决事项所需要的信息范畴,或者超出董事职责范围的相应事项。比如,有股东询问某董事的婚姻状况,如该信息与股东会议案无关,董事自然可以拒绝回答;又如,有股东询问董事长对于某战争的立场,则其亦是大可拒绝回答的。

实务中，股东会上的少数股东提出质询，一般是指向具体的董事个人的。比如，就某项重大议案的重大风险背景，指向董事长；就公司某项重大投资的回报细节，指向总经理（或兼董事）；就某项监督事宜，指向全体独立董事或者应约参会的某个独立董事代表等；当然也有指向整个董事会全体成员的。就前者，被指名的董事，负有回答义务；就后者，董事会可以协商安排或者董事长指定某位（些）董事回答。

3. 董事如何回答股东的质询

一句话，就股东提出的合理质询，董事应就所掌握的有效信息，作出全面、充分、及时、准确的回答。否则，将视为不完全履行回答义务，同样构成对勤勉义务的违反，由此造成股东投票选择错误从而造成公司、股东损失的，被质询董事应当承担相应的违信责任。实际上，上述要求，就是《公司法》第180条第2款后半句"执行职务应当为公司的最大利益尽到管理者通常应有的合理注意"这一关于勤勉义务的要求在被质询场合下的具体体现。

三、其他质询

（一）来自股东的日常质询

股东不仅可以在股东会上针对董监高提出质询，在日常经营管理过程中也享有质询权以及建议权。《公司法》第110条第1款规定：

股东有权查阅、复制公司章程、股东名册、股东会会议记录、董事会会议决议、监事会会议决议、财务会计报告，对公司的经营提出建议或者质询。

股东日常的建议权与质询权，表现为股东向管理层就公司的经营提出建议与质询，要求就涉及的有关问题作出解释或说明，通过被质询人的回答获取公司有关信息。其中，与质询权相对应的是董事等管理层的回答义务。股东行使质询权，可以在表决之前获得有关某一议决事项的充分、真实、有效的信息，免于在不明真相的情况下盲目表决，保证股东表决权行使的意思真实。通过质询权的行使，还能在一定程度上缓解少数股东与多数股东之间的信息不对称状态。

本条是关于股份公司股东日常质询权的规定，依照法理也同样可以适用于有限公司。其与《公司法》第187条规定的两类公司的股东在股东会上面对管理层的质询权合二为一，共同构成股东质询权体系。

（二）董事会会议上的监事质询

《公司法》第79条第1款规定：

监事可以列席董事会会议,并对董事会决议事项提出质询或者建议。

这是关于列席董事会会议的监事在董事会会议上对于相应董事的质询权、建议权的规定,适用于两类公司。限于篇幅,不再予以展开,关于被质询董事的回答义务,情同此理,参见上文的解读。

(三)总结

总体上,我国公司法关于质询权的规定还比较抽象、简略,有关其行使与侵害救济的诸多问题有待于进一步的明确。比如,如遭到被质询人的无理拒绝,如何救济?能否提起给付之诉,即能否要求法院判决被质询人履行说明、解释之义务。又如,被质询人在股东会会议上不履行义务或者故意告知不充分、虚假信息的,依据此信息表决的股东能否事后以会议程序瑕疵为由提起决议撤销之诉。以上问题都还存在争议,有待理论界和实务界的进一步研究。

四、未完待续

至此,关于董事勤勉义务的讨论真的要打住了。其实,董事的勤勉义务,作为职业经理人对于其任职公司之经营管理事务的专业注意义务,贯穿其任职期间的全过程。如此说来,则是一种沉浸式的法律义务,宛如公务人员投身到为人民服务的伟大事业中,其作为"公仆"对于人民群众的服务也是无时无刻的。公司法以及所有的公司法实施者、研究者关注的永远都是事务的最重要方面,但这并不代表着非重要方面不值得关注。无论如何,包括勤勉义务、忠实义务在内的董事信义义务的体系建设及其真正实施,是商事法治领域"良法善治"的一个重要方面,也是提升我国公司治理的重要手段。在此意义上,无论如何强调董事信义义务的重要性,都是不过分的。

分篇五

董监高的违信责任及其追究

董事违反对公司、对股东、对公司债权人信义义务的,将承担违信责任,包括损害赔偿与利益归入。相应地,公司、股东、公司债权人当如何追究董事的违信责任,这涉及权利救济的路径问题。

复杂之处在于,董事对公司的违信责任,通常会因公司被董事控制而难以受到追究。如何破解这一法律困局?作为不二法门的股东代表诉讼正是现代公司法中最为重要的制度安排,而中国特色的股东代表诉讼可谓方兴未艾。

本分篇共设 16 问。

071　违信责任(一):如何定义?

一、概念

违信责任,即违反信义义务的民事责任,在性质上属于侵权责任,具有一般侵权责任的四个要件,即加害行为、损害后果、因果关系及过错。

董事违反信义义务对公司造成损害的,应负的法律责任即为违信责任。董事的信义义务乃是法定义务,违信责任实际上即是侵权责任在公司法上的特殊体现。《公司法》第 188 条是关于违信责任的一般规定,即:

董事、监事、高级管理人员执行职务违反法律、行政法规或者公司章程的规定,给公司造成损失的,应当承担赔偿责任。

此外,还有多处关于董事违反信义义务的赔偿责任的具体规定,如未履行催缴义务(《公司法》第 51 条)、协助抽逃出资(《公司法》第 53 条)、违法分红(《公司法》

第 211 条)、违法减资(《公司法》第 226 条)、清算义务人未及时履行清算义务(《公司法》第 232 条)、清算人怠于履行清算职责(《公司法》第 238 条)等引发的负有责任的董事对公司等应承担的赔偿责任。

董事违信责任的构成与一般侵权责任并无根本不同,但有细节上的差异,违信责任中的损害赔偿与一般侵权的损害赔偿也有所差异。因此,如何认定违信责任的构成及其损害赔偿是实务中的难点问题。

二、董事违信责任的构成要件

1. 违信行为

违信行为,也即对《公司法》第 179 条所规定的"董事、监事、高级管理人员应当遵守法律、行政法规和公司章程"的违反,具体表现为董监高对忠实义务、勤勉义务的违反。

2. 主观过错

违反忠实义务的,主观上只能是故意;至于违反勤勉义务的主观过错,各国的标准并不一致,一般采用职业人士的一般过错标准。我国《民法典》第 929 条规定:

有偿的委托合同,因受托人的过错造成委托人损失的,委托人可以请求赔偿损失。无偿的委托合同,因受托人的故意或者重大过失造成委托人损失的,委托人可以请求赔偿损失。

受托人超越权限造成委托人损失的,应当赔偿损失。

需要指出,该条关于受托人过错责任的一般规定,也适用于董事,但公司法关于董事责任有特别规定的,优先适用;该条关于无偿受托人仅在故意、重大过失情形下才承担责任的规定,并不适用于不取酬的董事。此均为公司组织法的特殊之处。

3. 损害后果

董监高违反信义义务对公司等造成的损害主要表现为财产损失,而不会直接导致人身损害,因为该信义义务属于对公司财产的管理义务。

4. 因果关系

也即违法行为与损害后果之间存在因果关系。这种因果关系与侵权法上的因果关系没有区别。

三、董事违信责任的赔偿范围

董事违法违章执行职务并给公司造成损失的行为符合前述四项构成要件的，应当赔偿公司因此所受到的损失，公司所受到的损失既包括公司直接的财产损失，亦包括可得利益的损失。后者是指若董事不违法违章执行职务时公司可以获得的利益，其计算也应符合可预见性标准和合理性标准，也即该损失应是董事违法违章执行职务时作为一个理性人能够预见的，法官认定时也应根据基础材料与事物发展规律，依据合理性标准"预测"该损失是否发生。

072 违信责任（二）：何谓归入权？

一、独特的制度设置

针对董事自我交易、篡夺公司机会、从事竞争业务等行为，一方面，董事违反信义义务造成公司损失的，在公司内部产生违信赔偿责任，但公司之损失往往难以界定，并无相当的直接损失可以填补；另一方面，为保护善意第三人与维护交易安全，涉及相对人的违信交易行为并非当然无效，违信董事由此获得极大利益，抢占了公司的可能利益。在此背景下，救济公司利益损失的主要措施之一便是赋予公司归入权。

归入权，指公司将董事违反信义义务所获得的溢出收益收归所有的权利。归入权的实质是，在董事违反信义义务的交易并不当然无效的背景下，对各方利益再次进行分配以实现平衡，目的在于阻却机会主义行为的发生。《公司法》第186条规定：

董事、监事、高级管理人员违反本法第一百八十一条至第一百八十四条规定所得的收入应当归公司所有。

该条的规定比较抽象，其规范构成和规范内容亟须进一步明确，简述如下。

二、规范构成及其适用

对谁主张归入权和对何种行为主张归入权，取决于信义义务的义务主体与所规制的对象行为，但这并非毫无争议，如德国、日本法上仅对董事从事同业经营的行为规定归入权,我国的范围则更为广泛,指向董监高违反忠实义务的所有行为。与此同时,归入权的立法意旨之争主要聚焦于客体范围的划定,具体问题有二:一是以补偿公司的所受损失为限还是阻遏董事的违信行为,即归入权的规范意旨是"赔偿"还是"返还";二是以返还董事的不当得利为限还是要求董事交出全部实际所得,即归入权的规范意旨是"返还"还是"交出"。尽管归入权的客体范围至今仍旧未得明确,但可以肯定的是,其确定之核心目标是避免董事因违信行为获得利益,以防止机会主义行为频繁发生。

一般认为,公司行使归入权须符合四个法定要件:

1. 权利主体

依照归入权的定义,请求主体限于公司。如公司意思被义务人控制,少数股东可以提起代表诉讼。

2. 义务主体

义务主体原则上为公司的董监高;若董监高利用配偶、子女等特定关系人的名义实施归入权规制范围内的特定行为,该特定关系人也应纳入其中。

2018年《公司法》规定的义务主体不包括监事,新《公司法》将监事纳入,对应第181~184条对忠实义务规制主体的扩充。依据现行公司法,监事也是忠实义务的当然义务人,而将监事纳入归入权的规制主体符合实践需求,也与证券法上短线交易归入权的规制主体保持一致。

3. 特定行为

行为人客观上实施了违反信义义务的特定行为,关于该特定行为的范围,各国公司法、证券法的规定宽严不一。在我国,《公司法》指向第181~184条规定的董监高违反忠实义务的行为,证券法上还具体规定了短线交易等行为。

4. 客体

客体,指向行为人从该特定行为中获取之利益。若行为主体没有取得收入,公司就不能行使归入权。取得的收入既可以是货币形态,也可以是实物形态;既可以是公开的,也可以是隐性的。

在归入权客体的认定上,《公司法》第186条规定"所得的收入应当归公司所有"。所谓"所得的收入",司法实务一般认为限于"净收益",裁判的真正难题在于举证责任的承担。由于公司并不掌握董监高从事违反忠实义务行为的有关资料,让公司负担全部举证责任并不公正。因而,若公司能够提供初步证据证明董监高违反忠实义务获得了收入,即完成了初步举证。对于"所得的收入"的具体内容,应由被告负责举证。如被告并未提供相关材料,法院可结合其他因素酌情确定,如有必要也可以委托第三方审计。

最后,行为人从事的违反忠实义务的特定行为和获得的收入之间应具有因果关系。

073　违信责任(三):可被减免吗?

一、新问题

现行公司法全面加强董事会、董事职权的同时,基于权责匹配理念,也全面强化了董事的义务与责任,旨在反向激励董事积极履职,优化公司治理,亦希望解决一些长期悬而未决的董事追责问题。然而,如仅一味强化责任,而忽略适当减轻或免除董事违信责任的配套路径、机制的构建,不仅无法达成立法者所期望的目标,更会适得其反。轻则,董事群体因担心承担巨额赔偿责任而选择保守经营,抑制其履职的积极性,最终无益于公司和股东利益的实现;重则,董事责任失衡引发"寒蝉效应","康美药业虚假陈述案"引发的独立董事离职潮便是典型佐证。

此外,很多情况下公司经营情况不佳、利益受到损害,并非董事不够勤勉尽责所致,而是由市场环境变化等其他非董事可控因素主导。过分追究董事违信责任,既不符合董事行为逻辑,也不符合经济运行逻辑。因此,董事违信责任减免的制度需求就被提出来,旨在创造一个能够容忍失败、宽容但非宽松的履职环境,让董事不怕作为、积极作为,充分实现和弘扬企业家精神。

二、立法中的减免

1. 董事决议免责情形

对于董事议决免责,《公司法》第 125 条第 2 款规定:

董事应当对董事会的决议承担责任。董事会的决议违反法律、行政法规或者公司章程、股东会决议,给公司造成严重损失的,参与决议的董事对公司负赔偿责任;经证明在表决时曾表明异议并记载于会议记录的,该董事可以免除责任。

针对董事会决议，参与董事受信义务尤其勤勉义务的约束，自然应当对参与表决的决议负责，一旦董事会决议违法违章或者违反股东会决议，给公司造成严重损失，参与董事如未能履行勤勉义务则自然需对公司负赔偿责任。但是，鉴于违规决议作出时并非所有董事都持赞成态度，董事个人无力扭转决议作出的局面却需要承担决议作出的后果，这属于"集体行权"与"个人担责"的错位，免除无过错董事的责任理所当然。有鉴于此，立法规定在同时满足以下两个条件时，参与董事可免除相应责任：

（1）明确表明异议，指参与议决的董事投反对票、弃权票者，若仅口头表示反对而表决时仍投赞成票的，即使有证人证言、录音等证据辅以证明，也不应视该异议为有效异议。

（2）异议被记载于董事会会议记录之中，以此为证据。有争议的是，缺席（中途离席）董事、投弃权票董事、投票回避董事可否免责？有人反对，有人则持肯定态度。依《公司法》第124条，董事会决议需要"全体董事过半数"赞成才能通过；依《公司法》第139条等规定，如有董事回避，则决议需要"无关联董事过半数"赞成才能通过。据此，不出席（缺席、离席）、投弃权票与投反对票一样，在本质上都具有阻止议案通过的作用，回避表决者则视为未参与投票决议，所以均可免责。

2. 董事责任保险制度

《公司法》第193条第1款新增董事责任保险，规定：

公司可以在董事任职期间为董事因执行公司职务承担的赔偿责任投保责任保险。

董事责任保险并非事前直接减免董事违信责任，而是从事后财产增损的角度看，实质上减少了董事最终承担的赔偿数额。具体讨论，详见下问。

三、公司自治中的减免

基于私法自治的理念，在不违反法律强制性规定的前提下，公司通过章程、股东会决议等自治手段亦可减免董事的违信责任。参考域外法的经验，主要有两种方式减免董事的违信责任。

1. 公司意定减免及责任限额

公司意定减免，大体上包括两种情形：一是减免董事直接承担的违信责任，二是减免公司对外承担董事执行公司事务产生的赔偿责任后对董事的内部追偿责任。对此,域外法律实践存在公司章程、股东会决议、法律规定和法院决定四种模式。在我国,在不违反法律规定的前提下,公司既可以在章程中设置减免责条款,规定特殊情形下董事违信责任的减免,如规定"董事仅在存在故意或者重大过失时,对公司承担赔偿责任";也可以通过股东会决议方式进行减免。两种方式皆具可操作性,但比较而言,前者可能过于概括、缺乏灵活性,也可能违背在后股东的意志,在个案中不利于公司和股东利益的保护,因此采取后者更具合理性。

在意定减免范围上,应仅限于董事违反勤勉义务的情形,排除董事违反忠实义务情况下的减免,并且董事违反勤勉义务不应存在故意或者重大过失,否则,章程条款或股东会决议可能因违反法律强制性规定而被认定为无效。另外,如采股东会决议模式,也应对相应的决议程序作出一定限制,如应当对股东充分披露信息、排除利害关系股东的表决权,并对股东会决议的定足数和决议通过的多数决比例作出严格限制。

此外,也可以引入责任限额制度,即董事赔偿责任应在其年薪一定倍数的额度内,并针对不同类型的董事作出差异化规定。如规定分别以董事长、普通董事、独立董事6倍、3倍、2倍的年薪为赔偿责任的最高额度,由此形成董事责任承担的差序格局。该制度往往衔接董事责任保险适用,即董事责任保险扣除部分即为责任限额,具体将在下一问予以讨论。

2. 公司补偿制度

公司补偿制度,是指公司董事因过失执行职务,应对公司或者第三人诉讼而支出抗辩费用或者赔偿金,由公司依照法律规定或者公司章程规定给予补偿的制度。域外主要存在强制补偿、许可补偿和法院命令补偿三种类型。针对违信责任,在补偿范围上,董事只有胜诉或者符合一定条件时,才可以获得相关抗辩费用或者赔偿金的补偿。在我国,公司可在章程中规定针对董事违信责任的公司补偿机制,同时对补偿条件作出一定的限缩式明确,如仅能在董事执行职务不存在故意、重大过失的情形下进行补偿,仅在董事完全胜诉时才允许公司补偿其抗辩费用等。另外,在公司补偿的审查程序方面,原则上应由无利害关系股东通过股东会决议审查是否应予补偿。

四、司法裁判中的减免

最为重要的其实是司法裁判中经营判断规则的适用。经营判断规则的实质是，只要董事作出的理性商业判断不违反忠诚义务，且为追求公司及其股东利益最大化而为，即使决策最终失败并给公司及其股东利益造成损失，该损失也是应由公司与股东承担的正常商业风险，裁判者不得"唯结果论"认定董监高存在过错并令其就该损失承担赔偿责任。我国现行公司法虽然并未吸纳该规则，但司法裁判实务并不排斥对该规则的借鉴与适用。

074 违信责任（四）：何谓董事责任保险？

一、定义

董事责任保险，或称董事高管责任保险（directors' and officers' liability insurance），指董事、高管就其违信履职所产生的责任与费用，如未从公司获得补偿，也不在保险单的除外责任范围之内，可从保险人处获得保险赔偿。董事责任保险的保险费（premium）一般由公司支付，或者由公司支付其中的大部分，被保险人支付余额；至于保险期间，则贯穿被保险人任期。

董事责任保险具有化解董事担责风险之功能，也是鼓励企业家积极创新、冒险奋进的举措之一，被视为"弘扬企业家精神"的一项重要制度安排。责任保险制度在成熟市场经济体中，已经成为职业经理人制度的一个重要组成部分。在美国，如无责任保险的保护，人们一般不愿出任董事，大多数公众公司同时为其董事提供补偿和责任保险，且通常由公司章程细则具体规定责任保险事项。

面向管理层的责任保险制度在我国上市公司已有多年的实践，相应保险市场也有了初步发展。根据各上市企业披露公告，截至 2019 年 A 股中为其董事投保责任保险的上市企业累计仅 100 家左右，但到了 2024 年 12 月底投保企业数量已超过 1200 家，相较 2023 年上涨 24%，渗透率也已从 2.8% 上涨至 23.7%。

2023 年《公司法》正式引入该制度，第 193 条规定：

公司可以在董事任职期间为董事因执行公司职务承担的赔偿责任投保责任

保险。

公司为董事投保责任保险或者续保后,董事会应当向股东会报告责任保险的投保金额、承保范围及保险费率等内容。

这一规定适用于所有的公司,也适用于包括董事、高管与监事在内的全部管理层群体。在公司立法正式确认董事责任保险的法律地位,并向市场释放出积极信号的背景下,董事责任保险市场正迎来加速发展的契机。

二、董事责任保险的功能

随着董事责任的立法全面加强、监管环境日趋严格、投资者维权意识不断上升,董事被起诉并实际承担赔偿责任的风险与日俱增。如此沉重的责任,必然促使意欲成为董事抑或已担当董事的职业经理人谨小慎微,甚至畏缩不前。董事责任保险的制度功能由此凸显,借助保险制度不仅能够消解董事不当行为所引发的责任,为董事个人提供转嫁风险的渠道,从而让董事在公司决策和行动中承担应有的、合理的商业风险,还有利于创造一个容错、试错、鼓励冒险的创业环境,助推职业经理人市场成熟化,真正激发市场经济的活力。

此外,董事责任保险最终惠及的不限于董事一方,还有其余两个方面:

第一,保护公司利益。基于民法、公司法的一般规定,董事对外执行公司事务产生的赔偿责任一般先由公司承担,公司担责后再向有过错的董事追偿。因此,当董事面临索赔纠纷时,公司可能需要支付其法律费用和赔偿金,并要承担内部追偿难以实现的风险。此时,董事责任保险便可以帮助公司承担这些费用,减轻公司的运营负担。

第二,保障第三人权益。公司法规定了董事对第三人的责任,在董事个人清偿能力欠缺而导致无法全额赔偿的情形下,责任保险便可以有效分担该种风险,利于保护广大投资者、公司债权人的正当权益,维护社会稳定。

尽管有观点认为董事责任保险可能在一定程度上会带来助长管理层短视、过失懈怠等负面影响,但不可否认正负效益相较之下,正面更应受肯定,更符合我国现阶段的发展需求。毕竟,董事责任保险是成熟的公司治理和资本市场的必要组成部分,发展之可谓中国特色现代企业制度下弘扬企业家精神的应有之义。

三、董事责任保险的主要内容

上引《公司法》第193条为倡导性、赋权性规范,且规定相对原则化、抽象化,留存大片空白有待明确,为充分发挥其制度价值应作进一步的阐释。

1. 决策主体

该条第1款规定购买责任险的主体是公司,第2款规定在投保或续保后董事会的报告义务,但并未明确决策权归属。鉴于对董事会报告义务的规定,加之投保本身属于经营决策事项,在"董事会中心主义"模式确立的背景下,可以推测立法者之本意:除非章程另有规定,董事会为当然的决策主体。当然,由于责任保险的保费事关公司重大支出,为有效实施监督,在公司投保或续保后,董事会有义务向股东会报告责任保险的投保金额、承保范围及保险费率等内容。

2. 被保险人范围

有别于第193条规定的仅有董事才可成为责任保险的被保险人,一般实务中被保险人包括董事、监事及高管。

3. 承保范围

第193条对承保范围的界定为"董事因执行公司职务承担的赔偿责任",依照赔偿对象的不同,可以分为对内责任和对外责任两个层次,即董监高对公司和对第三人应当承担的赔偿责任。具体至构成要件,包括三个方面:

(1)董事职务行为引发的责任,排除个人行为责任;

(2)董事职务行为引发的个人责任,排除职务行为产生的公司责任;

(3)董事职务行为引发的个人赔偿责任,包括对公司以及公司股东、债权人等"他人"的赔偿责任。

4. 除外责任

并非董事职务行为引发的所有个人赔偿责任都在承保范围内,特定行为所引发的赔偿责任须予以排除,此即除外责任。其一,责任保险通常仅涵盖民事赔偿责任及其相关法律诉讼费用。出于社会公序良俗、保障监督机构监督效力以及规避道德风险等因素的考量,行政和刑事赔偿责任一般不在其列。其二,违反忠实义务的行为相较于违反勤勉义务的行为,往往对公司造成更为严重的损害,且董事更易借此获利。因此,违反忠实义务引发的赔偿责任通常也被排除在承保范围之外。其三,从主观方面来看,承保范围可能仅涉及董事的过失或不当行为,故意行为则被排除。

例如，证券公开发行的发行人董事故意虚假陈述，由此对公众投资者承担的赔偿责任便不在承保范围内。当然，在不违反法律、法规强制性规定的前提下，具体的除外条款应由保险公司和投保公司自行确定。

5. 责任平衡

鉴于责任保险覆盖的董事错误行为至少有违勤勉义务，具有可责难性，因此不能让责任保险沦为董事全身而退的工具，而应当在责任分配上进行一定的平衡，具体举措：

首先，针对保费，可以不完全由公司负担，而由董事在一定比例内负担，也可以将保险费视为董事薪酬的组成部分。如此，不仅可以适当减轻公司的保费压力，也可以督促董事积极、审慎履职。同时，也能够在一定程度上避免在董监高承担内部责任的情况下，公司作为被侵权人承担了保险费用，却发生侵权人责任被免除的尴尬情况。

其次，在赔偿环节，引入自负赔偿额扣除机制，也即通过责任保险条款约定保险公司在向权利人支付保险赔偿金时，先行扣除由被保险董监高自负的赔偿额，确保董监高在适当的范围内仍需要对其错误行为承担不利的后果。当然，自负赔偿额的标准不应过高，具体可参照董监高年薪和权利人获赔总额设置综合标准。

075　违信责任（五）：公司如何提诉？

一、公司的表意困难

如董事违反对公司的信义义务，公司请求其承担赔偿责任或行使归入权，可以通过诉讼外请求、诉讼等渠道进行，但问题在于，控制公司行权意思的恰恰可能是作为被请求者的董事。董事能否左手代表自己、右手代表公司进行左右手的互搏或者妥协？能，但这不啻从事了又一场关联交易，难保公平；但更大的可能是不能，毕竟这无异于"与虎谋皮"。

就此表意难题，公司法设定了内、外部的解决办法。

需要提前说明，本问及下面若干问所述的作为被告的董事，实际上是指侵害公司利益且能够控制公司意思的所有主体，包括且不限于董监高、控股股东、实控人、清算人等。

二、公司内部：另设公司诉讼代表人

其实，公司起诉的表意困难不止于起诉董事，更大的困难是公司起诉法定代表人。如前文关于法定代表人的代表权限的讨论，公司起诉第三人的，法定代表人自然代表公司为诉讼行为；但公司起诉法定代表人的，不能由后者同时兼任原告法定代表人与被告的双重角色，就需要另设代表公司参加诉讼的代表人。司法实务中，公司股东会、董事会出具决议指定诉讼代表人，法院普遍予以接受。

如果公司决定起诉董事，当如何处理呢？对此，《公司法解释四》第23条规定，监事会或一名监事针对涉嫌违信的董事、高管起诉的，应当列公司为原告，依法由监事会主席或一名监事代表公司进行诉讼。可见，监事会、一名监事有权代表公司为诉讼行为。相应地，该条又规定，董事会、一名董事针对涉嫌违信的监事起诉的，或者针对其余可能应承担赔偿责任的他人（控股股东、实际控制人及其关联人等）起诉的，应当列公司为原告，依法由董事长或一名董事代表公司进行诉讼。

根据上述安排，是可以解决公司表意困难的问题的。但是，《公司法解释四》第23条在司法适用中还存在诸多争议，其中有两个最为核心：

1. 前置程序是否赋予了法人机关独立的诉讼主体资格

《公司法》第189条第1款规定了股东代表诉讼需要履行的前置程序，但在前置程序中，如董事会或一名董事、监事会或一名监事等法人机关应股东的请求而提起诉讼，应如何安排当事人的诉讼地位，存在不同的主张。

一种主张认为，上述董事会或一名董事、监事会或一名监事等主体是以法人机关的身份被股东请求起诉的，如果其起诉，理应以公司的名义进行，公司为原告。质言之，上述法人机关起诉无非是履行其法定职责，而不是被赋予诉讼主体资格。

另一种主张认为，上述董事会或一名董事、监事会或一名监事等主体事实上已具有或者应具有独立的诉讼主体资格，故而起诉应以自己的名义而非公司的名义进行。第189条在赋予法人机关起诉权力的同时，也已经肯定了法人机关具备原告的诉讼主体资格，不必另立公司为原告。而且，承认其诉讼主体资格更有利于一些情形下问题的解决。例如，在法定代表人损害公司利益且公司公章也被法定代表人控制的场合下，让公司作为原告将制造难以克服的难题。

《公司法解释四》第23条肯定了第一种主张。至于第二种主张所提出的实践困境,则是另一个层面的问题,也有相对应的解决方法——前文提及的突破现行民事诉讼法中法定代表人的单一代表制,使得有权代表法人进行诉讼的人选多元化,如监事会主席、非法定代表人的董事长等。

2. 监事会或监事个人是否享有独立的诉权力

从现行公司法的安排看,监事会或一名监事的定位是,与董事会平行,享有监督、建议和纠正董事、高管的权力,如"提出解任的建议""进行监督""要求予以纠正""检查公司财务"等(《公司法》第78条),但并无直接制约董事会行动的权力,也并不享有独立的诉权。因而,在董事、高管存在《公司法》第189条规定的情形时,监事会无权直接对其提起诉讼,而需被动地依赖股东的"请求",才能"激活"其代表公司起诉涉嫌违规的董事、高管的权力。与此同时,由于监事会为集体制行权机关,监事个人不仅如监事会一般不享有自主、独立地代表公司起诉的权力,其也不得接受股东请求而以监事个人身份起诉。

然而,如监事同时具有股东身份,是否可以直接起诉呢?这个问题本质上与"请求前置"的豁免最为相关,也不能一概而论。如在有限公司等治理结构较简单的情况下,不设监事会,股东与监事系属一人的,直接起诉也没什么障碍,至于此种诉讼到底是代表公司的直接诉讼还是股东代表诉讼,可以该监事/股东的意愿为准;在治理结构较为复杂的情况下,如设立监事会的,身兼监事的某个股东仍应履行对法人机关进行"请求"的前置程序,如接受该请求,则代表公司诉讼的人由监事会集体决定;如拒绝该请求,将轮到股东代表诉讼的启动。

三、公司外部:不请自来的代表人

谚云:自古官官相护。这讲述的是不受民主监督的官场腐败。其实,现代公司管理层也即董监高之间也具有深切的同僚情谊以及深厚的利益牵扯,同样存在董监高相护、蛇鼠一窝的现象。如此,上述公司内部设置的诉讼代表人机制就会失灵,需要引入"鲶鱼"来搅动僵化一团、铁板一块的管理层,或者说公司有难,引来一位"藩王"来勤王。这条"鲶鱼"、这位"藩王",就是股东,且主要是与管理层不存在多少利益关系的处于监督者地位的少数股东;说是请来,其实多数时候是"不请自来"。

股东代表公司对侵害公司利益且控制公司意思的人提起的诉讼,就叫股东代表诉讼。

076　股东代表诉讼（一）：解决什么问题？

一、什么是股东代表诉讼

股东代表诉讼（shareholder representative litigation），又称股东代位诉讼、派生诉讼或衍生诉讼（shareholder derivative litigation），指公司的利益受到侵害而公司不能或怠于起诉时，适格股东为了公司的利益以自己的名义代表公司提起的诉讼。

股东代表诉讼还有单重、双重、多重之分。之所以出现双重、多重股东代表诉讼，主要是因为集团公司通过控股结构进行多重持股的情况不断涌现。单重股东代表诉讼仅针对平面化公司的情形，使得母公司的少数股东不能通过股东代表诉讼实现追究侵害子公司利益的主体的法律责任，双重、多重股东代表诉讼有效弥补了这一空白。

自 2005 年《公司法》第 152 条最早引入股东代表诉讼以来，其在诉讼实务中方兴未艾，发挥着日益重要的作用。2023 年《公司法》在此基础上继续引入双重股东代表诉讼，未来也不排除持续引入多重股东代表诉讼的可能。由此，在公司双控人、管理层滥用控制地位损害公司利益，甚至是子公司、孙公司利益，且后者由于被前者控制意思而无法起诉时，借由股东代表诉讼，该矛盾终于可以得到有效的破解。

二、为何有劳股东代表公司起诉

社会公众要理解股东代表诉讼的制度设计及其制度价值，需要理解以下四个背景性知识。

（一）谁造成公司起诉不能的困境

源于美国公司法的股东代表诉讼的被告，原本指向管理层，仅包括董事、高管等职业经理人群体（美国公司没有监事，也就不包括监事）。但在我国的特殊国情下，依照我国《公司法》第 189 条的规定，不仅指向董监高（第 1、2 款），更指向了"他人"（第 3 款）。根据公司法的逻辑以及我国实务经验，该"他人"主要指向三类人：

1. 双控人。一方面，由于我国公司股权结构集中的普遍性，真正侵害公司利益且能够控制公司意思的主体，并不以董监高为主，而是有能力对其控制、指示或至少是合作关系的"双控人"。如《公司法》第192条所规定,"公司的控股股东、实际控制人指示董事、高级管理人员从事损害公司或者股东利益的行为的,与该董事、高级管理人员承担连带责任",二人当为连带侵权人,共同承担责任。将双控人列入股东代表诉讼的被告范畴,是我国公司法的最大特色,也是最深刻的国情。

2. 清算人。公司进入清算阶段后,只能从事与清算有关的活动,董事会等法人机关已经停职,清算组行使清算职权、承担清算职责,对公司、公司债权人等承担信义义务。依照《公司法》第238条,清算人怠于履行清算职责,给公司造成损失的,应当承担赔偿责任。《公司法解释二》第23条进一步规定:

清算组成员从事清算事务时,违反法律、行政法规或者公司章程给公司或者债权人造成损失,公司或者债权人主张其承担赔偿责任的,人民法院应依法予以支持。

有限责任公司的股东、股份有限公司连续一百八十日以上单独或者合计持有公司百分之一以上股份的股东,依据公司法第一百五十一条第三款的规定,以清算组成员有前款所述行为为由向人民法院提起诉讼的,人民法院应予受理。

公司已经清算完毕注销,上述股东参照公司法第一百五十一条第三款的规定,直接以清算组成员为被告、其他股东为第三人向人民法院提起诉讼的,人民法院应予受理。

这是因为,清算人为清算中的公司法人机关,存在侵害公司利益的可能且有能力控制公司意思,所以公司不能起诉侵害自己利益的清算人的,需要股东代表公司起诉。

3. 董监高、双控人、清算人的关联人。如公司董事长的儿子侵害公司利益的,又如公司的控股母公司的董事长、其他子公司侵害公司利益的,再如作为清算人的公司董事兼总经理联合作为公司债权人的女儿为个别清偿的。

总的来说,追究管理层、双控人、清算人及其关联人对公司的赔偿责任,往往难以实现。这是因为要求能够控制公司意思者决定公司起诉自己及其关联人,无异于"与虎谋皮"。而股东代表诉讼,即是公司法发展出的一种替代救济措施,以解决公司起诉不能的困境。

(二)股东代表诉讼不得指向不控制公司意思的人

由上可见,股东代表诉讼的基本前提是公司丧失了起诉能力,且这种能力的丧失是侵害公司利益的人控制了公司的意思所致。反过来,如某重要供应商、客户对公司欠款,公司管理层出于维护商业合作关系的考虑而决定不起诉甚至长期不起诉对方的,该决定可能是一种符合公司利益的商业判断,公司也没有失去起诉对方的能力,所以断不能适用股东代表诉讼。如有股东认为管理层不起诉的决议伤害公司利益的,属于管理层是否尽到对公司的勤勉义务的问题,公司就此可以针对管理层提起直接诉讼;当然,就此诉,如公司丧失了对管理层的起诉能力,当然适用股东代表诉讼。

(三)为什么股东是终结者

股东代表诉讼及其前置程序蕴含的逻辑是,有人侵害公司利益而公司无动于衷,股东喊"假寐"的公司法人机关去起诉,如后者被激活,仍由其代表公司起诉;如继续"假寐",则由股东冲上去起诉。

有读者问,假如没有这么一个清醒的股东去喊、去冲呢?公司法的回答是,"滚犊子去吧"。这是私法场合,公司法无法去叫醒一个里里外外都在装睡的公司。所以,股东是公司私权救济的终结者。

(四)从"勤王"到"挟天子以令诸侯"

当然,股东代表诉讼的每一次适用,不仅有前置程序的刻意阻隔,也有针对个案的个别适用要求。所以,每一次股东代表诉讼的股东可能都是不一样的,解决的事情也不是一回事,针对的被告也不尽相同……因此,不能产生一个专业的敲锣者专门负责这活计,否则,该股东岂不是变成了"挟天子以令诸侯"的曹孟德了?!

三、为何对股东代表诉讼进行限制

如前所述,股东代表诉讼权的滥用亦有可能给公司带来极大的负面影响,甚至成为股东利用公司以自我攫利的手段,所谓"挟天子以令诸侯"。从其发源地美国的实践来看,当起诉的目的只在于有利于原告及其律师获利而不是纠正对公司的错误行为时,该制度即遭滥用,并危及公司治理的核心——公司决策(包括起诉与否的决策)应由股东会、董事会决定。为此,各国公司立法、司法也都注意限制股东代表诉权,防止股东滥诉,以此确保原告股东真正地为了维护公司利益,而不是仅为自身利益起诉。常见的恶意诉讼情形包括临时购买股票取得原告资格,或者以和解为目的而提起"恶意诉讼"(strike suits)。至于限制措施的严厉抑或宽松的程度差别,反映出所在国对股东代表诉讼的立场:是抑制还是鼓励少数股东提起代表诉讼。这一立场与公司治理现状有关。基于公司治理程度普遍较低的现状,我国应采取适当鼓励、便利少数股东提起代表诉讼的立法价值取向与司法政策。

077 股东代表诉讼（二）：需要有双重、多重设置吗？

一、双重、多重股东代表诉讼

在我国，股东代表诉讼的本质，是为被滥用控制权的双控人、管理层、清算人等控制的公司主持公道而设计的司法救济措施，其制度价值可以归结为两个方面：

1. 对公司、少数股东、债权人的事后救济功能。通过赋予少数股东代表诉权，避免公司利益因失去司法救济机会而彻底沦陷，及时弥补公司、少数股东因控制人（双控人、管理层及其关联人）侵害所受之损失；同时，因为其结果直接归于公司，所以对公司债权人也有间接救济功能。

2. 对于控制人的事前威慑功能。股东代表诉讼无异于悬挂在控制人头上的"达摩克利斯之剑"，增加其滥权成本，起到防御、阻吓作用。

股东代表诉讼之重要功能自不必质疑，然而，公司集团的结构下，控制人的"夺利之手"并不止步于本公司，更可能进一步伸向子公司、孙公司、重孙公司以攫取其利益，但这些下属公司往往亦在其控制之中而无法获得救济。由此，进一步的问题是：在公司集团治理中，母公司的股东尤其少数股东是否可以代表子公司乃至孙公司、重孙公司提起代表诉讼？如可，此即双重、多重股东代表诉讼。

从股东代表诉讼的设置，可以自然引申出双重、多重股东代表诉讼的概念及存在空间。仅以全资子公司为例，如子公司受到其董事的侵害却无法提起直接诉讼的，母公司本可以提起股东代表诉讼，但母公司拒绝提起的，单重股东代表诉讼制度便已经宣告死亡！此时，如允许母公司的（少数）股东提起第二层次的股东代表诉讼——因为启动该诉的前提就是母公司拒绝起诉——子公司利益才终于能够得到救济，至此，双重股东代表诉讼也就证成了。以此类推，可以继续证成多重股东代表诉讼。

双重、多重股东代表诉讼，实为"股东的股东""股东的股东的股东"提起的代表诉讼，这是企业集团法不可或缺的制度设计。域外法大多承认双重股东代表诉讼，日本等国的公司法有条件地允许提起多重股东代表诉讼。

二、我国双重股东代表诉讼的特色

(一)姗姗来迟

2023年《公司法》第189条第4款确立双重股东代表诉讼,即:

公司全资子公司的董事、监事、高级管理人员有前条规定情形,或者他人侵犯公司全资子公司合法权益造成损失的,有限责任公司的股东、股份有限公司连续一百八十日以上单独或者合计持有公司百分之一以上股份的股东,可以依照前三款规定书面请求全资子公司的监事会、董事会向人民法院提起诉讼或者以自己的名义直接向人民法院提起诉讼。

这一规定具有两个鲜明特色:

1. 子公司仅限于全资子公司

关于子公司的范围,各国规定不尽一致。有的限制在控股子公司,强调母子公司形成直接持股关系,排除以协议、人事安排等方式对另一公司事实控制的情形;日本公司法则限于重要子公司,也即只有针对股权的账面价值占母公司账面价值总值1/5以上的子公司才能提起双重股东代表诉讼。我国公司法的限制最严,仅局限于全资子公司。

2. 前置程序的单层设计

股东代表诉讼恪守"穷尽公司内部救济"的规则,依法理,在双重股东代表诉讼中应理解为穷尽母子公司的双重内部救济,即母公司的股东应分别向全资子公司、母公司的法人机关提起书面请求。但是,现行法仅要求母公司股东书面向全资子公司的法人机关提出请求,与日本法的处理方案一致。这一简化设置,可视为对母公司股东提起双重股东代表诉讼的程序激励。

(二)双重、多重股东代表诉讼不可或缺

一句话,如无双重、多重股东代表诉讼的设置,股东代表诉讼的制度功能很容易被多层次控股的公司集团架构架空,从而鞭长莫及、望洋兴叹。

在我国引入双重股东代表诉讼之前,类似寇薇尔公司这样明显不公平的案子比比皆是,司法束手无策。

典型案例。寇薇尔公司案。媚若诗公司是在香港设立的股份公司,原告江某和被告吴某各自持股50%。寇薇尔公司是媚若诗公司在上海设立的外商独资公司,吴某任董事长。自2002年起,吴某独自控制寇薇尔公司。原告诉称,2007年4月吴某

未经审批机关批准和蔻薇尔公司、媚若诗公司及原告同意,擅自将蔻薇尔公司的一处厂房贱卖给被告嘉慈公司,且该款使用情况不明。原告向媚若诗公司发函,提出根据以上事实,媚若诗公司作为蔻薇尔公司的股东,应要求蔻薇尔公司监事会或监事对被告吴某提起相关诉讼,或自己提起双重股东代表诉讼,以维护合法权益。2008年1月,因媚若诗公司未予回应,原告再向蔻薇尔公司监事会或监事发函,要求其提起相关诉讼,但仍未得到回应。原告遂诉至法院,认为被告吴某担任董事长期间违反法律法规及公司章程规定,侵占蔻薇尔公司财产,给公司造成严重损失,同时侵害了原告权益;被告嘉慈公司以明显低价收购蔻薇尔公司厂房,存有主观恶意,是共同侵权人,应承担连带赔偿责任。上海市二中院审理后指出,该案中第三人蔻薇尔公司是原告江某诉称的利益受到损害的公司,该公司的唯一股东是媚若诗公司,原告江某只是媚若诗公司的现任股东,并非第三人蔻薇尔公司的股东。故依据上述法律规定,认为只有媚若诗公司才具有原告的诉讼主体资格,该案原告江某无权行使股东代表诉讼。①

078 股东代表诉讼(三):当事人如何安排?

一、股东代表诉讼的当事人安排

(一)原告

原告肯定是公司现时的股东。但并非所有的股东都适格,为了防止滥诉,各国公司法对股东的原告资格都有一定的限制。

1. 持股数量。在英美法中多规定为单独股东权,一些大陆法国家规定为少数股东权。

2. 持股期限。大陆法一般要求持股期在6个月或1年以上。最严格的持股期限是美国公司法要求的"同期持有股权"原则(contemporary ownership rule),即原告股东须从被告对该公司实施侵害行为时起至诉讼判决之时都持续拥有股权,意在防止"购买诉讼"(buying of a lawsuit),即有人在获知公司遭受侵害之后故意买入股票

---

① 参见江某宏诉吴某辉等公司的控股股东、实际控制人、董事、监事、高级管理人员损害公司利益赔偿案,(2008)沪二中民五(商)初字第21号民事判决书。

以通过诉讼谋利的投机行为。如此严格的规则有抑制股东代表诉讼之嫌。

3. 主观善意。原告股东必须"公正且充分地"（fairly and adequately）代表公司、其他股东的利益，而不是想通过诉讼谋取私利。如何衡量股东"公正且充分地"代表公司利益？由法官根据相关因素自由裁量。比如，原告股东曾参加、批准或者默许所诉称的错误行为，则根据"禁反言"原则，其不得否认自己的行为，所以法官会倾向于不认定其为善意。

在我国，《公司法》第189条、《证券法》第94条等将原告分为四类：

1. 在有限公司，为任何股东。

2. 在股份公司，为持股连续180日以上、单独或合计持股1%以上的股东。

司法实践中，"180日以上连续持股时间"，应为股东向法院提起诉讼时已期满的持股时间；规定的"合计持有公司1%以上股份"，是指两个以上股东持股份额的合计。《九民纪要》第24条规定，股东提起股东代表诉讼，被告不得以行为发生时原告尚未成为公司股东为由抗辩该股东不是适格原告。

对股份公司的股东资格进行严格限制的理由在于，其股份转让比有限公司股东的出资转让自由，如不对其股东资格作出限制，容易导致代表诉讼权的滥用。当然，股份公司原告股东持股1%以上、180日以上连续持股的要求，从比较法的角度看属于较为宽松之列，比较便利少数股东的起诉。

3. 针对上市公司，投资者保护机构提起特殊代表诉讼的，只要持有该公司股份即可，持股比例和持股期限不受公司法规定的限制。

4.《证券法》第44条规定，针对上市公司"短线交易"归入权的代表诉讼，原告为任何股东。

（二）被告

股东代表诉讼肇始于董事对公司的违信责任之追究，故董事一直是最为典型的被告群体。在现代公司法上，被告范围逐渐扩大，相应地被追究的法律责任类型也扩展了。在美国，任何危害公司利益者都可以做被告。

《公司法》第189条规定的被告是：董事、监事、高管与他人。此处的董事、监事、高管被追究的责任类型，依照第189条字面意思仍限于违信责任；此处的"他人"，在逻辑上是指原告股东、董事、监事、高管以外的任何人，但从股东代表诉讼产生的背景并合目的解释看，主要指控股股东、实际控制人，以及控股股东、实际控制人、董监高的关联人，被追究的责任类型也不再限于违信责任，而是指向损害公司利益而对公司负有的任何民事责任。

《公司法解释二》第 23 条将被告群体进一步扩张,含括:违反法律、行政法规或者公司章程规定给公司造成损失的清算人(清算组成员)。

《证券法》第 44 条规定,上市公司"短线交易"引发的股东代表诉讼的被告是:董事、监事、高管及持股 5% 以上的股东。

(三)第三人

公司在股东代表诉讼中的地位非常微妙,域外公司法也有不同的安排,有原告、被告、第三人等多种做法。在我国民事诉讼法框架下,公司更接近于无独立请求权的第三人的地位,《公司法解释四》规定法院列公司为第三人参加诉讼。具体程序是:由法院通知公司参加诉讼,公司大体保持中立立场,可以不主张任何实体权利,也可以提供证据协助法院查清案件事实,但需要承受相应的诉讼结果。

(四)其他股东

自适格股东提起代表诉讼之后,后来的股东(作为被告的股东除外)可以参加该诉讼而成为共同原告。在美国,股东代表诉讼通常表现为集团诉讼(class action)。在我国的司法实践中,一审法庭辩论终结前,符合原告资格的其他股东以相同的诉讼请求申请参加诉讼的,应当列为共同原告。此外,清算组成员从事清算事务时违法违规履职而须对公司承担违信责任、赔偿损失的,在公司已经清算完毕并注销的情形下,原股东直接以清算组成员为被告提起股东代表诉讼的,其他股东可以列为第三人。

二、双重股东代表诉讼的当事人安排

(一)原告

原告是全资子公司的母公司的股东。

(二)被告

被告是全资子公司的董监高、双控人(包括母公司及其控股股东等)、清算人,以及上述三类人的关联人。

(三)第三人

全资子公司为第三人。母公司如果不是被告,不必参加诉讼。全资子公司的母公司的其他股东,可能作被告,否则,适格的也可以为共同原告。

三、关于反诉

《九民纪要》第 26 条规定了股东代表诉讼的反诉，也即被告以原告股东恶意起诉侵犯其合法权益为由提起反诉的，法院应予受理，但被告以公司在案涉纠纷应当承担侵权或者违约等责任为由对公司提出的反诉，不符合反诉的要件，法院应当裁定不予受理或裁定驳回起诉。一定程度上，股东代表诉讼本身的原被告制度设计，限制了被告对原告提起诉讼的反诉范围。

079 股东代表诉讼（四）：仅限于给付之诉吗？

一、问题的提出

民事诉讼法理论中，根据当事人提出诉的内容和目的不同，可以将民事诉讼分为三类，即给付之诉、确认之诉与形成之诉。具体来说，给付之诉用于请求对方履行给付义务，确认之诉用于确认法律关系存在与否，形成之诉则用于改变或消灭现有的法律关系。考虑到股东代表诉讼中，股东以维护或恢复公司利益为根本目标，必然以给付之诉为主要的起诉类型。但是，是否存在确认之诉与形成之诉的适用空间呢？该问即围绕此疑问展开。

二、股东代表诉讼：原则上为给付之诉

溯源于美国公司法的股东代表诉讼，原本限于公司管理层违反对公司信义义务的违信责任之追究。有人认为，我国的股东代表诉讼亦仅适用于追究管理层的违信赔偿责任，这从《公司法》第 189 条规定的股东代表诉讼的适用对象可以看出，也即"董事、高级管理人员有前条规定的情形的"。前条也即第 188 条规定："董事、监事、高级管理人员执行职务违反法律、行政法规或者公司章程的规定，给公司造成损失的，应当承担赔偿责任。"

也有人认为，虽然源于管理层违信责任之追究，但是我国公司法上股东代表诉讼的适用对象已经扩展，这同样从《公司法》第 189 条第 3 款的规定中可以看出，即"他人侵犯公司合法权益，给公司造成损失的，本条第一款规定的股东可以依照前两款的规定向人民法院提起诉讼。"这表明股东代表诉讼已经扩展到所有的损害公司

利益的赔偿责任。

需要看到,现代公司法的确在不断地拓展股东代表诉讼的适用范围,适用的被告主体范围有所扩张,适用的救济情形也有所扩展。但是,管理层违信责任之追究也罢,其余的损害赔偿责任之追究也罢,这都决定了股东代表诉讼为给付之诉的本质。毕竟,如果不是请求被告履行给付义务,便无法实现公司受损利益的恢复,股东间接受损的利益也就无法得到弥补,其大费周折地提起股东代表诉讼的目的又何在?所以,股东代表诉讼以给付之诉为主要形式。

三、向确认之诉、形成之诉的扩展

问题是,我国司法实践又将关联交易合同确认无效、撤销之诉列入股东代表诉讼的范畴,这就大大扩展了股东代表诉讼的适用范围。《公司法解释五》第1条规定:

关联交易损害公司利益,原告公司依据民法典第八十四条、公司法第二十一条规定请求控股股东、实际控制人、董事、监事、高级管理人员赔偿所造成的损失,被告仅以该交易已经履行了信息披露、经股东会或者股东大会同意等法律、行政法规或者公司章程规定的程序为由抗辩的,人民法院不予支持。

公司没有提起诉讼的,符合公司法第一百五十一条第一款规定条件的股东,可以依据公司法第一百五十一条第二款、第三款规定向人民法院提起诉讼。

《公司法》第22条规定了双控人及董监高利用不公平关联交易损害公司利益的赔偿责任,应由公司作为适格原告进行给付之诉,请求其损害赔偿。在公司不起诉的情形下,《公司法解释五》第1条第2款即明确,符合条件的股东可提起股东代表诉讼,这是对股东代表诉讼在关联交易情形下的特别强调,是对《公司法》第189条一般规定的具体化。此时,股东代表诉讼的起诉内容为损害赔偿,故仍为给付之诉,并无特殊之处。值得关注的是《公司法解释五》第2条,其规定:

关联交易合同存在无效、可撤销或者对公司不发生效力的情形,公司没有起诉合同相对方的,符合公司法第一百五十一条第一款规定条件的股东,可以依据公司法第一百五十一条第二款、第三款规定向人民法院提起诉讼。

该条明确因关联人控制公司意思或者对公司意思产生重大影响,使得公司难以对不公允关联交易合同提出无效、撤销之诉的,股东享有代表诉讼的权利,以此强化股东压制中的少数股东保护。值得关注的是,该条规定之情形下,股东代表公司起诉的内容是请求法院确认合同无效、不发生效力,或者请求法院撤销合同(行使形成诉权),这意味着股东代表诉讼的类型扩张至确认之诉和形成之诉。虽然这两种诉的类型之于股东代表诉讼而言并不常见,但并无法理上的障碍,更有实践上的需求。其存在意义在于,在损害未发生时及时制止行为的继续,或者为给付之诉的在后提起创造前提条件。

080　股东代表诉讼(五):前置程序如何进行?

一、为什么需要前置程序

原告股东应先向公司提出请求,要求就其所诉称的受侵害行为提起诉讼。公司无正当理由不起诉的,股东始得提起代表诉讼。这就是先诉请求(pre-suit demand),也即启动代表诉讼的前置程序。

前置程序的实质既是对代表诉讼设置的限制措施,也是代表诉讼自证必要性的举措。其原理在于,代表诉讼的股东诉权派生于公司诉权,并非股东自身所固有,乃是法律专门赋予股东在"特定条件"下代表公司追究侵害其利益的人而起诉的资格。因此,股东起诉的前提之一是要满足"特定条件",该特定条件也即公司丧失了起诉的能力。如何证明这一点?就是"穷尽公司内部救济规则",此即前置程序的由来。

二、前置程序如何满足

(一)一般情形:交叉请求机制

依照《公司法》第189条的规定,如以董事、高管为被告,由股东书面请求监事会或一名监事起诉;如以监事、他人为被告,则书面请求董事会或一名董事起诉。上述法人机关收到股东书面请求后拒绝起诉,或者自收到请求之日起30日内未起诉的,都视为公司拒绝股东的先诉请求,股东则履行了前置程序,可以提起代表诉讼。

如在清算阶段,清算人一般由董事组成,可以参照适用上述以董事为被告的规则,或者豁免前置程序(见后文)。

依照我国《证券法》第44条的规定,针对上市公司中"短线交易"行为主张行使归入权的,其代表诉讼的特定前置程序为:要求董事会在 30 日内行使归入权。

(二)新课题

在设置审计委员会的公司中,如遇股东提起代表诉讼,将如何履行前置程序? 按照审计委员会行使监事会职权的制度设计,可以认为直接将上述董事会、监事会的交叉请求机制替换为董事会、审计委员会的交叉请求机制即可,也即针对审计委员会成员的诉讼,股东需要书面请求董事会起诉;反之,针对审计委员会成员以外的董事、高管、他人的诉讼,股东需要书面请求审计委员会起诉。但事实上并没有那么简单,审计委员会本来就是由一部分董事会成员充任的,上述交叉请求机制是否合适,尚需进一步的探讨与观察。

三、前置程序的豁免

(一)情况紧急

情况紧急,是指股东不立即起诉将使公司利益受到难以弥补的损害,履行前置程序不合理的情形。对此,《公司法》第 189 条第 2 款的规定是,"情况紧急、不立即提起诉讼将会使公司利益受到难以弥补的损害的"。但是,这一规定仍旧比较抽象与概括,需要进一步类型化,并由法院根据实际情况进行个案认定。据有关实证研究,可进一步划分类别为:

1. 公司丧失或即将丧失对大额资产的控制但尚具有挽回的可能性;
2. 公司相关权利行使的期间或者诉讼时效即将经过;
3. 正在进行的、持续的、具有扩张性的侵害公司利益的其他行为。

(二)治理失灵

公司治理失灵,也即不存在公司内部机关提起诉讼的可能性,履行前置程序毫无必要。《九民纪要》第 25 条规定,公司法规定的前置程序针对的是公司治理的一般情况,即在股东向公司法人机关提出书面申请之时存在后者起诉的可能性,如查明的相关事实表明根本不存在该种可能性,法院不应以原告未履行前置程序为由驳回起诉。

"公司治理失灵"下的前置程序豁免,进一步划分为:

1. 公司法人机关不存在或者因公司陷入经营僵局当中,相应的法人机关或者有关人员不在其位或者不司其职,股东无从提起请求;
2. 股东准备起诉董事、高管,按照前置程序要求应先书面请求公司监事会或一

名监事起诉,但被告与监事(会)受同一名股东、实际控制人控制,监事(会)根本不可能起诉;

3. 应当向其进行先诉请求的一名董事或者监事本身即为被告;

4. 董事会多数成员或者一名董事本人与所诉称的损害公司利益的行为有利害关系;

5. 虽然董事会多数成员或者一名董事本人与所诉称的损害公司利益的行为不存在利害关系,但可能受到与行为有关的利害关系人控制而失去独立性。

四、改革话题

已有的实证研究和理论分析表明,实务中的前置程序运行存在一些问题:

1. 对交叉请求机制的争论。对于董事会与监事会的交叉请求机制,肯定者认为是一种创新,质疑者则提出造成被监督者审查监督者的混乱现象等问题,见仁见智。

2. 公司法人机关的理性选择与执意起诉的股东之间存在张力。依现行法规定,即使被书面请求的法人机关是在经过充分的调查和恰当的判断之后拒绝股东的起诉请求,也只能对后者进行说服性工作而无根本性措施阻止其起诉。这意味着,忠心耿耿且深谋远虑的被请求法人机关无法阻止不利于公司的股东代表诉讼。此种情形不仅可能导致对公司的不利影响,也存在浪费司法资源的可能。

081　股东代表诉讼(六):诉讼结构如何安排?

作为一种结构奇特的民诉类型,股东代表诉讼在诉讼进行过程中还会遇到很多环节需要特别处理。了解这些环节的细节,有利于准确评估其制度风险与成本。

一、诉讼管辖

通常股东代表诉讼适用民事诉讼法中"原告就被告"的普通管辖规则。但也有人建议,由于股东代表诉讼的被告往往为多数人且住所不一,"原告就被告"的地域管辖不符合便利诉讼原则,可以考虑借鉴日本专属管辖的做法,由公司所在地法院管辖。

二、需要费用担保吗

费用担保(securities for expenses),指原告股东向法院提供一定的金钱做担保,以便利其可能对公司、被告承担的赔偿责任的执行。费用担保的产生依据是:一旦原告败诉且法院认为诉讼缺乏合理理由的,可能会允许公司、被告向原告主张损害赔偿,费用担保有利于保证原告赔偿责任的直接履行。

可见,费用担保的目的在于阻吓"恶讼",但如数额巨大,原告往往不能或者不愿意提供担保,则构成股东起诉的重大阻碍。各国实践中,原告也很少实际对被告进行赔偿,因而现代公司法有废除费用担保之倾向。我国公司法一开始就未规定费用担保,顺应趋势以便利股东起诉,值得肯定。

三、诉中调解

《九民纪要》第 27 条规定,公司是股东代表诉讼的最终受益人,为避免因原告股东与被告通过调解损害公司利益,法院应当审查调解协议是否为公司的意思。只有在调解协议经公司股东会或者董事会决议通过后,法院才能出具调解书予以确认。至于决议机关,取决于章程的规定;没规定的,以股东会为准。

四、诉益归属、诉讼费用承担与赔偿责任

1. 诉益归属

既然为代表诉讼,原告股东如获胜诉,诉益当然归属于公司;原告股东请求被告直接向其承担民事责任的,不予支持。

2. 诉讼费用承担

在我国民事诉讼实践中,一直实行由各方当事人支付自己及其律师费用的规则,但这一规则适用于代表诉讼,于理不合。因为股东是为公司利益起诉,且胜诉利益归于公司,原告股东不能得到任何直接的好处,如果还要自付费用,其他股东反而得到实质的"意外好处"(windfall),将导致无人愿意提起代表诉讼。因此,实行新的诉讼费用规则:原告股东获胜的,将从公司获得律师费的补偿。

实务中,对于股东为起诉而垫支的费用承担,尽管公司法没有规定,司法经验性做法是:股东代表诉讼的诉请部分、全部得到支持的,公司应当承担股东因参加诉讼支付的合理费用。申言之:

(1)原告股东请求公司承担的合理费用,为垫支的诉讼费、律师费等,而不包括判决由败诉的被告承担的诉讼费部分;

(2)公司承担的仅仅是"合理费用"部分,以控制公司的风险负担;

(3)依照反向解释,股东代表诉讼的诉请如全部未获支持,不得请求公司承担因原告股东参加诉讼支付的相应费用。

3. 原告股东的赔偿责任

法理上,对于原告恶意提起代表诉讼导致被告、公司受损的,似有必要规定原告对被告、公司的相应责任,以抑制恶意诉讼的发生。但在我国,根据权利、义务对等原则和便利少数股东起诉的司法政策(基于我国公司治理现状考虑),应该严格限制原告股东的赔偿责任。此为费用担保不被需要的实质原因。

五、诉讼时效与既判力

1. 诉讼时效

股东代表诉讼适用普通诉讼时效,没有争议,但从何时起算,存在争议。主要有两种观点:一是自股东知道或者应当知道公司权利被侵害之日起算,二是自公司知道或者应当知道其权利被侵害之日起算。后一观点更合适。

2. 既判力

如原告胜诉,判决效力及于原、被告和公司,胜诉利益归于公司,原告获得补偿,被告承担赔偿责任;若原告股东败诉,则判决的效力不仅及于原、被告与公司,还及于其他股东,即其他股东不得就同一理由再次提起代表诉讼。

082 股东诉请董事赔偿(一):实体法依据是什么?

一、董事如何侵害公司股东的利益

董事对公司、股东负有信义义务,这构成公司法上公司治理的基石性规则。董事违反信义义务造成公司、股东损失的,要承担相应的违信责任。为切实追究董事的上述责任,公司法配置了股东直接诉讼和股东代表诉讼两种诉讼程序,二者的区别在于:董事违规职务行为侵害公司的利益,进而间接侵害了股东利益的,可能引发股东代表诉讼,即原则上应由公司追究,但公司如怠于通过诉讼追究公司董事责任,那么适格股东为维护公司利益而追究董事责任的,即可代表公司起诉;反之,如董事违规职务行为直接侵害了某个(类)股东的利益,则引发股东直接诉讼,利益受侵害的股东则以自己的名义直接向董事提起诉讼。

可见,区分股东代表诉讼与股东直接诉讼的关键,就在于被指控的哪些董事职务行为"造成公司损失",进而引发股东代表诉讼?哪些职务行为"造成股东损失",进而引发股东直接诉讼?质言之,决定两类诉讼程序的是背后的实体法律关系,即对股东利益造成侵害是以直接或间接的形式。

典型案例。通化矿山(集团)有限责任公司诉李健与公司有关的纠纷案[(2017)最高法民再8号]。某有限公司股东会通过分红决议,并责令董事会在决议作出之日起3个月内发放红利,董事会交付董事兼财务总监张三落实红利发放事宜。股东李四持股10%,应得税后红利120万元,但由于张三与李四有嫌隙,张三趁机滥用职权唯独不发放给李四。之后,李四起诉要求公司支付红利,但时过境迁,公司此时已陷入经营绝境,无力支付。在这种情况下,李四可以根据本条对高管张三提起赔偿之诉,即股东直接诉讼。民事裁定书阐述股东利益与公司利益时,便指出"根据公司法关于有限责任公司的相关规定,有限责任公司股东对公司享有的资产收益权依法通过行使包括股息红利分配、公司清算后取回剩余财产等股东权利实现。"依照上述最高院的意见,获得股息红利,系股东最重要的股东权利;该权利受到损害,属于直接损害股东利益的情形。实务中,分红权益受到侵害的股东可直接提起诉讼,追究董事的责任。与此相对,如公司双控人、董监高等存在利用"关联交易及转让公司财产"损害公司利益的行为,虽然也间接损害股东利益,但实践中一般认定需提起股东代表诉讼,而不能提起股东直接诉讼。

那么问题就来了,我国法律规定了违规执行职务的董事对于公司股东的赔偿责任了吗?回答是肯定的。

二、我国公司法、证券法规定的董事对股东的直接赔偿责任

(一)《公司法》第190条的一般规定

《公司法》第190条规定:

董事、高级管理人员违反法律、行政法规或者公司章程的规定,损害股东利益的,股东可以向人民法院提起诉讼。

该条系股东直接诉讼的一般规定,明确股东可以向直接损害其利益的董事提起直接诉讼。该条属于针对董事组织体内部违信行为的规定,主要指向董事违反股东平等原则而直接损害股东利益的情形。关于该条的内容,下一问将进行更加详细的分析。

(二)《公司法》第191条的特殊规定

《公司法》第191条规定:

董事、高级管理人员执行职务,给他人造成损害的,公司应当承担赔偿责任;董事、高级管理人员存在故意或者重大过失的,也应当承担赔偿责任。

关于该条的由来及其详细内容,下文关于董事对公司债权人的责任部分将予以系统介绍,此处仅仅从公司股东的角度稍作讲解。该条对于股东的价值在于:该条的"他人"是指公司之外的任何人,股东也在此列;所以董事违规执行职务给股东造成损失的,如存在故意和重大过失,要与公司一起对股东承担连带赔偿责任。

与第190条相较,该条属于针对董事组织体外部侵权行为的规定,主要指向董事执行职务时通过公司对于外部投资者的侵害行为。二者的本质区别在于发生于组织体内部抑或外部。具体来说,第190条系组织体内部违信责任的规定,董事所承担的毫无疑问为自己责任,股东只能针对董事提起诉讼;但第191条系组织体外部侵权责任的规定,本应由公司承担替代责任,但立法者在董事与股东之间亦规定了特殊的法定责任,股东由此得针对公司和/或董事提起直接诉讼。

此处是额外的法理分析,就司法实践来说无须区分,简单来说,在董事导致股东利益直接受损时,无论何种情况,均能对董事提起直接诉讼。当然,第191条的适用以董事具有故意或者重大过失的主观过错为条件。

(三)《证券法》第85条的特别规定

《证券法》第85条规定:

信息披露义务人未按照规定披露信息,或者公告的证券发行文件、定期报告、临时报告及其他信息披露资料存在虚假记载、误导性陈述或者重大遗漏,致使投资者在证券交易中遭受损失的,信息披露义务人应当承担赔偿责任;发行人的控股股东、实际控制人、董事、监事、高级管理人员和其他直接责任人员以及保荐人、承销的证券公司及其直接责任人员,应当与发行人承担连带赔偿责任,但是能够证明自己没有过错的除外。

不难看出,该条是《公司法》第191条在证券发行虚假陈述这一特定场合下的具体应用。据此,上市公司等证券发行人如有虚假陈述导致投资者损失,应当担责,参与造假的董事等人与发行人一起对投资者承担连带赔偿责任。广为人知的五洋建设、康美药业、乐视网等虚假陈述案,法院均判处公司董事会成员承担比例不等的连带责任,依据就在这一规定。

(四)《公司法》第192条的加持

与《公司法》第190条、第191条紧密相连、形成姊妹条文的是第192条,其规定:

> 公司的控股股东、实际控制人指示董事、高级管理人员从事损害公司或者股东利益的行为的,与该董事、高级管理人员承担连带责任。

该条确立的影子董事制度,前文已有分析,不赘,此处仅就双控人与董事的连带赔偿责任作一简要评述。

根据该条,如双控人指示董事损害公司、股东利益,将承担连带赔偿责任。仅站在股东的立场,对这一连带责任的性质详解如下:

1. 本质为共同侵权。依照我国《民法典》第1168~1169条的规定,此处的"指示"一词表明双控人与董事构成共同侵权。

2. 对于股东的直接责任。依照字面意思,双控人指示董事损害公司利益的,二者对公司承担连带责任;双控人指示董事直接损害某股东利益的,二者对股东承担连带责任。

此处的疑问是,如双控人指示董事损害公司利益、从而间接损害股东利益的,可否得出"二者对股东承担连带责任"的结论? 答案应该是否定的,因为二者应当对公司承担连带责任,股东仅能在特定情形下代表公司追究二者责任。

那么,接下来的问题是,如某董事受双控人的指示而基于故意、重大过失违规履职损害股东利益的,构成《公司法》第190条和第192条的法条联合适用,那么是否可以得出一个结论:作为指示者的双控人、作为受指示者的董事对股东损失承担连带责任? 答案是肯定的。与此同时,鉴于此处的"股东"乃是第191条的"他人"之一,也可能会构成第191条和第192条的法条联合,那么是否也可以得出一个结论:作为指示者的双控人、作为受指示者的董事以及公司对股东损失承担连带责任? 答案也是肯定的。

由此,公司/股东针对故意、重大过失的董事、高管提起的任一直接诉讼,进行指示的控股股东、实际控制人均可能列为共同被告,这就扩大了股东直接诉讼的对象范围。

3.终局责任。双控人指示董事损害股东利益的,二者对股东的责任,属于终局责任,也即二者无论哪一方承担责任后,都不得向公司追偿;至于二者作为连带责任人,有某一方超出自己应担份额而向对方追偿的,在所不论。

083　股东诉请董事赔偿（二）：直接诉讼程序如何进行？

一、何谓股东直接诉讼

(一)概念

股东直接诉讼(shareholder direct suits),存在广、狭义之分,广义是指股东在自身权利受到公司、其他股东、实际控制人、管理层侵害时,以自己名义对侵害者提起的诉讼;狭义的仅指股东对公司管理层的诉讼,也即《公司法》第190条的规定情形,以与上文的股东代表诉讼相对应（英美法的股东代表诉讼的被告原本仅限于管理层）。直接诉讼是公司法赋予股东的特别诉权。

(二)要件

《公司法》第190条规定：

董事、高级管理人员违反法律、行政法规或者公司章程的规定,损害股东利益的,股东可以向人民法院提起诉讼。

对此规定的解读要点如下：

1.原告为公司股东

适格原告为公司的所有股东,并不像股东代表诉讼一样限定于有限公司的股东或者股份公司连续180天以上单独或者合计持有公司1%以上股份的股东。质言之,只要利益受到董事、高管职务侵害的股东,都有权以自己的名义起诉。

2.被告为公司董事、高管

被告不包括监事,这是此类诉讼与股东代表诉讼的一个明显区别。与此同时,依据《公司法》第192条的规定,双控人指示董事、高管侵害股东利益的应承担连带责任,那么就意味着股东可以将受指示的董事、高管与指示的双控人列为共同被告。

3. 行为要件是董事、高管的违信行为侵害了股东利益

行为要件即董事、高管违反其在特定情形下对股东承担的信义义务,致使股东的分红权、表决权、查阅权等利益未获实现。比如,公司法赋予有限公司股东查阅、复制公司章程、股东名册、股东会会议记录、董事会会议决议、监事会会议决议和财务会计报告的权利,但主管该事务的某董事受实控人指示而坚决拒绝股东行使查阅权的,该股东可以对该董事和实控人主张相应的违信责任。

二、与股东代表诉讼的区别

基于股东身份产生的诉讼分为股东直接诉讼和股东代表诉讼,二者均基于股东地位而产生,且以自己名义提起,但毕竟是不同的法律设计,其区别十分明显。

1. 诉权归属。代表诉讼的诉权本属于公司,唯在公司不能行使时,才派生代表诉权。这就解释了为何股东在代表诉讼中能够行使的权利和享有的救济不能大于公司的权利及救济,以及公司可以阻止代表诉讼的发生。而在直接诉讼中,诉权属于股东本身,与他人无涉。

2. 适用情形。所诉错误行为侵害公司利益、间接侵害原告股东的个人利益的,适用代表诉讼;所诉错误行为直接侵害股东的个人利益的,适用直接诉讼。

3. 诉讼目的与结果归属。直接诉讼是股东为了自身利益而提起,若股东胜诉,所得利益归于股东,故直接诉权属于自益权。代表诉讼则是为公司利益而提起,胜诉利益亦归于公司,原告股东以及其他股东(被告股东除外)间接受益,故代表诉权属于共益权。

4. 程序差异。代表诉讼面临着不同于直接诉讼的一系列特别程序障碍,如前置程序、费用担保等,目的在于维护公司正常的治理秩序。直接诉讼则易于启动、操作。

5. 当事人。直接诉讼只适用于公司及其内部人侵害股东利益的情况,被告限于公司、控股股东、实际控制人、管理层。之外的主体侵害股东利益的,与公司法无关,应依民事诉讼法提起诉讼,追究其责任。代表诉讼的被告则在理论上更广泛一些。另外,对直接诉讼的原告股东没有任何限制,但代表诉讼的原告股东可能受到持股时间、数量等方面的限制。

需要注意的是,此处直接诉讼、间接诉讼均是针对董、高提起的诉讼之划分,应

当区别于针对公司所提起的诉讼。股东利益受损，自然可以公司为起诉对象进行直接诉讼，与针对董、高提起的诉讼并行不悖。如股东久未得到公司分红，既可以起诉公司，诉请分红款及其延迟利息，又可以基于《公司法》第190条起诉违信董事，属于分别以公司和董事为被告的直接诉讼。

084　公司债权人诉请董事赔偿（一）：如何解读第191条？（上）

一、公司债权人的救济：行为法与组织法之二分

对于债权人来说，在民商事交往中会与作为交易相对人的公司之间形成多样的法律关系，仅就债的关系而言，也有合同之债、侵权之债、不当得利之债、无因管理之债、其他法定之债等多种类型。如果作为债务人的公司不履行债务，大多数情况下，债权人通过合同法、侵权法等规定的相应救济途径获得债的履行或损害赔偿即可。例如，债权人与公司之间发生合同之债的履行纠纷，债权人请求解除合同，以及（或者）请求公司承担继续履行、采取补救措施、损害赔偿等责任；如有公司或者第三人提供担保，还可以借助于担保手段获得债的履行的增信保障。

以上，就是行为法上为公司债权人提供的救济手段。如可以，此种组织法上为公司债权人提供的救济手段可谓"功不可没"，尤其在"穷庙富方丈"的场合下，简直就是弥足珍贵。

问题是，行为法上的救济都是指向债务人公司本身的，如公司并无可供执行的财产，行为法上的救济手段则顷刻失灵。那么，债权人可否请求公司成员（股东）、管理层（如董事）就公司债务对自己承担相应的责任呢？

答案是肯定的，而且是多重的惊喜。就股东承担责任的方面，公司债权人可以请求其就公司不能清偿的债务承担多种法定赔偿责任，以及由此引发的直接诉讼、代位之诉，前文在股东出资的章节已作系统介绍。此处，将开始介绍另一类主体在组织法上就公司不能清偿的债务对公司债权人承担法定赔偿责任的情形，以及由此引发的直接诉讼、代位之诉。

这一类主体就是公司的管理层，包括董事、监事与高管。

需要进一步说明,本书通过前文的"股东出资"以及"董事勤勉义务"有关内容,已经从不同角度就组织法上对公司债权人的法定赔偿责任进行介绍,不仅仅讲述了瑕疵出资股东本人对公司债权人的法定赔偿责任,还涉及其他发起人股东、受让股东、转让股东、参与虚高估值现物出资的中介机构以及有过错的董监高。可以说,此前介绍主要针对瑕疵出资的具体情形展开,可谓"对事不对人",本问,将"对人不对事",不再重复由瑕疵出资引发的董监高就公司不能清偿的债务而对公司债权人承担法定赔偿责任的特殊规定,而是论述董事对公司债权人法定赔偿责任的一般规定(《公司法》第191~192条)以及其他领域(《证券法》第84条等)的法定赔偿责任。

二、董事对公司债权人的直接责任的一般规定:第191条

(一)石破天惊

第191条正是《公司法》第八章"公司董事、监事、高级管理人员的资格和义务"的倒数第三个条文,其内容为:

董事、高级管理人员执行职务,给他人造成损害的,公司应当承担赔偿责任;董事、高级管理人员存在故意或者重大过失的,也应当承担赔偿责任。

这一条文,是2023年《公司法》修订中集中争论的条文之一,确立了董事、高管对公司债权人等"他人"的直接赔偿责任。可谓石破天惊。

以下关于该条的解读,仅以董事为例,但也适用于高管。

(二)一去不复返

在该条横空出世之前,除《证券法》作为商事特别法的例外规定之外,我国私法是不承认董事直接对公司债权人承担赔偿责任的。试看以下三个条文:

《民法典》第62条规定:

法定代表人因执行职务造成他人损害的,由法人承担民事责任。

法人承担民事责任后,依照法律或者法人章程的规定,可以向有过错的法定代表人追偿。

《民法典》第1191条第1款规定:

用人单位的工作人员因执行工作任务造成他人损害的,由用人单位承担侵权责任。用人单位承担侵权责任后,可以向有故意或者重大过失的工作人员追偿。

《公司法》第11条第3款规定:

法定代表人因执行职务造成他人损害的,由公司承担民事责任。公司承担民事责任后,依照法律或者公司章程的规定,可以向有过错的法定代表人追偿。

这三个条文并非"新规",都是辗转经由《民法通则》《民通意见》《侵权责任法》《民法总则》以及 1993 年以来多版本《公司法》等文本而来,其实质内容一直保持稳定。总之,几十年来我国私法建立的一直是一种间接责任机制,其精髓是:

董事执行职务给公司以外的他人(主要是债权人)造成损失的,债权人只能请求公司承担赔偿责任;公司承担后,可以再向有过错的董事追偿。一句话,公司债权人不可以直接请求董事赔偿,可以简称为"公司对外担责 + 内部追偿"庇护模式。

随着第 191 条的颁布与实施,违规执行职务的董事躲在公司法人面纱之下享受"公司对外担责 + 内部追偿"庇护责任模式的时代,一去不复返了。

(三)直接责任的几个细节

1. 行为性质:职务行为

该条规范的行为对象正是董事执行职务的行为,这与《民法典》第 62 条、第 1191 条以及《公司法》第 11 条的规制对象是一致的。

2. 权利主体:他人

此处的"他人",是指公司以外的任何人,包括但不限于公司债权人、职工、股东等,实务中主要指向公司债权人。

3. 主观过错:故意或者重大过失

读者注意到,《民法典》第 1191 条规制的情形也是"故意或者重大过失",与该条保持一致,但《民法典》第 62 条、《公司法》第 11 条规制的情形则是"过错",比前者的涵盖范围更大。《公司法》第 191 条之所以限于"故意或者重大过失"而不包括一般过失的情形,是立法刻意限制董事直接责任的适用。质言之,董事违规执行职务造成他人损失但仅具有一般过失的,仍然适用"公司对外担责 + 内部追偿"庇护模式。可见,第 191 条的适用具有谦抑性。

4. 责任性质:连带责任;平行责任;终局责任

《公司法》第 191 条的表述是"公司应当承担赔偿责任""董事……也应当承担赔偿责任"。据此,公司与董事之间的责任关系如何?理论上有连带责任说、按份责任说、补充责任说、不真正连带责任说等,众说纷纭。我们认为应该界定为:

(1)连带责任。他人可以选择请求公司,也可以选择请求董事,还可以选择请求董事与公司一起承担连带责任。

(2)平行责任。如董事被请求承担赔偿责任,董事直接对他人担责,不以他人举证公司不能担责为前提;当然,就公司已经承担的份额部分,董事相应免责。

(3)终局责任。董事对他人担责乃是基于其故意、重大过失违规履职给他人造成损失,在其担责后,不得就自身部分向公司追偿;反之,如公司被他人追责且担责,则可以向董事追偿。

085 公司债权人诉请董事赔偿(二):如何理解第191条的延伸?(下)

一、对第191条一般规定的特别规定

上问分析了《公司法》第191条的含义及其适用,需要指出,该条是关于违规履职董事对于公司以外的"他人"(主要是债权人)承担赔偿责任的一般性规定,适用于董事所有的违规履职行为。实际上,公司法上还有其他条文规定具体场合下的董事违规履职的直接责任。

二、有关协助抽逃出资的董事对债权人赔偿责任的特别规定

《公司法》第53条规定:

公司成立后,股东不得抽逃出资。

违反前款规定的,股东应当返还抽逃的出资;给公司造成损失的,负有责任的董事、监事、高级管理人员应当与该股东承担连带赔偿责任。

该条仅规定对股东抽逃出资负有责任的董事对公司承担赔偿责任,但《公司法解释三》对此有了延伸的建构性规则,其第14条规定:

股东抽逃出资,公司或者其他股东请求其向公司返还出资本息、协助抽逃出资的其他股东、董事、高级管理人员或者实际控制人对此承担连带责任的,人民法院应予支持。

公司债权人请求抽逃出资的股东在抽逃出资本息范围内对公司债务不能清偿的部分承担补充赔偿责任、协助抽逃出资的其他股东、董事、高级管理人员或者实际控制人对此承担连带责任的,人民法院应予支持;抽逃出资的股东已经承担上述责

任,其他债权人提出相同请求的,人民法院不予支持。

站在公司债权人的立场,该条第2款最大的贡献是:协助股东抽逃出资的董事对公司债权人承担赔偿责任。

对于该赔偿责任,《公司法解释三》第17条又有补充:

有限责任公司的股东未履行出资义务或者抽逃全部出资,经公司催告缴纳或者返还,其在合理期间内仍未缴纳或者返还出资,公司以股东会决议解除该股东的股东资格,该股东请求确认该解除行为无效的,人民法院不予支持。

在前款规定的情形下,人民法院在判决时应当释明,公司应当及时办理法定减资程序或者由其他股东或者第三人缴纳相应的出资。在办理法定减资程序或者其他股东或者第三人缴纳相应的出资之前,公司债权人依照本规定第十三条或者第十四条请求相关当事人承担相应责任的,人民法院应予支持。

三、有关清算义务人、清算人对债权人赔偿责任的特别规定

(一)清算义务人

《公司法》第232条规定:

公司因本法第二百二十九条第一款第一项、第二项、第四项、第五项规定而解散的,应当清算。董事为公司清算义务人,应当在解散事由出现之日起十五日内组成清算组进行清算。

清算组由董事组成,但是公司章程另有规定或者股东会决议另选他人的除外。

清算义务人未及时履行清算义务,给公司或者债权人造成损失的,应当承担赔偿责任。

站在公司债权人的立场,这一规定的要点有二:一是董事为清算义务人,原则上也是清算人;二是清算义务人未及时履行清算义务给债权人造成损失的,应当对债权人承担赔偿责任。

对于清算义务人未及时履行清算义务造成债权人损失的赔偿责任,《公司法解释二》第18条进一步规定:

有限责任公司的股东、股份有限公司的董事和控股股东未在法定期限内成立清算组开始清算,导致公司财产贬值、流失、毁损或者灭失,债权人主张其在造成损失范围内对公司债务承担赔偿责任的,人民法院应依法予以支持。

有限责任公司的股东、股份有限公司的董事和控股股东因怠于履行义务,导致

公司主要财产、账册、重要文件等灭失,无法进行清算,债权人主张其对公司债务承担连带清偿责任的,人民法院应依法予以支持。

上述情形系实际控制人原因造成,债权人主张实际控制人对公司债务承担相应民事责任的,人民法院应依法予以支持。

(二)清算人

《公司法》第 238 条规定:

清算组成员履行清算职责,负有忠实义务和勤勉义务。

清算组成员怠于履行清算职责,给公司造成损失的,应当承担赔偿责任;因故意或者重大过失给债权人造成损失的,应当承担赔偿责任。

前文反复提及,清算人原则上由董事充任,清算组也接替董事会成为清算中公司的法人机关,履行清算职责、掌握清算职权,对公司、公司债权人承担信义义务,可谓董事的信义义务的延伸。所以该条也就顺势规定,清算组因故意、重大过失履职给债权人造成损失的,比如清算人对某个债权人违规个别清偿且无可挽回的,将造成其他债权人的损失,此时清算人对其他公司债权人承担直接的违信责任。

对于清算人怠于履职造成债权人损失的赔偿责任,《公司法解释二》第 23 条第 1 款进一步规定:

清算组成员从事清算事务时,违反法律、行政法规或者公司章程给公司或者债权人造成损失,公司或者债权人主张其承担赔偿责任的,人民法院应依法予以支持。

《公司法解释二》第 11 条、第 15 条等则进行了更为具体化、有针对性的违信责任规定。

第 11 条规定:

公司清算时,清算组应当按照公司法第一百八十五条的规定,将公司解散清算事宜书面通知全体已知债权人,并根据公司规模和营业地域范围在全国或者公司注册登记地省级有影响的报纸上进行公告。

清算组未按照前款规定履行通知和公告义务,导致债权人未及时申报债权而未获清偿,债权人主张清算组成员对因此造成的损失承担赔偿责任的,人民法院应依法予以支持。

第 15 条则明确:

公司自行清算的,清算方案应当报股东会或者股东大会决议确认;人民法院组织清算的,清算方案应当报人民法院确认。未经确认的清算方案,清算组不得执行。

执行未经确认的清算方案给公司或者债权人造成损失，公司、股东、董事、公司其他利害关系人或者债权人主张清算组成员承担赔偿责任的，人民法院应依法予以支持。

086　公司债权人诉请董事赔偿（三）：诉讼程序如何进行？

一、问题的提出

从契约法的视角而论，公司债权人与公司股东、董事之间都不存在直接的法律关系。所以，如果债权人起诉公司股东、董事，其请求权基础为何？也即他们是何种债权债务关系？如果不存在某种债权债务关系，又鉴于债权人与公司之间存在债权债务关系，所以有人认为只能是代位诉讼。也即，基于公司股东、董事与公司之间的某种债（瑕疵出资股东对公司的出资补缴责任、赔偿责任等；董事对公司的赔偿责任等）的关系，以及债权人与公司之间的相应债的关系；三方分别作为债权人（公司债权人）、债务人（公司）、次债务人（股东、董事等）。

正如前文在公司债权人起诉公司股东的诉讼程序一问中所论述的，这是基于民法（行为法）固化思维的一种误解。实际上，公司债权人起诉公司股东的，可以是直接诉讼，也可以是债权人代位之诉；类似地，公司债权人起诉公司董事的，可以是直接诉讼，也可以是债权人代位之诉。关键是要搞清楚，公司债权人直接起诉公司股东、董事，是立于何种请求权基础。对此，关于公司债权人起诉公司股东的直接诉讼的请求权基础，前文已经明确；本问则围绕公司债权人起诉公司董事的直接诉讼的请求权基础展开讨论。

二、直接诉讼

（一）规范依据

前文已有所分析，此处仅集中列出如下：

首先是《公司法》第191条规定：

董事、高级管理人员执行职务，给他人造成损害的，公司应当承担赔偿责任；董事、高级管理人员存在故意或者重大过失的,也应当承担赔偿责任。

其次是《公司法》第53条第2款以及《公司法解释三》第14条第2款关于抽逃出资责任的规定。其中,《公司法》第53条规定:

公司成立后,股东不得抽逃出资。

违反前款规定的,股东应当返还抽逃的出资;给公司造成损失的,负有责任的董事、监事、高级管理人员应当与该股东承担连带赔偿责任。

《公司法解释三》第14条规定:

股东抽逃出资,公司或者其他股东请求其向公司返还出资本息、协助抽逃出资的其他股东、董事、高级管理人员或者实际控制人对此承担连带责任的,人民法院应予支持。

公司债权人请求抽逃出资的股东在抽逃出资本息范围内对公司债务不能清偿的部分承担补充赔偿责任、协助抽逃出资的其他股东、董事、高级管理人员或者实际控制人对此承担连带责任的,人民法院应予支持;抽逃出资的股东已经承担上述责任,其他债权人提出相同请求的,人民法院不予支持。

再次是《公司法》第232条第3款及《公司法解释二》第18条第1、2款关于清算义务人(董事的另一种转换身份)的规定,《公司法》第232条第3款明确:

清算义务人未及时履行清算义务,给公司或者债权人造成损失的,应当承担赔偿责任。

《公司法解释二》第18条第1、2款明确:

有限责任公司的股东、股份有限公司的董事和控股股东未在法定期限内成立清算组开始清算,导致公司财产贬值、流失、毁损或者灭失,债权人主张其在造成损失范围内对公司债务承担赔偿责任的,人民法院应依法予以支持。

有限责任公司的股东、股份有限公司的董事和控股股东因怠于履行义务,导致公司主要财产、账册、重要文件等灭失,无法进行清算,债权人主张其对公司债务承担连带清偿责任的,人民法院应依法予以支持。

最后是《公司法》第238条第2款关于清算人(董事的另一种转换身份)对公司债权人责任的规定:

清算组成员怠于履行清算职责,给公司造成损失的,应当承担赔偿责任;因故意或者重大过失给债权人造成损失的,应当承担赔偿责任。

该规定,实质上是第191条规定董事对"他人"的直接责任在清算场合下的具体

化。对此,《公司法解释二》第 23 条第 1 款又进一步规定:

清算组成员从事清算事务时,违反法律、行政法规或者公司章程给公司或者债权人造成损失,公司或者债权人主张其承担赔偿责任的,人民法院应依法予以支持。

(二)请求权依据

我国《民法典》规定的债,有合同之债、侵权之债、无因管理之债、不当得利之债、缔约过失之债、单方允诺之债、其他法定之债等。依照上述《公司法》及其司法解释的规定,实际上在违反信义义务的董事与公司债权人之间形成了公司法规定的特别之债。

比如,就《公司法》第 191 条,有观点认为,此时第三人仍应启动债权人代位之诉,此说固然有其逻辑基础,但实现成本极高,也无异于舍本求末。第 191 条规定已经在债权人与公司董事之间形成了特殊的法定之债,据此,董事执行职务存在故意、重大过失造成公司债权人损失的,债权人可以要求公司、董事承担连带赔偿责任;据此而提出的针对董事的赔偿之诉,应为直接之诉。

三、债权人代位诉讼

问题是,在公司法未规定公司董事直接对公司债权人的损失承担赔偿责任、仅规定董事对公司损失承担赔偿责任的场合下,公司债权人可否针对公司董事提起代位之诉?兹举一例:

《公司法》第 51 条规定:

有限责任公司成立后,董事会应当对股东的出资情况进行核查,发现股东未按期足额缴纳公司章程规定的出资的,应当由公司向该股东发出书面催缴书,催缴出资。

未及时履行前款规定的义务,给公司造成损失的,负有责任的董事应当承担赔偿责任。

据此,未尽到催缴义务(勤勉义务之一种)的董事造成公司损失的,应对公司承担赔偿责任。如此时公司对某债权人的债务届期未予履行,公司又怠于请求董事承担赔偿责任,自然符合《民法典》第 535 条规定的债权人代位之诉的构成要件,公司债权人据此提起代位之诉当然可以成立。在此意义上,有学者认为,但凡董事对公司承担赔偿责任的场合下,只要公司对董事享有相应债权,公司的届期债权人都可以提起代位之诉。

与第 51 条类似,条文及其对应的司法解释条文规定董事对公司负有赔偿责任、未直接规定董事对公司债权人承担赔偿责任的还有——

第 163 条规定:

公司不得为他人取得本公司或者其母公司的股份提供赠与、借款、担保以及其他财务资助,公司实施员工持股计划的除外。

为公司利益,经股东会决议,或者董事会按照公司章程或者股东会的授权作出决议,公司可以为他人取得本公司或者其母公司的股份提供财务资助,但财务资助的累计总额不得超过已发行股本总额的百分之十。董事会作出决议应当经全体董事的三分之二以上通过。

违反前两款规定,给公司造成损失的,负有责任的董事、监事、高级管理人员应当承担赔偿责任。

第 211 条规定:

公司违反本法规定向股东分配利润的,股东应当将违反规定分配的利润退还公司;给公司造成损失的,股东及负有责任的董事、监事、高级管理人员应当承担赔偿责任。

第 226 条规定:

违法减资且造成公司损失的,负有责任的董事对公司承担赔偿责任。

四、两种诉权的选择

根据以上分析,可以将公司债权人起诉公司董事的实体法依据分为两种情况:一是公司法及其司法解释规定董事对公司债权人承担赔偿责任的,二是董事仅对公司承担赔偿责任的。后一种情况下,适格的公司债权人只能针对公司董事提起债权人代位之诉;前一种情况下,公司债权人可以对公司董事提起直接诉讼,但问题是,此时是否也可以提起债权人代位之诉?这是很多民商事诉讼律师提出的问题。本书的回答是,此时公司债权人针对公司董事提起债权债务之诉即可,作为债务人的公司当然可能充当共同被告;如公司债权人选择提起代位之诉,在诉的构成要件上是没有问题的,但这种选择很奇怪,不无迂回曲折之嫌。

第十篇

公司债权人的公司法保护

分篇一

公司法保护债权人的定位

债权人保护是公司法的重要立法目的之一,更是诸多规则设计的理论原点与旨归。但是,公司法对债权人的保护并非孤立无援的,甚或来说,公司法仅是对公司债权人进行保护的组织法面向而已。为系统掌握相应规则,读者诸君有必要明确公司法保护债权人的立法逻辑,辨明其作为组织法区别于行为法的规范目的。同时,本分篇还将目光投向最具组织法特色的债权人保护问题,也即债权人可否提起决议瑕疵之诉,通过介入公司内部决议来实现釜底抽薪式的自我救济。

本分篇共设4问,前两问提纲挈领地展示了公司法保护债权人的逻辑脉络与规则体系,后两问则聚焦于一个颇具争议性的话题。

001 公司法保护债权人的逻辑是什么?

一、为何需要组织法

首先需要回答的问题是,是否需要在合同法、侵权法等行为法(交易法)之外对公司债权人进行额外的组织法保护。毕竟,公司与其债权人之间的关系相较于一般的债权债务关系而言,并不具备根本上的差异,主要聚焦于组织内部关系的公司法因何必须关注外部债权人利益呢?

现代公司组织的核心特征是股东有限责任和两权分离,它们是公司制度蓬勃发展的根源所在。虽然公司作为商事主体所涉及的债权不外乎寻常的合同之债或侵权之债,但债务人的组织体身份,也使公司债权人确实面临着迥异于其他类型债权人的特殊风险。

更为重要的是,在组织体行为的背景下,公司与债权人之间的风险常以"一对多""点对面"的形式存在,从整体意义上提升了公司债权人风险的特殊性。由此,作为组织法的公司法应对公司债权人提供特殊保护已是责无旁贷。

二、组织法中债权人面对的特殊风险

公司债权人所面临的最大风险根源于"有限责任"。有限责任制度的本质是投资人将经营失败的风险转由公司债权人承担,以此激励人们踏入危机四伏的商业领域,刺激市场与经济的活力。这种风险转移带来的后果便是公司债权人成为绝大部分风险的承担者,当然,此种风险的发生是制度所带来的不可避免的负外部性,也是公司债权人应当承受的合理商业风险。

然而,公司债权人不仅要面对公司经营失败的正常的剩余商业风险,与此同时,内部人恶意侵害的不法风险也如影随形。例如,在两权分离程度较高的公司中,董监高等"内部人"违反忠实义务监守自盗、将公司资产据为己有的现象并不鲜见,抑或违反勤勉义务玩忽职守,将公司资产置于商业危机中而不顾;在两权分离程度较低的公司中,控股股东或者实际控制人为实现自身利益,通过关联交易、违法分配等行为,甚至直接模糊公司独立人格,将公司视为自己纯粹牟利的工具。以上行为不仅在形式上是对公司利益的极大损耗,更为实质的是侵害了依附于其上的公司债权人利益。更进一步地,债权人内部追责存在极高的困难程度:一方面,债权相对性使其仅与公司之间具有法律关系,无从直接通过债权债务关系实现对于包括滥权董监高和双控人的追责;另一方面,公司内部组织架构的复杂性使责任分配之间存在模糊不清之处,纵使抛开法理障碍,债权人在实际追责时也难免会遇到"有权者无责,有责者无权"的情形,难以真正实现"权责一致"。

与此同时,公司债权人所面临的风险还来源于严重的信息不对称。因为公司在人事、财务方面的组织结构相较其他债务人更为复杂,且公司的内部信息较为封闭,一般不对外部主体开放,公司债权人在与公司签订合同时即可能面临信息不对称带来的风险,并需要承担高昂的信息成本。并且,此种公司内外存在的信息差,也使公司内部人员有动机、有能力阻碍债权人了解公司内部的信息直接或间接地损害债权人的利益。

接下来的问题是,组织法究竟应当如何对行为法进行填补,以实现对于公司债权人更为周全的保护?具体来说,针对前述风险,从制度层面展开,行为法对于公司债权人保护共有两个羸弱之处:一是在公司债权人特殊风险的预防方面缺乏建树;二是,受到公司独立人格与相对性原则的理论限制,行为法无法在风险发生后,为公司内部人的担责提供依据。行为法未竟之处是组织法扛鼎之时。因而,作为行为法之填补,公司法为公司债权人提供的制度性保护共有两个方面:组织法上的风险约束与组织内部的责任分配。

三、组织法中债权人保护的特殊设计

一方面,对组织体特殊风险的提前预防予以关注,对债权人利益之保护"防患于未然"。例如,通过公司资本制度设计限制公司资产流出,保障组织偿债能力,典型为对公司对外担保、对外投资、对外财务资助等行为进行一系列实质性、程序性的限制;通过债权人知情权制度设计,弥合内外部信息不对称的鸿沟;通过董事信义义务的苛加,尤其是公司法引入的董事对第三人责任,公司人格否认制度的设计等,实现对公司行为负外部性的在先威慑。

另一方面,对组织内部人的责任进行合理的分配。风险预防意在最大限度降低债权人受到侵害的可能性,而一旦不法侵害发生,组织法则要弥补行为法在规则功能上的不足,为债权人的追偿提供依据。通过公司人格否认制度,组织法以股东有限责任为切入点,突破公司完全人格的"铜墙铁壁",实现债权人对滥权股东的直接追责;通过信义义务的苛加,组织法对管理层责任、双控人责任的制度设计使无法由行为法调整的组织内部责任亦得以落实。

四、行为法与组织法的分工与合作

前述组织法的制度填补与行为法一并构成了公司债权人保护的完整体系,二者分工且合作,相互配合与完善。依据规范设计或适用解释的逻辑,可以对不同功能的制度设计进行简单的顺序排列:

其一,行为法对债权人合约自治的保护优先,但需要与组织法协同。根据最基本的私法自治理念,在不违背私法的基本原则和强制性规则的前提下,应当尊重公司债权人与公司之间的意思自治,保护债权人的约定权利。当然,此种对于债权人的保护不得违反公司法中的强制性规定,尤其是基于资本维持原则所设计的一系列规则群。

其二,组织法的风险预防优先于责任分配。在缺乏意思自治或意思自治不足的

情形下,行为法则无力预防公司债权人所面临的组织特殊风险。因此,组织法设计了较为充足的风险预防机制,如公司资本制度、公示登记制度等,以提前维护债权人利益,预防不当侵害。

其三,行为法的责任分配优先于组织法的责任分配。具言之,从尊重公司人格独立、债的相对性的基本理念出发,行为法上的归责应当优先于组织法上的归责。也即原则上,债权人应当首先向公司主张权利,仅在满足严格的组织法条件时,债权人才得以向组织内部人主张责任承担。

其四,组织法的责任分配发挥兜底作用。当债权人利益显著受损而行为法归责机制失效时,应当诉诸组织法的责任分配规则。而公司法内部的责任分配往往是兜底性的、最终的解决手段,也是组织法补充行为法对债权人进行保护的核心面向。

五、小结

正是因为相对方为组织体,公司债权人面临着有别于一般债权人的风险。有鉴于此,为实现对公司债权人的有效保护,组织法有针对性地进行制度供给以实现事前的风险预防和事后的组织体内部归责,以填补行为法之不足。本篇分篇二、三即针对公司对外担保、对外投资、对外财务资助等行为展开,是最具有组织法特色的、典型的事前风险预防规则;分篇四、五针对董监高责任、公司人格否认的论述,即是对组织法责任分配规则的阐释。

002 公司法保护债权人的规则有哪些?

前两问从较为宏观、抽象的层面详述了公司法保护债权人的逻辑:作为组织法为债权人提供了更具针对性的风险预防与责任分配手段,并在债权人与公司之间意思自治时厘定适当的限度。本问将从理论走向立法,通过公司"生老病死"的时间线索,向读者介绍《公司法》从公司设立至公司解散清算所设置的一系列保护债权人的规则。当然,以下仅是规则的不完全列举,请读者明白法理后举一反三。

一、公司设立阶段

对公司在设立阶段产生的债权,《公司法》第44条第1、2、3款规定:

有限责任公司设立时的股东为设立公司从事的民事活动,其法律后果由公司承受。

公司未成立的,其法律后果由公司设立时的股东承受;设立时的股东为二人以上的,享有连带债权,承担连带债务。

设立时的股东为设立公司以自己的名义从事民事活动产生的民事责任,第三人有权选择请求公司或者公司设立时的股东承担。

二、股东出资制度

《公司法》对股东出资制度进行了全方位的规定,公司资本充足,履行债务的责任财产才能有所保障。首先,《公司法》对股东出资期限给予了明确的限制,第47条第1款规定,全体股东认缴的出资额由股东按照公司章程的规定自公司成立之日起五年内缴足。第98条第1款规定,发起人应当在公司成立前按照其认购的股份全额缴纳股款。如公司不能清偿到期债务,股东出资加速到期。股东未足额出资的,第50条规定,设立时的其他股东与该股东在出资不足的范围内承担连带责任。抽逃出资的,股东应当按照第53条的规定返还。同时,给公司造成损失的,负有责任的董事、监事、高级管理人员还应当承担连带赔偿责任。第51条规定,新设股东失权制度,股东经催缴仍未履行出资义务的,将丧失其未缴纳出资的股权。第88条还规定,股东未出资到位即转让股权的,需承担补充或连带责任。

为使债权人能够了解公司基本情况,《公司法》还对公司信息的公示公开进行了规定。依《公司法》第40条,公司应当按照规定通过国家企业信用信息公示系统公示下列事项:(1)有限责任公司股东认缴和实缴的出资额、出资方式和出资日期,股份有限公司发起人认购的股份数;(2)有限责任公司股东、股份有限公司发起人的股权、股份变更信息;(3)行政许可取得、变更、注销等信息;(4)法律、行政法规规定的其他信息。且公司应当确保前款公示信息真实、准确、完整。上市公司还应当依第140条披露股东、实际控制人的信息。

三、公司运营阶段

《公司法》规定了公司人格否认制度,防止股东滥用公司法人独立地位及股东有限责任,导致债权人权益受损。2023年《公司法》修订后,在保留原来的纵向人格否认制度的基础上,新增了横向人格否认制度,也即债权人可以在关联公司之间追究横向的、并列的穿透式责任。第23条第1、2款规定,公司股东滥用公司法人独立地位和股东有限责任,逃避债务,严重损害公司债权人利益的,应当对公司债务承担连带责任。股东利用其控制的两个以上公司实施前款规定行为的,各公司应当对任一公司的债务承担连带责任。同时,虽然2023年《公司法》不再对一人公司设专章,但仍保留了一人公司适用公司人格否认规则时的举证责任倒置。

在公司发生合并、分立、减资等可能有损债权人利益的重大事件时,《公司法》也对债权人保护作出了规定。根据第224条第2款规定,公司应当自股东会作出减少注册资本决议之日起十日内通知债权人,并于三十日内在报纸上或者国家企业信用信息公示系统公告。债权人自接到通知之日起三十日内,未接到通知的自公告之日起四十五日内,有权要求公司清偿债务或者提供相应的担保。除了减资情形,在公司合并分立时,同样应当通知债权人并及时公示。未依照本法规定通知或者公告债权人的,由公司登记机关责令改正,并对公司处以1万元以上10万元以下的罚款。根据第221条和第223条:公司合并后各方的债权、债务,应当由合并后存续的公司或者新设的公司承继;公司分立前的债务由分立后的公司承担连带责任,但是,公司在分立前与债权人就债务清偿达成的书面协议另有约定的除外。

在公司经营过程中,避免公司资产不当流出也旨在使债权人的权利得到保障。根据第163条:除公司实施员工持股计划外,公司不得为他人取得本公司或者其母公司的股份提供赠与、借款、担保以及其他财务资助。如为公司利益可以为他人取得本公司或者其母公司的股份提供财务资助,但财务资助的累计总额不得超过已发行股本总额的10%,但需经股东会作出决议。违反前两款规定,给公司造成损失的,负有责任的董监高应当承担赔偿责任。根据第210条,公司在进行利润分配前应当提取法定公积金,并对以前年度积累的亏损进行弥补。根据第211条,违反规定向股东分配利润的,股东应当将违反规定分配的利润退还公司;给公司造成损失的,股东及负有责任的董监高应当承担赔偿责任。

四、公司清算阶段

公司在进行清算时,应当在解散事由出现之日起15日内组成清算组进行清算。董事为公司清算义务人,清算义务人未及时履行清算义务,给债权人造成损失的,应当承担赔偿责任。根据第256条,公司在清算时隐匿财产,对资产负债表或者财产清单作虚假记载,或者在未清偿债务前分配公司财产的,由公司登记机关责令改正,并对公司直接负责的主管人员和其他直接责任人员处以相应罚款。2023年《公司法》新增了公司的简易注销制度，但如股东对公司在存续期间未产生债务或者已清偿全部债务的内容承诺不实，应当对注销登记前的债务承担连带责任。

003 债权人介入公司治理：提起决议瑕疵之诉？（上）

一、会议室之外的合法抗争：公司决议瑕疵之诉

公司决策的民主性、科学性是公司良治之魂：股东会、董事会作为会议体，议决时必须遵循程序正当与内容合法的双项要求——公司决议瑕疵之诉，也即集体决策机制的司法审查是倒逼、催生公司决策民主性、科学性的重要方式。

二、瑕疵决议之诉的原告资格安排

(一)瑕疵决议之诉的各个原告

瑕疵决议之诉作为一种常用的救济手段，有决议无效之诉、决议可撤销之诉和决议不成立之诉。

决议可撤销之诉中，《公司法》第26条明确规定了股东作为原告主体，可以请求人民法院撤销股东会、董事会决议。《公司法解释四》第2条明确指出，原告应当在起诉时具有公司股东资格。

对于决议无效之诉、决议不成立之诉，《公司法解释四》第1条的规定：

公司股东、董事、监事等请求确认股东会或者股东大会、董事会决议无效或者不成立的，人民法院应当依法予以受理。

不论以上何种瑕疵决议之诉，《公司法解释四》第3条第2款明确，在一审法庭辩论终结前，其他有原告资格的人以相同的诉讼请求申请参加诉讼的，可以列为共同原告。

(二)如何理解"等"字的含义

《公司法解释四》第1条中，"等"的含义显然不仅仅包括公司股东、董事、监事。例如，在开会时，主持人会说"欢迎某某书记、某某首长等领导"，这里的"等"显然也是将已经出席会议，但没有列举的领导包括在内，只不过受限于时间安排而不再一一列举。因此，"等"字的具体含义，应从内外分别展开。

1. "等内"

"等内"的意思是,与前者罗列的人、事、物性质相同的存在,在公司中,总经理、副总经理、财务负责人等就属于此等类型。如此,该高级管理人员应当与公司股东、董事、监事同样享有提起决议瑕疵之诉的权利。这也是对现实公司中,各职务人员相互兼任的治理现状的肯定。

2. "等外"

"等外"则是与前者罗列性质不同的人。此处最值得讨论的是公司债权人是否可以被涵盖在该"等"字的含义范围内?在《公司法解释四》的制定过程中,各位专家学者对此进行了激烈的探讨。

有观点认为,不宜赋予债权人提起瑕疵决议之诉的资格,在上海市第二中级人民法院(2018)沪02民终2510号"博地商业管理(上海)有限公司、江绪中等公司决议效力确认纠纷案"中,法院明确指出,《公司法解释四》第1条已经将决议效力确认之诉的原告主体限定在该公司的股东、董事和监事范围之内,不宜再作扩张。

反对者指出,"债权人过多介入公司决议的主张并不利于公司治理与有效决策,最终也极有可能不利于偿债能力的提高,并真正危及债权人利益。债权人对于公司决议与公司治理的介入权应当被限缩,而不是扩张"。该观点仅仅在理论构想上被讨论,实际上忽略了债权人对提起决议瑕疵之诉存在的现实需求。

更进一步地,针对债权人的现实需求,同样持反对观点的学者主张,债权人不应被包括在内,是由于他们与公司之间存在债权债务关系,债权人的权益可以通过合同法和侵权法得到保护,应直接提起违约诉讼或侵权诉讼,而不必再主张公司决议的效力瑕疵。这一观点的合理之处在于,如果民法能够提供全面的保护,那么公司法的干预确实就不再必要。然而,如前所述,组织法为公司债权人提供保护仍然是具有重大意义的,不应因合同法、侵权法的有限保护而将组织法可提供的保护"自断臂膀"。下文予以详述。

三、法定事由下的债权人原告资格

2016年《公司法解释四(征求意见稿)》第6条曾经试图将公司决议无效予以类型化,规定:"股东会或者股东大会、董事会决议存在下列情形之一的,应当认定无效:(一)股东滥用股东权利通过决议损害公司或者其他股东的利益;(二)决议过度分配利润、进行重大不当关联交易等导致公司债权人的利益受到损害;(三)决议内容违反法律、行政法规强制性规定的其他情形。"其中第2项指出公司不得违反无盈不分的规则,否则损及公司资本、变相掏空公司,间接损害了债权人的利益。

针对该决议无效情形:一方面,最直接的路径就是由债权人提起决议无效之诉,向股东主张将违法侵吞的资金退还公司。另一方面,该情形下的决议无效之诉也只能由债权人提起,因为全体股东都是公司违法分配利润的受益者,也很难期待有所获益的股东与参与分配的董监高提起诉讼。因此,在公司的股东、董事、高管提诉均存在较大阻力的情况下,债权人本身是当仁不让的提诉主体,赋予债权人原告资格便有了现实意义。

实践中,也有相关案例认为债权人应当具备决议瑕疵之诉的原告资格,法官论理常常从《民事诉讼法》角度出发,确认债权人因具有"有直接利害关系"而承认债权人的原告资格。

例1。在中国石化销售有限公司重庆石油分公司与中南煤炭选洗、中南石油公司决议效力确认纠纷案[(2016)渝02民终1288号]中,法院认为,虽然《公司法》没有对提起公司股东会或者股东大会、董事会决议瑕疵之诉的主体资格作出明确规定,但是,《民事诉讼法》第119条第1款第1项规定了"原告是与本案有直接利害关系的公民、法人和其他组织",而公司股东会或者股东大会、董事会作出的决议一般是针对公司内部的经营管理事项,因此,提起确认公司股东会或者股东大会、董事会决议无效之诉的原告,应当是与公司股东会或者股东大会、董事会作出的决议具有直接利害关系的公司股东、董事、监事、高管人员、公司员工等;在特殊情况下,公司的债权人认为公司股东会或者股东大会、董事会作出的决议损害其债权的,亦享有诉权。

004 债权人介入公司治理:提起决议瑕疵之诉?(下)

(书接上问)

四、约定事由下的债权人原告资格

(一)约定事由包括哪些?

司法实践中,银行进行规模较大的甚至高达几十亿元的公司贷款时,为保障自身利益,通常与公司进行约定,要求公司未经允许,不得分红。其背后的原因在于,银行的贷款可能在短期内使公司的现金流得到改善,并在临近两年获得利润,但两年内的盈利对于银行来说也只是过眼云烟,并不意味着公司后续必然具有偿债能力。若贷款五年后才到期,为保证公司持续具有偿债能力,既需要确保该公司留存足够资金以供后续几年的经营,又需要防止公司私自调整财务报表,将银行贷款金额作为利润偷偷分红,所以签订了"在债务清偿之前,公司不得向股东分红"的条款。然而,如果股东违背该协议作出分红决议,即违反了《民法典》规定的诚实信用原则,侵犯了债权人的利益。

除此之外,合同还可能约定,未经同意,公司不得再举债借款。毕竟,举债越多负债越多,公司债权人越多,其责任资产也将不断摊薄,未来银行得到清偿的可能性又会降低。除此之外,为防止公司资产流失,债权人还可能要求,未经同意,公司不得对外担保,等等。

(二)约定事由下债权人作为原告为什么被认可?

在已经有上述各类约定的情况下,公司很可能仍然以符合法定分红条件为由,作出分红决议,违反与银行之间的协议,那么作为债权人的银行如何救济?一般来说,银行当然可以提起违约之诉,要求公司赔偿,但是无法宣告公司分红决议的无效。这意味着公司在先的分红行为并无效力瑕疵,股东收到分红后并不需要再返还公司,但公司此时已经没有财产可供违约赔偿,就使银行的诉讼请求无法真正实现。而真正釜底抽薪的方式,是由银行作为债权人宣告,公司违反其与债权人之间的约定,决议存在瑕疵。

例2。在凌国营与深圳市酱香酒业有限公司公司决议效力确认纠纷案[(2018)粤03民终21955号]案中,公司作为债务人,作出股东会决议将合同义务转移给第三人时,并没有经过债权人的同意,债权人凌某营随即提起决议无效之诉。一审法院认为,其不符合法律规定的与本案有直接利害关系的条件,主体不适格。但二审法院的裁决相反,债权人凌某营主张该股东会决议通过的股权转让及债务承担事宜未经作为公司股东及公司债权人凌某营的同意,该股东会决议一方面损害了凌某营作为股东的优先购买权,另一方面也损害了其作为公司债权人的合法权益。因此,该股东会决议与凌某营有利害关系,有权提起诉讼,法院应当予以受理。

(三)如何成为适格主体

从前引案例可见,我国司法实务中一般不区分正当原告和诉的利益,仅通过原告是否对公司决议享有利害关系来认定公司决议瑕疵诉讼的原告资格。对于利害关系的判断通常根据《公司法》及其司法解释规定的法定范围，只要具有法定主体的身份就享有诉讼权利。但当前法律规范中并未直接规定债权人的诉讼地位，约定事由下债权人能否成为原告就成为一大障碍，法院也常常将诉的利益与直接利害关系相混淆。因此，债权人在通过约定事由行使诉权时，就必须强调自身的直接利害关系，也需要阐明诉的利益，从而降低被驳回起诉的可能。

1. 直接利害关系

从内容看，直接利害关系（也称"诉讼实施权限"或"当事人适格"）包含两种情形：其一，在绝大多数情形下，只要原告声称主张自己的权利，或声称针对被告主张该人之义务，该当事人就有直接利害关系，也即有诉讼实施权限或属于适格当事人。其二，仅在极少数情形下，可能会剥夺权利人的诉讼实施权限，此时原告以自己的名义主张他人的权利，构成诉讼担当。

为成为有直接利害关系的当事人，债权人需要证明自身存在诉讼实施权限，也就是证明自己有权享有其所主张的权利——提供债权人与公司间的合同证明。此时，法院并非直接审查债权人是否为实体上的债权人，而是要求债权人具有诉讼实施权限，也即当事人适格即可，从而确认原告和被告之间已经形成并存在诉讼法律关系。至于债权人是否为实体上的债权人，由法院后续再进行审查。

2. 诉的利益

决议瑕疵之诉性质上属于确认之诉，确认之诉是指原告请求法院确认其权利或法律关系的存在或不存在。此间，法院通常应当额外审查确认之诉是否存在确认利益，如果被告的行为或者其他因素导致法律关系对原告而言处于实际上的不确定或不安定状态，以至于他认为自己的权利地位受到当前之威胁且需要立刻澄清，此时就存在确认利益。换言之，如果债权人的权利或者权利地位面临威胁，并且法院作出的确认判决适合消除这种危险，就存在确认利益。

具体至债权人依照合同提起决议瑕疵之诉的情形，公司在违反约定事由后，公司债权人本应得到受偿的债权变得不确定，因此其法律利益受到威胁，从而其具有诉的利益。提起决议瑕疵之诉，公司债权人可以获得确认判决，该判决发挥的功能在于消除债权人权利地位的不安定性，从而澄清争议问题——例如，公司决议是否无效，股东是否应返还分红。而这一问题，也必须从决议瑕疵的确认之诉开始，直接通过给付之诉要求公司实现更进一步的诉讼目的则不可能。

分篇二

公司对外担保

就某个具体的公司法问题而论,近20年来再也没有比公司对外担保更为纠结的了,围绕《公司法》第15条的立法意旨、规范性质、司法理解与适用、违反第15条的对外担保合同效力、无效后的责任承担等一系列裁判问题,学术界、立法者、司法界都展开了旷日持久的热烈争论。如果仔细盘点过去20年来各级各类法院的类案判决所呈现出的观点,读者可能会"怀疑人生"。

这个问题足够复杂,涉及公司法、合同法、担保法等多个部门法,是组织法、行为法最为交织的问题。如有人对于组织法、行为法的关系研究感兴趣,显然没有比公司对外担保这一话题更具典型性、挑战性的了。

本分篇共设15问,连同分篇三的7问,一共22问,计近5万字,写作任务是用最小的篇幅,讲透彻中国公司对外担保的基本面。

005　公司对外担保行为为何特殊?

一、释义

公司对外担保的要义,需要强调三个层面:

1. 对外担保,意即为他人的债务所提供的担保,而不是为自己的债务所提供的担保。如属于后者,该行为应被视为公司营业行为的附属行为,遵从意思自治原则,公司法自无必要特别干预。

2. 担保的方式包括典型担保方式,比如保证、抵押、质押,也包括非典型担保方式,比如让与担保等。总之,公司是以第三人的身份为其他债务人的债务提供担保。相比之下,由于第三人提供保证要承担无限责任,而提供抵押、质押、让与担保等仅承担有限责任,所以公司对外提供保证的,要受到更严格的规范。

3. 公司对外担保不是该公司的营业项目。对于专业担保公司为客户提供的收费担保服务、商业银行等金融机构为客户提供的保证函等收费服务,不在公司法上的公司对外担保制度的规范之列。换言之,公司法上的公司对外担保,是该公司日常经营范围之外的特别活动,不是该公司股东当初投资公司授权管理层所为的营业项目。

二、问题溯源

长期以来,公司对外担保纠纷的裁判都是各级法院分歧最大的问题之一,曾有实务界人士评价为"天下苦秦久矣,法院苦第15条久矣";在公司法学理论上,也是学术歧见最严重的问题之一,围绕对于《公司法》第15条的法律规范性质展开的讨论,众说纷纭。对此,我们不禁要问,《公司法》为何在第一章"总则"设置特别规范来规制公司对外担保行为？公司对外担保有何"神秘面纱",使立法者、司法者与学者皆对其"情有独钟"？

以下是对公司对外担保的几个维度的分析:

1. 非日常营业行为

在规范功能上,本条与演化数百年的公司目的事业规则相似,即我国法上的公司经营范围。历史上,商法对公司目的范围的规制政策经历了一个由放任到限制再到自由的过程。最早商事企业可以从事任何经营活动,法律并未对其进行限制,但鉴于组织的力量越来越大,甚至出现了跨国企业富可敌国的情况,公司的经营范围随之得到了公权力越来越多的管控,商事营业一度归属于特殊范畴(垄断阶级的游戏)！然而,随着经济发展,现在多数国家已经废弃了"公司目的限制"规则,现代公司法也承认公司可以从事"任何合法经营"(any lawful business),除非公司自己愿意设定限制,否则法律不作强制性干预。

正是基于这种考虑,《公司法》在2005年修订之前,对公司的对外担保行为与正常经营行为并未加以区分。但自2005年《公司法》第16、105条引入独立的公司对外担保制度以来,围绕着公司对外担保规范的立法意旨、规范性质(强制性与任意性、管理性与效力性)、决议前置程序、违反后的法律后果等种种议题再次涌现,成为历久弥新的话题。

首先可以排除的是,《公司法》对于公司对外担保行为进行特殊规制,并非基于对公司营业范围的强调,也即公司法并不旨在限制公司在营业范围之外的其余行为。然而,公司对外担保制度背后的立法理念有何特殊,需要立法者对此进行特别规制呢? 下一问将进一步分解。

2. 非营利性

《民法典》第76条:

以取得利润并分配给股东等出资人为目的成立的法人,为营利法人。

营利法人包括有限责任公司、股份有限公司和其他企业法人等。

公司作为市场经济最重要的商事主体,系以营利作为自身核心价值追求,但公司为他人债务提供担保本身并不具有经营性质和营利属性(以收费担保为业的担保公司、以提供收费保证函为业务之一的金融机构除外),在一定程度上背离了公司的设立本旨和存在目的。

3. 单务性、无偿性、巨大风险性

公司为第三人的债务提供担保,单就担保合同而言,具有三个特性:

(1)单务性。针对合同双方当事人的权利义务,担保人仅有义务,债权人仅有权利。

例1。A商贸有限公司若为B建工有限公司向C商业银行的借款合同提供保证。保证合同当事人是A公司与C银行,保证人承担保证义务,债权人享有保证债权。

(2)无偿性。担保人承担担保责任后,并不能从债权人处获得任何对价。

例2。上例中A公司承担担保责任(保证责任、物保责任等)后,并不能从C银行处获得任何对价,只能事后向B公司追偿而已。

(3)巨大的风险性。问题是,A公司事后向B公司追偿,很可能面临追偿不能的风险,即便追偿成功,也仅为损失填补,而不能因此获益。

例3。A商贸有限公司若为B建工有限公司向C商业银行的借款合同提供担保,不仅无法收取B公司的任何"好处"(担保合同原则上为无偿提供的),若B公司无法履行还款义务,A公司还要实际承担担保责任。虽依法A公司事后可以向B公司追偿,但在A公司与B公司未提前就追偿权提供有效的反担保措施的情况下,A公司的追偿大概率会"竹篮打水一场空"。由此可以看出,A公司为B公司债务提供担保,除了"幻想"自身将来落难时,B公司也许会"投桃报李"伸出援手外,在法律的视角下这是"有百害而无一利"的选择——若B公司不履行债务,A公司承担担保责任,事后可能面临无法追偿的结果,最终担下了所有的风险。

006 　公司法规制公司对外担保行为的价值取向是什么？

一、公司法、合同法的分工与协调

公司对外担保是一个合同行为,显然要受到公司法、合同法的共同规范。那么,二者的关系如何？

如果说合同法规范决定对外担保合同的效力与责任承担,那么公司法的任务是什么呢？

答案是,提供公司对外担保行为的议决程序规则,为公司法上的相关利益主体提供平衡保护。

那么,公司法是如何做到这一点的？

二、公司法的三重利益衡量

(一)防范管理层借由公司对外担保带给全体股东代理成本

路径就是拒绝授予管理层个人对公司对外担保事项的决定权。2005 年《公司法》有两个条文明确这一点：一是第 16 条正面规定只有董事会、股东会才有对外担保的议决权；二是第 149 条第 1 款第 3 项明确禁止董事、高管个人"违反公司章程的规定,未经股东会、股东大会或者董事会同意,……以公司财产为他人提供担保"。现行公司法虽然未重复后一规定,但是法律立场并未发生任何变化。

也可以说,《公司法》《九民纪要》《民法典担保制度司法解释》等对公司对外担保进行重点规范,核心考虑是在"两权分离"的假设下,对外投资、担保、捐赠、借款、财务资助等行为概不属于一家普通商事公司的正常经营必需之行为。质言之,依据股东—管理层的委托代理关系,股东并未授权管理层去为这些行为。为此,要防止公司担保等非常规营业行为给全体股东带来的伤害,需要公司法出面,通过法律机制(程序以及实体要件)确定对外担保乃出于符合全体股东利益的公司真实意思表示,以充分保护全体股东的合法权益。

(二)防范双控人借由公司对外担保带给少数股东代理成本

路径就是《公司法》第 15 条第 2、3 款明确规定：

公司为公司股东或者实际控制人提供担保的,应当经股东会决议。

前款规定的股东或者受前款规定的实际控制人支配的股东,不得参加前款规定事项的表决。该项表决由出席会议的其他股东所持表决权的过半数通过。

据此,如果公司为双控人的债务提供关联担保的话,董事会的议决权也被排除在外,只能由股东会作出决议,且该关联股东执行表决回避。需要提示读者的是,这是我国公司法文本关于关联股东表决回避的唯一规定。

之所以作此立法规定,是因为很多情况下公司对外提供担保就是为双控人及其利害关系人的债务提供担保——虽然第2款指向了"股东",但现实中少数股东欲实现公司为其债务提供担保,基本上不可得。所以,关联担保往往最终沦为双控人掏空公司的主要路径。

(三)平衡两类公司债权人的利益

一类债权人,就是公司对外担保的债权人,另一类债权人,就是提供担保的公司的既有债权人。二者的利益冲突在于,就某份公司对外担保合同而言,站在前者的立场,当然希望法律规制越少越好,这样能够确保该担保合同有效,公司依约承担担保责任,自身利益得到最大保障;站在后者的立场,则反之,公司进行对外担保损及自身责任财产,必然不利于在先债权的清偿。此两类债权人的冲突可以经由《民法典》第539条规定一探究竟:

债务人以明显不合理的低价转让财产、以明显不合理的高价受让他人财产或者为他人的债务提供担保,影响债权人的债权实现,债务人的相对人知道或者应当知道该情形的,债权人可以请求人民法院撤销债务人的行为。

债务人"为他人的债务提供担保,影响债权人的债权实现",在先债权人可以请求撤销这一对外担保行为,这一规定正折射出了公司对外提供担保所激发的两类债权人之间的利益冲突。

在此意义上,很多民商法专家所谓公司对外担保规则究竟旨在保护债权人利益还是保护公司股东利益,以及所谓违反第15条的对外担保合同无效不利于保护债权人的言论,实际上过于狭隘了,因为其起码没有注意到此种场合下有两类债权人且其利益立场完全相反。被担保的债权人固然值得保护,难道公司既有的债权人就不值得保护吗?

作为商事组织体,公司所面对的现实生活要比想象中远远丰富得多,其蕴含的利益冲突也复杂多样。如前一问所述,公司对外担保行为本身具有非营利性、高风险性,在多数情况下有损公司利益,依附于其上的债权人利益、少数股东利益也存在随之受损的极大可能。由此视角观之,对担保行为予以规制,实际上旨在平衡利益有所冲突的双方,也即被担保的债权人与以公司利益为依托的利益方(包括两权分离下的股东、少数股东、既有公司债权人)。

综上,公司法关于公司对外担保行为的规制意旨,就是要在多方利益之间达致平衡,而绝不是对某一类主体的单方利益维护。平衡的方法,不是在合同法规范之外另起炉灶搭建起一套对外担保合同效力及责任的规范体系,而是落脚在公司组织法的应有立场——提供规制公司对外担保意思的议决权及其程序的规则,来确保公司对外担保的意思是公司有权机关代表公司作出的真实意思。

007 公司法如何分类规制公司对外担保行为——非关联担保与关联担保的议决程序分野?

一、股东会、董事会议决权的基本分野

如前文已经指出的,按照债务人的身份不同,公司对外担保分为非关联担保与关联担保,后者专指《公司法》第15条第2款规定的"为公司股东或者实际控制人提供担保",当然这一分类的概念体系可以说是该条解释下特定的,并不十分严谨,因为该概念外延并未把公司为董监高提供担保的情形纳入进来。而且,"为公司股东或者实际控制人提供担保"的外延本身还需要进一步扩展,比如为公司股东、实控人的利害关系人提供的担保,也应被纳入此处的关联担保范畴,详见后文。

这一分类的意义在于,两类担保的议决机关不同:前者,由公司章程规定在股东会、董事会之间择一机关议决;后者,只能由股东会议决。

二、董事会议决的几个细节

那么,对于公司"为公司股东或者实际控制人提供担保"之外的对外担保,经由章程规定由董事会议决的,董事会议决程序有哪些细节需要留意?

(一)关联董事的回避

为某董事或者董事的特定利害关系人(比如董事的近亲属,董事近亲属投资、任

职的企业)债务提供担保的,该董事为关联董事,上市公司依据《公司法》第139条、非上市公司依据第185条,该关联董事执行表决回避;出席董事会的非关联董事不足3人的,应该交由股东会议决。

(二)一名董事独断

如果公司不设董事会而仅设一名董事,则由该董事依法(《公司法》第75条)依章决定之;如该董事存在关联关系,则仍然交付股东会议决。

(三)董事的信义义务

董事会作任何决议,董事会成员都要尽到对公司的忠实义务与勤勉义务;但鉴于公司对外担保的非日常业务性、无偿性、单务性与巨大风险性等特性,董事会作出决议时,其忠实义务与勤勉义务具有了更特别的含义。关联董事要严格执行利害关系披露、表决回避等程序,不违背忠实义务;同时,非关联董事也要切实遵循"为公司的最大利益"立场,不做损害公司利益的事情。

三、股东会议决的几个细节

(一)股东会议决非关联担保

依照《公司法》第15条第1款,对于"为公司股东或者实际控制人提供担保"之外的对外担保,依照公司章程也可由股东会作决议。股东会对于此类对外担保的议决,并无适用该条第3款的空间,依照公司章程作出相应的决议即可。

还有一种情形是,对于上文提到的公司章程规定董事会"为公司股东或者实际控制人提供担保"之外的对外担保,如果出席会议的非关联董事不足3人,也由股东会作决议。

(二)股东会议决关联担保

难点在于股东会对关联担保作决议,展开四点而论:

1. 关联担保外延的扩张解释

《公司法》第15条第2款的原文是"为公司股东或者实际控制人提供担保",在此需要明确三点:

(1)此处的"股东"是指公司的所有股东,并不限于控股股东,但实务经验表明主要指向控股股东。因为对于少数股东而言,让公司为其债务提供担保,如果不是奢望,也至少是很鲜见的。退一步,纵使公司出于某种考虑或者例外情形为少数股东债务提供担保,那么少数股东滥权的可能性也是很小的。

(2)如果公司"为公司股东或者实际控制人提供担保",自然要防止双控人滥权,但是如果公司"为公司股东或者实际控制人的其他利害关系人提供担保",也同样有防止双控人滥权的必要。所以本款的适用,基于合规范目的性解释,理应进行扩张。

例1。设A公司控股B、D公司、B公司控股C、E公司,A、B公司共同控股F公司。那么,C公司为A公司(实控人)、B公司(股东)的债务提供担保的,自然适用第15条第2、3款;但如果C公司为D、E、F公司的债务提供担保,难道不适用第15条第2、3款吗?答案是肯定的。

(3)司法实践的进一步扩展。除此之外,司法裁判对于关联方的界定基于实质认定的理念,作出了进一步突破——有囊括"其他与公司有关联关系的主体"的解释倾向。部分裁判案例将实际出资人(隐名出资情形)也认定为关联担保方,部分案例穿透认定被担保人——如某股东为实际借款人,即便借款人名义上为他人,公司为该借款提供担保亦构成关联担保。这些做法都是合规范目的解释原则的。

2. 股东回避

对于关联担保的议决,第15条第2、3款设置了两个特殊规则:

(1)由且只能由股东会议决,拒绝其他任何法人机关染指。如果公司章程规定由董事会等其他法人机关议决,该条款应被视为无效约定。质言之,第15条第2款是强制性规范、效力性规范。

(2)为防止关联股东在表决时滥权,第3款规定关联股东(股东本人及受实控人支配的股东)回避表决。迄今为止,这是整部公司法文本关于关联股东回避表决的唯一规定,如有违反,将可能导致决议的不成立或者可撤销(《公司法》第26~27条)。

3. 多数决的计算

难点还在于股东会对于关联担保议决时的多数决计算,《公司法》第15条第3款最后一句话表述为"该项表决由出席会议的其他股东所持表决权的过半数通过"。这句话明确两点,可以解读为三个要点:

(1)实行普通多数决,也即简单过半数即可;

(2)简单过半数属于公司法的底线式规定,公司章程规定更高比例的,适用之;规定更低比例的,无效;

(3)简单多数决的分母为"出席会议的其他股东所持表决权",也即关联股东可以参加包含有关联担保议决事项的股东会,但就关联担保的议决事项,不得参与投票。

例2。曾有某商事律师、某金融法院法官不约而同咨询著者类似的案例。假设某甲公司有A、B、C、D四个股东,现召开股东会要对公司为A股东(持股51%)的债务担保作出决议,出席会议的有A股东、B股东(持股12%)、C股东(持股19%),另外持股18%的D股东拒绝参会。表决结果为:A股东不投票,B股东反对,C股东支持。问题是:该决议通过没有?

答案是通过了。但提问者的质疑是,实际上C股东的表决权在非关联股东所持表决权总数中并不占多数,其能够"决定"这一决议吗?疑惑产生的关键性因素在于D股东缺席会议,因为,如果D股东参会且投了赞成、反对票,其结果可能更容易获得理解;但既然D股东对于这等大事缺席,表明其无所谓,所以严格依据法律规定呈现出的简单多数决结果也就没有什么不能接受的。

4. 关联股东对关联担保决议回避的法理解释

从严规制关联担保的议决权,目的在于缓解"双控人"与少数股东、公司债权人之间的利益冲突。一方面,如允许董事会议决公司对外关联担保,双控人显然会通过占据董事会多数席位从而控制董事会决议,进而实现公司为双控人提供担保的目的。另一方面,要求关联股东回避关联担保表决,也是为了避免双控人利用表决权控制地位操作股东会会议。可想而知,少数股东即使想让公司为其债务提供担保,股东会决议也难以通过,但双控人则不然,若不令关联股东回避表决,即使要求关联担保须经股东会决议通过,双控人也会基于所掌控的投票权绝对多数的压制地位通过股东会决议,除非关联大股东有"家国情怀",否则在为自己提供担保的决议上断不会投反对票。

最后的一个疑问是,双控人与公司的关联事项不限于关联担保,比如还有其他的关联交易,但事实上整部公司法唯独对于关联担保事项规定了关联股东回避表决,为何不对其他关联交易实行回避表决规则呢?这个问题问得好,也非常深刻,简要回应两句话:

(1)如果公司章程对于关联担保以外的关联事项也约定适用关联股东回避表决,既不存法理障碍,也有利于提升公司治理水平。

(2)公司法对关联担保另眼相看,只能从对外担保的非日常业务性、无偿性、单务性、巨大风险性来解读。

总之，如果广大的公众(中小)投资者眼睁睁地看着双控人通过关联担保掏空公司而无能为力，这一定是一个异常糟糕的公司法律制度安排所引发的恶劣营商环境，无疑会极大损害广大投资者的投资信心与意愿。因此，公司法必须挺身而出，恪守公司正义底线，做到公司利益、股东利益、公司既有债权人利益、少数股东利益与担保债权人利益的平衡，而绝不能执拗于任何一端的单独利益。

008　第 15 条的立法意旨：议决权还是代表权、职务代理权限制？（上）

一、关于第 15 条立法意旨的几个澄清

1. 不限制公司对外担保能力

第 15 条并不禁止公司对外担保，承认公司有对外担保的权利能力与行为能力，公司对外担保行为并不会因为公司欠缺对外担保的权利能力、行为能力而归于无效。

2. 规制公司对外担保行为的议决权

按照第 15 条第 1 款，也即公司对外提供非关联担保的，公司董事会或者股东会皆有议决权，至于哪个法人机关来议决，则取决于公司章程的进一步规定。实务中，各类公司章程关于对外担保的议决权配置，大致有四种做法：

(1) 全部由董事会议决；

(2) 全部由股东会议决；

(3) 二者分工负责，比如单个担保金额低于 ×亿元的由董事会议决，×亿元以上的由股东会议决；

(4) 公司章程直接规定本公司不为任何第三人提供担保。

在最后一种情形下，也即意味着董事会、股东会失去了公司对外担保的议决权，否则属于决议内容违反公司章程，该类决议将是可撤销的(《公司法》第 26 条)。

按照第 15 条第 2 款，也即公司对外提供关联担保的，只有公司股东会有议决权，如由董事会议决，则为僭越职权。随即的问题是，股东会对于公司对外提供关联担保的议决权可否转授权给董事会？本书在其他章节关于股东会、董事会的职权关

系的讨论中曾经详述过,此处仅再次强调,该权力不宜由股东会转授权给董事会。

3. 设置公司对外担保议决程序的价值

那么,第 15、135 条设置公司对外担保议决规则的价值何在?回答是,该设置明确了公司对外担保意思作出的权力归属与正当程序,如有违反,将导致公司决议的无效、可撤销或者不成立。

随即的问题是,如果公司对外担保的决议被否定,是否影响公司对外担保合同的效力?

二、《公司法》第 28 条第 2 款的适用

回答上一问题的正确法律逻辑,就是适用《公司法》第 28 条第 2 款。该款规定:股东会、董事会决议被人民法院宣告无效、撤销或者确认不成立的,公司根据该决议与善意相对人形成的民事法律关系不受影响。

1. 第 28 条第 2 款的文义解释:公司决议的外部效力规则

简言之,两句话:

(1)如公司决议被否定,并不影响据此决议与善意相对人形成的合同效力。也即如该合同并无其他效力瑕疵,将是有效的。

(2)反之,依据反对解释,如公司决议被否定,据此决议与恶意相对人形成的合同效力将受到影响。至于影响机制,有绝对无效说、相对无效说、可撤销说、确定不生效力说、有效说等观点,但主流观点还是认为将导致该合同的效力被否定。

由此可见,公司决议一旦遭否定,公司据此决议与相对人订立的合同效力,将取决于相对人的善意、恶意这一主观状态。

2. 第 28 条第 2 款之于公司对外担保合同具适用性

第 28 条第 2 款具有普适性,自然也适用于公司对外担保合同效力的认定。据此:

(1)如公司决议被否定,公司据此决议与善意债权人形成的对外担保合同,如无其他效力瑕疵情形,将是有效的,公司应依约承担相应的担保责任。

(2)反之,如公司决议被否定,公司据此决议与恶意相对人形成的对外担保合同效力将受到否定,公司不再承担担保责任,转而可能承担赔偿责任(缔约过失责任),至于承担与否以及责任大小,取决于双方当事人的过错情况(详见后文)。

三、被误解、曲解的司法适用

故事讲到上面,本来应该结束了。但是,出于种种原因,我国司法实践关于第 15 条的司法适用,一直处于一个方向偏离的裁判轨道上。

(一)曾经的巨大错向

在 2019 年《九民纪要》出台之前,司法实务关于当时《公司法》第 16 条的理解与适用,虽然也有少数判决坚持了对于该条规定的正确理解与适用,但毋庸讳言,包括最高人民法院在内的各级各地法院的司法适用都是完全错误的——其认为,违反第 16 条并不导致公司对外担保合同效力瑕疵,至于背后的法理,可谓"群魔乱舞":

——该规定是任意性规定,违反之并不影响合同效力;

——该规定虽为强制性规定,但属于管理性规定,违反之并不导致合同无效;

——该规定仅仅是关于公司议决的程式性规定,违反之并不影响合同效力;

——该规定是对于公司法定代表人权限的内部限制,并不能对抗善意第三人,甚至有认为不能对抗任何第三人的。

……

(二)遗憾的司法偏向

2019 年《九民纪要》完全、彻底地否定了以上各种完全错误的观点,申明违反当时《公司法》第 16 条将可能导致对外担保合同无效——这是完全正确且需要珍视的司法立场;但究其无效的法理,非常遗憾的是,却剑走偏锋——将其归结为越权代表规则,而完全无视在此之前的《公司法解释四》第 6 条已经初步确立的公司决议的外部效力规则,更不顾当时即将出台的《民法典》第 85 条进一步完善的公司决议的外部效力规则,前者云:

股东会或者股东大会、董事会决议被人民法院判决确认无效或者撤销的,公司依据该决议与善意相对人形成的民事法律关系不受影响。

后者曰:

营利法人的权力机构、执行机构作出决议的会议召集程序、表决方式违反法律、行政法规、法人章程,或者决议内容违反法人章程的,营利法人的出资人可以请求人民法院撤销该决议。但是,营利法人依据该决议与善意相对人形成的民事法律关系不受影响。

为了清晰展示《九民纪要》的越权规则,特意抄录其表述如下:

（六）关于公司为他人提供担保

关于公司为他人提供担保的合同效力问题，审判实践中裁判尺度不统一，严重影响了司法公信力，有必要予以规范。对此，应当把握以下几点：

17.【违反《公司法》第16条构成越权代表】为防止法定代表人随意代表公司为他人提供担保给公司造成损失，损害中小股东利益，《公司法》第16条对法定代表人的代表权进行了限制。根据该条规定，担保行为不是法定代表人所能单独决定的事项，而必须以公司股东（大）会、董事会等公司机关的决议作为授权的基础和来源。法定代表人未经授权擅自为他人提供担保的，构成越权代表，人民法院应当根据《合同法》第50条关于法定代表人越权代表的规定，区分订立合同时债权人是否善意分别认定合同效力：债权人善意的，合同有效；反之，合同无效。

这一思路在2020年底颁布的《民法典担保制度司法解释》中得到了完整意义上的承继，其第7条第1款曰：

公司的法定代表人违反公司法关于公司对外担保决议程序的规定，超越权限代表公司与相对人订立担保合同，人民法院应当依照民法典第六十一条和第五百零四条等规定处理：

（一）相对人善意的，担保合同对公司发生效力；相对人请求公司承担担保责任的，人民法院应予支持。

（二）相对人非善意的，担保合同对公司不发生效力；相对人请求公司承担赔偿责任的，参照适用本解释第十七条的有关规定。

009　第15条的立法意旨：议决权还是代表权、职务代理权限制？（下）

（书接上问）

（三）对于现行司法政策的简单批驳

可以用两段话批驳越权代表规则的错误：

1. 正面来讲第15条的立法意旨

第15条仅仅规定了公司对外担保的议决权分配以及表决程序，也即非关联对外担保由公司章程决定股东会或者董事会议决,关联担保只能由股东会议决且关联股东执行表决回避规则。如果公司对外担保合同的议决程序违反了第15条的规定,其效力如何?应该怎么处理呢?本条没有规定,足见本条是一个不完全规范,需要借助《公司法》的其他规定解决,而其他规定是什么呢?就是第28条第2款。

2.一个归谬法

不能将违反第15条议决程序的公司对外担保合同效力推给越权代表规则来解决,两段话就可以讲清楚了。

(1)固然,如果法定代表人不能出具合法有效的股东会、董事会决议,或者伪造该类决议文书,代表公司签署对外担保合同,将构成越权代表。这一表述本身没有问题,但这一表述其实隐含了一个认识——对外担保合同签约的经办权,由法定代表人垄断。

(2)问题是,如公司股东会、董事会通过了对外担保的合法有效决议,不兼任法定代表人职务的总经理,或者得到签约授权的副总经理可否持有该份决议文书以公司名义与债权人签署对外担保合同?回答是肯定的。这就说明,公司对外担保合同签约的经办权,并非法定代表人专属。

综上,第15条并不关注谁去代表、代理公司签署对外担保合同,享有法定代表权的法定代表人固然可以,但是负责公司经营管理的总经理(即便不兼任法定代表人)依照职务代理权(《民法典》第170条)也未尝不可,甚至得到签约授权的其他员工亦未尝不可;真正唯一关键的是,经办人代表、代理公司签署对外担保合同,有无以股东会、董事会合法有效的决议为前提。

四、立场重申:第15条立法意旨及其司法适用的唯一正确姿势

基于以上认识,应当深刻感知立法者之良苦用心,也即公司决议的前置程序不仅仅是对于法定代表人代表公司对外签署担保合同的代表权的限制,更是以公司议决权为出发点确立公司对外担保的特殊议决权规则,由此实现各方利益的平衡。有人会说,无论是越权代表规则(《民法典》第504条),还是公司决议的外部效力规则(《民法典》第85条、《公司法》第28条第2款),实际上最后的合同效力都取决于相对人善、恶意的主观要件判断之上,可谓殊途同归。

然而,这一认识如果不是完全错误,也至少是不深刻的。需要重申,在法的理解上,《公司法》第15条属于组织法规范,而不是法定代表人对外代表权限制的行为法

规范。纵然如前文所提及,这一规定完全排除了法定代表人、董事、高管等任何个人在此事项上的决定权,对外自然也构成法定代表人(含董监高)的法定代表权、职务代理权的限制;但是,议决权的规定尤其是公司法关于股东会议决权的规定,其立法目的与价值绝对不仅仅局限于对法定代表权、职务代理权的限制之上;其核心目的是,公司唯有通过立法特别规定的议决规则才能够作出真实的意思表示,而唯有真实的意思表示方能实现真正的公司利益。因此,若缺乏特殊的决议规则,相较于签约经办人超越代表权、代理权,更为本质的问题在于公司意思的失真与公司利益的受损,而这正是组织法规制的核心。总的来说,从组织法视角关注决议行为本身进而判定公司外部行为效力,相较于越权代表的纯粹行为法思路,无疑是更为合理和准确的。

司法实务需要强调,这一规定对于法定代表人而言属于职权的法定限制,故具有对世性,完全不同于来自公司的意定限制(公司章程、股东会的限制),因此也不适用《民法典》第61条第3款和《公司法》第11条第2款,法人章程或者法人权力机构对法定代表人代表权的限制,不得对抗善意相对人。也即,《公司法》第15条对公司对外担保的决议程序要求属于法定的限制条件,而非对于法定代表权、代理权的意定限制,相对人都应当知道或者被推定为知道《公司法》第15条等规范确立的决议权规则。由此,其被课以对公司决议、公司章程等文件的审查义务,善意之主观要件的达致更为困难。至于相对人应如何履行审查义务以证明自身善意、维持担保合同效力,详见第9~11问分解。

010　公司对外担保议决可以豁免吗?(上)

一、合规范目的解释论下的决议豁免

既然《公司法》第15条关于公司对他人提供担保的特别议决程序设置,意在保护公司责任财产不因对外担保行为可能带来的担保责任承担而减少,并最终损害少数股东、既有债权人利益。那么,公司对外担保并不会侵害少数股东、既有债权人利益的,按照合规范目的解释原则,还需要特别的议决程序吗?

回答是否定的。这就是特殊情形下的公司对外担保豁免股东会、董事会决议

制度。

那么,究竟哪些情形下可以豁免公司决议呢?

二、豁免公司决议的法定情形

2019年《九民纪要》第19条规定:

存在下列情形的,即便债权人知道或者应当知道没有公司机关决议,也应当认定担保合同符合公司的真实意思表示,合同有效:

(1)公司是以为他人提供担保为主营业务的担保公司,或者是开展保函业务的银行或者非银行金融机构;

(2)公司为其直接或者间接控制的公司开展经营活动向债权人提供担保;

(3)公司与主债务人之间存在相互担保等商业合作关系;

(4)担保合同系由单独或者共同持有公司三分之二以上有表决权的股东签字同意。

到了2020年,《民法典担保制度司法解释》第8条规定:

有下列情形之一,公司以其未依照公司法关于公司对外担保的规定作出决议为由主张不承担担保责任的,人民法院不予支持:

(一)金融机构开立保函或者担保公司提供担保;

(二)公司为其全资子公司开展经营活动提供担保;

(三)担保合同系由单独或者共同持有公司三分之二以上对担保事项有表决权的股东签字同意。

上市公司对外提供担保,不适用前款第二项、第三项的规定。

不难看出,二者的规定多数是一致的,但也并不完全一致,对于冲突的部分,自然以后者为准。

三、诸项分析之一:担保公司、金融机构

也即《民法典担保制度司法解释》第8条第1款第1项的"金融机构开立保函或者担保公司提供担保"。这一法理依据在于,既然以担保为业,担保公司的正常营业项目就是为他人债务提供担保并收取保费以作为自己的主营收入,在这种情况下,如适用《公司法》第15条,则与该条的规范目的完全相悖。

具言之,如要求担保公司每签一单担保业务就需要股东会、董事会议决,就如同

保险公司每卖出一张保单都被要求股东会、董事会议决,小额信贷公司每放出一笔贷款都被要求股东会、董事会议决;同理,一家卖肉饼的门店一天会卖出上千份肉饼,难不成每单肉饼卖出,也都需要老板挨个授权,或者需要公司股东会、董事会议决? 从职务代理权的角度,对于以上业务,保险公司的业务员、小额信贷公司的业务员、肉饼店的店小二皆可为之,担保公司签订担保业务的行为本质亦无不同。

进一步说,担保公司以担保为营业,为他人提供担保这一金融服务的目的是获得更多的营业收入,在属性上与普通公司为他人提供担保的非营业性、无偿性、单务性、高风险性有质的差异,从而与第 15 条以保护公司财产、避免公司因对外担保而遭受损害这一立法初衷毫无关联。

反之,若强制所有类型的公司均须遵守第 15 条要求,会引导以担保为业的公司通过抗辩相对人对自己的担保行为未尽到审查义务,主张其不应承担担保责任,反倒成了避法与脱责的借口。正如吉林省高级人民法院(2020)吉民终 369 号民事判决书所言:

> 融资担保公司系以为他人提供担保为主营业务的担保公司,其在对外担保时,不应受《中华人民共和国公司法》第十六条的调整,环城农商行、国信证券无须审查对外担保是否经过融资担保公司决议机关的决议,其对外签订的《回购协议》及出具的《担保函》应当认定符合融资担保公司的真实意思表示,合法有效。

上述法理也适用于开展独立保函业务的银行与非银行金融机构。

综上,上述两个司法文件都规定,对于金融机构开立保函或者担保公司提供担保的,不需要公司特别决议,自然也就不存在债权人合理审查决议的义务,公司以其未依照公司法关于公司对外担保的规定作出决议为由主张不承担担保责任的,法院不予支持。

四、诸项分析之二:全资子公司

也即《民法典担保制度司法解释》第 8 条第 1 款第 2 项的"公司为其全资子公司开展经营活动提供担保"。需要指出,该项对比《九民纪要》第 19 条第 2 项的"公司为其直接或者间接控制的公司开展经营活动向债权人提供担保",在范围上限缩很多,司法实务以前者的规定为准。

公司为其全资子公司的债务提供担保可以豁免议决程序;反过来,全资子公司(实为一人公司)为其母公司(实为一人股东)提供担保,虽然也需要一人股东作出决议,但实际上是畅通无阻的。为何如此规定?这还要回到第 15 条的规范目的获得解释:因为在前者,不存在损害提供担保的公司的少数股东、既有债权人利益的空间;但在后者,仅存在可能损害全资子公司债权人利益的空间,但这可以通过公司人格否认规则的适用获得救济。关于后者,请详见本分篇关于一人公司对外担保的专问。

典型案例。中新房南方集团有限公司等诉中国工商银行股份有限公司鹰潭分行等委托贷款合同纠纷案[(2017)最高法民终 369 号]最高人民法院民事判决书明确指出:《公司法》规定的决议前置程序旨在确保公司为他人提供担保系公司的真实意思表示。本案中,中新房南方公司为其控股子公司履行合同项下的义务提供担保,其担保行为不损害中新房南方公司的自身利益,应认定为中新房南方公司的真实意思表示。

该规定的适用还需要特别注意两个问题:

1. 母公司为其非全资控股子公司,以及反过来,非全资子公司为其控股母公司提供担保的,都存在影响担保公司的股东和既存债权人利益的可能,不应豁免特殊的议决程序。在此意义上,《九民纪要》第 19 条第 2 项过于宽泛的规定,的确应该摒弃。

2. 上市公司为其全资子公司提供担保,不适用该项规定,也即仍然需要上市公司股东会、董事会决议。关于此点,详见本分篇关于上市公司对外担保的专问。

011　公司对外担保议决可以豁免吗?(下)

(书接上问)

五、诸项分析之三:2/3 以上股东签字同意的

也即《民法典担保制度司法解释》第 8 条第 1 款第 3 项的"担保合同系由单独或者共同持有公司三分之二以上对担保事项有表决权的股东签字同意"。

对此规定,理论上存在支持与反对的两种激烈对峙立场。立法者的本意,是为了防止有股东事后恶意提起决议无效、撤销、不成立之诉,让公司逃避承担担保责任,所以站在债权人的立场规定,即便公司不存在有效的股东会、董事会决议,但其只要能够举证绝大多数股东在担保合同上签字,便不再考量公司议决程序,直接认

定担保合同有效。实务中,确有公司签署对外担保合同时,恶意提供存在瑕疵的公司决议,以配合主债务人取得商业银行借贷,等到债权人银行要求公司承担担保责任时,再有股东跳出来主张否定公司决议,进而主张公司不应承担担保责任,如此,债权人陷入被动。

反对者认为,《公司法》第 15 条的立法意旨既然在于保护公司少数股东、既有债权人利益,防止双控人、管理层滥用控制公司意思的权力,现在又规定绝对多数股东在担保合同上同意签字即可豁免公司议决程序,显然与第 15 条背道而驰,属于恶法。

本书认为,立法者的用心良苦固然不可不察,但是该规定确实值得商榷,即便现行有效,也需要在实务中审慎适用,原因及观点简陈如下:

1. 立法者所担心的不利于债权人的风险事实,债权人完全可以通过严谨审慎地履行合理审查义务予以排除。所谓市场经济风险自负,立法者、司法者不必充当父爱主义者。如果经过严谨审慎的合理审查也无法发觉相应风险,则债权人作为善意第三人仍旧能够得到充分的保护,公司对外担保的合同得以维持效力。

2. 基于合规范目的解释原则,该规定原则上不适用于公司为实控人、股东提供担保的场合。因为依据《公司法》第 15 条,关联担保场合下执行关联股东回避规则,何来绝对多数股东的签字同意之适用余地?

3. 最后需要指出,依据第 8 条第 2 款,该项规定也不适用于上市公司。

六、关于互保情形的特殊讨论

《九民纪要》第 19 条第 3 项还规定"公司与主债务人之间存在相互担保等商业合作关系"的,也得豁免股东会、董事会议决程序。这一规定已经遭到《民法典担保制度司法解释》的否定。原因在于,如采该规定,滋生诸多弊端:

1. 互保非常普遍,比如在 2000 年前后我国资本证券市场就涌现了无数的各地上市公司互保的"上市公司担保圈",至于一家大型集团公司内部,关联公司的互保更是司空见惯,如都豁免公司议决程序,《公司法》第 15 条规范将被实质架空。

2. "等商业合作关系"的表述更加放宽了限制条件,使规则被架空的情况越发严重。

012　公司对外担保合同效力的决定点：债权人善恶意及如何区分？（一）

一、债权人主观状态的重要性

假设公司对外担保经过了合法有效的公司决议，那么该担保合同的效力就超出了公司法的规制范围，纯属合同法规则的适用问题——由《民法典》合同编来确定其有效、无效、可撤销还是效力待定。

公司法理论真正需要讨论的唯一问题是：如该担保未经合法有效的公司决议程序，则该合同效力还要在公司法的射程内继续讨论，因为作为签署担保合同前提的公司决议存在效力瑕疵，必然会影响担保合同的效力。

但是，究竟怎么影响呢？这主要取决于债权人主观上的善恶意状态——对公司决议存在效力瑕疵及其原因的事实是否知情。那么，接下来的讨论话题即为债权人的主观状态如何判断，以及其如何影响担保合同的效力。

如前文所述，关于债权人的主观善恶意状态影响担保合同效力的机制，存在两种不同的解释路径，鉴于问题的重要性，此处再次提及如下：

1.《公司法》第28条第2款的逻辑：公司决议外部效力说

再次重申，第28条第2款的逻辑是，任何股东会、董事会的决议被否定（无效、撤销、不成立）后，公司据该决议与相对人订立的合同效力，取决于相对人的主观状态：如相对人善意，则合同效力不因决议被否定而受影响；否则，如相对人恶意，则合同效力将因决议被否定而可能被否定。

这一法理也适用于公司对外担保合同效力的判断上。

2.《民法典担保制度司法解释》《九民纪要》的逻辑：越权代表说

但是，如上文提及的，我国目前流行的司法实践采越权代表说，集中体现在《民法典担保制度司法解释》第7条第1款的规定上：

公司的法定代表人违反公司法关于公司对外担保决议程序的规定，超越权限代表公司与相对人订立担保合同，人民法院应当依照民法典第六十一条和第五百零四条等规定处理：

（一）相对人善意的,担保合同对公司发生效力;相对人请求公司承担担保责任的,人民法院应予支持。

（二）相对人非善意的,担保合同对公司不发生效力;相对人请求公司承担赔偿责任的,参照适用本解释第十七条的有关规定。

这一规定的内涵非常丰富,此处仅就第1款的逻辑作最简单的解读:

第一步,作为逻辑前提,一旦不存在合法有效的公司决议,则被视为法定代表人代表公司签署的对外担保合同为越权代表行为。

第二步,越权代表行为原则上无效,也即担保合同不约束公司;但如能构成表见代表,则为有效,也即担保合同约束公司。

第三步,如何决定构成表见代表与否呢？这取决于债权人的主观状态,于是就有了第1款下的第1、2项之分野,简述为:

——相对人善意的,担保合同对公司生效,相对人得请求公司承担相应的担保责任;

——相对人非善意的,担保合同对公司不生效力,相对人可以依照担保无效规则请求公司承担相应的赔偿责任。

3.本书的立场选择

虽然本书在法的逻辑上坚定支持公司决议外部效力说,但也理性地认为:该说与越权代表说至少在一点上是存在共识的,也即未经合法有效的公司决议的对外担保合同,其效力取决于债权人主观上的善恶意状态。就此,下文将不再纠结两种学说之优劣,而专心致志于债权人主观状态的讨论上。

013　公司对外担保合同效力的决定点：债权人善恶意及如何区分？（二）

（书接上问）

二、如何区分债权人的善恶意

（一）合理审查与否,是债权人善恶意的区分点

接下来的问题就是,如何判断相对人(债权人)的善恶意？

对此,《民法典担保制度司法解释》第 7 条第 3 款规定:

第一款所称善意,是指相对人在订立担保合同时不知道且不应当知道法定代表人超越权限。相对人有证据证明已对公司决议进行了合理审查,人民法院应当认定其构成善意,但是公司有证据证明相对人知道或者应当知道决议系伪造、变造的除外。

这段话的含义非常丰富,分为以下几个问题分别展开讨论。

(二)债权人审查面对的可能情形

例 1。A 有限公司章程规定:"公司对外为他人债务提供担保,需经全体股东表决权的过半数同意通过,或者董事会全体董事三分之二以上通过,且单笔最高担保金额不得超过 1000 万元;如为股东、实际控制人债务提供担保,需经全体非关联股东表决权的过半数同意通过,且单笔最高担保金额不得超过 5000 万元。"此后若 A 公司法定代表人张三代表 A 公司签署一份担保合同,为 A 公司母公司 B 公司向 C 银行的借款本息提供担保,可能出现几种情形:

情形一:没有出具任何公司决议;

情形二:出具了一份 A 公司董事会决议;

情形三:出具了一份"存在问题的股东会决议",比如系法定代表人伪造的,或者部分股东签字系伪造的而实则未达多数决,或者 B 公司未回避表决,或者股东会未经合法召集程序,或者部分参与签名的股东与公司章程、商事登记记载的股东名姓不一致,等等;

情形四:出具了一份股东会决议,但担保的债务金额为 8000 万元;

情形五:张三当场出具一份自己现场"制作"的股东会决议或者董事会决议。

此时,C 银行尽到怎样的审查义务,方能举证自己为"善意"?

(三)债权人的审查范围

关于这一问题,《九民纪要》第 18 条第 1 款作出了系统的表述:

前条所称的善意,是指债权人不知道或者不应当知道法定代表人超越权限订立担保合同。《公司法》第 16 条对关联担保和非关联担保的决议机关作出了区别规定,相应地,在善意的判断标准上也应当有所区别。一种情形是,为公司股东或者实际控制人提供关联担保,《公司法》第 16 条明确规定必须由股东(大)会决议,未经股东(大)会决议,构成越权代表。在此情况下,债权人主张担保合同有效,应当提供证据证明其在订立合同时对股东(大)会决议进行了审查,决议的表决程序符合《公司法》第16条的规定,即在排除被担保股东表决权的情况下,该项表决由出席会议的其他股东所持表决权的过半数通过,签字人员也符合公司章程的规定。另一种情形是,公司为公司股东或者实际控制人以外的人提供非关联担保,根据《公司法》第16条的规定,此时由公司章程规定是由董事会决议还是股东(大)会决议。无论章程是否对决议机关作出规定,也无论章程规定决议机关为董事会还是股东(大)会,根据《民法总则》第61条第3款关于"法人章程或者法人权力机构对法定代表人代表权的限制,不得对抗善意相对人"的规定,只要债权人能够证明其在订立担保合同时对董事会决议或者股东(大)会决议进行了审查,同意决议的人数及签字人员符合公司章程的规定,就应当认定其构成善意,但公司能够证明债权人明知公司章程对决议机关有明确规定的除外。

关于这段话,可以进一步分解成几个细节问题:

1. 关于审查决议文本

此项没有争议。无论是关联担保还是非关联担保,债权人签署担保合同时,都应要求担保公司的经办人出具相应的公司决议文本,据此判断该项担保是否出于公司的真实意思以及经办人是否得到了合法授权,也即是否经适格的法人机关作出合法决议。

如果债权人在公司经办人不出具决议文本的情形下签署担保合同,除了法定的几类可以豁免公司决议的情形之外(见前文),债权人将被法院直接认定为非善意。

2. 审查公司章程吗

此项,实务中不同法院的认识不一。依照《九民纪要》等规定,可以分开讨论。

(1)非关联担保

对非关联担保,债权人为举证自己尽到了审慎的合理审查义务,一般而言是需要审查公司章程的。因为依《公司法》第15条第1款,究竟由董事会还是股东会作决议,是不确定的,唯有查阅公司章程规定才能确定之;如不审查公司章程,债权人实则无从知晓谁有权作出该决议;反之,只要审查公司章程,一般情况下一看便知,接下来就可以对应地审查相应机关的决议。

但实务中经常碰到的真实问题是,公司章程往往没有规定股东会、董事会关于非关联担保的议决分工,那该如何处理呢?《九民纪要》第18条确立了一个有利于债权人的规则:

……只要债权人能够证明其在订立担保合同时对董事会决议或者股东(大)会

决议进行了审查,同意决议的人数及签字人员符合公司章程的规定,就应当认定其构成善意,……

这句话表明,此时公司签约经办人无论提供董事会或者股东会决议,对于债权人而言都是可以接受的。

子曰:"君子不立危墙之下"。总结上述讨论,如从实务操作的经验来看,对于非关联担保,债权人最有利的做法似乎应该是:除非必要,不主动审查担保公司的章程规定,可以接受公司股东会或者董事会的任何一个决议;但是,一旦查阅了公司章程,就应该遵从公司章程的规定来确定接受股东会还是董事会的决议,不可张冠李戴,否则,债权人将被法院推定为非善意。

(2)关联担保

对关联担保,债权人要举证自己尽到了审慎的合理审查义务,一般而言不需要审查公司章程。因为依《公司法》第15条第2、3款,此类担保的公司决议只能由股东会作出。这一规定属于强制性规定,并不允许公司章程另行规定。

实务中面临的真实挑战是,债权人接受一家公司的对外担保,其如何判断该担保是关联担保还是非关联担保呢?如果债务人、担保人不主动披露,就需要债权人多操心了。

由于此处的关联担保是指公司为"股东、实际控制人提供的担保",对于上市公司而言,并不难判断,因为上市公司的实控人是公开的信息,其主要股东(能够享受上市公司为其债务担保的股东,实际上都是前十名的主要股东)也是公开的信息,加之上市公司对外担保需要公开披露,所以债权人进行判断并不困难。

但对于为数众多的有限公司而言,债权人掌握其股东信息,依赖公司章程记载的股东姓名——有限公司章程必须记载股东姓名(《公司法》第46条),加之企业信息公示系统的辅助,应该不成问题;对于实际控制人的信息掌握,可能需要依赖更多的其他商业信息渠道,比如银行对于客户信息的调查,包括对于债务人、担保人的投资关系掌握(是否为爷孙公司等),对于债务人、担保人商号相同的敏感度等。

对于非上市股份公司,债权人掌握其发起人股东信息,也一样依赖公司章程的记载——股份公司章程必须记载发起人股东姓名(《公司法》第95条),加之企业信息公示系统的辅助,也应该不成问题;但对于其他股东、实际控制人的信息掌握,可能需要依赖更多的其他商业信息渠道,如同上段的有限公司。

总结以上,对于关联担保,针对提供担保的公司的议决机关本身,债权人不需要查阅公司章程即可明确,但是对于是否为关联担保的认定,债权人要尽到审慎的合理审查义务,往往离不开对于公司章程的审查。

3.审查决议作出的过程吗

实务中,有些银行债权人为了确保接收到的担保合同有效,要求提供担保的全体股东或者全体董事齐刷刷在银行的签约室聚会,不仅当着银行工作人员的面签署关于担保的股东会决议、董事会决议,且对每个在场的股东、董事也"验明正身",签约现场还被安排同步录音录像。这一做法,当然确保了公司决议签署的真实性,将银行自身的风险极大地降低。如果提供担保的公司自愿如此配合,倒也无可厚非。

但是,这终究不是一种能够推广也值得提倡的操作手法,不仅签约成本极高,也不无银行作为优势方霸凌的嫌疑。而且此种签约方式还有一个隐患:即便当场签字是合法的,也未必能够确保股东会、董事会会议召集程序、表决程序合法,由此,该决议仍然可能存在被事后撤销的风险(比如会议召集、通知程序存在违法违章行为的)。

(四)债权人的审查程度

1.《九民纪要》解读

关于这一问题,《九民纪要》第18条第2款作出了清晰的表述:

债权人对公司机关决议内容的审查一般限于形式审查,只要求尽到必要的注意义务即可,标准不宜太过严苛。公司以机关决议系法定代表人伪造或者变造、决议程序违法、签章(名)不实、担保金额超过法定限额等事由抗辩债权人非善意的,人民法院一般不予支持。但是,公司有证据证明债权人明知决议系伪造或者变造的除外。

在关联担保的情形下,关于该形式审查的要求,《九民纪要》第18条第1款表述为:

……在此情况下,债权人主张担保合同有效,应当提供证据证明其在订立合同时对股东(大)会决议进行了审查,决议的表决程序符合《公司法》第16条的规定,即在排除被担保股东表决权的情况下,该项表决由出席会议的其他股东所持表决权的过半数通过,签字人员也符合公司章程的规定。……

也就是说,在对外关联担保情形下,债权人审查股东会决议时,要着重审查三个事实:(1)关联股东有无回避表决;(2)是否符合多数决;(3)股东会决议签字是否与公司章程记载的人员一致。

同样的道理,如果债权人审查一份董事会决议的时候,要着重审查哪些事实呢?我们认为有:(1)关联董事有无回避表决;(2)是否符合多数决;(3)董事会决议签字是否与公司提供的董事会名单或者备案董事名单一致。

2.一个争议的澄清:形式审查还是实质审查?

理论上以及实务中人们往往陷入一个概念之争:债权人对于公司决议的审查到底是形式审查还是实质审查?这一争论徒有概念的意义,并不能精准反映债权人审查义务的应然程度。

如前所述,债权人的审查其实也不全然止步于形式审查,更为精确的表达可能是:债权人的审查义务,如果实质审查标准过于严苛,总体上倾向于形式审查标准,但至于形式审查义务应具体把握到何种程度,尚需根据个案判断,将其归结为"审慎性标准",可能更为恰当。

例2.中国光大银行深圳分行与创智信息科技股份有限公司借款保证合同纠纷上诉案[(2007)民二终字第184号]。最高人民法院民事判决书指出:"只要审查董事会决议的形式要件是否符合法律规定,银行即尽到了合理的注意义务,决议上的签名是否为董事亲笔所签,则属于实质性审查的范畴,光大银行对此并无法定义务。"

问题是,如果决议上的董事、股东明显有误,如自然人的名字对不上,或者法人盖章签是个"萝卜章",以至于肉眼可以识别。对此,债权人也不能熟视无睹,掩耳盗铃。

014　公司对外担保合同效力的决定点:债权人善恶意及如何区分?(三)

(书接上问)

三、关于债权人善恶意的举证攻防

《民法典担保制度司法解释》第7条第3款最后一句云:

但是公司有证据证明相对人知道或者应当知道决议系伪造、变造的除外。

《九民纪要》第18条第2款最后一句对此亦作出规定。

对于以上规定,联系法庭上担保公司、债权人的攻防,可以对双方的举证责任轮次简要解读如下:

轮次1:

主张自身不承担担保责任、少承担赔偿责任的公司,往往会举证自己没有作出有效的对外担保决议。对此,债权人会出示其掌握的公司决议文本以证明公司决议的真实存在,这个文本往往是当初公司签约经办人提供的。

轮次2:

公司可能会进一步举证,虽然存在一份公司对外担保决议,但该决议存在不成立、无效、可撤销的情形,且(或者)已经在另案被人民法院宣告不成立、无效、可撤销,且债权人对该决议效力存在瑕疵未尽到合理审查义务,以求证明该担保合同无效,己方至多承担赔偿责任而不是担保责任。对此,债权人将证明己方已尽到合理审查义务且无从发现该决议存在公司所主张的效力瑕疵情形。

轮次3:

公司会进一步举证这份决议系当初经办人伪造、变造的,且债权人未尽到合理审查义务,以求证明该担保合同无效,己方至多承担赔偿责任而不是担保责任;甚至进一步证明债权人明知伪造、变造,以求完全免除赔偿责任。对此,债权人将证明己方已尽到了合理审查义务且无从发现该决议系伪造、变造的;至于明知伪造、变造,更无从谈起。

四、尾声:对于本篇第13问五类情形的回应

到此,我们可以回应本篇第13问针对一份关联担保所假设的五类情形的处理方式:

1. 情形一:A公司没有出具任何决议的。除了《民法典担保制度司法解释》第8条、《九民纪要》第19条列举的豁免公司决议的法定情形之外(详见前文),法院得直接认定债权人C银行非善意。

2. 情形二:A公司出具了一份董事会决议的,法院也得直接认定债权人C银行非善意。

3. 情形三:A公司出具了一份"存在问题的股东会决议"。对此,债权人要举证自己尽到了合理的审查义务仍然无从发现决议"存在问题"。如是,法院则认定其为善意;反之,则反之。

4.情形四:A公司出具的股东会决议担保金额超出了公司章程的限额。对此,有人认为如仅仅担保金额超出了公司章程的规定,应该援用《民法典》第61条第3款关于"法人章程或者法人权力机构对法定代表人代表权的限制,不得对抗善意相对人"的规定,债权人可以直接主张自己是善意的。但这一主张是非常值得商榷的,毕竟《公司法》第15条第1款末句赫然规定"公司章程对投资或者担保的总额及单项投资或者担保的数额有限额规定的,不得超过规定的限额"。所以公司章程规定有单笔或者年度担保总额的,如仅仅视为公司章程对于担保金额的限制,至少与第15条第1款不符。实际上,这应当取决于C银行是否审查了公司章程,如审查之,法院当推定债权人知道或者应当知道该决议内容因违反章程对于担保限额的规定而存在瑕疵(事后可被撤销,《公司法》第26条),所以非为善意。

5.情形五:张三当场出具一份自己现场"制作"的股东会决议或者董事会决议。这就是前文反复引用的《九民纪要》提及的"公司有证据证明债权人明知决议系伪造或者变造的除外"情形,公司将免于承担任何责任。

015 公司对外担保的责任塑造:债权人善恶意区分之价值何在?

一、善恶意的价值之一:决定对外担保合同的效力

据《民法典担保制度司法解释》第7条第1款,假设法定代表人为签约经办人,就公司决议效力以及债权人的合理审查义务履行,公司对外担保合同的效力可以分为三种情形:

1.公司决议合法有效,不讨论债权人的善恶意,也即其无论是否尽到合理审查义务,公司对外担保合同都是有效的。

2.公司决议存在效力瑕疵,后其效力也被否定(被宣告无效、撤销与不成立),债权人尽到了合理审查义务但无从发现效力瑕疵的,对外担保合同仍然有效,债权人得主张公司承担相应的担保责任;至于公司担责后如何向法定代表人追责,见后文。

3.公司决议存在效力瑕疵,后其效力也被否定(被宣告无效、撤销与不成立),债权人未尽合理审查义务的,该担保合同无效,债权人不得主张公司承担相应的担保

责任;至于可否主张公司承担以及如何承担赔偿责任,见后文。

二、善恶意价值之二:决定公司的责任

公司对外担保合同签订后,公司可能承担的责任一分为二:

(一)担保合同有效

公司决议被否定后,如债权人善意,对外担保合同依然有效,此时公司依约承担相应的担保责任。

所谓担保责任,就是担保合同约定的担保人义务承担。详言之:如果是保证合同,则公司承担保证责任,具体又分为一般保证责任与连带保证责任。如果是物保合同,应承担物保责任,如果是抵押合同,则公司承担抵押责任,也即债权人得主张就公司提供的抵押物拍卖、变卖、折价,并就所得款项主张相应的优先受偿权;如果是质押合同,与抵押合同类似。如果是非典型担保合同,依据约定承担相应的合同责任。

至于公司承担担保责任后如何向经办人追偿,后文讲述。

(二)担保合同无效

1. 一般规定:公司的相应赔偿责任

公司决议一经被否定,债权人恶意的,对外担保合同无效,此时公司承担相应的赔偿责任,也即缔约过失责任。对此,《九民纪要》第20条规定:

依据前述3条规定,担保合同有效,债权人请求公司承担担保责任的,人民法院依法予以支持;担保合同无效,债权人请求公司承担担保责任的,人民法院不予支持,但可以按照担保法及有关司法解释关于担保无效的规定处理。公司举证证明债权人明知法定代表人超越权限或者机关决议系伪造或者变造,债权人请求公司承担合同无效后的民事责任的,人民法院不予支持。

这段话提到的担保法及其解释,目前主要是指《民法典担保制度司法解释》第17条第1款:

主合同有效而第三人提供的担保合同无效,人民法院应当区分不同情形确定担保人的赔偿责任:

(一)债权人与担保人均有过错的,担保人承担的赔偿责任不应超过债务人不能清偿部分的二分之一;

(二)担保人有过错而债权人无过错的,担保人对债务人不能清偿的部分承担赔

偿责任;

(三)债权人有过错而担保人无过错的,担保人不承担赔偿责任。

具言之,如公司决议被否定,此时难言公司没有过错,同时债权人既然构成恶意,亦是有过错的,所以主要适用该款第1项,也即公司"承担的赔偿责任不应超过债务人不能清偿部分的二分之一"。至于公司承担了赔偿责任后,如何向经办人追偿,将在后文讲述。

此处强调,担保合同无效后公司承担相应的赔偿责任,与前面的担保合同有效情形下的担保责任,有天壤之别。

举例。A公司就B公司向C银行的申请贷款提供某栋大楼担保。后B公司无力清偿,C银行怎么主张对于A公司的权利呢?答案一:如抵押合同有效,则C银行可以请求变现该大楼并就所得款项主张相应的优先受偿权。答案二:如担保合同无效,则C银行只能以普通债权人身份主张A公司承担赔偿责任,自然不能要求变现该栋大楼并请求优先受偿。

2.特别规定:债权人明知的,公司免除赔偿责任

《民法典担保制度司法解释》第7条第3款规定:

第一款所称善意,是指相对人在订立担保合同时不知道且不应当知道法定代表人超越权限。相对人有证据证明已对公司决议进行了合理审查,人民法院应当认定其构成善意,但是公司有证据证明相对人知道或者应当知道决议系伪造、变造的除外。

该款最后一句话,"公司有证据证明相对人知道或者应当知道决议系伪造、变造的",属于债权人"明知类"的恶意。那么,这类恶意情形,在公司的责任承担上有什么特殊性吗?这就涉及《九民纪要》第20条最后一句话的适用:

公司举证证明债权人明知法定代表人超越权限或者机关决议系伪造或者变造,债权人请求公司承担合同无效后的民事责任的,人民法院不予支持。

这句话意即,债权人属于明知的恶意,也即对法定代表人等经办人的越权及提供担保的公司的决议系伪造、变造明知的,主观状态相当于恶意栽赃,公司不必承担任何赔偿责任。

016　公司承担责任后，可以追究经办人的责任吗？

一、对法定代表人责任的追究

（一）一般规定

前文指出，现行司法政策采越权规则，所以《民法典担保制度司法解释》第 7 条第 2 款规定：

法定代表人超越权限提供担保造成公司损失，公司请求法定代表人承担赔偿责任的，人民法院应予支持。

这一规定源于《公司法》第 11 条第 3 款、《民法典》第 62 条等法律规定。

前者规定：

法定代表人因执行职务造成他人损害的，由公司承担民事责任。公司承担民事责任后，依照法律或者公司章程的规定，可以向有过错的法定代表人追偿。

后者规定：

法定代表人因执行职务造成他人损害的，由法人承担民事责任。

法人承担民事责任后，依照法律或者法人章程的规定，可以向有过错的法定代表人追偿。

《九民纪要》第 21 条也规定：

法定代表人的越权担保行为给公司造成损失，公司请求法定代表人承担赔偿责任的，人民法院依法予以支持。公司没有提起诉讼，股东依据《公司法》第 151 条的规定请求法定代表人承担赔偿责任的，人民法院依法予以支持。

综合以上规定，越权的法定代表人被追究的赔偿责任，分为两种情况讨论：

1. 如担保合同有效，则公司的损失就是"承担了相应的担保责任"。就此损失，公司可以向有过错的法定代表人追偿；公司不提诉追偿的，股东得依法提起代表诉讼追偿。

2. 如担保合同无效，则公司的损失就是"承担的赔偿责任"，也即就"债务人不能清偿部分"承担相应的比例责任。就此损失，可以向有过错的法定代表人追偿；公司不提诉追偿的，股东得依法提起代表诉讼追偿。

(二)特别规定

但是,关于法定代表人越权行为的责任承担,还有特别规定,《公司法》第191条规定:

董事、高级管理人员执行职务,给他人造成损害的,公司应当承担赔偿责任;董事、高级管理人员存在故意或者重大过失的,也应当承担赔偿责任。

据此,法定代表人(肯定具备董事、高管身份)基于故意、重大过失越权签署对外担保合同,如公然伪造、变造公司决议等情形,可能导致担保合同无效;又由于担保合同无效的前提下债权人请求公司承担的损失,从本质上来说就是替代责任理论下公司替代越权法定代表人所承担的,也即属于第191条规定的"董事、高级管理人员执行职务,给他人造成损害的"情形。就此损失,原则上由公司承担替代责任,如前一问所述公司在担保合同无效的情形下承担"相应的赔偿责任";但在法定代表人存在重大过失的情形下,替代责任被穿透,债权人不仅仅可以如前文所述请求公司承担相应的赔偿责任,还可以越过公司,直接追究该法定代表人的连带赔偿责任。

《公司法》第192条还规定:

公司的控股股东、实际控制人指示董事、高级管理人员从事损害公司或者股东利益的行为的,与该董事、高级管理人员承担连带责任。

据此,如果法定代表人越权签署对外担保合同,或者伪造、变造公司决议,乃是双控人(影子董事)指示的结果,并由此造成公司损失(公司对外承担了相应的担保责任,或者赔偿责任),那么公司追偿的对象将不限于该法定代表人,还包括发出该指示的双控人。

二、关于法定代表人责任追究规则的扩张适用

现行司法政策采越权代表说,所以其建构的担保合同效力规则及其责任体系都是围绕"代表公司签署对外担保合同的人是法定代表人"这一假设而展开的。但实际上,前文已经指出,无论理论上、逻辑上还是实务中,公司对外担保合同的经办人都不限于法定代表人。因此,上述关于法定代表人责任追究的规则,也适用于经办人非法定代表人的情形,比如不兼任法定代表人的总经理、副总经理以公司名义基于职务代理权、被合法授权的民事代理权等职权基础签署对外担保合同。这些经办人签署对外担保合同也有过错且导致公司损失的,公司当然可以在承担相应责任后向其追偿。除了在特殊情形下仍可适用《公司法》第191~192条之外,一般规定实

为《民法典》第 1191 条第 1 款：

用人单位的工作人员因执行工作任务造成他人损害的，由用人单位承担侵权责任。用人单位承担侵权责任后，可以向有故意或者重大过失的工作人员追偿。

017 公司对外担保的特殊情形（一）：一人公司能否为其股东提供担保？

一、《公司法》第 15 条第 2、3 款适用于一人公司的困惑

（一）逻辑困惑

依照《公司法》第 15 条第 2 款，公司为股东、实控人债务提供担保的，应当由股东会议决，适用于一人公司之上，就是由一人股东决定，依据是《公司法》第 60 条、第 112 条第 2 款。

第 60 条规定：

只有一个股东的有限责任公司不设股东会。股东作出前条第一款所列事项的决定时，应当采用书面形式，并由股东签名或者盖章后置备于公司。

第 112 条第 2 款规定：

本法第六十条关于只有一个股东的有限责任公司不设股东会的规定，适用于只有一个股东的股份有限公司。

如由一人股东决定，又依据第 15 条第 3 款，该唯一股东要回避表决。这样一来，逻辑上的结论就是，无法作出公司决议。

例 1。甲公司持有乙公司 70% 的股权、乙公司持有丙公司 100% 的股权。此时，无论丙公司想为股东乙公司的债务提供担保，还是为实控人甲公司的债务提供担保，按照第 15 条的规定，都要由乙公司作出决定，而乙公司同时需要回避表决。

根据以上逻辑推理，结论将是一人公司不得对外提供关联担保（为其股东、实控人及其利害关系人提供担保）。

（二）一人公司如何适用第 15 条

正如美国大法官霍姆斯所言，法律不仅仅是逻辑的，也是经验的。上述逻辑推理是否被接受？这需要回归到《公司法》第 15 条的立法意旨，为此需要申明三点：

首先,该条并无禁止公司为任何外部第三人债务提供担保的意思,包括为公司的股东、实控人提供担保,也不在禁止之列,而仅仅通过设置特别议决程序来实现对对外担保的风险控制。在此意义上,上述逻辑推理的结论有悖于该条的立法意旨。

其次,如前文已指出的,公司法之所以确立公司对外担保事项的特殊议决权程序,意在防止双控人、管理层利用控制公司意思之便,行侵害其他股东(主要是少数股东)、公司既有债权人等其他利益主体之实。但是,保护其他股东利益这一法益在一人公司中并不存在,因为其只有一个股东。在此意义上,当一人公司的股东、实控人因经营需要请求提供担保时,由一人公司为股东担保具有价值上的正当性。

最后,剩下的法益保护任务只有一个——保护公司既有债权人利益不因公司对外提供关联担保而受到侵害。对此法益保护,公司法设有相应的规制手段,也即如果一人公司的股东让一人公司提供关联担保而掏空一人公司、严重侵害一人公司债权人利益的话,将作为二者财产混同的重要证据,债权人得主张揭开法人面纱,从而让一人公司的一人股东甚至其实控人承担连带责任,从而完成对债权人保护的法益目标。

二、《民法典担保制度司法解释》的智慧

《民法典担保制度司法解释》第 10 条规定:

一人有限责任公司为其股东提供担保,公司以违反公司法关于公司对外担保决议程序的规定为由主张不承担担保责任的,人民法院不予支持。公司因承担担保责任导致无法清偿其他债务,提供担保时的股东不能证明公司财产独立于自己的财产,其他债权人请求该股东承担连带责任的,人民法院应予支持。

首先需要指出,《民法典担保制度司法解释》颁布于 2020 年年底,此时公司法尚未承认一人股份公司,但现行公司法已经承认之,所以第 10 条当然也适用于一人股份公司。

该条的主要含义,可以分为四层意思进行分解:

1. 一人公司可以为其股东提供担保

问题是,一人公司为其股东提供担保的,决议权如何安排?体系化解释第 10 条,应有的结论是:该一人股东作出决定。

2. 扩张解释之一:一人公司也可以为其实控人提供担保

基于《公司法》第 15 条第 2 款的规定,此处应该作扩张解释:一人公司也可以为

其实控人提供担保,且由该一人股东作决定。

3. 扩张解释之二:一人公司可以为其股东、实控人的利害关系人提供担保

基于前文关于关联担保的释义,一人公司可以为其股东、实控人的利害关系人提供担保,且由该股东作决定。

例2。设例1中,甲公司还持有丁公司90%的股权,则丙公司为丁公司的债务提供担保的,也适用第10条。

4. 一个后遗症:一人公司提供关联担保的,将可能导致公司人格否认规则的适用

不过,尽管一人公司为其股东提供担保并不因违反《公司法》第15条而被认定为无效,但一人公司在承担担保责任后,就可能因财产状况恶化使公司的其他债权人的债权无法得到实现,在很大程度上会过度照顾被担保债权人的利益,而丧失对于公司债权人的保护。对此,是否有必要保护公司债权人利益,对一人公司股东滥用独立人格的行为进行适当规制呢?答案无疑是肯定的。为此,第10条后段的规定,直接关联至《公司法》第23条第3款公司人格否认规则:

只有一个股东的公司,股东不能证明公司财产独立于股东自己的财产的,应当对公司债务承担连带责任。

因此,在例1情形下,若丙公司因承担担保责任无法清偿其他债务,其股东乙公司需要举证证明丙公司的财产独立于自身的财产,否则,其他债权人便可以请求乙公司甚至甲公司对此承担连带责任。

018 公司对外担保的特殊情形(二):上市公司有何特殊性?

一、信息披露是关键

《证券法》第80条规定:

发生可能对上市公司、股票在国务院批准的其他全国性证券交易场所交易的公司的股票交易价格产生较大影响的重大事件,投资者尚未得知时,公司应当立即将有关该重大事件的情况向国务院证券监督管理机构和证券交易场所报送临时报告,

并予公告,说明事件的起因、目前的状态和可能产生的法律后果。

前款所称重大事件包括:

……

(二)公司的重大投资行为,公司在一年内购买、出售重大资产超过公司资产总额百分之三十,或者公司营业用主要资产的抵押、质押、出售或者报废一次超过该资产的百分之三十;

(三)公司订立重要合同、提供重大担保或者从事关联交易,可能对公司的资产、负债、权益和经营成果产生重要影响;

……

由此可见,上市公司的对外担保属于法定的信息披露事项,这与非上市公司据《公司法》第 15 条要求仅通过决议前置程序加以规制的情况有所不同。又按照《民法典担保制度司法解释》第 8 条第 2 款,除上市的金融机构提供保函、担保公司提供担保业务之外,上市公司对外担保不存在豁免决议的情形,所以可以说:上市公司对外担保的,内部要有决议,外部又要信息披露,方为合规。在此背景下,对于债权人的合理审查义务界定,需要新的思路——债权人到底是审查公司决议,还是信赖信息披露,以此作为签署担保合同的凭据?

二、《民法典担保制度司法解释》的解读

2019 年《九民纪要》第 22 条曾初步规定:

债权人根据上市公司公开披露的关于担保事项已经董事会或者股东大会决议通过的信息订立的担保合同,人民法院应当认定有效。

2020 年《民法典担保制度司法解释》第 9 条系统规定:

相对人根据上市公司公开披露的关于担保事项已经董事会或者股东大会决议通过的信息,与上市公司订立担保合同,相对人主张担保合同对上市公司发生效力,并由上市公司承担担保责任的,人民法院应予支持。

相对人未根据上市公司公开披露的关于担保事项已经董事会或者股东大会决议通过的信息,与上市公司订立担保合同,上市公司主张担保合同对其不发生效力,且不承担担保责任或者赔偿责任的,人民法院应予支持。

相对人与上市公司已公开披露的控股子公司订立的担保合同,或者相对人与股票在国务院批准的其他全国性证券交易场所交易的公司订立的担保合同,适用前两

款规定。

同时,《民法典担保制度司法解释》第8条还规定:

有下列情形之一,公司以其未依照公司法关于公司对外担保的规定作出决议为由主张不承担担保责任的,人民法院不予支持:

(一)金融机构开立保函或者担保公司提供担保;

(二)公司为其全资子公司开展经营活动提供担保;

(三)担保合同系由单独或者共同持有公司三分之二以上对担保事项有表决权的股东签字同意。

上市公司对外提供担保,不适用前款第二项、第三项的规定。

三、上述规定的解读

(一)解读之一:上市公司不豁免决议规则

依照上引第8条第2款的规定,非特殊类型上市公司对外担保的,一定要有股东会、董事会决议,不可豁免。

同时,《公司法》第135条对特定情况下上市公司的决议程序进行了特别规定:

上市公司在一年内购买、出售重大资产或者向他人提供担保的金额超过公司资产总额百分之三十的,应当由股东会作出决议,并经出席会议的股东所持表决权的三分之二以上通过。

(二)解读之二:上市公司强制信息披露的信赖规则

按照深沪交易所现行的股票上市规则,上市公司"提供担保"交易事项,应提交董事会或股东会进行审议并及时公告披露,这也是落实证券市场"三公原则"(公平、公正、公开)、促进证券市场健康稳定发展的必然举措。至于信息披露后对外担保可能是一种"利空"消息,给上市公司股价带来的不利影响,则由投资者自行把握。

因此,对于上市公司对外担保中的债权人"善意"判断,需遵守特殊规则,即信息披露的信赖利益原则。此处的逻辑是:上市公司提供对外担保的,为保护上市公司及中小投资者的利益,不仅要依据法律、章程规定经过股东会、董事会决议,还要及时公告;基于证券市场强制信息披露的可信赖性,债权人无须审查上市公司股东会、董事会决议本身,但要信赖强制披露的信息足以证明自身的善意。所以就衍生出《民法典担保制度司法解释》第9条第1、2款的两条规则:

1. 规则一(第1款):债权人依据"上市公司公开披露的关于担保事项已经董事

会或者股东大会决议通过的信息",与上市公司订立担保合同的,足以证明其善意,该担保合同有效,可以主张上市公司承担相应的担保责任。

2. 规则二(第 2 款):反之,债权人没有依据"上市公司公开披露的关于担保事项已经董事会或者股东大会决议通过的信息",而与上市公司订立担保合同的,足以证明其恶意,该担保合同无效,不可以主张上市公司承担相应的担保责任;至于上市公司承担赔偿责任与否以及多少,则根据担保合同无效规则(见前文)处理。

可能有人会问,如上市公司已作出了合法有效的股东会、董事会决议,但没有依据证监会、交易所要求及时进行信息披露,债权人审查了该决议难道还不足够吗? 对此应当认为,只要上市公司合规担保的决议都会及时事后公告,未公告的可能是违规担保,债权人在没有公告时就与其签订担保合同,即推定为恶意。《国务院关于进一步提高上市公司质量的意见》(国发〔2020〕14 号)也指出,要严肃处置资金占用、违规担保问题。因此裁判机关应贯彻落实意见中"依法依规认定上市公司对违规担保合同不承担担保责任"。事实上,严格执行《民法典担保制度司法解释》第 9 条的裁判标准,就会确立一个好的、便利的、节约交易成本的规则。

为了确保上市公司订立的对外担保合同有效,债权人只要依据上市公司的披露信息签约即可。

(三)解读之三:上市公司控股子公司、新三板的准用

依照第 9 条第 3 款,有两类公司准用上市公司对外担保的信息披露信赖规则:

一是上市公司已公开披露的控股子公司订立的担保合同;

二是股票在国务院批准的其他全国性证券交易场所交易的公司订立的担保合同。

019　公司对外担保的特殊情形(三):分公司特殊性何在?

一、公司的分支机构可以对外担保吗

《民法典》第 74 条规定:

法人可以依法设立分支机构。法律、行政法规规定分支机构应当登记的,依照其规定。

分支机构以自己的名义从事民事活动,产生的民事责任由法人承担;也可以先以该分支机构管理的财产承担,不足以承担的,由法人承担。

一般认为,法人的分支机构并不具有独立的民事权利能力、民事行为能力、民事责任能力,仅具有相对独立的民事权利能力、民事行为能力、民事责任能力。据此,分支机构可以自己的名义在法人授权范围内对外从事民事活动,由此产生的民事责任由法人承担,也可先以该分支机构管理的财产承担,不足以承担的,再由法人承担。

据此,公司的分支机构也可以自己名义对外提供担保,但就此担保合同的效力及其责任承担,必有特殊规则。问题是,如何建构其特殊规则?

二、普通公司的分支机构对外担保规则

(一)问题的提出

《公司法》《民法典担保制度司法解释》《九民纪要》等,都以公司法人为假设对象,围绕正当议决程序、越权规则、债权人善恶意这三个要点来建构普通公司对外担保规则体系。那么,这一规则体系可否适用、如何适用于分支机构身上?

举例。A公司是全国性石油公司,为开拓市场在全国各地设立了诸多分公司。在这种战略布局下,分公司的负责人(相当于公司的法定代表人)为经营需要,以分公司名义签订对外担保合同的,是否需要所属公司的股东会、董事会决议?债权人又如何审查该决议?

(二)《民法典担保制度司法解释》的回应

《民法典担保制度司法解释》第11条第1款、第4款规定:

公司的分支机构未经公司股东(大)会或者董事会决议以自己的名义对外提供担保,相对人请求公司或者其分支机构承担担保责任的,人民法院不予支持,但是相对人不知道且不应当知道分支机构对外提供担保未经公司决议程序的除外。

公司的分支机构对外提供担保,相对人非善意,请求公司承担赔偿责任的,参照本解释第十七条的有关规定处理。

该两款规定确立以及隐含的规则有三:

1. 分公司等公司的分支机构对外担保的,也需要公司股东会、董事会决议,决议后分公司负责人等经办人方能以分公司名义签署对外担保合同。

2.如同公司对外担保一样,不存在公司决议的,债权人非善意。如分公司提供了公司决议,债权人负有合理审查义务,债权人尽到合理审查义务的,为善意,得主张该担保合同有效,公司或者(以及)分公司承担相应的担保责任;否则,该担保合同无效,公司或者(以及)分公司是否以及如何承担相应的过错赔偿责任,根据无效担保合同责任规则处理。

3.如何理解但书规定,也即"但是相对人不知道且不应当知道分支机构对外提供担保未经公司决议程序的除外"?其意应指,分公司伪造、变造公司决议,但债权人经过合理审查之后不能发现或者不应当发现的情形。

三、两类特殊公司的分支机构对外担保规则

前文交代,金融机构对外提供保函、担保公司对外提供担保,都属于其正常的有偿、双务、营利性质的营业活动,豁免特别议决程序规则,不适用《公司法》第15条的规范。那么,如其分支机构对外提供担保活动,有无特殊规则呢?《民法典担保制度司法解释》对此作出回应,引入授权说。

(一)金融机构分支机构的对外担保

《民法典担保制度司法解释》第11条第2款规定:

金融机构的分支机构在其营业执照记载的经营范围内开立保函,或者经有权从事担保业务的上级机构授权开立保函,金融机构或者其分支机构以违反公司法关于公司对外担保决议程序的规定为由主张不承担担保责任的,人民法院不予支持。金融机构的分支机构未经金融机构授权提供保函之外的担保,金融机构或者其分支机构主张不承担担保责任的,人民法院应予支持,但是相对人不知道且不应当知道分支机构对外提供担保未经金融机构授权的除外。

据此,金融机构分支机构的对外担保行为效力,采授权说,根据是否属于保函业务一分为二:

1.保函业务。分支机构自身的营业执照有保函业务而开立保函的,或者经有权从事担保业务的上级机构授权开立保函的,该担保行为有效,金融机构或者(以及)分支机构依约承担相应的担保责任。

2.保函之外的其他担保业务。分支机构未经金融机构授权提供保函之外的担保,原则上无效,金融机构或者(以及)分支机构不承担相应的担保责任;但"相对人不知道且不应当知道分支机构对外提供担保未经金融机构授权的除外"。

(二)担保公司分支机构的对外担保

《民法典担保制度司法解释》第 11 条第 3 款规定：

担保公司的分支机构未经担保公司授权对外提供担保，担保公司或者其分支机构主张不承担担保责任的，人民法院应予支持，但是相对人不知道且不应当知道分支机构对外提供担保未经担保公司授权的除外。

据此，担保公司分支机构的对外担保行为效力，采授权说，根据授权有无也一分为二：

1. 在公司授权范围内开展的对外担保，该担保行为有效，担保公司或者（以及）分支机构依约承担相应的担保责任。

2. 反之，未经公司授权或者超出公司授权范围开展的对外担保，原则上无效，担保公司或者（以及）分支机构不承担相应的担保责任；但"相对人不知道且不应当知道分支机构对外提供担保未经担保公司授权的除外"。

分篇三

对外投资、债务加入与对外财务资助

上一分篇，我们浓墨重彩地系统研究了各类公司的对外担保行为。与对外担保行为相同或者类似的，还有对外投资、债务加入、对外捐赠、对外财务资助等行为。这些行为，均非一家普通公司日常营业行为，所以公司法均予以特殊规制。其中，对外投资与对外担保适用《公司法》第15条；债务加入则准用第15条关于对外担保的规则；对外捐赠，虽然截至目前《公司法》及其司法解释未置一词，但公司实务中并不鲜见，相关纠纷也时有发生；至于对外财务资助行为，是一个更大的命题，其体系本身已经内含担保、捐赠等行为。

对外捐赠、对外财务资助，在本书第九篇已经安排专问，从董事责任的视角作出研究，因此本分篇对相应内容不再重复，主要就对外财务资助行为的特殊议决程序安排专问研究。

本分篇共设7问，涵盖公司对外投资、债务加入、对外财务资助、股东借贷等行为。

020 对外投资如何适用《公司法》第15条？（上）

一、何谓对外投资

（一）没有争议的概念：直接投资

此处的对外投资，在我国法律语境下，指向直接投资是没有争议的。所谓直接投资，是指公司向其他企业投资成为股东、合伙人等投资者的行为。具体到投资的场景，以投资其他公司为例，可以分为两类：

一是作为创业投资人参与其他公司设立的投资行为,无论是作为有限公司的设立人(发起人),还是作为募集设立、发起设立股份公司的发起人,都要认缴出资额或者股份,并在约定的期限内实缴出资给公司。

二是作为后入股股东在公司增资扩股时作为认股人认缴出资额或者股份,以及在募集设立股份公司时作为认股人认缴股份,并在约定的期限内实缴出资给公司。

以投资合伙企业为例,就是订立合伙协议、设立合伙企业,认缴出资,选择成为普通合伙人或者有限合伙人。

可见,直接投资行为的特征在于,公司作为投资人负有直接缴纳出资给投资企业的义务,也即作为投资人的公司与目标企业之间存在出资合同关系。

(二)有争议的概念:间接投资

有争议的是,公司投资是否包括间接投资。所谓间接投资,是指公司作为投资者受让目标企业既有股东、合伙人的股权份额、合伙份额,从而成为目标企业的股东、合伙人。

《公司法》第14、15条所规范的公司对外投资是否包括间接投资行为?对此存在两种意见。否定说认为,在间接投资情形下,公司并未支付投资款给目标企业,而是将对价支付给原股东、原合伙人,购买了一份股权、合伙份额,可见投资人与目标企业之间并不存在一个出资合同关系,所以不属于公司对外投资概念。

肯定意见认为,所谓投资(investment),是指投资者当期投入一定数额的资金给他人而期望在未来获得回报的行为,其实质是以让渡其他资产而换取的另一项资产。在此意义上,不论公司将投资款给付给目标企业,还是以给付给目标企业的原股东或原合伙人的方式间接支付给目标公司,最终都获取了目标企业的相应投资份额(出资额、股份或者合伙份额等),所以对于公司而言都符合"让渡其他资产而换取的另一项资产"的本质属性。

此外,所谓间接支付给目标企业,也即公司间接对目标企业进行了出资,基于此取得了目标企业的股东、合伙人身份,享有相应股份和投资份额所对应的权利。作为例证,有限公司原股东转让股权给受让人(新股东)的,公司要收回并注销出资证明书,且给新股东签发新的出资证明书(《公司法》第87条),这一细节足以证明股权受让人与目标企业之间也是存在出资合同关系的,否则就不会有签发出资证明书之说。所以,间接投资理应被纳入公司对外投资的概念体系。

(三) 概念争论的背后

读者会问,争论上述概念的意义何在？请看一个实务案例。

例1。A有限公司持有B有限公司51%的股权,经与C股份公司反复协商,最终以2.35亿元价格出售给C公司,约定分期付款。后C公司支付了大部分款项并入主B公司,但恰逢疫情来袭,经济状况不好,B公司的经营每况愈下。于是C公司主动起诉到法院要求确认C公司、A公司签署的股转协议无效,理由是违反《公司法》第15条的规定,C公司当初由其法定代表人出面代表公司与A公司签约时,并未经过公司股东会、董事会的任何决议,所以属于越权代表行为,且A公司明知有公司法规定而在签约时不审查C公司决议,具有恶意,故而不能约束C公司。A公司则主张C公司通过A公司、C公司之间的股转协议入主B公司,并非第15条所指向的"公司向其他企业投资"行为,C公司的主张属于适用法律错误,该股转协议合法有效。

本书认为,直接投资与间接投资,都属于公司对外投资行为。

二、公司对外投资的法政策

早期的公司法曾经禁止公司对外投资,也即一家公司不得成为另一家公司的股东,每一家公司均应固守自己的实体经济营业。但是这一规定终究抵不过市场经济发展的强大需求,时至今日,不仅每一家公司都能成为其他公司的股东,而且涌现出一大批以投资其他公司为业的专业投资公司。这些公司并无自己的营业,而是专职成为其他公司的股东,自己成为专职投资平台,被称为holding corporation。事实上,如果不允许公司投资其他公司,也就不会有公司集团、集团公司的概念与现象。

所以,《公司法》第14条规定:

公司可以向其他企业投资。

法律规定公司不得成为对所投资企业的债务承担连带责任的出资人的,从其规定。

这一规定有两层含义:

1. 公司可以向公司、合伙企业等其他企业投资,成为股东(合伙人)。

2. 法律(仅限于狭义法律)对公司成为无限责任投资人有限制的,从其规定。

此处的法律规定,就是指《合伙企业法》第2条、第3条的规定。

《合伙企业法》第2条规定:

本法所称合伙企业,是指自然人、法人和其他组织依照本法在中国境内设立的普通合伙企业和有限合伙企业。

普通合伙企业由普通合伙人组成,合伙人对合伙企业债务承担无限连带责任。本法对普通合伙人承担责任的形式有特别规定的,从其规定。

有限合伙企业由普通合伙人和有限合伙人组成,普通合伙人对合伙企业债务承担无限连带责任,有限合伙人以其认缴的出资额为限对合伙企业债务承担责任。

第3条规定:

国有独资公司、国有企业、上市公司以及公益性的事业单位、社会团体不得成为普通合伙人。

据此,唯有"国有独资公司、上市公司"这两类公司不得投资合伙企业成为普通合伙人,其他类型的公司并不受限制。

021　对外投资如何适用《公司法》第15条?(下)

(书接上问)

三、公司对外投资之议决程序

(一)同一规则

《公司法》第15条第1款规定:

公司向其他企业投资或者为他人提供担保,按照公司章程的规定,由董事会或者股东会决议;公司章程对投资或者担保的总额及单项投资或者担保的数额有限额规定的,不得超过规定的限额。

看到这个反复被引用的条款,读者的目光可能聚焦在"为他人提供担保"几个字上,实际上该款还适用于"向其他企业投资"行为上。也即公司对外投资与对外提供非关联担保,适用完全相同的议决程序——由公司章程规定董事会或者股东会决议,且对外投资的总额及单项投资数额有限额规定的,不得超过规定的限额。

公司法未予明确的是前述决议应采普通决议抑或特别决议,对外投资乃公司经营业务,解释论上应允许公司自治,如章程未约定前述事项采特别多数决,默认为普通多数决即可。

(二)违反法定议决程序的后果

如前所述,公司对外担保行为如违反《公司法》第 15 条的议决规则,其效力处理模式简述为:法定代表人代表公司签署担保合同属于越权代表行为,相对人尽到合理审查义务的,则为善意,担保合同约束公司;否则,则为恶意,担保合同不约束公司。

那么,这一效力规则是否适用于公司对外投资行为?司法实务中存在不同做法。

例 2。回到例 1,一审法院支持了 C 公司的主张,一方面其认为 C 公司购买 A 公司持有的 B 公司股权的行为,属于《公司法》第 15 条中的对外投资行为,另一方面认为依据该条,对外担保的公司不提供股东会、董事会决议且相对人不审查该决议的,构成恶意,依照相关司法解释应认定担保合同无效;比照公司对外担保合同效力规则,公司对外投资合同也理应如此,因为两类行为同时出现在同一个条款中,理应作同一的司法适用结论。本案中既然作为投资者的 C 公司未经过股东会、董事会决议,且作为相对人的 A 公司也未审查该决议,显属恶意且有过错,所以作出认定股转合同无效的判决。

但上述判决所持观点在理论上存在争议。归结如下:

观点 1:本案属于间接投资,不在第 15 条规范之列,所以法院适用法律错误,本案的股转合同并无效力瑕疵。

观点 2:间接投资也适用第 15 条,且适用与公司对外担保一样的效力规则。理由有二:一则,第 15 条一体规制公司对外投资行为和对外担保行为的原因是,此两类行为与对外捐赠、借款(财务资助)等一样,在所有权与经营权"两权分离"的假设下,不属于一家普通商业公司的正常经营行为。该条在功能上与演化数百年的公司目的事业规则相似,即与越权规则相似,两权分离下,股东对管理层的授权止于目的事业范围之内。二则,从立法解释看,既然立法者将两类行为一体规定在同一条款中,理应适用相同的裁判规则,否则,在法律解释上无法讲得通。

观点 3:间接投资即便适用第 15 条,也不能适用与公司对外担保一样的效力规则,原因如下:一则,公司对外担保纯属无偿、单务、高风险行为,对于公司而言并无实益,但无论是直接投资还是间接投资都属于双务、有偿、意在取得回报的商业行为,二者在法律属性上不可同日而语。二则,由此引发的利益冲突也大不相同,公司对外担保极可能侵害公司利益进而侵害少数股东、公司既有债权人利益,而公司对外投资属于一项商业判断,固然也有风险,但是这一风险与公司开展的其他日常营业活动并无二致,并不存在侵害公司利益进而侵害少数股东、公司既有债权人利益的问题。三则,第15条一体要求公司对外投资、对外担保行为需经股东会、董事会议决,其背后的法理有相同的一面——均意在排除董事、管理层个人在对外担保、对外投资上的商业决断权,也即防止个人独断、交付集体议决以求科学、民主决策,但也有不同的一面——对外担保通过设置特殊议决程序,防止管理层、双控人利用控制公司的权力通过为他人债务提供担保的通道挖空公司,进而侵害少数股东、公司既有债权人利益,但对外投资的特殊议决程序并不负担这一功能。四则,针对第15条的司法适用,无论是《九民纪要》还是《民法典担保制度司法解释》都确立了"违反第15条的议决程序加债权人恶意等于对外担保合同无效"规则,但都仅仅指向该条的对外担保行为,丝毫不触及对外投资行为,这足以说明司法机关不认为二者应该适用同一司法裁判规则。

　　本书基本认同观点3,公司对外投资违反第15条的法律效果理应与对外担保不同,不能得出相对人还有合理审查义务的解释结论。也即依据第15条,决议效力被否定后,虽然仍适用第28条第2款的公司决议外部效力规则(抑或越权代表规则),但直接推定法定代表人为善意,并不以其是否履行审查义务为判断标准。从立法论来看,为何要把两个性质差异很大的行为放置于同一个条款呢?目前的立法规范模式人为地制造了歧义,至少不够科学。

　　例3。鹤岗奥宇公司与萝北奥宇公司购买股权投资反悔案。2008年11月30日,萝北奥宇石墨有限公司(以下简称萝北奥宇)与鹤岗奥宇石墨有限公司(以下简称鹤岗奥宇)签订《股权转让合同书》,约定萝北奥宇将其在萝北县云山石墨采矿有限公司(以下简称云山采矿)拥有的全部股权转让给鹤岗奥宇,鹤岗奥宇分两次付清全部价款。在合同签订之前,萝北奥宇提前召开股东大会并形成决议,同意将其在云山采矿的全部股权转让给鹤岗奥宇。就鹤岗奥宇而言,其行为性质系对外进行间接投资,应当依据第15条进行内部决议。

　　股权交易完成10年后,双方就《股权转让合同书》的效力及股东身份产生争议。萝北奥宇向法院主张要求确认股东身份,鹤岗奥宇则提起诉讼要求确认其与萝北奥宇之间签订的《股权转让合同书》的合同效力。双方在法庭之上、舆论场上激战多轮,引发众多关注。当然,就本问所讨论问题而言,鹤岗奥宇是否依法决议,并不影响双方《股权转让合同书》的效力,双方实际的系争焦点也并不在此。

022　债务加入如何准用《公司法》第 15 条？

一、债务加入

债务加入，是指第三人加入债务人与债权人既定的债权债务关系之中，与债务人连带承担履行债务的义务与责任。实践中，债务加入有两种方式：一是第三人与债务人达成加入债务的约定并通知债权人；二是第三人向债权人单方表示愿意加入债务，债权人在合理期限内未明确拒绝。

《民法典》第 552 条规定：

第三人与债务人约定加入债务并通知债权人，或者第三人向债权人表示愿意加入债务，债权人未在合理期限内明确拒绝的，债权人可以请求第三人在其愿意承担的债务范围内和债务人承担连带债务。

债务加入，具有明显的担保功能，故而属于广义的担保措施。由于第三人加入债务后，与原债务人一同承担连带责任，这比作为第三人承担连带保证的责任还要重。因为作为连带保证人，虽然对债务承担连带责任，但毕竟在身份上属于从债务人，而加入债务后的第三人不仅对债务承担连带责任且属于主债务人之一。所以，《民法典担保制度司法解释》第 36 条针对保证、连带保证、债务加入的概念甄别予以规定：

第三人向债权人提供差额补足、流动性支持等类似承诺文件作为增信措施，具有提供担保的意思表示，债权人请求第三人承担保证责任的，人民法院应当依照保证的有关规定处理。

第三人向债权人提供的承诺文件，具有加入债务或者与债务人共同承担债务等意思表示的，人民法院应当认定为民法典第五百五十二条规定的债务加入。

前两款中第三人提供的承诺文件难以确定是保证还是债务加入的，人民法院应当将其认定为保证。

第三人向债权人提供的承诺文件不符合前三款规定的情形，债权人请求第三人承担保证责任或者连带责任的，人民法院不予支持，但是不影响其依据承诺文件请求第三人履行约定的义务或者承担相应的民事责任。

该条的精华在于第3款,也即第三人提供的承诺文件意思不明,难以确定是保证还债务加入的,法院应推定为保证,为什么呢?就是因为债务加入的责任最重啊!

二、如何规制债务加入的公司意思

既然第三人加入他人的债务具有担保功能,且承担责任比连带保证都重,那么公司加入他人债务,需要适用什么样的特别规制措施吗?

假设一种场景:实务中可能出现的一种情形是,某公司法定代表人以公司名义与债务人约定加入债务并通知债权人,或者单方向债权人表示愿意加入某债务。例如,A公司法定代表人张三,单方面向C银行出具《承诺函》表明若后续B公司无法还款的话,A公司愿意为B公司向C银行的50亿元借款提供流动性支持。此时,法定代表人出具的《承诺函》是否应履行类似于公司对外担保的决议前置程序等法定要求呢?以及又如何判断《承诺函》的法律效力?

这实际上就提出了一个严肃的法律问题:公司加入他人债务的,是否准用公司对外担保的规定?

按照举轻以明重的逻辑,回答是 yes,yes,yes!

对此,《九民纪要》第23条首先回应:

法定代表人以公司名义与债务人约定加入债务并通知债权人或者向债权人表示愿意加入债务,该约定的效力问题,参照本纪要关于公司为他人提供担保的有关规则处理。

《民法典担保制度司法解释》第36条第1款作了铺垫:

第三人向债权人提供差额补足、流动性支持等类似承诺文件作为增信措施,具有提供担保的意思表示,债权人请求第三人承担保证责任的,人民法院应当依照保证的有关规定处理。

其第12条进一步规定:

法定代表人依照民法典第五百五十二条的规定以公司名义加入债务的,人民法院在认定该行为的效力时,可以参照本解释关于公司为他人提供担保的有关规则处理。

到此,立法者通过参照适用弥补了公司债务加入的立法漏洞。具言之,公司加入他人债务的,须以股东会、董事会决议作为授权的基础和来源;公司加入股东、实控人及其利害关系人债务的,需要股东会决议,且关联股东执行回避表决制度;在订立债务加入协议时,债权人未尽到合理审查债务加入人股东会决议的义务,被视为恶意,由此导致债务加入协议对公司并无约束力。

023　对外财务资助如何适用特殊议决程序?(一)

一、何谓财务资助

(一)定义

《公司法》第163条规定:

公司不得为他人取得本公司或者其母公司的股份提供赠与、借款、担保以及其他财务资助,公司实施员工持股计划的除外。

为公司利益,经股东会决议,或者董事会按照公司章程或者股东会的授权作出决议,公司可以为他人取得本公司或者其母公司的股份提供财务资助,但财务资助的累计总额不得超过已发行股本总额的百分之十。董事会作出决议应当经全体董事的三分之二以上通过。

违反前两款规定,给公司造成损失的,负有责任的董事、监事、高级管理人员应当承担赔偿责任。

这就是关于公司对外资助行为的规则。

细心的读者可以看到,所谓财务资助包括赠与、借款、担保等司空见惯的民事活动,尤其包括公司对外担保。问题是,《公司法》第15条对于对外担保已有专门规范,为何第163条又要旧调重弹?需要强调,公司法体系性规制公司对外财务资助行为,是建立在"为取得本公司及其母公司股份"这一特殊目的之上的。

英国、欧盟、澳大利亚等各地立法,本身均没有对"财务资助"的定义和概念进行明确规定。英国、欧盟等立法例的禁止财务资助规则都是从结果出发,指出公司只要直接或间接地对"取得本公司股份"的主体提供"财务资助",就是财务资助行为。

然而,对于他人"取得本公司及其母公司的股份"的,为何要禁止本公司提供财务资助呢?请看下面模拟的案例:

例1。设A公司为自然人一人股份公司,股东甲早就想掏空公司跑路,恐又承担相应的法律责任,于是想出一个套路:甲将公司全部1万股作价4000万元出售给并无实力的马仔乙,A 公司就乙支付给甲的股权款债务提供担保或者贷款,正好 A 公司账上有 4000 万元现金(这也是公司的所有家当了),后乙果然无力支付股权款,甲借机从 A 公司账上拿走 4000 万元,留下一个空壳给 A 公司的新股东乙及债权人。

由此可见,公司法之所以特别规制财务资助,源于公司提供财务资助必然涉及现有或潜在的货币成本,可能造成公司资产的不当流出,进而损及公司股东、债权人等相关主体的利益。

(二)财务资助行为方式

1. 赠与

赠与,也即公司以赠与形式向股份购买者提供资金,帮助其成为公司股东,是最为简单的财务资助形式。赠与合同是无偿、单务合同,受赠人不提供任何对价给公司,所以无论赠与的绝对金额高低,也无论赠与数额占公司总资产的比例大小,任何赠与都将被纳入财务资助的范畴中。

2. 借款

借款,也即公司以贷款形式向股份购买者提供资金,帮助其成为公司股东,是最为典型的财务资助形式。更复杂的情形是,由股份购买者向第三方债权人筹资,由公司向股份购买者的债权人偿付债务,并约定股份购买者在日后某一时间再向公司偿还这笔资金,这类贷款也属于财务资助的一种形式。

3. 担保

担保,也即公司对股份购买者的股权款债务提供担保,帮助其成为公司股东。此处的担保与《公司法》第 15 条的"担保"含义一样,也即公司为非自身债务提供的担保,在财务资助的语境下,担保包括保证、抵押、质押等任何有相同功能的交易类型。

4. 其他

财务资助还包括具有类于赠与、借款、担保等功能的其他行为,比如公司通过债务加入、第三人代为履行等方式帮助他人取得股权的。

024　对外财务资助如何适用特殊议决程序？（二）

（书接上问）

二、行为规范：财务资助行为的公司法立场

（一）原则禁止

他人取得本公司及其母公司的股份的，本公司不得为其提供赠与、借款、担保以及其他财务资助。

（二）两个例外

1. 公司实施员工持股计划的

第163条第1款提供一个例外——为实施员工持股计划需要的，公司可以为员工提供财务资助，以帮助财务有困难但对公司发展具有重要人力资源价值的员工取得公司激励（奖励）的股份。实务中，进入员工持股计划的员工可能并无丰厚的财务实力，尽管持股计划已经将股价打折优惠，对于某些员工仍然是一个沉重负担。公司对其提供借款、赠与或者为其借贷提供担保，是在帮助员工获得公司股份，同时也在助力公司员工持股计划的落地，这完全符合公司利益，故而构成合法的例外。

对于此例外的执行，第1款并未设置特别的决议程序，也未设定限额。当然，根据《中国证券监督管理委员会关于上市公司实施员工持股计划试点的指导意见》的规定，用于员工持股计划的股份限额为本公司已发行股份总数的10%。

2. 为公司利益且经公司决议的

第2款提供的第二个例外必须符合以下三个条件：

（1）主观上为公司利益。也即除了公司实施员工持股计划以外的情形，可能的场景是：

例2。A新材料技术股份公司亟须引入海归张三团队，经多轮谈判，双方拟定的方案是：公司对张三团队定向增资扩股发行10,000万股，每股1元，张三团队以公司急需的某专利技术作价5000万元，其余用现金出资；但张三团队没有资金实力，于是公司答应通过财务资助形式为张三提供5000万元无息借款，用张三团队今后N年的股份分红款等诸项抵销。

读者能够感受到,这对于公司而言,是一项商业决策(business judgement),需要公司短期内付出代价,但图谋的是公司未来的更大利益,但究竟以目前的牺牲能否确定换来未来的更大利益,只有上帝知道。对于此时的公司管理层而言,只不过是站在公司利益最大化的立场上进行一项商业决策。

对于该款的"为公司利益",正在制订中的新公司法解释某条准备作进一步的限缩解释,拟规定:

上市公司为他人取得本公司或者其母公司的股份提供财务资助,存在下列情形之一的,不属于公司法第一百六十三条第二款规定的"为公司利益":

(一)首次公开发行股票并上市过程中,发行人直接或者通过承销商及其相关人员等方式间接向参与认购的投资者提供财务资助;

(二)上市公司向特定对象发行证券过程中,上市公司直接或者通过其控股股东、实际控制人、主要股东等方式间接向发行对象提供财务资助;

(三)上市公司向收购人提供财务资助;

(四)上市公司向股权激励对象依股权激励计划获得有关权益提供贷款、为其贷款提供担保以及其他形式的财务资助;

(五)上市公司在破产重整过程中向重整投资人取得本公司股份提供财务资助。

(2)程序上须经股东会决议;或者依照公司章程、股东会的授权由董事会作出决议,董事会作出决议应当经全体董事的2/3以上通过。也即此项决议原则上由股东会作出,但是基于公司意思自治,也可由公司章程规定或者股东会决议转授权给董事会决议。董事会作该项决议的,需要审慎,对公司尽到忠实义务与勤勉义务;董事会成员一则做到不与个人利益冲突,二则做到为公司利益最大化而判断。为突出该项例外情形的决议审慎性,该款特别规定董事会决议采绝对多数决。这也反衬出,如果公司章程没有另外规定,股东会决议应为普通决议,采简单多数决规则。

(3)财务资助的累计总额不得超过限额,也即已发行股本总额的10%。这一限额,实则与第1款规定的员工持股计划限额是一致的。该比例上限,是为防止财务资助导致公司财产的大规模实质性减少。

三、裁判规范：违反财务资助强制性规定的行为效力

(一)违法财务资助行为的认定

1. 目的要件

法律要规制的是对"为取得公司股份的交易行为"进行财务资助，而不是规制对某个商业主体进行财务资助，即其客体是"交易行为"而不是"人"。例如，尽管对某股份购买人进行财务资助但是其目的不是帮助其购买公司股份，则不属于禁止财务资助制度所试图规制的范畴。

2. 标的要件

此处的"股份"，既包括已发行股份，也包括新股；既包括本公司的股份，也包括母公司的股份。考虑到子公司与控股股东之间往往存在较高的关联性，母公司可能通过其对子公司的控制实现向第三方的利益输送，从而实现间接财务资助，故该条将本公司、母公司的股份均囊括在规制范围内。至于"取得"的数量和方式，均不影响对行为性质的认定。

3. 行为要件

公司为他人取得自身、母公司股份而提供财务资助，行为的客观违法性可能体现为三类情形：

(1)违法进行对外财务资助的，也即不属于法律允可的例外情形——不是为实施员工持股计划，也不是为公司利益。

(2)对外财务资助符合法定情形，但未经股东会或者授权董事会的有效决议；

(3)对外财务资助符合法定情形，但超出了法定限额。

(二)违法财务资助行为的效力

基于对《公司法》第15条的经验，人们迫切地想知道，如果违反第163条的规定，公司对外资助行为的效力如何？在此可以分别就以上三种情形予以讨论：

1. 情形一：违法进行对外财务资助的，此类行为无效，也不存在善意相对人的问题。

2. 情形二：对外财务资助情形不违法，但未经有效决议的，可参照《公司法》第15条的对外担保规则处理，也即视相对人主观善恶意而定。

3. 情形三：对外财务资助情形不违法，但超出法定限额的。《公司法》第15条也有关于公司对外担保限额的规定，只不过其限额大小取决于公司章程规定。相较而

言,对外资助的限额乃是法定的,所以推定为相对人知道或者应该知道,如有超出,不应存在相对人善意的可能。

025 对外财务资助如何适用特殊议决程序?(三)

(书接上问)

四、违法财务资助行为的责任承担

(一)股东责任

公司为股东取得本公司股份,或者为他人取得其母公司股份违法进行财务资助的,可能涉及虚假出资、股东滥权以及公司人格否认。也即,既可能因为出资不实触发公司资本领域内的责任,也可能因为权利滥用触发公司治理领域内的责任。

1. 虚假出资责任

实务中,有些公司控股股东通过违规决议接受公司的财务资助,以行循环出资、变相抽逃出资之实,负有责任的股东应在虚假出资范围内承担对于公司、公司债权人的相应责任。

例3。董某勇二审案[(2019)琼民终564号]。中丝集团海南公司是全民所有制企业,由中丝集团出资,原注册资本金为2000万元。2014年9月22日,中丝集团决定将其注册资本金增加至2亿元。2014年11月24日,中丝集团通过多个账户循环转账,形式上完成了总额2500万元的注资操作,共进行了七次循环。2017年7月8日,审计署调查发现,中丝集团海南公司在2012年至2016年有642笔虚构贸易业务,在无真实贸易业务的情况下,中丝集团代付货款的真实性存疑,法院最终认定中丝集团将其对中丝集团海南公司投入的1.8亿元转出的行为构成了抽逃出资。在海南公司无可供执行财产的情况下,中丝集团应在未完成1.8亿元出资义务的范围内,被追加为被执行人,并在未出资范围内承担责任。

本案中,中丝集团虽提交了向海南公司转账1.8亿元的凭证,但实际操作为内部循环转账,款项最终回到中丝集团账户,并未实质性投入海南公司。海南公司此种通过循环转账帮助中丝集团获得本公司股权的行为可认定为财务资助,如能落实禁止财务资助制度,就能够有效防止虚假出资,确保公司具备相应的经营和偿债能力,避免对公司和债权人利益的损害。

2. 股东滥权

依照《公司法》第21条的禁止股东滥用权利条款,公司为某些股东提供财务资助的,(控股)股东可能存在滥权行为,具体体现在以下三个方面:一是规避法定的议决程序,不经股东会、董事会决议而操纵公司进行财务资助,此情形极容易进一步触发公司人格否认规则的适用;二是通过违法的股东会决议操纵公司进行财务资助,此情形也是狭义的股东滥权情形;三是行事实董事(《公司法》第180条第3款、第192条)之实,在不任职董事的情形下执行公司事务,通过违法的董事会决议操纵公司对外提供财务资助,此情形下作为实质董事的股东应与董高承担相同的违信责任。

就狭义股东滥权情形来说,对于此类股东会决议,在界定相关责任时还需要考察股东会的会议记录,对于持支持意见的股东,可能涉嫌滥用表决权的问题,对于持反对、弃权立场的股东,则可以豁免滥权的认定。

股东构成滥权而进行违规决策使公司对外财务资助的,其行为本质上属于侵权行为,应满足主观过错、客观行为、损害后果及因果关系四个构成要件。《公司法》第21条第2款规定:

公司股东滥用股东权利给公司或者其他股东造成损失的,应当承担赔偿责任。

滥权股东应当对公司损失承担赔偿责任;如公司不能提诉,可由其他股东提起股东代表诉讼,追究负责任的股东对公司的赔偿责任。

3. 公司人格否认

股东绕过法定议决程序,操纵公司对外为自己及其利害关系人取得本公司、母公司的股份提供财务资助,很可能涉嫌股东与公司之间存在"纵向"的恶意资产流动,或者股东控制的两个以上公司之间存在"横向"的恶意资产流动。此种非法的资产转移,如果符合"财产混同"或者"过度支配与控制"的法定情形,则会触发公司人格否认制度,应由滥权股东对公司债务承担连带责任。

(二)管理层责任

《公司法》第163条第3款规定:

违反前两款规定,给公司造成损失的,负有责任的董事、监事、高级管理人员应当承担赔偿责任。

对该规定,本书在第九篇已设专问从董事违信责任的角度予以解读,此处主要对照上述股东责任简要补充解读如下:

1. 责任基础

如何理解该款"负有责任的"五个字？这涉及董监高的责任基础厘定。

董事的责任基础，在于参与违规董事会决议的作出。公司对外财务资助行为的决策，如由受权的董事会作出，则违反信义义务投支持票的股东就可能面临问责。其担责的具体法律依据是《公司法》第125条第2款：

董事应当对董事会的决议承担责任。董事会的决议违反法律、行政法规或者公司章程、股东会决议，给公司造成严重损失的，参与决议的董事对公司负赔偿责任；经证明在表决时曾表明异议并记载于会议记录的，该董事可以免除责任。

监事的责任基础在于未尽到审查监督义务，则应在监督不力的过错范围内承担责任。具言之，监事对股东会、董事会作出的财务资助决议应尽到监督作用，始终考虑公司利益最大化，不可与违法股东、董事沆瀣一气，或者行绥靖、鸵鸟政策；在合规财务资助决议通过后，对于资助资金的流向、收回也负有监督义务，应及时发现和报告违法违规行为。

不兼任董事的高管的责任基础，主要在于公司对外财务资助行为的执行时未尽到忠实、勤勉义务，比如对于明知违法违规的对外财务资助决议的执行，以及对于合规对外财务资助决议的执行存在故意、重大过失，导致资金损失，等等。

2. 赔偿责任的具体内容

该款"给公司造成损失的"理解：如违法财务资助行为未给公司造成损失，则不需要任何主体承担赔偿责任；"给公司造成损失的"，应解释为接受公司财务资助的相对人逾期或者不能将款项及其利息返还的情形，前述负有责任的主体即应当承担相应的赔偿责任。

3. 其他

承担赔偿责任的主体是负有责任的董监高，损害赔偿请求权主体系公司，如果公司无法提诉，股东可以提起股东代表诉讼以追究董监高的赔偿责任。

需要指出，基于禁止财务资助行为所彰显的资本维持属性，债权人亦可通过《公司法》第191条直接向对违法财务资助行为存在故意、重大过失的董事、高管主张损害赔偿责任。

五、第163条是否适用于有限公司

第163条是《公司法》第六章"股份有限公司的股份发行和转让"第二节"股份

转让"中的条文,并不适用于有限公司。但是问题是,有限公司为他人取得自身及其母公司的股权提供财务资助的,是否适用或者准用第 163 条的规定?其实,类似的问题还有,第 162 条第 5 款规定股份公司"不得接受本公司的股份作为质权的标的",那么这一规定是否也适用、准用于有限公司?对此,正在制订中的新公司法解释(草案)专设条款,作出了否定回答,其拟规定:

有限责任公司接受本公司的股权作为质权的标的,或者为他人取得本公司或者其母公司的股权提供担保,当事人主张该担保无效的,人民法院不予支持。

026 中国版本的次级债实践:股东向公司贷款受怎样的规制?

一、股东借贷给公司

现实生活中,大型公司集团的子公司贷款主要来自母公司。母公司作为控股股东向子公司贷款,实质上是股东有意识地选择一部分债权充当原始资本,自己由此取得股东、债权人之双重身份。除了公司集团中的特殊安排,单个自然人、单一法人实体的股东向其贷款也不罕见,都构成股东作为公司贷款人的法律现象。这样的安排有一系列商业考量。

1. 税负优势。双重征税是公司税负的基本特征:一是针对公司的盈余,二是针对股东所得股利,但债权人的利息收入可以免税,利用债权投资可以使股东从公司得到的投资回报免于双重课税。

2. 合理化公司资产结构。将部分股东的股权投资转化为债权投资,可以合理安排公司的股权结构。

举例。甲公司有两个发起人,A 计划投入 100 万元现金;B 计划投入价值 70 万元的非现金资产,但希望拥有公司 50% 的股权,A 离不开 B 的出资,且 A 的投资目的主要是取得财务投资权益。为此,公司章程安排如下:A 和 B 各自出资 70 万元,A 另外借给公司 30 万元,A、B 两股东各得其所,甲公司的设立成为可能。当然,如引入类别股,该安排也可以通过股份之间差异化的表决权和分红权制度得以实现。

3. 降低投资风险。如公司经营失败,债权融资使股东可以与普通债权人一样回收其债权及利息,股东有了不同风险的投资组合。

二、股东贷款的法律风险

但是,股东贷款也有其风险。

一方面,股东向公司注入的资产,该资产的性质是股是债,往往极易存在模糊之处,尤其进行个性化约定时,常常后续导致不同股东间"股""债"性质的判断争议,最终酿成纠纷。针对该问题,请参见本书有关专问。

另一方面,纵使明确股东注入公司的资产系借贷性质,也有必要衡量诸多其他要素。公司财务结构中股东的债权比例有一个合适的"度"。对公司而言,如果债权比例过高,将导致债股比例失衡,公司经营风险增大,法律此时将特别注重保护其他债权人的利益。故而,针对股东向公司贷款的情况,比较法多采次级债权理论(或称债权居次理论)来平衡各方利益。

次级债权理论,是指在公司的清算、和解或者重整程序中,股东对公司的债权,不论有无别除权、优先权,自动或者在法定条件下次于其他债权人受清偿;根据是否需要股东有过度控制行为作为适用的前提条件,又可以进一步分为自动居次与衡平居次。该规则产生的法理在于,股东可能利用其控制权滥用公司独立人格与股东有限责任,损害其他债权人的利益,其制度主旨是限制股东对公司的债权行使,以免对公司的其他债权人过于不公平。考虑到自动居次要求股东之债权一律次于其他债权人受偿,可能倒逼股东不再愿意借贷给公司,故而一般为司法实践所摒弃;衡平居次的原则由于既保护公司的其他债权人利益,也兼顾股东的利益,成为域外法院处置股东对公司债权的一般原则,被视为公司人格否认规则的姊妹条款。

我国现行法上尚不存在体现次级债权理论的规则,但司法实践中并非毫无适用的余地。根据债权撤销权的理论,股东利用对公司的控制关系强令公司提前清偿自己的债权,或者以无偿、低价的方式取得公司财产以清偿债权,或者让公司对其债权提供担保,从而损害了公司其他债权人利益的,债权人即可以要求法院撤销这些不正当的交易行为。

如将我国法上的债权撤销权的理论进一步推演,即可得到次级债权理论。只要股东存在前述不当行为,已属于滥用对公司的控制损及其他债权人利益,由于股东控制公司滥权的不公正行为往往无法撤销,无妨直接以股东债权受清偿劣后于其他债权人或者优先股股东为法律效果。可以说,次级债权理论是对民法中债权保护的撤销权理论的组织法延伸。司法裁判实践中,现行法虽并无明文规定,但在股东滥权的情形下,不必达到法人人格混同的严重程度,利益受损的债权人可以此主张优先受偿,尤其是在破产清算的场合之中。

分篇四

股东、董监高对公司债权人的责任一览

本分篇的内容,在本书的第三篇"公司金融:公司资本与股东出资"与第九篇"董监高的任职、信义义务"的相关问题中均有涉猎,分别从股东出资义务履行与董监高信义义务、违信责任的视角进行详述,本分篇则从债权人的权利及权益保护的视角予以呼应。考虑到多项制度的具体内容难免有所重合,在力避内容冗余的同时,要给读者提供一个关于公司债权人保护制度的完整体系,故而本分篇选择展示一个纲领性的逻辑框架。

本分篇共设8问,其中第27、28、29、32问负责提供理论框架,第30、31、33、34问负责提供现行公司法的规范线索。

027　如何理解股东与债权人之间的代理成本?

一、债务代理成本的定义

代理成本是指因委托人、代理人之间信息不对称而产生的委托人损失,以及为了解决此问题所发生的其余成本。一般认为,现代公司治理主要存在三类代理成本(前者为委托人,后者为代理人):

——股东之间(少数股东与多数股东)的代理成本;

——股东与管理层之间的代理成本;

——公司债权人与股东之间的代理成本。

就第三类代理成本而言,现代公司的股东与债权人之间存在利益冲突,因为股东以股权投资的方式享有对公司的所有权,公司的剩余控制权与剩余索取权也归股东;债权人以债权投资的方式为公司贡献资产,但仅享有债权本息的索取权,不参与公司的经营管理与治理,所以二者形成委托—代理关系;但双方的利益并不具有完全的一致性,风险偏好尤其不一,最终难免会产生利益冲突。债权人与股东之间的利益冲突所产生的额外成本,被称为债务代理成本。

关于代理成本的基础理论研究,迈克尔·詹森(Michael C. Jensen)和威廉·H. 梅克林(Willian H. Meckling)作出了突出贡献,二人在1976年提出的代理成本共分为三部分:委托人的监督成本、代理人的担保成本和剩余损失。前两项成本涉及契约的制定、实施和治理,而最后一项成本是最优契约下未被执行的机会成本。二人还提出,从公司资本结构的角度看,代理成本可分为权益的代理成本和债务的代理成本。权益的代理成本是由于股东与管理层之间的利益冲突所产生的成本,而债务的代理成本则是因需对债务人监督和约束增加企业融资难度所形成的成本。二人认为,负债在一定程度上可以缓解股东与管理层之间的冲突,减少股权的代理成本。然而,随着企业负债的增加,债权人与股东之间的冲突升级,债权人的监督成本上升,导致债务代理成本增加,最显著的表现即公司向债权人借款利率的上升。

二、债务代理成本的成因

1.有限责任制度安排的风险偏向

有限责任制度的本质是向债权人转移公司经营失败的商业风险,以剩余风险承担和剩余索取权之间的"成本—收益"落差,激励股东从事冒险活动,释放资本潜力。

在公司实际经营管理过程中,公司会受控于股东、管理层等内部主体,若其恶意令债权人承担非商业风险,如通过转移、消耗公司财产的方式中饱私囊,或在公司经营失败时利用有限责任制度恶意逃避债务,债权人常难以判断或举证内部人的恶意行为,权利极有可能无法得到妥善保护。可见,不法行为的存在使有限责任制度本身可能演变为公司内部人榨取合意债权人利益的工具,成为后者需要面临的巨大风险。

2.信息不对称

公司债权人面临的另一主要风险是信息不对称,这本为任何债权人都要面对的普遍风险,但受有限责任规模经济的影响,公司债权人所要面对的信息不对称更为严重。

债权人通常无法接触公司内部的经营决策、人事关系、财务状况等信息,易被内部人利用信息优势侵害其利益。在控制权与所有权分离明显的公司,股东难以制约管理层,债权人主要面对管理层道德风险;在股权集中度较高的公司,或所有人与管理者合二为一,或管理层受控于控制股东,债权人主要面对股东道德风险与合谋道德风险。

严重的信息落差使公司与债权人均须承担更高的信息成本,若付出更高的成本但未能提升交易效率与安全,则毋宁说,实际上是公司债权人风险的变相提升。

028 如何降低债务代理成本?

一、降低债务代理成本

正如新制度经济学所揭示的,代理成本只能降低,而无法完全消除。

债务代理成本也不例外。那么,如何降低债务代理成本?公司法上存在两个方向的努力。

一是公司法的正式制度安排。比如现代公司法普遍引入公司人格否认制度,就是直接规定滥权股东就公司债务对公司债权人承担连带责任,德国人称之为"直索责任",尤为形象。

类似的安排,请参见本篇第29问。

二是公司债权人与公司、与公司股东的意思自治安排。主动债权人如以契约方式与公司、与公司背后的股东约定债权限制性条款,是保证对公司债权得以实现的可行方式。然而,如前文所述,此处涉及组织法与行为法的交互,核心问题在于该限制性条款的效力与履行在多大程度上能够得到司法的尊重,也即组织法应当在多大程度上对公司债权人依据行为法所为意思自治予以承认。

需要说明,尽管公司债权人是与公司之间发生债的关系,基于债的相对性,与股东之间原则上并不存在直接的牵连,但这并不妨碍公司债权人为确保其债权实现,除与公司之间订约外,还可以直接越过公司这只"壳"与公司股东订立特殊的限制性契约。当然,此时合同双方系公司股东与债权人,虽然合同内容与公司本身高度关联。

二、常见的契约安排:债权限制性条款

债权限制性条款,根据我国公司实务经验,可设计的条款类型归纳如下:

1. 投资限制

限制公司拥有另一家公司的权利范围,可以有效防止公司间置换优质资产或货币资产,有效防止资金流失,确保负债公司的优质资产不被随意转移,从而保护债权人的利益。例如,公司可能被禁止在未经既有债权人同意的前提下对外为超过一定限额的投资,以避免大规模资金外流。

2. 生产限制

要求股东仅能接受所有未来现金净流量现值与原始投资额现值之间差额为正的项目,进而确保公司的投资项目具有经济可行性和正向收益。这种限制能够避免公司作出不合理的投资决策,保障公司投资的每一个项目都能带来实质性的财务回报,从而提升公司整体的财务健康状况。

3. 设置担保与限制其他担保

一方面,为了增信某个债权人对公司的债权实现,其应要求公司为其提供各种担保,这些担保方式包括抵押、质押以及其他具有担保功能的财产担保,确保在公司无法偿还债务时,债权人可以由此获得优先受偿权。此举不仅能提高债权人的信心,还能帮助公司在市场上获得更好的信用评级和融资条件。

另一方面,公司的既有债权人却不希望公司再为他人提供担保,因为这些后增的担保措施会减少公司的责任财产数额,增加自己债权无法实现的风险。于是,有公司债权人与公司约定,未经其同意,不得再提供担保,既包括为公司自己的新增债务提供财产担保,也包括公司为他人债务提供担保,尤其是信用担保。

4. 限制分红与再举债

在既定的公司财产结构内,公司股东分红与公司债权人的债权实现,可谓是此消彼长的关系。为此,公司债权人有充分的动机与公司、与公司股东约定,在其债权获得清偿之前,未经其同意不得进行分红。

甚至,部分银行等金融机构发放或者承诺给公司巨大的信贷额度后,要求公司承诺未经其同意,不得再向其他金融机构举债,以避免公司责任财产额与公司债务总额之间比例的进一步摊薄。

5. 可转换债

设置可转换债条款,使债权人可以在特定条件下将所持债券转换为股份。这种安排可在公司财务状况改善时,帮助债权人从中获益,且可以降低公司在经济困境下的现金流压力。通过这种方式,公司不仅可减少负债,还为债权人提供了入股公司的渠道。

6. 信息披露

上市公司通过季报、年报等定期披露定式的财务报表和资金流。这种透明度保障了投资者、债权人实时了解公司的财务健康状况和资金运作情况,上市公司从而也建立了更高的透明度和信任度,有助于吸引更多的债权人放贷。

以上市公司为镜鉴,其他非上市公司也应该得到启发:无论是债权人主动要求还是公司主动承诺,面向债权人的、更多的、主动的财务信息披露,一直都是降低债务代理成本的积极有效举措。

029　股东对公司债权人负有信义义务吗?

一、信义义务之生出

《公司法》第21、23条分别规定股东不得滥用权利损害公司、其他股东、公司债权人利益。如前文所指出的,对于这两个条款的立法意旨,究竟是股东权利不得滥用规则,还是股东对于公司、其他股东、公司债权人的信义义务,在理论上存在争议。本书认为,可以接受由此原则性地确立了股东的信义义务。

当然,需要指出,股东此处所负信义义务在内涵上并不等同于董事信义义务,仅是一种泛指的用法。换句话说,其核心内容仍是强调任何股东均不得滥用股东权利损害公司、其他股东以及债权人的利益,但并不要求股东之行事应以其余主体之利益为准则。唯有股东同时具有董事身份,抑或因事实行使董事职权而被认定为事实董事,抑或指示名义董事行事而成为影子董事,方应当承担真正意义上的、等同于管理层的信义义务,也即"为公司的最大利益"而行事。

具体至对债权人所负义务,亦无妨理解为含括于宽泛的信义义务内涵之中。股东作为出资者,享有参与公司经营管理的权利,能够对公司经营管理施加重大影响,尤其控股股东掌握着公司控制权,主导着公司的运营与决策。此时,股东可能借用这种支配力进行机会主义行为,进而损害债权人利益。这种控制权的产生以及代理成本的不断突出,催生了公司股东与债权人的信义关系,进而生出对债权人的信义义务。

二、股东信义义务的类型化

股东如负有信义义务,其信义义务的具体内容是什么?公司法并无列举,但不妨碍我们以类型化方式为股东提供一个可行的信义义务模板,明确其所负有的义务、责任。

(一)类型化的标准

《民法典》第131条规定:

民事主体行使权利时,应当履行法律规定的和当事人约定的义务。

这是权利义务相统一原则。据此,股东的信义义务应与其行使的权利相对应。股东信义义务的功能在于,通过"法律规定"填补股东在实际享有权利但未约定义务的情况下的义务缺失。因此,划分股东信义义务外延的一个重要标准是其行权的内容。从权利义务相统一的视角观察,可将股东信义义务分为在股东会行权时的信义义务、行使董事会职权的信义义务和控股股东出售控制权的信义义务三类。

(二)类型化的股东信义义务

1. 股东会行权时的信义义务

一方面,股东有权自由行使法律、公司章程赋予的股东权利,也即按照自己的意愿参与股东会、行使表决权。另一方面,股东行权时不得损害债权人的既有利益,不得损害债权人的合理期待,这种合理期待源于债权人因债权本身而享有的资产收益权,包括债权人期待公司能够按照约定的时间、金额支付债务的本金和利息;希望公司具备良好的运营能力,能够持续创造收入和利润,以保证有足够的现金流来履行债务偿还义务;公司具备良好的风险控制能力,能够识别、评估和应对各种可能影响公司偿债能力的风险等。

2. 行使董事会职权时适用董事信义义务

在规模较小的公司,股东和董事可能合二为一,股东可以通过以下三种方式行使董事职权:一是自然人股东直接出任董事、执行董事、董事长;二是选任听命于自己的人为董事,自己充当影子董事,将后者作为"提线木偶",间接行使董事职权;三是充当事实董事,也即不出任董事,但事实上行使董事职权。自然人股东直接出任董事,自然承担董事义务,对于后二者情形,股东依法(第180条第3款、第192条)也承担相应的董事义务。

3. 出售控制权时的特殊信义义务

控股权转让将会影响公司经营政策,进而影响包括中小股东、公司债权人在内的全部公司利益相关者的利益。美国法院在 DeBaun v. First W. Bank & Tr. Co. 一案中曾指出,要求控股股东在出售控制板块时,若知悉或者发现了可疑的交易特征或者过高的买价,负有进一步调查买方的义务。如控股股东通过出售公司职位获利,那么该利益需归入公司,因为公司职务是公司的财产,控股股东这么做违反了对公司的忠实义务,进而影响了公司债权人在内的相关者利益。

我国公司法对此尚未有明确的法律规定,但可以通过《公司法》第 21 条扩张解释出控股股东出售控制权时的特殊信义义务。

030　股东对公司债权人承担违信责任吗?(上)

一、一个说明

在行为法视角下,股东唯有违反与公司债权人之间由合同约定的义务,才需要对后者承担违约责任。如前所述,公司组织法的独特功能在于,能够弥补行为法在内部人归责功能上的不足,为债权人追偿提供另外的依据。

本专问无意构建一个关于股东对债权人承担违信责任的制度框架及其理论证成,仅从便利读者理解与适用现行公司法的视角,简要列举出现行法上关于股东对债权人直接或者间接承担赔偿责任的规范依据,并简单分类。至于这些责任在性质上是否属于违信责任,尚待进一步讨论。

二、公司资本制度领域

(一)瑕疵出资、加速到期的股东对公司债权人的责任

在公司资本领域,因股东出资引发的一系列责任中,只要涉及股东对公司的补缴、赔偿责任,也可能引发公司债权人对于相应股东提起债权人代位之诉,实现公司债权人对股东责任的间接追究。

先看公司请求股东承担补缴责任、赔偿责任以及加速到期履行缴纳出资责任的规定:

《公司法》第 49 条规定:

股东应当按期足额缴纳公司章程规定的各自所认缴的出资额。

股东以货币出资的,应当将货币出资足额存入有限责任公司在银行开设的账户;以非货币财产出资的,应当依法办理其财产权的转移手续。

股东未按期足额缴纳出资的,除应当向公司足额缴纳外,还应当对给公司造成的损失承担赔偿责任。

第 53 条规定:

公司成立后,股东不得抽逃出资。

违反前款规定的,股东应当返还抽逃的出资;给公司造成损失的,负有责任的董事、监事、高级管理人员应当与该股东承担连带赔偿责任。

第 54 条规定:

公司不能清偿到期债务的,公司或者已到期债权的债权人有权要求已认缴出资但未届出资期限的股东提前缴纳出资。

需要指出,第 54 条直接规定已到期的债权人有权请求股东加速到期,但也要依赖债权人代位之诉的路径;第 49、53 条未直接规定公司债权人请求瑕疵出资股东承担责任,但依据《民法典》,如必要,其在适格条件下同样可以提起债权人代位之诉,请求瑕疵出资股东在认缴出资范围内对自己间接承担责任。

(二)违法分红、违法减资的股东对公司债权人的责任

公司违法分红、违法减资的,集中体现了股东与公司债权人之间的直接利益冲突。为维护公司利益及债权人利益,《公司法》第 211、226 条规定违法分红、减资行为无效,且课以股东两个责任:返还财产,赔偿损失。

需要指出,这两项责任都是股东对公司担负的,并不针对公司债权人。但是,正如本书所反复强调的,在公司组织法上,任何人,包括但不限于股东、实控人、董监高、中介机构等,但凡对公司担负债务,只要公司债权人有必要,皆可依据《民法典》提起债权人代位之诉,间接追究公司债务人的相应责任。这一规则,也适用于《公司法》第 211、226 条。

为方便阅读,仅录以下两个条文作参考:

《公司法》第 211 条规定:

公司违反本法规定向股东分配利润的,股东应当将违反规定分配的利润退还公司;给公司造成损失的,股东及负有责任的董事、监事、高级管理人员应当承担赔偿责任。

第 226 条规定:

违反本法规定减少注册资本的,股东应当退还其收到的资金,减免股东出资的

应当恢复原状；给公司造成损失的，股东及负有责任的董事、监事、高级管理人员应当承担赔偿责任。

三、公司治理领域

如前所述，不出任董监高的股东借用管理者身份执行公司事务，违反对公司的信义义务的，要对公司承担违信责任，应适用《公司法》第180条第3款、第192条。

第180条第3款规定：

公司的控股股东、实际控制人不担任公司董事但实际执行公司事务的，适用前两款规定。

第192条规定：

公司的控股股东、实际控制人指示董事、高级管理人员从事损害公司或者股东利益的行为的，与该董事、高级管理人员承担连带责任。

任何人违反对公司的信义义务都可能损害公司利益，进而降低公司的偿债能力并造成债权人的不利益，此时无论董事还是形同董事的股东均应承担损害赔偿责任或者由公司行使归入权。具体规定见《公司法》第186、188条。

第186条规定：

董事、监事、高级管理人员违反本法第一百八十一条至第一百八十四条规定所得的收入应当归公司所有。

第188条规定：

董事、监事、高级管理人员执行职务违反法律、行政法规或者公司章程的规定，给公司造成损失的，应当承担赔偿责任。

此类责任的承担虽然以保护公司利益为指向，但同时增强了公司的偿债能力，间接惠及公司债权人，故亦于此处列示。

031　股东对公司债权人承担违信责任吗？（下）

（书接上问）

董监高恶意违反对公司的信义义务且侵害公司债权人利益的，公司法赋予债权人直接主张赔偿的权利(第191条)。第191条对于公司债权人的重大意义在于,只要董事、高级管理人员存在故意、重大过失执行职务对债权人造成损害,除公司应当承担赔偿责任外,董事、高级管理人员也应当承担连带赔偿责任。这意味着公司债权人可以跳过公司这只壳,直接追究故意、重大过失执行职务的董事、高管的赔偿责任。如与前述第180条第3款、第192条共同适用,以事实董事或影子董事身份侵害债权人利益的股东,也可能受到债权人直接的责任追究。

鉴于本书在第九篇设有专问研究第191条,此处不展开,为方便阅读,仅录该条文在此:

董事、高级管理人员执行职务,给他人造成损害的,公司应当承担赔偿责任;董事、高级管理人员存在故意或者重大过失的,也应当承担赔偿责任。

四、公司人格否认领域

为解决行为法囿于相对性原理的缺陷,组织法以公司人格为切入点,使违背公司人格独立性要求、违背公司财产独立性要求的股东丧失其所享有的有限责任制度的庇护,这就是《公司法》第23条的依据。《公司法》第23条规定:

公司股东滥用公司法人独立地位和股东有限责任,逃避债务,严重损害公司债权人利益的,应当对公司债务承担连带责任。

股东利用其控制的两个以上公司实施前款规定行为的,各公司应当对任一公司的债务承担连带责任。

只有一个股东的公司,股东不能证明公司财产独立于股东自己的财产的,应当对公司债务承担连带责任。

鉴于后文还要展开分析公司人格否认制度,此处仅录法条以便利阅读。

五、公司解散清算领域

(一)简易注销

在一般情形下,公司需经严谨的解散清算程序,"清产核资",待清偿了所有的债权或者对所有的债权有了妥当性安排后,才能形成清算报告,而后报股东会或者人民法院批准,最后申请注销登记,公司始告终止。

但在公司存续期间未产生债务,或者已清偿全部债务的情形下,如按部就班地进行解散清算,显然是一种不效率的选择。为此,《公司法》第240条规定:

公司在存续期间未产生债务,或者已清偿全部债务的,经全体股东承诺,可以按照规定通过简易程序注销公司登记。

通过简易程序注销公司登记,应当通过国家企业信用信息公示系统予以公告,公告期限不少于二十日。公告期限届满后,未有异议的,公司可以在二十日内向公司登记机关申请注销公司登记。

公司通过简易程序注销公司登记,股东对本条第一款规定的内容承诺不实的,应当对注销登记前的债务承担连带责任。

这一规定的要点在于最后一款:申请简易注销登记的,全体股东需到登记机关窗口签署承诺书,承诺公司存续期间未产生债务,或者已清偿全部债务;如有不实,则由全体股东对公司债务承担连带责任。

(二)其他

旧公司法曾经规定股东是清算义务人,围绕这一点建立起未履行清算启动义务的股东对于公司债权人的一系列责任。但随着现行公司法规定董事为清算义务人,盘绕在股东头上的上述一系列责任烟消云散,对于股东而言是一件值得庆幸的事。

六、一个总结

综上,现行公司法上设有股东对公司债权人承担直接责任的规定,典型者有三:第23条的公司人格否认规则;第180条第2款、第192条与第191条共同适用所产生的双控人对于公司债权人的直接责任;第240条的简易注销承诺不实,全体股东对公司债务的连带责任。在以上情形下,公司债权人得直接向股东提起诉讼,要求承担对自己的相应责任。

但是,现行公司法关于股东对公司债权人承担责任的规定多数是间接责任,也即在股东向公司承担责任的场合下,一旦公司无力清偿到期债务,但凡公司债权人符合《民法典》上的代位权法定条件,皆可提起债权人代位之诉。此时,作为公司相对人的股东充当被告,依照《民法典》第537条向公司债权人承担责任。至此,公司债权人借由债权人代位之诉在股东身上获得了债权实现。这些责任集中在公司资本领域,包括瑕疵出资股东责任、被要求加速到期股东责任以及从事了违法分红、违法减资的股东责任等。

032 董事对公司债权人负有信义义务吗?

一、董事信义义务的扩展

现行公司法明文规定董监高(为叙述方便,下文仅提董事)对公司负有忠实义务、勤勉义务组成的信义义务。但除此之外,董事对公司股东、债权人等负有信义义务与否?这些问题对于公司法理论与实践都至为关键,但也存在重大争议。

传统公司法认为,董事只对公司负有信义义务,不及于其他主体。这种经典的信义理论有着坚实的正当性基础,因董事与公司之间存在"委托代理关系",董事作为公司的受托人,负责经营管理,为了避免董事背离公司利益,降低代理成本,因此要求董事对公司负有信义义务。反之,董事与债权人之间并不存在委托代理关系,因而董事对作为公司外部主体的债权人不负有所谓的忠实、勤勉义务,债权人仅与公司之间发生债权债务关系而与董事之间并不产生直接的法律关系。毕竟,如董事信义义务的对象包括债权人,凡商业决策均考虑债权人的利益,显然不利于公司及股东利益的最大化。

当然,即使董事的信义义务仅指向公司,在正常情况下,董事尽职尽责为公司利益最大化服务,公司营业越是良好,公司资产越发增多,债权人的偿债保障系数越高,二者的利益具有一致性。

但随着董事会中心主义的确立,董事的职责、职权越发扩张,其履职情况对于公司的各方利益相关者的重要程度不断提升,由此出现了信义义务扩张的急切需求。在公司治理法上,股东利益最大化的传统理论受到批评,利益相关者理论提出董事决策也要兼顾债权人、员工、供应商等利益相关者。《公司法》第1条开宗明义提出,"保护公司、股东、职工和债权人的合法权益"乃公司法的规范目的。在此背景下,董事信义义务扩大化的涵摄范围指向债权人,也就顺理成章了。

总的来说,董事对且仅对公司负有信义义务,除公司清算情形下债权人并非董事信义义务之对象。但考虑到董事与债权人之间确实具有一定的信义关系,且认可董事对债权人所负信义义务为当前发展趋势,下文仍采信义义务之用法。唯需注意所适用"信义义务"系泛指,核心内容仍为董事履职应以为公司利益最大化的方式实现对于债权人的保护。

二、董事对公司债权人信义义务的内涵

原则上,董事对债权人所负信义义务依附于对公司所负信义义务,债权人利益依附于公司利益受到保护。在多数情形下,董事的违信行为与他人对公司利益与债权人利益的侵害行为相伴生,涉及勤勉义务。此时,董事与债权人之间并不存在直接的利益冲突,董事所负信义义务要求其捍卫债权人利益,不得辅助、放任侵害其权益之行为,否则即应当承担相应的违信责任。

以公司资本制度为例。A公司的董事甲乃因背后大股东张三的提名、投票支持而当选,为表"效忠",对于张三的长期瑕疵出资行为、违法分红行为、违法减资行为、抽逃出资行为要么视而不见,要么拔刀相助,要么里应外合。此处,如仍坚持债权人只能通过外部合同、侵权追究公司的责任,而不能追究董事的责任,将使债权人承担远高于公司制度安排的投资风险,有违私法之公平正义的价值追求。

可见,如以信义义务理论解读董事——债权人关系,不失为维护公司法风险与利益分配格局的可行要求,体现了在债权人保护问题上组织法对行为法的补充。

在少数情形下,董事的违信行为直接关涉到自身对于公司利益与债权人利益的侵害行为,涉及忠实义务。典型者如在公司经营状况深陷恶化时,董事仍维持较高水准的薪资待遇,此举在公司章程已有规定或者存在股东会决议的情况下,可能在一定程度上符合公司的利益(如通过薪酬优势留住核心管理层,保留公司长远的竞争力),但在公司后续发展前景不确定的情况下,董事继续领取高额薪酬并不符合债权人的利益与预期。

在例外情形下,董事对债权人所负信义义务具有相对的独立性,债权人利益成为董事行为的直接准则。具言之,在公司逐渐走向破产的阶段,债权人利益可能受到董事高风险投资行为的侵害,因为此时董事往往追求高额回报以挽回股东利益的损失。按照代理成本理论的分析,当公司濒临或者事实上处于无力偿债的境况时,债权人取代股东成为事实上的剩余索取权人和控制权人,此时股东的代理成本降低,而债权人的代理成本增加。为了降低董事对债权人的代理成本,保护债权人的权益,董事的信义义务受益人自然向债权人转移。此时,原本以股东整体长期利益为实质的公司利益发生演变,以债权人利益为核心的一系列相关者利益超越"工具"地位,而成为应受到直接保护的对象。在此意义上,董事真正对债权人负有独立的、

绝对的信义义务。

关于董事对公司债权人所负的信义义务，无论是否为学界所承认，从现行公司法规定来看，履职不当的董事对于公司承担赔偿责任、进而对债权人承担赔偿责任，以及在某些特殊场合下对公司债权人直接承担赔偿责任的规定，已经呈现星星点火之势，详见下问的内容。

033　董监高对公司债权人承担违信责任吗？（上）

一、一个说明

在行为法视角下，董事（仍然包括董监高，下同）唯有违反与公司债权人之间借由合同约定的义务，才需要对后者承担违约责任。公司组织法的独特功能在于，能够弥补行为法在内部人归责功能上的不足，为债权人追偿提供另外的依据。

本专问内容类似于本分篇的第30、31问，同样无意构建一个关于董事对债权人承担违信责任的制度框架及其理论证成，仅从便利读者理解与适用现行公司法的视角，简要列举出现行法上关于董事对债权人直接或者间接承担赔偿责任的规范依据，并简单分类。至于这些责任在性质上是否属于违信责任，尚待进一步讨论。

二、董事对公司债权人的间接责任

所谓间接责任，是指公司法规定的董事基于违反对公司的信义义务而生出的对公司的赔偿责任，或者由公司行使归入权。如前所述，在公司法上，凡是股东、董监高、中介机构等主体对公司承担责任的，就是公司的债务人，公司债权人在适格条件下均得提起债权人代位之诉，间接追究公司债务人的责任，法律依据就是《民法典》第535条：

因债务人怠于行使其债权或者与该债权有关的从权利，影响债权人的到期债权实现的，债权人可以向人民法院请求以自己的名义代位行使债务人对相对人的权利，但是该权利专属于债务人自身的除外。

代位权的行使范围以债权人的到期债权为限。债权人行使代位权的必要费用，由债务人负担。

相对人对债务人的抗辩，可以向债权人主张。

这一原理及规则当然也适用于公司债权人与董事的关系。下文简列现行公司法上董事对公司的赔偿责任，以让读者明了哪些场合下公司债权人得对债务人公司的董事提起债权人代位之诉，增加自己债权实现的系数。鉴于这些规定在本书的其他部分均有非常详细的分析，此处不再展开，仅依照《公司法》的条文顺序作简单列举。

1. 董事违法对外提供担保的赔偿责任

《公司法》第 15 条第 1 款规定：

公司向其他企业投资或者为他人提供担保，按照公司章程的规定，由董事会或者股东会决议；公司章程对投资或者担保的总额及单项投资或者担保的数额有限额规定的，不得超过规定的限额。

稍作说明，该款本身没有直接规定有过错董事、法定代表人对于公司的赔偿责任，但是《民法典担保制度司法解释》《九民纪要》等有规定，本章分篇二对此有详细介绍，此处不展开。

2. 董事从事不公允关联交易的赔偿责任

《公司法》第 22 条规定：

公司的控股股东、实际控制人、董事、监事、高级管理人员不得利用关联关系损害公司利益。

违反前款规定，给公司造成损失的，应当承担赔偿责任。

3. 董事未尽对瑕疵出资股东催缴义务的赔偿责任

《公司法》第 51 条规定：

有限责任公司成立后，董事会应当对股东的出资情况进行核查，发现股东未按期足额缴纳公司章程规定的出资的，应当由公司向该股东发出书面催缴书，催缴出资。

未及时履行前款规定的义务，给公司造成损失的，负有责任的董事应当承担赔偿责任。

4. 董事参与抽逃出资的赔偿责任

《公司法》第 53 条规定：

公司成立后，股东不得抽逃出资。

违反前款规定的，股东应当返还抽逃的出资；给公司造成损失的，负有责任的董事、监事、高级管理人员应当与该股东承担连带赔偿责任。

5. 董事赞成违法决议的赔偿责任

《公司法》第125条规定：

董事会会议，应当由董事本人出席；董事因故不能出席，可以书面委托其他董事代为出席，委托书应当载明授权范围。

董事应当对董事会的决议承担责任。董事会的决议违反法律、行政法规或者公司章程、股东会决议，给公司造成严重损失的，参与决议的董事对公司负赔偿责任；经证明在表决时曾表明异议并记载于会议记录的，该董事可以免除责任。

6. 董事参与违法对外财务资助的赔偿责任

《公司法》第163条规定：

公司不得为他人取得本公司或者其母公司的股份提供赠与、借款、担保以及其他财务资助，公司实施员工持股计划的除外。

为公司利益，经股东会决议，或者董事会按照公司章程或者股东会的授权作出决议，公司可以为他人取得本公司或者其母公司的股份提供财务资助，但财务资助的累计总额不得超过已发行股本总额的百分之十。董事会作出决议应当经全体董事的三分之二以上通过。

违反前两款规定，给公司造成损失的，负有责任的董事、监事、高级管理人员应当承担赔偿责任。

034　董监高对公司债权人承担违信责任吗？（下）

（书接上问）

7. 公司对董事的归入权

《公司法》第186条规定：

董事、监事、高级管理人员违反本法第一百八十一条至第一百八十四条规定所得的收入应当归公司所有。

《证券法》第44条规定：

上市公司、股票在国务院批准的其他全国性证券交易场所交易的公司持有百分之五以上股份的股东、董事、监事、高级管理人员,将其持有的该公司的股票或者其他具有股权性质的证券在买入后六个月内卖出,或者在卖出后六个月内又买入,由此所得收益归该公司所有,公司董事会应当收回其所得收益。但是,证券公司因购入包销售后剩余股票而持有百分之五以上股份,以及有国务院证券监督管理机构规定的其他情形的除外。

前款所称董事、监事、高级管理人员、自然人股东持有的股票或者其他具有股权性质的证券,包括其配偶、父母、子女持有的及利用他人账户持有的股票或者其他具有股权性质的证券。

公司董事会不按照第一款规定执行的,股东有权要求董事会在三十日内执行。公司董事会未在上述期限内执行的,股东有权为了公司的利益以自己的名义直接向人民法院提起诉讼。

公司董事会不按照第一款的规定执行的,负有责任的董事依法承担连带责任。

8.董事的违信责任一般规定

《公司法》第188条规定:

董事、监事、高级管理人员执行职务违反法律、行政法规或者公司章程的规定,给公司造成损失的,应当承担赔偿责任。

9.董事参与违法分红的赔偿责任

《公司法》第211条规定:

公司违反本法规定向股东分配利润的,股东应当将违反规定分配的利润退还公司;给公司造成损失的,股东及负有责任的董事、监事、高级管理人员应当承担赔偿责任。

10.董事参与违法减资的赔偿责任

《公司法》第226条规定:

违反本法规定减少注册资本的,股东应当退还其收到的资金,减免股东出资的应当恢复原状;给公司造成损失的,股东及负有责任的董事、监事、高级管理人员应当承担赔偿责任。

三、董事对公司债权人的直接责任

所谓直接责任,是指董事直接违反对公司债权人的信义义务,或者在特定场合下,董事基于违反对公司的信义义务,进而直接侵害公司债权人利益的,公司法规定董事直接对公司债权人承担的赔偿责任。

在此种情形下,公司债权人针对董事无须提起债权人代位之诉,而是直接提起债权之诉,请求董事对自己承担赔偿责任。至于该赔偿责任的请求权基础,在于公司法的直接规定,本质上属于侵权之债。

下文简列现行公司法上董事对公司债权人的赔偿责任,以让读者明了哪些场合下公司债权人可对董事直接提起债权之诉,也鉴于这些规定在本书的其他地方均有非常详细的分析,此处不再展开,仅依照《公司法》的条文顺序作简单列举。

1.董事故意、重大过失执行职务,侵害公司债权人的

《公司法》第191条规定:

董事、高级管理人员执行职务,给他人造成损害的,公司应当承担赔偿责任;董事、高级管理人员存在故意或者重大过失的,也应当承担赔偿责任。

2.董事作为清算义务人不履行启动清算义务,侵害公司债权人的

《公司法》第232条规定:

公司因本法第二百二十九条第一款第一项、第二项、第四项、第五项规定而解散的,应当清算。董事为公司清算义务人,应当在解散事由出现之日起十五日内组成清算组进行清算。

清算组由董事组成,但是公司章程另有规定或者股东会决议另选他人的除外。

清算义务人未及时履行清算义务,给公司或者债权人造成损失的,应当承担赔偿责任。

3.董事作为清算人(清算组成员)故意、重大过失执行清算业务,侵害公司债权人的

《公司法》第238条规定:

清算组成员履行清算职责,负有忠实义务和勤勉义务。

清算组成员怠于履行清算职责,给公司造成损失的,应当承担赔偿责任;因故意或者重大过失给债权人造成损失的,应当承担赔偿责任。

4.董事参与上市公司虚假陈述,侵害投资人的

《证券法》第85条规定:

信息披露义务人未按照规定披露信息,或者公告的证券发行文件、定期报告、临时报告及其他信息披露资料存在虚假记载、误导性陈述或者重大遗漏,致使投资者在证券交易中遭受损失的,信息披露义务人应当承担赔偿责任;发行人的控股股东、

实际控制人、董事、监事、高级管理人员和其他直接责任人员以及保荐人、承销的证券公司及其直接责任人员，应当与发行人承担连带赔偿责任，但是能够证明自己没有过错的除外。

稍作说明的是，该规定实际上是《公司法》第191条关于董事对于"他人"直接责任的一般规定，在上市公司虚假陈述场合下的具体应用。

分篇五

公司人格否认

公司人格否认(disregard of corporate entity/personality),或称公司法人人格否认,在各个国家公司法上有不同的称呼:在美国称"揭开公司面纱",在英国称"刺破公司面纱",在德国称"直索责任",在日本称"透视理论"。究其含义,根据我国《公司法》第23条,当公司股东滥用公司法人独立地位和股东有限责任来逃避债务,严重损害公司债权人利益时,债权人可以请求法院否认公司法人资格,要求滥用公司人格的股东对公司债务承担连带责任。

本分篇共设11问,内容涵盖公司人格否认制度之历史演变、立法过程、理论解释与司法适用。

035 如何理解公司人格否认的前提是公司人格独立?

一、从两个溯源案例讲起

公司人格否认规则肇始于英美公司法判例,源自对绝对的公司独立人格和股东有限责任的个案衡平。对公司人格否认规则影响深远的案例有二:一个是英国1862年萨洛蒙诉萨洛蒙公司案(Solomon v. Salomon & Co. Ltd),另一个是美国1905年密尔沃基冷藏运输公司案(U. S. v. Miwaukee Refrigerator Transit Co.)。

1. 英国萨洛蒙案

简单案情:皮靴商萨洛蒙本人将自己的皮靴店卖给自己建立的同名公司,售价30,000英镑;同时公司发行20,000股,每股定价1英镑,萨洛蒙本人认购19,994股,其妻子、女儿和四个儿子各认购1股(因为当时英国法律规定最低股东人数为7人),另外10,000英镑则以公司资产为抵押向萨洛蒙发行债券。公司成立不久濒临破产,清算时发现公司资产仅有 6000 英镑,而公司除欠萨洛蒙本人 10,000 英镑外,还欠他人无担保债务 7000 英镑。初审法院、上诉法院都认为,萨洛蒙公司只不过是萨洛蒙的化身、代理人,公司的钱就是萨洛蒙的钱,萨洛蒙没有理由还钱给自己,从而判决萨洛蒙本人清偿无担保债权人的债务。但 1896 年,上议院推翻了初审法院、上诉法院的判决。上议院认为:萨洛蒙公司是合法有效成立的;其在法律上是区别于萨洛蒙的独立法人,即使萨洛蒙几乎是公司唯一的股东;同时,萨洛蒙还具有第二重身份——公司有担保债券的债权人,因此他有权得到优先清偿。最后,法院判决萨洛蒙取得公司清算后的全部财产 6000 英镑,其他债权人分文未得。

萨洛蒙一案对于英国公司法乃至现代公司法的发展影响深远,其法治意义有二:其一,坚守公司独立人格原则。之前,英国虽已通过《1862 年公司法》,但人们对于南海泡沫案仍心有余悸,不敢相信法律真的会允许设立人格独立和责任独立的公司主体。萨洛蒙案基于形式主义推理逻辑的裁判,最终消除了人们的疑虑。其二,法院的判决也表现出,公司人格是否独立并非绝对,可以进行个案讨论,这也为此后"刺破公司面纱"的制度突破留下了裁判空间。

2. 美国密尔沃基冷藏运输公司案

1903 年,《埃尔金斯法案》规定,铁路公司不准对托拉斯货物运输实行优惠。在《埃尔金斯法案》颁布后,一家啤酒酿造公司——帕布斯特酿造公司的控股股东组建了密尔沃基冷藏运输公司。该酿造公司与其成立的新运输公司签订了合作协议,另运输公司承运酿造公司的货物,随后该运输公司与一些州际承运人(为实际承运人)签订了运输合同,运输公司从这些合同中抽取运输价格的 1/10～1/8 费用。表面上,这笔钱为承运人支付给托运人的佣金,实际上是支付给酿酒公司的回扣。在该案中,运输公司的高管和股东均为啤酒酿造公司的股东,而运输公司的交易实则是在为酿造公司输送利益。

威斯康星东区巡回法院的桑伯恩(Sanborn)法官认为一个公司原则上被视为独立法人,但当这个法人的存在目的是用以对抗公共利益、为错误辩解、保护欺诈或捍卫犯罪时,法律将会否认该法人的独立人格。密尔沃基冷藏运输公司案乃是揭开公司面纱的第一案,其否认了案涉公司独立人格,对后世"揭开公司面纱"的理论研究影响深远。

从萨洛蒙案确认公司具有独立人格,到密尔沃基冷藏运输公司案第一次否认了公司独立人格,两个划时代的案例表明了公司人格否认以逻辑上公司具有独立人格为前提。而且,公司具有独立人格是原则,否认公司独立人格则仅是个案例外,只有在公司独立人格被滥用,从而丧失其应有的制度功能、债权人利益遭受严格损害的情形下,法院才得以在个案中暂时否定公司人格,直索股东责任。因此,公司人格否认不但不是对公司独立人格原则的否定,恰恰是对公司人格制度的修补和完善。

二、重申公司独立的三重含义

独立人格、独立财产、独立责任乃是法人的本质属性,三位一体。独立财产是独立人格的物质基础,所谓"无财产,无人格";独立责任乃是独立人格的责任归结;独立财产正是法人承担独立责任的财产范围。公司与合伙企业、个人独资企业相比,后二者不具有独立人格、独立财产、独立责任比如合伙企业,一般认为其仅具有相对独立的人格、相对独立的财产和相对独立的责任。展开而言:

独立人格,是指公司具有独立的民事权利能力与民事行为能力,不依赖其成员股东的人格而独立存在,公司可以自己的名义独立从事法律行为。进一步,公司独立人格的重要表征即独立意思。与自然人意思相比,公司意思是一种团体意思,即由全体股东形成的共同意思,区别于单个股东或经营者的个人意思。除了一人公司外,其他有限公司和股份公司的股东均为复数,公司意思原则上应通过股东会、董事会等分别形成,并进一步由董事会予以执行。

独立财产,是指公司一经成立,其财产即独立于其成员股东。早在1933年制定《公司法》时,针对公司是否享有独立的法人财产权以及法人财产权的性质为何,就存在过极大的带有思想意识形态镣铐的政策争论与民法上财产权性质的学术争议。最终取得的共识是,公司应享有独立的法人财产权,即便是国有公司法人,国家财产一旦作为出资投资给公司,也归属于公司的独立财产。这与《宪法》以及后来的《物权法》《民法典》物权编的立法理论基础都是一致的。

独立责任,是指公司以其独立财产承担责任,股东仅以其出资为限对公司债务承担责任。股东出资后,该出资财产已是公司的独立财产,加上公司经营累积的财产,构成公司对外独立承担债务的责任财产。

公司人格否认规则属于对股东有限责任、公司独立责任的个案否定,也即原则上法律对公司独立性均予以承认,仅在例外情形下进行个案衡平否定独立人格的存在——当公司不具有财产或人格(意思)的独立性时,其责任承担上的独立性也不复存在。

036 如何理解公司人格否认是对股东有限责任的个案否定？

一、股东有限责任

1. 一枚硬币的两面

如前所述，公司独立人格的法律实现体现在公司债务的承担上，即公司对债权人以自身的全部财产独立承担无限责任，公司股东则仅以认缴的出资承担有限责任。公司独立责任与股东有限责任，乃是一枚硬币的两面。一旦公司债务之承担穿透至公司股东，势必会影响公司人格的独立性。

2. 作为一种利益的有限责任

《公司法》第 4 条第 1 款规定：

有限责任公司的股东以其认缴的出资额为限对公司承担责任；股份有限公司的股东以其认购的股份为限对公司承担责任。

这就是股东有限责任的公司法表达。股东仅以其认缴的出资额（认购的股份）为限对公司债务承担责任，将公司经营失败的剩余风险甩给了公司债权人，实为对股东投资风险的限制。在此意义上，股东有限责任名为"责任"，实则是现代公司法赋予股东的一种法律利益。

3. 风险配置对公司债权人不利

可见，股东有限责任制度的设计，实际上割断了股东与公司债权人在一般情况下发生直接关系的线路，将公司经营失败的风险更多地施加给了公司债权人。比如，某股份公司注册资本 5000 万元，10 位股东实缴 500 万元，但现有净资产仅有 6000 万元，当公司负债 9000 万元时，倘若公司债权人囿于股东有限责任而仅能向公司追债，其余 3000 万元债务无法偿还的风险便留给了公司债权人。

但此种风险分配有无例外情形呢？回答是肯定的。这就是在个案中例外否认公司人格，也即"揭破法人面纱"。一旦公司人格被否定，股东就要超出其认缴的出资额对某笔具体债务承担责任，也即有限责任转变为无限责任，上例中公司无法偿还的 3000 万元债务便要落在与公司承担连带责任的股东身上。

二、股东享受有限责任的制度前提

1. 股东有限责任的相对性

股东有限责任为现代公司法的基石,但就每一类公司而言,股东有限责任的落实是存在阶梯式差异的。详言之:

在商事实践中,一人公司、中小型有限公司等封闭型公司,股东的有限责任往往并不被债权人尊重,经典场景是:一旦有大额债务发生,比如银行信贷发放,债权人通常要求全体股东签署连带责任保证合同,股东是自然人的,还要求其配偶一起签署。这就意味着,单就该笔债务而言,股东实际上承担了连带责任。但相对而言,上市公司等大中型公众公司的股东,很少获得这种不信任的待遇。

实际上,立法者对于股东有限责任的尊重程度也是不一致的,具体体现于公司人格否认制度的适用难易程度或强弱程度之上。最典型的如《公司法》第23条第3款:

只有一个股东的公司,股东不能证明公司财产独立于股东自己的财产的,应当对公司债务承担连带责任。

该款规定的举证责任倒置,显现出立法者对于一人公司股东能够保持其与公司之间财产独立性要求的"赤裸裸"的质疑,也是对一人公司中股东有限责任的"轻视"。

在司法实践中,无论美国还是中国的各种裁判实证分析都表明,各类公司被适用人格否认规则的频率也存在明显差异。作为首尾两端,90%以上的公司人格否认案件适用于一人公司等中小型封闭型公司,但以上市公司为代表的大中型公众公司却鲜有被适用人格否认规则的。

2. 有限责任的隐含前提

这揭示出一个明显的事实真相——股东承担有限责任是有制度前提的,当此种前提的遵循愈加被人信任,则有限责任制度愈加坚固;反之,则无论通过公司与其债权人之间的意思自治,抑或公司人格否认制度的适用,都将对股东有限责任(公司独立责任)进行冲击。

何为股东有限责任的制度前提?

从公司的视角看,公司唯有保持相对于股东的独立人格、独立财产,才能独立承担责任;否则,被视为失去独立承担责任的能力。

从股东的视角看,股东必须保持与公司人格、财产的相互独立,才有资格享受有限责任的法律利益;否则,就要超出认缴的出资额对公司债务承担无限责任。

从公司债权人的视角看,一旦有股东与公司之间出现人格混同、财产混同的情形,债权人即有权要求股东对公司债务承担无限责任,以获得额外的救济。

三、公司人格否认:个案式的有限责任否定

常见的疑问是,公司人格一旦被否认,是不是从此就不再被视为独立法人了呢?答案是否定的。公司人格否认的真实含义要点有三:

1. 个案性。公司人格否认都是针对某笔具体债务而言的,发生在被追诉的个案中,超出该个案,股东对于公司的其他债务仍仅承担有限责任。

2. 一时性。一旦有公司债权人就个案主张公司股东承担无限责任且被支持,公司人格被否认,但超出该个案场景,公司独立人格立马恢复,该公司的独立人格、独立财产与独立责任与其他公司无异。

3. 指向人格化股东。任何一起公司人格否认案件,被追诉承担无限责任的股东都是具体的滥权股东,该滥权股东可能是全体股东(包括一人公司的股东),也可能是某个股东。如果是某个股东,则其余股东仍仅承担有限责任。

037 我国如何引入公司人格否认规则?

一、法律

公司人格否认规则为舶来品,本源是英美公司法首创的衡平法裁判规则,适用范围逐渐扩张到德国、日本等传统大陆法系国家、地区,但很少有国家的公司法以立法规范形式确立该规则,中国公司法可谓是"首家"。

2005年《公司法》首次引入该规则,用了两个条文,其中第一章"总则"第20条第1、3款规定:

公司股东应当遵守法律、行政法规和公司章程,依法行使股东权利,不得滥用股东权利损害公司或者其他股东的利益;不得滥用公司法人独立地位和股东有限责任损害公司债权人的利益。

公司股东滥用公司法人独立地位和股东有限责任,逃避债务,严重损害公司债

权人利益的,应当对公司债务承担连带责任。

这是关于公司人格否认规则的一般性规定,对于一人有限公司,则另设第64条特别规定:

一人有限责任公司的股东不能证明公司财产独立于股东自己的财产的,应当对公司债务承担连带责任。

2017年《民法总则》则将公司人格否认规则扩展到所有的营利法人身上,其第83条第2款规定:

营利法人的出资人不得滥用法人独立地位和出资人有限责任损害法人的债权人利益。滥用法人独立地位和出资人有限责任,逃避债务,严重损害法人的债权人利益的,应当对法人债务承担连带责任。

这一条文后并入2020年《民法典》。从内容看,《民法典》的规定除了将《公司法》中的"公司"提升为"营利法人",将股东替换为"出资人"之外,实质性内容与《公司法》中的规定并无二致。

2023年《公司法》将此前的两个条文归并为一个条文,形成一个关于公司人格否认的独立条文,第23条规定:

公司股东滥用公司法人独立地位和股东有限责任,逃避债务,严重损害公司债权人利益的,应当对公司债务承担连带责任。

股东利用其控制的两个以上公司实施前款规定行为的,各公司应当对任一公司的债务承担连带责任。

只有一个股东的公司,股东不能证明公司财产独立于股东自己的财产的,应当对公司债务承担连带责任。

与2005年《公司法》文本对比,这一规定有两大不同:一是第3款,将一人公司人格否认的特殊规则合并进来,有利于公司人格否认规则的一体化。二是第2款,突破性地引入横向人格否认规则。

二、《九民纪要》

2019年《九民纪要》系统总结了十几年来我国的司法经验,在公司纠纷部分浓墨重彩地描述了公司人格否认规则的司法政策以及适用情形,对于当前的司法审判起到重要的指导作用。其"(四)关于公司人格否认"开篇即明确:

公司人格独立和股东有限责任是公司法的基本原则。否认公司独立人格,由滥用公司法人独立地位和股东有限责任的股东对公司债务承担连带责任,是股东有限责任的例外情形,旨在矫正有限责任制度在特定法律事实发生时对债权人保护的失衡现象。在审判实践中,要准确把握《公司法》第20条第3款规定的精神。一是只有在股东实施了滥用公司法人独立地位及股东有限责任的行为,且该行为严重损害了公司债权人利益的情况下,才能适用。损害债权人利益,主要是指股东滥用权利使公司财产不足以清偿公司债权人的债权。二是只有实施了滥用法人独立地位和股东有限责任行为的股东才对公司债务承担连带清偿责任,而其他股东不应承担此责任。三是公司人格否认不是全面、彻底、永久地否定公司的法人资格,而只是在具体案件中依据特定的法律事实、法律关系,突破股东对公司债务不承担责任的一般规则,例外地判令其承担连带责任。人民法院在个案中否认公司人格的判决的既判力仅仅约束该诉讼的各方当事人,不当然适用于涉及该公司的其他诉讼,不影响公司独立法人资格的存续。如果其他债权人提起公司人格否认诉讼,已生效判决认定的事实可以作为证据使用。四是《公司法》第20条第3款规定的滥用行为,实践中常见的情形有人格混同、过度支配与控制、资本显著不足等。在审理案件时,需要根据查明的案件事实进行综合判断,既审慎适用,又当用则用。实践中存在标准把握不严而滥用这一例外制度的现象,同时也存在因法律规定较为原则、抽象,适用难度大,而不善于适用、不敢于适用的现象,均应当引起高度重视。

这段文字指出了长期以来关于公司人格否认纠纷审判实践中存在的弊病:法律规定较为原则、抽象,适用难度大,从而导致法官尤其是基层法院的很多法官不善适用、不敢适用的现象。为此,《九民纪要》提出的针对性司法政策是:

既审慎适用,又当用则用。

本书认为,这句话的重心在后段。

三、中国的司法实践现状

毫无疑问,公司人格否认与公司治理水平紧密相关。如公司治理规范,股东依法行使股东权利,公司独立人格、独立财产受到极高的尊重,则公司独立责任就会受到法律的尊重,人格否认制度也就无用武之地;反之,则相反。

但出于种种原因,现阶段我国各类公司治理水平是不尽如人意的,尤其是一人公司、类一人公司等中小型封闭公司,股权过于集中、投资者的守法意识与水准较低,公司治理形同虚设、公司法程式性规定难以落实,控股股东与公司之间的人格混同、财产混同乃是常态。这决定了各级法院对于公司人格否认规则的适用应该秉承"当用则用"之司法政策。

038　公司人格否认的适用情形（一）：人格混同？

一、《九民纪要》的规定

《九民纪要》将常见的"滥用公司法人格的行为"类型化为三种：一是人格混同，二是过度支配与控制，三是资本显著不足。其中关于如何认定人格混同，《九民纪要》第10条规定：

认定公司人格与股东人格是否存在混同，最根本的判断标准是公司是否具有独立意思和独立财产，最主要的表现是公司的财产与股东的财产是否混同且无法区分。在认定是否构成人格混同时，应当综合考虑以下因素：

（1）股东无偿使用公司资金或者财产，不作财务记载的；

（2）股东用公司的资金偿还股东的债务，或者将公司的资金供关联公司无偿使用，不作财务记载的；

（3）公司账簿与股东账簿不分，致使公司财产与股东财产无法区分的；

（4）股东自身收益与公司盈利不加区分，致使双方利益不清的；

（5）公司的财产记载于股东名下，由股东占有、使用的；

（6）人格混同的其他情形。

在出现人格混同的情况下，往往同时出现以下混同：公司业务和股东业务混同；公司员工与股东员工混同，特别是财务人员混同；公司住所与股东住所混同。人民法院在审理案件时，关键要审查是否构成人格混同，而不要求同时具备其他方面的混同，其他方面的混同往往只是人格混同的补强。

二、人格混同认定的司法经验

公司与股东人格混同，又称公司法人格的形骸化、公司与股东的关系不清（intermingling parent-subsidiary cases），意指公司成为股东的另一自我、工具、同一体，因而失去独立存在的价值，在一人公司、母子公司中最为常见。其主要子项包括：

/ 1601

1. 财产混同。财产混同是对公司与股东财产独立原则的背离,此时公司缺乏独立的财产,也就丧失了独立人格的存在基础。财产混同可以表现为公司与股东财产的同一或不分,如公司与股东使用同一办公设施,公司账簿与股东账簿不分的现象;也可以表现为公司与股东利益的一体化,如公司与股东的收益不作区别,公司盈利随意转化为股东的个人财产的现象。

2. 业务混同。主要表现在公司与股东从事同一业务,且业务的进行不加区分,没有真实、连续的交易记录,大量交易活动形式上的交易主体与实际主体不符或无法辨认。例如,母子公司的业务具有不可分割性,实为业务上的同一体。

3. 组织机构混同。组织机构的混同势必导致公司独立意思无法形成,从而丧失公司法人格的意思要素,表现为公司与股东在组织机构上存在严重的交叉、重叠,如母子公司之间董事会成员和高管完全相同或相互兼任;母公司把子公司当作其组成部分如办事处、分支部门等进行业务管理。

4. 未执行公司治理的程序化要求。公司在设立和存续期间均未履行正式程序(failure to follow requisite corporate formalities),尤其常见于封闭型、家族型公司。如小型封闭公司股东往往全职经营业务,出于行为便捷、节省成本的考虑,一些程式如召开股东会会议常被省略。公司经常不履行必要的正式程序,很可能成为股东的"另一个自我"或"工具",也往往导致与公司交易的第三人误以为是与股东个人而非与公司交易。常见的情形有:

(1)当公司开始经营时,公司尚未具备完整的组织结构;
(2)不召开股东会、董事会会议,或者没有形成有关决议;
(3)股东决策方式类似于合伙;
(4)没有完整、持续的公司交易记录和会计账簿。

039　公司人格否认的适用情形(二):过度支配与控制?

一、《九民纪要》的规定

在适用公司人格否认规则的三情形中,关于"过度支配与控制",《九民纪要》第11条规定:

公司控制股东对公司过度支配与控制,操纵公司的决策过程,使公司完全丧失独立性,沦为控制股东的工具或躯壳,严重损害公司债权人利益,应当否认公司人格,由滥用控制权的股东对公司债务承担连带责任。实践中常见的情形包括:

(1)母子公司之间或者子公司之间进行利益输送的;

(2)母子公司或者子公司之间进行交易,收益归一方,损失却由另一方承担的;

(3)先从原公司抽走资金,然后再成立经营目的相同或者类似的公司,逃避原公司债务的;

(4)先解散公司,再以原公司场所、设备、人员及相同或者相似的经营目的另设公司,逃避原公司债务的;

(5)过度支配与控制的其他情形。

控制股东或实际控制人控制多个子公司或者关联公司,滥用控制权使多个子公司或者关联公司财产边界不清、财务混同,利益相互输送,丧失人格独立性,沦为控制股东逃避债务、非法经营,甚至违法犯罪工具的,可以综合案件事实,否认子公司或者关联公司法人人格,判令承担连带责任。

二、过度支配与控制的实质含义

(一)常见情形

除一人公司外,公司意思是一种团体意思,是由全体股东或者出席会议的股东通过资本多数决形成的共同意思,或者由董事会通过人头多数决形成的共同意思。如公司不具有独立于股东个体的意思,那么公司人格就名存实亡。所以,在非一人公司里,一个股东控制整个公司而使公司成了这个股东的"传声筒"时,公司就极有可能丧失其独立人格,成为该股东的傀儡,此时,应认定该股东过度支配或者控制了公司。当然,由于一人公司仅有一名股东的特殊性,一人公司的人格否认主要指向财产混同的情形,几乎不存在过度支配与控制情形的适用空间。

《九民纪要》规定了"过度支配与控制"的五种情形,可以进一步具体分析前四种情形:

1. 母子公司之间或者子公司之间进行利益输送

典型如前引美国1905年密尔沃基冷藏运输公司案,母公司酿酒公司新建立子公司运输公司,利用运输公司与铁路公司签订合同,最终规避法律"绕道"获得了政府优惠。而此时的子公司运输公司没有任何独立意思,全然被母公司支配,成为利益输送的"管道"。

2. 母子公司或者子公司之间进行交易，收益归一方，损失却由另一方承担

例1。母公司设立一个全资子公司专门从事开发地皮的项目，如开发成功，则收益通过分红路径全归母公司；如失败，则由子公司承担对外的全部责任。作为理性的商事主体，但凡子公司是具有独立意思的法律主体，都不可能签订此种对其毫无任何收益、仅有责任的合同。

3. 先从原公司抽走资金，然后再成立经营目的相同或者类似的公司，逃避原公司债务

例2。原公司是一家纺织公司，已经债台高筑，但尚留存于原公司的净资产数额不菲。于是，为逃避原公司债务，其建立一家全新的纺织公司，将原公司的生产设备、客户资料、所有财产都转移到新公司。此时，新纺织公司就可以"无债一身轻"的姿态继续营业，原纺织公司则成了负债累累的空壳。

4. 先解散公司，再以原公司场所、设备、人员及相同或者相似的经营目的另设公司，逃避原公司债务

例3。原公司是一家纺织公司，已经债台高筑，控制人通过违法清算保留了原公司的纺织设备等资产，并注销了原公司，导致原公司的债权人无法得到清偿。之后，其设立新纺织公司，仍利用原纺织公司的场所、设备、人员继续经营。

（二）与横向人格否认的关系

过度支配与控制的情形与横向人格否认的适用情形有很多相通之处，比如《九民纪要》规定的五种常见情形，前两种情形本就含括横向人格否认的情形；且前述《九民纪要》第11条第2款是关于横向公司人格否认抽象规则的经典描述，在《公司法》第23条第2款明确规定横向人格否认制度前，该条文存在的价值，就是弥补横向人格否认制度的立法空白。母公司对于多个子公司进行过度支配与控制，滥用子公司法人独立地位与股东有限责任的，即落入横向人格否认规则的适用范围之内。

040　公司人格否认的适用情形（三）：资本显著不足之存废？

最后我们讨论如何认定"资本显著不足"。

一、《九民纪要》的规定

《九民纪要》第 12 条规定：

资本显著不足指的是，公司设立后在经营过程中，股东实际投入公司的资本数额与公司经营所隐含的风险相比明显不匹配。股东利用较少资本从事力所不及的经营，表明其没有从事公司经营的诚意，实质是恶意利用公司独立人格和股东有限责任把投资风险转嫁给债权人。由于资本显著不足的判断标准有很大的模糊性，特别是要与公司采取"以小博大"的正常经营方式相区分，因此在适用时要十分谨慎，应当与其他因素结合起来综合判断。

二、概念之争

对于"资本显著不足"的"资本"应如何认定？学界长期以来存在争议。

有人认为，"资本显著不足"的"资本"系指实缴资本，即应根据"公司的实收资本与所经营的事业相比是否明显不足"来判断资本是否"显著不足"，也就是"相对于可预期的经营规模和可预见的潜在责任，实收资本的规模是否合理"。《九民纪要》第 12 条的规定也将其界定为股东的实际投入，而非注册资本数额。

但有些学者主张，"资本显著不足"中的"资本"应理解为"注册资本"。资本限期认缴制下，公司注册资本依然体现股东出资信用，直接决定股东最终对公司或债权人的责任承担范围，允许资本认而不缴以及取消资本缴纳比例限制，只是为了降低设立公司条件，并未免除股东足额缴纳出资义务。

还有学者认为，"资本显著不足"中的"资本"依目的性解释为"资产"更为合理，因为无论解释为注册资本还是实缴资本，均无法应对"一元"公司的存在。第一，"一元"公司即便全额缴纳了出资，也无任何抵御公司经营风险的能力，从事任何性质的事业都不可能和"一元"的投入相匹配，资本充足与否如何衡量？第二，公司经营一旦失败，债权人以"资本显著不足"请求否认公司人格的，"否认成功率"就是 100%，这不利于小微企业的发展。第三，公司真实经营必然要有投入，倘若以借款投入经营，增加的是公司负债而不是资本，除非股东自愿将房产、机器设备、交通工具等公司经营所需的一切资产无偿提供给公司使用，以维系公司正常经营。此时，抵御公司经营风险的是公司实有的资产，与公司的注册资本关系不大，更与实缴资本关系不大，公司实际资产数额可能远远高出注册资本数额，更勿论实缴资本。

三、资本显著不足，公司人格被否认的法律逻辑

一言以蔽之,股东利用较少资本从事力所不及的经营,表明其没有从事公司运营的诚意,实质就是恶意利用公司独立人格和股东有限责任,意图将投资风险转嫁给债权人。对于资金密集型行业,尤其如此。

例1。房地产开发公司往往需要巨量资金,虽然股东们已经认缴了10多亿元,但是所设定的出资限期远长于该公司开发的唯一地产项目的开发周期。事实上,该项目开发所需资金都通过银行、私人借款筹集,具有"资本显著不足"的嫌疑。

但在另一方面,"资本显著不足"的判断标准有很大的模糊性,尤其要与公司采取"以小博大"的正常经营方式相区分。

例2。几个计算机界大佬发起设立一家特殊行业的软件开发公司,实际投入的资金可能不足百万元。但因为研发人员精干,研发周期较短,且主要依赖几个股东自身的人力资源,软件很快上市,且签订的都是以千万元为单位的软件许可使用合同。谁说小作坊不能大制作呢？

四、司法实践的态度：慎用的司法政策

值得注意的是,"资本显著不足"所隐含的价值取向显然与公司自治的理念相左。当股东可能因为资本与风险的不匹配而被要求就公司债务承担连带责任时,其在公司设立过程中一定会考虑自己投入的资本是否"充足",是否有被揭开公司面纱的法律风险。这种担忧进而可能会倒逼投资人尽可能多地向公司投入资本,无法仅基于自身需要作出量入为出的投资策略,可能导致资本的闲置与浪费。

与此同时,适用"资本显著不足"这一事由有违商事风险自负精神。商事交易中,市场主体应当发挥主观能动性,在交易时尽到理性经济人的注意义务。具体到公司债权人,则应具有基本的商业风险意识并主动对交易对手进行资信调查。如债权人对资信调查中表现出来的高风险置之不理,甚至完全不进行资信调查,则可以推定其知道或应当知道潜在的交易风险,且自愿承担之,所谓"一个愿打一个愿挨"。如轻易对于"资本显著不足"的情形适用公司人格否认制度,则法院过分秉持"父爱主义",有违商人自治、风险自担的商业伦理。

因此,《九民纪要》明确要审慎适用"资本显著不足"来否认公司人格。实践中,有三点值得注意:第一,程度要求,不匹配必须达到"明显"的程度,只有达到一般人

都认为是"明显"不匹配的程度,才能否定公司人格;第二,时间要求,只有"明显"不匹配达到了一定的时间段,才能认为是公司故意为之,而不能单独截取某个特定的短暂时段;第三,公司主观过错明显,也即需要结合案件事实探究股东是否有经营公司的诚意,是否具有将风险转移至债权人的主观故意。

法院判决否认公司独立人格时,要注意将资本显著不足与其他因素结合起来综合判断。实务经验显示,法院在适用"资本显著不足"时常与人格混同、过度支配与控制等情节一并适用,进而否定公司独立人格,单独适用"资本显著不足"这一情节来否认公司人格的案例并不多见。

041　一人公司股东如何证明未发生财产混同？（上）

一、一人公司的股东天然不被信任

《公司法》第 23 条第 3 款规定:

只有一个股东的公司,股东不能证明公司财产独立于股东自己的财产的,应当对公司债务承担连带责任。

该款不加掩饰地表达了立法者对一人公司与其股东之间财产独立性的怀疑。这一怀疑并非空穴来风,因为在一人公司内部没有其他股东的监督与牵制,一个股东要做到维护一人公司的人格独立、财产独立殊非易事。所谓"慎独不易,克己维艰"。

该款的适用,需要从两个维度考量:

1. 第 23 条第 1、2 款关于公司人格否认的一般规则,也当然适用于一人公司。所以一人公司的债权人能够举证一人公司的股东存在人格混同、过度支配与控制、资本显著不足等情形的,自然得适用公司人格否认规则实现救济。

2. 一人公司适用公司人格否认规则的特殊性在于:第 3 款设置了举证责任倒置的技术性措施——由一个股东举证公司财产独立于自己的财产,否则推定为不独立,人格否认规则直接适用。

所以,一人公司人格否认的最大实务难题就是,该股东个人如何证明财产独立?

二、第 23 条第 3 款适用的两个前提性问题

（一）何谓"只有一个股东的公司"

该款强调"只有一个股东的公司"，实际上是有具体指向的，这些指向在司法实务中意义重大：

1. 夫妻公司不是一人公司。再次强调，一人公司就是"只有一个股东的公司"，如公司股权登记在夫、妻名下。所谓"夫妻"就是"夫"与"妻"，分明是两个人，不是一个人。

2. "只有一个股东的公司"之认定，需要借助期间这一要素。因为一人公司的状态不是一成不变的，无论是股份公司，还是有限公司，基于股权的变动，一人公司可以"秒变"为两个及以上股东的公司，反之亦然。所以，一人公司的认定及其法律适用，需要借助特定期间。

（二）一个股东的期间切段

举例。某 A 一人有限公司，成立于 2020 年 3 月，股东为张三一人；2021 年 6 月张三将股权分成 30%、70% 分别出售给李四、王五；2024 年 3 月，马六购买李四的股权，2025 年 1 月又购入王五的股权。2025 年 6 月，A 公司的债权人丁七将 A 公司及马六告上法庭，要求对所欠 1000 万元债务承担连带责任。经查，A 公司欠丁七的债务形成于 2024 年 8 月。丁七起诉后不久，马六当月又出售 20% 股权给丘八。

这里的问题是：本案如何适用第 23 条第 3 款的举证责任倒置规则？

本案中 A 公司的特殊性在于：其从 2020 年 3 月存续至今，可以分为四个时间段，其中 2020 年 3 月至 2021 年 6 月，属于一人公司；2025 年 1 月至 6 月，属于一人公司；其余期间为普通有限公司。那么，丁七起诉后，本案能否适用第 23 条第 3 款？

司法经验是"一人公司的认定，以债权形成时公司的股东人数为准"。本案的关键是，原告丁七的债权形成于 2024 年 8 月，此时 A 公司不是一人公司，有王五、马六两个股东，不适用一人公司的举证责任倒置规则。当然，其后的期间也即 2025 年 1 月至 6 月这段时期内，所发生的公司债权债务关系应当适用一人公司的举证责任倒置规则。

三、如何证明财产独立

（一）正确做法

实务中，一人公司尤其在公司集团中法人一人公司的情形下，但凡该一人公司

资产有不能偿付债务之忧的,很少有债权人起诉时不将一人公司的股东捎带上列为共同被告——反正举证责任倒置,不起诉白不起诉。这就是投资者设立一人公司的代价。如本书第一篇所交代的,设立一人公司有其好处,但有利必有弊,一人公司最大之弊就在这里。

那么,一个股东怎么证明其财产独立于一人公司呢?实务中有以下几种做法:

1. 一旦被诉,该股东自行申请某中介机构进行专项审计,拿出审计报告,欲证明财产独立。

2. 一旦被诉,该股东拿出一人公司成立以来或者自己接手100%股权以来的公司自行制作的历年公司财务报告,欲证明财产独立。

3. 一旦被诉,该股东拿出一人公司成立以来或者自己接手100%股权以来经会计师事务所审计的历年公司财务报告,欲证明财产独立。

4. 审理期间,法院委托某中介机构进行专项审计,根据专项审计报告来判断财产独立与否。

可以肯定地说,前两种做法是徒劳的,那么如何看待第3、4种做法呢?多年来的司法裁判经验表明,一人公司的股东举证证明公司在每一会计年度终了时都委托会计师事务所编制了财务会计报告的,法院可以认定公司财产独立于股东自己的财产;但公司债权人质疑,公司又不能作出合理说明的除外,此时法院一般会依照法定程序委托会计师事务所进行专项审计。

042　一人公司股东如何证明未发生财产混同?(下)

(书接上问)

(二)争论

有观点认为,一人公司仅提交年度财务审计报告即可证明股东财产独立于公司财产,但此立场难被司法裁判支持。实际上,判定股东财产是否独立于一人公司财产时,存在反复的举证与质证环节。

1. 完整的历年财务会计报告具有较强的推定效力。一般而言,一人公司股东向法院提交经会计师事务所审计的历年年度财务会计报告,如报告显示公司财产的用途与去向并无明显不合理之处,即可认定一人公司股东对其财产独立性已完成了初步举证。但这并不意味着完成了最终的举证,因为其仅具有证据推定的效力,即使该推定效力较为强大。具言之,股东向法院提交经审计的历年财务会计报告是获胜判决的基本前提,但绝非决定性的。当债权人对股东提交的财务会计报告提出合理怀疑时,公司、股东应作出合理解释;否则,法院仍认为股东未能就财产独立性完成举证。

实务中,历年财务会计报告不能证明股东财产独立于公司财产的典型情形如下:(1)审计报告内容仅反映公司负债和利润,无法反映公司和股东财产流向情况的审计报告,不具备证明公司财产与股东财产独立的证明效力。(2)审计报告显示的公司资产负债表未纳入可通过公开查询获知的案涉执行债务,可被视作存在明显的审计失败,审计报告内容不能被采信。(3)未能够全面反映公司的实际经营及财务状况的审计报告,不能证明公司的财产独立于其股东财产。(4)审计报告虽可证明登记注册或者变更登记时股东出资等客观情况,并能反映公司经营成果和现金流量等企业基本情况,能用以证明公司的财务报表制作符合规范,但并不足以证明公司财产独立于股东财产。

2. 一人公司的财产独立性需要结合财务会计报告及其他证据进行综合认定。实践中,有法院认为,相关专项审计报告结论证明未发现会计核算存在违法、违规现象,原告公司提出的异议不能反映被告公司财产与其股东个人财产有混同的迹象的,不足以否定被告公司股东的举证。但是,由于一人有限公司的常规审计报告的审计目的和审计口径不同,对一人公司财产独立性的证明效果并非最佳,不宜简单对照审计结论而作出该公司财产是否独立的认定。法院在审查财务会计报告中审计意见的基础上,还需考虑审计目的与审计口径等其他因素。

可以说,法院在判定一人公司与其股东财产是否独立时,发展出了"财务会计报告+"的多因素判定方式。因此,股东在提交财务会计报告这一材料之外,还可以提交公司原始会计凭证、银行流水、财务账簿等其他财务会计材料,以便法院考察公司财产的实际运行情况与去向,进而精准判定公司财产与股东财产之间是否独立。

四、实务操作指南

综上,要证明股东个人财产独立于一人公司财产,实践操作指南是:

1. 所提供的年度审计报告的内容必须完整、连续,如附带完整的会计账簿、公司治理过程中完整的会议记录(如一人股东作出的决定、董事会决议)等,则具有更强的证明效力。总之,日常经营中老老实实做人,清清白白做事,最终不会吃亏。

2.一个股东以自己名义对外发生法律关系时需要明确与一人公司相区分;不得在股东与公司之间进行不合理的资金往来,避免账户混用,保持公司财务的独立性。

3.存在名股实债、借名股东、隐名股东情形的,名义股东在签署书面的代持协议、借名协议或载有名股实债内容的协议时,应当将以上协议进行见证或者公证,以备不时之需。实际出资人每月(年)支付挂名费、代持费、借款利息的,需留存银行转账凭证,发生纠纷后,将协议及转账流水作为证据一并提供,从而作为登记股东未实际参与经营、非实际股东的证据。

4.一人公司的股东是法人的,建议提供房屋租赁合同、社保缴纳记录、劳动合同、员工名册以证明本公司经营独立。

5.拟收购第三方的股权从而可能成为全资股东的,应按照前文关于计划设立一人公司的情形慎重考虑,如暂无更优替代方案而只能选择成为全资股东,建议要求退出公司的其余前手股东作出承诺:一旦投资方未来因此被追究责任,原股东承诺补偿损失。

6.投资一人公司已有一段时间的股东,应按时分析、检查公司是否达到上述财产独立的要求,如是,继续原有模式运营;否则,有必要及时有力地改变这一局面,不得存侥幸心理,或者采取注销一人公司、变更为非一人公司的避法方式处理。

043 何谓纵向人格否认?

一、三个方向的公司人格否认

公司人格否认,在学理上有纵向与横向、正向与反向之分。其中,纵向人格否认,就是本来意义上的公司人格否认,或曰狭义的公司人格否认,也是公司人格否认实务中最常见的适用情形。

《公司法》第23条第1款规定:

公司股东滥用公司法人独立地位和股东有限责任,逃避债务,严重损害公司债权人利益的,应当对公司债务承担连带责任。

这就是关于纵向人格否认规则的规定。典型形态比如:股东张三与其控股的 A 公司的财务发生混同,甚至派发员工工资的银行卡、签订合同后 A 公司收款的银行卡均归属于股东张三。倘若 A 公司存在不能偿还到期债务的情形,此时某个债权人就可以主张就某项具体债务请求股东张三与 A 公司承担连带责任。

二、适用要件

纵向人格否认的适用要件,大致有五个:

1. 主体要件

对公司债务承担连带责任者限于滥用公司独立人格与股东有限责任的股东,详言之:

(1)滥用公司人格的行为人是股东,责任承担者也只能是股东。股东滥用公司人格的行为如由并无股东身份的董事、高管具体执行,追究相应管理层责任只能适用公司法关于董事、高管违信责任的规定。

(2)此处的股东,仅指滥用公司人格而严重损害债权人利益的股东,可能是全体股东,也可能是部分股东,但多数情形下是后者。

(3)由于该款使用了股东而非实际控制人的概念,依照文义解释,"揭开法人面纱"仅限于一层,不能纵向揭开祖孙公司之间的面纱,多层次的公司组织结构构造可能会逃出纵向人格否认的法律规制。但不必担心,借由《公司法》第 23 条第 2 款所引入的横向人格否认制度,多次套娃仍插翅难逃,依旧有可能会被否认人格。

2. 行为要件

实践中滥用公司人格的行为比孙悟空七十二变还要复杂多样,故该款采取概括式立法表述,即"滥用公司法人独立地位和股东有限责任,逃避债务"。此处的"债务"是指公司对外所负债务,"逃避"就是通过欺诈手段意图不履行债务。逃避债务的实践形式有多种,如果行为人采取了滥用公司法人格以外的方式,应适用其他相关法律,而不得适用公司人格否认规则;典型的滥用公司法人格的逃避债务行为已于本篇第 38~40 问阐释,即人格混同、过度支配与控制、资本显著不足。

需要指出,此处的"逃避债务"属于客观行为要件,而非股东的主观要件。虽然理论上有人主张公司人格否认应以股东具有逃避债务的主观恶意作为构成要件,但该款的立法本意并未将主观意图作为认定股东滥用公司人格的标准。

3. 主观要件

既然被追究连带责任的股东实施了"滥用行为",其主观上只能是故意,也即股东具有滥用公司法人独立地位和股东有限责任的主观恶意,积极实施滥权行为或者放任滥权行为的发生。结合前述,股东必须有滥用之主观故意,但其滥用行为不必以逃避债务为主要目的,只要在客观上产生逃避债务的状态即可。

4. 结果要件

无损害则无救济。如虽有股东滥用公司人格之行为,但并无损害结果,则债权人并无援用公司人格否认规则的必要。对此,该款规定的"严重损害公司债权人利益",就是结果要件的判断标准。"严重"显然是一个难以量化的概括性标准,其立法意旨是将公司人格否认的适用限定在一个较小范围之内,以此维护股东有限责任原则,在与积极保护公司债权人利益的立法价值之间保持动态平衡。《九民纪要》指出,损害债权人利益主要是指"股东滥用权利使公司财产不足以清偿公司债权人的债权",因此法院应审查公司的资产、经营、财务状况,对公司的清偿能力作出判断与描述,意味着但凡公司尚有清偿能力,或者债权设有可执行担保措施,即可证伪该结果要件,不适用人格否认。按《九民纪要》的司法立场表述,既要慎重适用公司人格否认,又要该用的时候大胆地用。

5. 因果关系

滥用公司人格的行为与损害结果之间应当有因果关系,即"严重损害公司债权人利益"的后果是由"公司股东滥用公司法人独立地位和股东有限责任"的行为造成的。如债权人的损失系由其他情形如公司经营事业的失败引起的,就不应适用公司人格否认规则。此证明责任由债权人承担。

三、纵向揭破面纱到几层:祖孙公司可以否认吗

一个常见的咨询问题是:纵向人格否认可以搞几层?比如,甲公司控股乙公司,乙公司控股丙公司,现丙公司不能清偿到期债务,债权人证明了乙公司作为丙公司的股东滥用公司独立人格与股东有限责任,严重侵害其利益,此时请求乙公司对丙公司的债务承担连带责任,受到支持不存疑问。疑问是,乙公司也无余财,此时可否直接让甲公司对丙公司的债务承担连带责任?回答是否定的。也即纵向人格否认原则上仅限于一层而已。

进一步的追问是,获得乙公司对丙公司债务承担连带责任的生效判决,针对乙

公司的责任判决无法执行的债权人,如进一步举证了甲公司作为乙公司的股东也存在滥用公司独立人格与股东有限责任的情形,可否进一步要求甲公司对于乙公司的该笔债务承担连带责任?答案是肯定的。

一句话,祖孙及其以上的公司(曾祖孙)被纵向人格否认不可行,但如被分拆成两(多)个母子公司之间分别的层层人格否认,则是被允许的。也可以总结为:不可一把揭两(多)层,但可叠罗汉。

044　何谓横向人格否认?

一、从实践中来的制度

我国的实务经验足以表明,仅有纵向人格否认,不足以规制实践中股东滥用公司独立人格与股东有限责任以侵害债权人的行为,因为人格、财产混同等不仅发生在纵向的母子、祖孙公司之间,还可能发生在姐妹(兄弟)公司之间、叔侄公司之间等。早在2013年最高人民法院就发布了指导案例15号,确立了横向公司人格否认的典型先例,属于商事审判创造性发展出的弥补法律漏洞的个案裁判。

最高人民法院指导案例15号——徐工集团工程机械股份有限公司诉成都川交工贸有限责任公司等买卖合同纠纷案。该案中,商人王永礼共同控制川交工贸公司、川交机械公司、瑞路公司等,三者之间存在人格混同、业务混同以及财务混同的情形。具体表现为:三公司的经理、财务负责人、出纳会计、工商手续经办人均相同,其他管理人员亦存在交叉任职的情形,川交工贸公司的人事任免存在由川交机械公司决定的情形;三公司实际经营中均涉及工程机械相关业务,经销过程中存在共用销售手册、经销协议的情形;对外进行宣传时信息混同;三公司使用共同账户,以王某礼的签字作为具体用款依据,对其中的资金及支配无法证明已作区分,三公司与徐工机械公司之间的债权债务、业绩、账务及返利均计算在川交工贸公司名下。因此,三公司之间表征人格的因素(人员、业务、财务等)高度混同,导致各自财产无法区分,已丧失独立人格,构成人格混同。

基于此,审理法院认为,川交工贸公司、川交机械公司、瑞路公司在经营中无视各自的独立人格,随意混淆业务、财务、资金,相互之间界限模糊,无法严格区分,使得交易相对人难以区分准确的交易对象。

近年来的多份实证研究表明,指导案例 15 号对其后审判实践产生了相当的示范效应,发布前后的裁判态度发生了较大的变化。指导案例 15 号的裁判要旨是:

(1)关联公司的人员、业务、财务等方面交叉或混同,导致各自财产无法区分,丧失独立人格的,构成人格混同;(2)关联公司人格混同,严重损害债权人利益的,关联公司相互之间对外部债务承担连带责任。

可以说,现行公司法引入横向人格否认规则,就是基于该案的司法裁判规则衍生而出的立法规范。

二、《公司法》的规定

《公司法》第 23 条第 2 款规定:

股东利用其控制的两个以上公司实施前款规定行为的,各公司应当对任一公司的债务承担连带责任。

这是现行公司法关于横向人格否认的规定。据此规定,横向人格否认应作扩张解释,是指双控人(控制股东、实际控制人)控制多家关联公司,滥用控制权使多个关联公司互相之间的财产边界不清、财务混同,利益相互输送,彼此丧失人格独立性,沦为控制者逃避债务、非法经营甚至违法犯罪的工具,此时,否认各个关联公司的法人人格,判令彼此承担连带责任。

关联公司在公司集团的语境下分为两类:一是法人型双控人(控股股东、实际控制人)情形,是指控制公司与其投资控股(包括 100% 控股、绝对控股、相对控股)的公司母子公司之间;二是同受一个双控人(控股股东、实际控制人)控制的公司集团内成员相互之间,包括姐妹(兄弟)公司、叔侄公司、祖孙公司等均在关联公司范畴之内。前者发生人格混同,可由最为常见的纵向人格否认规则予以规制,而范围更广的后者则要诉诸经扩张解释的横向人格否认规则。

三、典型的适用情形

1.控制公司利用从属公司进行不当利益输送

比如,控制公司将从属公司获得的贷款全部转入另一从属公司账户之中的行为,部分法院将会因此认定从属公司丧失了公司的独立人格,在两从属公司之间发生横向公司人格否认。

还有，当控制公司以从属公司的名义对外签订合同，但将合同利益归于另一从属公司享有时，部分法院也可能会将这类行为认定为控制公司利用两个从属公司进行了不当利益输送，进而在两个从属公司之间适用横向公司人格否认。

2. 关联公司财产混同

人员混同、业务混同仅是横向公司人格否认的表征因素，实质因素在于财产混同。实践中，应避免仅凭一些非关键性甚或单一非关键性表征而认定人格混同，进而判决人格否认、承担连带责任的裁判倾向，各表征因素的判断应着重区分滥用权利、侵害债权人利益的滥权行为与法律允许范围内的商业合作行为的界限。关联公司之间财产混同的情形较为常见，徐工案中横向人格否认规则的适用案情也属于此类。

3. 同一控制人过度支配与控制两个以上公司

《公司法》第 23 条第 2 款使用的是"控制"而非"控股"，所以足以扩展到所有的关联企业，包括但不限于姐妹（兄弟）公司、叔侄公司、祖孙公司等。例如，股东张三持有 A 公司 90% 的股权，A 公司有 B、C 两家全资子公司，股东张三进而控制 B、C 公司相互进行上述滥用法人人格的行为，此时即使 B、C 公司与股东张三之间没有股权关系，实质上也可以认定二者为张三控制的关联公司，适用横向人格否认规则。所谓"法网恢恢，疏而不漏"，姐妹（兄弟）公司、叔侄公司、祖孙公司的股权结构设置可能逃出纵向人格否认的规制，但逃不出横向人格否认的"五指山"。

045　需要反向人格否认吗？

一、如何被提出的

传统刺破公司面纱让公司背后的股东直接对公司债务承担责任，以矫正公司人格滥用的行为，但仍不能涵盖所有不当利用公司人格的行为。近年来，实践中出现了一种股东反向滥用公司人格、侵害股东债权人的现象，作为司法应对措施，反向公司人格否认规则被提出。

反向人格否认，也称反向刺破面纱，是指股东为了逃避自身的债务，利用公司和股东财产的隔离机制来隐匿股东个人财产，将自己的利益不当输送至公司。对此滥用公司法人人格的行为，为保护股东债权人的利益，判定公司对股东的债务承担连带责任。

学理上,一般将反向公司人格否认分为"内部否认"和"外部否认"两种,前者指股东主动否认公司人格,后者指股东的债权人要求公司对股东的个人债务承担责任。内部反向否认公司人格与人格否认制度所强调的债权人利益保护的理念并不契合,故下文仅讨论"外部否认"。

举例。反向公司人格否认的典型形态:A 为 B 的债权人,B 是 C 公司的控制股东,B 为逃避对于 A 的债务,将个人财产登记或转移至 C 公司名下,A 在其债权得不到清偿时请求 C 公司对其股东 B 的债务承担连带责任。

反向否认公司人格的裁判路径,在美国判例上首次被支持,随即在新加坡、印度等普通法系国家生根发芽。我国公司法未规定此制度,司法实践中也仅有偶发性支持的情况出现。

二、论争

2023 年《公司法》修订过程中,曾讨论是否应确立反向人格否认规则,立法者的最终选择是予以放弃。

反对者的主要理据可归为两个方面:一是,让公司反过来对股东债务承担责任,此与公司独立人格、独立财产与独立责任的基本法理相悖。二是,即便有股东为了逃避承担个人债务而将自己的财产不当移转到公司(一般是全资子公司),民法也配置了足够的保护该股东债权人的手段,包括但不限于强制执行该股东在公司的股权,行使债权人撤销权、提起撤销权之诉等。

但支持引入的学者认为:从理论角度来说,股东以投资的名义转移其自身财产,使其资产在投资行为后变成相应的股权,逃避自身债务,也即"资产替换"(asset substitution)。此种资产替换是正向资产分割制度安排带来的一种社会成本,其改变了股东债权人与公司债权人就一定财产的受偿顺位,规避了股东个人债权人对其资产的直接追索,造成股东债权人的债权实现难度增加,释放了个体行为的负外部性。就此而言,反向否认公司人格得以起到减少此种社会成本、促进公平实现的作用。

更关键的是,从实践角度来说,强制执行股东的股权存在弊端。首先,如前所述,股东的滥权行为改变了股东债权人的清偿顺位。原本股东债权人对股东财产享有直接追偿的权利,资产替换后只能通过执行公司股权才能实现,在清偿顺位上落后于公司债权人,导致其利益受到损害。其次,股权执行程序的效率低下。股东滥权行为往往发生在封闭性较高的有限公司：一方面，有限公司的股权没有良好的流通市场，难以合理评估股权价值；另一方面，有限公司具有人合性，外来股东进入公司的程序过于复杂，因而股权执行程序无法满足效率需求。

与此同时，撤销权规则的可操作性弱。股东可以轻易地以合法的投资形式作为掩护，对公司实施欺诈性转让财产。

三、利少弊多，缺乏存在价值

本书认为，无论如何强调前述的支持理由，反向人格否认的制度价值依旧有限。原则上，股东应以其所持股权作为财产组成的一部分以清偿债务，其个人债务不能牵涉公司。比如，母公司将自己的资产转移到全资子公司中，如果母公司本身的资产不足以清偿其债务，则其债权人可以请求执行母公司对子公司的股权。在大多数情形下，执行股权就足以满足其偿债需求。

更重要的是，反向人格否认一旦适用，会从两个层次造成不容忽视的利益平衡困境：

1. 公司的利益相关者没有过错，却承担了责任。在反向人格否认案件中，股东为逃避自身的债务，利用公司、股东财产的隔离机制来隐匿其个人财产，滥用公司独立人格，将自己的利益不当输送至公司。此时，让公司对股东承担连带责任，在理想状态下，形同让股东对自己的债务承担责任。然而，公司的利益相关者是多元的，其他没有反向滥用公司人格的股东的利益、公司的债权人的利益都与公司本身的资产紧密相关。公司对滥权股东的债权人承担责任后，其资产总数减少，不仅其他股东的股权价值直接受到损失，公司债权人的未清偿债权所对应的责任财产也相应减少。此时，公司的其他股东、债权人并无过错，却和滥用权利的股东一起承担责任，违背了过错责任原则。

2. 即使公司承担责任的范围以股东向公司转移的财产数额为限，也损害了公司利益相关人的合理信赖。公司的财产独立属性与其独立法人人格并存，公司从设立之始便通过一系列法定程序形成了公司财产独立的公示公信效力。当股东向公司转移财产时，会形成公司财产虚假膨胀的商事外观，公司债权人和其他股东基于对该外观的信赖产生公司财产在此基础上变动的预期，从而向公司借贷或投资，这种信赖值得保护。如果反向否认公司法人人格，公司须对股东债权人承担连带责任，在保护股东债权人的同时，却会对公司债权人和其他股东造成不可预料的损害。此时,是选择保护股东债权人免受股东滥用权利行为的侵害,还是认可彻底的外观主义效力保护公司债权人和其他股东基于商事外观的合理信赖,成为适用反向公司人格否认制度时不可避免的利益平衡困境。

后 记

一

长达15个月的写作历程,"后记"中值得记述的事情太多。

本书的写作规划,与《公司法评注》一起在2022年年底成形。最初的规划是300问,2023年3月我列出了共计14篇章、300个问题的清单,并就每问录制3~8分钟的视频,前后断断续续录制了100多问,在各平台播出,业内反响热烈。2024年4月,《公司法评注》付梓后,我用了两周时间调整一年前的300问清单,形成了共计12篇章、500个问题的清单以及每一专问的要点提示,布置我指导的博士后、博士生、硕士生组成的团队开展前期录音整理、资料收集、案例整理,完成初稿的写作分工。此后,我个人转入人大社的《公司法学》(第六版)的修订。秋季新学期开学后,同学们陆续交稿,汇总后我用了约三周时间进一步整理、删减、合并、组合,将原定的12篇章、500问汇总为10篇章、410问。是为本书的初稿资料。

2024年国庆假期后,我推掉了大学教学以外几乎所有的其他工作,也暂停了学术论文的撰写,专心投入本书稿的创作。从2024年10月初到2025年6月初的8个月里,日均写作六七小时。随着写作的深入与思考的积累,很多问题需要进一步展开,410问也拓展到628问,总字数超150万字。是为本书的第二稿,也是基本稿。

在第二稿创作过程中,我每完成一个篇章,旋即交给两位助手交叉审稿,他们不仅负责文字订正,也进行案例核实、规范校正、资料勘误以及个别的内容性增删。他们返回修订模式的电子稿后,我再次审校,是为本书的第三稿,也是正式文稿,旋即交给法律社的似玉编辑同步编辑。审校过程中,编辑与我协商删去其中的10问(关于企业家犯罪的内容),定为618问。

其间,2025年3~4月,我有机会参与最高人民法院民二庭关于新公司法解释的闭门讨论,并根据最新文本精神,对此前交稿的几个篇章进行系统性返工。

2025年6月14日,法律出版社送回编审清样,我与六位博士生、硕士生奋战一整天,集中解决编辑提出的数千条问题,并决定合并其中18问,最终形成600问,是为本书第四稿。是日,北京大雨,恰逢生日,晚上与同学们痛饮三百杯,庆祝完稿,一醉方休。

从2025年6月20日至7月5日,法律出版社共四个回合地与我来回交换清样稿,我用了这15天时间完成了四个回合手工修订,赶在7月初定稿。是为本书第五稿,交付印制。

二

在此介绍参与本书创作及资料收集工作的青年名单,并感谢他们的热情、学识与智慧。

参与初稿工作的有梁屹、扎西尼玛、高敬媛、戴君颖、温生俊、马丹婷、白冰、林树荣、杨奕钒、邹学庚、李亚超、李欢、何健、刘华剑、苏诗喻、高玉贺、陈海鑫、袁诗睿、辛向荣、柏江华、汪馨悦、郑浩凌、黄士坚、李心竹、陈胜男、余昌源、尹昇。

在第二稿的写作中,张兴兴、丁傲、刘禹彤三位同学承担了个别专问的替换、增补工作。协助我进行第三稿修订的两位助手是黄士坚、苏诗喻同学,陈海鑫、高玉贺、郑浩凌同学也分别参与了各一个篇章的部分修订工作。与我一起完成第四稿清样现场订正的是黄士坚、苏诗喻、陈海鑫、高玉贺、郑浩凌、张兴兴这六位同学。

虽然我在前言中说,就我个人眼界来看,本书实现了对目前中国公司实务问题的全覆盖。但囿于学识,书中定有不少错谬,且随着公司法的不断发展创新与公司实践的持续演进,我个人对公司法律问题的认识也不会就此停止,会一如既往地月月新、日日新。为此,我制订了一个关于本书的定期修订计划,以保证本书与时俱进的成长性。

为便于后续修订版本的完善,尽可能减少各种错误,恳请厚爱本书的读者不吝赐教,随时来信指正,致信邮箱:ljwshangfa@126.com,后台将及时答疑、跟进探讨。

三

写作清苦。2024年春节假期,全身心投入《公司法评注》写作,2025年春节假期,又为本书在键盘敲击声中度过。两个除夕跨年夜,我都恰巧处在某个问题的写作亢奋中而不能停下,是为第一个纪念。随着本书杀青,陪伴我四年的 PC 因 N、M 两个字母不堪敲击,获得荣休。是为第二个纪念。

写作虽苦,作者还有自得其乐的收获,但亏欠家人甚多,心中充满了愧疚、感动。感谢家人们的支持、鼓励与付出,感谢妻子为家庭付出的爱。本书特别送给里奥,我亲爱的小儿子,感恩上天的礼物,我怀着无比激动、虔诚、感激的心迎接你的到来,欢迎你加入这个爱的家庭。

四

最后,延伸《公司法评注》"后记"的最后一句话:

以本书为纽带,让我们读者、编者与作者共同携手,为中国公司法治现代化贡献时代之力。